KBO NUMBERS BOOK 2026

프로야구 넘버스 북 2026

신동윤 신원철 이성훈 최민규 황규인 지음

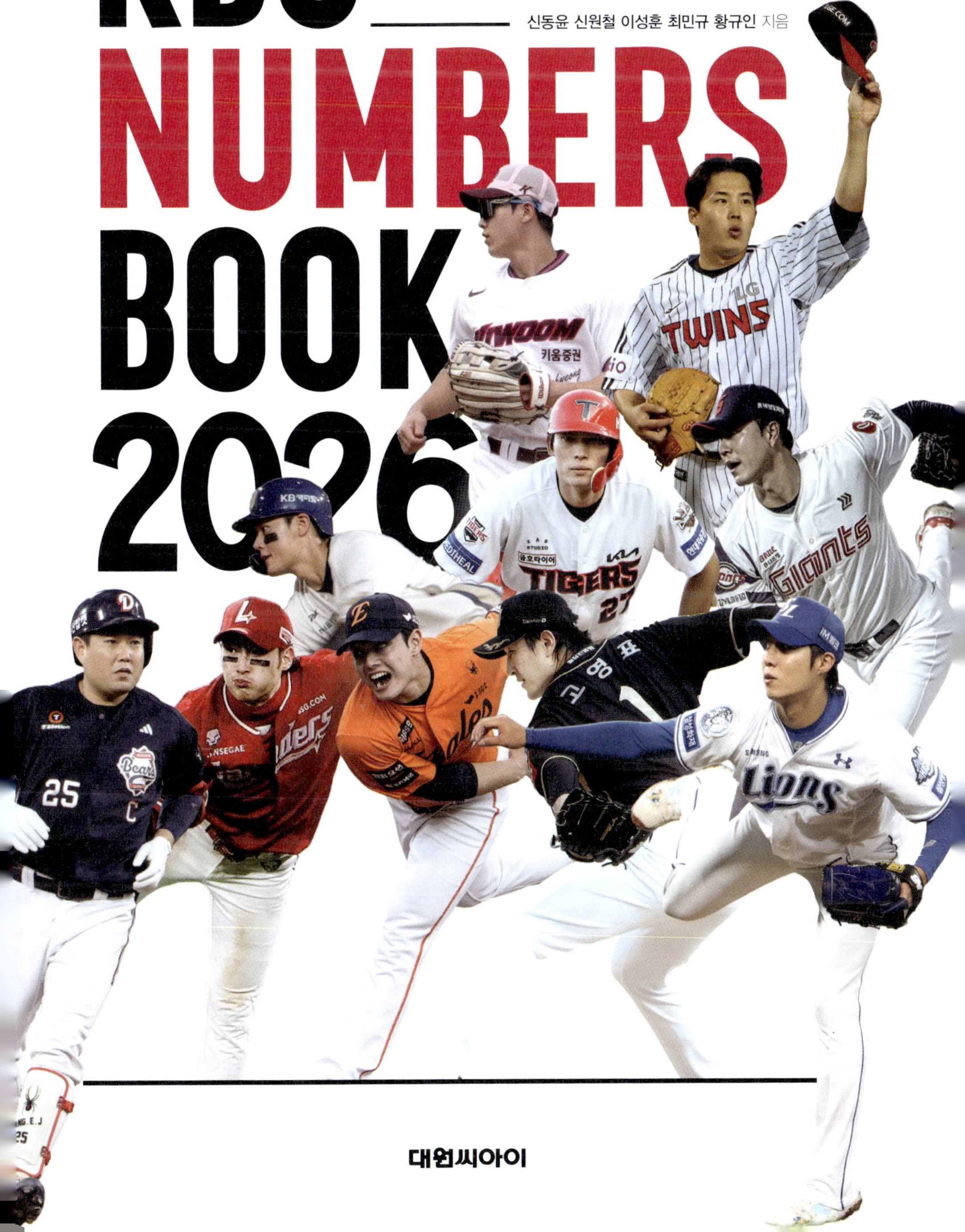

대원씨아이

야구는 언제나 숫자의 스포츠였지만, 숫자를 제대로 읽는 일은 늘 소수의 몫이었다. 『프로야구 넘버스 북 2026』은 그 간극을 정면으로 파고든다. 세이버메트릭스를 신앙처럼 떠받들지도, 그렇다고 낯선 외국어처럼 밀어내지도 않는다. 대신 숫자를 한국 프로야구의 언어로 번역해, 우리가 보고 있다고 믿어온 장면들을 다시 보게 만든다. wRC+, WAR, FIP 같은 지표를 나열하거나 외우게 만들지 않고, 대신 '지표로 생각하는 법'을 자연스럽게 익히게 한다. 저자들은 야구를 '결국 점수를 내고 막는 게임'이라는 가장 단순한 문장에서 출발해, 복잡해 보이던 숫자들을 다시 한 지점으로 수렴시킨다.

특히나 인상적인 대목은 데이터가 선수의 서사와 만나는 순간들이다. 안현민의 폭발적인 시즌은 헛스윙률과 출루율이라는 냉정한 수치로 해석되고, 문동주의 평균자책점은 xFIP와 비교되며 전혀 다른 이야기로 바뀐다. 임찬규의 투구 철학, 송성문의 성장 과정, 이정후의 스윙 메커니즘은 모두 숫자를 통해 설명되지만, 그것이 도출한 결론은 너무나 인간적이다. 데이터는 선수를 재단하는 잣대가 아니라, 선택과 시행착오, 그리고 성장의 과정을 드러내는 기록이 된다.

『프로야구 넘버스 북 2026』은 야구 분석서이면서 동시에 시대 보고서다. 피치클락, 자동 판정 스트라이크존, 구속 상승이라는 변화들이 경기의 리듬과 관전 방식을 어떻게 바꾸고 있는지를 차분하게 짚는다. 우리는 정말 야구를 보고 있었는가, 아니면 익숙한 승패의 신화를 반복해서 소비해 왔는가? 숫자는 차갑지만, 이 책이 보여주는 야구는 놀랄 만큼 생생하다. 야구를 사랑하는 독자라면, 이 질문 앞에서 쉽게 지나칠 수 없을 것이다.

_정재승(KAIST 뇌인지과학과 교수, 한국야구학회 초대 학회장)

중학교 때 홍성대의 『수학의 정석』을 보고 나는 문과가 맞다고 생각했다.

하지만 지금은 갈수록 이과가 아닌가 싶을 정도로 숫자의 매력에 빠지고 있다.

어려운 세이버메트릭스를 쉽고 편안하게 접할 수 있어 공부에 도움이 된다.

문과인 나도 쉽게 이해했으니, 누구나 한 번 읽어 보면 야구를 보는 시각이 달라질 것이다.

_차명석(LG 트윈스 단장)

"형. 이 책이 팔리겠어?" 정확히 1년 전, 저는 이성훈 기자에게 『프로야구 넘버스 북 2025』를 건네받으면서 이렇게 말했습니다. 이성훈 기자를 포함한 모든 공동 필진께 진심으로 사과드립니다. 이렇게 재밌으면 당연히 팔리죠.

숫자는 신비롭습니다. 우리가 살고 있는 우주에서 벌어지는 모든 현상도 물리라는 법칙을 빌어 숫자로 설명할 수 있으니까요. 이 책은 KBO 리그의 모든 것을 숫자로 설명합니다. 생각보다 많은 이야기가 숨어 있고 당신이 알고 있던 상식과는 다를 수도 있습니다. 그렇다고 겁 내지 마세요. 이 책을 쓴 다섯 명은 최고의 이야기꾼들이니까요. 차근차근 읽어나가다 보면 즐거운 반전을 기대하실 수 있을 겁니다.

_정우영(SBS Sports 아나운서)

야구 선수들에게 숫자는 인생의 동반자다. 내가 어떤 특징을 가진 선수인지, 무엇을 향상시켜야 하는지 알려주는 친구다. 야구를 좋아하시는 분들에게도 마찬가지일 것이다. 숫자와 친숙해질수록 야구에 대한 이해가 풍부해지고 재미가 늘어날 것이다. 이 책은 야구를 진지하게 좋아하고 싶은 분에게 훌륭한 길라잡이가 될 것 같다.

_김주원(NC 다이노스 내야수)

Contents

FEATURE

RECIPES

TEAM ISSUES

왜 이 기록들을 알아야 하나?

_신원철

"여러 좋은 기록이 있지만, wRC+ 기록에 조금 더 주목했다."

우리는 이런 야구의 시대에 살고 있습니다. 대한민국 국가대표 감독이 공식 기자회견에서 그의 현역 시절에는 생경했을 통계를 말합니다. '우르크'라고 불리기도 하는 wRC+(Weighted Runs Created+) 는 '조정가중득점생산력'으로 번역되는 야구 통계 항목입니다. 타자가 팀 공격에 기여하는 정도를 득점으로 환산한 뒤 평균치(100)보다 얼마나 높고 낮은지를 보여줍니다.

류지현 감독은 취임 후 첫 평가전이었던 2025년 11월 8일 체코전을 앞두고 슬러거 안현민을 2번 타 순에 배치한 이유를 그의 높은 wRC+로 설명했습니다. 이전까지 KBO 리그에서 이렇게 라인업 구 성 이유를 밝힌 감독이 있었는지는 기억나지 않습니다. 국가대표 팀, 나아가 프로야구에서 세이버메 트릭스를 받아들이고 있다는 상징적인 선언이었습니다.

한편으로는 아직 이런 용어가 낯설고, 복잡해 보이는 통계 수치가 무엇을 의미하는지 궁금해하는 분들이 많다고 생각하며 이 책을 썼습니다. 〈넘버스북〉은 '세이버메트릭스 따라잡기'나 '세이버메트 릭스 교과서'는 아닙니다. 그보다는 세이버메트릭스의 시각으로 한국 야구를 살펴보고, 생각을 나 누기 위해 쓴 책입니다.

이 글은 호기심에 책을 폈지만 수많은 지표들이 아직 낯선 분들을 위해 준비했습니다. 이론적 뿌리 가 되는 지표부터, 그 지표에서 파생한 지표들을 차례로 소개했습니다. 지금은 불친절한 설명으로 느껴지실 수도 있지만 처음부터 깊게 파고들 필요는 없습니다. 이어질 본문에서 이 지표들을 어떻 게 활용했는지 살펴보세요. 본문을 읽다 보면 글의 맥락 속에서 자연스럽게 어떤 지표가 어떤 의미 인지 드러날 수 있게 노력했습니다.

종합

WAR 대체선수대비기여승, Wins Above Replacement

세이버메트릭스 발달의 총체이자 총아. 선수 팀 기여도를 '승'이라는 단 하나의 숫자로 보여준다. 선수의 가치를 대체선수(어떤 선수가 부진할 경우 2군에서 바로 쓸 수 있는 최저연봉 수준 선수)보다 몇 승을 더해줄 수 있는지 표현한다. 과거 개별 지표로 평가됐던 타격, 주루, 수비, 투구 등을 통합했다. 계산 방법이 다양해 계산식에 따라 수치 차이가 크다. 이런 임의성은 WAR의 단점으로 꼽힌다. 이 책이 기준으로 하는 스탯티즈(STATIZ.co.kr)의 KBO 리그 WAR은 대체선수로만 구성된 팀은 1년에 승률 0.220을 기록한다고 전제한다. 무승부가 없다면 31.7승이다. 2025년 KBO 리그 1군 경기에 출장한 타자 299명 가운데 WAR 1승 이상 선수는 75명으로 전체의 25%였다. 3승 이상은 27명으로 9%로 줄어든다. 5승 이상은 9명으로 3%를 차지했다.

RE 기대득점, Run Expectancy**와 RE24**

야구 경기는 아웃카운트와 주자 수에 따라 24가지 상황으로 나눌 수 있다. 3가지 아웃카운트 상황(무사, 1사, 2사)과 8가지 주자 상황(주자 없음, 1루, 2루, 3루, 1·2루, 1·3루, 2·3루, 만루)의 조합이다. 각 상황에서 해당 이닝이 끝날 때까지 나온 점수의 평균이 기대득점이다. 이를 선수 개인기록으로 활용한 게 RE24다. 선수의 각 상황 평균 대비 득점 기여도를 더한 값이다. 팬그래프에 따르면 2024년 메이저리그 RE24 1위는 애런 저지(96.8), 2위는 오타니 쇼헤이(81.4)였다. 2025년에도 1위는 저지(73.8), 2위는 오타니(57.0)다.

RV 득점가치, Run Value

선수의 플레이가 기대득점에 끼친 영향. 플레이 전후 기대득점 차이로 계산할 수 있다.

WP 승리확률, Win Probability**와 WPA** 추가승리확률, Win Probability Added

과거 야구경기 기록을 바탕으로 이닝, 아웃카운트, 주자 상황, 점수 차, 볼카운트 등에 따른 홈, 또는 원정팀의 승리 확률. 1903~2023시즌 메이저리그 기록을 바탕으로 할 때 9회말 동점 무사 주자 1루 초구 상황에서 홈 팀은 73.4% 확률로 승리했다. 이 73.4%가 WP다. WP는 플레이의 결과에 따라 바뀐다. 각 플레이가 바꾼 WP 차이가 WPA다. 위 상황에서 타자가 삼진을 당해 1사 1루가 됐다면 다음 타자가 초구를 기다릴 때 WP는 66.98%로 줄어든다. 앞 타자의 WPA는 -6.44%다.

LI 레버리지인덱스, Leverage Index

각 상황의 중요성을 나타내는 지표. 이닝, 점수, 아웃카운트, 주자 위치에 따라 경기의 특정 상황이 얼마나 중요한지를 숫자로 보여준다. 1보다 낮으면 덜 중요한 상황, 높으면 중요한 상황이다.

흔히 말하는 '하이레버리지 상황'은 승부가 갈릴 수 있는 중요한 상황이다. LI 2 이상이면 뛰어난 셋업맨이나 마무리 투수가 투입돼야 한다. 3 이상은 공 하나로 승부가 갈릴 수 있는 끝내기 상황이다.

파크팩터 구장효과, Park Factor

야구장은 외야 펜스 거리, 파울지역 넓이, 해발고도, 기온 등에 따라 개성을 갖는다. 경기 내용에도 영향을 미칠 수 있다. 넓은 잠실야구장은 투수에게 유리하지만, 좌우중간 펜스거리가 짧은 대구삼성라이온즈파크는 타자에게 유리하다. 파크팩터는 구장이 어떤 특성을 지녔는지를 숫자로 표현한다.

투구

FIP 수비무관평균자책점, Fielding Independent Pitching

야구의 목적은 승리이고, 승리는 점수 차이로 결정된다. 그래서 야구 선수의 기량, 혹은 팀 기여도는 점수를 기준으로 하는 게 좋다. 고전적인 기록인 평균자책점은 이 점에서 훌륭한 지표다. 투수가 9이닝을 책임졌을 때 몇 자책점을 주는지를 계산한다. 자책점을 기준으로 하므로 수비 실수의 영향도 어느 정도는 제거된다. 하지만 수비는 투구 결과에 상당한 영향을 미친다. 비자책점을 계산에서 제외하는 것만으로는 부족하다. 이런 취지에서 톰 탱고가 2006년 출판한 〈The Book〉에서 발표한 지표가 FIP다. '인플레이타구는 수비의 영향을 받는다'는 기본 아이디어에서 시작한다. 계산식에는 홈런, 4사구, 삼진, 이닝과 FIP 상수가 포함되며 평균자책점과 유사한 스케일이다.

DIPS 수비무관투구기록, Defense Independent Pitching Statistics

FIP에 앞서 DIPS가 있었다. 야구 분석가 보로스 맥크라켄은 대학원생이던 1999년 의미있는 주장을 했다. "인플레이타구로 인해 생긴 결과는 투수의 책임이 아니며 운과 수비력에 좌우된다"는 것이다.

수비의 목표는 실점 저지다. 실점 저지는 투수와 수비수의 공동 작업이다. 더 뛰어난 야수들을 동료로 둔 투수는 더 적은 실점을 할 가능성이 크다. 그렇다면 실점을 기반으로 하는 '평균자책점'은 수비의 영향을 받은 결과라고 봐야 한다. 이전에도 비슷한 통계수치가 있었지만 맥크라켄이 촉발한 논쟁으로 수비의 영향과 중요도에 대한 깊이 있는 논의가 이뤄졌고, 새로운 지표들이 고안됐다.

BABIP인플레이타구타율, Batting Average on Balls In Play

맥크라켄이 DIPS 이론을 설명하며 고안한 지표. 수비로부터 독립적이지 않은 인플레이 타구만으로 측정한 타율을 가리킨다. 따라서 홈런과 삼진은 계산에서 제외된다. 맥크라켄은 처음에 "아무리 위대한 투수도 BABIP을 제어할 수 없다"는 입장이었다. 후속 연구가 진행됨에 따라 땅볼/플라이볼 비율과 같은 '능력'이 BABIP에 영향을 미친다는 사실이 발견됐다. 하지만 맥크라켄 이전 사람들이 생각했던 것보다는 훨씬 작은 영향이다. 일반적으로 평균보다 지나치게 높은 BABIP은 행운의 결과이며 평균으로 수렴할 가능성이 높다.

GS게임스코어, Game Score

빌 제임스가 고안하고 톰 탱고가 발전시킨 선발투수 경기력 평가 지표. 기본점수 50점(제임스 버전)과 40점(탱고 버전)을 시작으로 상황마다 점수를 가감해 결과를 계산한다. 이 책에서는 제임스 버전을 썼다. MLB.com은 탱고 버전을 사용하고 있다.

K/9, BB/9

90이닝당 탈삼진, 90이닝당 볼넷. 삼진과 볼넷을 이닝수로 나눈 뒤 9를 곱한 값이다. 9는 선발투수가 정규 90이닝 완투를 했다는 가정을 의미한다. 물론 전 세계 야구에서 완투는 지속적으로 줄어드는 추세다.

LOB%잔루처리율, Left On Base Percentage

출루했지만 득점에 실패해 잔루로 남은 주자 비율. 안타, 4사구, 홈런, 실점을 바탕으로 계산한다. 도루실패나 견제사 등으로 사라진 주자, 실책이나 야수선택으로 출루한 주자는 계산에서 제외한다.

타격

wOBA가중출루율, Weighted On-Base Average

타자의 생산력을 더 정확하게 파악하기 위해 만들어진 지표. 장타율은 공식이 간단하지만 2루타, 3루타, 홈런을 각각 단타보다 2, 3, 4배 가치가 있는 것으로 계산한다는 단점이 있다. OPS는 장타율과 출루율의 가치를 일대일로 본다는 게 약점이다. wOBA는 RV를 활용해 각 타격 결과가 득점에 끼친 영향을 세분화해 계산한다. 이름과는 달리 출루 능력을 평가하는 지표가 아니다. 종합적인 득점 생산력을 평가하지만 스케일을 출루율에 맞췄기 때문에 '가중출루율'이라는 이름이 붙었다. 리그 평균 wOBA는 늘 리그 평균 출루율과 같게 조정된다.

wRC 가중득점생산력, Weighted Runs Created

제임스는 타자의 공격 기여도를 '생산해낸 득점'으로 표현하는 RC(Runs Created)를 개발했다. 다양한 버전이 있지만 기본은 출루율과 루타수의 곱이다. wRC는 타자의 타격을 득점으로 나타낸다는 점에서 RC의 발상은 따른다. 하지만 wOBA를 바탕으로 계산한다.

wRC+ 조정가중득점생산력, Weighted Runs Created+

세이버메트릭스 지표 중에는 wRC+나 OPS+처럼 '+'가 붙는 것들이 있다. 여기서 +는 '조정', 즉 파크팩터나 리그 환경의 영향을 중립적으로 조정한 수치를 의미한다. 평균값은 100이다. wRC+는 wRC에 리그 평균, 파크팩터를 적용해 조정한 값이다. 각기 다른 구장, 시즌, 시대에 뛰었던 선수들의 공격력을 비교할 수 있다는 장점이 있다.

순수출루율 Isolated Disciple 과 순수장타율 Isolated Power

출루율과 장타율은 기본적으로 타율이 높은 선수에게 유리하다. 출루율과 장타율에서 타율의 영향을 배제하기 위해 순수출루율과 순수장타율이 만들어졌다. 출루율과 장타율에서 타율을 뺀 값이다.

수비와 주루

DER 수비효율지수, Defensive Efficiency Ratio

인플레이 타구를 얼마나 아웃으로 변환했는지를 보여주는 지표. 수비로부터 독립적인 4사구와 삼진, 홈런을 제외한 인플레이타구 가운데 야수가 아웃 처리한 비율을 계산한다. 역시 DIPS 이론에 근거해 고안됐다.

Spd 스피드스코어, Speed score

주루 능력 평가 지표. 0~10점 스케일이다. 도루성공률과 도루시도율, 3루타, 득점 성공률 등을 기반으로 측정한다. 이 지표를 채택하는 미국 통계사이트 팬그래프는 7.0을 '매우 뛰어남', 6.0을 '뛰어남', 5.5를 '평균 이상', 4.5를 '평균', 4.0을 '평균 이하', 3.0을 '별로', 2.0을 '최악'으로 설명하고 있다.

3회 연속 수비상 좌익수 부문을 수상한 SSG 에레디아 ⓒSSG 랜더스

기록으로 본

2025 KBO 리그

_신원철

야구는 상대보다 점수를 더 내면 이기는 경기다. 세이버메트릭스가 유용한 도구인 이유는 선수와 팀의 플레이를 '점수'로 환산하기 때문이다.

WAR에서는 10점을 1승으로 본다. wRC+의 R은 'Runs', 즉 득점이다. FIP는 투수의 실점에서 수비와 무관한 영역을 분리하려는 시도에서 출발했다. 수비 영역도 마찬가지다. 톰 탱고는 아웃을 잡는 능력을 표현하는 OAA(Outs Above Average)에서 나아가 내·외야 포지션에 가중치를 둔 '실점 억제(Runs Prevented)' 아이디어를 제안했다. 결국 세이버메트릭스는 점수, 곧 득점과 실점에 대한 이야기다. 그래서 점수는 중요하다. 2025 KBO 리그의 득점과 실점, 10개 구단의 득점과 실점을 이렇게 풀어봤다.

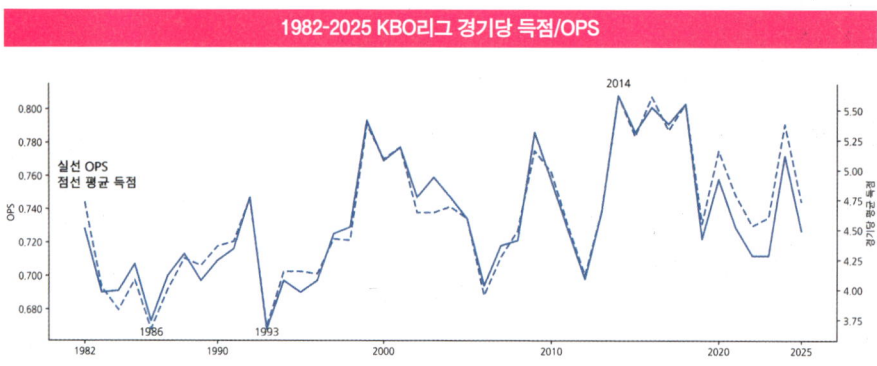

1982-2025 KBO리그 경기당 득점/OPS

역시 '다이내믹 KBO'였다. 〈프로야구 넘버스북 2025〉에서 2023년 투고에서 2024년 타고로의 변화가 얼마나 손꼽히는 일인지 소개했다. 그런데 불과 1년 만에 다시 투고 시즌이 돌아왔다. 그것도 다시 큰 파동을 그렸다. 리그 OPS가 2023년 0.712였다가 2024년 돌연 0.772로 껑충 뛰더니 2025년에는 다시 0.727로 내려왔다. 2023년에서 2024년의 0.060 상승은 역대 4위, 2024년에서 2025년의 0.045 하락은 역대 3위 기록이다. '역대급' 상승과 하락이 3년 사이에 벌어졌다. 3년 기간 변화폭은 2018-2020년 (0.803→0.722→0.758)에 이어 두 번째로 컸다

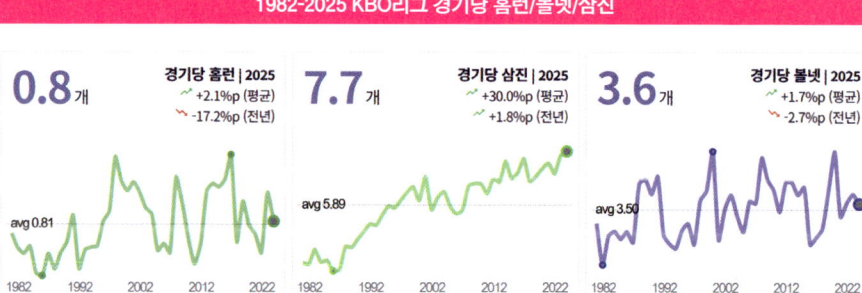

홈런과 삼진, 그리고 볼넷을 모아 'Three True Outcomes'라고 부른다. '야구의 3원소' 정도로 설명할 수 있다. 투수와 포수 외의 야수가 개입하지 않는 결과라는 점에서 의미가 있다. 1990년대 미국의 야구 커뮤니티에서 '모 아니면 도' 성향인 타자 롭 디어의 기록에 주목하면서 이 셋을 'TTO'라 부르기 시작했다. '진정한 결과'라는 표현은 경기 상황을 배제한 투수와 타자의 대결을 보여주는 결과물이라는 데서 유래했다. 공교롭게도 야구 통계가 발달하면서 홈런과 삼진, 볼넷의 비율은 점점 늘어나기 시작했다. 2025년 메이저리그는 33.7%, KBO 리그는 31.0%의 TTO 비율을 나타냈다.

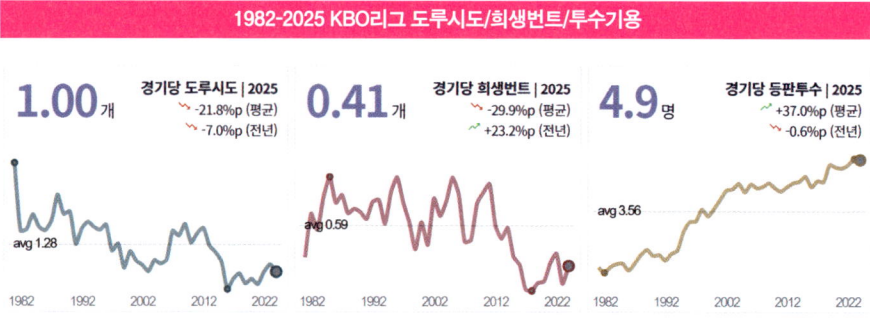

벤치의 개입 정도를 보여주는 항목이다. 경기당 도루 시도와 희생번트는 투고타저 시즌에, 경기당 투수 수는 타고투저 시즌에 늘어나는 경향이 있다. 2025년은 '약한 투고타저' 경향을 보인 시즌인데도 도루 시도가 2024년보다 줄었다는 점이 눈에 띈다. 2024년까지 '뛰는 야구' 흐름을 주도했던 두산과 LG가 도루 시도를 줄이면서 리그 평균에 영향을 끼쳤다. 저득점 환경에서 희생번트가 늘어나는 건 자연스러운 일. 그러나 투수 교체가 타고투저 시즌이었던 2024년과 비슷하다는 점이 흥미롭다. NC가 5.3명, 롯데가 5.1명으로 평균을 끌어올렸다.

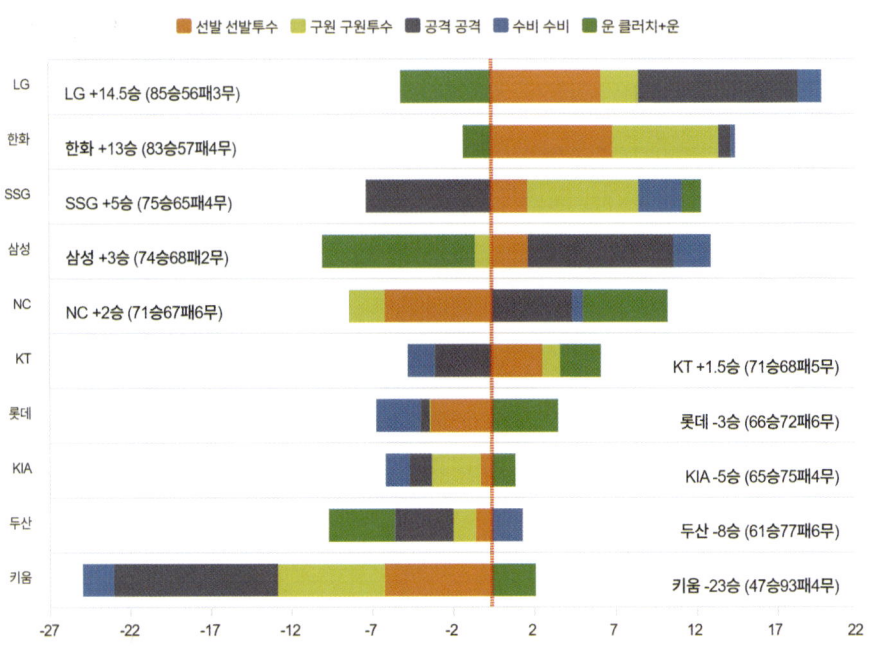

팀	승	선발	구원	공격	수비	운
LG	14.5	6.6	2.3	9.7	1.4	-5.5
한화	13	7.3	6.4	0.7	0.3	-1.7
SSG	5	2.2	6.7	-7.6	2.6	1.2
삼성	3	2.2	-1	8.7	2.3	-9.2
NC	2	-6.5	-2.1	4.8	0.7	5.1
KT	1.5	3	1.1	-3.4	-1.6	2.4
롯데	-3	-3.7	0	-0.5	-2.7	4
KIA	-5	-0.7	-2.9	-1.3	-1.4	1.4
두산	-8	-1	-1.3	-3.5	1.9	-4
키움	-23	-6.5	-6.5	-10	-1.9	2.6

선발(투수), 구원(투수), 공격, 수비, 그리고 클러치와 운. KBO 리그 구단의 승률 0.500 기준 승패 마진을 이렇게 다섯 가지 요소로 나눠봤다. '클러치와 운'은 앞선 기대승률과 실제승률의 차이다. 앞네 가지 요소로는 설명하기 어려운(애매한) '공백'을 채운다. 피타고라스 승률의 구조와 같다. 접전에서 많이 이긴 팀이 더 높게 나타난다. 실제로도 접전에서 '운'이 더 큰 영향을 끼치기 마련이다. LG는 타선과 선발의 힘으로 많은 승수를 쌓았지만, 적은 점수 차로 내준 경기가 많았다. 한화는 선발과 구원의 힘이 압도적이었으나 나머지 요소들의 영향은 적었다.

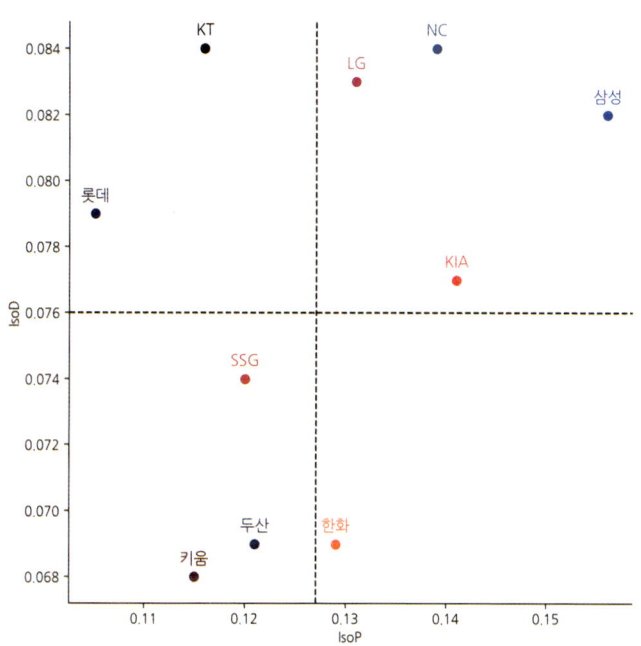

이 팀은 어떻게 득점했을까 - 순수장타율과 순수출루율

타자친화구장을 쓰는 공통점이 있는 삼성과 SSG지만 순수장타율에서 눈에 띄는 차이를 보였다. 삼성이 순수장타율 1위에 오른 반면 SSG는 평균에도 못 미치며 하위권에 머물렀다. SSG는 순수출루율마저 좋지 않아 홈구장의 특성을 전혀 살리지 못했다. 우승팀 LG는 2024년에 이어 다시 출루에서 강점을 보였다. 순수장타율은 '더그아웃 라이벌' 두산을 앞섰다.

야구에서 출루 방법은 여러가지지만 안타와 볼넷이 가장 자주 나온다. LG는 타율도 높고 볼넷 비율도 높았다. KT는 볼넷 비율이 두 번째로 높았지만 안타는 두 번째로 적었다. 한화는 타석당 안타가세 번째로 많았던 반면 공을 골라내는 능력은 최하위 키움보다도 나빴다.

홈런에 의한 총 득점은 삼성이 274점으로 2위 LG(225점)을 압도적으로 제쳤다. 하지만 홈런당 득점은 출루율이 높은 LG가 1.73점으로 조금 더 높았다. 공교롭게도 지난해 LG는 '스리런의 팀'이었다. 3점 홈런이 전체의 20%를 차지해 17%를 넘는 유일한 팀이었다. 3점 이상 홈런 비율 또한 23.1%로 단연 높았다. 홈런당 득점 2위는 1.72점의 롯데. 그런데 롯데는 홈런이 75개로 최하위였다.

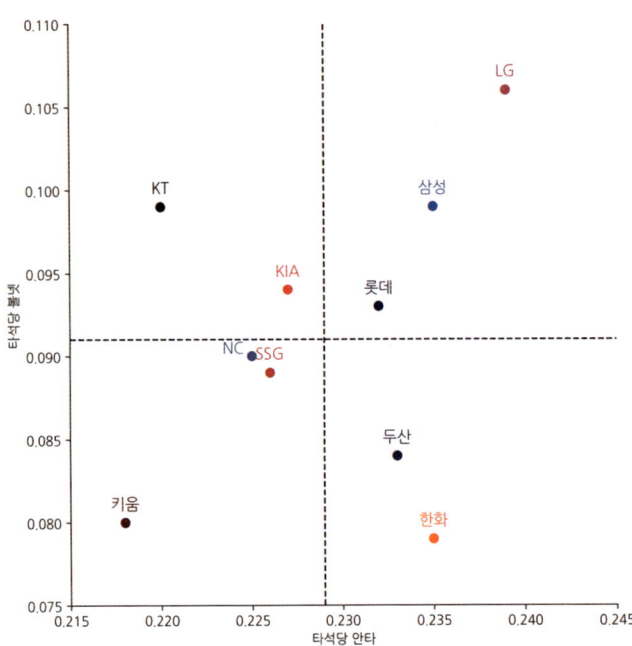

이 팀은 어떻게 출루했을까 - 안타와 볼넷

이 팀의 장타는 어떻게 이뤄졌을까 - 홈런과 비홈런 장타

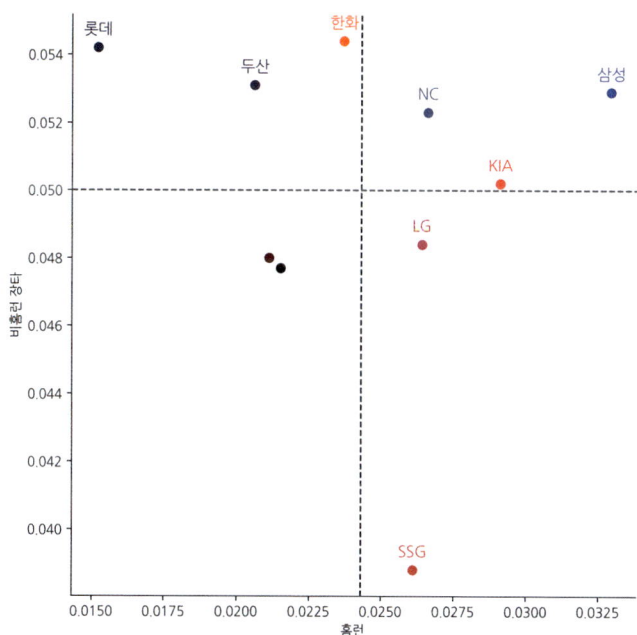

이 팀은 어떻게 실점을 막았을까 - 수비효율과 수비무관평균자책점

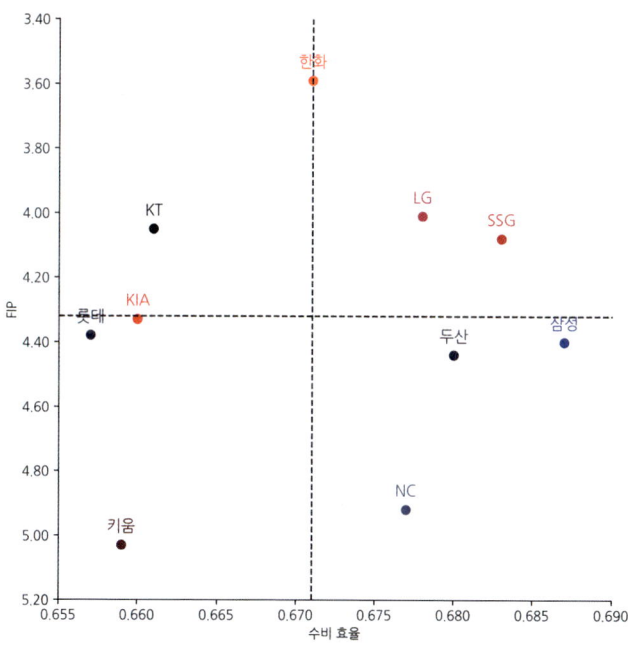

득점 생산은 온전히 타자들의 영역이지만 실점 억제는 투수와 야수의 협업으로 이뤄진다. 수비효율 (DER)과 FIP을 비교하면 실점을 막는 과정에서 투수와 야수 어느 쪽의 기여가 컸는지를 확인할 수 있다. SSG와 삼성은 타자친화구장을 홈으로 쓰는 여건상 피홈런이 많아 FIP에서 손해를 본다. 하지만 이 불리함을 수비로 상쇄한 팀이었다. 한화는 FIP이 단연 1위면서(=투수력이 강하면서) 수비는 평균 수준이었다. 공교롭게도 수비효율에서 평균 이상 기록을 낸 6팀 가운데 5팀이 포스트시즌에 진출했다.

한화 마운드는 단연 독보적이었다. 선발과 불펜 FIP 모두 리그 1위. 우상단에 속한 LG, SSG, KT도 마운드의 힘을 보여줬지만 한화에 가까이 가지는 못했다. 기적의 5위 NC는 선발과 불펜이 모두 허약했는데도 포스트시즌 진출에 성공하는 보기 드문 사례를 만들었다. 선발 FIP만 봤을 때는 최하위 키움보다도 나빴다.

KBO 리그에는 아직 수비수들의 움직임을 트래킹하는 시스템이 없다. 이에 기반한 수비 통계도 없다. 그래서 수비에 관한 한 '세이버 스탯'의 신뢰도가 메이저리그보다는 떨어진다. 그러나 정밀성에 다소 한계가 있다는 것이 현실과 전혀 무관하다는 의미는 아니다. 실책 수나 수비율 같은 과거 방식보다는 실제에 조금은 더 가까이 다가갈 수 있는 방법이라고 봤다. 스탯티즈의 수비RAA(평균 대비 실점억제 기여)를 바탕으로 각 팀의 내·외야 수비력을 살펴봤다. 내·외야가 모두 뛰어난(우상단) 구단은 없었다. 하지만 LG는 외야에서, 삼성은 내야 수비에서 강점을 보였다. LG가 내야 수비에서도 중위권 기록을 낸 반면, 삼성은 외야 수비에서는 최하위권에 그쳤다는 차이가 있다.

이 팀의 투수력은 어디가 좋았을까 - 선발 FIP과 불펜 FIP

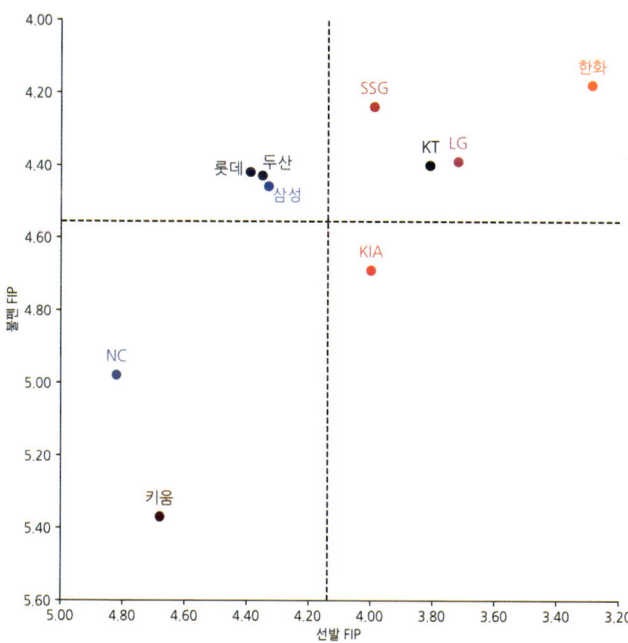

이 팀의 수비는 어디가 강했을까 - 내야 외야 수비 지표

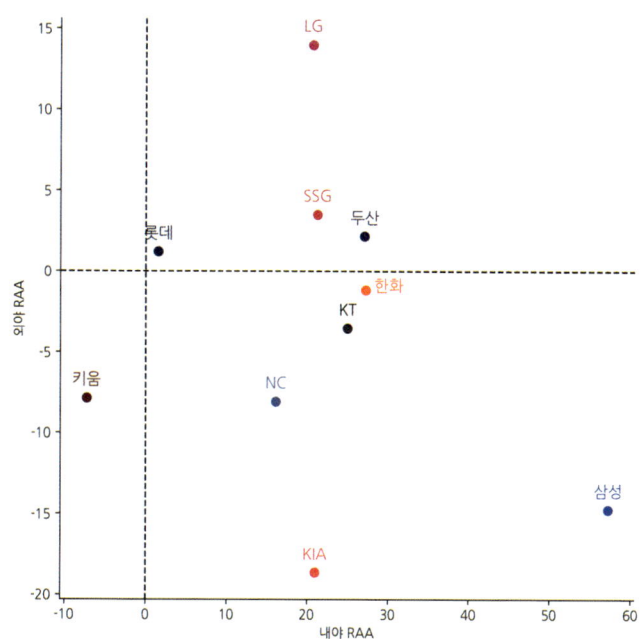

기대득점 Run expectancy, 8회말까지

2024				2025		
0아웃	1아웃	2아웃		0아웃	1아웃	2아웃
0.613	0.320	0.126	주자 없음	0.545	0.283	0.107
1.051	0.603	0.256	1루	0.970	0.570	0.245
1.629	1.156	0.536	1 · 2루	1.638	1.073	0.480
2.058	1.261	0.494	1 · 3루	1.720	1.222	0.494
1.282	0.857	0.386	2루	1.231	0.728	0.334
2.257	1.565	0.617	2 · 3루	2.062	1.410	0.563
1.465	0.994	0.445	3루	1.467	1.102	0.351
2.594	2.067	0.933	만루	2.659	1.686	0.877

득점 가치 Run Value

2024			2025	
2024	0.511	단타	2025	0.488
2024	0.852	2루타	2025	0.804
2024	1.188	3루타	2025	1.205
2024	-0.955	병살타	2025	-0.870
2024	0.512	몸에 맞는 공	2025	0.365
2024	1.430	홈런	2025	1.441
2024	0.134	고의4구	2025	-0.003
2024	-0.292	인플레이아웃	2025	-0.263
2024	-0.056	희생플라이	2025	-0.067
2024	-0.200	희생번트	2025	-0.115
2024	-0.341	삼진아웃	2025	-0.311
2024	0.398	고의4구 제외 볼넷	2025	0.432

기대득점은 어떤 상황이 발생했을 때, 해당 이닝이 끝날 때까지 나온 평균 득점을 의미한다. 당연하게도 주자가 많을수록, 아웃카운트가 적을수록 높아진다. 득점가치는 플레이 전후의 기대득점 차이로 구할 수 있다. 해당이벤트가 기대득점을 얼마나 올리거나 떨어뜨렸는가를 수치로 표현한 값이다. 여기서도 타고투저 시즌과 투고타저 시즌의 차이를 확인할 수 있다. 타고투저 시즌보다 투고타저 시즌에서 아웃의 가치가 높아진다.

피치클락과 경기 시간

2020	2021	2022	2023	2024	2025
3:10	3:14	3:11	3:12	3:10	3:02
				*시범도입	*정식도입

피치클락 위반 사례

	전체 위반	주자 있을 때	주자 없을 때	타자	기타
키움 히어로즈	41	3	5	13	20
롯데 자이언츠	24	1	4	5	14
두산 베어스	23	3	1	7	12
SSG 랜더스	23	3	0	7	13
KIA 타이거즈	22	2	7	5	8
삼성 라이온즈	18	3	2	5	8
한화 이글스	17	0	3	2	12
LG 트윈스	16	1	3	7	5
NC 다이노스	16	2	2	4	8
KT 위즈	15	2	3	5	5
합계	215	20	30	60	105

2025년 시즌 가장 큰 변화. 피치클락 정식 도입 시기가 2024년 후반기에서 2025년 개막으로 밀린 가운데, KBO 리그 선수들은 빠르게 바뀐 제도에 적응했다. 평균 경기 시간이 확실히 줄었다. 사실 메이저리그와 달리 투수들에게 상당한 여유 시간과 무한한 투구판 이탈 기회를 둔 'K피치클락'이 이 정도로 효과를 볼 줄은 몰랐다. 정규이닝 평균 경기 시간이 3시간 2분으로 전년 대비 8분이나 줄어들었다. 연장을 포함해도 3시간 5분으로, 이는 2000년 3시간 4분 이후 최단 기록이다.

1년의 충분한 적응 기간, 그리고 조금은 느슨했던 카운트다운 시작 시간 덕분에 2025년 피치클락 위반은 총 215회, 경기당 0.3회꼴로 나타났다. 주자 없을 때 20초, 주자 있을 때 25초라는 넉넉한 제한 덕분에 투구 준비 과정에서의 위반은 모두 50회에 불과했다. 오히려 타자들의 위반(9초 전까지 타격 자세)이 60회로 더 많았다. 가장 많은 위반이 나타난 경우는 타석 사이(33초)로 모두 88회였다.

깊이, 넓게 들여다 본
야구 이야기

FEATURES

안현민 시대의 시작

_이성훈

2021년 도쿄올림픽 준결승에서 한·일전이 펼쳐졌다.

김경문 한국 대표팀 감독이 써낸 선발라인업은 좌타자 6명, 우타자 3명으로 구성돼 있었다. 우타자 3명 가운데 2루수 황재균이 있었다. 황재균은 그때까지 KBO 리그에서는 물론, 2017년 미국 메이저리그와 마이너리그에서도 한 번도 2루수를 맡은 적이 없었다. 우타자가 워낙 적어 황재균에게 2루수를 맡긴 고육지책이었다.

나머지 오른손 타자 2명은 포수 양의지와 3루수 허경민. '우타거포'로 분류할 수 있는 선수는 4번 타순에 기용된 양의지 한 명뿐이었다. 오랫동안 한국야구를 괴롭힌 '우타거포 부재' 문제를 상징적으로 보여준 장면이었다. 장종훈, 심정수, 이대호, 김태균, 최정, 박병호의 뒤를 이을 오른손 슬러거를 찾지 못한 채, 한국 야구는 노메달의 수모를 당했다.

그 뒤로도 문제는 좀처럼 해결되지 않았다. 노시환이 잠재력을 보여주고 있지만 기복이 아쉽다. 프로에서 7시즌을 보냈지만 OPS 0.900, 장타율 0.500를 넘은 건 2023년 한 해뿐이다. 2024년 김도영이 역사적인 시즌을 보내며 리그를 평정했지만 '유리몸'이라는 꼬리표를 떼지 못하고 있다.

그래서 2025년 안현민의 등장은 많은 한국 야구팬에게 '기적'처럼 느껴졌다.

안현민의 2025년은 얼마나 대단했나

안현민은 2022년 신인 드래프트에서 KT가 4라운드 전체 38순위로 지명했다. 당시엔 "포수지만 호타준족"으로 소개됐다. 마산고 3학년때 도루 28개를 기록했다. 동갑내기 김도영보다 10개나 많았다. 선구안이 준수하고 배트 스피드도 괜찮다는 평가를 받았지만 '뛰어난 타자'라는 평가를 하는 스카우트는 아무도 없었다. 포수 수비에서도 높은 점수를 받지 못해 프로 유니폼을 입자마자 외야수로 포지션을 바꿨다. 각 팀 유망주 몫인 상무 지원은 언강생심이었고, 양구 21사단에서 취사병으로 군복무를 마쳤다(부대 취사실에서도 요리 전공자들에게 밀려 재료 다듬기 등 '보조 역할'을 주로 했다).

그저 평범한 선수로 보였던 안현민의 야구 인생은 2024년 초 제대 직후부터 바뀌기 시작했다. 몸이 완전히 바뀌어 있었다. 고교 시절 시작한 웨이트트레이닝 강도를 양구에서 더 높였다. 어마어마한 근육량과 힘 있는 타구에 놀란 이강철 감독은 "우리 팀에 외국인 타자가 한 명 늘었다"고 기뻐했다.

2024년 1군에서 16경기만 뛰었다. 6월에 오른쪽 약지 인대를 다쳤기 때문이다. 하지만 퓨처스리그 29경기에서 타율 0.292에 OPS 0.939를 기록하며 잠재력을 보여줬다. 2025시즌은 2군에서 시작했다. 4월까지 타율 0.426, OPS 1.270로 퓨처스리그를 폭격했다. 이 감독은 4월 중순 안현민을 1군에 콜업했지만 한 경기만 뛰고 일주일 만에 2군으로 돌려보냈다. 하지만 4월 30일 두 번째 콜업은 시즌 끝까지 이어졌다.

이날 두산전에서 안현민은 3번 지명타자로 출장해 5타수 1안타 1타점을 기록했다. 다음날 경기에서 KT는 8회까지 두산에 1–3으로 뒤졌다. 원아웃 1루에서 타석에 들어선 안현민은 두산 마무리 투수 김택연을 상대했다. 초구 패스트볼에 헛스윙, 2구는 파울. 볼카운트는 타자에게 절대적으로 불리한 0–2가 됐다.

여기에서부터 '안현민의 시대'가 시작됐다.

김택연은 강력한 구위를 앞세워 집요하게 포심을 던졌다. 변화구를 염두에 둬야 했기에 직구에만 타이밍을 맞출 수는 없었다. 하지만 스트라이크존으로 들어오는 공은 어떻게든 커트를 해냈다. 조금이라도 존 바깥으로 빠지는 공은 모두 골라냈다. ABS 센서가 뇌에 장착된 듯한 선구안으로 볼과 스트라이크를 정확히 구분하며 승부를 풀카운트로 몰고 갔다. 그리고 10구째. 2024년 3월 LA 다저스 주축타자들을 압도했던 김택연의 주무기 '라이징 패스트볼'이 가장 효과를 발휘하는 스트라이크존 상단으로 시속 150km 속도로 날아들었다. 놀랍게도 안현민의 스윙은 조금도 밀리지 않고 이 공을 정확히 방망이 중심에 맞혀냈다. 타구는 시속 171.4km 총알 같은 속도로 129m를 날아가 잠실구장 백스크린 오른쪽 관중석에 떨어졌다. 깐깐한 눈과 콘택트 능력, 그리고 경이적인 파워를 모두 버무려 만든 극적인 동점 홈런에 야구계는 경악했다.

다음날부터 두 가지가 쏟아졌다.

안현민의 방망이에선 메이저리그에서 애런 저지나 오타니 쇼헤이 같은 선수들이나 치는 줄 알았던 초대형 홈런들이 양산됐다. 스치면 홈런, 제대로 맞으면 장외홈런이었다. 야구 기자들은 안현민의 괴력을 조명하는 기사를 쏟아냈다. 벤치프레스와 스쿼트, 데드리프트 등 이른바 '3대 운동'을 640kg까지 소화하고, 시즌 중 원정에서도 절대로 웨이트트레이닝 루틴을 거르지 않는 성실함이 조명됐다. 8월에 짧은 슬럼프를 겪은 안현민은 9월에 반등해 역사적인 시즌을 잘 마무리했다.

안현민의 2025년이 얼마나 대단했는지를 보여주는 많은 방법 중에는 이런 것들이 있다.

1

'RC/27'이라는 기록이 있다. 세이버메트릭스계의 초창기 기록인 'RC(Runs Created)'를 이용해, '같은 타자 9명'으로 구성된 타선이 한 경기(=27 아웃) 동안 평균 몇 점을 내는지를 보여준다. 2025년 안현민의 RC/27은 10.9다. 즉 '안현민 9명'으로 구성된 타선은 9이닝 당 10.9점을 낸다. KBO 리그 역사에서 22세 이하 타자 중에 안현민보다 RC/27이 높았던 선수는? 아무도 없다.

22세 이하 타자 RC/27		
연도	타자	RC/27
2025	안현민	10.9
2009	김현수	10.8
2024	김도영	10.4
2008	김현수	10.3
1992	홍현우	10.0

자료=스탯티즈

2

안현민은 5월 4일 키움전 한 점 뒤진 7회에 장외 투런 홈런을 터뜨려 전세를 뒤집었다. 이 홈런 비거리는 무려 144.7m. 2018년 트랙맨 시스템이 KBO 리그에 도입된 뒤 두 번째로 긴 비거리이자 내국인 타자 최고 기록이었다. 2025년 메이저리그 정규시즌에서 144.7m(474피트)보다 더 멀리 타구를 보낸 선수는 단 4명(마이크 트라웃 2회, 닉 커츠, 바이런 벅스턴, 코빈 캐롤 각 1회) 뿐이다. 이들 중 오타니와 저지는 없다. 안현민의 파워가 '탈KBO급'이라는 또 다른 증거다.

안현민의 엄청난 파워가 더 놀라운 이유는, 안현민이 '파워 일변도'의 타자가 아니기 때문이다.

3

한 시대를 풍미했던 거포 중에는 삼진이 많은 타자가 많다. 어느 정도의 헛스윙과 삼진을 감수하고 큰 스윙으로 장타를 노린다. 하지만 안현민은 헛스윙을 잘 하지 않는 타자다. 2025년 헛스윙 비율은 15.0%로 리그 평균인 20.9%보다 훨씬 낮다. 김현수, 최지훈, 레이예스 같은 리그를 대표하는 콘택트 히터보다도 낮다.

헛스윙을 하지 않는 타자들

순위	타자	헛스윙/전체 스윙
15	안현민	15.0%
16	최원준	15.3%
17	김현수	15.4%
18	최지훈	15.6%
19	레이예스	15.7%

규정타석. 자료=스탯티즈

4

투수들은 당연히 안현민과 승부를 기피했다. 안현민은 유인구를 침착하게 골라내 볼넷을 얻어내 출루율을 높였다. 15.6%의 볼넷 비율은 권희동(NC)에 이은 리그 2위. 출루율은 0.448로 리그 1위였다. 22세 이하 우타자의 역대 최고 출루율이다.

22세 이하 우타자 출루율

연도	타자	출루율
2025	안현민	0.448
1992	홍현우	0.447
2003	김태균	0.424
2024	김도영	0.420
2004	김태균	0.412

자료=스탯티즈

5

'고교 도루왕' 출신답지 않게 안현민은 도루를 자제했다. 도루 성공으로 팀이 얻을 이득보다, 혹시나 도루를 시도하다 다쳤을 때 입을 손해가 비교할 수 없을 정도로 크기에 당연한 선택이다. 하지만 안현민은 소리 소문 없이 꽤 괜찮은 주루플레이 능력도 보여줬다. 18회의 '평균 대비 추가 진루'를 기록했다. 정수빈, 신민재, 송

성문에게만 뒤진 리그 전체 4위다. 박찬호, 박민우, 박해민 등 리그에서 가장 빠른 주자들보다 더 많은 추가 진루에 성공한 것이다.

평균 대비 추가 진루

타자	추가진루	평균 대비 +/-
정수빈	100	+34
신민재	102	+22
송성문	94	+22
안현민	67	+18
이주형	62	+14

자료=스탯티즈

안현민은 여세를 몰아 11월에는 도쿄돔도 자신의 무대로 만들었다. 일본과의 국가대표 평가전 1차전 4회초에 국제대회 데뷔 홈런을 터뜨렸다. 안현민의 괴력을 눈앞에서 실감한 일본 투수들은 다음날 3타석 연속 볼넷으로 승부를 피해갔다. 하지만 8회말 일본프로야구(NPB) 최고 에이스 중 한 명으로 꼽히는 다카하시 히로토(주니치)가 승부를 걸어왔다. NPB 선발투수 가운데 두 번째로 빠른 공을 던지는 파워피처다. 다카하시는 볼카운트 2-1에서 시속 152km 몸쪽 포심으로 카운트를 잡으러 들어왔다. 다시 홈런. 일본 프로 국가대표팀을 상대로 두 경기 연속 홈런을 친 최초의 한국 선수가 탄생한 순간이었다.

'프로 한·일전' 2홈런 타자

타자	경기
이승엽	2006 WBC, 2008 베이징올림픽
김하성	2017 APBC, 2019 프리미어12
안현민	2025 K 베이스볼 시리즈

더 놀라운 점이 있다. 한·일전에서 안현민은 정
규시즌과는 완전히 다른 메커니즘으로 타격을
했다.

"한·일전에서 짧은 레그킥을 사용했어요. 시즌
을 치르면서 레그킥이 크면 시속 150km 이상,
95마일 이상 빠른공 대응이 어렵다는 걸 느꼈
거든요. 일본전에 짧은 레그킥을 해보니까 조
금 편하다고 느꼈어요. 공에 대응하는 여유가
늘어나더라고요. KBO 리그에서도 투수 구속
이 빨라지고 있고, 제가 가고 싶은 메이저리그
는 더 빨라요. 살 길을 찾으려면 빠른 공에 대
한 준비가 필요하다고 생각했어요. 시즌 중에
도 꾸준하게 연습했고, 시즌이 끝난 뒤에 한·일
전까지 남은 한 달 동안 본격적으로 익혔어요."
(안현민, 2025.11.18. SBS 유튜브 〈야구에 산다〉
에서)

'짧은 레그킥'은 스즈키 이치로, 마쓰이 히데키,
그리고 오타니까지 일본 최고 타자가 메이저리
그에 진출하며 적응을 위해 한 선택이다. 안현
민은 짧은 레그킥을 처음 써본 실전에서 일본
최고 투수들을 상대로 홈런쇼를 펼쳤다. 그의
천재성을 실감할 수 있는 대목이다.

안현민은 한 해 성공에 안주하지 않고 세계 최
고의 무대에서 뛸 미래를 진지하게 준비하고 있
다. 한국 야구 팬들이 오타니를 보며 이런 점을
부러워했다. 어마어마한 재능을 가졌음에도 현
재에 만족하지 않고 더 나아지기 위해 노력하
는 슈퍼스타. 안현민의 야구를 보며 가슴이 뛰
는 또 하나의 이유다.

골든글러브를 수상한 안현민 ⓒKT 위즈

모르셔서 그렇지 요즘 WAR 1위는 다 이래요

_신원철

2025년 KBO 리그 MVP는 코디 폰세다. 하지만 WAR 1위(스탯티즈 기준) 선수의 이름은 다르다. 메이저리그 도전에 나선 송성문이 8.58 승으로 전체 1위에 올랐다. 폰세(8.38)와 50홈런을 꽉 채운 홈런왕 르윈 디아즈(5.80)를 앞질렀다. 2년 전만 해도 한 시즌 WAR이 2.0승 을 넘은 적 없던 선수가 프로 데뷔 10년 만에 리그 정상에 섰다.

심심해서 WAR을 찾아보는
'요즘 WAR 1위'

송성문(왼쪽)과 정상봉 키움 전력분석원(오른쪽)

송성문은 전해인 2024년 리그 WAR 3위 (6.33)에 오르며 과거와 작별했다. 2015년 데뷔부터 2023년까지 1군 7시즌 동안 쌓은 WAR 합이 5.52승이었는데 단 1년 만에 이를 뛰어넘었다. 그리고 2025년 또 한 번 천장을 뚫고 나와 메이저리그에 도전할 자격이 있다는 것을 보여줬다.

WAR 1위 송성문은 '숫자'를 어떻게 보고 쓸까. 송성문에게 직접 물었다. 키움 전력분석팀의 정상봉 분석원이 인터뷰에 함께 했다. 자신도 잘 몰랐지만, 송성문은 구단 안에서 가장 전력분석팀과 오랜 시간을 보내는 선수였다. 앞서 메

이저리그에 진출한 선수들보다도 데이터와 가깝게 지냈다.

Q 폰세를 제치고 WAR 1위에 올랐다. WAR 1위라는 말이 어떤 느낌으로 다가오는지.

"세이버메트릭스 지표이니 클래식한 기록보다 팀에 더 도움이 됐다는 의미로 받아들이는 선수가 많다. 그런 면에서 1위를 했다는 게, 그 1위가 나라는 게 뿌듯하다. 물론 집계 사이트마다 방식이 다르지만 그래도 가장 대중적인 사이트에서 1등이라는 것은 알고 있었다."

최근 3년 WAR 톱5		
2023	2024	2025
NC 페디 7.63	KIA 김도영 8.59	키움 송성문 8.58
LG 홍창기 6.89	KT 로하스 6.71	한화 폰세 8.38
한화 노시환 6.74	키움 송성문 6.33	삼성 후라도 7.57
두산 양의지 6.18	NC 하트 6.15	두산 양의지 6.79
키움 김혜성 6.09	롯데 윌커슨 6.06	KT 안현민 6.77
...		

키움 송성문 0.95

Q 언제 알았나

"시즌 중에도 심심해지면 가끔 본다."

Q WAR 상승과 자신이 느끼는 실력이 비례한 다고 보나.

"어디가 어떻게 얼마나 좋아졌다고 수치화하기 는 어렵겠지만 어느 정도는 그렇다고 본다. 나 뿐만 아니라 모든 선수가 순위에 나와 있다. 주 위 선수들과 비교해보면 맞는 것 같다. WAR 상 위권 선수들은 확실히 위압감이 있다. 공식을 너무 깊게 파고들기보다는 내가 팀에 이 정도 기여를 했구나 정도로 좋게 받아들이고 있다. 내 가치를 인정받고 있다는 느낌이 든다."

Q 키움은 2019년부터 트랙맨 데이터를 활용하 고, 선수들에게 교육한다고 들었다. 데이터 에 대한 이해도가 전보다 나아졌다고 생각 하는지.

"처음보다는 확실히 이해가 잘 된다. 나는 타 자니까 타자 쪽 데이터를 본다. 좋았던 한 달과 안 좋았던 한 달의 트래킹 데이터를 비교한다. 예를 들어 히팅 포인트가 좋았던 달보다 뒤로

왔다면 조금 더 과감하게 스윙을 하는 식이다. 타격 밸런스 체크에도 도움이 된다. 지표는 거 짓말하지 않으니까. 체감보다 더 정확한 것 같 아 확실히 믿음이 간다. 처음부터 트래킹 데이 터 활용에 거부감은 없었다. '트렌디하다'는 느 낌이었다. 선수에게 도움이 될 테니 처음부터 다 이해하지는 못해도 도움이 될 것이라 여겨 배우려 했다.

Q 2년 전부터 급성장했다. 어떻게 준비했고 어 떤 데이터의 도움을 받았나.

"야구는 정말 복잡한 스포츠다. 힘이 좋다고 해 서 타구 스피드가 빠른 게 아니고, 힘이 없다고 꼭 느리지도 않다. 스윙 메커니즘이나 포인트, 타석에서의 생각 같은 여러 요소가 영향을 끼 친다. 내 경우 가장 큰 차이는 메커니즘의 변화 다. 원래 맞히는 건 잘하는 타자였다. 갖다 맞히 기보다는 조금 더 힘 있는 스윙을 하려고 했다. 달라진 시도가 트래킹 데이터에서 확인됐고, 성 적으로도 나타나니까 더 믿음이 생겼다. 더 과 감하게 스윙을 하면서 히팅 포인트가 앞으로 나오고 타구 속도 같은 데이터가 더 좋아졌다.

(정상봉) "송성문 선수는 2023년까지 OPS가 0.600대였는데 2024년부터 확 올라왔다. 예 전부터 콘택트 능력이 좋은 선수였다. 맞히는 능력은 좋았는데 힘이 부족해서 펜스 앞에서 잡히는 타구가 많았다. 그걸 알려줬고, 선수 가 부족한 점을 깨달아 웨이트트레이닝에 신 경을 쓰고 힘을 키워서 이렇게 왔다. 평균 타 구 속도가 2024년부터 전보다 시속 10㎞나 늘었다. 타구 각도는 원래 좋았다. 거기서 힘 을 키우면 잠재력이 폭발할 수 있다는 기대 가 있었다."

Q 경기 전 준비에서 데이터를 어떻게 활용하는지 궁금하다.

"타격 훈련 때부터 트랙맨 데이터를 보는 걸 좋아한다. 처음에는 잘 모르지만 스윙을 하다 보면 '내가 조금 피곤하구나'라는 판단이 선다. 가장 중요하게 보는 건 타구 속도다. 의식적으로 빠른 타구를 날리려 하지는 않는다. 평소랑 똑같이 치는데 타구 속도가 덜 나오면 피곤하다는 걸 인지할 수 있다. 이런 점이 좋다."

(정)"미팅에서 상대 투수의 트래킹 데이터와 클래식 데이터를 함께 제공한다. 트래킹 쪽은 투수가 던지는 구종의 궤적 등을 그래픽으로 보여준다. 우리 선수가 상대 투수를 만났을 때 어떻게 상대했는지도 보여준다. 그리고 투수가 던지는 공 성질을 데이터로 설명한다. 우리 구단은 2019년부터 트랙맨을 쓰기 시작했다. 이후 계속 여기에서 나온 데이터를 선수들에게 전달한다. 선수들이 보든 안 보든. 지금은 선수들의 이해도가 꽤 높은 편이다. 전문적인 용어를 써도 바로 이해할 정도로 올라

와 있다. 신인들은 입단 뒤부터 교육한다."

Q '피곤한' 날에는 어떻게 대응하나.

"그런 날에는 큰 힘을 쓰려 하지 않는다. 피곤한 상태니까 심플하게, 콤팩트한 스윙을 하려고 한다.

Q 방망이 무게를 바꾸지는 않나.

"무게는 잘 안 바꾼다. 바꿔보지 않은 건 아니다. 그런데 매일 환경이 바뀌는 느낌이 들어서 일정하게 유지하는 쪽으로 정했다. 가끔 가벼운 배트를 들고 나갈 때도 있지만 피로감보다는 기분전환용이다. '요즘 좀 안 좋으니까 가벼운 걸로 돌리자'라는 느낌이다. 컨디션에 따라 타석에서 대응 방식을 조정하기는 하지만 외적 환경은 최대한 바꾸지 않으려고 한다.

Q 전력분석팀에서 받은 상대 투수에 대한 데이터는 어떻게 활용하나.

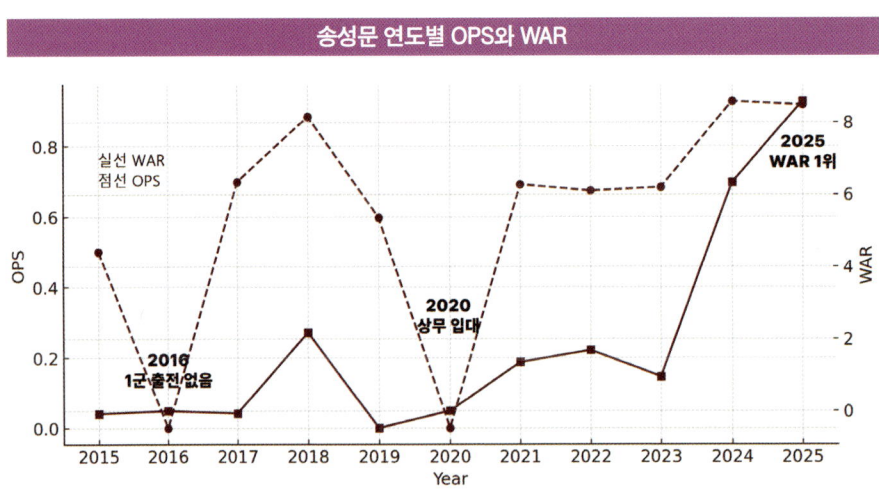

송성문 연도별 OPS와 WAR

"요즘에는 패스트볼 수직·수평 무브먼트를 알고 들어가는 게 확실히 좋다고 느낀다. 변화구는 솔직히 이미지로 형상화하기 어렵다. 같은 슬라이더라도 몸쪽으로 붙는 공과 바깥쪽으로 빠지는 공은 다르다. 밀려 들어오는 공과 잘 먹힌 공의 차이는 타석에서 겪어봐야 안다. 그런데 패스트볼은 어쨌든 직선에 가깝게 온다. 그 안에서 무브먼트 정도를 알고 들어가면 대처가 어느 정도는 된다. 수치가 주는 도움이 크다. 수직 무브먼트가 좋은 투수라면 높은 코스는 배제하거나, 수평 무브먼트가 좋다면 몸쪽에 포커스를 두는 식으로 대응한다. 분석팀에서 자료를 주고, 코치도 말씀해주셔서 요즘은 다들 많이 활용하는 것 같다.

Q 전력분석을 많이 하는 편에 속하나.

"솔직히 말하자면, 처음 상대하는 투수라면 정말 열심히 한다. 그런데 KBO 리그는 같은 투수를 자주 만난다. 선발투수를 1년에 6번 상대할 수도 있고, 구원투수라면 3연전 내내 만나기도 한다. 한 번 상대한 뒤에는 기본적인 분석은 하지만 앞 타석들을 떠올려보면서 분석팀에서 알려주는 최근 변화에 대해 확인을 한다."

(정)"송성문 선수가 팀에서 가장 많이 하는 편에 속한다. 먼저 메이저리그 간 선배들을 포함해도 그렇다. 그 선수들은 자신이 가진 게 많아서 분석자료가 별로 필요 없는 경우도 있었다. 김하성은 아는 게 많았다. 분석팀을 찾아와 분석적으로 대화를 했다. 기본적으로 지식이 있었다."

Q 키움 출신인 이정후는 '콘택트가 좋다'는 말에 두 가지 의미가 있다고 했다. 공만 잘 맞히는 선수, 그리고 자기 스윙으로 때리는 선수.

(정)"송성문은 2023년 전체 콘택트율이 86%였는데 존을 벗어나는 공 콘택트율이 66%였다. 존 바깥쪽 수치가 2024년과 2025년에는 10%p씩 내려갔다. 지금은 치기 좋은 공, 즉 스트라이크존 안으로 오는 공에 스윙을 하고 있는 것이다. 단순히 콘택트율이 높은 선수는 아주 많다. 90%대 선수도 많다. 2023년의 송성문이었다면 타구가 야수에게 잡힐 확률이 높았을 거다. 지금 송성문은 배럴타구(홈런이 자주 나오는 시속 98마일 이상·발사각 26~30도인 타구) 비율이 2023년보다 70%나 늘었다. 전체 콘택트율은 전보다 떨어졌다. 그런데도 OPS는 0.300 이상 올랐다. 하드히트(시속 95마일 이상 타구) 비율은 15%가 올랐다. 타구 질이 정말 달라졌다. 2024년에 급격히 향상됐고, 2025년에도 큰 차이 없이 유지했다. 계속 이 수준에서 놀 수 있는 타자로 완전히 자리를 잡았다고 본다."

"웨이트트레이닝 효과나 메커니즘 변화도 있었지만 생각을 바꾼 게 크다. 원래는 삼진 먹는 걸 정말 싫어했다. 2스트라이크 이후에는 존을 넓혀서 가볍게 맞히려 했다. 인플레이 타구를 만들어야 무슨 일이라도 일어난다는 생각이 강했다. 그런데 발전이 없었다. 주변에서 '조금만 바꾸면 잘할 수 있을 것 같은데 뭔가 아쉽' 이런 얘기가 나왔다. 2년 전부터 삼진에 대한 강박에서 벗어났다. '삼진 먹어도 된다. 대신 내 스윙을 다 하자'고 생각을 바꿨다. 원래 콘택트가 좋았기 때문에 접근법을 바꿔도 공이 안 맞지는 않더라. 좋은 변화구에 헛스윙할 때도 있지만, 조금 늘어난 헛스윙 보다 얻은 게 훨씬 컸다."

Q 야구는 '기록의 스포츠'다. 올해 가장 만족스러운 기록이 있다면.

"WAR 1위라는 게 뿌듯하지만, 타구 속도가 지난 2년 동안 이전과는 너무나, 놀랄 정도로 많이 좋아졌다. 그래서 하나를 고르라면 평균 타구 속도. 운이 좋아 잘 한 게 아니라 확실히 성장했다는 믿음을 주는 수치. 작년에 갑자기 타율 3할을 쳤다면 플루크로 볼 수도 있다. 하지만 타구 속도가 올라오고 하드히트 비율이 높아졌다면 나 자신이 준비를 잘했다는 확신이 있었다. 올해까지 그런 세부 지표가 좋아졌다는 점을 확인해서 확실히 뿌듯했다."

맞히기만 하던 선수에서, 잘 때리는 선수로				
연도	2022	2023	2024	2025
콘택트%	86.3	88.3	83.1	82.2
헛스윙%	13.7	11.7	16.9	17.8

Q 그 과정에서 데이터가 도움됐다고 봐야 할까.

"물론 도움이 됐다. 아까 말한 것처럼 타격에는 너무 많은 요소가 영향을 끼친다. 전에는 내가 뭐가 안 되는지, 뭐가 내 장점인지도 모르고 야구를 했다. '나는 공을 맞히는 재주가 있다'는 이미지는 있었다. 하지만 더 들어가서 어떤 공에 방망이가 많이 나오고, 어떤 결과를 냈는지 등은 몰랐다. 내 장점과 단점을 파악하는 데 데이터가 확실히 도움이 된다. 또 이를 바탕으로 방향을 어떻게 설정할지가 중요한 것 같다."

Q 넥스트 송성문은 누가 될까.

"(웃으며)분석팀에 물어봐야 할 것 같은데. 지금 우리 팀에서 하드히트 비율이 가장 높은 건 나다. 하지만 '고점'이라는 게 있지 않나. 고점은 내가 가장 높지는 않을 것이다. 타구 스피드가 좋은 타자가 고점이 높다고 보는데, 그렇다면 이주형도 있고 임병욱 형도 있다. 주성원도 좋다. 빠른 타구를 날리는 타자들이 타격 메커니즘에서 깨닫는 게 있다면 나보다 더 터지지 않을까 생각한다."

(정)"후계자라고 하기는 그렇지만 이주형? 이주형은 송성문과는 반대다. 힘은 타고났고, 타구 속도도 좋다. 그런데 콘택트율이 낮다. 콘택트가 좋아지면 더 무서운 타자가 될 것이다. 박주홍은 콘택트율이 후반기에 80%까지 올라왔다. 지금부터는 파워를 어떻게 타구에 전달하는지가 중요하다."

한국 날짜로 2025년 12월 20일, 송성문은 샌디에이고 파드리스와 입단 계약에 합의했다. 정상봉 전력분석원은 12월 초에 이뤄진 이 인터뷰에서 "송성문이 메이저리그에서 잘할 거로 보는 이유가 있다. 이정후의 경우 순수출루율이나 순수장타율의 비율은 크게 바뀌지 않았다 (순수출루율 KBO 0.067→MLB 0.059, 순수장타율 KBO 0.151→0.126). 타율이 떨어지면서 OPS가 낮아졌을 뿐이다. 송성문도 지금 상태로 간다면 경쟁력이 있지 않을까 싶다"고 기대감을 보였다. 송성문의 지난 2년간 순수출루율은 0.070, 순수장타율은 0.197이었다.

2025년 9월 18일 정규시즌 경기에서 김주원은 4타수 2안타 4타점을 기록했다

ⒸNC 다이노스

김주원, '고집쟁이'가 만들어가는 '없던 길'

_이성훈

빅리그를
노릴 만한 선수

#1 2025년 11월 16일, 도쿄돔

오타 다이세이는 요미우리 자이언츠 소속으로는 사상 처음으로 성이 아닌 이름을 등록명으로 쓰는 일본인 투수다. 일본프로야구(NPB)에서 가장 위력적인 투수 중 한 명이기도 하다.

2022년 데뷔 시즌에 명문 요미우리의 마무리를 맡았다. 첫 시즌을 마치고 이듬해 3월 월드베이스볼클래식(WBC) 대표로 뽑혔고, 이후 매년 국가대표로 선발됐다. 사이드암 투구폼에서 뿜어져 나오는 최고 시속 160km 투심성 '뱀직구'를 던진다. 이 공은 2024년 NPB 선수들이 뽑은 '최고의 패스트볼' 1위에 올랐다. 옆으로 휘어지는 무브먼트를 활용해 헛스윙과 땅볼을 유도한다. 2025년 다이세이의 땅볼 유도율 54%는 500이닝 이상 던진 투수 107명 중 8위.

11월 16일 도쿄돔에서 열린 한국과의 두 번째 국가대표 평가전. 9회말 한 점차 리드를 지키러 등장한 투수가 다이세이였다. 공 세 개로 문보경과 문보경과 문현빈을 가볍게 범타 처리했다. 문보경에게 던진 초구 포심은 시속 156km로 스피드건에 찍혔다. 만원이던 관객 절반 정도가 일본의 한국전 11연승을 확신하고 도쿄돔을 떠났다.

하지만 포수 뒤쪽 좌석에 앉아 있던 메이저리그 스카우트들은 아직 노트북을 덮지 않았다. 한국의 마지막 희망 김주원이 '빅리그급 투수'를

상대로 어떻게 대처하는지 확인할 좋은 기회였기 때문이다.

미국 야구 전문사이트 팬그래프는 2025년 3월 KBO 리그 선수 중 메이저리그에 도전 가능한 선수로 김도영 안우진 강백호와 함께 김주원을 꼽았다. 분명 좋은 선수였지만 2024년까지 타율 0.260도, 장타율 0.400도 넘겨본 적이 없는 '검증되지 않은 유망주'가 빅리그를 노릴 만한 선수라니. NC 동료들은 "네 이름이 왜 저기에 있냐"며 김주원을 짓궂게 놀렸다.

김주원 자신은 어땠을까.

> **"신기할 뿐이었죠. 신경 쓰지 않고 제가 할 일만 하려고 노력했습니다. 그래도 2024년 오른 다리를 들어올리는 레그킥 대신 발 끝을 살짝 들어 딛는 '토우탭'으로 폼을 바꾼 뒤 타격이 한 단계 올라섰다는 자신감은 있었어요."**

2024년 전반기에 리그 최악의 타자 중 한 명이었던 김주원이 장타를 노리는 레그킥을 버리고 토우탭으로 바꾼 뒤 극적으로 부활했다는 이야기는 이미 널리 알려져 있다. 이해 전반기 김주원의 타율은 0.195였지만 후반기엔 무려 0.320으로 확 달라졌다. 성공을 이어가기 위해 2025년 시즌을 앞둔 스프링캠프에서 레그킥 완성도를 높이려 노력했다.

#2 2025년 6월 6일, 대구 삼성라이온즈 파크

하지만 정작 시즌이 시작되자 김주원의 계획과는 전혀 다른 상황이 펼쳐졌다. '홈런 욕심을 버리자'는 마음이 지나쳤던 탓인지, 약한 타구가 너무 많이 나왔다. 맞추기에 급급한 스윙을 하니 장타가 실종됐다. 6월 5일까지 김주원의 장타율은 0.335. 풀 시즌 성적이었다면 프로 데뷔 이후 최악 기록이었다.

보다 못한 이호준 감독이 6월 6일 대구 삼성전을 앞두고 김주원을 불렀다.

> "게임 전 훈련 때 감독님이 갑자기 "골반 한 번 잡고 쳐봐라"라고 말씀하셨어요."

타격 스탠스를 잡기 전, 뒤쪽 골반을 손으로 잡는 동작은 다소 괴상해 보이지만 목적이 분명했다. 스윙할 때 몸의 무게 중심을 '조금 전 만진 그 곳'에 남겨둬 앞으로 쏠리지 않게 한다는 의도였다. 뒷다리의 지면반력을 살려 타구 속도를 올리고, 떨어지는 변화구에 속는 확률을 줄일 수도 있다.

그런데 아무리 좋은 취지라도 시즌 중에 갑자기 폼을 바꾼다?

> "처음에는 거부감이 들기도 했습니다. 그런데 감독님이 '폼을 바꾸는 게 아니다. 하나의 루틴이라고 가볍게 생각하라'고 설명해 그날 경기에서 바로 해봤습니다."

김주원은 그날 시즌 두 번째 3루타 포함 멀티히트를 터뜨렸다. 다음 날엔 25일 만의 홈런을 포함해 프로 5시즌 만에 첫 5안타 경기를 펼쳤다.

그 뒤론 거칠 게 없었다. '뒤쪽 골반'을 잡은 뒤, 김주원은 리그 최고 강타자 중 한 명으로 변신했다.

김주원 before & after '골반 잡기'

시기	타석	타율	출루율	장타율
6월 5일 이전	240	0.228	0.325	0.335
6월 6일 이후	384	0.327	0.413	0.523

> "조그마한 것 하나 바꿨다고 이렇게 확 달라지는 걸 보면 야구가 정말 신기한 운동 같아요."

일주일 뒤, 이호준 감독은 살아난 김주원을 1번 타순에 기용하기 시작했다. 6월 13일부터 시즌이 끝날 때까지 김주원은 리그 최고의 리드오프 히터로 활약하며 해당 기간 리그 최다인 353타석에 들어섰다. '풀타임 유격수'가 시즌 600타석을 넘긴 경우는 2020년 김하성 이후 김주원이 처음이었다.

튼튼한 체력을 바탕으로 한 타석 수 외에 김하성과 김주원이 닮은 점은 또 있다.

김주원 vs 김하성 '23세 시즌' 성적

선수	연도	타석	OPS	wOBA	wRC+	리그 평균 OPS
김주원	2025	624	0.830	0.385	131.1	0.727
김하성	2018	576	0.832	0.364	109.2	0.803

김주원이 지난해 23세로 기록한 OPS는 0.830이다. 김하성이 같은 나이던 2018년에 기록한 OPS 0.832와 거의 똑같다. 하지만 '해당 시즌에 누가 더 좋은 타자였나'로 질문을 바꾸면 정답은 김주원일 수도 있다. wRC+는 파크팩터

를 반영한 '리그 평균 대비 공격력'을 보여준다. 100이면 리그 평균, 높을수록 좋은 타자다. 23살 김주원의 wRC+는 131.1. 리그 평균 대비 31.1% 높은 공격력을 보였다는 뜻이다. 23살 김하성의 109.2보다 꽤 높다. 비슷한 OPS에도 불구하고 둘의 wRC+가 꽤 큰 차이를 보이는 이유는 리그 환경이다. 2018년은 리그 평균 OPS가 0.803에 이른 '타고투저 시즌'이었다. 2025년은 0.727로 '투고타저'에 가까웠다. 같은 OPS라도 타자들에게 힘들었던 환경이었기에 김주원의 wRC+가 더 높게 계산되는 것이다.

게다가 23세 김주원이 김하성을 압도하는 영역도 생겼다.

김주원은 야구 인생 내내 '발'로 주목받아본 적이 없는 선수였다. 고3 시절, 성인보다 도루 저지 능력이 약한 배터리를 상대로도 24경기에서 도루 7개에 그쳤다. 프로 입단 이후 첫 4시즌에서 기록한 도루도 47개에 불과했다. 도루가 줄어드는 시대에, 체력 부담이 큰 유격수가, 그리 빠르지 않은 발로 도루 시도를 자제하는 건 당연한 선택으로 보였다.

그런데 2024년에 김주원은 남들과는 다른 생각을 했다.

"힘이 붙고 달리기가 빨라지면서 욕심이 생겼어요. 이종욱 코치님이 '네 가치를 높이려면 도루를 많이 해야 한다'고 말씀해주신 뒤로 더 적극적으로 도루를 했습니다. 기술적인 도루 디테일도 가다듬었어요. 전에는 스타트 때 상체가 일찍 서는 경향이 있었어요. 서는 게 아니라 회전해야 한다는 걸 배웠습니다. 그밖에도 하나씩 알아가는 재미가 있었어요."

뛰기로 작심한 김주원은 놀라운 결과를 만들었다. 무려 44도루로 박해민(49)에 이어 이 부문 2위에 올랐다. 21세기 KBO 리그에서 김주원보다 많은 도루를 기록한 주전 유격수는 2021년 김혜성 뿐이다. 특히 방망이가 깨어난 뒤에는 늘어난 출루를 살려 더 많은 베이스를 훔쳤다. '골반 루틴'을 시작한 6월 6일 이후 시즌 끝까지 기록한 도루가 32개. 이 기간 리그 전체 1위다.

사실 김주원의 야구 인생은 '남들과는 다른 선택' 그 자체다.

세계적으로 스위치히터는 희귀해지고 있다. 메이저리그에선 1992년 전체 타석 가운데 19.6%를 스위치히터들이 차지했다. 로베르토 알로마, 팀 레인스, 아지 스미스 등 명예의 전당에 입성한 스위치히터들이 함께 뛰며 오른손과 왼손 투수들을 공평하게 괴롭혔다. 이후 스위치히터의 비중은 지속적으로 하락했다. 2025년에는 11.3%로 1992년의 절반 수준이었다.

한국에서 스위치히터는 더 드물다. 2007년 이종열 현 삼성 단장이 LG 유니폼을 벗은 뒤부터 김주원이 데뷔한 2021년까지 한 시즌 100 타석 이상 양손 타격을 시도한 한국인 타자가 한 명도 없었다. 2002년생인 김주원이 5살 때, 한국인 스위치 타자는 사실상 멸종된 것이다.

그런데 2014년 열 두 살 김주원 어린이는 난데없이 스위치히터 도전을 결심하고 훈련을 시작했다. 원래 오른손 타자지만 좌타자 스윙도 훈련했다.

MLB 연도별 스위치히터 비율

"그냥 멋있어 보였어요. 누구를 따라서 한 건 아니었어요. 학창 시절부터 한쪽으로만 하라는 이야기를 엄청 많이 들었어요. 그래도 멋있다고 생각해서 계속 했어요. 양쪽 타석 모두 잘 치는 선수는 메리트가 있고 희소하잖아요. 중간에 의심이 든 적은 있어도 후회한 적은 없습니다."

주변의 숱한 반대에도 굴하지 않고 '멋있어 보이는' 길을 간 김주원은 2025년, 프로야구 사상 최초로 한 시즌 600타석 이상 들어선 스위치히터가 됐다. 2025년 김주원의 WAR 6.33승은 2000년 박종호의 7.07승에만 뒤진 역대 내국인 스위치히터 2위 기록이다.

김주원 본인은 '좌주원'과 '우주원'을 각각 어떻게 평가하고 있을까?

"좌타자 김주원은 스윙 동작들이 매끄럽게 연결됩니다. '면이 좋아서(배트와 공 접촉 면적이 넓어서)' 정타를 자주 칩니다. 저는 우타자로 야구를 시작했습니다. 그래서 우타자 김주원은 타구에 힘을 더 잘 싣는 느낌이예요. 저는 둘을 다른 사람, 다른 인격체라고 생각합니다. 훈련부터 완전히 다른 느낌으로 합니다. (스위치히터인) 멜 로하스 주니어와도 이 주제로 대화한 적이 있어요. 로하스도 좌타석과 우타석에 설 때 각기 다른 타자라고 생각한다고 했습니다. 그 말을 듣고 저도 확신을 가졌습니다."

#3. 다시 2025년 11월 16일, 도쿄돔

전날 일본과의 1차 평가전 9회초. 김주원은 일본의 마지막 투수 다이라 가이마의 시속 155km짜리 몸쪽 강속구를 받아쳐 깨끗한 우전 안타를 만들었다. 다이라도 일본을 대표하는 파워피처다. 2025년 직구 평균 시속 154.3km로 50이닝 이상 던진 NPB 일본인 투수들 중 1위에 올랐다. NPB 최고 강속구 투수를 상대로도 김주원의 배트는 밀리지 않았다.

그래서였을까. 2차전에선 김주원을 상대하는 일본 투수들의 볼배합이 확 바뀌었다. 5타석 중

4타석에서 초구가 변화구로 들어왔다. 직구(7개)보다 더 많은 변화구(12개)로 조심스럽게 승부했다. 9회 다이세이도 마찬가지였다. 문보경과 문현빈에게는 모두 포심을 던졌지만 김주원에게 던진 초구는 포크볼이었다. 좌타석에 들어선 김주원의 머리 쪽으로 오다 뚝 떨어져 존 안으로 들어왔다. 김주원은 반응할 수 없었다. 2구도 포크볼. 이번에는 김주원의 벨트 높이로 오다 홈 플레이트 근처에서 땅으로 꽂혔다. 원볼 원스트라이크.

"포크볼 2개를 던졌으니까 이제 직구 차례라고 생각했어요. 직구 타이밍에 배트를 돌리자고 마음먹었습니다."

김주원의 예상대로 일본 배터리는 3구째 직구를 선택했다. 현역 아시아 최고 사이드암 투수의 트레이드마크인 '뱀직구'가 김주원의 몸쪽을 향하다 홈플레이트 쪽으로 방향을 틀었다.

놀랍게도 간결한 토우탭으로 출발한 김주원의 방망이는 이미 홈플레이트를 지나, 투구의 길목을 막고 있었다. 시속 155km의 강속구보다 김주원의 스윙이 더 빨랐다.

이 공이 날아왔을 때 김주원이 토우탭 대신 예전 레그킥을 하고 있었다면?

"절대로 못 쳤을 거예요. 발이 땅에 닿기도 전에 공이 지나갔을 겁니다."

경쾌한 타격음이 들리자마자 김주원은 방망이를 내던졌다.

"지금까지 야구를 하면서 소리와 손맛이 가장 좋았어요."

타구는 순식간에 도쿄돔 우중간 관중석 중단에 꽂혔다. 기적을 목격한 한국 팬들의 함성과 일본 팬들의 침묵이 도쿄돔을 채웠다.

아웃카운트 단 한 개를 남기고 한일전 11연패를 막은 주인공은 경기 후 기자회견에서 뜻밖의 눈물을 흘렸다.

"일본 입국 다음 날에 외할아버지가 세상을 떠났다는 소식을 들었습니다. 부모님께서는 신경 쓰지 말고 경기에 집중하라고 하셨습니다. 임종을 지키지 못했기 때문에 플레이로 할아버지를 편히 보내드려야 한다고 생각했습니다. 경기에 몰입해서 제가 가진 것을 다 쏟아붓겠다는 마음가짐으로 임했습니다. 마지막 타석에서 좋은 결과가 있어서, 할아버지를 잘 보내드린 것 같습니다"(2차전 뒤 기자회견에서)

김주원에게 외할아버지는 어떤 사람이었을까?

"어릴 때부터 주말마다 뵀습니다. 항상 반갑게 맞아주시고, 제 경기를 챙겨봐 주시던 분이었어요. 정말 좋은 기억만 가득한 분이라 이별이 많이 슬펐습니다."

메이저리그가 주목하는 유망주로 성장한 손자를 누구보다 자랑스러워했을 외할아버지가 떠난 세상에서, 김주원은 항상 그랬던 것처럼 고집스럽게 자신의 길을 가려 한다.

"2024년이 전환점이었고, 2025년이 시작점이었다면, 2026년은 더 도약해 앞으로 나가는 시즌이 됐으면 좋겠습니다."

2025년 10월 6일 포스트시즌의 김주원
ⓒNC 다이노스

문동주는 2025년 리그 최고 속도 기록을
두번이나 경신했다 ⓒ한화 이글스

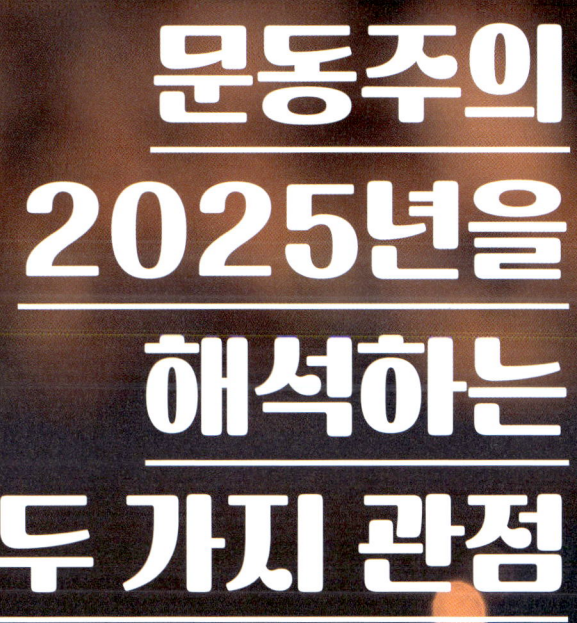

문동주의
2025년을
해석하는
두 가지 관점

_이성훈

문동주를 향한

두 가지 시선

1. '전통주의자' T씨의 견해 :

문동주는 훌륭한 투수다. 2025년에 생애 첫 10 승을 달성했다. 플레이오프(PO) 1차전에 구원 등판해 시속 162km 강속구를 던져 KBO 리그 역사상 최고 구속 기록을 세웠다. 1차전과 4차전 눈부신 구원 역투로 PO MVP에 선정되며 한화를 18년 만의 한국시리즈 무대로 이끌었다.

하지만 '대한민국 에이스'라는 칭호에 걸맞은 기량을 갖췄는지는 여전히 애매하다. 2025년 두 번이나 부상자 명단에 오르며 규정이닝을 채우지 못했다. 프로 데뷔 후 한 번도 규정이닝을 달성하지 못했다. 무엇보다 평균자책점이 4.02에 달한다. 평균자책점 4점이 넘는 투수를 에이스라고 부르기는 어렵다. 6점 이상을 내준 시즌 막판 두 경기만 아니었다면 3점대 초반이었다고? 시즌 막바지까지 몸 관리를 잘해서 팀 순위를 끌어올리는 게 에이스 역할 아닌가? PO에선 잘했지만 한국시리즈에서 부진했던 점도 아쉽다.

결론적으로 문동주는 아직 '반밖에 차지 않은 물컵'이다. 진짜 에이스가 되기까지는 아직 갈 길이 멀다.

2. '숫자쟁이' S씨의 견해 :

문동주의 2025년은 '불운의 대표 사례'다. 21세기 세이버메트릭스에서 중요한 발견 중 하나는 '인플레이 타구 결과에는 엄청난 운이 개입한다'는 사실이었다. 인플레이 타구가 안타나 아웃이 되는 데는 운과 야수 수비력이 큰 영향을 끼친다. 그래서 나머지 이벤트, 즉 삼진/볼넷/피홈런으로 투수의 기량을 측정해야 한다는 주장이 제기됐다. 그렇게 탄생한 기록이 FIP다.

여기서 한 발 더 나간 기록도 있다. 피홈런 빈도에도 운이 많이 개입한다는 게 발견됐기 때문이다. 리그 전체에서 '뜬공이 홈런이 되는 빈도'는 시즌마다 5~9% 범위다. 개별 투수들의 '뜬공 대비 홈런 비율'도 시간이 흐르고 파크팩터를 보정하면 리그 평균에 수렴한다. 만약 특정 시기에 '뜬공 대비 홈런 비율'이 비정상적으로 높거나 낮은 투수가 있다면? 행운을 누렸거나 불운했을 확률이 높다. 고로 투수의 진짜 실력을 알기 위해서는 실제 피홈런 개수 대신, 리그 전체 '뜬공 대비 홈런 비율'을 이용해서 '추정 피홈런'을 구해야 한다. 그렇게 탄생한 기록이 xFIP다. 삼진과 볼넷, '추정 피홈런'으로 투수의 실력을 측정한다.

2025시즌 국내 투수 xFIP(100이닝 이상)			
순위	투수	xFIP	ERA
1	문동주	2.10	4.02
2	류현진	2.44	3.49
3	고영표	2.47	3.91
4	소형준	2.57	3.67
5	김광현	2.78	5.38

자료=스탯티즈

문동주의 2025년 xFIP는 평균자책점보다 훨씬 낮은 2.10이다. 100이닝 이상 던진 국내 투수 중 압도적인 1위다.

역사적으로 봐도 문동주보다 낮은 xFIP를 기록한 국내 투수는 드물다. 스탯티즈가 xFIP를 집계하기 시작한 2014년 이후, 100이닝을 넘긴 투수 중 문동주보다 xFIP가 낮았던 투수는 안우진 단 한 명이다.

2014년 이후 국내 투수 xFIP(100이닝 이상)

연도	투수	xFIP	ERA
2022	안우진	1.92	2.11
2023	안우진	1.99	2.39
2025	문동주	2.10	4.02
2019	김광현	2.16	2.51
2019	양현종	2.27	2.29

자료=스탯티즈

문동주가 이렇게 낮은 xFIP를 기록하는 이유는 분명하다. 삼진을 많이 잡고, 볼넷을 적게 주며, 뜬공 투수가 아니기 때문이다.

문동주의 2025년 탈삼진 비율은 26.9%. 28⅔이닝만 던진 2022년 데뷔 시즌을 제외하면 커리어 최고치면서, 100이닝 이상 던진 국내 투수 중 1위다. 즉, 국내 선발 투수로는 최고의 탈삼진 능력을 갖췄다. 2024년보다 탈삼진 비율이 7.8%포인트나 상승했다.
가장 큰 원동력은 포크볼이다. 문동주는 프로 첫 두 시즌 포크볼을 한 개도 던지지 않았다. 처음으로 구사한 2024년 구사율은 1.5%에 불과했다. 지난해 19.5%로 본격적으로 무기고에 장착했다. 2025시즌 포크볼 헛스윙 비율은 무려 52.1%에 달했다.

제구도 갈수록 안정되고 있다. 데뷔 시즌 문동주의 볼넷률(볼넷/타석)은 11.0%에 달했다. 이후 매년 향상됐다. 지난해엔 6.2%로 생애 최저치를 또 경신했다. 그리고 문동주는 뜬공 억제 능력도 준수하다. 뜬공 비율이 33.7%로 리그 평균 37.4%보다 낮다.

그렇다면 문동주는 왜 xFIP보다 훨씬 높은 평균자책점을 기록하는 걸까?
가장 큰 이유는 불운이다.

위에서 언급한 대로 인플레이 타구가 안타가 되는지 아닌지에는 운이 크게 개입한다. 문동주의 BABIP은 0.326. 리그 평균인 0.312보다 꽤 높다. 최지민(0.270), 박신지(0.275), 나균안(0.317), 김도현(0.322) 등 문동주보다 구위가 떨어지는 투수보다 한참 높다. 즉 문동주의 BABIP에는 불운의 그림자가 드리워져 있다.

물론 문동주는 BABIP이 상대적으로 높은 유형의 투수다. 뜬공 투수는 BABIP이 낮은 경향이 있다. 프로 레벨 야수들은 뜬공을 잘 잡기 때문이다. 반대로 땅볼 투수는 BABIP이 높은 경향이 있다. 그리고 라인드라이브 타구를 많이 허용한 투수는 당연히 BABIP이 높다.
스탯티즈 집계로 2025년 문동주의 라인드라이브 비율은 19.6%로 100이닝 이상 던진 국내 투수 중 하영민과 함께 리그에서 가장 높았다. 라인드라이브 타구는 70% 정도 확률로 안타가 된다. 만약 문동주의 라인드라이브 비율이 리그 평균인 15.4%였다면? 문동주의 BABIP은 0.301 정도로 내려갔을 것이다.

2025년 전체 투수 라인드라이브 타구 비율(100이닝 이상)

순위	투수	LD%
1	하영민	19.6%
2	문동주	19.6%
3	데이비슨	19.0%
4	나균안	18.8%
5	박세웅	17.9%

자료=스탯티즈

그런데 문동주의 2025년 많은 라인드라이브 타구에도 불운이 작용했을 가능성이 높다.

미국 세이버메트릭스계가 지속적으로 확인해 온 사실 중 하나는, 개별 투수의 라인드라이브 타구 비율은 시즌과 상관계수가 매우 낮다는 점이다. 예를 들어 2024년 7월 팬그래프에 실린 분석을 보자.

어떤 선수가 몸 상태나 기량에 큰 변화가 없다면 매년 꾸준히 활약할 것이다. 슬러거 타자라면 매년 꾸준히 홈런을 치고 평균 이상의 순수 장타율을 기록한다. 그래서 장타력은 '실력'으로 파악된다. 하지만 득점권 타율 같은 기록은 시즌별로 편차가 심하다. 그래서 세이버메트릭스에서는 20세기 태동 직후부터 이른바 '클러치 히팅'을 실력으로 치지 않았다.

MLB 투수 타구별 시즌과의 상관계수

타구 종류	발사각	상관계수
땅볼	10도 이하	0.73
라인드라이브	10~25도	0.28
뜬공	25~50도	0.65
팝업	50도 이상	0.63

자료=Fangraphs.com

투수의 타구 유형 중 땅볼과 뜬공은 매년 비교적 일정한 수치가 찍힌다. 작년에 뜬공을 많이 내준 투수는 올해도 뜬공 투수일 가능성이 매우 높다. 그래서 이는 실력, 또는 투수에게 고유한 성향으로 볼 수 있다. 통계적으로는 이를 '시즌과의 상관계수가 높다'고 표현한다. 하지만 라인드라이브 비율은 그렇지 않다.

팬그래프 집계에 따르면 라인드라이브의 상관계수는 0.28에 불과하다. 나머지 세 유형 타구는 0.63–0.73 범위 안에 있다. 즉 올해 라인드라이브를 많이 허용했다고 내년에도 그럴 확률은 높지 않다. 다시 말해, 라인드라이브 허용 비율에는 운이 많이 작용한다는 뜻이다. 라인드라이브 타구는 발사각 10~25도 사이에서 자주 나온다. 이 좁은 범위에 지속적으로 타구를 허용하거나, 꾸준하게 피해 갈 능력이 투수에게 있을까?

문동주 자신이 이 질문에 대한 좋은 답이다. 2024년 문동주의 라인드라이브 비율은 1.9%로 100이닝 이상 던진 투수 중 가장 낮았다. 2023년(2.2%), 2022년(1.3%)에도 바닥권이었다. 그런데 구위가 가장 좋았던 2025년에 갑자기 라인드라이브를 대량 허용했다.

부분적으로는 집계 방식의 차이다. 스탯티즈는 2025년부터 타구 분류 방식을 바꿨다. 그래서 2024년까지 리그 전체적으로 라인드라이브 비율이 2025년보다 훨씬 낮게 계산됐다. 하지만 계산 방식과 관계없이 문동주는 라인드라이브를 가장 적게 내준 투수 그룹에서 가장 많이 내준 그룹으로 이동했다. 그렇다면 '실력'으로 보기 어렵다.

문동주의 BABIP을 확실하게 끌어올린 또 다른 요인이 있다. 한화는 21세기 내내 수비력이 약한 팀이었다. 문동주가 데뷔한 뒤에도 리그 평균보다 나았던 적이 없다.

2022-2025년 한화 팀 DER

시즌	DER	순위	리그 평균
2022년	0.676	8위	0.681
2023년	0.681	5위	0.682
2024년	0.649	10위	0.666
2025년	0.678	6위	0.679

한화 수비진은 인플레이 타구를 아웃으로 연결하는 능력이 다른 팀보다 떨어졌다. 헐거운 수비진 앞에 선 투수의 BABIP은 당연히 올라간다. 또 문동주는 2025년 주자가 없을 때 더 잘 던졌다. 주자가 있을 때 피안타율이 꽤 높았다. 같은 안타라도 주자가 있을 때 많이 맞으면 당연히 실점이 늘고 평균자책점이 올라간다. xFIP보다 평균자책점이 높아지는 확실한 이유다.

투수와 타자의 경기 상황별 성적이 '운의 영역'이란 것 또한 세이버메트릭스계가 오래전부터 꾸준하게 발견해 온 사실 중 하나다. '클러치 히터'의 존재가 부정되는 이유다. 투수에게도 마찬가지다. 2025년 문동주처럼 특정 시즌에 유주자 상황에서 약했던 투수가 다음 시즌에도 그럴 것이라 믿을 이유는 없다. 실제로 문동주도 2024년에는 주자가 있을 때나 없을 때나 비슷하게 맞았다.

2024년 문동주 주자 상황별 성적

상황	타석	피안타율	피OPS
무주자	270	0.327	0.872
유주자	232	0.327	0.867
득점권	138	0.304	0.871

자료=스탯티즈

2025년 문동주 주자 상황별 성적

상황	타석	피안타율	피OPS
무주자	296	0.267	0.559
유주자	206	0.294	0.752
득점권	111	0.287	0.711

자료=스탯티즈

S씨의 결론은 이렇다. 문동주는 2025년, 이 시대 최고의 국내 투수로 자리매김했다. 경이로운 xFIP가 그 증거다. 하지만 문동주는 리그에서 가장 운이 없었던 투수 중 한 명이었다. 그래서 S씨는 2026년, 불운이 걷힌 문동주의 대활약을 기대한다.

문동주 외에 S씨가 기대하는 투수들이 있다. 이들은 문동주와 마찬가지로 xFIP에 비해 평균자책점이 두드러지게 높았다. 그래서 반등 가능성도 높다.

2026년, 반등이 유력한 투수들

투수	ERA	xFIP	ERA-xFIP
이호성	6.34	2.68	3.66
엄상백	6.58	3.57	3.01
황준서	5.30	3.06	2.24
김광현	5.00	2.78	2.22
하영민	4.99	2.87	2.12
박세웅	4.93	2.81	2.12
박진	5.32	3.29	2.03
김태훈	4.48	2.53	1.95
문동주	4.02	2.10	1.92
김윤하	6.14	4.29	1.85

자료=스탯티즈

임찬규 ⓒLG 트윈스

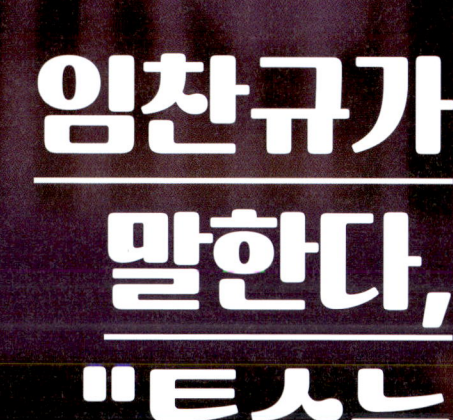

임찬규가 말한다, "투수는 제구보다 구위"

_황규인

"투수는 제구보다 구위다."

LG 임찬규가 이렇게 말하면 '정말?'이라고 되묻는 게 이상하지 않은 일이다. 임찬규는 서울 휘문고를 졸업하고 2011년 LG에 입단할 때만 해도 최고 시속 152㎞를 던지던 '강속구 투수'였다. 그러나 2025년에는 시속 145㎞가 최고 기록이다. 측정 방식 변화로 구속이 예전보다 후하게 찍히는데도 그렇다.

누구보다 느려도
누구보다 빠르게

그러면서도 2025년 성적은 '커리어하이'다. 3월 26일 잠실 한화전에서 프로 데뷔 14년 만에 개인 첫 완봉승을 따내며 시즌을 시작한 임찬규는 11승 7패, 평균자책점 3.03, 107탈삼진으로 2025년을 마감했다. 이 시즌 규정이닝을 채운 내국인 선수 가운데 평균자책점이 가장 좋은 투수가 임찬규다. 내국인 다승 부문에서도 삼성 원태인(12승 4패)에 이어 2위다.

임찬규는 이 시즌 상대 타자 670명 가운데 6.0%인 40명에게만 볼넷을 내줬다. 데뷔 이후 최저 볼넷 비율이다. 그렇다면 '구위보다는 제구'라고 평하는 게 이상하지 않다. 삼진율 16.0%로 규정이닝을 채운 투수 가운데 삼진을 가장 못 잡은 투수라면 더더욱 그렇다.

임찬규는 대신 평균 시속 140㎞짜리 속구를 성공 비결로 꼽았다. 임찬규는 "나는 내 공이 위력적이지 않다는 걸 잘 알기 때문에 '어느 타이밍에 속구를 쓰는 게 좋을까'를 항상 고민하면서 신중하게 던졌다"면서 "최대한 앞선 타석에서, 최대한 이른 카운트에 그것도 너무 복판에만 몰리지 않으면 스트라이크 존에 속구를 던지고 시작하는 게 가장 효율적이라는 결론을 내렸다"고 말했다.

임찬규가 2025년에 던진 전체 공 가운데 33.8%가 속구였다. 초구 때는 이 비율이 43.7%로 올랐다. 그리고 스트라이크 존을 통과한 비율 역시 속구(52.5%)가 전체 평균(45.9%)보다 높았다.

속구가 잘 통했던 건 아니다. 이 시즌 임찬규 상대 전체 OPS는 0.706이었다. 속구를 공략했을 때는 이 기록이 0.853으로 올랐다. 김창희(통산 OPS 0.706)가 이호준(통산 OPS 0.853)이 되는 변화다. 임찬규가 초구로 던진 속구를 쳤을 때는 OPS가 1.750까지 치솟았다.

이렇게 두들겨 맞을 수 있다는 걸 알면서도 속구를 고집한 이유는 '투구 수 조절'이다. 임찬규가 초구로 던진 공 가운데 58.6%가 타자가 가만히 지켜 본 '루킹(콜드)스트라이크'로 이어졌다. 속구 전체 루킹스트라이크 비율은 28.0%였다. 타자가 방망이를 휘두르면 맞아 나가지만 방망이를 묶어 둘 수만 있다면 스트라이크 하나를 잡고 들어갈 수 있던 것이다.

임찬규는 이 시즌 평균 투구 수 15.5개로 이닝을 끝냈다. 프로 데뷔 이후 14년 동안 가장 적은 기록이다. 임찬규는 그 덕에 33세 시즌에 데뷔 이후 최다인 160⅓이닝 소화 기록을 남길 수 있었다. 그전에는 150이닝도 던진 적이 없다.

임찬규는 "투수는 원하는 곳에 공을 던질 수 있을 때 스로어(thrower)에서 피처(pitcher)가 된다. 이 사실을 부인하는 건 아니다. 그런데 구위가 좋으면 다르다. 메이저리그 투수들처럼 시속 100마일(약 160.9㎞)에 라이징 무브먼트가 있는 공을 던질 수 있으면 스트라이크 존 한복판에 속구를 꽂아도 헛스윙을 유도할 수 있다"면서 "나는 그러지 못하기 때문에 다른 방식으로 볼카운트 싸움에서 우위를 점하는 방법을 찾아본 것이다. 그렇다고 처음부터 너무 핀포인트 제구를 하려 들면 투구 수만 늘어난다. 그렇게 카운트 싸움에서 밀리면 정작 필요할 때 '보더라인'에 공을 던질 수 없게 된다"고 설명했다.

이어 "투수 공이 빠르면 타자는 포인트를 앞쪽에 두고 공을 치려고 한다. 강속구 투수는 힘으로 아예 못 치게 하는 게 목표다. 나는 여러 구종을 섞어 던지는 투수니까 타자들이 중간 포인트에 맞춘다"면서 "타자가 '어? 치긴 쳤는데?' 하고 느끼는 타이밍에 타격하도록 투구 전략을 짠다. 타자 머릿속을 최대한 복잡하게 만들 수 있는 투구 시퀀스를 연구한 이유다. 똑같은 공도 앞에 어떤 공을 '깔았는지'에 따라 결과가 다르게 나오기 때문"이라고 했다.

더러 '같으면서 다른' 구종으로 시퀀스를 설계하기도 했다. 임찬규는 이해 4월 27일 광주 방문경기 3회말 수비 때 전해 MVP였던 KIA 김도영을 상대로 커브볼만 3개 던져 루킹 삼진을 잡아냈다.

초구는 1루 쪽 낮은 코스에 시속 111㎞로 들어왔다. 결과는 1루쪽 파울. 임찬규는 다음 공으로 시속 86㎞짜리 '아리랑볼'(원핑거 커브)을 1루 쪽으로 더 빠지게 던져 헛스윙을 유도했다. 초구에 타이밍이 늦었던 김도영이 달려들 것을 예상하고 '효과 속도'가 더 느린 곳에 투구한 것. 이어 시속 111㎞로 날아온 원바운드성 커브볼을 자동판정시스템(ABS)이 스트라이크로 판정하면서 KO승을 기뒀다.

임찬규는 "예전에는 커브볼을 낮은 코스로 던지면 스트라이크 판정을 받기가 쉽지 않았다. ABS는 보더라인에 걸친 공도 잡아주기 때문에 높낮이를 조절하면서 커브볼을 던질 수 있다"면서 "공 하나로 타자를 잡겠다고 생각하는 게 아니라 공을 하나씩 하나씩 쌓아 가면서 상대 타자 시야를 흐트러뜨리는 거다. 그러면서 타자 반응을 살피다 보면 '여기 던지면 절대 방망이가 나오지 않는다'라고 생각하는 지점을 찾게 된다"고 말했다.

임찬규가 시속 150㎞가 넘는 공을 던지던 2011년 전체 투구 1537개 가운데 루킹스트라이크는 18.0%인 276개였다. 지난 시즌에는 이 비율이 21.0%(2490개 중 523개)로 늘었다. 구속이 느려진 상황에서 오히려 상대 타자를 옴짝달싹하지 못하게 하는 패턴을 터득한 것이다. 그래서 임찬규에게 스트라이크 존은 공간이 아니라 순서고 시간이다.

그 대신 임찬규가 가장 주목하는 공간은 '피치 터널'이다. 임찬규는 "예전에는 많이 떨어져야 좋은 공(변화구)이라고 생각했다. 이제는 공이 얼마나 떨어지는지는 별로 신경을 쓰지 않는다. 많이 떨어지면 오히려 상대 타자가 눈치채기만 쉽다. 이제는 속구와 얼마나 같이 가는지 본다"면서 "다른 구종이 최대한 속구 터널을 따라가야 속구를 '조연'으로 쓸 수 있기 때문"이라고 말했다.

이어 "뭔가 안 풀린다 싶으면 경기 중에도 트래킹 데이터에서 릴리스포인트를 찾아 확인한다. 투구 위치(로케이션)나 분당회전수(RPM) 같은 데이터는 2주에 한 번 정도 확인하면서 경향을 추적한다면, 릴리스포인트와 상하좌우 움직임은 더욱 자주 점검하는 편이다. 힘이 떨어지면 데이터가 먼저 알려준다"고 했다.

그러면서 "나는 구위가 좋았던 기간이 그리 길지 않은 투수다. 2011년에 좋았고 2021년에도 좋았다. 10년 주기로 좋았으니 2031년에도 좋아지지 않을까 싶다"며 웃은 뒤 "그전까지는 타자가 풀스윙을 하지 못하도록 타이밍을 빼앗는 게 목표"라고 덧붙였다. 요컨대 임찬규에게 피치 터널은 그저 '공의 궤적'이 아니라 '타자의 확신'을 무너뜨리는 통로다.

임찬규는 계속해 "팬들은 시속 150㎞를 던지는 임찬규가 보고 싶어서 야구장을 찾는 게 아니다. LG가 이기는 걸 보고 싶어서 야구장을 찾는다. 결국 내가 좋은 공을 던지는 것보다 상대 타자를 잡는 게 더 중요하다"고 강조했다.

임찬규가 이 사실을 절감하게 된 시발점은 부친상이었다. 임찬규의 아버지 임영일 씨는 2021년 5월 19일 세상을 떠났다. 임찬규는 아버지를 여읜 뒤 처음 1군 마운드에 오른 6월 22일 문학 SSG전에서 최고 시속 147㎞를 기록하면서 7이닝 2피안타 1실점으로 시즌 첫 승을 올렸다. 그 전까지는 시즌 평균 시속 138㎞를 기록하고 있었다. 임찬규는 "공 속도가 올라간 건 아버지가 주신 선물 같다"고 말했다.

그러나 임찬규는 이날 이후 1승도 추가하지 못하면서 1승 8패로 그해 시즌을 마감했다. 그나마 다행스러운 건 이해 후반기 내내 구속을 유지했다는 점이다. 이듬해인 2022년에는 6승 11패에 평균자책점 5.04로 '커리어로' 시즌을 보냈다.

임찬규는 "2022년 시즌을 보내면서 진짜 해볼 수 있는 건 다 해봤다. 폼도 바꿔 보고, 웨이트 트레이닝 강도도 높여 보고, 살도 빼 보고, 잠도 많이 자봤다. 그런데 안 되더라. 모든 것을 해봤는데 아무 것도 안 되던 해였다"고 회상했

다. 임찬규는 이 시즌이 끝나면 FA 자격을 얻을 수 있었지만 결국 '재수'를 선택했다.

2023년 시즌을 앞두고 LG 지휘봉을 잡은 염경엽 감독은 임찬규를 불펜 투수로 쓰겠다는 계획을 밝혔다. 시즌 개막 후 네 경기 연속해 구원 등판한 임찬규는 이민호가 전력에서 이탈하면서 선발 등판 기회를 얻었다.

임찬규는 "처음 불펜행 지시를 받았을 때는 '다시 선발 기회가 오겠나' 싶었다. 그렇다고 팀을 배신하고 싶지는 않았다. 그러다 다시 선발 마운드에 오르니 '못 하면 다시 불펜 가면 되지'라는 생각에 마음이 편하더라. 그래서 '구속 안 나와도 되니까 그냥 던져 보자. 타자를 잡아보자'고 마음먹게 됐다"고 했다.

그러고는 "그러니까 빛이 보이더라. 처음에는 5이닝을 겨우 던졌는데 6이닝, 7이닝으로 투구 이닝이 늘어났다. 몸이나 공이 바뀐 게 아니라 생각이 바뀐 거였다. '지금 이 공으로 이 타자를 어떻게 잡을까' 질문을 던지다 보니 긴 터널에서 나올 수 있었다"면서 "2022년에 몸으로 부딪친 그 시간이 없었다면 이런 생각을 하지 못했을 것이다. 그때 나는 실패한 게 아니라 실패를 통과하고 있었는지 모른다"고 말했다.

임찬규는 그해 14승 3패, 평균자책점 3.42로 내국인 에이스 노릇을 톡톡히 해냈다. LG도 1994년 이후 29년 만에 한국시리즈 정상에 올랐다. 2002년 한국시리즈 때 응원팀 LG가 삼성에 무릎 꿇는 걸 보면서 펑펑 울었던 '엘린이'(LG+어린이) 임찬규가 '로망' 하나를 실현한 순간이었다.

임찬규는 시즌 종료 후 LG와 4년 총액 50억 원에 계약했다. 이 중 24억 원이 성적이 좋지 못

하면 받지 못하는 옵션이다. 구단에서는 보장액을 더 높이자고 했지만 임찬규는 "다 받아갈 수 있다"면서 옵션 비율을 고집했다.

재수 끝에 'FA 대박'을 터뜨리고도 마이크를 잡고 소감 발표도 하지 못했다. 성대결절 수술을 받았기 때문이다. 한국시리즈 우승 기념 축하 MT 때 노래를 너무 열심히 부른 여파였다. 목소리를 낼 수 없던 임찬규는 "은퇴하는 날까지 내 모든 육신+성대를 (LG)에 바치겠다"고 스케치북에 써서 소감을 밝히는 '개그력'을 자랑했다.

이로부터 2년 후 임찬규 그리고 LG는 또 한 번 프로야구 최정상에 올랐다. 임찬규는 "야구를 하면서 요즘이 가장 행복하다고 말할 수 있다. 대부분은 '시간이 지나고 보니 그때가 행복했더라'고 하는 경우가 많다. 지금은 행복하다는 걸 알고 행복할 수 있어서 다행"이라면서 "야구를 하는 어린 친구들도 미래에 대한 고민이 많겠지만 야구를 처음 시작했을 때 그 행복을 잃지 않았으면 좋겠다"고 말했다.

임찬규는 2025년 시즌이 끝난 뒤 '야구선수 임찬규'라는 책을 펴냈고 온라인동영상서비스(OTT) '티빙'에서 제작하는 리얼 버라이어티 쇼 '야구기인 임찬규'에서 단독 MC 겸 출연자를 맡기도 했다. 임찬규는 "내년에 야구를 꼭 잘해야 하는 이유를 만들고 싶었다. 야구를 못 하면 '이상한 짓 하느라 못 한다'고 욕 먹을 게 틀림없으니 말이다"라며 웃은 뒤 "특별히 의식하지는 않겠지만 내년에 달성 가능한 기록이 많아 꼭 잘해야 한다"고 말했다.

2025년까지 통산 탈삼진 1112개를 기록한 임찬규가 삼진 34개를 더하면 김용수(1145개)를 넘어 프랜차이즈 역대 최다 탈삼진 기록을 새로 쓰게 된다. 또 현재 86승(85패)에 14승을 더하면 LG에서만 100승을 거둔 첫 번째 투수로 이름을 남길 수 있다. 전신 MBC 시절을 포함하면 김용수(126승), 정삼흠(106승)에 이어 세 번째다.

임찬규는 "나 스스로 평가하기에도 그렇고 지도자 분들도 내 투구 스타일이 나이 먹어서도 던질 수 있는 메커니즘이라고 하신다. 최대한 오래 야구를 하고 싶다"면서 "은퇴 후 LG 팬들 기억 속에 '떠올리기만 해도 가슴이 뜨거워지는 투수로 남고 싶은 꿈이 있다. 이상훈 선배나 이병규 선배처럼 LG 팬들에게 한 시대의 낭만을 대표하는 선수가 되고 싶다"고 말했다.

이런 꿈을 꾸면서도 임찬규는 늘 '슬럼프'를 기다린다. 조금 더 정확하게 말하면 슬럼프를 맞이할 준비를 하고 있다. 임찬규는 "야구 선수라면 누구도 슬럼프를 피해갈 수 없다. 야구를 오래 하려면 슬럼프를 더 자주 만날 수밖에 없다. 슬럼프가 다시 찾아오면 '아, 네가 다시 왔구나. 내가 또 하나 배울 때가 됐네'라고 기쁘게 맞아주고 싶다"면서 웨이트 트레이닝장으로 향했다.

그러니까 임찬규를 임찬규로 만든 힘이 개그력 하나뿐인 건 아니다. 임찬규는 그렇게 오늘도 완벽이 아니라 완성을 향해 가는 터널을 지나고 있다.

이정후,
'유니크'한
스윙을 하는
사나이

_최민규

이정후의 2025시즌 초반은 대단했다.

4월 11~13일 양키스타디움에서 열린 원정 3연전이 하이라이트였다. 이정후는 세 경기에서 9타수 4안타 3홈런에 2루타 하나를 때려냈다. 연봉 2783만 달러 왼손 투수 카를로스 로돈에게만 홈런 두 개를 쳤다. 로돈은 이 시리즈 전까지 한 번도 좌타자에게 멀티홈런을 맞은 적이 없었다. 이정후의 활약상에 대해 〈뉴욕타임스〉는 "이정후는 샌프란시스코 팬들이 그토록 원해왔던 슈퍼스타처럼 뛰고 있다"고 썼다.

이 시기 이정후는 메이저리그에서 가장 유니크한 타자로 꼽히기에 손색없었다. 국적과 커리어와는 관계없이 이정후와 같은 스윙으로 뛰어난 타격을 하는 타자는 극히 드물었다.

이정후
출처 gettyimages.com

메이저리그의 이정후는 어떤 타자일까

메이저리그가 운영하는 스탯캐스트는 투구와 타구의 물리적 특성을 측정한다. KBO 리그 구단들도 이런 트래킹시스템을 운용하고 있다. 하지만 메이저리그가 더 앞서 있다. 스탯캐스트는 2024년부터 타자의 스윙에 대한 측정치와 지표도 공개하고 있다. 구장마다 5대씩 설치된 고속 호크아이 카메라가 기반이다. 그래서 야구 팬들은 타격에 대해 이전보다 더 많은 것을 알 수 있게 됐다.

KBO 리그 시절 이정후는 "배트 스피드가 빠르다"는 말을 자주 들었다. 하지만 실측에 근거하지 않은 인상 비평이었다. 메이저리그 평균 배트 스피드는 시속 72마일 정도다. 2024시즌엔 시속 71.8마일. 시속 75마일 이상이면 '빠른 스윙'으로 인정받는다.

빠른 스윙은 타격에서 중요한 요소로 꼽힌다. 스윙이 빨라야 빠른 타구를 만들 수 있다. 빠른 타구일수록 득점 생산성이 높다. 수치로도 입증된다. 배트 스피드가 시속 80마일 이상이라면 100구당 런밸류(플레이 결과를 득점으로 환산하는 스탯캐스트 통계)는 +2점이다. 시속 70~79마일이면 -1.5점, 시속 69마일 이하라면 -4점이다. 2025년 이정후의 배트 스피드는 시속 68.3마일에 불과했다. 메이저리그 하위 7%에 해당한다. 즉, 이정후는 스윙이 느린 타자다.

스탯캐스트는 '스윙 길이'도 측정한다. 배트 중심을 뜻하는 '스윗스팟(Sweet Spot)'이 스윙 전 정지 상태에서 투구를 때린(또는 빗맞춘) 순간까지 이동한 거리로 정의된다. 국내 야구 해설자들은 "스윙이 길다"는 말을 보통 타자의 단점을 지적할 때 한다. 긴 스윙은 배트가 몸에서 떨어져 돌아나온다. 회전 반경이 커져 공을 맞히기까지 시간이 오래 걸린다. 배트 헤드 원심력을 제어하기 어려워 정확한 콘택트가 쉽지 않다. 안타를 만드는 데는 짧고 간결한 스윙이 유리하다.

슬러거들은 스윙 길이가 긴 편이다. 힘이 좋아 원심력을 제어할 수 있다. 이런 타자는 긴 스윙 길이를 활용해 스윙에 가속도를 붙인다. 그래서 홈런으로 이어질 확률이 높은 빠른 타구를 만들어낼 수 있다. 지난해 메이저리그에서 가장 스윙 길이가 긴 타자(이하 50구 이상 상대 기준)는 양키스의 파워히터 지안카를로 스탠튼(8.8피트)이었다. 반면 타격왕 3회에 빛나는 샌디에이고의 교타자 루이스 아라에스는 5.9피트로 가장 짧았다.

2025년 메이저리그 스윙길이(피트) 상위/하위 5			
상위		하위	
선수	스윙길이	선수	스윙길이
지안카를로 스탠튼	8.8	루이스 아라에스	5.9
놀란 아레나도	8.4	제이콥 윌슨	6.1
후니오르 카미네로	8.4	알렉스 버두고	6.2
하비에르 바에스	8.3	블레이크 던	6.2
매트 머비스	8.3	스티븐 콴	6.3

스윙 길이와 배트 스피드 사이에는 어떤 관계가 있을까. 두 지표 상관관계를 분석하면 스윙이 긴 타자는 배트 스피드가 빠를 가능성이 높다는 결론이 나온다. 결정계수(R^2)로 구하면 배트 스피드는 스윙 길이를 34% 만큼 설명한다. 나머지에는 근력, 유연성, 회전력, 배트 무게 등이 영향을 미친다. 지난해 스윙 길이가 가장 길었던 슬러거 스탠튼은 배트 스피드에서도 시속 80.6마일로 1위였다. 가장 짧은 스윙을 했던 교타자 아라에스는 배트 스피드 최하위(시속 62.6마일)였다. 교타자는 빠른 배트 스피드보다는 배트 컨트롤로 안타를 만들어낸다. 지난해 세 번째로 배트 스피드가 느렸던 제이콥 윌슨(애슬레틱스)은 타율 0.311로 메이저리그 전체 3위였다. 윌슨은 아라에스 다음으로 스윙 길이가 짧았던 타자기도 했다.

2025년 배트 스피드가 시속 70마일 이하인 타자 165명 가운데 이정후보다 스윙 거리가 긴 선수는 11명 밖에 없다. 그리고 스윙 거리 7.3피트 이상 선수 319명 가운데 이정후보다 배트 스피드가 느린 선수는 다섯 명뿐이다. 타구 속도 70마일 이하, 스윙 거리 7.3피트 이상 조건을 충족하는 선수는 591명 중 32명에 불과하다. '정규시즌 60타수 이상 출장'이라는 조건을 붙이면 26명으로 줄어든다.

2025년 메이저리그 배트속도(mph) 상위/하위 5

선수	배트속도	선수	배트속도
지안카를로 스탠튼	80.6	루이스 아라에스	62.6
오닐 크루즈	78.8	스티븐 콴	63.7
후니오르 카미네로	78.5	제이콥 윌슨	63.9
라일리 애덤스	78.3	챈들러 심슨	64.2
조던 워커	78.1	닉 앨런	64.5

2025년 메이저리그 배트속도 70mph 이하·스윙거리 7.3피트 이상 선수 xwOBA 순위(60타수 이상)

선수	스윙길이	배트속도	xwoba
윌 스미스	7.3	69.8	0.353
보 비셋	7.3	69.1	0.330
이정후	7.5	68.3	0.304
아브람 토로	7.6	69.6	0.301
개빈 럭스	7.4	69.6	0.289
마커스 세미언	7.7	68.4	0.286
프레디 프리먼	7.3	69.6	0.282
호세 알투베	7.6	69.7	0.280
이삭 파레데스	8.0	69.0	0.276
루이스 우리아스	7.5	69.4	0.273

이 점에서 슬러거 타입이 아닌 이정후의 배트 스피드가 느린 건 당연하다. 그런데 이정후는 아라에스나 윌슨과 큰 차이가 있다. 두 타자와는 달리 스윙 길이가 길다. 7.5피트로 타석에서 50구 이상을 상대한 타자 579명 중 152위였다. 상위 26%에 해당한다.

이런 타자들은 어떤 유형일까. 유감스럽게도 느린 배트 스피드로 긴 스윙을 하는 타자라면 좋은 타구를 때려낼 가능성이 낮다. 가중출루율(wOBA)은 타자의 득점 생산력을 잘 보여주는 지표다. wOBA를 타격 결과가 아닌 타구의 질로 평가하는 지표가 xwOBA다. 26명 가운데 xwOBA가 지난해 메이저리그 평균(0.304)를 넘기는 타자는 세 명뿐이다. LA 다저스의 올스타 포수 윌 스미스, 양대리그 타율 2위에 오른 보 비셋(토론토), 그리고 이정후다.

배트 스피드가 느리면 장타를 만들어내기 어렵다. 빠른 타구가 잘 나오지 않기 때문이다. 이정후의 지난해 타구 속도는 메이저리그 하위 10%에 불과했다. 홈런이 8개에 그쳤던 이유다. 하지만 양대리그에서 세 번째로 많은 3루타를 쳤고, 2루타 31개는 규정타석을 채운 타자 145명 중 공동 36위였다.

스윙 길이가 길면 헛스윙이 많고 타율이 떨어져야 한다. 하지만 이정후는 지난해 헛스윙/투구 비율이 5.4%로 규정타석 기준 12번째로 좋았다. 삼진/타석 비율은 11.5%로 9번째로 낮았다. 지난해 타율(0.266)은 기대에 미치지 못했지만 여전히 '미래의 3할 타자'로 기대를 모은다.

이정후 2025시즌 월별 기록						
월	타석	홈런	볼넷	타율	OPS	OPS+
3-4월	128	3	11	0.319	0.901	153
5월	115	3	4	0.231	0.612	71
6월	101	0	14	0.143	0.551	56
7월	88	0	8	0.278	0.733	103
8월	106	1	5	0.300	0.790	116
9월	79	1	5	0.315	0.792	124

이정후 2025시즌 월별 기록		
월	배트속도	스윙길이
3-4월	68.5	7.7
5월	68.4	7.6
6월	68.7	7.5
7월	69.0	7.6
8월	67.4	7.4
9월	67.7	7.4

2025년 이정후는 4월까지 타율 0.319에 OPS 0.901이라는 엄청난 스타트를 했다. 〈뉴욕타임스〉의 표현대로 슈퍼스타의 탄생처럼 보였다. 하지만 이후 슬럼프에 빠졌다. 4월까지 이정후의 OPS+는 153. 리그 평균보다 53% 뛰어났다. 정규시즌 종료기준으로는 양대리그 5위에 해당한다. 하지만 5월에는 71로 급감했고, 6월엔 56으로 바닥을 찍었다. 6월 타율은 0.143에 불과했다. 7월 이후엔 리그 평균 이상 타자로 돌아왔다. 8, 9월 타율은 모두 3할대였다. 하지만 이 기간 185타석에서 2홈런에 그쳤다. 시즌 전체로 볼 때 이정후의 2025년은 타자로서 리그 평균보다 10% 정도 나은 수준이었다. 6년 1억1300만 달러 계약 규모에는 미치지 못하는 성과였다.

'느리고 긴 스윙'이 약점이었고, 4월까지 호성적은 플루크일 뿐이었을까. 그럴지도 모른다. 하지만 이정후의 스윙 길이는 4월까지가 가장 길었다. 배트 스피드가 두 번째로 빨랐던 6월에 이정후의 타율은 최악이었다. 이정후의 '느리고 긴 스윙'이 정말 약점인지는 올시즌이 시작되지 않은 지금 시점에선 판단하기 어렵다. 2025년은 어깨 부상에서 복귀한 첫 해이기도 했다.

이정후는 배트 컨트롤이 탁월한 선수다. KBO 리그 시절부터 남달랐다. 이정후의 KBO 리그 통산 Whiff(헛스윙/스윙) 비율은 8.3%로 이 기간(2017-2023년) 1000타석 이상 들어선 타자 128명 중 김선빈과 이용규에 이어 3위였다. 메이저리그에서도 뛰어나다. 2025시즌 13.1%로 상위 5% 안에 포함됐다. 이정후의 배트 컨트롤은 단순히 공을 잘 맞추는 데 그치지 않는다. 홈런 파워는 상대적으로 떨어져도 많은 장타를 날린다. KBO 리그 시절 이정후의 장타율은 0.491로 김선빈(0.391)과 이용규(0.321)를 훌쩍 넘는다. 좋은 스윙 궤적으로 투구를 콘택트할 수 있기 때문이다.

배트 스피드가 느린 이정후는 타구 속도도 대단하지 않다. 2025년 평균 타구속도가 시속 87.1마일로 메이저리그 하위 10%다. 시속 95마일 이상 타구를 '하드히트(Hard Hit)'라고 부른다. 이정후의 하드히트율은 32.0%로 메이저리그 하위 11%에 불과하다. 통상 이런 타자는 스타와 거리가 멀다.

하지만 타구에는 속도 뿐 아니라 '각도'도 중요하다. 하드히트는 오직 속도만을 고려한다. 이 단점을 보완하기 위해 '스퀘어업 타구'라는 지표가 고안됐다. 시속 98~105마일, 발사각 10~26도 타구다. 이런 타구는 '예외적으로 높은 득점생산성'을 보인다. 이정후의 스퀘어업 타구 비율은 34.9%로 상위 4%였다.

이정후의 배트 컨트롤 능력을 보여주는 장면이 4월 7일 신시내티와의 홈 경기에서 나왔다. 메이저리그에서 공이 가장 빠른 선발투수인 헌터 그린이 상대였다. 이정후는 9회 네 번째 타석에서 그린의 시속 99.7마일 바깥쪽 포심패스트볼을 잡아당겨 빨랫줄같은 우전 안타를 만들어냈다. 이 타석 전까지 2025년 메이저리그 전체 좌타자가 시속 99마일 이상 바깥쪽 패스트볼을 때려 만든 안타는 세 개밖에 없었다.

이 스윙에 대해 팬그래프 분석가 에스테반 리베라는 "몸통과 팔을 완전히 뻗어내면서도 뛰어난 배트 궤적을 유지하고 있다"고 평가했다. 통상 이런 스윙에서는 배트 경로가 수평에 가까워져 공을 눌러 치게 되고 땅볼이 쉽게 나온다. 이정후의 스윙은 그렇지 않았다. 리베라는 이런 스윙이 가능한 이유로 뛰어난 상체 유연성과 가동성, 탄탄한 하체를 꼽았다. '타고난 감각'

외에 좋은 타격을 하기 위한 몸을 열심히 만들어왔다는 의미로 읽힌다.

이정후의 백넘버는 51번. 그가 존경하는 스즈키 이치로가 달았던 번호. 동아시아 출신 정교한 타자에 탁월한 배트 컨트롤이 트레이드 마크라는 공통점이 있다. 하지만 이정후의 2025년 스윙은 이치로와는 달랐다. 이치로의 스윙은 비거리가 짧은 단타를 만드는 데 특화돼 있었다. 통산 장타 비율은 18.6%에 불과하다. 이정후의 2025년 장타 비율은 34.2%에 달했다.

배트 스피드와 스윙 길이에서 이정후와 거의 유사하게 독특한 특징을 보이는 강타자가 있다. 2023~2025년 기간에 각각 시속 69.7마일/7.7피트로 이정후(68.7마일/7.5피트)와 거의 비슷하다. 그의 이름은 호세 알투베. 메이저리그 15시즌 통산 타율 0.303에 255홈런을 친 대선수다. 빅리그 평균에 훨씬 못 미치는 신체조건(168cm·75kg)으로도 2017년 아메리칸리그 MVP로 뽑혔고, 올스타전에 9번 출장했다.

한국
투수들은
세계와의
격차를
좁히고
있는가

_이성훈

2025년 한국 야구에서 가장 중요한 화두 중 하나는 '속도'였다. 10년은 훨씬 넘게 진행된 세계 야구의 '구속 혁명'에 홀로 뒤처졌던 '느림보 리그'. 그 KBO리그에 마침내 추격의 가능성이 크게 보였다. 김영우와 배찬승, 정우주 등 신인이 시속 150km대 중반 화끈한 강속구를 뿌렸다. 더욱 성장한 문동주가 시속 160km를 넘어 리그 최고 속도 기록을 두 번이나 경신했다. 윤성빈은 입단 7년 만에 알을 깨고 나와 평균 시속 155km로 역대 최고 기록을 세웠다. 세계 야구와의 속도 격차도 조금은 좁혀진 듯 했다.

윤성빈의 역투 ⓒ롯데 자이언츠

2025년 KBO 리그의 구속 급상승

곽빈 ⓒ두산 베어스

그런데 실제 추격 폭은 숫자보다는 크지 않다. 한국야구위원회(KBO)는 2025년부터 중계방송사 화면과 구장 전광판에 표시되는 공식 구속 측정 장비로 트랙맨을 채택했다. 트랙맨은 리그 9개 구단이 운영하고 있다. KIA는 2022년부터 호크아이를 사용하고 있다. 2024년까지는 KBO 공식통계업체 스포츠투아이가 운영하는 PTS(투구추적시스템)가 모든 방송사 표준이었다. 메이저리그가 도입한 순서로는 PTS(2006년)→트랙맨(2017년)→호크아이(2020년) 순이다.

그런데 구속 측정 방식과 측정치가 다르다. PTS와 호크아이는 카메라, 트랙맨은 도플러레이더 기반이다. 트랙맨과 호크아이는 릴리스포인트 지점에서 구속을 측정하지만 PTS는 홈플레이트에서 투구판 방향으로 50피트(15.24m)

지점이다. 손끝에서 먼 지점에서 측정이 이뤄지는 PTS 구속이 가장 적게 나온다. 트랙맨과 호크아이 구속은 거의 같다.

2024년 PTS로 측정된 리그 포심패스트볼 평균 구속은 시속 143.6km. 2026년엔 시속 146.2km로 시속 2.6km 빨라졌다. 이 책 후반 구단 섹션의 '잃어버린 구속을 되찾다'에서는 구속 상승에 측정 장비를 변경한 효과가 얼마인지를 분석했다. 추정치는 시속 1.7km다. 따라서 실제 구속 향상은 시속 0.9km로 볼 수 있다.

작은 수치는 아니다. 2007년 이후 메이저리그에서 포심 평균 구속이 가장 오른 해는 2017년이다. 딱 시속 1.0km 올랐다. 2위 기록은 시속 0.5km였다. 2017년은 메이저리그 사무국이 지난해 KBO처럼 기존 PTS 대신 트랙맨을 채택한 해다. 장비 교체 효과를 감안하면 실질적으로는 감소한 것으로 보인다.

일본프로야구(NPB)는 PTS를 거치지 않고 2014년 라쿠텐을 시작으로 트랙맨을 도입했다. 구장 환경 때문에 시스템 설치가 어려웠던 히로시마를 제외한 11개 구단이 트랙맨을 모두 채택한 해는 2018년이다. 히로시마는 2022년부터 호크아이를 운영했다. 이와는 별개로 NPB 사무국이 호크아이 시스템을 운영하고 있다. 일본 야구데이터업체인 데이터스타디움은 2014년부터 NPB 구속 정보를 제공해왔다. 지난해까지 NPB에서 가장 평균 구속이 빨라졌던 해는 2017년으로 시속 1.1km 상승이었다. 두 번째가 2022년의 시속 0.7km 상승이다.

KBO 리그에서 구속은 향상되고 있다. 하지만 리그가 아닌 국제대회를 염두에 둔다면 얘기가 좀 달라진다. 국제대회에는 원칙적으로 한국 국적 선수가 참가한다. 국적 기준이 헐거운 월드 베이스볼클래식(WBC)에서도 한국 국적이 아닌 선수가 대표팀에 승선한 건 2023년 대회의 토미 에드먼 단 한 명이다. 그런데 2025년 리그 구속 상승의 상당 부분은 외국인 투수가 기여했다.

최근 2시즌 KBO리그 포심 평균 구속 (km/h)

연도	국내	외국인	평균
2024	142.9	146.5	143.6
2025	145.3	149.2	146.2

자료=스탯티즈

스탯티즈는 2013년부터 프로야구 중계방송 기준으로 구속 데이터를 입력해 야구 팬들에게 공개하고 있다. 스탯티즈 집계에 따르면 2024년 국내 투수 포심 평균 구속은 시속 142.9km에서 2025년 시속 145.3km로 시속 2.4km 늘어났다. 반면 외국인 투수는 시속 146.5km에서 시속 2.7km나 향상됐다. 물론 외국인 투수 수는 국내 선수보다 훨씬 적다. 하지만 대체로 팀당 2명씩인 외국인 투수들은 지난해 리그 전체 이닝의 24.9%나 책임졌다.

강속구 투수는 분명히 늘어났다. 2025년 10+이닝 기준으로 평균 시속 150km를 넘긴 국내 투수는 모두 14명이었다. 2024년엔 문동주와 김서현 두 명뿐이었다. 측정 방식 변경에 따른 변화 평균치인 시속 1.7km를 적용해 기준을 시속 148.3km로 낮춰보자. 그래도 최지강 곽빈 김민 이영하 등 네 명만 추가될 뿐이다. 2025년 '150 클럽' 14명 가운데 11명이 24세 이하, 8명은 22세 이하였다는 점은 한국 야구의 미래에 긍정적이다. 하지만 이들 가운데 붙박이 선발투수는 문동주와 곽빈 두 명 뿐이다.

2025시즌 '150클럽' 국내투수

투수	나이	구속(km/h)	투수	나이	구속(km/h)
윤성빈	26	155.0	신영우	21	151.3
김서현	21	153.4	정우주	19	151.2
김영우	20	152.7	김택연	20	150.5
문동주	22	152.3	최준용	24	150.3
이강준	24	152.1	이민석	22	150.2
배찬승	19	151.7	이영하	28	150.2
곽빈	26	151.4	홍민기	24	150.1

자료=스탯티즈(10이닝 이상 투구 기준)

일본 야구의 '구속 혁명'은 한국보다 더 일찍 시작됐다. 구속 기록으로 추정하면 2010년대 중반부터 불이 붙었다. 그리고 아직 한 번도 직구 구속이 감소하지 않고 매년 상승하고 있다.

2023년에 '100이닝 이상/평균 시속 150km 이상' 조건을 충족시킨 일본 국내 투수는 30명에 달했다. 점점 늘어나서 2024년엔 36명, 2025년엔 43명이었다. 이들 중 최고가 WBC 대표팀에 합류해 불펜을 강화할 것이다. 선발은? 이들보다 더 빠른 일본인 메이저리거들의 몫이다.

대만도 만만치 않다. 대만프로야구(CPBL)는 최근 중흥기를 맞고 있다. 프로를 꿈꾸며 야구 아카데미에서 구속을 끌어올리려는 어린 투수도 늘어나고 있다. 그래서 대만 야구도 한국과 비슷한 시점에서 '구속 혁명'이 시작됐다. 2024년 프리미어12 우승은 그 결실이다. 결승에서 일본을 6-0으로 완파했다. '한국 킬러'로 부상한 애리조나 마이너리거 린위민을 필두로, 예전보다 훨씬 강한 공을 던지는 투수들이 한국과 일본 타선을 봉쇄했다. 이번 WBC에는 당시 대표팀에 없던 새 얼굴이 등장한다.

구린뤼양은 2024년 평균 시속 150km, 최고 시속 158km 강속구를 앞세워 CPBL을 평정했다. 11승 2패 평균자책점 1.66으로 MVP에 올랐고, 시즌 뒤 NPB 니혼햄에 입단했다. 데뷔 시즌인 지난해 부상 문제로 32⅓이닝만 던졌지만 위력적인 구위와 제구, 그리고 디셉션이 좋은 투구폼으로 신조 쓰요시 니혼햄 감독의 찬사를 받았다. 5월 11일 라쿠텐 상대로 거둔 완봉승은 2011년 천웨이인 이후 대만 투수로는 첫 기록이었다.

구린뤼양이 떠난 2025년 CPBL엔 쉬러시가 최고 투수로 떠올랐다. 평균 시속 151km 강력한 포심으로 114이닝 동안 평균자책점 2.05에 삼진 120개를 잡아냈다. 메이저리그와 NPB의 뜨거운 구애 끝에 12월 소프트뱅크 유니폼을 입었다. 3년 총액 15억 엔(약 140억 원)이라는 파

격적인 조건이었다. 입단 기자회견에 참석한 왕년의 명포수 조지마 겐지 구단 야구 담당 이사(CBO)는 "소프트뱅크가 최고의 크리스마스 선물을 받았다"고 쉬러시를 극찬했다.

●
변화구는?

한국 투수들이 뒤처진 것은 속도만이 아니다. 최근 5년 간 메이저리그에선 '구종 혁명'도 일어났다.

스포츠과학과 각종 계측/촬영 장비들이 결합돼 구종의 비밀을 밝혀 나갔다. 어떻게 손에서 떠날 때, 어떤 스윙으로 던질 때 효과적인 궤적과 무브먼트가 만들어지는지가 밝혀지기 시작했다. 그 결과 투수들의 구종 개발과 습득에 효율이 엄청나게 높아졌다. 더 위력적이고, 기존 구종과 콤비네이션이 좋은 변화구가 개발돼 전파됐다.

오버핸드 투수는 글러브 방향으로 수평 무브먼트가 큰 변화구를 던지기 어렵다고 알려져 왔다. 하지만 바로 이런 공인 스위퍼가 2021년부터 대유행했다. 3년 전쯤에는 서클체인지업보다 더 빠르고, 스플리터보다 크게 떨어지는 '킥체인지업'이 개발됐다. KBO 리그에도 영향을 미쳤다. 스위퍼는 에릭 페디와 라이언 와이스, 킥체인지업은 코디 폰세와 드루 앤더슨의 야구 인생을 바꿨다. 미국에서 경쟁에 밀려 한국에 온 투수가 새로 익힌 구종으로 KBO 리그를 평정한 뒤 메이저리거로 복귀했다.

좋은 건 따라하고 보는 게 야구판 생리다. 그런데 이들이 새 구종의 효과를 눈앞에서 보여준

3년 동안, 스위퍼와 킥체인지업을 레퍼토리에 장착한 국내 투수는 한 명도 없다.

투수와 코치들은 새 구종을 던지지 않는 이유를 이렇게 말했다.

새 구종을 배우려다 다른 구종들을 던질 때 밸런스가 깨진다

주로 스위퍼에 관심을 갖던 이들의 반응이었다. 스위퍼를 시험하다 포심과 슬라이더를 던질 때 밸런스가 흔들리는 걸 느꼈다고 했다. 새 구종을 익히느라 원래 구종이 흔들리는 리스크가 부담스럽다는 얘기였다. 하지만 이 설명은 '왜 유독 한국 투수만 스위퍼 때문에 다른 구종을 던질 때 밸런스가 깨지는가'라는 질문에는 취약하다.

킥체인지업은 포크볼(스플리터)과 비슷한 성질이라 굳이 던질 필요가 없다.

포크볼을 잘 써먹고 있는 투수라면 합리적인 논리다. 문제는, 포크볼이 없는 국내 투수 중에서도 아직 킥체인지업을 던지는 사례가 나오지 않았다는 점이다.

'언어 장벽'이 높다

오프시즌에 미국 현지 피칭 아카데미를 찾는 투수가 늘어나고 있다. 도전 정신과 자기 계발이라는 면에서 긍정적이다. 어떤 투수들은 구속

이 오르는 효과를 얻기도 했다. 그런데 구종 개발에 성공했다는 투수는 드물다. 구종의 원리와 던지는 방식에 대한 현지 코치 설명을 100% 이해하기 어려웠다는 반응이 많았다. 통역 과정에서 사라지는 정보들이 많았다는 것이다.

당연한 일이다. 최신 투구 이론을 이해하려면 선수로서 투수 경험과 스포츠과학에 대한 지식이 모두 필요하다. 미국과 일본에 많지만, 한국에 상대적으로 드문 인재가 바로 이 둘을 모두 갖춘 사람이다. 한국 '엘리트' 선수는 어릴 때부터 운동에만 전념하면서 공부를 멀리한다. 학문의 길을 가는 이들 중에는 '선출'이 드물다. 미국과 일본에서는 몸으로 체득한 선수 경험과 스포츠과학의 연구 성과가 결합돼 새로운 야구 지식이 양산되고 있다. 한국 야구계에는 지식을 온전히 이해하고 잘 전달할 사람이 모자란다.

예를 들어 스위퍼의 원리는 '야구공 실밥에 의한 후류 변화(Seam-shifted Wake)라는 현상이다. 고교물리로는 조금 어렵고, 대학에서 유체역학의 기초를 배웠다면 이해할 수 있다. 자연대나 공대에 이런 학생은 많다. 하지만 이들 중 중고교 시절 야구를 한 이는 극소수다.

일본 국가대표 사무라이재팬은 한국 대표팀을 1년 내내 영상과 데이터를 통해 관찰하고 있다. 대표선수 후보군에 들 선수라면 수시로 정보를 업데이트한다. 사무라이재팬에서 한국 투수들에 대해 내린 평가 중에는 "변화구 구사 능력이 떨어진다"가 있다. 막연한 느낌이 아니라 무브먼트 수치로 평가한다. 한국 야구는 패스트볼 구속에서 일본과의 격차를 줄여가고 있다. 하지만 아직 부족하다. 지난해 11월 일본과의 평가전에서도 두 팀 투수들의 변화구 차이는 컸다.

제구력이
나쁜 게
아니라
구위를
못 믿는 것

_황규인

2012년 한국프로야구에서 타자가 몸에 공을 맞는 경우는 경기당 평균 0.47번 나왔다. 이듬해(2013년)에는 0.61번으로 29.8%가 늘었다. 이에 대해 "팀 숫자가 늘어서 그런 것"이라고 풀이하는 이들이 적지 않았다. 2013년은 제9 구단 NC가 1군 무대에 뛰어든 해였다.

프로야구 팀 숫자가 8개에서 9개로 12.5% 늘어나면 원래 퓨처스리그(2군)에 있어야 할 투수도 그만큼 1군 무대를 밟게 된다. 이런 투수들은 제구가 불안하다 보니 몸에 맞는 공이 늘어날 수밖에 없다는 게 이들이 이렇게 풀이한 근거였다. 막내 구단 KT가 1군에 합류한 2015년에도 몸에 맞는 공(경기당 0.60개)이 전년(0.54개)보다 11.1%가 늘었다. 그러니 이런 해석이 영 틀린 접근법이라고 볼 수는 없다.

스트라이크를 못 던지는 투수 ──
── 굳이 던지지 않아도 되는 환경

다만 메이저리그에서는 이런 일이 생기지 않았다. 1968년까지 20개 팀 체제였던 메이저리그는 1969년 24개 팀 체제가 됐다. 1년 사이에 팀 숫자가 20% 늘어난 것. 그래도 몸에 맞는 공은 1968년 0.24개, 1969년 0.23개로 사실상 제자리걸음이었다. 미국은 마이너리그에 메이저리그급 투수를 그만큼 확보하고 있기라도 했던 걸까.

메이저리그는 대신 최근 들어 몸에 맞는 공 숫자가 늘어나고 있다. 메이저리그가 현재 양대리그 체제를 갖춘 1901년부터 2017년까지 117년 동안에는 한 번도 몸에 맞는 공이 경기당 평균 0.4개를 넘은 적이 없다. 그런데 2018년부터 2025년까지는 8년 연속으로 0.4개 이상이다.

스포츠일러스트레이티드(SI)는 이에 대해 "구위가 너무 좋아져서 그렇다"고 해석한다. 그러면서 몇 년 전만 해도 빠르기에 집중했던 투수들이 '궤적'에 초점을 맞추고 있다고 소개했다. '피칭 랩'에서 자기 공을 '셰이핑(shaping)'하는 투수가 늘었다는 얘기다.

투수가 던진 공이 예상 궤적에서 벗어나는 시점이 늦으면 늦을수록 타자를 속이기 쉬운 게 당연한 일. 연구실에서 구종을 절차탁마하는 요즘에는 그 시점이 늦어도 너무 늦고 이탈 폭도 너무 크다. 이 때문에 타자들이 스트라이크존을 통과하는 공이라고 생각하다 미처 피하지 못해 몸에 맞는 일이 늘어났다는 것이다.

몸에 맞는 공 사례를 통해 확인할 수 있는 한 가지는 한국에서는 제구력을 투수 개인 특성이라고 평가하는 일이 드물지 않다는 점이다. 그러니 몸에 맞는 공이 늘어나면 제구력이 나쁜 투수가 '추가로' 리그에 들어와 그렇다고 평가한다. 반면 SI는 같은 현상이 나타났을 때 투수와 타자 사이 상호 작용에 주목했다.

●
투수는 타자에게 공을 던진다

2025년 한국프로야구 전체 투구 21만7849개 가운데 63.6%인 13만8570개가 스트라이크였다. 같은 해 메이저리그는 이 비율이 63.9%로 한국과 사실상 차이가 없었다. 여기서 스트라이크는 '콜드(루킹)스트라이크' 이외에 △타격 △파울 △헛스윙 등으로 끝난 경우도 포함한다.

전체 투구 가운데 콜드스트라이크가 차지하는 비율은 한국이 18.0%로 미국(16.8%)보다 높았다. 자동판정시스템(ABS) 도입 이전인 2023년에도 한국(17.6%)이 메이저리그(16.4%)보다 루킹 스트라이크 비율이 높았다. 요컨대 '결과적으로' 보면, 같은 리그 안에서는, 한국 투수가 메이저리그 투수보다 스트라이크를 던지는 능력이 떨어진다고 보기는 쉽지 않다.

그런데 투수가 던진 공이 (가상으로 그린) 스트라이크 존 안쪽으로 날아온 비율(존%)을 살펴보면 다른 이야기가 펼쳐진다. 2025년 기준 존%는 메이저리그가 52.4%로 한국(42.2%)보다 10%포인트 이상 높았다. 2021년 이후 5년 동안 메이저리그는 존%가 줄곧 50% 이상이었던 반면 한국은 45%를 넘은 적도 없다. 스트라이크를 만드는 '과정'이 다른 것이다.

한미일 존 %			
연도	한국	미국	일본
2025	42.2	52.4	44.7
2024	44.2	51.3	45.1
2023	43.0	50.6	46.3
2022	43.1	50.4	46.2
2021	42.9	50.8	45.1

존%는 △Z-스윙% △O-스윙% △Z-콘택트% △O-콘택트% 등과 함께 묶인다. 여기서 Z/O는 존 안팎을 뜻한다. 스윙은 타자가 방망이를 휘둘렀을 때, 콘택트는 그중에서 방망이에 공이 맞았을 때를 뜻한다.

2016–2025년 10년 동안 한미일 프로야구 데이터를 가지고 '베이즈 회귀분석'을 진행해 보면 O-콘택트%가 존%에 끼치는 영향이 가장 크다는 사실을 알 수 있다. O-콘택트%와 존%에 대해 '베이즈 상관분석'을 실시해 보면 상관 계수 −0.8837이 나온다. 그리고 'O-콘택트 비율이 높을수록 존%가 낮아진다'는 문장이 참일 확률이 '이 두 변수 사이에 아무 관계도 없다'는 문장이 참일 확률보다 150조 배 높다. 150조 배 맞다. 비유법이나 과장법이 아니다.

2025년 기준 O-콘택트%는 한국(64.1%)이 메이저리그(55.2%)보다 9%포인트 가까이 높았다. 일본프로야구는 O-콘택트% 62.4%로 한국

과 미국 중간이었고 존%도 44.6%로 마찬가지였다. 투수도 여전히 타격을 하는 센트럴리그가 O-콘택트% 63.3%에 존% 44.9%로 두 기록 모두 높았다.

이렇게 타자와 상호 작용한 결과까지 살펴보면 한국 투수는 스트라이크를 못 던지는 게 아니라 굳이 던질 필요가 없는 것인지도 모른다. 한국도 이 10년간 O-콘택트%가 62.1%로 가장 낮았던 2016년에는 존% 48.5%를 기록했다. 일본에서도 이 10년간 이보다 존%가 높은 적이 없었다.

한미일 O-콘택트 %			
연도	한국	미국	일본
2025	64.1	55.2	62.4
2024	64.1	56.2	63.7
2023	66.8	56.2	61.9
2022	64.7	57.4	61.4
2021	64.8	55.4	61.6

그렇다고 한국에서 존%가 무의미한 건 아니다. 이번에는 2021년부터 2025년까지 규정 이닝 30% 이상 던진 투수 578명을 대상으로 베이즈 회귀 분석을 진행했다. 그 결과 같은 투수가 존%를 1%포인트 끌어올릴 때마다 FIP는 0.11 내려가는 것으로 나타났다.

재미있는 건 공이 빠른 투수는 이 효과가 적다는 점이다. 속구 구속이 1표준편차 빠른 투수는 1표준편차 느린 투수보다 17.1% 정도 FIP 감소폭이 적다. 구속이 제구에 '쿠션 효과'를 가져다주는 셈이다.

시속 대신 표준편차를 기준으로 삼은 건 한국

야구위원회(KBO)의 구속 측정 방식이 투구추적시스템(PTS) 기반에서 2025년 트랙맨 기반으로 바뀌었기 때문이다. 2025년 기준 1표준편차는 시속 3.62㎞였다.

스터프+를 아시나요?

한국에서는 구속을 제외하면 구위를 측정할 만한 지표를 찾기가 쉽지 않다. (각 구단은 데이터를 확보하고 있지만 일반 야구팬에게는 공개하지 않는다.) 물론 이 투구 셰이핑 시대에 구속만으로 구위를 평가하기에는 역부족이다. 그래서 메이저리그에 등장한 개념이 '스터프+'다.

스터프+는 구속 이외에 △상하좌우 움직임(무브먼트) △회전 효율 △투구 각도 △릴리스포인트 △익스텐션(투구판에서 공을 놓는 지점까지 거리) 등을 토대로 산출한다. 오직 공의 물리적 파괴력만 따지는 지표다. 미국 야구 통계 사이트 팬그래프는 "스터프+는 가장 지저분한(the nastiest) 공을 골라내는 게 목적"이라고 설명한다.

마찬가지로 존%만으로 제구력을 측정하는 데도 한계가 있다. 스트라이크 존은 타자가 치기 좋은 코스를 뜻하기도 하기 때문이다. 그렇다고 투수가 어떤 지점에 던지려는 '의도'가 있었는데 그 의도에 맞게 공을 던졌는지 아닌지 따질 수도 없다. 대신 헛스윙을 유도하거나 정타를 피할 수 있는 위치에 공을 던지는 '커맨드' 능력은 측정할 수 있다. 이를 측정하는 지표가 바로 '로케이션+'다.

로케이션+는 '투구 가치'가 가장 높은 지점에

공을 던지는 능력을 평가한다. 이 때문에 구종별로 좋은 평가를 받는 위치가 다르다. 또 같은 구종도 볼카운트나 상대 타자 타석에 따라 점수를 다르게 계산한다. 예를 들어 0볼 2스트라이크에서 원바운드 커브볼을 던졌을 경우 스트라이크 존에서 한참 벗어나도 헛스윙을 유도하기 좋은 위치로 들어왔다면 로케이션+에서 좋은 점수를 받을 수 있다.

이번에도 스터프+가 좋아질 때와 로케이션+가 좋아질 때 어느 쪽이 FIP를 더 많이 끌어내리는지 베이즈 회귀분석을 진행했다. 대상은 2021~2025년 메이저리그에서 50이닝 이상 던진 투수 745명이다. 한 해와 그다음 해 예컨대 2024년과 2025년 변화를 추적했다.

그 결과 스터프+가 1표준편차만큼 좋아지면 FIP는 0.60만큼 줄었다. 로케이션+는 그 절반인 0.30점 정도에 그쳤다. 그리고 이렇게 차이가 날 확률은 100%였다. 요컨대 적어도 메이저리그에서는 구위가 커맨드보다 두 배 더 중요했던 것이다.

참고로 존%는 '신용 구간(참값이 이 구간 내에 존재할 확률)'에 0이 겹쳐 있었다. 스터프+와 로케이션+가 그대로인 상황에서 존%가 좋아진다고 FIP에 영향을 주지는 않는다는 의미다. 제구력이 '스트라이크 존 안에 던질 줄 아는 능력' 그 이상이라는 걸 이를 통해서도 확인할 수 있다.

실제로 스터프+와 로케이션+를 통합해 '피칭+'를 계산해 보면 실점 억제에 기여하는 정도는 스터프+가 60~70%, 로케이션+가 20~30%로 나타난다. 구위가 좋으면 커맨드가 부족해도 타자를 압도할 수 있지만 커맨드가 아무리 좋아도 구위가 떨어지면 성적을 유지하기가 쉽지 않은 것이다. 같은 이치로 속구는 스터프+ 비중이 절대적이지만 블레이킹 볼에서는 로케이션+ 가치가 올라간다. 브레이킹볼이 아무라 많이 꺾여도 아예 엉뚱한 곳으로 날아가면 타자가 속지 않기 때문이다.

지 않을까. '상대 타자가 달라졌기 때문'이 가장 정답에 가까울 것이다. 양 팀 투수 모두, 정규시즌 때보다 컨디션이 떨어진 상태에서, 리그에서 상대하던 것보다 더 강한 타자를, 줄줄이 만나야 했다. 사실 일본 투수들도 이 두 경기를 합쳐 4사구 12개를 내줬다.

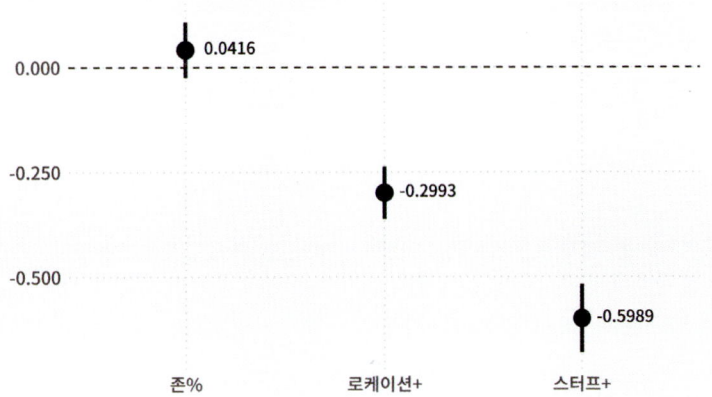

존% → 로케이션+ → 스터프+
2021~2025 메이저리그 동일 투수 기준 항목 변화별 FIP 증감

0.000 ····· 0.0416

-0.250 ····· -0.2993

-0.500 ····· -0.5989

존% | 로케이션+ | 스터프+

"넌 내게 불안감을 줬어."

한국 대표팀 투수들은 2025년 11월 15-16일 일본 도쿄돔에서 열린 'K-베이스볼 시리즈' 두 경기에서 일본 타선에 4사구를 총 23개 내줬다. 2차전에서는 밀어내기 볼넷만 4개였다. "제구력이 문제"라는 비판이 이어진 게 당연한 일.

그런데 당시 대표팀 투수 18명이 이해 리그 경기에서 내준 9이닝당 4사구는 3.9개 수준이었다. 이 기록이 세 배 가까이 올랐을 때는 투수제구력이 아니라 다른 문제가 있다고 봐야 하

이런 상황에서 한국 투수들 제구가 더 흔들린건 기본 구위 차이 때문이라고 보는 게 옳다고할 수 있다. 한국 투수가 K-베이스볼 시리즈에서 던진 속구 계열 평균 구속은 시속 147.9㎞로일본(시속 151.2㎞)보다 3.3㎞가 느렸다. 2023년월드베이스볼클래식(WBC) 때 조별리그 경기속구 평균 시속은 147.6㎞, 8강 토너먼트 이후로는 150.6㎞로 3㎞ 차이가 났다. 평균 시속 3㎞는 결코 적지 않은 차이이다.

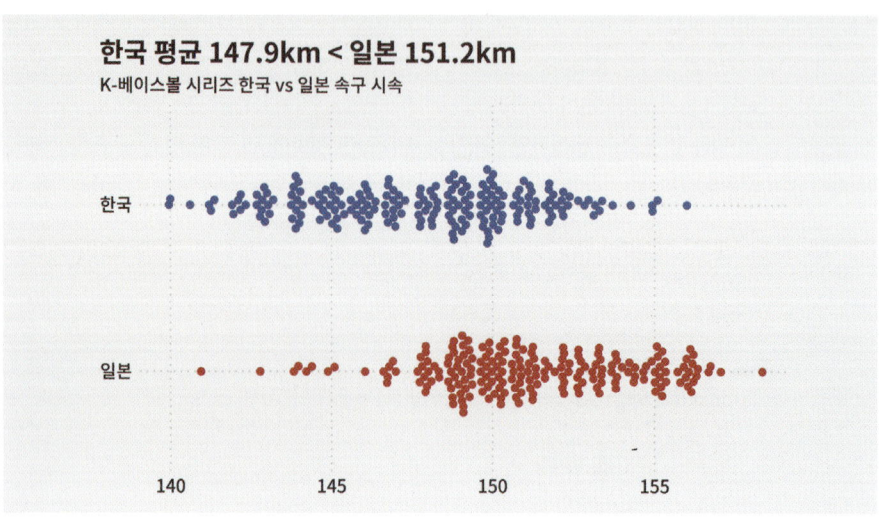

한국 평균 147.9km < 일본 151.2km
K-베이스볼 시리즈 한국 vs 일본 속구 시속

말하자면 한국 투수들은 구위에 자신이 없었기에 스트라이크 존 안에 공을 던지는 데 애를 먹을 수밖에 없었다. 야구 선수가 어떤 마음가짐으로 경기에 임해야 하는지를 다룬 책 〈헤드업 베이스볼(Heads-Up Baseball: Playing the Game One Pitch at a Time)〉은 아예 "구위를 믿지 못하면 스트라이크 존 안에 공을 던질 수 없다"고 못 박는다.

그리고 이럴 때 투수들은 머릿속은 '완벽하게 제구를 해야 한다'는 생각으로 채워지기 쉽다. 같은 책은 "이렇게 스트라이크 존 모서리만 노리면 타깃이 너무 좁아져 빗나가는 게 당연하다. 자연스레 볼넷이 늘어난다. 그러다 정신을 차리고 보면 무사 만루 위기에 몰려 있는 것"이라고 지적한다.

이번 〈넘버스북〉을 꼼꼼하게 읽으신 분이라면 '핀포인트 제구'는 거짓말이라는 걸 여러 군데서 이미 확인하셨을 것이다. 그리고 '제구를 잡아야 해'라는 생각에 매달리면 매달릴수록 공

은 더 나빠지게 돼 있다. 그래서 데이터는 확실하게 증명한다. "투수는 제구보다 구위"라고 말이다.

한일전 10연패 수모를 겪은 대표팀. 다음날은 7대 7 무승부를 기록했다

데이터는 말한다, "한복판에 던져라"

_최민규

메이저리그 구단 애슬레틱스 소속 브렌트 루커는 2025년까지 3년 연속 30홈런 이상을 때려낸 강타자다. 루커는 2023년 이런 말로 논쟁을 불러일으켰다. "한가운데로 몰린 시속 97마일(156㎞) 강속구가 스트라이크 존 코너로 들어오는 시속 92마일(148㎞) 패스트볼보다 치기 어렵다."

아무리 빠른 공도 ─── 한가운데 몰리면 맞는다?

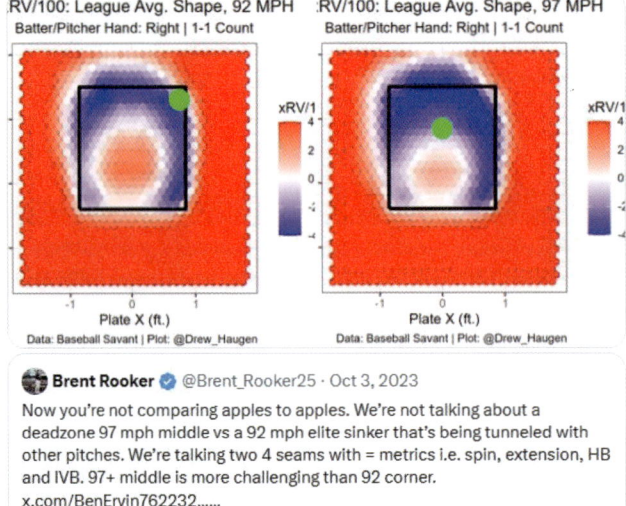

Drew Haugen
@Drew_Haugen

Assuming league-average pitch shape, up and away on the corner at 92
vs. middle-middle FF at 97:
xRV/100: -1.67 vs. -2.27
The 97 MPH fastball thrown middle-middle would be ~0.6 runs better
per 100 pitches than a 92 MPH fastball spotted on the corner.

DeepL로 번역

Brent Rooker ✓ @Brent_Rooker25 · Oct 3, 2023

Now you're not comparing apples to apples. We're not talking about a
deadzone 97 mph middle vs a 92 mph elite sinker that's being tunneled with
other pitches. We're talking two 4 seams with = metrics i.e. spin, extension, HB
and IVB. 97+ middle is more challenging than 92 corner.
x.com/BenErvin762232......

"시속 97마일 한가운데 공이 코너로 들어온 시속 92마일 공보다 치기 어렵다"는 브렌트 루커의
2023년 발언과 드류 하우겐의 검증.

오래된 야구 상식과는 배치된다. 야구팬들은 '아무리 빠른 공도 한가운데로 몰리면 맞는다'고 믿는
다. 많은 야구 선수나 코치도 이렇게 믿는다. 한가운데 공은 '나쁜 공'이다. 그래서 한국 학생 야구에
서 투수들은 거의 존 가운데로 공을 던지는 훈련을 하지 않는다. 차명주 한국야구학회 이사는 "몸
쪽이나 바깥쪽으로 던지는 훈련 위주"라고 말했다. 야구 중계에서 "한가운데로 공을 던지는 건 생
각보다 어렵다"고 말하는 해설가들이 있다. 어렵다. 던져본 적이 거의 없기 때문이다.

루커의 발언을 필라델피아 필리스 소속 야구 분석가인 드류 하우겐이 검증했다. 결과는 루커가

옳았다. 한가운데 강속구가 투수 입장에서 더 위력적이었다. 정량화하자면 100구당 0.6점 정도였다.

한국프로야구에서는 어떨까. 비슷한 방법으로 분석한 결과는 놀라웠다. 한가운데로 던진 강속구는 코너워크 된 느린 직구보다 효과적이었다. 그뿐만이 아니었다. '구속과 관계없이' 스트라이크 존 가운데로 들어간 공이 낮은 쪽 보더라인으로 향한 공보다 더 가치가 있었다. KBO 리그는 볼·스트라이크 자동 판정 시스템(ABS)을 2024년부터 쓰고 있다. 인간 심판의 편향이 제거되기 때문에 구속과 로케이션에 따른 투구 결과를 더 정확하게 평가할 수 있다.

분석 대상은 2024년과 2025년 두 시즌 동안 KBO 리그에서 나온 전체 패스트볼(포심+투심) 20만 5511구다. 패스트볼을 던진 결과는 피치밸류(PV)로 측정했다. PV는 투구 전후 기대득점 차이를 나타내는 값이다. 하우겐의 방법과 마찬가지로 '점수'로 표시된다. 볼, 스트라이크, 인플레이 타구 결과에 따라 값이 달라진다. 스트라이크를 잡거나 인플레이 타구가 범타 처리되면 PV값이 올라간다. 볼을 내주거나 안타를 맞으면 내려간다. 장타를 맞으면 단타보다 값이 더 떨어진다.

존은 크게 섀도(shadow)와 하트(heart)로 구분했다〈그림1〉. 섀도는 스트라이크 존 경계인 보더라인 구역이다. 존의 좌우 경계를 나타내는 수직선 안팎으로 공 1개 지름(7.4cm)씩 너비를 줬다. 존 상하인 수평선에선 공 1.5개(11.1cm)씩이다. 이러면 섀도 존의 좌우 너비는 각각 14.8cm(공 2개 지름), 상하쪽으로는 각각 22.2cm(공 3개 지름)가 된다. 나머지 구역이 하트 존이다. 그리고 섀도 존을 높은 쪽(섀도-하이)과 낮은 쪽(섀도-로)으로 나눴다.

그림1 | 스트라이크 존 구분

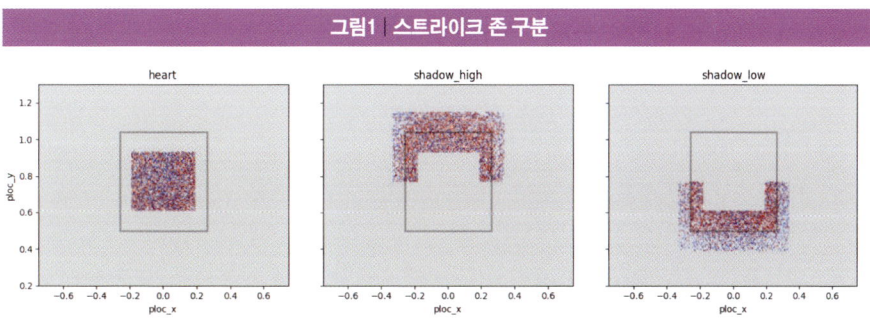

섀도 존 투구를 '코너워크'로 볼 수 있다. 보더라인을 노리지만 볼이 될 위험을 감수하는 선택이다. 섀도 존에서 타자가 스윙하지 않을 때 스트라이크율은 상하와 좌우 모두에서 53%다. 하트 존에서 타자가 스윙하지 않으면 99.9% 확률로 스트라이크다. 그래서 PV값은 헛스윙과 인플레이 타구 결과에 따라 변한다. 섀도 존에서는 볼과 스트라이크 차이가 결정적이다. 인플레이 타구 결과는 구속에 따른 차이가 나지 않았다.

⟨그림 2⟩는 모든 패스트볼을 대상으로 구속이 시속 1㎞ 차이 날 때마다 존 구역별 PV값의 변화를 나타낸다.

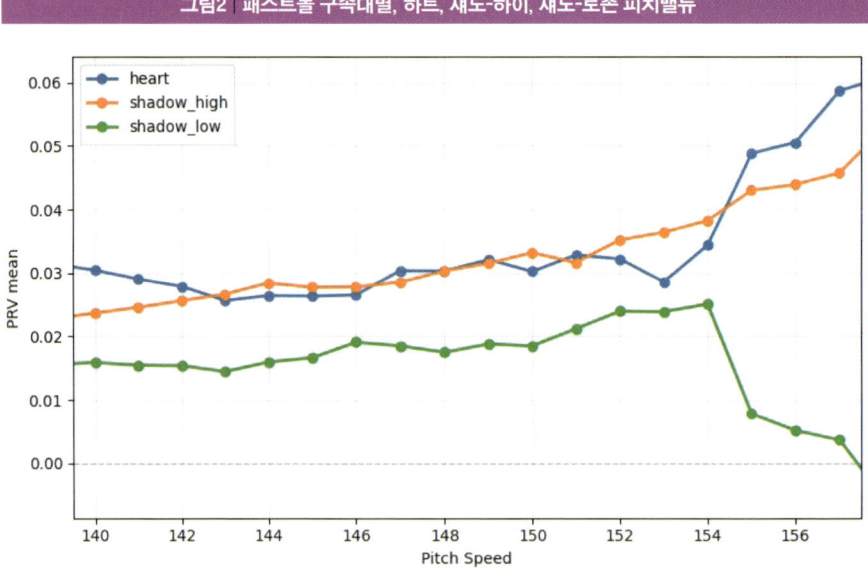

그림2 │ 패스트볼 구속대별, 하트, 섀도-하이, 섀도-로존 피치밸류

서두에서 밝힌 것처럼 전체적으로 하트 존으로 던진 패스트볼이 가장 PV 값이 높았다. 시속 140-142㎞ 구간과 리그 평균 시속 155㎞ 이상 구간에서 가장 PV가 높았다.

강속구 못지 않게 '느린' 패스트볼도 효과적이었다. 섀도 존에서는 높은(섀도-하이) 코스가 하트 존과 비슷했다. 낮은(섀도-로) 코스는 구속에 관계없이 효과가 가장 떨어졌다. '낮게 던져라'는 상식과는 정반대 결과다. 시속 154㎞를 기점으로 하트 존의 PV값은 다른 두 코스에 비해 크게 높아졌다.

이 결과에 기반하면, 강속구는 '낮게'가 아니라 '가운데로 또는 높게' 던져야 한다. 공이 빠를수록 높은 쪽보다는 가운데가 효과적이었다. 물론 표본이 작다는 한계는 있다. 지난 두 시즌 리그에서 시속 154㎞ 이상 강속구 비율은 전체 패스트볼의 2.5%가량이었다.

조금 더 깊게 들어가 보자. 투타 대결은 볼카운트 싸움이다. 볼카운트에 따라 투수와 타자는 대응법을 바꾼다. 이 책 다른 원고에서 지적했듯, 2스트라이크(S) 여부가 타격 결과에 가장 큰 영향을 미친다. 그래서 0S와 1S, 2S로 카운트를 나눠 같은 분석을 수행했다.

〈그림3〉은 2S 상황이다. 타자가 스트라이크 하나를 더 먹으면 아웃이 되는 카운트다. 시속 140–153 ㎞ 구간에서 코스별 우열 차이는 명확하게 드러났다. 섀도–하이가 가장 효과가 좋았고, 다음이 섀도–로, 꼴찌가 하트 존이었다. 2S에서 가운데 공은 위험하다. 이 카운트에선 보더라인을 노려야 한다. 낮은 코스보다는 높은 코스가 더 효과적이었다.

그런데 하트 존에서는 시속 153㎞를 기점으로 섀도–로를 추월했다. 시속 156㎞ 이상에서는 섀도–하이도 앞질러 존 세 구역 중 가장 PV값이 높았다. 시속 156㎞를 환산하면 루커가 "치기 어렵다"고 했던 시속 97마일 구속이 된다. 이 구속을 낼 수 있는 투수라면 2S에서도 한가운데를 보고 던지는 것도 좋은 선택이다.

그림3 | 2S에서 패스트볼 구속대별, 하트, 섀도-하이, 섀도-로존 피치밸류

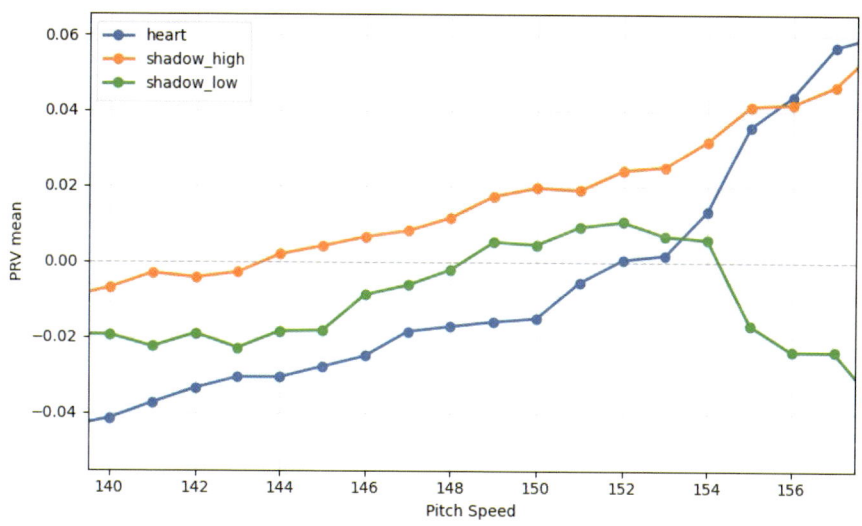

〈그림4〉는 0S와 1S 상황이다. 이 카운트에서는 하트 존이 가장 효과적인 코스였다. 시속 153–154㎞ 구간에서만 섀도–하이에 뒤질 뿐이다. 섀도–로는 모든 구속대에서 가장 효과가 떨어졌다.

명투수 출신 윤석민은 "초구나, 2S 전에는 가운데를 보고 던져라"는 조언을 후배 투수들에게 한 적이 있다. 2S 전까지는 어렵게 가장자리 코스에 던질 필요가 없다는 말이다. 〈그림3〉과 〈그림4〉는 윤석민의 말이 '정론'임을 보여준다.

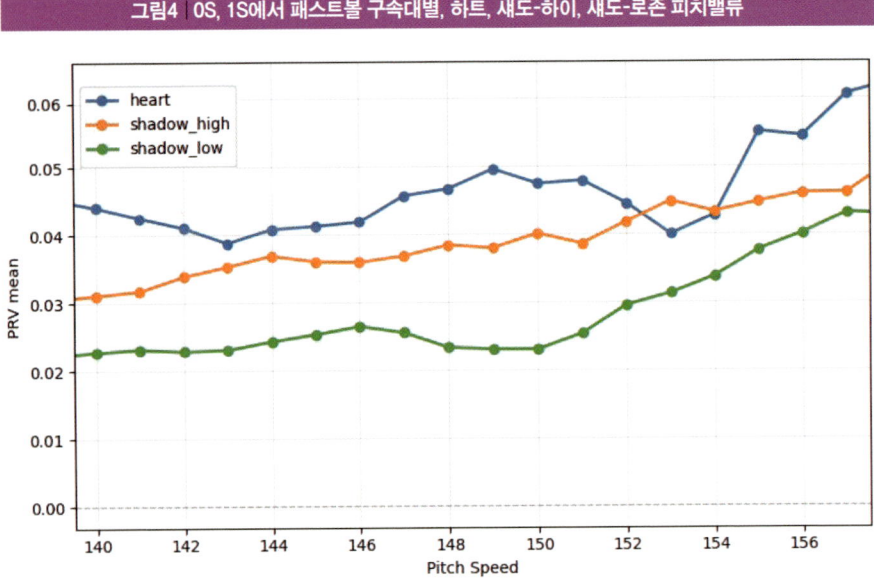

그림4 │ 0S, 1S에서 패스트볼 구속대별, 하트, 섀도-하이, 섀도-로존 피치밸류

'한가운데 직구'의 특징은 두 개다. 첫째, 타자가 안 치면 스트라이크다. 둘째, 타자가 치기 좋은 코스다. 그래서 인플레이 타구가 자주 나온다. 그래서 하트 존과 섀도 존 투구 결과에서 인플레이 타구를 분리할 필요가 있다.

〈그림5〉는 인플레이 타구가 나왔을 때 구속대별 패스트볼 PV 그래프다. 지금까지 본 그래프 가운데 하트 존 투구 결과가 가장 좋지 않았다. 시속 140–150㎞ 구간에서 섀로–로에 던진 패스트볼의 PV값이 최고였다. 시속 154㎞가 넘어갈 때 섀도–하이, 시속 155㎞ 지점에 와서야 하트 존에 추월당했다. 이 정도 강속구가 아니라면 낮은 쪽 보더라인을 노리는 패스트볼이 더 효과적이었다.

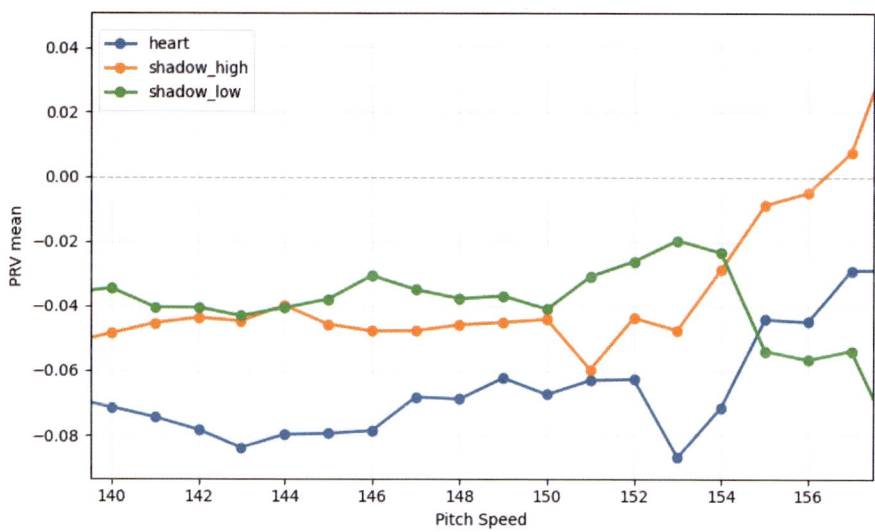

그림5 │ 인플레이 타구 패스트볼 구속대별, 하트, 섀도-하이, 섀도-로존 피치밸류

하지만 타구가 인플레이되지 않았다면, 즉 타자가 투구를 지켜보거나 헛스윙 했을 때는 하트 존 패스트볼이 가장 효과적인 투구일 수밖에 없다. 인플레이되지 않은 투구는 모두 스트라이크이기 때문이다.

그래서 한가운데로 던진 공의 효과는 '인플레이 상황의 불리함'과 '비(非)인플레이 상황의 유리함'을 함께 계산해야 한다. 답은 이미 알고 있다. 위에서 본 〈그림 2〉는 인플레이 상황을 나타내는 〈그림 5〉와 비인플레이 상황인 〈그림 6〉을 종합한 결과다. 하트 존 패스트볼이 가장 효과적이었고, 낮게 코너워크한 패스트볼이 최악이었다.

그림6 | 비(非)인플레이 타구 패스트볼 구속대별, 하트, 섀도-하이, 섀도-로존 피치밸류

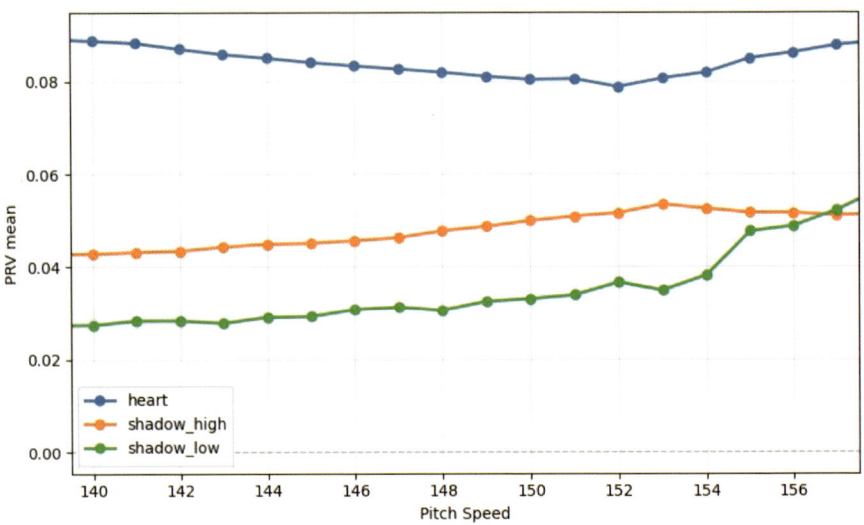

혹시 하트 존이 너무 넓게 잡혔기 때문에 이런 결과가 나온 건 아닐까. 한가운데 패스트볼보다는 보더라인 근처는 아니지만 존 중심점에서 떨어진 공이 더 치기 어려울지도 모른다.

그래서 섀도 존 오른쪽과 왼쪽 너비를 22.2㎝, 위쪽과 아래쪽 너비를 33.3㎝로 확장해 보자. 섀도 존 확장(=하트 존 축소) 뒤 같은 분석을 수행한 결과가 〈그림 7〉이다. 하트 존을 넓게 잡은 〈그림 2〉와 비교하면 오히려 하트 존 패스트볼이 효과가 더 컸다. 다만 시속 152㎞ 이상 강속구는 섀도-하이존이 더 효과적이었다.

보더라인 제구력이 좋지 않은 투수라면 섀도 존이 넓을 가능성이 크다. 이 투수의 패스트볼 구속이 시속 140-152㎞라면 가운데를 보고 던지는 게 가장 효과적이다. 시속 152㎞가 넘는 파이어볼러라면 높은 코스를 공략하는 게 성공 확률이 가장 높다.

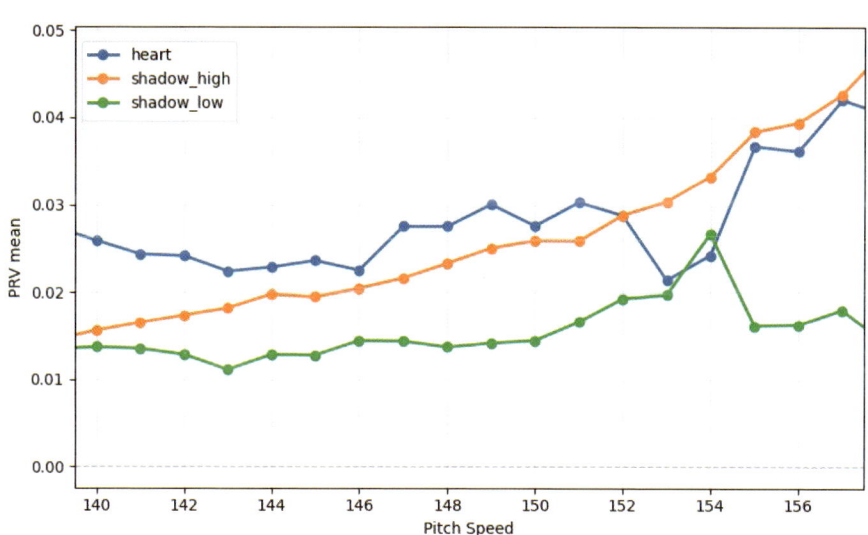

그림7 | 패스트볼 구속대별, 하트, 섀도-하이, 섀도-로존 피치밸류(섀도 존 확장 버전)

'코너워크'는 투수에게 만병통치약이 아니다. 존 가장자리 보더라인을 노리는 투구는 볼 판정으로 이어질 가능성이 높다. 그래서 필연적으로 리스크를 감수해야 한다. 이 리스크보다 헛스윙을 유도하거나 인플레이 타구의 가치를 떨어뜨려 얻는 이익이 더 크다면 '코너워크'를 하는 게 합리적이다.

하지만 지난 두 시즌 KBO 리그 패스트볼을 분석한 결과는 그 반대다. 존 가운데를 보고 던진 패스트볼이 더 효과적이다. 2S라면 코너워크의 중요성이 커진다. 그 경우에는 낮은 코스가 아니라 높은 쪽을 노리는 게 압도적으로 유리하다. ABS 도입 이후 존 상단이 이전보다 높아졌다는 점도 여기에 영향을 미친 것으로 보인다.

한국 야구는 오랫동안 '낮은 코스가 가장 효과적이다'고 믿어왔다. ABS 이전 심판들이 높은 존을 규정보다 훨씬 좁게 봤던 이유도 학생 선수 시절부터 '높은 공은 나쁜 공'이라고 배웠기 때문이라는 해석이 있다. KBO 리그 투수들이 하이패스트볼 비중을 높인 건 그다지 오래되지 않았다. 낮은 코스로 던진 공에 범타나 득점 생산성이 낮은 타구가 자주 나왔던 게 '낮은 공이 좋은 공'이라는 믿음의 한 이유일 것이다.

하지만 인플레이 타구는 투구 결과의 한 부분일 뿐이다. 코너워크에 신경쓰다 볼을 내줘 승부를 망치는 경우노 허다하나. ABS를 아직 채택하지 않은 일본프로야구(NPB)에서도 낮은 코스에 대한 집착을 버리는 투수가 늘어나고 있다. 세이부 라이온스 소속 강속구 마무리 다이라 가이마는 "'낮게 던지라'는 말을 믿지 않는다. 데이터로는 낮은 코스가 유리하다는 증거가 나오지 않았다"는 말을 한

적이 있다.

결론적으로 '한가운데 강속구'는 통념에 비해 훨씬 효과적인 공이다. 보더라인 투구는 야구인과 야구팬이 생각해왔던 것보다 훨씬 효과가 떨어진다. 그런데 혹시 이 결론에는 최근 국제대회 때마다 악명 높은 'KBO 리그 투수들의 제구력'이 영향을 미치지 않을까. 보더라인 투구의 PV값이 떨어지는 큰 이유가 볼 판정을 받을 위험성 때문이다. 제구력이 나쁜 투수라면 볼도 많을 것이다.

그럴 수도 있고, 아닐 수도 있다. 이에 대한 결론은 메이저리그나 NPB와의 비교 연구에서 드러날 수 있을 것이다. 하지만 '제구력'이라는 단어에는 환상이 포함돼 있다는 점은 지적할 수 있다.

'핀포인트 컨트롤'이라는 말은 자주 쓰이지만 그런 투수는 존재하지 않는다. 미국 야구에서는 제구력을 '커맨드'로 자주 표현한다. 스트라이크를 던지는 능력이 컨트롤이라면 원하는 곳에 공을 던지는 능력이 커맨드다.

미국 듀크대 코치인 크리스 폴라드와 더스티 블레이크는 메이저리그 투수들의 커맨드 관련 데이터를 공개한 적이 있다. 이에 따르면 메이저리그 투수들은 수평 기준으로 던지려 한 지점과 실제 공이 들어온 지점 차이가 평균 15㎝다. 전체 투구의 고작 25%만이 5㎝ 오차 범위 안으로 들어왔다. '컨트롤의 마법사'인 그레그 매덕스조차 현역 시절 영상에선 포수의 미트가 크게 움직인 투구가 많았다.

이들은 "솔직하게 이야기해야 한다. 지금까지 코치들은 커맨드를 그 누구도 실현할 수 없는 수준에 도달해야 한다고 가르쳐왔다"고 했다. '실현할 수 없는 수준'을 설정하면 지시하는 입장에선 편해진다. 실패의 이유를 선수가 수준에 도달하지 못했기 때문이라고 변명하면 된다. 하지만 이런 태도는 선수를 실질적인 기량 향상으로 이끌 수 없다. 두 코치는 커맨드에 '신화'가 포함돼 있다는 점을 지적하면서도 투수 커맨드를 향상시키려는 노력을 포기하지 않았다. 듀크대의 커맨드 훈련 방법을 재구성하면 다음과 같다.

첫째, 제구력에 대한 접근 태도를 바꿨다. 상황과 맥락을 중시한다. 이들은 "투수에게 원하는 지점에 정확하게 공을 던지라는 지시는 비현실적이다. 헛스윙은 로케이션보다는 볼카운트에 영향을 더 받는다. 투수가 유리한 카운트에서 헛스윙률은 23%, 타자가 유리한 카운트에서는 14%다. 그래서 '초구를 존 안으로 던져 스트라이크를 잡으라'는 지시가 더 효과적"이라고 말한다.

둘째, 훈련에서 달성해야 할 목표를 현실적으로 조정했다. 이 팀은 투구 연습 때 존 상하를 가로지르는 선을 달아둔다. 이 선보다 높게 또는 낮게 목표 수준을 낮췄다. 수평 방향으로는 홈플레이트를 3등분해 색깔로 구분했다.

셋째, 실전과 비슷한 환경을 제공한다. 투구 때 타석에 타자 더미(dummy)를 세워놓는다. 고교 시절 자주 상대해 보지 못한 좌타자 더미가 자주 쓰인다. 불펜 피칭 때도 실전과 마찬가지로 투구 간격에 변화를 주거나 견제구 사인을 낸다. 실전과 훈련 심박수는 다르다. 실전에서는 흥분 조절이 어려워 심박수가 올라간다. 그래서 운동으로 심박수를 높인 뒤 마운드에 올라 다시 심박수를 내리는 훈련을 한다. 스톱워치를 사용해 투구 템포도 실전처럼 맞춘다. 지치는 상황을 가정해 다양한 구속으로 공을 던지게 한다.

넷째, 커맨드에는 선수 심리 상태가 중요하다. 특수부대원처럼 어려운 상황을 돌파할 수 있는 심리 훈련을 한다. 그리고 야구에는 운이 개입한다는 사실을 주지시킨다. 투수는 실수했음에도 위기를 극복할 수 있고, 좋은 코스에 좋은 제구로 들어간 공으로 실점하기도 한다. 결과에 얽매이면 투수는 베스트 투구를 하기 어렵다.

제구력에 문제가 있는 투수는 투구폼을 흔히 지적받는다. 훈련량이나 연습투구 개수가 적다는 비난도 이어진다. 하지만 제구력이란 기계적으로 정확한 신체 동작의 결과로만 해석할 수 없다는 게 이 글의 취지다. 실제 결과를 무시하고 효과가 떨어지는 코스로 공을 던지게 하는 잘못 짜인 투구 플랜은 스트라이크율을 낮추고 볼넷을 늘린다. 어린 나이에 감독이나 코치로부터 실패에 대한 질책을 받은 투수라면 존 안으로 스트라이크를 과감하게 던지기 어려울 것이다. 실패에 대한 두려움 때문이다. 지난해 11월 국가대표 경기, 그리고 2023년 3월 월드베이스볼클래식(WBC)의 한국 대표팀 투수들에게서 이런 두려움을 느꼈다.

스트라이크 존에는 확률과 전략이 있다

_신동윤

투수와 타자 승부는 주어진 조건에 따라 양상이 바뀐다. 그래서 상황에 맞는 전략을 세워야 한다.

홈런이 많이 나오는 구장에서 투수는 땅볼 유도에 더 신경을 쓴다. 베이스 간 거리가 가까워진다면 주루플레이 중요도가 높아진다. 야구공 반발력이 줄어서 잘 날지 않게 되면 타자는 강한 타구보다 정확한 콘택트에 더 집중하고. 투수는 더 과감한 승부를 시도할 것이다.

스트라이크존의 ———
——— 이해

야구 경기의 많은 조건 중에서 가장 큰 영향을 미치는 건 스트라이크존이다. 존이 조금 넓어지고 좁아짐에 따라 투고와 타고가 바뀐다. 타자의 스윙도 투수의 볼배합도 달라진다.

존은 흔히 스트라이크와 볼 영역으로 구분된다. 하지만 승부에서 투수와 타자 머리 속은 훨씬 더 복잡하다. 투수가 존에 걸치는 공을 의도한다해도 정확히 노린 곳에 들어간다는 보장은 없다. 경계선을 겨냥한다는 건 공 한 두개가 어긋나 볼이 될 위험을 감수하는 대신 타자의 헛스윙이나 약한 타구를 유도하기 위해서다. 타자도 마찬가지다. 0.4−0.5초 안에 날아오는 공의 홈플레이트 통과 위치를 정확히 예상하는 것은 불가능하다. 많은 경우 구종 판단조차 불확실한 채로 공격을 시도한다. "무슨 공을 때려 홈런을 쳤나요"라는 질문에 오답을 하는 타자가 많은 건 그래서다.

야구 규칙에서 존은 볼과 스트라이크로 분명하게 구분된 이분법의 세계다. 하지만 경기 안에서 투수와 타자가 싸우는 스트라이크존은 의도와 실수, 추측과 도전으로 채워진 확률적 세계다. ABS 시대에도 본질은 달라지지 않았다.

2023-2025 KBO리그 볼, 스트라이크, 인플레이 타구가 나온 공의 로케이션(왼쪽부터)

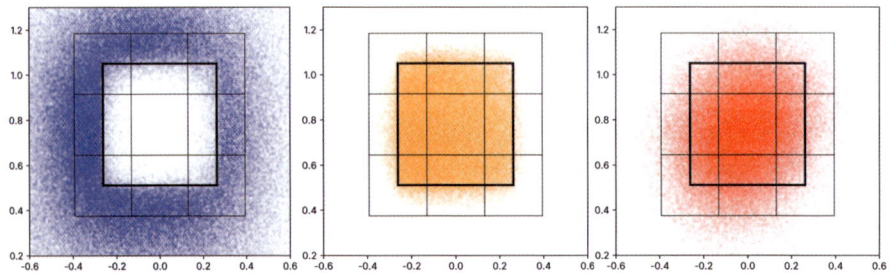

한가운데를 중심으로 스트라이크존을 9등분해서 보는 방법이 일반적이다. 야구규칙의 스트라이크 존을 16등분하면 가로, 세로 방향으로 각각 약 13cm, 13.5cm다. 공 크기로는 가로 1.8개, 세로 1.85 개다. 한 개 반보다 크고 두 개보다 작다. 이만큼을 존 경계선 밖으로 확장하면 9등분 구역 바깥쪽 크기가 만들어진다. 9개 조각 각각의 크기는 정확히 같다. 가운데-위, 몸쪽(우타자 기준)-중간, 가 운데-아래, 바깥쪽-중간은 딱 절반이 존에 걸린다. 투수에게 중요한 네 코너는 ¼이 존에 걸친다.

2023-2025시즌 전체 투구 74%가 이 9등분 안으로 들어왔다. 벗어난 26% 중 타자가 페어 타구를 만든 공은 2.3% 뿐이며, 약간의 헛스윙과 파울을 제외하면 무조건 볼이다. 경기에서 의미있는 승 부 대부분은 이 9등분 구역 안에서 이루어진다. 그래서 지금부터 살펴볼 스트라이크존은 규칙상 존이 아니라 그 주변을 포함하는 9등분 존이다.

빠른공 승부

같은 로케이션이라도 구종에 따라 효과가 다르다. 우선은 빠른공 승부다. 포심, 투심(싱커)를 빠른 공, 또는 패스트볼로 분류했다. 패스트볼은 구속의 영향이 크기 때문에 시속 148km 이상과 이하로 다시 나눈다.

97페이지부터 이어지는 그림의 왼쪽 위, Z(Zone)1으로 표시한 사각형이 우타자 기준 바깥쪽 높은 코스, 오른쪽 아래(Z9)가 몸쪽 낮은 코스다. 그런데 타자 좌우에 따라 안쪽과 바깥쪽 의미가 달라지 기 때문에 좌타석 투구 위치를 거울상으로 변환해서 맞춘다. 그렇게 하면 좌우타자 상관없이 왼쪽 이 바깥쪽, 오른쪽이 몸쪽으로 통일된다.
서로 다른 색깔로 쪼개진 조각이 해당 코스에 투구 결과다. C는 콜드스트라이크, B는 볼. F는 파울. S는 헛스윙, X는 인플레이 타격이다. 각 비율과 쪼개진 조각의 크기는 비례한다. 조각이 크면 해당 결과가 많이 나왔다는 의미다.

각 구역에서 투수와 타자 유불리를 가장 간단하게 요약하는 숫자는 Z1에서 Z9까지 사각형 상단에 +와 −로 표시한 피치밸류(Pitch Value, PV)다. PV 앞 비율은 전체 투구 중 얼마 만큼이 그 구역으 로 들어왔는지를 나타낸다.

PV는 투수 입장에서 볼이면 마이너스, 스트라이크면 플러스 값이다. 스트라이크 카운트를 늘리는 파울도 물론 플러스다. 아웃 처리된 인플레이 타구와 삼진은 마이너스, 안타나 볼넷은 플러스다. 값 의 크기는 통계적으로 분석한 투구 결과로 변한 득점 효과로 계산한다.

리그 평균을 0으로 하기 때문에 플러스면 '투수 유리', 마이너스면 '타자 유리'다. 예를 들어 PV 0.03 인 공을 100개 던지면 그 투수는 리그 평균보다 3점을 막는다. 세이버메트릭스에서는 10점을 1승 가치로 계산한다. 그래서 그 공으로 0.3승을 만들었다고 이해하기도 한다. 투수가 던진 모든 공 PV를 더하면 타석 결과로 따지는 기여득점가치와 같아진다. 투수가 가진 구종이 얼마나 효과적인지 측정할 때도 많이 사용한다.

시속 148km 미만 패스트볼

9등분 사각형에서 PV가 플러스면 그 곳에 던졌을 때 실점을 억제한 것이다. 9개 구역 중 8개가 플러스다. 흥미롭게도 한가운데(Z5)도 플러스다. 그냥 플러스가 아니라 9개 중 두 번째로 높다. 27%가 콜드스트라이크였다. 이밖에 6%의 헛스윙 스트라이크가 더해지고, 29% 비율을 차지한 파울 중 2S 이전의 것도 스트라이크다. 인플레이 타격은 38%로 높아지고 타율 0.350 정도가 나온다. 꽤 높은 숫자지만 반대로 보면 절반 훨씬 넘게 아웃이다. 한 가운데에 던지면 절대 볼이 안된다는 이유도 크다. 전부를 합치면 결국 플러스다. "맞는다고 다 안타가 아니니 과감하게 던지라"는 투수 코치들의 말은 충분히 옳다. 스트라이크존 분석을 바탕으로 이 말을 다시 풀면 "인플레이 타격을 허용했다고 다 안타가 아니고 인플레이되지 않은 62%의 공은 2S 이후의 파울을 제외하면 모두 스트라이크가 된다"

9개 구역 중 안쪽-아래(Z9)를 제외한 8개가 플러스다. 어쨌든 비슷하게 던지면 타자가 치지 않은 공의 ¾ 또는 ½이 볼이 된다 해도 전체적으로는 투수에게 유리하다는 것이다. 존 경계선에서 공 두 개 정도 근처로만 던질 수 있다면 투수는 리그 평균 이상의 결과를 얻는다.

투수에게 가장 좋은 로케이션은 가운데-위(Z2)이다. 볼이 15%지만 헛스윙와 파울이 확 늘어난다. 파울 비율은 존 이해에서 매우 중요하다. 가장 싸게 스트라이크 카운트를 늘리는 방법이다. 구종x 로케이션 특성이 조합되면서 유독 파울이 많은 구역이 있다. 이런 점을 활용하는 게 피칭 전략이다. 세 번째가 바깥쪽-가운데(Z4). 헛스윙은 많지 않지만 콜드스트라이크가 가장 많다.

가장 나쁜 로케이션은 몸쪽-아래(Z9)다. 유일하게 구종가치가 마이너스다. Z9은 70%이상 볼이 된다. 일단 타자가 배트를 잘 내지 않는 위치다. 코너 구역은 ¼ 정도만 콜드스트라이크기 때문에 배트를 끌어내지 못하면 투수는 거의 손해를 본다. 타자 배트는 바깥보다는 안쪽에서 더 쉽게 나오는데 몸쪽 낮은 공은 예외다. Z9에서 스윙(S+F+X) 비율은 끝에서 두 번째다.

시속 148km 이상 패스트볼

보통 빠른공보다 더 빠른 공을 던진다면 9개 존 모두 플러스다. 어디에 던져도 리그 평균 이상 결과를 얻는다. 이런 공을 던지면 규칙상 스트라이크존에서 공 2개 미만 범위로 확장된 영역까지 투수에게 유리하다.

가장 효과적인 로케이션은 Z2 〉 Z4 〉 Z5 순이다. 시속 148km 이하 공과 비슷하다. 대신 높은 존 효과가 커진다. 헛스윙과 파울 비율이 확연하게 높아진다.

낮을수록, 멀수록 배트가 나오는 비율이 낮아진다. 볼 판정이 더 많은 구역이라도 타자 배트를 끌어내면 헛스윙이든 파울이든 스트라이크 잡을 기회가 생긴다.

Z5 〉 Z8 〉 Z2 순으로 인플레이 장타율이 높다. 그럼에도 이 세 구역 모두 PV가 높다. 콜드스트라이크, 헛스윙, 파울 유도에서 얻는 이익이 더 크기 때문이다. 그런데 세 구역 모두 좌우 기준 가운데다. 인플레이 타구의 질은 상하보다는 좌우 영향을 더 많이 받는다는 것을 알 수 있다.

투수가 파워 히터를 상대할 때라면? 평균적으로 Z5 Z8 Z2가 투수에게 유리한 구역이지만 장타의 인플레이 가치는 훨씬 높다. 그래서 자칫 손익이 뒤바뀔 수 있다. 투수에게 힌트는 좌우 로케이션이다. 가운데−아래(Z8)의 인플레이 장타율은 전혀 낮지 않다. 인플레이를 염두에 두고 장타를 피하고 싶을 때 패스트볼 승부라면, '낮게'가 아니라 존 사이드로 던져야 한다.

시속 148km 미만 패스트볼 구역별 투구 결과

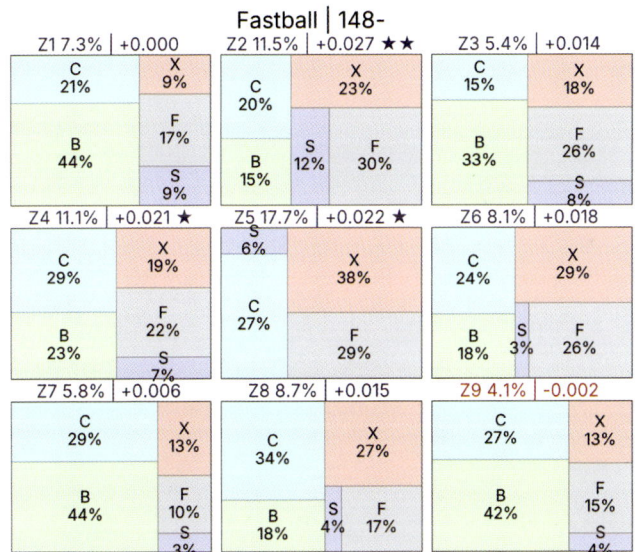

시속 148km 이상 패스트볼 구역별 투구 결과

Fastball | 148+
Z1 7.6% | +0.009
C 17%
X 8%
F 20%
B 40%
S 15%
Z2 12.1% | +0.031 ★★
S 19%
X 20%
C 14%
F 34%
B 12%
Z3 5.9% | +0.024
C 11%
X 19%
F 28%
B 28%
S 13%
Z4 10.9% | +0.028 ★
X 16%
C 27%
F 25%
B 22%
S 10%
Z5 17.0% | +0.025 ★
S 9%
X 35%
C 22%
F 33%
Z6 8.1% | +0.021
C 20%
X 31%
B 17%
S 5%
F 27%
Z7 5.4% | +0.011
C 29%
X 12%
F 11%
B 42%
S 5%
Z8 8.0% | +0.020
C 31%
X 29%
S 5%
F 19%
B 17%
Z9 3.9% | +0.001
C 26%
X 14%
F 15%
B 40%
S 5%

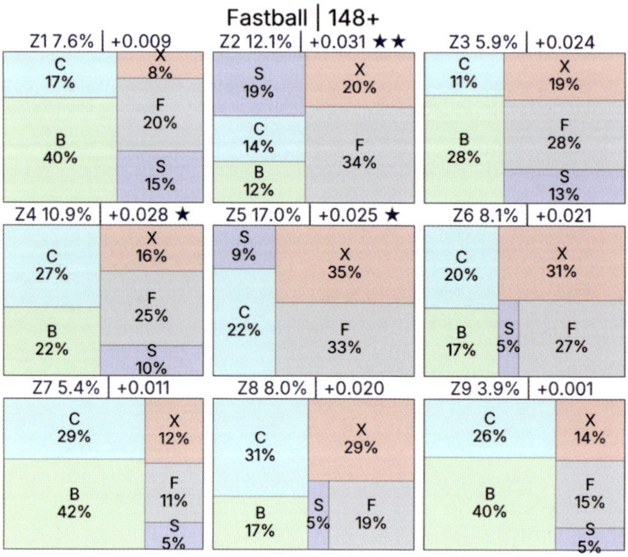

변화구 승부

변화구는 의도도, 움직임도 패스트볼과 다르다. 당연히 로케이션 효과도 다르게 나타난다. 종류도 다양하다. 속도보다는 '변화'로 타자를 상대하는 공이기 때문에 공이 움직이는 방향에 따라 체인지업 계열(체인지업, 스플리터)과 브레이킹볼(커브, 슬라이더, 커터)로 크게 분류했다. 커터는 패스트볼로도 분류되지만 여기에서는 구속보다는 변화를 우선했다. 패스트볼 로케이션 효과는 구속으로 구분했지만, 변화구는 투수와 타자가 같은손인지 반대손인지로 구분한다. 같은손(우투라면 우타)이냐 다른손이냐에 따라 횡 변화 방향이 반대기 때문이다.

체인지업 계열

: 같은손 투타 승부

체인지업과 스플리터는 떨어지는 구질이지만 횡 변화도 있다. 같은손 타자를 상대할 때 몸쪽으로 파고들고, 반대손 타자에게는 바깥으로 멀어진다.

패스트볼과 달리 한가운데는 손해다. 브레이킹볼 PV가 한가운데(Z5)서도 플러스인 점과 다르다. 브레이킹볼에 비해 휘어지는 무브먼트가 작고, 구속이 패스트볼과 비슷하기 때문에 타자가 더 잘 대응하는 것으로 짐작된다.

가장 좋은 위치는 몸쪽-아래(Z9). 가운데로 오다가 몸쪽 낮은 스트라이크존을 거쳐 타자 무릎 쪽으로 떨어지는 공이다. 타자가 배트를 내는 비율이 가장 높다. 한가운데보다 더 자주 반응한다. 헛스윙 비율도 가장 높고, 인플레이율은 가장 낮다. 타자가 골라내서 볼이 되는 손실을 상쇄하고도 한참 남는다.

두번째로 좋은 가운데-아래(Z8)도 비슷한 맥락이다. Z9보다 콘택트는 늘어나지만 대신 볼 비율이 줄고 헛스윙 비율은 비슷하게 유지된다. 의외의 로케이션이 바깥-위(Z1) 이다. 콜드스트라이크가 압도적으로 많다. 높게 멀리 날아오다 존 안쪽으로 가라앉는 움직임인데, 투구 비율은 1.2%로 매우 낮다. 구종 특성상 의도하고 않은 실투일 가능성도 크다. 사람 심판이라면 쉽게 손을 들어올리지 않을 위치지만. ABS시대라면 의외의 승부수가 될 수 있다.

: 반대손 투타 승부

당연하게도 반대손 승부에서 체인지업/스플리터의 로케이션 유불리는 전혀 다르게 나타난다. 같은 손 승부일 때 가장 유리했던 몸쪽-아래가 여기서는 마이너스다. 볼 비율이 47%나 된다. 타자가 손을 안 댄다. 몸쪽-아래는 같은손 체인지업 계열일 때 타자 배트가 가장 많이 나오던 위치다. 같은 구종이지만 손 방향이 달라지면 이렇게 달라진다.

Z9 구역에서 체인지업/스플리터는 몸에 맞을 듯 붙어오다가 가운데로 흐르는 움직임이라 타자가 쉽게 반응하지 않는다. 손을 안 대면 47%가 볼이라 투수가 무조건 손해다.

가장 좋은 위치는 역시 바깥-아래(Z7)다. 여기가 반대손 타자에게 체인지업-스플리터 승부하는 정석이다. X(28%), S(21%), F(18%) 합계가 65%로 타자가 가장 자주 반응했다. 한가운데보다 더 배트가 많이 나온다. 그런데 헛스윙도 많고 파울도 많다. 인플레이 장타율도 높지 않다. 일반적으로 투수는 반대손 타자에게 약하다. 하지만 이 구역을 체인지업으로 장악할 수 있다면 얘기가 달라진다. 왼손 투수가 우타자를 잘 잡아낸다면 대개 바깥쪽 낮은 체인지업 덕분이다. 메이저리그에서 류현진이 그랬다. 가운데-아래(Z8) 역시 비슷하게 좋다.

패스트볼은 바깥쪽과 낮은쪽에 타자가 소극적이이다. 반대손 승부에서 체인지업 계열은 거꾸로다. 바깥쪽과 낮은 쪽에서 배트가 잘나온다. 이런 공은 타자 근처까지 존을 향해 날아오다가 멀어지기 때문에 타자가 쉽게 반응한다. 이 움직임이 반대손 타자 체인지업 승부의 핵심이다.

ChangeUp/Splitter | LvL RvR

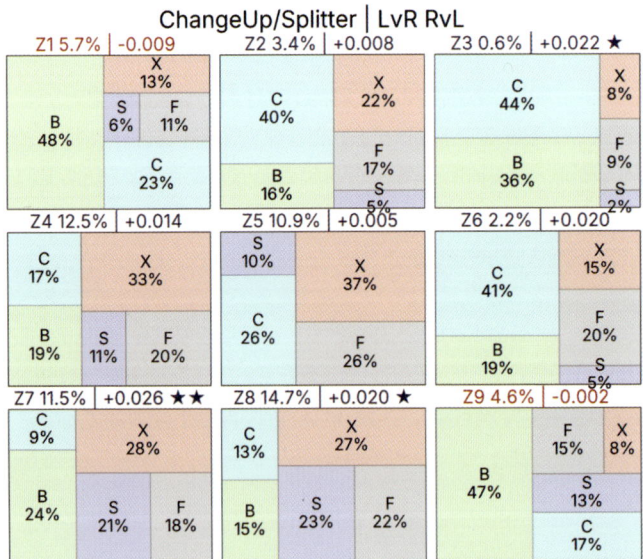

Z1 1.2% | +0.019 ★
- C 36%
- X 11%
- B 41%
- F 8%
- S 4%

Z2 4.5% | +0.011
- C 35%
- X 22%
- F 19%
- B 18%
- S 6%

Z3 4.2% | +0.005
- C 17%
- X 16%
- F 24%
- B 36%
- S 7%

Z4 5.2% | +0.011
- C 29%
- X 30%
- B 18%
- S 8%
- F 15%

Z5 13.2% | -0.005
- S 12%
- X 38%
- C 20%
- F 30%

Z6 7.8% | +0.016
- S 9%
- X 22%
- C 15%
- F 43%
- B 12%

Z7 9.6% | +0.011
- C 14%
- X 17%
- F 12%
- B 39%
- S 19%

Z8 15.8% | +0.023 ★
- S 25%
- X 26%
- C 10%
- B 13%
- F 25%

Z9 6.9% | +0.041 ★★
- C 9%
- F 33%
- X 10%
- B 20%
- S 27%

ChangeUp/Splitter | LvR RvL

Z1 5.7% | -0.009
- X 13%
- S 6%
- F 11%
- B 48%
- C 23%

Z2 3.4% | +0.008
- C 40%
- X 22%
- F 17%
- B 16%
- S 5%

Z3 0.6% | +0.022 ★
- C 44%
- X 8%
- F 9%
- B 36%
- S 2%

Z4 12.5% | +0.014
- C 17%
- X 33%
- B 19%
- S 11%
- F 20%

Z5 10.9% | +0.005
- S 10%
- X 37%
- C 26%
- F 26%

Z6 2.2% | +0.020
- C 41%
- X 15%
- F 20%
- B 19%
- S 5%

Z7 11.5% | +0.026 ★★
- C 9%
- X 28%
- B 24%
- S 21%
- F 18%

Z8 14.7% | +0.020 ★
- C 13%
- X 27%
- B 15%
- S 23%
- F 22%

Z9 4.6% | -0.002
- F 15%
- X 8%
- B 47%
- S 13%
- C 17%

브레이킹볼

커브와 슬라이더는 체인지업/스플리터와 횡 움직임이 반대다. 체인지업 계열은 투구 때 손목 회전이 패스트볼과 비슷하고 초기 궤적도 비슷한다. 브레이킹볼은 손목 회전과 초기 궤적이 모두 반대다. 그리고 더 크게 움직인다.

: 같은손 승부

우투–우타, 좌투–좌타 상대 브레이킹볼은 타자 먼 쪽으로 휘어진다. 체인지업 계열 변화구와 마찬가지로 이 방향이 대체로 로케이션 효과를 결정한다.

가장 좋은 로케이션은 바깥–중간(Z4)다. '바깥쪽 낮은 코스' (Z7)는 가장 중요하다고 알려져 있지만 분석 결과 Z4보다 근소하게 낮았다. Z4는 Z7에 비해 헛스윙 비율(11%)이 떨어지지만, 볼 비율(19%)이 낮고 콜드스트라이크(23%) 비율은 훨씬 높다. 비슷하게 먼쪽 변화구지만 중간 높이와 낮은 높이의 효과는 콜드스트라이크 비율 차이 때문에 미묘하게 다르게 나타났다.

타자가 가장 많이 반응하는 위치는 가운데–아래(Z8)다. 파울 비율(22%)이 한가운데 다음으로 높고 볼 비율(14%)은 낮다. PV는 전체 3번째로 좋다. 가운데–위(Z2)가 +0.020으로 의외로 효과적이다. 바깥–중간과 큰 차이가 없다. 타자가 손을 잘 안내는 위치지만 볼 비율과 인플레이 비율이 모두 낮다.

: 반대손 승부

반대손 승부에서 투수가 브레이킹볼을 선택하는 경우는 일반적이지 않다. 브레이킹볼, 특히 슬라이더의 효과는 기본적으로 타자로부터 멀어지는 움직임에도 나온다. 반대손 타자에게 던지는 경우는 보통 2S 이전이다. 카운트를 유리하게 잡기 위해 존 안쪽으로 집어넣는 경우다.

그런데 ABS가 변수로 등장했다. 높은쪽에서 높은쪽으로 떨어지는 브레이킹볼에 사람 심판은 어지간하면 스트라이크 콜을 하지 않는다. 하지만 기계는 다르다. 존에 걸쳤든, 스쳤든 들어오면 스트라이크다. ABS 이후 높은 브레이킹볼은 투수들이 관심을 둘만한 옵션이 됐다. 특히 반대손 승부 때 그렇다. 2024시즌 이후 이 공을 선택하는 투수가 실제로 많아지고 있다.

전체적으로 같은 손 승부일 때는 낮은쪽과 먼쪽이 유리했다. 반대손 승부에서는 높은쪽이 더 좋은 결과를 얻었다. PV가 가장 높은 구역이 가운데–위(Z2), 그 다음이 안쪽–위(Z3)다. 스트라이크 피치로 활용된다.

다른 활용법은 백도어 슬라이더다. 반대손 투수의 바깥쪽 슬라이더는 타자 먼쪽에서 날아오다 플레이트 근처에서 존 경계선을 살짝 밀고 들어온다. 바깥–중간(Z4) 바깥–아래(Z7)에 해당되고 PV가 나쁘지 않다.

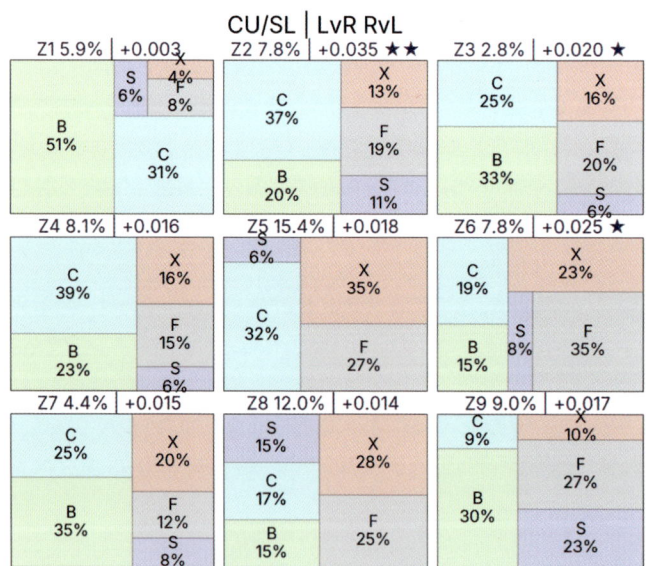

커브/슬라이더 같은손 승부 구역별 투구 결과

CU/SL │ LvL RvR

Z1 3.5% │ +0.012
C 31% | X 11%
B 41% | F 11%
| S 6%

Z2 7.0% │ +0.020
C 37% | X 17%
| F 17%
B 21% | S 8%

Z3 3.6% │ +0.001
C 27% | X 8%
B 47% | F 12%
| S 6%

Z4 11.2% │ +0.022 ★★
C 23% | X 28%
B 19% | S 11% | F 19%

Z5 14.4% │ +0.011
S 8%
C 31% | X 36%
| F 25%

Z6 4.4% │ +0.017
C 37% | X 20%
B 19% | F 22%
| S 3%

Z7 13.7% │ +0.021 ★
C 11% | X 20%
B 34% | F 13%
| S 22%

Z8 10.5% │ +0.020 ★
C 19% | X 28%
B 14% | S 17% | F 22%

Z9 2.0% │ -0.001
C 25% | X 11%
B 36% | F 20%
| S 8%

커브/슬라이더 반대손 승부 구역별 투구 결과

CU/SL │ LvR RvL

Z1 5.9% │ +0.003
B 51% | S 6% | F 4% | 8%
| C 31%

Z2 7.8% │ +0.035 ★★
C 37% | X 13%
| F 19%
B 20% | S 11%

Z3 2.8% │ +0.020 ★
C 25% | X 16%
B 33% | F 20%
| S 6%

Z4 8.1% │ +0.016
C 39% | X 16%
B 23% | F 15%
| S 6%

Z5 15.4% │ +0.018
S 6%
C 32% | X 35%
| F 27%

Z6 7.8% │ +0.025 ★
C 19% | X 23%
B 15% | S 8% | F 35%

Z7 4.4% │ +0.015
C 25% | X 20%
B 35% | F 12%
| S 8%

Z8 12.0% │ +0.014
S 15% | X 28%
C 17%
B 15% | F 25%

Z9 9.0% │ +0.017
C 9% | X 10%
B 30% | F 27%
| S 23%

로케이션 선택에 따른 유불리는 투수가 가진 구종과 제구 수준에 따라 달라질 수 있다. 높은 패스트볼은 구속이 빠른 투수에게 더 맞는다. 몸쪽에서 몸쪽으로 움직이는 변화구는 타자에게 치명적이지만 제구가 어렵다. 어떤 투수는 체인지업 계열과 브레이킹볼을 다 가졌지만 모두가 그런 것은 아니다. 각 구종에 대한 숙련도도 다르다.

그래도 공통적인 시사점 하나는 있다. 한가운데(Z5) 존 PV가 같은손 체인지업 계열을 제외하면 약간이긴 하지만 평균보다 높았다. 존 경계선 밖으로 공 2개 범위라면 거의 대체로 평균보다 높았다. 어쨌든 이 안에서 싸우면 투수는 평균 이상의 결과를 얻는다.

투수가 의도적으로 한가운데로 공을 던지려 하지는 않을 것이다. 대신 경계선을 노릴 때, 어긋나서 멀리 빠지는 공과 가운데 몰리는 공 중 어떤 것을 더 걱정해야 할지에는 힌트를 준다. 통념과는 달리 가운데로 몰린다고 해도 그리 끔찍한 일이 생기지 않는다. 하지만 몰리는 공을 두려워해 공 두 개가 벗어나면 9등분 구역 밖이다. 그 곳의 PV는 −0.0480이다. 가장 PV가 높은 구역의 플러스 값보다 훨씬 더 끔찍한 마이너스 값이다. 의도와 결과는 일치할 수 없기 때문에 로케이션 선택은 결국 확률적이다. 그런데 어떤 위험이 더 치명적일까. 투수들이 두려움을 버리고 더 과감하게 존을 공략해야 하는 이유다.

9등분된 존 구역 각각에서 벌어지는 일은 야구의 가장 근본적인 원리에서 비롯된다. 두 팔과 두 다리를 가진 타자가 홈 플레이트 좌우 중 한 쪽에 배트를 들고 선 자세, 팔의 길이, 회전하는 배트의 궤적, 공을 좇는 눈과 두뇌의 협응 같은 것들이다. 따라서 각 존의 특성은 투수가 가진 공을 어떤 목적과 의도로 사용할 것인지 탐색해 나갈 때 참조할 가치가 있는 정보가 된다.

투수–타자 승부에는 무한히 많은 경우의 수가 있지만, 9등분된 각 구역에는 고유한 논리가 있다. 핵심은 1)볼이 될 가능성이 얼마나 높은가 2)타자가 얼마나 적극적으로 반응하는가 3)타자가 배트를 냈을 때 헛스윙, 파울, 인플레이 확률은 어떻게 다른가이다

스트라이크존을 이해한다는 것은 그 차이와 그에 따른 전략적 의미를 이해하는 것이다.

CSW, '좋은 스트라이크'가 중요하다

_최민규

'스트라이크를 던져라'는 말은 투수에게 금과 같다.

타자를 두려워하지 않고 스트라이크존 안으로 공을 던져야 한다. 스트라이크 두 개를 먼저 잡으면 삼진 가능성이 높아진다. 포수를 제외한 야수들의 도움을 필요로 하지 않는 삼진은 다른 아웃보다 가치가 높다. 스트라이크율이 낮은 투수는 볼넷을 자주 내준다. 볼넷은 감독과 팬의 심장 건강에 매우 좋지 않다.

모든 스트라이크가 같은 가치를 갖지는 않는다

야구에서 볼카운트는 12종류다. 스트라이크가 볼보다 많은 카운트에서 투수는 이점을 누린다. 지난해 KBO 리그에서 스트라이크>볼인 세 종류 카운트(0-1, 0-2, 1-2) 피안타율은 0.213이었다. 볼=스트라이크라면 0.281, 스트라이크>볼이면 무려 0.303이다. 이 차이는 주로 투스트라이크에서 타자가 크게 불리해지기 때문에 나온다. 노스트라이크 상황 네 카운트(0-0, 1-0, 2-0, 3-0)에서 리그 타율은 0.349였다. 원스트라이크에서 0.340로 살짝 떨어지고, 투스트라이크에선 0.190으로 급감한다.

야구는 스트라이크 세 개면 아웃인 경기다. 두 번째 스트라이크까지는 공격 기회가 계속 주어지지만 세 번째라면 더그아웃으로 돌아가야 한다. 그래서 2스트라이크 카운트에서 타율은 떨어질 수밖에 없다.

하지만 모든 스트라이크가 같은 가치를 갖지는 않는다. 타격 결과가 나온 투구도 스트라이크로 기록된다는 건 자주 간과된다. 좌월 솔로 홈런이나 중전 안타도 기록상 스트라이크다. 2루수 앞 땅볼과 파울도 모두 스트라이크다. 야구의 기원을 따져보면 당연한 일이다. 원래 스트라이크는 '타격'을 가리키는 말이었다. 단어 자체가 '치다(strike)'라는 뜻이다. 최초의 야구 규칙으로 꼽히는 니커보커룰(1845)에서 타자는 '히터'나 '배터'가 아닌 '스트라이커'로 표현됐다.

어떤 투수가 타자 다섯 명에게 연속으로 초구를 던져 안타를 맞았다면 스트라이크율은 100%가 된다. 그리고 피안타율은 10할이다. '잘 던졌다'고는 도저히 할 수 없다. 그래서 스트라이크에서 '좋은 스트라이크'를 구분해야 할 필요가 있다. 일단 배트에 맞은 공은 확률값은 다르지만 안타나 진루타가 될 가능성이 있다. 그래서 헛스윙이나, 주심이 존 안으로 들어왔다고 판정한 콜드스트라이크가 '좋은 스트라이크'다.

미국 야구 분석가 닉 폴락은 2018년 CSW율이라는 지표를 개발했다. 전체 스트라이크에서 콜드스크라이크(CS)와 헛스윙(Whiff)을 따로 구분해 합산한 뒤 이를 전체 투구수와 나눈 값이다.

CSW율 = (CS + Whiff)/투구 수

CSW율은 어느 정도로 유용할까.

2025년 KBO 리그에서 50이닝 이상 던진 투수 104명의 CSW율을 구한 뒤 종합적인 투구 결과를 나타내는 지표와 비교해 어떤 관계가 있는지를 구했다.

CSW율과 평균자책점(ERA)의 피어슨 상관계수는 -0.55로 나타났다. CSW율은 높을수록 좋고, 평균자책점은 낮을수록 뛰어난 수치이니 음수값이 나온다. WAR과의 상관계수는 0.61, WHIP과는 -0.63이었다. 상관계수 절대값이 0.4에서 0.7 사이라면 '뚜렷한 상관관계'다. 실

생활을 예로 들면 부모와 자녀의 키, 고교와 대학 학업 성적 간 상관계수가 0.6 가량이다.

CSW율은 평균자책점에서는 단순 스트라이크율(S%)보다 상관관계가 상당히 컸다. 그래서 더 좋은 지표로 볼 수 있다. 역시 중요한 투수 지표인 WAR에서는 소폭 높았고, WHIP에서는 거의 비슷했다. 탈삼진 능력에서는 차이가 컸다. CSW율과 9이닝당 삼진(K/9)의 상관계수는 0.76이다. 상관계수를 제곱한 결정계수(r^2)는 0.57. CSW율이 삼진을 잡아내는 능력을 57% 만큼 설명한다는 의미다. 반면 S%와 K/9의 r^2는 0.04에 그쳤다. 거의 설명력이 없다. 결정구 없이 제구력으로 버티는 기교파 투수는 스트라이크율은 높지만 삼진은 잘 잡지 못할 것이다. CSW율은 제구력과 구위를 함께 나타낸다는 점에서 S%보다 유용하다고 볼 수 있다.

스트라이크는 제구력의 결과로만 오해하기 쉽지만 구위도 중요한 비중을 차지한다. KBO 리그는 아직 구위와 연관되는 무브먼트나 회전수, 존 진입각도, 익스텐션, 릴리스포인트 등에 대한 데이터를 야구 팬에게 제공하지 않는다. CSW율은 아쉬운대로 구위와 관련된 대용품이 될 수 있다.

CSW율, 스트라이크율과 다른 투구 지표와의 관계

		ERA	WAR	WHIP	K/9
CSW	상관계수	-0.55	0.61	-0.63	0.76
	결정계수(r^2)	0.31	0.37	0.40	0.57
S%	상관계수	-0.38	0.55	-0.63	0.19
	결정계수(r^2)	0.15	0.31	0.40	0.04

CSW율과 평균자책점 사이 r^2는 0.31로 계산된다. CSW율은 평균자책점에 31% 설명력을 가

진다. WAR은 37%, WHIP은 40%다. 타율이 득점을 35% 정도로 설명한다는 점에서 유용성이 있다. 하지만 OPS와 득점의 r^2(0.6-0.7)보다는 크게 떨어진다. CSW율은 타격 결과를 직접 보여주는 수치가 아니다. 그래서 타격 결과를 나타내는 OPS보다 득실점이나 평균자책점에 대한 설명력이 떨어지는 건 당연하다. 일단 필드로 나간 타구라면 투수는 할 수 있는 일이 거의 없다.

그래서 CSW율을 고안한 폴락은 SIERA(Skill-Interactive ERA)라는 지표와의 관계를 구했다. SIERA는 수비 도움이나 운을 배제하고 투수의 기량(skill)으로 재구성한 평균자책점이다. 타석과 삼진, 볼넷, 땅볼, 플라이볼, 팝플라이 등 변수로 구성된다. 폴락의 연구에 따르면 CSW율과 SIERA의 r^2는 OPS-득점과 비슷한 수준인 0.64에 달했다.

구종으로 본 CSW율 —————— 1

CSW율 분포별 평가	
CSW율	평가
38% 이상	탁월
34-38%	아주 좋음
30-34%	좋음
26-30%	평균
22-26%	나쁨
22% 이하	아주 나쁨

CSW율은 다른 야구 통계 지표에 비해 일정한 값을 가진다는 게 특징이다. 2013–2025년 KBO 리그 CSW율 평균은 26.8%였다. 최저가 25.7%(2016년), 최고가 지난해의 28.0%였다. 리그 간 차이도 거의 없다. 지난해 메이저리그 CSW율은 27.2%, NPB는 28.0%로 기록됐다. 구간 별로는 30% 이상이라면 '좋음', 34% 이상은 '아주 좋음', 26% 이하는 '나쁨', 22% 아래는

'아주 나쁨'으로 평가할 수 있다.

구종별로 나눠서 보면 포심패스트볼의 CSW율이 가장 낮다는 사실이 발견된다. 지난해 KBO 리그에서 포심 CSW율은 26.1%에 그쳤다. 포심은 투구의 기본인 구종이다. 타자도 패스트볼에 일단 타이밍을 맞춘다. 그래서 헛스윙을 유도하기가 쉽지 않다. 포심은 투심 다음으로 헛스윙률(W%, 헛스윙/투구)이 낮은 공이었다. 하지만 포심패스트볼은 갈수록 위력적이 되고 있다. 2020년 리그 포심 CSW율은 24.2%에 그쳤다. 이후 매년 소폭 상승하고 있다. 리그 전체적으로 포심 구속이 향상되는 현상과 무관치 않아 보인다.

투심은 타자들이 헛스윙을 가장 적게 하는 구종이다. 많은 투수가 투심을 땅볼을 유도하려는 목적으로 던지고 있다. 그런데 지난해 전체 구

2025년 구종별 CSW율 순위							
구종	CSW%	구속(km/h)	구사율	Zone%	S%	CS%	W%
커브	30.8	121.7	8.8	38.1	58.4	21.4	9.4
슬라이더	30.6	133.0	21.4	39.9	63.2	17.5	13.1
커터	28.6	137.8	3.3	44.4	67.2	17.8	10.7
투심	28.3	144.8	6.9	48.5	66.9	22.6	5.7
체인지업	27.9	130.4	9.2	36.1	62.5	12.9	15.0
스플리터	27.6	132.5	7.7	34.4	60.7	12.0	15.6
포심	26.1	146.2	42.5	45.9	64.8	19.0	7.1
전체	28.1			42.2	63.6	18.0	10.0

연도별 포심패스트볼 CSW율 변화		
연도	CSW율	구속(km/h)
2013	25.1	142.1
2014	25.1	141.5
2015	25.5	141.2
2016	24.5	141.5
2017	25.5	141.3
2018	24.9	142.6
2019	24.8	142.2
2020	24.2	142.3
2021	25.0	142.9
2022	25.4	144.2
2023	25.5	143.8
2024	25.8	143.6
2025	26.1	146.2

이더 구사율은 21.4%로 포심을 제외한 모든 구종 가운데 1위였다. 커브보다 2.4배 많았다. 슬라이더가 가장 좋은 무기이기 때문이다. 슬라이더의 강세는 '구속 혁명' 이후 모든 프로야구 리그에서 나타나는 현상이다. KBO 리그에서는 2017년 이후 매년 슬라이더가 구종가치 1위다.

커터는 패스트볼과 브레이킹볼의 중간 정도로 볼 수 있는 공이다. 메이저리그가 운영하는 스탯캐스트에서는 패스트볼의 한 종류로 분류한다. 하지만 '빠른 슬라이더'로 인식하고 던지는 투수도 많다. CSW율도 브레이킹볼과 포심·투심의 중간 수준이다. 패스트볼로 분류하면 세 종류 가운데 헛스윙률이 가장 높다는 특징이 있다. KBO 리그에는 커터를 던지는 투수가 많지 않다. 지난해 구사율은 3.3%로 7개 구종 중 가장 낮았다.

떨어지는 구질인 스플리터와 체인지업은 CSW율을 높이기에 좋은 공은 아니다. 7개 구종 가운데 지난해 이 수치 순위가 각각 5위, 6위였다. 하지만 보조 구종 가운데 구사율은 슬라이더 다음으로 높다. 체인지업이 9.2%, 스플리터가 7.7%였다. 체인지업과 스플리터는 콜드스트라이크를 얻기에 적합한 공이 아니다. 유인구 용도로 자주 쓰기 때문에 존 안으로 들어오는 비율이 가장 낮다. 그래서 CS율은 스플리터가 꼴찌, 체인지업이 그 윗순위다. 스플리터가 더 많이 떨어지는 공이라 순위가 낮을 것이다. 하지만 두 공은 헛스윙을 가장 잘 끌어내는 공이기도 하다. 헛스윙율은 스플리터가 15.6%로 가장 높았고, 체인지업이 15.0%로 그 다음이었다.

종 가운데 CS율은 가장 높았다. 타자가 배트를 내밀지 못하고 스트라이크를 자주 당했다. 투심은 포심보다 좌우 움직임이 큰 공이다. 그래서 타자가 스윙을 포기하거나, 볼로 잘못 판단하는 경우가 많다.

CSW율이 가장 높은 구종은 역시 브레이킹볼이다. 커브가 30.8%로 1위, 슬라이더가 30.6%로 2위다. 차이는 있다. 커브는 CS율이 높다. 지난해엔 투심에 이어 두 번째였다. 패스트볼과의 구속 차가 크기 때문에 타자가 타이밍을 빼앗기는 경우가 많다. 현역 시절 슬로 커브로 유명했던 김원형 두산 감독은 "느린 커브에 타자가 눈 뜨고 스트라이크를 먹으면 투수 입장에선 짜릿하다"고 말한 적이 있다. 반면 커브보다 빠른 슬라이더는 헛스윙을 끌어내는 데 유리하다. 지난해 헛스윙률은 슬라이더 13.1%, 커브 9.4%였다. 전체적인 효과는 비슷하지만 슬라이더가 커브보다 훨씬 인기가 있다. 지난해 리그 슬라

어떤 투수가 ——— 2
CSW율이 높았나

투수	CSW%	IP	ERA	WAR
폰세	35.2	180.2	1.89	8.38
앤더슨	34.1	171.2	2.25	6.54
라일리	33.2	172	3.45	4.34
로젠버그	32.9	75.1	3.23	1.79
와이스	32.9	178.2	2.87	5.95
최준용	32.9	54.1	5.30	0.33
고영표	32.8	161	3.30	4.17
황준서	31.1	56	5.30	0.41
조병현	30.9	67.1	1.60	3.37
김민	30.8	63.2	2.97	1.99
화이트	30.7	134.2	2.87	4.24
에르난데	30.6	66	4.23	1.28
헤이수스	30.5	163.2	3.96	2.47
문동주	30.4	121	4.02	2.53
올러	30.4	149	3.62	3.61
정우주	30.4	53.2	2.85	1.23
김광현	30.2	144	5.00	1.62
잭로그	30.2	176	2.81	5.34
김서현	30.0	66	3.14	1.99
김태훈	29.9	66.1	4.48	1.27

2025년 KBO리그 CSW율 Top20(500이닝 이상)

지난해 KBO 리그에서 최고 투수는 MVP에 오른 코디 폰세다. 폰세는 CSW율(이하 50+이닝 기준)에서도 35.2%로 리그 1위였다. 2013년 이후 모든 시즌을 통틀어 1위기도 했다. 2019년 벤 라이블리가 기록한 34.3%를 넘어섰다.

폰세는 지난해 한화에 입단하기 전 NPB에서 세 시즌을 뛰었다. 통산 CSW율은 27.9%. 첫 두 시즌엔 3점대 평균자책점에 노히트노런까지 기록하며 호투했다. 하지만 2024년 니혼햄에서 평균자책점 6.72로 부진한 뒤 방출됐다. 폰세가 지난해 보여준 구위는 NPB 시절보다 더 좋았다. NPB 세 시즌 폰세의 포심 평균 구속은 시속 150.4km였다. 지난해 한화에선 시속 153.6km로 크게 향상됐다. 일본 시절엔 체인지업이 효과적이지 않았다. 하지만 한화에서 기존 체인지업에 킥체인지라는 새로운 구종을 개발해 더했다. 류현진의 조언으로 커브 구사에도 변화를 줬다.

스탯티즈가 분류한 폰세의 지난해 주요 구종은 네 가지. 포심(46.7%), 체인지업(18.7%), 슬라이더(17.0%), 커브(16.4%)를 고루 던지는 진정한 포피치 피처였다. 네 공 모두 대단했다. 특히 커브는 CSW율이 무려 49.5%에 달했다. 엄청난 수치다. 체인지업과 슬라이더도 각각 38.0%, 34.3%로 모두 '아주 좋음' 수준이었다. CSW율이 구위와 제구를 모두 나타낸다는 점에서 모두 A급이었다.

SSG에서 두 번째 시즌을 보낸 드류 앤더슨이 두 번째로 높은 CSW율(34.1%)을 기록했다. 앤더슨은 포심(51.7%), 커브(21.4%), 체인지업(19.7%) 세 구종을 주로 구사했다. 폰세와 마찬가지로 커브 CSW율이 42.4%로 대단했다. 체인지업 36.5%, 포심은 30.0%였다. 커브는 강속구와 짝을 이룰 때 더 위력을 발휘한다. 앤더슨도 폰세와 같은 파워피처다. 지난해 선발투수 포심 평균 구속 1위가 폰세, 2위가 앤더슨(153.1)이었다. 두 투수는 나란히 시즌 뒤 메이저리그로 복귀했다. 폰세가 토론토 블루제이스와 3년 3000만 달러, 앤더슨이 디트로이트 타이거즈와 2년 최대 1700만 달러로 성공적인 컴백이다.

3위 라일리 톰슨, 4위 라이언 와이스, 5위 케니 로젠버그까지 외국인선수들이 이 랭킹 상위권을 독식했다. 톰슨은 NC에서 17승을 따내며 재계약에 성공했다. 평균자책점(3.45)보다 수비요인을 제거한 FIP(3.12)가 더 좋았다. 다소 불운이 따랐던 시즌이었다. 슬라이더가 CSW율 40.1%로 대단했다. 하지만 맞을 때는 크게 맞았다. 이 공으로 홈런을 내주는 경우가 많았다. 와이스는 동료 폰세와 마찬가지로 한국에서 기량이 향상된 투수다. 포심 구속은 대체 외국인선수로 입단한 2014년 시속 148.1km에서 지난해 시속 151.7km로 올라갔다. 한국야구위원회(KBO)가 2025년부터 구속이 좀 더 나오는 트랙맨으로 측정 방식을 바꿨다는 점을 고려해도 대단하다. 지난해엔 주무기인 스위퍼에 폰세에게 배운 킥체인지를 더했다. 후반기부터 본격적으로 체인지업 구사율을 높였다. 시즌 전체 체인지업 CSW율은 28.4%로 평범했다. 하지만 포스트시즌 두 번 선발 등판에선 각각 40.0%, 46.7%였다. 기교파에 가까운 로젠버그는 포심 구속은 느리지만 회전효율이 좋았다. 데뷔전에서 3이닝 8실점으로 난타당했지만 이후 안정적인 투구를 했다. 하지만 부상으로 13경기만 던진 뒤 7월 웨이버공시됐다.

롯데 구원투수 최준용이 32.9%로 국내 투수 중에서 CSW율이 가장 높았다. 최준용은 평균 시속 150.3km 강속구와 시속 139.0km 고속 슬라이더를 던진다. 지난해 슬라이더 구속은 리그에서 네 번째로 빨랐다. 이 공 CSW율은 32.8%로 훌륭했다. 서드 피치인 커브는 42.2%로 더 좋았다. 황준서 조병현 김민 정우주 김서현 김태훈도 지난해 이 랭킹 20위 안에 이름을 올렸다. 모두 구원투수다.

일반적으로 많은 공을 던지는 선발투수보다 구원투수가 더 높은 CSW율을 기록해야 한다. 100구를 던지는 선발투수의 CSW율이 30%라면 훌륭한 수치다. 하지만 20구를 던지는 구원투수가 30%라면 애매해진다. 폴락의 리서치에서 CSW율은 구원투수보다 선발투수가 낸 결과에 더 큰 설명력을 가졌다.

2025년 KBO리그 내국인 선발투수 CSW율 순위(500이닝 이상)

투수	CSW%	IP	ERA	WAR
고영표	32.8	161	3.30	4.17
문동주	30.4	121	4.02	2.53
김광현	30.2	144	5.00	1.62
소형준	29.9	147.1	3.30	3.72
류현진	29.5	139.1	3.23	4.03

국내 선발투수로는 고영표가 32.8%로 가장 높았다. 전체 순위에서도 7위에 올랐다. 고영표는 자타가 공인하는 컨트롤러다. 지난해 S% 71.6%로 리그 1위였다. 지난해만이 아니었다. 병역의무를 마친 2021년부터 5시즌 연속 이 부문 1위를 독식했다. 그런데 지난 시즌엔 CSW율 32.8%로 이 기간 가장 높았다. 주무기인 체인지업으로 헛스윙을 끌어내는 빈도가 크게 올라갔기 때문이다. 그래서 9이닝당 삼진은 8.61개로 앞 시즌보다 1.5개나 늘어났다.

문동주가 30.4%로 내국인 선발투수 2위, 전체 16위였다. 프로야구를 대표하는 강속구 투수인 문동주는 입단 4년차에 처음으로 CSW율 30%를 넘겼다. 첫 세 시즌엔 포심 외에는 믿을 만한 공이 없었다. 하지만 지난해 떨어지는 스플리터를 본격적으로 던지며 다른 투수가 됐다. 횡 방향으로 변하는 기존 세컨 피치 슬라이더도 더 효과적이 됐다. CSW율 기준으로는 체인지업(33.8%)과 슬라이더(33.1%)가 포심(26.4%)보다 더 효과적인 공이었다.

세 번째는 왼손 베테랑 김광현. 구위 자체는 한창 좋았던 2018–2021년(후반 2년은 메이저리그)에 미치지 못했다. 하지만 미국 진출 전 김광현의 시즌 CSW율은 한 번도 30%를 넘기지 못했다. 2022년 KBO 리그 복귀 이후 4시즌 동안엔 세 번이다. 필요할 때 좋은 스트라이크를 잡을 수 있는 능력은 남아 있다. 주무기인 슬라이더 CSW율은 32.8%로 뛰어났다.

국내 투수로는 드물게 투심패스트볼이 주무기인 소형준이 29.9%로 4위(전체 22위)였다. 스탯티즈 기준으로 소형준은 지난해 포심을 1구도 던지지 않았다. 투심을 50.5%, 커터를 28.1%, 체인지업을 17.3% 비율로 구사했다. 그리고 간간이 커브(3.8%)를 섞었다. 소형준의 투심은 CSW율 31.6%로 이 구종 리그 평균(28.3%)을 크게 상회했다. 다른 투수의 공보다 CS를 훨씬 많이 잡아냈다. 그만큼 투심 커맨드가 뛰어났다. 지난해 소형준의 9이닝당 볼넷이 1.77개로 풀시즌 기준 개인 통산 1위였던 이유다.

KBO 리그 역대 최고 왼손 투수인 류현진이 국내 선발투수 중 5위(29.5%)에 올랐다. 복귀 시즌이던 2024년과 같은 수치. 아쉽게도 메이저리그 진출 전인 2012년 이전 한국에서의 기록은 집계되지 않았다. 메이저리그에서 통산 CSW율은 28.3%. 2018년에 31.3%로 가장 좋

았고, 어깨 부상을 당한 2022년 25.1%로 가장 나빴다. CSW율을 구성하는 두 요소 가운데 CS율은 두 시즌 19.7%로 메이저리그 통산 기록(18.3%)보다 1.4%p 높았다. 반면 헛스윙률은 이 기간 9.8%로 빅리그에서보다 0.1%p 감소했다. 두 리그 타자들의 타격 성향과 무관치 않다. 지난해 KBO 리그의 CS율은 메이저리그보다 높았고, 헛스윙률은 낮았다. 메이저리그 타자들이 더 공격적이었다. NPB는 두 리그 중간 수준이었다.

2025년 한·미·일 프로야구 CSW율 비교			
	CSW%	콜드스트라이크(CS)율	헛스윙(W)률
KBO리그	28.0%	18.0%	10.0%
MLB	27.2%	16.3%	11.0%
NPB	28.0%	17.5%	10.5%

어느 분야든 위가 있으면 아래도 있다. 지난해 KBO 리그에서 CSW율이 가장 낮은 투수는 최원준(22.7%)이었다. 개인 통산 최저 기록이기도 했다. 사이드암 최원준은 제구력, 그리고 구속에 비해 위력적인 포심이 장점이었다. 2023년부터 포심이 맞아나가며 고전했다. 지난해 포심 구속은 크게 올라갔지만 이 구종 CSW율은 21.6%에 그쳤다. 구속 외에 다른 문제가 있었던 것으로 보인다.

최하위 10명 가운데 키움 선수가 다섯 명이었다. 김선기 김윤하 김연주 박윤성 조영건이 이름을 올렸다. 지난해 키움의 투수난을 보여주는 대목이다. 202년 키움의 투수 WAR은 -3.52승으로 1982년 삼미(-6.74)에 이어 역대 두 번째로 낮았다. 구원 WAR은 -7.65승으로 역대 최하위였다.

CSW율 하위 10위 안에 외국인 투수로는 윌리엄 쿠에바스(24.5%)가 유일하게 이름을 올렸다. 2023년 30.6%로 개인 최고 기록을 세웠지만 이듬해 2024년 27.2%로 데뷔 이후 가장 부진했다. 그리고 지난해 최저 기록을 새로 썼다. 이미 경고등이 켜져 있었던 셈이다.

소형준 ⓒKT 위즈

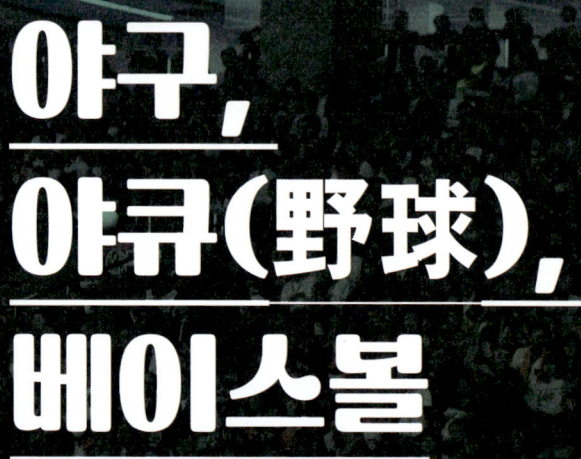

야구, 야큐(野球), 베이스볼

_황규인

"일본은 콘택트를 중시해 어떻게든 공을 인플레이 상황으로 만들려는 야구를 한다. 반면 한국 타자들은 확실하게 충격(damage)을 주려고 한다. 수비 사이 빈틈을 노리고 홈런을 겨냥한다. 일본보다는 메이저리그에 더 가깝다."

한화 이글스 유니폼을 입고 2025년 한국프로야구 정규시즌 MVP를 차지한 코디 폰세는 메이저리그 복귀를 확정한 뒤 팟캐스트 '베이스볼 이즈 데드'에 출연해 이렇게 말했다. 2026년 시즌 개막을 앞두고 토론토와 3년 총액 3000만 달러에 계약한 폰세는 한국 무대 진출 전 일본프로야구(NPB) 니혼햄 파이터스(2022, 2023년)과 라쿠텐 골든이글스(2024년)에서 뛰었다.

2019년 5월 18일 도쿄에서 열린 요미우리 자이언츠와 시애틀 매리너스의 경기
출처 gettyimages

한국, 미국, 일본 ──── ── 그들의 야구는 어떻게 다른가

폰세가 말한 것처럼 야큐(野球)가 야구, 베이스 볼과 가장 차이가 나는 지점이 인플레이 비율이 다. 2025년 일본에서는 전체 타석 가운데 72.5% 가 '타격'으로 끝났다. 한국은 이 비율이 69.7%였 다. 백분율로 비교하면 '이 정도 차이가 대수인 가' 싶을 수도 있다. 리그 전체 2.8%포인트 차이 를 타구 개수로 바꾸면 1797개가 된다.

폰세는 계속해 "사무라이가 칼을 휘두르면서 상 황에 맞게 궤도를 조정하듯 일본 타자들은 마지 막 순간까지 스윙을 수정한다"면서 "삼진을 극도 로 싫어하고 끝까지 끈질기게 버틴다"고 평했다.

폰세는 이렇게 느낄 만했다. NPB 시절 폰세가 던 진 공에 상대 타자가 스윙을 시도했을 때 방망 이에 맞은 비율(콘택트%)은 △2022년 81.7% △ 2023년 77.2% △2024년 78.9%였다. 2025년 한 국에서 이 비율은 67.6%로 내려갔다. 폰세는 또 일본에서 타자 889명을 상대해 이 가운데 18.6% 인 165명을 삼진으로 돌려 세웠다. 한국에서는 이 비율이 36.2%(697명 중 252명)로 두 배 가까 이 올랐다.

	한국	미국	일본
인플레이 비율	69.7%	68.3%	72.5%
타석당 파울	0.69개	0.70개	0.71개
삼진율	19.7%	22.2%	19.4%

그런데 리그 전체로 보면 사정이 다르다. 2025년 기준으로 콘택트%는 △한국 79.1% △일본 센트 럴리그(CL) 78.4% △퍼시픽리그(PL) 77.4% 였다. 굳이 따지자면 한국 리그 타자들이 공을 맞히는 데 더 재주가 있었다. 삼진율은 △한국 19.7% △ CL 19.5% △PL 19.4%로 사실상 똑같은 수준이 었다. (CL은 여전히 투수도 타격을 하기에 일본 두 리그를 구분했다.)

제일 크게 차이가 나는 건 수비다. 한국은 범 타처리율(DER) 0.679, 일본 CL은 0.704, PL은 0.701이었다. 한국에서는 홈런을 제외한 인플레 이 타구 가운데 67.9%를 아웃으로 처리하는 동 안 CL은 70.4%, PL은 70.1%를 아웃으로 처리했 다는 뜻이다. 한국이 PL 수준이었다면 안타 859 개가 아웃으로 바뀐다. 이러면 리그 평균 타율이 0.262에서 0.244로 내려간다. 실제로 2025년 평 균 타율은 CL 0.242, PL 0.246이었다.

일본은 여기에 전체 타석 대비 볼넷 비율도 CL 7.0%, PL 7.2%로 한국(9.1%)과 비교하면 80% 수 준도 되지 않는다. 홈런 비율 역시 두 리그 모두 1.7%로 한국(2.1%)의 80% 수준이다. 당연히 평균 득점도 적다. 2025년 CL 6개 팀은 경기당 3.2점, PL 6개 팀은 3.4점을 올리는 데 그쳤다. 한국은 4.7점이었다.

	한국	미국	일본
타율	0.262	0.245	0.244
출루율	0.338	0.315	0.305
장타율	0.389	0.404	0.351
OPS	0.727	0.719	0.656

점수가 적게 나오면 1점 차 승부가 늘어난다. NPB 전체 858경기 중 298경기(34.7%)가 1점 차 승부였다. 한국은 720경기 중 25.3%인 187경기가 1점 차이로 승부로 끝났다. 1점 차 경기가 많으면 '짜내기'가 득세하게 마련. 지명타자 제도가 없는 CL 팀은 희생번트를 경기당 0.8개 성공시켰다. PL도 경기당 0.5개로 한국(0.4개)보다 희생번트가 25% 많았다.

	한국	미국	일본
경기당 희생번트	0.4개	0.1개	0.6개

요컨대 야큐를 상징하는 한 글자는 '틀(型)'이라고 할 수 있다. 그리고 이 틀 안에서 완성을 추구한다. 이럴 때는 보통 '규율'이라는 두 글자가 뒤따른다. 폰세도 "일본은 '이건 못한다', '이걸 입어라' '이렇게 해야 한다'고 하면서 모든 것을 매우 엄격하게 통제했다"면서 "답답하기도 했지만 나를 재정립할 수 있는 시간이었다. 그 덕에 매일 해야 할 일을 시간에 맞춰 해내는 루틴을 확립할 수 있었으니 말이다"라고 했다.

이 '형식미'를 가장 앞장서 추구한다고 할 수 있는 팀은 요미우리 자이언츠다. 요미우리는 어떤 선수가 몇 번째 4번 타자였는지도 따로 기록한다. 예를 들어 이승엽은 요미우리 제70대 4번 타자다. 물론 그렇다고 한 시즌에 한 선수가 계속 4번 타순으로 나오는 건 아니다. 2025년 요미우리 4번 타자로 나선 타자는 총 15명이고 이들은 OPS 0.850을 합작했다. 3번 타순(0.753)이나 5번 타순(0.627)과 비교하면 4번 타자를 확실히 '특별하다'고 평가한다는 걸 알 수 있다.

타순	한국	미국	일본 CL	일본 PL
1	0.730	0.753	0.679	0.664
2	0.719	0.766	0.660	0.607
3	0.831	0.780	0.754	0.671
4	0.826	0.753	0.775	0.717
5	0.729	0.719	0.672	0.690
6	0.696	0.692	0.639	0.715
7	0.678	0.684	0.627	0.639
8	0.653	0.657	0.592	0.579
9	0.660	0.642	0.426	0.628

요미우리만 그런 게 아니다. 일본은 여전히 4번 타자 무게감이 남다르다. 지명타자 유무에 관계없이 CL와 PL 모두 4번 타순 OPS가 가장 높았다. 타순별 기록에서 재미있는 건 PL에서는 '강한 6번 타자 이론'이 주목 받으면서 6번 타순 OPS(0.715)가 4번(0.717) 못지않다는 것이다.

'강한 6번 타자' 이론을 처음 들고 나온 사람은 '빅 보스' 신조 쓰요시 니혼햄 감독이었다. 선수시절부터 '괴짜'로 통했던 신조 감독은 2021년 감독 취임 기자 회견 때부터 "나의 4번 타자는 6번 타순에 들어선다"고 강조했다. 다만 2025년 기준 니혼햄 6번 타순 OPS는 0.753으로 4번 타순(0.848)보다는 낮았다.

NPB를 상징하는 표현이 '콘택트'라면 메이저리그는 'TTO'다. '진짜 결과 세 가지(Three True

Outcomes)'에서 머리글자를 따온 TTO는 수비수의 개입 없이 투수와 타자 사이에서 승부가 끝나는 홈런, 삼진, 볼넷을 가리킨다. 2025년 메이저리그 전체 18만2926타석 가운데 33.7%인 6만1674타석(홈런 5650타석, 삼진 4만645타석, 볼넷 1만5379타석)이 TTO로 끝났다. 한국은 이 비율이 31.0%, 일본 CL은 28.2%, PL은 28.3%였다. 폰세는 야구가 야큐보다 베이스볼에 더 가깝다고 했지만 2025년 결과만 놓고 보면 중간에 가깝다.

	한국	미국	일본
TTO%	31.0%	33.7%	28.2%
홈런%	2.1%	3.1%	1.7%
삼진%	19.7%	22.2%	19.4%
볼넷%	9.1%	8.4%	7.1%

메이저리그는 2012년(30.4%)을 시작으로 14년 연속 TTO 비율 30% 이상을 유지하고 있다. TTO는 어떤 의미에서는 서로 맞물리는 관계다. 타자는 삼진을 두려워하지 않아야 홈런을 칠 수 있다. 투수는 대신 볼넷을 내주면 홈런을 피할 수 있다. 야큐에서 '비풍초똥팔삼'을 외우는 동안 베이스볼은 '못 먹어도 고'를 외친다.

메이저리그에서는 2018년부터 아예 안타보다 삼진이 더 많다. 2025년에도 삼진 비율 22.2%로 한국이나 일본보다 확실히 '튀었다.' DER도 0.698로 한국보다 일본과 비슷하다. 리그 평균 타율(0.245)이 한국보다 일본과 더 가까운 이유다.

2025년 메이저리그 30개 구단에서 3할 타자는 7명밖에 나오지 않았다. 역사상 가장 적은 숫자다. 일본 12개 구단에서도 3명이 전부였다. 두 리그 모두 2025년 시즌 중반 2할대 타격왕이 나오는 것 아니냐는 의문이 나왔다. 10개 팀에서 3할 타자 13명이 나온 한국이 여기서는 튄다.

대신 메이저리그는 홈런 비율(3.1%)이 한국과 비교해도 50% 가까이 높았다. 그 덕에 리그 평균 OPS(0.719)는 한국(0.727)과 비교해도 큰 차이가 없다. 일본은 CL 0.652, PL 0.659였다. 이런 이유로 메이저리그 평균 득점(4.5점)도 일본보다 한국과 더 비슷했다.

이렇게 야구와 야큐, 야구와 베이스볼, 야큐와 베이스볼은 어떤 점에서는 서로 더 닮았지만 어떤 섬에서는 서로 더 다르다. 어떤 야구팬은 야큐를 '정제된 건강식 같다'고 표현할지 모른다. 어쩌면 아웃카운트 859개를 안타로 바꿔주는 그 '쫄깃한 수비' 덕분에 한국 프로야구 경기장에 2년 연속으로 1000만 명이 넘는 관중이 찾았는지도 모른다. 메이저리그에서 '볼이 그라운드 안에서 돌아다니는 플레이'를 복원하려 노력하는 이유도 이와 무관하지 않을 것이다. 결국 어느 나라든 야구팬 심장을 뛰게 하는 건 예측 불가능한 드라마일 테니 말이다.

한미일 무대를 모두 경험한 코디 폰세
ⓒ한화 이글스

또다시 슈퍼스타가 나타났다: 2025년 KBO 리그 포지션별 타격 분석

_최민규

2025년 최강의 포지션을 ──── ──── 구축한 팀은?

2024년 프로야구 전 구단을 통틀어 가장 공격력이 강한 포지션은 KIA의 3루였다. KIA 3루의 임자는 그해 MVP 김도영. 김도영은 타율 0.347에 38홈런과 40도루를 기록하는 역사적인 시즌을 보냈다. KIA 전체 3루수 타석(605)의 97.7%(591)를 김도영이 책임졌다. KIA의 3루가 2024년 전체 포지션 최강이었던 이유다. 김도영은 2025시즌을 부상으로 제대로 뛰지 못했다. KIA 3루의 위용도 사라졌다. 3루 포지션에 한정해서도 공격력은 10개 구단 중 6위에 그쳤다. 달이 차면 기울기 마련이다. 하지만 언제나 새로운 해는 뜬다. 2025년 최강 포지션을 구축한 팀은 새로운 슈퍼스타와 함께 등장했다.

2025년 KBO 리그 타격 판도를 포지션별로 나눠 지난해에 이어 다시 정리했다. 2025년 〈넘

리그 평균 대비 가장 부진했던 포지션			
구단	포지션	xRC	평균대비
키움	DH	22.6	-35.0
KT	SS	51.5	-32.6
키움	SS	45.5	-28.1
두산	LF	55.0	-27.1
키움	C	21.9	-27.0
키움	LF	38.9	-26.4
KT	1B	54.1	-24.5
SK	1B	49.4	-22.9
한화	DH	68.8	-22.2
한화	RF	66.2	-20.6

버스북)에서 공격력을 측정하는 기준은 wRC였지만 2026년에는 xRC로 변경했다. xRC는 wRC와 마찬가지로 공격이벤트에 런밸류를 곱한 선형가중치 합이다. wRC는 희생번트, 희생플라이, 병살타를 아웃카운트 하나로 취급하지만 xRC는 각각 런밸류를 부여해 더했다는 점이 차이다. 수치상으로는 큰 차이가 없다. 김도영의 2024 wRC는 137.1, xRC는 136.0으로 1.1점 차이였다. 개인 타격 수치는 별도의 설명이 없는 이상 해당 포지션에 뛰었을 때 성적으로 한정한다.

리그 평균 대비 가장 뛰어났던 포지션			
팀	포지션	xRC	평균대비
KT	RF	127.7	47.0
삼성	1B	132.1	43.2
NC	SS	130.2	36.2
두산	C	99.4	35.8
LG	1B	129.7	34.8
키움	3B	120.1	32.9
LG	2B	120.3	31.2
한화	CF	110.2	29.7
NC	2B	86.4	27.2
KIA	DH	115	24.8

포수

포수는 수비력이 가장 중요한 포지션이다. 그래

2025시즌 포수 xRC 구단 순위

구단	타석	xRC	순위변동	전년대비	평균대비
두산	605	93.9	1	7.5	35.8
LG	602	81.4	2	13.9	23.3
한화	524	64.6	3	6.8	6.5
삼성	576	56.6	-1	-29.7	-1.5
NC	555	56.2	3	3.6	-1.9
KIA	539	55.0	-1	-12.5	-3.1
롯데	557	52.0	3	29.0	-6.1
KT	581	46.6	-7	-52.1	-11.5
SSG	544	43.4	-2	-12.7	-14.7
키움	538	31.1	-1	-16.2	-27.0
평균	562	58.1			-6.3

2025시즌 포수 xRC Top10

선수	구단	타석	xRC	평균대비	OPS
양의지	두산	370	81.0	22.9	1.019
박동원	LG	455	64.0	5.9	0.797
최재훈	한화	348	55.3	-2.8	0.767
강민호	삼성	431	51.0	-7.1	0.751
김형준	NC	404	48.1	-10.0	0.735
장성우	KT	412	39.0	-19.1	0.650
유강남	롯데	322	37.2	-20.9	0.730
김태군	KIA	266	30.3	-27.8	0.721
조형우	SSG	292	22.1	-36.0	0.606
김건희	키움	334	20.4	-37.7	0.622
평균	562	58.1		-6.3	

서 이 포지션은 타격이 떨어진다. 이 포지션 구단 평균 xRC는 58.1로 야수 9개 포지션 가운데 가장 낮다. 지난해에도 역시 최하위. 역설적으로 이 포지션에 강타자가 있다면 소속 팀은 상대우위를 누린다. 두산이 그런 팀이다. 이 포지션 xRC 93.9로 전체 1위에 올랐다. 지난해 리그 평균보다 35.8점이나 많았다. 모든 포지션

을 통틀어 두산 포수진 xRC는 리그 평균과의 차이가 네 번째로 컸다. 양의지가 개인 포수 1위인 81.0을 기록한 덕이다. 양의지는 지난해 시즌 타율 0.337로 2019년에 이어 통산 두 번째 타격왕에 올랐다. 포수로 출장했을 때 타율은 0.362로 더 대단했다. 시즌 20홈런 중 18개가 포수 마스크를 쓴 경기에서 나왔다.

박동원이 버틴 LG가 2위였다. 2024년보다 두 계단 상승했다. 한화는 6위에서 3위로 올라왔다. 36세 포수 최재훈이 시즌 OPS 0.767로 맹활약했다. 홈런은 1개에 그쳤지만 출루율 0.414로 커리어하이를 찍었다. 높은 출루율 중 일부는 힛바이피치 17개 덕이다. 최재훈은 한화 이적 2번째 시즌인 2018년부터 지난해까지 무려 139번이나 투구를 몸에 맞고 출루했다. 이 분야의 대명사 최정(157)에 이어 2위다. 최정의 통산 사구는 360개. 메이저리그 통산 1위 기록은 287개(휴이 제닝스), 일본프로야구(NPB)는 196개(기요하라 가즈히로), 대만프로야구(CPBL)는 144개(린훙위)다. xRC가 리그 포지션 평균보다 높은 팀은 두산, LG, 한화 이 세 팀 뿐이었다. 세 팀 주전 포수는 모두 35세 이상. 포수는 가장 힘들지만 가장 장수하는 포지션이기도 하다.

삼성, NC, KIA가 리그 포지션 평균에 살짝 모자라는 성적으로 그 다음 순위였다. 삼성은 40세 생일을 보낸 강민호에 대한 의존도가 여전히 컸다. 강민호는 포수로 431타석에 나섰는데, 박동원(455)에 이어 두 번째로 많았다. KIA는 36세 김태군과 10살 어린 한준수 더블 포수 체제였다. 2024년 0.807에 달했던 한준수의 시즌 OPS가 지난해 0.673으로 대폭 하락한 게 아쉽다. 이 점에서 NC 주전 포수 김형준에 주목해야 한다. 지난해 26세 나이에 포수로 18홈런을 쳤다. 1위 박동원에 하나 적은 포지션 2위였다.

젊은 강타자 포수는 매우 귀한 존재다. NC 포수진 xRC 순위는 2024년 8위에서 지난해 5위로 상승했다.

2024년 꼴찌였던 롯데의 순위는 7위로 상승했다. 2024년 최악의 부진을 겪었던 유강남이 컴백시즌을 보낸 게 컸다. 유강남의 2024년 xRC는 10.9에 불과했지만 지난 시즌엔 37.2로 세 배 이상이었다. 지난해 유강남의 WAR 2.09승은 팀 야수진에서 세 번째로 높았다. KT는 이 포지션에서 최악의 추락을 겪었다. 2024년 xRC 1위에서 8위로 수직하강했다. 주전 포수 장성우의 xRC가 65.3에서 39.0으로 하락한 탓이 컸다. 장성우의 시즌 OPS는 0.713이지만 포수로는 0.650에 그쳤다. 백업 조대현과 강현우는 포수 마스크를 썼을 때 합산 타율이 0.167이었다. SSG는 여전히 이 포지션이 약점이었다. 2024년 주전 이지영은 76경기 출장에 그쳤고, 2번 포수였던 김민식은 1군 한 경기도 뛰지 못했다. 4년차 조형우가 수비에서 호평을 받으며 새 주전으로 떠오른 건 희망적이다. 키움은 이 포지션 최하위였다. 하지만 미래가 있는 팀이다. 김건희는 지난해 21세 나이로 10개 구단에서 가장 젊은 주전 포수였다. 동갑 김동헌이 토미 존 수술 뒤 수비력이 쇠퇴한 건 아쉽다. 2023년 도루저지율이 30.0%(21/49)였지만 복귀 시즌인 지난해엔 4.3%(1/22)로 최악 수준이었다.

2025시즌 1루수 xRC 구단 순위

구단	타석	xRC	순위변동	전년대비	평균대비
삼성	640	125.6	4	30.9	43.2
LG	632	117.2	0	-1.7	34.8
NC	604	91.0	-2	-28.3	8.6
한화	613	77.1	0	-21.7	-5.3
KIA	614	76.7	3	0.2	-5.7
키움	628	76.4	3	4.9	-6.0
두산	587	71.2	-1	-15.4	-11.2
롯데	629	71.0	-5	-41.4	-11.4
SSG	604	59.5	1	-3.5	-22.9
KT	588	57.9	-3	-19.5	-24.5
평균	614	82.4		-9.6	

2025시즌 1루수 xRC Top10

선수	구단	타석	xRC	평균대비	OPS
디아즈	삼성	559	113.2	30.8	1.024
오스틴	LG	419	88.6	6.2	1.022
채은성	한화	453	66.3	-16.1	0.798
데이비슨	NC	351	60.4	-22.0	0.946
최주환	키움	414	56.8	-25.6	0.776
고명준	SSG	486	52.8	-29.6	0.739
나승엽	롯데	373	41.4	-41.0	0.684
위즈덤	KIA	261	36.3	-46.1	0.805
오선우	KIA	249	36.2	-46.2	0.838
양석환	두산	287	31.6	-50.8	0.721

1루수

1루는 강타자를 위한 자리다. 지난해 이 포지션 xRC는 두 번째로 높았다. OPS로는 0.788로 9개 포지션 중 1위. 홈런왕 르윈 디아즈가 바로 1루수였다 디아즈는 50홈런 가운데 43개를 1루수로 출장한 경기에서 때려냈다. 1루수 xRC

113.2는 모든 포지션 선수 가운데 1위. 디아즈는 559타석에서 리그 평균보다 30.9 많은 xRC를 기록했다. 지난해 평균적인 팀은 1루 포지션 614타석에서 xRC 82.4를 기록했다. 전 포지션에서 평균과의 차이를 가장 크게 낸 선수도 디아즈였다. 그의 활약으로 삼성의 1루 xRC는 리그 1위에 올랐다. 2024년 5위에서 4계단이

나 상승했다. 강타자 오스틴 딘이 버틴 LG 1루가 xRC 117.2로 두 번째였다. 오스틴은 1루수로 418타석에서 OPS 1.025를 기록했다. 여기에 문보경이 1.078을 때려냈다. 88타석 기록이긴 하지만 10개 구단 1루수 전체 1위다. 매트 데이비슨의 NC가 3위로 3강 구도를 이뤘다. 세 팀 모두 외국인선수가 주전 1루수라는 공통점이 있다. 다만 데이비슨은 1루수로 351타석에 들어서는 데 그쳤다. 평균 대비 xRC가 마이너스였던 이유다. 리그 전체적으로 1루수 타격은 좋았지만 400타석 이상 출장 주전이 있는 팀은 절반인 5개였다.

국내 선수 가운데선 한화 채은성이 자존심을 세웠다. 1루수 xRC 66.3으로 데이비슨(60.4)에 앞선 개인 3위였다. 한화의 팀 순위가 4위인 이유다. 5위 KIA와 6위 키움은 각각 전년 대비 세 계단 상승했다. KIA는 패트릭 위즈덤이 xRC 36.3으로 기대에 미치지 못했지만 오선우가 36.2로 맹활약했다. 오선우는 1루수 출장 때 타율 0.301, 외야수로는 0.224로 차이가 컸다. 키움은 베테랑 최주환이 컴백 시즌을 보낸 덕을 봤다. wRC+ 기준으로 최주환의 공격력은 2024년에 리그 평균보다 14% 낮았다. 1루수로는 낙제 수준. 하지만 2025년엔 평균 대비 +11%였다.

두산과 롯데의 1루 xRC는 리그 포지션 평균보다 11점 가량 떨어졌다. 두산은 주전 양석환이 1루수로 OPS 0.721에 그친 게 아쉬웠다. 강승호가 146타석에서 0.806을 치며 분전했다. 롯데의 1루수 xRC 순위는 2024년 3위에서 지난해 8위로 급락했다. 이 포지션에서 가장 큰 하락이다. 주전 나승엽이 이 포지션에서 OPS 0.684, 백업 고승민은 0.658로 동반 부진했다. 2024년엔 주전 나승엽이 0.884, 백업 정훈이 0.818이었다.

2024년 10위 SSG는 지난해 9위로 한 계단 올랐다. 23세로 주전 1루수를 맡은 고명준의 성장은 고무적이다. 고명준의 이 포지션 xRC는 52.8로 앞 시즌(35.8)보다 확연히 나아졌다. KT가 지난해 최악의 1루 팀이었다. 본업인 3루수에서 옮겨온 주전 황재균이 이 포지션에서 OPS 0.690에 그쳤다. 문상철은 0.659, 오윤석은 0.626로 더 나빴다. 2024년 주전 1루수로 활약하며 커리어하이 시즌을 보낸 문상철의 부진이 아쉬웠다.

2루수

2루는 2024년 LG의 취약 포지션이었다. 하지만 2025년엔 10개 구단 최고였다. xRC 순위는 2024년 8위에서 지난해 1위로 무려 7계단 상승했다. 풀타임 3년차를 맞은 주전 신민재의 눈부신 활약 덕이었다. 신민재는 2019년 데뷔해 첫 4시즌 타율 0.226에 그쳤다. 처음으로 주전으로 뛴 2023년부터 타율은 0.277, 0.297, 0.313으로 수직 상승했다. 지난해엔 커리어 첫 홈런까지 기록했다. 2루수로 기록한 xRC 73.6은 이 포지션 전체 1위. 505타석도 2루수 중 1위다. 박민우의 NC가 이 부문 2위에 올랐다. 박민우는 이 포지션에서 OPS 0.848을 기록하며 1위였다. 하지만 타석(411)이 적어 누적 기록인 xRC(70.9)에선 신민재 다음 순위였다. 롯데 2루가 세 번째로 강했다. 포지션 평균보다 20점 이상 많은 xRC를 기록했다. 롯데 내야에서 유일하게 리그 평균보다 좋은 타격을 한 포지션이 2루였다. 고승민은 1루수로 부진했지만 2루수로 뛴 230타석에서 OPS 0.813을 쳤다. 백업 한태양(0.709)도 양호했다.

KIA는 xRC 4위에 랭크됐지만 감소폭은 10개

2025시즌 2루수 xRC 구단 순위

구단	타석	xRC	순위변동	전년대비	평균대비
LG	636	95.6	7	18.2	31.2
NC	619	91.6	1	-1.1	27.2
롯데	636	84.5	2	-0.7	20.1
KIA	598	63.9	-2	-35.7	-0.5
SSG	582	60.8	4	0.9	-3.6
KT	581	60.0	0	-20.9	-4.4
삼성	566	49.5	3	9.6	-14.9
두산	574	48.4	-1	-31.7	-16.0
한화	572	44.9	-5	-44.7	-19.5
키움	552	44.6	-9	-64.8	-19.8
평균	592	64.4			-17.1

2025시즌 2루수 xRC Top10

선수	구단	타석	xRC	평균대비	OPS
신민재	LG	505	73.6	9.2	0.743
박민우	NC	411	70.9	6.5	0.848
정준재	SSG	426	44.4	-20.0	0.631
김선빈	KIA	278	43.2	-21.2	0.829
고승민	롯데	261	41.4	-23.2	0.813
류지혁	삼성	384	38.5	-25.9	0.663
김상수	KT	359	38.1	-26.3	0.661
한태양	롯데	237	29.9	-34.5	0.709
황영묵	한화	270	28.4	-36.0	0.663
오명진	두산	228	26.1	-38.3	0.720

였다. 고전적인 지표인 레인지팩터(9이닝당 자살+보살) 3.97은 29위. SSG는 5위지만 앞 시즌보다 네 계단이나 상승했다. 뚜렷한 임자가 없던 상황에서 2년차 신진 정준재가 주전으로 자리잡은 게 소득이었다. 다만 시즌 OPS가 0.776에서 0.628로 크게 떨어지며 타격은 아쉬웠다. 6위 KT는 앞 시즌과 순위 변동이 없었다. 베테랑 김상수가 가장 많은 359타석에 2루수로 들어섰다. 타격이 더 좋은 천성호는 수비 문제로 2루수로는 69타석에만 나섰다.

삼성 2루는 2024년 xRC 순위가 꼴찌였다. 김지찬이 2루수에서 외야수로 전향했기 때문이었다. 2025년에는 7위로 올라왔지만 내용상 6위보다는 10위에 더 가까웠다. 류지혁이 2년 연속 주전이었고 2년차 유틸리티 양도근이 백업이었다. 두산 2루도 2년 연속 하위권이었다. 2루수로 70타석 이상 출장한 선수가 네 명으로 뚜렷한 주전이 없었다. 오명진이 228타석으로 가장 많았다. 앞 시즌 주전 강승호는 1, 2, 3루를 떠돌며 타격도 OPS 0.674에 그쳤다. 2024년엔 0.804로 커리어하이였지만 지난해엔 2021년 두산 이적 뒤 최악이었다. 한화의 순위는 4위에서 9위로 떨어졌다. 2024년 한화는 2루수로 OPS 0.710 이상을 친 타자 세 명을 보유했다. 이 가운데 안치홍은 지난해 거의 지명타자로 뛰었고 문현빈은 외야수로 전향했다. 주전이된 황영묵의 2루수 OPS는 0.792에서 0.663으로 하락했다.

2025년은 리그 전체적으로 2루수들이 부진한 시즌이었다. 2024년 이 포지션 평균 XRC는 81.5였지만 지난해엔 64.4로 뚝 떨어졌다. 9개 포지션 중 두 번째로 감소폭이 컸다. 신민재와 박민우를 제외한 누구도 이 포지션에서 xRC 45점을 넘지 못했다. 2024년엔 6명이 65

구단 중 세 번째로 컸다. 김선빈은 2시즌 연속 2루수로 OPS 0.800 이상을 기록하며 좋은 타격을 했다. 하지만 2024년 462타석에 들어섰지만 지난해엔 278타석에 그쳤다. 부상 문제가 있기도 했지만 수비 지표가 눈에 띄게 하락했다. 2루수 수비 평균대비기여승(WAA) −0.35승은 지난 시즌 24경기 이상 출장 선수 31명 중 31위

점 이상이었다. 2024년이 타고투저, 2025년이 투고타저였다는 점을 감안해도 크게 하락했다. 2024년 리그 최고 2루수 김혜성이 메이저리그 LA 다저스로 이적한 탓이 크다. 2024년 이 포지션 xRC 1위였던 키움이 10위로 추락한 이유기도 하다. 2024년 김혜성은 2루수로 532타석에서 xRC 95.3을 기록했다. 지난해 키움에는 주전 2루수 자체가 없었다. 가장 많이 출장한 김태진이 196타석 xRC 18.5에 그쳤다.

3루수

2024년에 김도영이 빛났다면 2025년은 송성문의 해였다. WAR 8.58승으로 지난해 KBO 리그 전체 1위에 올랐다. 송성문의 힘으로 키움의 3루수 xRC는 10개 구단 1위였다. 앞 시즌보다 한계단 상승했다. 송성문은 3루수 글러브를 꼈을 때 xRC 101.4를 기록했다. 전 포지션 선수 중 2위. 2루수로 101타석에 들어서지 않았다면 더높았을 것이다. 노시환의 한화가 두 번째였다. 노시환은 2024년 시즌 OPS 0.810을 기록하며 아쉬운 시즌을 보냈다. 2025년엔 0.851로 향상됐다. 투고타저 시즌에 더 나은 타격을 했다. 32홈런은 커리어하이. KT는 3루 포지션이 가장 향상된 팀이다. 황재균의 노쇠화로 2024년 순위는 최하위로 떨어졌다. 구단은 FA 허경민을 영입하며 약점을 지우려 했다. 허경민은 3루에서 OPS 0.722로 기대에 미치지 못했다. 하지만 개막전에서 1루수로 나섰던 황재균이 3루수로 139타석 OPS 0.790으로 잘 쳐줬다. 지난해 3루수 xRC 순위는 3위로 무려 7계단이나 상승했다. 그런데 올해 허경민은 한 살 더 먹었고, 황재균은 은퇴했다.

삼성도 이 포지션에서 9위에서 4위로 5계단이

구단	타석	xRC	순위변동	전년대비	평균대비
키움	634	110.4	1	-3.1	32.9
한화	630	96.1	3	1.2	18.6
KT	642	86.1	7	34.0	8.6
삼성	600	79.9	5	25.2	2.4
LG	628	79.4	2	-8.0	1.9
KIA	605	78.9	-5	-75.4	1.4
롯데	608	67.1	-1	-21.7	-10.4
NC	564	60.1	0	-25.1	-17.4
두산	583	59.9	-5	-35.3	-17.6
SSG	553	57.0	-7	-52.1	-20.5
평균	605	77.5		-16.0	

2025시즌 3루수 xRC 구단 순위

선수	구단	타석	xRC	평균대비	OPS
송성문	키움	498	101.4	23.9	0.950
노시환	한화	620	92.6	15.1	0.857
김영웅	삼성	472	63.5	-14.0	0.785
김휘집	NC	462	61.7	-15.8	0.746
허경민	KT	478	59.0	-18.5	0.722
문보경	LG	400	56.5	-21.0	0.779
위즈덤	KIA	220	36.6	-40.9	0.910
최정	SSG	191	32.2	-45.3	0.879
손호영	롯데	292	29.2	-48.3	0.679
박준순	두산	207	23.7	-53.8	0.733

2025시즌 3루수 xRC Top10

나 올라왔다. 김영웅이 3루수로 노시환 다음으로 많은 22홈런을 때려냈다. 올해 23세가 되는 젊은 강타자다. 삼성 핫코너의 미래는 밝다. 백업 전병우는 55타석 OPS 0.822로 김영웅(0.785)보다 더 뛰어났다. LG는 7위에서 5위로 중위권 진입에 성공했다. 문보경이 2시즌 연속 20홈런과 100타점을 때려내며 프랜차이스 최초 기록을 세웠다. 본업인 3루수로는 OPS 0.780으로 시즌 기록(0.831)에 못 미쳤다. 김도영의 부상으로 KIA는 전년 대비 5계단 추락했다. 50타석 이상 들어선 3루수가 무려 다섯 명으로 뚜렷한 주전이 없는 시즌이기도 했다. 그럼에도 포지션 평균보다 1.4점 많은 xRC를 기록했다. 반면 7위 롯데는 평균보다 10.4점 모자랐다. 손호영은 2024년 롯데로 이적해 3루수로 331타석에 나서며 OPS 0.911로 대단했다. 하지만 지난해엔 부상에 시달리며 260타석 OPS 0.679에 그쳤다. 베테랑 김민성은 174타석 0.668로 더 좋지 않았다.

NC는 2024년과 순위 변동 없는 8위였다. 주전 김휘집은 xRC 61.7로 전체 3루수 중 4위였다. 3위 김영웅과 큰 차이가 없었다. 하지만 백업 서호철이 타율 0.156에 OPS 0.400으로 부진했다. 김휘집을 제외한 NC 3루수들은 102타석에서 xRC가 -1.6점이었다. 결국 삼성과 NC 3루의 차이는 백업의 차이였다. 두산은 4위에서 9위로 떨어졌다. 박준순의 207타석이 팀내 최다였다. 다음은 강승호(123), 임종성(88), 오명진(68) 순이었다. 역시 허경민의 이적 공백을 메우지 못했다. 개막 시점에서 SSG가 이 포지션 꼴찌로 추락할 가능성은 거의 없어보였다. KBO 리그 역사상 유일한 500홈런 타자 최정이 오랫동안 주전을 지켜왔다. 하지만 최정은 지난해 부상으로 95경기에만 뛰었다. 3루수보다 지명타자로 더 많은 타석에 나서야 했다. 3루수 OPS 0.878은 준수했지만 166타석에 불과했다. 본업이 2루수인 안상현이 3루수로 123타석 OPS 0.741을 친 건 위안이었다.

유격수

유격수는 공격보다 수비가 중요한 포지션이다.

2025시즌 유격수 xRC 구단 순위					
구단	타석	xRC	순위변동	전년대비	평균대비
NC	659	105.2	3	25.0	36.2
KIA	660	87.7	1	5.5	18.7
SSG	627	87.4	-1	-2.9	18.4
삼성	601	86.9	-3	-6.1	17.9
LG	599	69.2	0	-7.4	0.2
롯데	563	63.3	0	-7.3	-5.7
두산	580	60.4	2	9.1	-8.6
한화	545	52.2	0	-9.2	-16.8
키움	529	40.9	1	17.0	-28.1
KT	502	36.4	-3	-26.7	-32.6
평균	587	69.0			-0.3

2025시즌 유격수 xRC Top10					
선수	구단	타석	xRC	평균대비	OPS
김주원	NC	620	102.5	33.5	0.830
박성한	SSG	536	82.3	13.3	0.764
이재현	삼성	548	80.9	11.9	0.789
박찬호	KIA	593	79.8	10.8	0.723
오지환	LG	451	53.2	-15.8	0.726
전민재	롯데	339	37.4	-31.6	0.701
어준서	키움	334	28.0	-41.0	0.631
이유찬	두산	251	23.9	-45.1	0.623
하주석	한화	190	23.0	-46.0	0.785
권동진	KT	296	20.9	-48.1	0.595

하지만 2025년 KBO 리그 유격수들은 인상적인 타격을 했다. 갑작스런 투고타저 흐름 속에서 9개 포지션 중 xRC 하락폭(-0.3)이 가장 작았다. 이 포지션에서 가장 뛰어났던 팀은 NC였다. 김주원이 유격수로 뛴 경기에서 xRC 102.5로 전체 선수 가운데 2위에 올랐다. 시즌 OPS는 0.830으로 10개 구단 주전 유격수 중 유일

하게 0.800선을 넘었다. 여기에 도루 44개를 해냈다. 올스타전 이후 OPS는 무려 0.993으로 앞 시즌에 이어 다시 후반기에 강한 면모를 과시했다. 골든글러브는 당연히 김주원의 몫이었다. KIA, SSG, 삼성이 뒤를 이었다. 세 팀 주전 유격수의 활약은 비슷했다. KIA 박찬호가 xRC 79.8(4위), SSG 박성한이 82.3(2위), 삼성 이재현이 80.9로 우열을 가리기 어려운 공격 공헌도를 올렸다. 박찬호는 지난해 개인 통산 가장 많은 볼넷 62개를 골랐고, 박성한은 79개로 역시 커리어하이였다. 그리고 이재현은 지난해 유격수 포지션에서 가장 많은 16홈런을 날렸다.

LG가 유격수 xRC 5위로 2024년과 같은 순위였다. 주전 오지환이 5-6월 타율 0.156으로 극심한 부진을 겪은 게 아쉬웠다. 하지만 후반기에 OPS 0.825로 부활하며 자존심을 지켰다. xRC는 파크팩터가 적용되지 않은 값이라 잠실구장을 홈으로 쓰는 LG와 두산 선수에게는 불리하다. 롯데도 전년도와 같은 6위. 주전 전민재가 유격수 출장 시 OPS 0.701, 이호준이 0.767로 좋은 타격을 했다. 시즌 전 두산에서 이적한 전민재는 5월까지 타율 0.387로 엄청난 활약을 했지만 6월 이후엔 0.212에 그쳤다. 지난해가 처음으로 300타석 이상 소화 시즌이었다. 이호준은 입단 2년차인 지난해가 실질적인 데뷔 시즌. 7위 두산은 9위에서 7위로 두 계단 상승했다. 가장 많이 유격수로 출장한 이유찬과 박준영은 타격에서 부진을 면치 못했다. 하지만 7월 병역의무를 마치고 복귀한 안재석이 유격수로 80타석에서 OPS 0.889라는 놀라운 타격을 했다. 박찬호가 FA로 KIA에서 두산으로 이적함에 따라 안재석은 올해 3루로 터전을 옮길 전망이다.

한화는 2025년에도 유격수가 약점이었다. 전해에 이어 2년 연속 xRC 순위는 8위. 4년 50억원에 FA 계약한 심우준이 유격수로 OPS 0.587이라는 부진을 겪었다. 하주석이 190타석에서 0.785를 쳐준 게 다행이었다. 2024년 꼴찌였던 키움이 9위로 2년 연속 최하위 수모를 면했다. 이준서가 유격수로 출장한 334타석에서 OPS 0.623으로 19세 루키로는 준수한 활약을 했다. 수비율 0.928은 향상시켜야 한다. 심우준이 떠난 KT가 지난해 꼴찌였다. 새 주전 권동진이 포지션 296타석에서 OPS 0.595, 127타석에 나온 장준원이 0.481로 부진했다. 두 명 모두 시즌 110타석 이상 출장한 첫 시즌이었다.

좌익수

좌익수는 2024년 xRC가 가장 높은 포지션이었다. 하지만 지난해엔 6위로 떨어졌다. 구단 평균 xRC는 포지션 중 가장 많은 24.1점이나 감소했다. 외야수 중 가장 수비 부담이 적은 포지션이라는 점에서 실망스러웠다. 지난해 1위 팀은 롯데. 빅토르 레이예스가 394타석, 주장 전준우가 205타석씩을 책임졌다. OPS는 각각 0.836, 0.855로 모두 뛰어났다. 하지만 좌익수 포지션에서 가장 높은 xRC를 기록한 선수는 삼성 구자욱(73.5)이었다. 삼성의 팀 순위는 롯데에 이어 두 번째. 구자욱은 지난해까지 통산 타율 0.318을 기록했다. 역대 5000타석 이상 출장타자 중 5위에 해당한다. 3위는 NC. 주전 권희동의 시즌 타율은 2024년 0.300에서 0.246으로 떨어졌다. 홈런은 13개에서 6개로 절반 이하. 하지만 출루율 0.393을 기록한 '눈 야구'로 자신의 가치를 입증했다. 천재환은 시즌 OPS가 0.660에 그쳤지만 좌익수로는 67타석에서 1.019를 치며 팀 순위를 끌어올렸다.

이 포지션에서 '성취상'은 한화에게 돌아가야

2025시즌 좌익수 xRC 구단 순위

구단	타석	xRC	순위변동	전년대비	평균대비
롯데	646	95.9	4	-3.7	22.3
삼성	625	92.5	-1	-36.9	18.9
NC	612	91.7	1	-10.5	18.1
한화	634	88.7	5	8.5	15.1
SSG	618	85.4	-2	-20.5	11.8
LG	618	68.8	2	-13.3	-4.8
KIA	616	62.5	0	-26.7	-11.1
KT	622	57.0	-6	-71.9	-16.6
키움	619	47.2	-3	-44.1	-26.4
두산	589	46.5	0	-22.1	-27.1
평균	620	73.6		-24.1	

2025시즌 좌익수 xRC Top10

선수	구단	타석	xRC	평균대비	OPS
구자욱	삼성	418	73.5	-0.1	0.883
에레디아	SSG	375	66.7	-6.9	0.899
문현빈	한화	448	61.7	-11.9	0.790
레이예스	롯데	394	57.5	-16.1	0.837
권희동	NC	340	56.0	-17.6	0.805
김현수	LG	308	43.0	-30.6	0.764
전준우	롯데	205	35.5	-38.1	0.855
김민혁	KT	357	33.4	-40.2	0.659
임지열	키움	216	21.7	-51.9	0.692
김재환	두산	134	18.9	-54.7	0.754

으로 375타석에 그친 게 차이를 만들었다. LG는 평균보다 4.8점 낮은 xRC로 6위. 김현수가 이 포지션 308타석에서 OPS 0.764로 명성에 어울리지 않았다. 시즌 뒤 KT와 FA계약을 하며 LG와의 8년 인연을 마무리했다. KIA는 2년 연속 7위. 뚜렷한 주전 좌익수가 없었다. 무려 다섯 명이 좌익수로 90타석 이상 들어갔고, 오선우의 155타석이 최다였다.

KT의 좌익수 xRC는 2024년 2위에서 지난해 8위로 무려 여섯 계단 하락했다. 믿었던 멜 로하스 주니어의 타격이 폭락하며 8월 2일 웨이버 공시됐기 때문이다. 김민혁도 2024년 좌익수로 OPS 0.865로 대단했지만 지난해엔 0.659에 그쳤다. 키움은 6위에서 9위로 떨어졌다. KT 다음으로 하락폭이 컸다. 문제는 비슷했다. 야시엘 푸이그가 KBO 리그 두 번째 시즌을 40경기 타율 OPS 0.625라는 처참한 성적으로 조기 마감했기 때문이다. 임지열과 박주홍이 푸이그가 떠난 자리를 채웠지만 모두 OPS 0.700을 넘지 못했다. 두산은 2년 연속 최하위였다. 김민석의 136타석이 두산 좌익수로는 가장 많았다. OPS는 0.489에 불과했다. 추재현은 51타석 0.384로 더 나빴다. 거포 김재환도 좌익수로 나선 134타석에서 0.755로 이름값에 미치지 못했다.

중견수

한다. 리그에서 유일하게 좌익수 xRC가 전년 대비 오른 팀이다. 순위는 9위에서 4위로 무려 5계단 상승했다. 내야수에서 전향한 3년차 문현빈이 시즌 OPS 0.823을 치며 3번 타자로 자리잡았다. SSG는 3위에서 5위로 두 계단 아래로 내려갔다. 기예르모 에레디아가 2024년에 좌익수로 497타석에 나섰지만 지난해엔 부상

외야에서 가장 수비 부담이 큰 중견수가 좌익수보다 더 뛰어났다. 구단 평균 xRC가 74.0으로 좌익수(73.6)를 앞섰다. 한화가 103.7로 1위였다. 앞 두 시즌 연속 꼴찌에서 대반전을 이뤄냈다. 약점을 고치기 위해 선택을 했다. 한화는 10개 구단 중 유일하게 외국인선수가 주전 중견수를 맡은 팀이다. 그것도 두 명이. 개막전 주

2025시즌 중견수 xRC 구단 순위

구단	타석	xRC	순위변동	전년대비	평균대비
한화	652	103.7	9	53.2	29.7
삼성	656	95.5	-1	-1.4	21.5
SSG	626	80.1	0	-8.4	6.1
LG	582	78.3	5	8.9	4.3
두산	623	75.5	-3	-14.6	1.5
롯데	639	69.6	-2	-17.5	-4.4
KIA	566	67.0	-1	-17.9	-7.0
NC	575	57.5	0	-15.4	-16.5
KT	594	56.9	-2	-17.8	-17.1
키움	618	55.7	-5	-31.2	-18.3
평균	613	74.0			-6.2

2025시즌 중견수 xRC Top10

선수	구단	타석	xRC	평균대비	OPS
박해민	LG	544	74.1	0.1	0.725
최지훈	SSG	566	72.5	-1.5	0.716
정수빈	두산	545	69.4	-4.6	0.699
김호령	KIA	378	56.3	-17.7	0.798
이주형	키움	483	55.6	-18.4	0.704
리베라토	한화	254	46.5	-27.5	0.899
플로리얼	한화	280	38.9	-35.1	0.779
김지찬	삼성	309	38.2	-35.8	0.692
김성윤	삼성	216	35.3	-38.7	0.780
장두성	롯데	232	24.1	-49.9	0.652

전 중견수 에스테반 플로리얼은 이 포지션에서 280타석에서 OPS 0.779로 기대만큼은 아니었다. 하지만 그의 부상으로 후임자가 된 루이스 리베라토가 254타석 OPS 0.899로 대단했다. 삼성은 8.2점 차이로 2위였다. 주전 김지찬이 부상과 부진으로 이 포지션 309타석에 그쳤지만 김성윤이 216타석에서 기대 이상 활약을

했다. 김성윤은 26세 나이에 처음으로 규정타석을 채우며 타율 0.331로 리그 3위에 올랐다. 박승규도 손가락 골절상을 입기 전까지 중견수 91타석 OPS 0.740으로 준수했다.

3위 SSG, 4위 LG, 5위 두산은 공통점이 있다. 비슷한 타입의 주전 중견수를 보유한 팀이다. SSG 최지훈과 LG 박해민, 두산 정수빈은 모두 발 빠른 교타자에 수비가 좋다. 그리고 팀내 경쟁을 거의 허용하지 않았다. 세 선수는 모두 중견수로 1050이닝 이상을 소화했다. 개인 xRC 순위는 박해민(74.1)이 1위, 최지훈(72.5)이 2위, 정수빈(69.4)이 3위였다.

6위 롯데부터는 이 포지션 xRC가 리그 평균 대비 마이너스였다. 황성빈이 256타석에서 OPS 0.624에 그쳤고, 장두성은 232타석 0.652로 모두 부진했다. 6위 KIA는 사정이 좀 달랐다. 앞두 시즌 타율 1할대였던 김호령이 OPS 0.793으로 커리어하이 시즌을 맞았다. 하지만 최원준이 중견수로 110타석 0.593으로 부진하며 팀 순위를 끌어내렸다. 최원준은 김호령에게 밀려 우익수로 자주 기용되다 7월말 이 포지션이 고민인 NC로 트레이드됐다. 최원준 트레이드로 NC의 중견수 순위는 그나마 8위가 됐다. 7월 29일 데뷔전을 치른 최원준이 팀내에서 가장 많은 타석에 들어선 중견수였다. 타격도 KIA 시절보다 나아졌다. 시즌 뒤엔 KT로부터 4년 48억원에 FA 계약까지 얻어냈다. 끝이 좋으면 다 좋은 법이다. KT는 중견수 포지션에서 향상이 기대됐던 팀이다. 앞 두 시즌 부상으로 평균 105경기만 뛴 배정대의 풀시즌이 기대됐다. 2025년엔 부상이 아닌 다른 문제가 생겼다. 시즌 타율 0.204에 OPS 0.571로 최악 부진에 빠졌다. 로하스의 대체 외국인선수인 앤드류 스티븐슨이 167타석에 들어서지 않았다면 KT의 중견수 순위는 꼴찌였을 것이다. '가정'이 아닌 실제 꼴

찌는 키움. 2024년 5위에서 급격하게 추락했다. 팀 중견수 타석의 78%를 차지한 주전 이주형의 부진이 컸다. 이주형은 2023년 시즌 도중 LG에서 트레이드된 뒤 51경기에서 OPS 0.911을 기록하며 선풍을 일으켰다. 이듬해 OPS는 0.754로 떨어졌고, 2025년엔 0.705였다. 후반기엔 0.641로 더 나빠졌다.

2025시즌 우익수 xRC 구단 순위

구단	타석	xRC	순위변동	전년대비	평균대비
KT	641	127.7	5	41.2	47.0
두산	638	94.2	2	-3.4	13.5
삼성	596	85.3	5	7.3	4.6
LG	637	84.2	-3	-47.2	3.5
NC	608	81.3	2	2.4	0.6
키움	591	78.6	4	22.7	-2.1
롯데	628	72.8	-5	-41.3	-7.9
SSG	598	63.0	1	-3.8	-17.7
KIA	611	60.1	-6	-45.3	-20.6
한화	579	60.1	-5	-32.4	-20.6
평균	613	80.7		-10.0	

2025시즌 우익수 xRC Top10

선수	구단	타석	xRC	평균대비	OPS
안현민	KT	374	90.0	9.3	1.039
케이브	두산	575	89.3	8.6	0.827
김성윤	삼성	290	64.4	-16.3	1.011
문성주	LG	333	49.5	-31.2	0.780
윤동희	롯데	323	46.5	-34.2	0.814
나성범	KIA	280	45.6	-35.1	0.838
한유섬	SSG	331	45.1	-35.6	0.771
이진영	구단	305	39.9	-40.8	0.767
박건우	NC	235	38.4	-42.3	0.836
로하스	KT	207	34.1	-46.6	0.858

우익수

상대 비교로는 KT 우익수가 2025년 프로야구에서 가장 강력한 포지션이었다. 리그 포지션 평균 대비 xRC가 47점이나 많았다. 절대 수치로는 삼성 1루가 132.2로 KT 우익수(127.7)를 앞선다. 하지만 포지션 평균 대비로는 +43.2로 두 번째였다. 안현민이 개막전부터 뛰었다면 더 대단했을 수도 있었다. 4월까지 1군에서 2경기만 뛴 안현민은 이 포지션 374타석만 소화하고도 xRC 90.0을 기록했다. 로하스도 우익수로는 207타석 xRC 34.1로 다른 포지션보다 나았다. 우익수로 0.858, 좌익수·지명타자·중견수·대타로 OPS 0.647이었다. 안현민의 우익수 OPS는 무려 1.039에 달했다. 2위 두산의 xRC는 KT와 33.5점이나 차이가 났다. 하지만 2024년 4위에서 두 계단 상승했다. 제이크 케이브의 공이 컸다. 중견수와는 달리 좌익수나 우익수는 붙박이 주전이 많지 않은 게 특징이다. 우익수의 경우 주전 선수가 팀 전체 타석에서 차지하는 비율이 평균 52.6%였다. 케이브는 90.1%에 달했다. 그 다음이 안현민의 58.3%였다. 그럼에도 누적값인 xRC에서 안현민이 더 높았다. 그의 2025년이 얼마나 대단했는지가 다시 드러난다.

삼성도 이 포지션에서 성취를 거뒀다. xRC 순위는 2024년 8위에서 지난해 3위로 뛰어올랐다. 5계단 상승은 KT와 같다. 김성윤이 290타석에서 OPS 1.011을 때려낸 덕이다. 타수가 적지만 수치로는 안현민 못지 않다. 두 번째로 많은 98타석에 들어선 김헌곤이 0.559로 부진했던 건 아쉽다. LG는 1위에서 4위로 세 계단 하락했다. 홍창기가 5월 13일 키움전에서 무릎 부상을 당해 시즌 51경기 출장에 그쳤기 때문이다. 문성주가 이 포지션 주전으로 나서며 333

타석 타율 0.316으로 분전했다. 하지만 장타력이 떨어져 OPS는 0.779에 그쳤다. 홍창기도 파워는 없지만 엄청난 출루능력을 자랑하는 선수다. 지난해 존을 벗어나는 공에 스윙한 비율이 14.9%로 규정이닝 30% 이상 기준 리그에서 가장 낮았다. 2위가 권희동의 17.8%였다. NC는 7위에서 5위로 상승했다. 2024년엔 박건우와 손아섭이 모두 부상을 당해 공백기가 길었다. 박건우는 지난해 10년 연속 3할 타율 행진을 마감했다. OPS 0.797도 2015년 이후 최저. 하지만 우익수로는 235타석에서 0.309/0.836으로 뛰어났다. 손아섭도 7월 31일 한화로 트레이드되기 전까지 0.312/0.770로 활약했다. 권희동은 본업인 좌익수(336타석)로 0.259/0.806이었지만 우익수 66타석에선 0.314/0.866으로 더 좋았다.

키움은 2024년 꼴찌에서 6위로 올라왔다. 하지만 확실한 주전은 없었다. 루벤 카디네스가 166타석, 박주홍이 126타석, 주성원이 117타석, 스톤 개럿이 57타석에 들어섰다. 외국인선수 두 명이 뛰었다는 점에서 '큰 도약'으로 보기는 어렵다. 카디네스와 박주홍은 우익수로는 타격이 좋았지만 다른 포지션에선 고전을 면치 못했다. 롯데는 2024년 2위에서 7위로 추락했다. 레이예스가 2024년에는 우익수, 지난해엔 좌익수로 주로 뛰었다는 차이가 있었다. 그래서 좌익수 포지션 순위가 4계단 상승한 반면 우익수는 5계단 내려갔다. 새 주전 윤동희는 이 포지션에서 OPS 0.814로 양호했다. 하지만 잦은 부상으로 323타석 출장에 그쳤다. 고승민이 우익수 91타석에서 OPS 0.506으로 부진한 게 아쉬웠다.

2024년 9위였던 SSG는 지난해 8위로 다시 하위권에 머물렀다. 주전 한유섬은 이 포지션에서 OPS 0.772로 타고투저였던 앞 시즌(0.727)보다 더 좋았다. 하지만 331타석은 2024년보다 80회나 모자랐다. 수비 문제로 경기 후반 교체되는 경우가 많았다. KIA는 우익수 포지션에서 가장 몰락한 팀이다. 2024년 3위에서 지난해 9위로 6계단이나 떨어졌다. 주전 나성범은 다시 부상에 시달리며 제 몫을 하지 못했다. 우익수로 기록한 280타석은 앞 시즌보다 하나만 모자랐다. 하지만 OPS가 0.931에서 0.839로 거의 100포인트 떨어졌다. 130타석에 나선 최원준의 OPS는 0.580으로 전년 대비 259포인트나 낮았다. 최하위 한화도 5계단이나 순위가 떨어졌다. 주전 이진영은 커리어하이 시즌을 보내며 기대 이상으로 활약했다. 하지만 그 뒤가 약했다. 팀 우익수로 두 번째로 많은 117타석에 들어선 이원석의 OPS는 0.432에 불과했다. 2024년 주전이던 김태연은 시즌 OPS가 0.799에서 0.669로 하락하며 유틸리티 역할에 만족해야했다. 그리고 2024년과는 달리 외국인선수 타석이 없었다. 왕년의 명우익수 손아섭은 트레이드 뒤 이 포지션에서 15타석만 뛰었을 뿐이다.

지명타자

수비를 하지 않는 지명타자는 타격이 강해야 한다. 2025년 KBO 리그 지명타자들은 전체적으로 업에 충실했다. 구단 평균 xRC는 83.1로 9개 포지션 가운데 가장 높았다. 2024년엔 다섯 번째였다. 최형우가 다시 나이를 잊은 활약을 했다. 이 포지션에서 xRC 94.3을 기록하며 전체 포지션 4위에 올랐다. 소속 팀 KIA의 팀 순위는 2년 연속 1위. 최형우는 팀 DH 타석의 84.8%에 들어섰다. 최형우 개인 xRC보다 팀 전체 기록이 낮은 구단이 여섯 개다. 최형우는 2026시즌에는 21년 전 데뷔했던 삼성으로 돌아간다. KT는 KIA에 xRC 5.6점 모자란 2위였다. 강백호가 335타석에

2025시즌 지명타자 xRC 구단 순위

구단	타석	xRC	순위변동	전년대비	평균대비
KIA	620	107.9	0	2.0	24.8
KT	625	102.3	1	5.0	19.2
삼성	615	101.8	6	31.0	18.7
LG	614	98.6	1	4.9	15.5
롯데	633	81.7	2	-10.0	-1.4
SSG	601	80.3	0	-13.4	-2.8
두산	609	75.5	-3	-19.2	-7.6
NC	582	73.6	-6	-27.2	-9.5
한화	622	60.9	-1	-13.9	-22.2
키움	600	48.1	0	2.3	-35.0
평균	612	83.1			-3.9

2025시즌 지명타자 xRC Top10

선수	구단	타석	xRC	평균대비	OPS
최형우	KIA	526	94.3	-32.4	0.902
강백호	KT	335	50.7	-40.4	0.831
구자욱	삼성	195	42.7	-44.8	0.994
김재환	두산	267	38.3	-46.9	0.767
김현수	LG	190	36.2	-50.9	0.851
전준우	롯데	262	32.2	-53.6	0.739
최정	SSG	215	29.5	-57.3	0.808
박병호	삼성	173	25.8	-59.5	0.829
문현빈	한화	134	23.6	-59.7	0.869
레이예스	롯데	124	23.4	-83.1	1.004

렷한 주전이 없었지만 구자욱 박병호 디아즈가 번갈아 나서며 모두 좋은 타격을 했다. 박병호는 이 포지션 172타석에서 타율 0.219에 그쳤지만 홈런을 12개나 때려냈다. 2026년엔 확실한 주전이 생긴다.

LG는 xRC 98.6으로 이 포지션 '빅3'에 버금갔다. 역시 뚜렷한 주전은 없었다. 지난해 팀 지명타자 타석의 50% 이상을 차지한 선수는 최형우와 강백호(50.7%) 두 명뿐이었다. 김현수가 190타석 OPS 0.851로 본업인 좌익수로 기용됐을 때보다 나은 타격을 했다. 문보경 오스틴 박동원도 수비 부담을 덜어낸 이 포지션에서 생산성이 높았다. 롯데가 xRC 81.7로 5위. 전준우가 262타석 OPS 0.739, 레이예스가 124타석 1.004를 쳤다. SSG는 추신수가 은퇴했음에도 2024년 같은 6위를 지켰다. 하지만 좋은 일만은 아니었다. 지난해 SSG에서 가장 많이 지명타자로 출장한 타자는 최정이었다. 잦은 부상으로 원래 포지션인 3루를 지키는 데 문제가 있었기 때문이다. 류효승이 99타석에서 OPS 0.881을 친 건 주목할 만 하다. 대졸 선수로 2020년 입단해 2024년까지 1군 12경기에만 나섰고 지난해 1군 데뷔는 8월 16일에야 했다. 하지만 27경기에서 인상적인 타격을 했다. 10월 2일 KIA와의 정규시즌 최종전에선 커리어 처음으로 선발 4번 타자로 기용됐다. 두산은 4위에서 7위로 내려왔다. 김재환이 267타석에서 OPS 0.768, 양의지가 144타석 0.728에 그쳤다. 양의지는 수비 부담이 가장 큰 포수로 367타석 1.019를 쳤다는 점에서 통념과 정반대 결과를 냈다.

NC는 2024년 2위에서 지난해 8위로 여섯 계단 내려왔다. 가장 감소폭이 컸다. 데이비슨이 이 포지션에서 OPS 1.104를 쳤지만 83타석에만 나섰다. 박건우(169타석)가 0.723으로 기대에 미치지 못했고, 오영수(126)는 0.671, 박민우

서 OPS 0.831을 쳤고 안현민은 57타석 1.0830이었다. 장성우는 본업인 포수로는 OPS 0.650으로 난조였지만 지명타자 53타석에선 1.214로 거의 두 배였다. 이정훈도 56타석에서 0.951로 대단했다. 반면 로하스는 64타석에서 0.496으로 매우 부진했다. 3위 삼성도 101.8로 세 자릿수 xRC를 기록했다. 전년 대비 6계단이나 상승했다. 뚜

(39)는 0.517, 권희동(23)은 0.273으로 팀 평균을 깎아먹었다. 한화는 8위에서 9위로 2년 연속 하위권이었다. 100타석 이상 출장한 지명타자는 세 명. 문현빈은 134타석에서 OPS 0.869로 선전했다. 하지만 안치홍(139)이 0.518, 손아섭(131)이 0.612로 베테랑에게 건 기대에 크게 못 미쳤다. 키움은 2년 연속 최하위로 떨어졌다. 10개 구단에서 가장 많은 24명이 지명타자로 기용됐다. 가장 많이 출장한 카디네스(161타석)가 OPS 0.584, 두 번째인 최주환(88)이 0.609를 쳤으니 당연한 결과다. 키움 지명타자들이 때려낸 홈런은 고작 10개. 롯데와 공동 최하위였다.

2025년 포지션별 평균 xRC 순위			
포지션	타석	xRC	OPS
DH	612	83.1	0.768
1B	624	82.4	0.788
RF	613	80.7	0.754
3B	605	77.5	0.754
CF	613	74.0	0.701
LF	620	73.6	0.720
SS	587	69.0	0.703
2B	592	64.4	0.682
C	562	58.1	0.685

2024년 포지션별 평균 xRC 순위			
포지션	타석	xRC	OPS
LF	635	97.7	0.824
3B	627	93.5	0.822
1B	625	91.9	0.820
RF	628	90.7	0.792
DH	632	86.9	0.779
2B	612	81.5	0.759
CF	628	80.2	0.732
SS	592	69.3	0.713
C	572	64.3	0.722

2025년 xRC Top20				
선수	구단	포지션	타석	xRC
디아즈	삼성	1B	559	113.2
김주원	NC	SS	620	102.5
송성문	키움	3B	498	101.4
최형우	KIA	DH	526	94.3
노시환	한화	3B	620	92.6
안현민	KT	RF	374	90.0
케이브	두산	RF	575	89.3
오스틴	LG	1B	419	88.6
박성한	SSG	SS	536	82.3
양의지	두산	C	370	81.0
이재현	삼성	SS	548	80.9
박찬호	KIA	SS	593	79.8
박해민	LG	CF	544	74.1
신민재	LG	2B	505	73.6
구자욱	삼성	LF	418	73.5
최지훈	SSG	CF	566	72.5
박민우	NC	2B	411	70.9
정수빈	두산	CF	545	69.4
에레디아	SSG	LF	375	66.7
채은성	한화	1B	453	66.3

*해당 포지션 타격 기록만 집계

피치밸류, KBO 리그 최고 구종

_신동윤

2025시즌 가장 빠른 공을 던졌던 투수는 문동주, 시속 161.6㎞를 찍었다. 평균 구속은 윤성빈이 시속 155.0㎞로 1위. 규정이닝을 채운 투수 가운데선 폰세가 시속 153.6㎞로 가장 빨랐다.

하지만 빠르다고 해서 가장 좋은 공은 아니다. 회전수나 무브먼트 등 패스트볼의 위력을 나타내는 다른 물리적 지표도 있다. 더 많은 삼진과 헛스윙을 끌어내는 속구는 확실히 가치가 있다. 그런데 제구가 안 되는 와일드씽도 삼진, 헛스윙은 많다. 무조건 좋은 공이라 하기 어렵다.

리그 최고의 구종은

무엇일까

야구 통계의 관점은, 선수 평가를 승리에 얼마나 기여했는지로 보자는 쪽이다. 타자의 승리 기여는 득점 생산, 투수의 승리 기여는 실점 억제다. 공이 빠르든 느리든, 제구가 좋든 나쁘든 아웃카운트를 늘리고 출루와 진루를 허용하지 않으면 그 공은 좋은 공이다. 이런 의도로 만들어진 지표가 피치밸류(Pitch Value)이다. 구종가치라고도 한다.

개념은 간단하다. 볼이 되면 마이너스, 스트라이크가 되면 플러스. 아웃시키면 플러스, 볼넷을 내주거나 안타를 맞으면 마이너스. 핵심은 플러스 마이너스 크기를 얼마로 할 것이냐다.

0-0부터 3-2까지 12종류 볼카운트가 기준이 된다. 기대득점과 비슷한데 24종류 아웃-베이스 상황 대신 12종류 볼카운트로 나눈다. KBO 리그 2025시즌이라면 타석 시작, 즉 0B0S 기대득점은 0.530이다. 이닝당 평균 득점과 거의 같은 값이다. 볼이 들어와서 1B0S가 되면 0.56으로 +0.03이 된다. 스트라이크가 들어오면 0.46으로 −0.07. 0B0S의 출발점을 0.0 으로 조정해 놓으면 가령 0B2S는 −0.15, 3B1S는 +0.17로 평가된다. 그 숫자만큼 유리하거나 불리하다는 뜻이다.

이 크기로 공 하나의 가치를 계산한다. 볼넷이나 삼진, 안타로 타석이 마무리되면 그로 인해 바뀐 값도 측정한다. 대신 같은 1루타라도 더해지는 값은 볼카운트에 따라 달라진다. 단타 득점가치는 +0.49(리그 타석당 평균 득점 대비)다. 초구였다면 그대로 0.49이지만 0B2S이라면 −0.15만큼 불리한 상태에서 0.49 가치를 만든 것이라 [타석 이벤트 가치 − 볼카운트 상황 가치]로 계산해서 +0.64로 본다.

한 타석의 PV를 다 더하면 그 타석 결과의 득점가치와 같다. 한 투수의 시즌 전체 PV를 다 더하면 그 투수의 시즌 득점가치와 같다. PV는 리그 평균일 때 0이다. 때문에 투수 한 시즌 PV 합계는 리그 평균보다 몇 점을 더 세이브 했는지를 나타낸다. 플러스 값이면 평균 이상, 마이너스 값이면 평균 이하.

오해하지 말아야 할 것은 야구 통계에서 평균의 의미다. 평균은 평범하다는 뜻보다 꽤 잘한다는 뜻에 가깝다. 어떤 팀이 리그 평균 승률을 거두면 0.500으로 가을 야구를 한다. 그 팀 모든 선수가 리그 평균이면 좋은 팀이다. 리그 평균 수준이라면 중위권 팀의 주전급에 가깝다. 리그 평균 OPS를 치는 타자라면 5위 팀 6번 타자 이상으로 팀 승리에 기여하는 게 보통이다.

PV의 장점은 타석이 아닌 공 하나 단위로 가치를 평가한다는 점이다. 그래서 투수가 가진 특정 구종 하나가 얼마만큼의 실점을 억제하는지 계산할 수 있다. 한 타석에 공 6개를 던져도 타석 결과로 이어지는 공은 마지막 1개뿐이다. 하지만 투구는 시퀀스다. 앞의 공들이 마지막 공에 영향을 미친다. 타자 몸쪽으로 빠른 패스트볼을 던진 뒤 바깥쪽으로 던진 슬라이더는 더 효과가 있다. 여기에서 공 하나 단위로 계산하는 유용함이 나온다.

스트라이크를 많이 잡고 볼을 적게 주고 안타를 덜 맞고 아웃을 많이 잡는 공이 최고의 공이라 정의한다면, PV가 높은 공이 최고의 구종이다.

최고의 포심패스트볼

최고의 포심패스트볼									
투수	구종	구속	pv	pv100	C	S	F	B	X
폰세	FF	153.6	23.31	1.75	1.45	1.96	1.11	-2.17	-0.61
앤더슨	FF	153.1	20.95	1.45	1.49	1.92	1.22	-2.22	-0.96
잭로그	FF	145.4	19.2	2.17	2.19	1.03	1.04	-2.32	0.24
조병현	FF	147.5	18.43	2.31	1.75	1.37	1.18	-2.36	0.39
와이스	FF	151.7	18.05	1.36	1.85	1.33	1.15	-2.39	-0.58
손주영	FF	146.6	18	1.39	1.77	1.24	1.18	-2.6	-0.2
김택연	FF	150.5	14.37	1.72	1.26	1.81	1.06	-3	0.59
알칸타라	FF	150.6	14.32	1.44	1.91	0.89	1.32	-1.7	-0.98
이로운	FF	147.7	13.77	2.37	1.92	1.26	0.89	-2.37	0.66
화이트	FF	151.8	11.36	1.05	1.73	1.28	1.18	-2.65	-0.49

2025년 최고 투수 폰세가 포심패스트볼 가치에서도 1위였다. 이 공으로 23.3점을 평균보다 더 막았다. PV100 1.75 인데 100개를 던져서 실점을 1.75점 줄였다고 보면 된다. 100구는 선발투수가 보통 한 경기에 던지는 개수다. 보통 투수보다 1.75점을 덜 내주는 선발투수가 등판하면 팀 승리 가능성이 매우 커지는 게 당연하다.

같은 크기 PV라도 그게 어디서 왔는지 더 쪼개서 볼 수 있다. 제구가 나쁜 시속 160㎞ 투수라면 헛스윙이 많지만 볼도 많을 것이다. 헛스윙(S) PV 값이 크지만 나쁜 볼(B) 값으로 상쇄된다. 헛스윙 비율은 낮지만 좋은 제구력으로 존 구석을 찌르는 투수는 콜드스트라이크(C) 값이 커지고 볼(B) 값이 작아진다. 파울 유도로 스트라이크를 많이 잡으면 F 값이 커진다.

S, C, F는 스트라이크니까 항상 플러스다. B는 항상 마이너스다. 삼진 처리한 타석의 플러스는 C

와 S에 포함되고 볼넷을 내준 타석의 마이너스는 B에 포함된다. 인플레이 타격 결과인 X는 플러스도 되고 마이너스도 된다. 하지만 전체 평균은 마이너스다. 인플레이 타격 결과는 삼진이 없는 타석으로만 계산되기 때문인데, 2025시즌 KBO 리그 평균 타율은 0.262지만 홈런 포함 인플레이타율은 0.328로 훨씬 높다. X값은 타율 0.328을 허용하는 경우라서 리그 평균일 때 마이너스다.

그런 이유로 인플레이 PV(X)가 플러스인 투수는 평균 수준이 아니라 그보다 훨씬 뛰어난 범타 처리 결과를 낸다. 최고 투수 폰세도 인플레이 PV에서는 마이너스다. 대신 볼 밸류가 작고 헛스윙 밸류가 높다. 콜드스트라이크 밸류는 높지 않은 편이다.

포심 구종가치 9위 이로운은 구원투수라 투구 수가 적어 PV 합계 순위는 밀린다. 하지만 100구당 PV는 상위 10명 가운데 가장 높다. 인플레이(X)에서 플러스를 기록한 게 크다. 이런 투수는 피안타율이나 피장타율이 극히 낮다. 이로운은 지난해 50이닝 이상 던진 투수 가운데 피안타율 9위(0.206), 피장타율 11위(0.305)였다. 포심만 따로 계산하면 더 좋을 것이다. 폰세와는 달리 헛스윙보다 콜드스트라이크로 만든 효과가 더 크다. 평균 구속이 시속 147.7㎞이라도 제구가 뒷받침되면서 높은 구종가치를 만들었다.

조병현도 이로운과 비슷한 타입이다. 알칸타라는 파울 유도를 가장 효과적으로 써먹은 투수이고, 잭로그는 콜드스트라이크가 실점 억제 무기였다.

최고의 커브

최고의 커브									
투수	구종	구속	pv	pv100	C	S	F	B	X
앤더슨	CU	128.3	14.55	2.44	2.55	1.93	0.71	-1.94	-0.82
폰세	CU	130.8	13.09	2.81	3.18	1.6	0.42	-2.16	-0.22
류현진	CU	113.7	9.51	3.03	2.58	1.2	0.68	-2.04	0.61
화이트	CU	127	9.31	2.2	2.12	1.83	0.52	-2.57	0.3
와이스	CU	129.1	8.18	2.34	2.11	1.36	0.64	-2.28	0.52

포심 2위 앤더슨이 커브에서 1위다. 커브는 2S 이후 헛스윙 유도 구종으로 많이 쓰인다 하지만 이 공 PV 상위권 투수들은 콜드스트라이크 가치에서도 상당한 플러스를 만들었다. 존 아래로 떨어뜨리는 헛스윙 피치가 아니라 스트라이크 카운트 피치로 쓰는 능력이 높은 PV로 이어진 셈이다. 폰세가 커브를 그렇게 썼다. PV100은 류현진이 가장 높고 인플레이에서도 플러스.

탑5 바로 다음에 박세웅이 6위였다. PV 5.27 PV100 1.44. 헛스윙 밸류가 상위 모든 선수보다 높은

2.32 대신 루킹스트라이크 밸류가 1.77로 낮다. 커브를 헛스윙 피치로 사용하는 고전적 스타일의 활용이었다.

최고의 슬라이더

최고의 슬라이더									
투수	구종	구속	pv	pv100	C	S	F	B	X
폰세	SL	143.9	17.69	3.53	1.4	2.67	1.02	-2.63	1.07
올러	SL	136.2	15.71	2.07	2.02	2.38	0.47	-2.52	-0.29
네일	SL	134.6	14.31	1.84	1.94	2.33	0.58	-2.49	-0.53
치리노스	SL	135.8	11.44	1.71	2.15	0.93	0.71	-2.09	0.01
유영찬	SL	134	9.88	3.74	1.39	3.21	0.46	-2.04	0.72
와이스	SL	134.8	9.83	1	1.6	2.62	0.6	-2.97	-0.84
성영탁	SL	135.7	8.22	2.55	1.1	2.1	0.72	-2.26	0.89
라일리	SL	137.1	7.74	1.17	1.73	1.96	0.74	-2.22	-1.03
전상현	SL	135.7	7.62	2.53	1.51	1.81	0.98	-2.04	0.27
조동욱	SL	127	6.87	1.66	1.2	1.97	0.81	-2.54	0.22

슬라이더는 지난해 KBO 리그 합계 PV가 가장 높았던 구종이다. 스트라이크 피치로도 쓰고 헛스윙 피치로도 쓰며 범타 유도에도 효과적인 만능 구종이라서다. 일반적인 구질보다 옆으로 크게 휘는 스위퍼나 떨어지는 커브에 가까운 슬러브도 슬라이더로 함께 묶었다.

1위는 또 폰세. 포심에서는 인플레이 밸류가 마이너스였는데 슬라이더에서는 +1.07이다. 평균 시속 143.9㎞ 로 웬만한 속구만큼 빠르다. 범타 유도에는 이쪽이 더 효과적인 무기였다. 물론 헛스윙 밸류도 최상급이고 PV100도 그렇다.

PV100 1위는 유영찬. 다양한 구종이 필요한 선발투수와 달리 구원투수는 확실한 한두 개 구종으로도 좋은 성적을 내곤 한다. 유영찬의 포심은 평균 시속 148.5㎞로 빠른 편이지만 PV100 -2.06으로 영 좋지 않다. 볼이 너무 많기 때문이다. 하지만 압도적인 슬라이더로 타자와 싸운다. 성영탁과 전상현도 슬라이더를 중심에 놓은 구종 구성으로 던진다.

치리노스는 헛스윙보다 콜드스트라이크로 슬라이더 가치를 높인 경우. 올러는 슬라이더와 체인지업 둘다 상위권인데도 149이닝 동안 평균자책점이 3.62였다. 규정이닝 기준 15위로 에이스급 성적에 다소 모자랐다. 하지만 수비무관평균자책점(FIP)은 2.90으로 리그 3위다. 질적으로 좋은 피칭을 했고, PV에서 그 점이 드러난다.

최고의 체인지업

투수	구종	구속	pv	pv100	C	S	F	B	X
임찬규	CH	126.8	11.87	1.81	1.16	2.09	1.06	-2.25	-0.26
양현종	CH	128.5	10.87	1.7	1.05	2.42	0.66	-2.7	0.27
원태인	CH	126.4	9.27	1.7	1.25	1.63	0.75	-1.97	0.03
후라도	CH	135.7	8.6	1.27	0.93	2.34	0.76	-2.03	-0.74
앤더슨	CH	143	8.36	1.52	1.62	2.9	0.4	-3.05	-0.35
고영표	CH	116.9	8.36	0.68	0.68	2.86	0.82	-1.96	-1.72
네일	CH	139.9	7.35	1.5	1.42	0.86	1.35	-2.45	0.32
올러	CH	139.8	6.83	2.27	0.85	1.7	0.96	-2.35	1.11
류현진	CH	128.9	6.56	1.16	0.8	2.36	0.89	-1.99	-0.9
폰세	CH	141.1	6.28	1.2	1.27	3.42	0.67	-2.37	-1.78

임찬규가 1위. 4대 구종으로 꼽히는 포심 커브 슬라이더 체인지업 순위에서 유일하게 외국인투수가 아니다. 포심만큼이나 많이 쓴 구종. 규정이닝 기준으로 임찬규보다 체인지업을 자주 던진 투수는 사이드암 고영표밖에 없다. 임찬규의 체인지업은 콜드스트라이크, 헛스윙, 범타유도에 골고루 효과적이었다. 다음이 양현종과 원태인으로 3위까지 모두 국내 투수다.

외국인 투수가 던지는 체인지업은 어떤 이유인지 KBO 리그와 상성이 좋지 않다. 미국에서 체인지업으로 꽤 이름을 날리던 투수라도 한국에서는 잘 통하지 않는 사례가 많다. 커브는 반대다. 미국에서 그리 높게 평가받지 못하던 커브라도 KBO 리그 타자들이 공략을 제대로 못하기도 한다. 어쨌든 체인지업은 국내 투수 쪽이 더 좋은 평가로 나왔다.

체인지업으로 헛스윙을 잘 이끌어낸 투수는 앤더슨. 평균 시속 143.0㎞ 고속 체인지업을 던진다. 체인지업이 시그니처 피치인 고영표도 헛스윙 밸류가 높다. 대신 콜드스트라이크 밸류가 낮고 인플레이 밸류도 나빠서 PV100으로 보면 다른 투수보다 처지는 편이다. 워낙 많이 던져 타자 눈에 익었기 때문일 수도 있다. 지난해 고영표의 체인지업 구사율은 48.9%로 2위 임찬규(26.5%)보다 한참 높았다.

콜드스트라이크 피치로는 네일 원태인 임찬규의 체인지업이 강점을 가졌다. 올러는 PV100 에서 가장 높고 범타를 유도 피치로 효과를 봤다. PV 순위가 낮은 건 구사율이 12% 남짓이었기 때문이다.

최고의 스플리터

				최고의 스플리터					
투수	구종	구속	pv	pv100	C	S	F	B	X
노경은	FS	134.8	7.01	2.17	0.78	3.17	0.49	-2.31	0.04
김진성	FS	126.7	5.53	0.89	1.39	1.74	0.58	-2.11	-0.71
라일리	FS	134.6	5.32	1.51	1.47	2.16	0.7	-2.31	-0.51
나균안	FS	131.8	5.27	0.6	1.17	2.27	0.67	-2.91	-0.6
치리노스	FS	137.7	5.02	0.68	1.02	2.79	0.62	-2.27	-1.48

최고의 스플리터 주인공은 최고령 투수 노경은이다. 헛스윙 밸류가 압도적으로 높다. 대신 콜드스트라이크 밸류는 다소 쳐진다. 존 아래로 떨어뜨려 배트를 피하는 전형적인 사용법이다. 인플레이 PV가 플러스라는 점은 선발보다 적은 이닝수를 고려하더라도 대단하다.

2위 김진성은 콜드스트라이크와 헛스윙 밸류가 비슷했다. 상위 5명 중 볼로 인한 마이너스가 가장 적었다. 라일리의 스플리터는 콜드스트라이크와 파울에서 가치가 가장 높았다. 치리노스는 메이저리그 시절 스플리터가 강점으로 꼽혔다. KBO 리그에서도 잘 던졌지만 기대에는 다소 못 미쳤다. 인플레이 타구 결과가 좋지 않았다.

체인지업과 함께 국내 투수가 1, 2위를 차지했다. 세계 프로야구에서 스플리터 구사율은 일본 〉한국 〉미국 순이다. 메이저리그는 스플리터를 금기시하다 최근에야 던지는 투수가 늘어나는 추세다. 그래서 스플리터를 던지는 외국인 투수가 적다. 지난해 외국인 투수 29명 가운데 6명만이 스플리터를 구사했다.

최고의 커터

				최고의 커터					
투수	구종	구속	pv	pv100	C	S	F	B	X
소형준	FC	139.1	11.94	1.93	1.33	1.08	1.34	-1.97	0.15
후라도	FC	138.2	11.35	2.62	1.51	1.45	0.94	-2.16	0.88
신민혁	FC	132.7	7.28	1.03	1.79	1.09	1.12	-2.03	-0.93
쿠에바스	FC	139.1	6.63	1.87	1.59	1.22	1.48	-3.14	0.71
데이비슨	FC	139.9	6.57	1.59	1.77	1.58	1.1	-2.14	-0.72

리그에서 점점 중요도가 높아지는 구종이다. 사용하는 투수가 많지 않아 합계 PV는 작다. 하지만 '양보다 질'. PV100에서는 리그 전체 구종 가운데 최고였다. 포심패스트볼을 던지지 않고 투심-커터 조합을 쓰는 소형준이 1위에 올랐다. 커터 투구에서 볼로 인한 타격이 가장 적었다.

이어 후라도 신민혁 쿠에바스 데이비슨 순이다. 후라도는 PV100 기준으로는 가장 뛰어났다. 높은 인플레이 PV가 돋보인다. 신민혁의 커터는 콜드스트라이크에서 강점을 보였고, 데이비슨은 커터로 헛스윙을 잘 끌어냈다.

커터는 다른 구종에 비해 헛스윙 밸류는 낮고 콜드스트라이크 밸류가 높다. 중요한 특징은 인플레이 밸류가 플러스인 경우가 많다는 점이다. 범타를 유도하기에 좋은 공이라는 의미다. 짧게 움직이지만 구속이 빠르다. 패스트볼 계열이라 변화구보다 제구도 용이하다. 이런 장점 때문에 유연하고 쓰임새가 다양한 구종이다.

PV는 매력적인 지표다. 한 시즌 종합적인 성적과 별개로 투수가 가진 여러 무기를 한눈에 평가할 수 있다. 점수로 표시되기 때문에 WAR, wRC, 평균자책점 같은 지표와 비교하기도 쉽다. 그리고 TV 야구 중계에서 늘 접하는 여러 구종이 각각 어떤 개성을 갖고 있는지를 이해하는 데 도움을 준다.

노경은 ©SSG 랜더스

박세웅 ©롯데 자이언츠

KBO 리그, 외국인 선수들의 '인생 역전 실험장'

_이성훈

2025년 KBO리그를 평정한 코디 폰세는 12월 12일 토론토 블루제이스와 3년 총액 3,000만 달러 계약으로 5년 만에 빅리그로 복귀했다. 2022년 닉 마르티네스가 세운 '아시아 유턴파 메이저리거' 몸값 최고액 기록을 경신했다. 마르티네스는 2018–2021년 일본프로야구(NPB) 니혼햄과 소프트뱅크에서 뛴 뒤 샌디에이고 파드레스와 4년 2550만 달러에 계약했다. 또한 폰세는 연평균 1,000만 달러를 넘긴 최초의 '아시아 유턴파'가 됐다.

폰세 ⓒ한화 이글스

메이저리그 구단들은 왜 폰세를 높게 평가한 걸까?

동아시아애서 규모있는 프로야구 리그를 운영하고 있는 나라는 한국과 일본, 대만이다. 3국 리그 모두 외국인선수 제도를 운영하고 있다. 세 리그 중 대만은 외국인선수 몸값과 기량 수준이 상대적으로 낮다. 최근 한국과 일본에서 외국인선수의 '메이저리그 유턴' 현상이 두드러진다. 그런데 KBO 리그 출신 선수에 대한 평가가 NPB보다 더 높은 사례가 발견된다.

앤서니 케이는 지난 2년간 요코하마 베이스타스에서 뛰며 NPB 최고 수준 외국인 투수로 활약했다. 리반 모이넬로(소프트뱅크)에 이어 외국인 투수로는 두 번째로 많은 이닝(155)을 소화하며 1.74라는 환상적인 평균자책점을 찍었다. 폰세가 NPB보다 한 수 아래로 평가되는

KBO 리그에서 찍은 평균자책점 1.89보다도 낮다. 나이(30세)는 케이가 폰세보다 한 살 어리고, 포심패스트볼 평균 시속 152.2km는 폰세의 153.6km와 별 차이가 없었다. 게다가 케이는 왼손투수라는 이점까지 있었다.

그런데 케이는 올시즌 뒤 시카고 화이트삭스와 2년 1200만 달러 계약을 하는 데 그쳤다. 메이저리그 FA 시장에서 폰세가 케이의 두 배 가까운 계약을 따낸 것이다.

메이저리그 구단들은 왜 이렇게 폰세를 높게 평가한 걸까?

두 투수 모두 2025시즌에 이전과는 다른 피칭

계약 시즌	선수	출신 리그	계약 구단	계약 기간	총액	연평균
	2020년 이후 아시아 프로야구 출신 'MLB 유턴 선수' 계약 총액 순위					
2026	코디 폰세	KBO	TOR	3	$30.00M	$10.00M
2022	닉 마르티네스	NPB	SDP	4	$25.50M	$6.38M
2024	에릭 페디	KBO	CHW	2	$15.00M	$7.50M
2021	크리스 플렉센	KBO	SEA	3	$12.75M	$4.25M
2026	앤서니 케이	NPB	CHW	2	$12.00M	$6.00M
2022	로베르트 수아레스	NPB	SDP	2	$11.00M	$5.50M
2020	조시 린드블럼	KBO	MIL	3	$9.125M	$3.04M
2026	드류 앤더슨	KBO	DET	1	$7.00M	$7.00M
2023	스캇 맥거프	NPB	ARI	2	$6.25M	$3.13M
2020	호엘리 로드리게스	NPB	TEX	2	$5.50M	$2.75M

전략을 구사했다. 변화를 통해 큰 성공을 맛본 건 공통점이다. 그런데 변화의 방향이 매우 달랐다.

케이는 파워 피처다. 2025시즌 NPB 선발투수 가운데 세 번째로 포심 구속이 빨랐다. 그런데 포심 비중은 30.2%로 2024년의 44.1%에 비해 크게 줄었다. 대신 전년도에 거의 던지지 않았던 싱커 비중을 14.9%로 확 늘렸다. 케이는 변화의 이유를 이렇게 설명했다.

"일본 타자들은 메이저리그에 비해 어퍼스윙이 적고 레벨 스윙이 많습니다. 미국이었다면 헛스윙을 이끌어냈을 하이패스트볼이 파울로 커트되는 경우가 많았어요. 투구 수가 늘어나고 볼넷이 많은 이유였죠. 포심을 줄이고 싱커를 늘렸더니 땅볼로 승부가 빨리 끝나는 경우가 늘었습니다. 볼넷도 줄었고 승부가 쉬워졌지요"

(2025.10.30. 팟캐스트 'The Baseball Insiders'와 인터뷰)

케이의 변화는 기록으로도 나타난다. 볼넷/타석 비율이 2024년 9.0%에서 2025년 6.8%로 줄었다. 가장 큰 문제로 지적되던 볼넷을 줄일 수 있었다. 그러면서도 삼진 비율은 살짝 높아졌다. 싱커는 '맞춰 잡는' 용도의 공이다. 싱커를 많이 던지는 투수라면 인플레이타구가 늘어난다. 인플레이타구는 늘 안타 위험이 있다. 그럼에도 좋은 결과를 냈다. DER(Defensive Efficiency Rating)은 인플레이타구를 분모, 이 타구 중 아웃을 분자로 하는 값이다. 케이의 DER은 2024년 0.672에서 2025년 0.737로 향상됐다. '강한 타구' 비율이 33.3%에서 27.8%로 감소했고, '약한 타구 비율'이 18.9%에서 22.5%

로 늘었기 때문이다. 즉 케이는 싱커 구사를 늘려 땅볼/약한 타구를 유도하는 전략을 구사해 성공한 것이다.

폰세는 2022년 니혼햄 파이터스에 입단했다. 이해 8월 27일 16년 만에 외국인 투수 노히트 노런을 기록하며 주목받았다. 하지만 이듬해 1군에서 51⅓이닝 투구에 그쳤고, 이듬해 라쿠텐 골든이글스로 이적해서도 67이닝만 소화했다.

NPB에서 마지막 시즌이던 2024년, 폰세의 포심 평균 구속은 시속 151.8km였다. 2025년 KBO에서는 153.6km으로 치솟았다. 두 리그는 비슷한 측정 시스템을 사용하는 만큼 한화에서 구속 향상은 두드러진다. 30세가 넘은 투수가 1년 사이에 평균 시속 1.8km를 끌어올린 건 가볍지 않은 성취다. 시속 153.6km, 즉 시속 95.4 마일은 2025년 메이저리그 선발투수 평균(시속 94.1마일)보다 빠르다. 100이닝 이상 던진 투수 119명 중에선 28위에 해당한다. 즉 선발투수로 충분한 '속도 경쟁력'을 가진 것이다.

그리고 폰세는 일본에서 던지지 않았던 구종을 추가했다. 일본에서 커터와 커브, 체인지업 등 보조구종 위력이 신통치 않았다. 그런데 개인훈련 과정에서 우연히 습득한 킥체인지업 낙폭이 이전까지 던졌던 어떤 변화구보다 크다는 걸 깨닫게 됐다. 킥체인지업은 폰세의 야구 인생을 바꿨다. 2025년 KBO 리그에서 폰세의 킥체인지업에 타자가 방망이를 내밀었을 때 콘택트가 이뤄진 확률은 54.2%에 불과했다. 절반 가까이 헛스윙이었던 셈이다. 그 결과가 탈삼진 252개와 삼진율 36.2%다. 모두 KBO 리그 역대 최고 기록이다.

메이저리그 FA 시장에선 케이의 '맞춰잡기 향

상'보다. 폰세의 '헛스윙/탈삼진 향상'이 더 높게 평가된 셈이다.

여기에는 '리그의 특성'이라는 맥락이 있다. 오늘날 메이저리그는 '홈런과 삼진의 시대'다. 2018년 이후 메이저리그 삼진률은 매년 22% 이상이었다. 이전엔 단 한 번도 이런 수치가 찍힌 적이 없었다. 투수 기량이 향상되고 있는 NPB도 삼진이 늘어나고 있지만 메이저리그보다는 낮다. 2025년 삼진률은 메이저리그가 22.2%, NPB가 19.4%다. KBO 리그는 19.7%로 메이저리그보다 낮고 NPB보다는 높다.

BABIP(인플레이타구 타율)은 메이저리그 0.291, NPB 0.292, KBO 리그 0.312다. 일단 인플레이된 타구가 안타가 되는 확률은 메이저리그와 NPB가 비슷하다. KBO 리그가 상당한 차이를 보이는 건 수비력 차이 때문으로 보인다. 그런데 '어떤 안타'인지가 문제다. 지난해 메이저리그 홈런률은 3.1%인 반면 NPB는 1.7%로 절반 가량이었다. KBO 리그는 2.1%로 NPB보다 높았다. 홈런을 피하는 가장 좋은 방법은 인플레이타구 자체를 내주지 않는 것이다. 삼진은 인플레이타구가 발생하지 않는 아웃이다. 메이저리그가 케이보다 폰세를 높게 평가한 이유로 보인다.

'새 구종 장착을 통한 탈삼진 능력 향상'은 폰세와 함께 메이저리그 복귀에 성공한 KBO 리그 출신 두 투수의 공통점이기도 하다. SSG 에이스로 활약한 뒤 디트로이트 타이거즈와 계약한 드류 앤더슨도 2025년 킥체인지업을 장착해 삼진을 비약적으로 늘렸다. 2023-2024년 독립리그를 전전했던 라이언 와이스는 스위퍼를 배워 KBO 리그를 평정한 뒤 꿈에 그리던 메이저리그 무대를 처음 밟았다.

전 세계 투수들은 새 구종에 도전한다. 하지만 자신에게 맞는 구종을 찾아내기란 쉬운 일이 아니다. 새 구종을 열심히 익혀도 실전에 구사하는 건 또 다른 이야기다. 실전은 인생이 걸린 전쟁이기 때문이다. 이 점에서 KBO 리그는 NPB보다는 더 나은 환경이다. 수준이 높은 리그에서는 '신구종 실험' 같은 걸 할 여유가 없기 때문이다. 투수가 자기에게 맞지 않는 변화를 요구받기도 한다. 케이의 요코하마 동료였던 사이영상 출신 트레버 바우어가 대표적이다. 바우어는 NPB 첫 시즌인 2023년 10승에 평규자책점 2.76으로 호투했다. 하지만 두 번째 시즌인 지난해엔 평균자책점이 4.51로 급등했다. 하이패스트볼로 승부하는 패턴이 문제로 지적돼 코칭스태프와 의견충돌이 빚어지기도 했다.

게다가 NPB는 외국인선수 보유 숫자 제한이 없어 경쟁이 심한 환경이다. 또 심판들이 가끔 외국인에게 불리한 판정을 하는 것으로 알려져 있다. ABS가 도입된 KBO 리그에선 이런 불이익이 거의 없다. 2025년 NPB에서 규정이닝을 채운 외국인 투수는 단 3명에 불과했다. 언제 밥줄이 잘릴지 모르는 상황에서 한가하게 실험을 하기란 쉽지 않을 것이다.

KBO 리그의 상황은 NPB와는 사뭇 다르다. 구단별로 외국인선수를 3명, 투수는 2명까지만 보유할 수 있다. 혹시 부진해도 교체가 쉽지 않기에 어지간하면 살려보려고 애를 쓴다. 즉 한 번 KBO에 입성하면 안정적인 기회를 꽤 오랫동안 보장받을 수 있다. 어지간히 부진하지 않으면 선발 로테이션에서 탈락할 일이 없다. 2-3경기 부진하면 바로 2군행을 걱정해야 하는 NPB보다 꽤 마음이 편한 환경이다. 큰 돌발변수가 없는 한 '에이스의 입지'가 보장된 곳. 이런 곳에서는 실험을 할 여유가 상대적으로 많을 것이다. 새 구종도 과감하게 던져보고, 새로운 피칭 전략도 실전에 써먹어볼 수 있을 것이다. 미국이나 일본에서는 경험하지 못한 '풀시즌 운용 노하우'도 얻을 수 있다. 한국에서 야구 인생을 바꾼 뒤 메이저리그로 복귀하는 경우가 늘어나는 게 우연이기 어려운 이유다.

이런 사례의 최초로는 에릭 페디를 꼽을 수 있다. 2023년 시즌을 앞두고 NC 다이노스와 계약한 페디는 당시 미국 야구계의 최신 구종 '스위퍼'를 익혀 KBO 리그를 평정했다. 페디를 시작으로 2024년 카일 하트, 2025년 폰세까지 '최동원상' 수상자가 3년 연속 메이저리그 유턴에 성공했다. 지난 3년간 한국에서 뛰다 메이저리그 보장 계약을 따낸 선수는 5명. 같은 기간 NPB 출신은 케이와 요미우리 출신으로 워싱턴과 1년 계약을 맺은 포스터 그리핀 2명 뿐이다.

성공 사례가 늘어나면서, 비슷한 꿈을 꾸는 선수들이 한국을 찾는 경우도 늘어날 것이다. NPB에 비해 연봉은 다소 적어도 '인생 역전'을 노리는 모험가들이 몰려들 환경이 조성됐다. 삼성의 맷 매닝, KT의 맷 사우어, 롯데의 엘빈 로드리게스 같은 20대 중반 투수가 같은 꿈을 꾸며 2026년 시즌 KBO 리그에 도전한다. 여기에 올시즌부터 아시아쿼터 선수들의 '코리안 드림'이 더해진다. KBO 리그 외국인선수 판은 1998년 제도 도입 이후 기량과 동기부여가 가장 뛰어난 이들을 불러들일 수 있는 환경이 됐다. 이러면 리그의 역동성과 경쟁 수준이 올라간다. 이 변화에서 국내 선수들의 발전으로 이어지는 선순환을 만들어내야 한다.

(데이터 출처 : 스탯티즈, baseballsavant.com, fangraphs.com, Deltagraphs.com)

에릭 페디 ⓒNC 다이노스

피치클락은 경기 시간을 얼마나 단축 시켰을까

_신동윤

2024시즌의 가장 큰 제도 변화가 자동판정시스템(ABS)도입이었다면, 2025년엔 피치클락이었다.

메이저리그는 2023년부터 시작했다. 주자 없을 때 15초, 주자 있을 때 20초 내로 투구 동작을 시작해야 한다. 타자에게도 적용된다. 제한 시간 8초가 남기 전에 타석에서 준비를 마쳐야 한다. 투수가 위반하면 볼, 타자가 위반하면 스트라이크가 선언된다.

효과는 바로 나타났다. 2022년 3시간 4분이었던 경기 시간이 2023년에는 2시간 40분으로 24분이나 줄었다. 2024년에는 더 강화됐다. 주자 없을 때 제한이 20초에서 18초로 줄었고 견제 횟수 제한도 생겼다. 2024년 경기 시간은 2시간 36분으로 4분 더 줄었다. 도입 과정에서 반발도 있었지만 어쨌든 경기 시간 단축 효과는 확실했고, 빨라진 경기 흐름을 반기는 팬들도 많았다.

이로운 ⓒSSG 랜더스

2025년 KBO리그 피치클락은 ──
── 메이저리그보다 느슨하다

메르세데스 ⓒ키움 히어로즈

2025시즌에 적용된 KBO 리그 피치클락은 메이저리그보다 느슨하다. 주자 없을 때 20초, 주자 없을 때 25초로 각각 5초, 8초 더 길다. 견제구 제한이 없다는 점도 달랐다. 그래서 결과는 어땠을까.

2025시즌 평균 경기 시간은 3시간 2분(정규이닝 기준. 연장 포함 평균은 3시간 5분)이었다. 2024시즌 평균 3시간 10분에 비해 8분 단축됐다. 느슨했던 만큼 메이저리그처럼 극적으로 변하지는 않았지만 그래도 의미 있는 시간 단축이 나타났다.

하지만 두 시즌은 득점 환경이 달랐다. 2024년은 경기당 평균 5.4점으로 타고 성향이 매우 강했지만 2025년은 4.7점으로 중립에 가깝다. 8분 시간 단축 안에는 타고 성향 완화에 따른 경기당 타석 수 감소 효과가 포함돼 있다.

그렇다면 피치클락으로 만들어진 시간 단축은 어느 정도일까. 그리고 피치클락의 효과는 구체적으로 어떻게 작용했을까. 〈넘버스북 2025〉에 소개했던 '야구의 시간' 모델을 이용해 확인했다.

야구 경기 안의 플레이는 다양한 요소로 이루어진다. 플레이볼 뒤 투수의 첫 번째 투구부터 경기 종료 순간까지 투구와 투구, 타석과 타석, 이닝과 이닝의 연결이다. 경기 시간 구성도 마찬가지다. 투수가 공 하나를 던지고 그다음 공을 던질 때까지의 시간인 투구 간격(투구 템포), 한 타석의 마지막 공을 투수가 던진 시점과 그다음 타석 첫 공을 던진 시점까지로 나타낸 타석 간격(타석 템포) 그리고 이닝의 마지막 공을 던진 시점과 다음 이닝 첫 공을 던진 시점 차이에 해당하는 이닝 간격(이닝 템포)으로 분해된다.

	투구/투구	타석/타석	이닝/이닝	오차 및 기타 이벤트	
2021	93.5분 (3.94구/타석)	51.9분 (4.43타석/이닝)	42.3분 (17.5이닝)	6.4분	03:14
2022	91.0분 (3.88구/타석)	51.4분 (4.35타석/이닝)	42.1분 (17.5이닝)	6.4분	03:11
2023	92.5분 (3.91구/타석)	52.1분 (4.38타석/이닝)	42.0분 (17.5이닝)	5.4분	03:12
2024	90.4분 (3.90구/타석)	50.3분 (4.48타석/이닝)	41.7분 (17.5이닝)	7.6분	03:10

이렇게 해당 시즌의 평균적인 투구 템포, 타석 템포, 이닝 템포를 수치화하고 이를 타석당 투구 수, 이닝당 타석 수, 이닝 수에 맞춰서 계산하면 예상 경기 시간을 계산할 수 있다.

(타석당 투구 수−1)×타석 수×투구 템포 = 투구/투구 시간(투구 중 타석 종료 투구 제외)

(이닝당 타석수−1)×경기당 이닝×타석 템포 = 타석/타석 시간 (타석 중 이닝 종료 타석 제외)

(경기당 이닝−1)×이닝 템포 = 이닝/이닝 시간(이닝 중 경기 종료 이닝 제외)

예상 순 경기 시간 = (투구/투구 시간)+(타석/타석 시간)+(이닝/이닝 시간)

실제 경기 시간 = 예상 순 경기 시간+선수 교체, 마운드 방문 등 기타 경기 중 이벤트 시간

야구의 시간 모델을 이용해서 KBO 리그 2021–2024시즌의 예상 순 경기 시간과 실제 경기 시간을 비교하면 5분에서 7분 정도 차이가 나온다. 선수 교체가 있던 이벤트를 제외했기 때문에 생긴 차이가 가장 크고, 그 밖의 오차가 포함되어 있을 수 있다.

투구 템포,
타석 템포의 변화

투구 템포는 공 하나를 던지고 그다음 공을 던질 때까지 시간 간격이다. 타석 마지막 투구는 제외한다. 타석 완료는 아니지만 파울 타격은 수비 시간이 생기기 때문에 제외한다. 또 하나, 투구 템포는 피치클락 시간과 의미가 약간 다르다. 피치클락 시간은 포수가 투수에게 공을 건네주는 때부터 스타트하는 것과 달리 투구 템포는 투구와 투구 사이의 시간이다. 투구 비행 시간과 포수가 공을 들고 있는 동안만큼 차이가 생긴다. 상황에 따라 다르겠지만 투구 템포 기준의 시간이 평균 2-3초 더 길다.

이렇게 계산했을 때 2025년 투구 템포는 20.91초로 2024년 21.47초보다 0.55초 빨라진 것을 알 수 있다.

타석 템포는 앞 타석 마지막 투구 시각과 다음 타석 첫 투구 시각의 차이다. 양 끝의 극단값을 제거하는 것은 같다. 다음 타석에 선수 교체가 있던 경우도 제외한다. 2024년 48.38초에서 2025년 46.97초로 1.41초 빨라졌다.

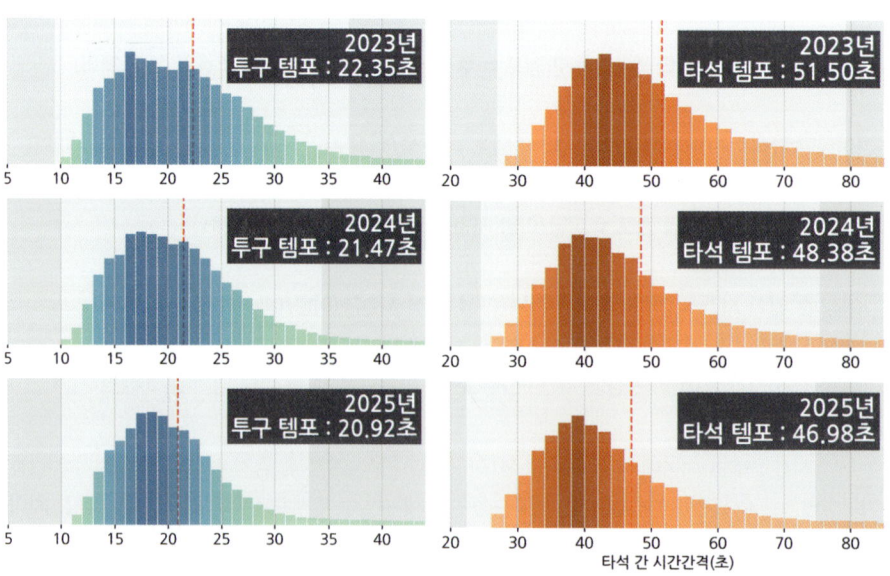

경기 이벤트 중 선수 교체가 있기 전 투구, 타석은 제외한다.

투구 템포, 타석 템포 계산은 이상치 제거를 위해 가장 작은 쪽 0.5% 가장 큰 1%를 제거한 후 계산한다.

이상치는 보통 선수 부상, 우천 중단, 비디오 판독 등 상황으로 비정상적으로 긴 간격이 생긴 경우거나 기록 오차로 간주한다.

이상치 제거 방법이 〈넘버북2025〉와 달라졌고 이로 인해 전체적인 값이 조금 작아졌다.

작은 차이지만 한 경기 모든 투구, 모든 타석에 작용할 때 시간 단축의 효과는 상당하다. 야구의 시간 모델로 2024년과 2025년 차이를 분석하면, 투구/투구 시간은 경기당 3.9분. 타석/타석 시간은 경기당 2.7분 감소 효과가 있었다.

합계 6.8분이고 0.2분 줄어든 이닝/이닝 시간까지 더하면 7분 단축 효과다. 정규이닝 경기 시간이 2024년 3시간 10분에서 2025년 3시간 2분으로 8분 줄었는데, 이와는 1분 차이가 있다. 선수 교체나 비디오 판독 횟수 등의 차이거나 계산 오차다.

투구 템포, 타석 템포가 빨라졌기 때문에 경기 시간이 단축된 것은 자연스럽다. 다만 타고 시즌에는 타석과 투구 수가 더 많다. 2025시즌은 이닝당 타석이 4.38회로 앞 시즌 4.47회보다 적었다. 따라서 경기 시간 단축(실제 경기 기준 8분, 야구의 시간 모델 기준 7분) 중 타고 완화에 따른 부분과 템포 변화로 인한 부분을 구분해야 한다.

야구의 시간 모델 분석로 분석하면, 타고완화로 생긴 시간 단축 효과는 투구/투구에서 1.8분, 타석/타석에서 1.3분이다. 따라서 2024년보다 줄어든 경기시간 8분 중 3.1분은 득점환경 변화에서 왔고 3.5분은 투구템포, 타석템포 변화에서, 그리고 나머지 1.4분이 이닝템포 변화 또는 기타 경기시간 요인에서 왔다고 볼 수 있다.

스피드업은
어디로부터 오는가

피치클락에 비해 덜 주목받았지만 2025년에는 타석 간 시간 규정(33초룰)도 함께 도입된 바 있다. 타고 완화 효과를 뺀 나머지, 즉 경기 템포 변화로 단축된 3.5분은 두 규정의 합작품이다. 피치클락이 2.1분을 줄이는 동안 33초룰이 1.4분을 줄였다. 상대적으로 '조용히' 도입된 33초룰 효과는 생각보다 컸다.

3.5분이라면 기대에 미치지 못한다고 느낄 수 있다. 메이저리그가 피치클락으로 경기 시간을 20분 이상 줄였다는 점과 비교하면 더욱 그렇다. 논란이 되었던 견제구 제한 도입 여부를 두고 피치클락 유명무실을 예상하는 의견도 있었다.

하지만 내용을 보면 그렇지 않다. 투구 템포는 주자 유무에 따라 크게 영향을 받는다. 주자가 어디 있는지 따라서도 다르다. 1루 또는 1·3루라면 견제 때문에 인터벌이 길어지기 쉽다. 평균 20.9초로 나타난 2025시즌 투구 템포를 주자 없음, 주자 1루 또는 1·3루, 나머지 유주자 상황으로 구분해서 보면 차이가 확인된다.

예상과 달리 주자 없는 상황 투구 템포는 피치클락 도입에도 불구하고 2025년에 전혀 빨라지지 않았다. 템포가 빨라진 것은 오히려 주자 있을 때 투구다. 2.1분의 스피드업 효과는 무주자가 아닌 유

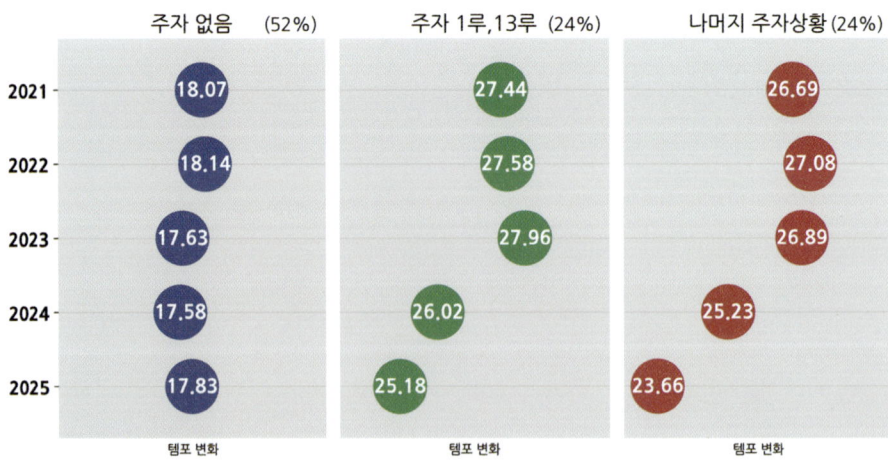

주자 상황 투구 템포 변화에서 왔다. 견제 제한 규정이 없었음에도 피치클락 효과는 있었다.

유주자 상황 템포는 2024년에 이미 상당한 변화가 있었다. 정식 도입 전이었지만 시범 운영 기간에 구단과 선수가 적응을 시도했기 때문이다. 예고된 피치클락 효과는 이미 나타났지만 2024시즌 타고 성향 때문에 숨겨졌을 뿐이다. 야구의 시간 모델을 이용해서 2024년 득점 환경을 23년 수준에 맞춰 예측하면 3시간 10분이 아니라 3시간 6분으로 계산된다. 2023년 경기 시간이 3시간12분이었으니 실질적으로는 그보다 6분 줄어든 셈이다.

이와 함께 2025년 규정에서 주자 없을 때 20초 제한은 지나치게 느슨했다고 볼 수 있다. 신중한 접근의 장점도 있겠지만 20초는 피치클락 이전의 투구 템포와 큰 차이가 없는 수준이었고, 효과는 없었다.

KBO 리그 피치클락은 2026시즌에 더 강화된다. 주자 없을 때 20초가 18초로, 주자 있을 때 25초가 23초로 줄어든다. 조심스럽게 예측해본다면, 주자 없을 때 투구 템포 변화는 지난해가 아니라 올시즌에 비로소 나타날 것으로 보인다. 반면 주자 있을 때라면 견제구 제한을 두지 않는 규정이 효과를 상당히 희석시킬 가능성이 있다. 그렇다고 해도 전체 투구 중 50% 이상은 주자 없을 때 이뤄진다. 견제구가 불필요한 유주자 상황도 있다. 그래서 강화된 2026년 규정은 경기당 4분 이상 효과를 낼 수 있다. 투구 템포 1초 효과가 경기 전체로는 4분이기 때문이다.

더 빨리

던진 팀

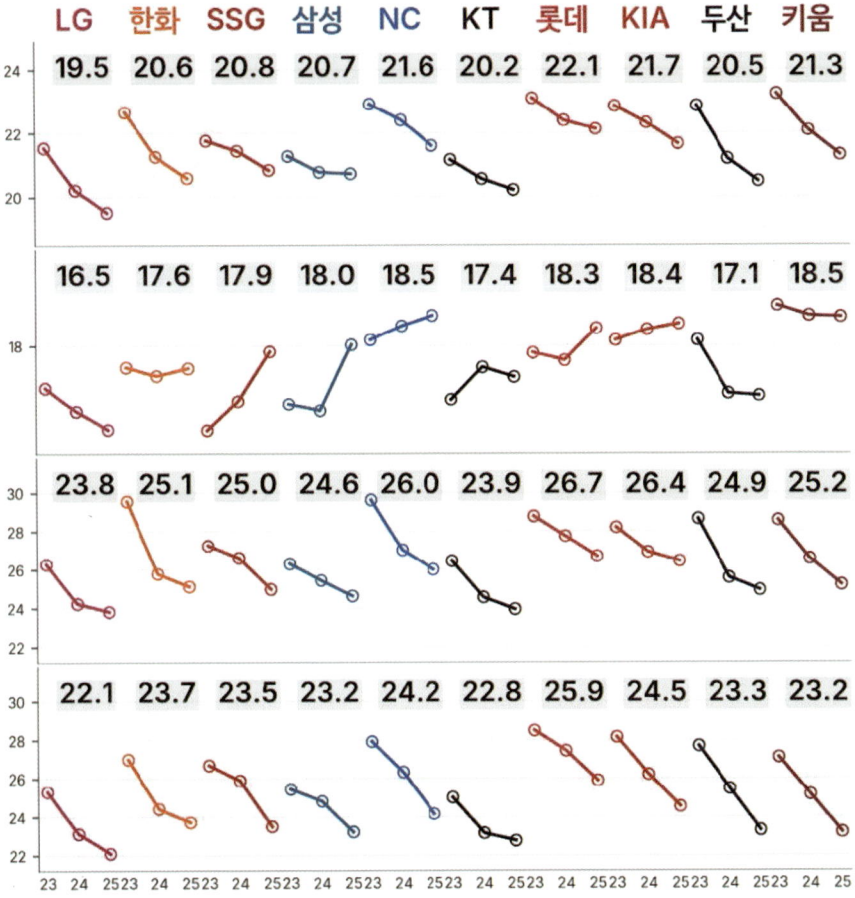

차트는 위에서부터 투구 전체, 주자 없음, 주자 1루, 주자 1·3루, 나머지 유주자 상황.

성적이 더 좋았던 팀이 투구를 더 빨리했다. 빨리 던져서 성적이 좋았던 게 아니라, 좋은 투수를 보유했기 때문에 더 빨리 던진 것일 수도 있다.

LG가 평균 19.5초로 가장 빨랐다. 주자 없을 때 16.5초, 1루/1·3루 23.8초, 나머지 22.1초. 모든 상황에서 리그 1위다. 롯데가 가장 느렸다. 평균 22.1초. 주자 있을 때는 특히 느렸다. 견제구 때문이라고만 보기 어렵다. 도루 가능성이 없는 주자 상황에서도 25.9초 템포였다. 키움은 주자 없을 때 가장 느렸지만 주자 있을 때는 거의 평균에 가까운 수준이다. NC도 템포가 느린 팀이다.

평균 투구 템포는 모든 팀이 2024년에 비해 빨라졌지만 주자 없을 때 투구는 2025년에 느려진 팀이 많다. 삼성은 1.1초, SSG 0.9초 롯데 0.6초 느려졌다. 전 시즌보다 0.2초 이상 빨라진 팀은 LG, KT 두 팀뿐이다.

유주자 상황 투구에서는 모든 팀이 다 빨라졌다. 2024년에 이미 빨라지기 시작했고, 2025년에 거기서 더 빨라졌다.

송승기 ©LG 트윈스

가장 빨리 던진

투수

LG 엘리에이저 에르난데스가 가장 빨랐다. 15.8초. 원래 템포가 빠른 투수다. 2024년보다 오히려 0.1초 느렸는데, 그래도 1위다. 템포가 가장 빨라진 투수는 임찬규. 18.4초에서 16.7초로 1.7초를 당겼다. 이민석은 2024년 15.8초에서 1.3초 느려졌다. 그래도 17.1초로 템포가 빠른 투수다.

KT 윌리엄 쿠에바스는 주자 없을 때는 원래 빨랐고 주자 있을 때는 느렸지만, 2025년에는 모두 빨라졌다. 최민준, 임찬규, 김진성 등이 주자 있을 때 투구 템포를 많이 줄였다.

무주자				
이름	투구 수	25년 투구 템포	24년 투구 템포	차이
에르난데스	427	15.8	15.7	0.1
반즈	251	15.9	16.7	-0.8
쿠에바스	490	16.1	16.3	-0.2
레예스	305	16.2	16.0	0.2
이지강	194	16.4	15.6	0.7
문승원	664	16.6	17.3	-0.6
임찬규	899	16.7	18.4	-1.7
곽빈	606	16.8	16.6	0.2
이민석	498	17.1	15.8	1.3
황동하	156	17.4	17.2	0.2

유주자				
이름	투구 수	25년 투구 템포	24년 투구 템포	차이
이지강	225	21.7	22.3	-0.6
임찬규	547	21.9	24.5	-2.7
에르난데스	252	22.0	22.7	-0.8
쿠에바스	419	22.3	24.9	-2.6
원상현	242	22.9	22.7	0.2
최민준	275	22.9	25.6	-2.7
후라도	566	22.9	23.5	-0.6
김진성	236	22.9	24.7	-1.7
곽빈	418	23.1	24.2	-1.1
박영현	242	23.4	23.4	0.0

에르난데스 ⓒLG 트윈스

노경은과 김진성, 그리고 '포크볼 위험론'

_이성훈

2025년에 41세 생일을 보낸 노경은은 더욱 불가사의한 존재가 됐다. 2년 연속 최고령 홀드왕 기록을 갈아치웠고, KBO리그 사상 첫 3년 연속 30홀드 기록을 세웠다. 평균자책점 2.14와 FIP 3.05, WHIP 1.06은 모두 2003년 데뷔 이후 가장 뛰어났다. 40대에 WAR 3승(스탯티즈 기준)을 넘긴 투수는 리그 역사상 노경은이 처음이었다. 이 부문 2위에도 노경은의 이름이 올라있다.

포크볼은 투수의 건강에 해롭다?

40세 이상 투수 WAR

연도	나이	투수	WAR
2025	41	노경은	3.13
2024	40	노경은	2.64
2006	40	송진우	2.59
2009	40	구대성	1.76
2015	40	손민한	1.68

노경은에 이어 지난해 홀드 2위에 오른 김진성의 '40세 시즌'도 경이롭기는 매한가지다. 노경은보다 한 경기 많고 리그 전체에서 두 번째로 많은 78경기에 등판해 역대 40대 투수 최다 등판 기록을 갈아치웠다. 어려운 상황에서 가장 자주 출격 명령을 받은 투수도 김진성이었다. 직전 투수로부터 넘겨받은 '승계주자'가 시즌 내내 75명이었다. 2015년 10구단 체제 출범 이후 김진성보다 많은 주자를 넘겨받은 투수는 없다.

2015년 이후 '시즌 승계주자'

연도	투수	승계주자
2025	김진성	75
2015	윤지웅	73
2024	이병헌	71
2016	박정진	70
2016	권혁	67

둘의 또 다른 공통점은 리그를 대표하는 포크볼 투수라는 사실이다. 지난해 이 구종 피치밸류(구종가치) 1위가 노경은(7.0), 2위가 김진성(5.5)이다. 김진성은 전체 투구 중 50% 이상을 포크볼로 던졌다. 50이닝 이상 던진 투수 104명 가운데 포크볼 구사율이 50%를 넘는 투수는 롯데 마무리 김원중(53.4%)과 김진성 두 명뿐이다. 이 부문 9위가 노경은(27.4%)이다.

40대 '포크볼러'

포크볼	구사율	구종가치
노경은	27.4%(9위)	7.0(1위)
김진성	50.6%(2위)	5.5(2위)

500이닝 이상

리그 역사에서 유례가 드물 정도로 장수하고 있는 투수 두 명이 리그에서 포크볼을 가장 자주 던지는 투수 중 두 명이라는 사실은 아이러니처럼 들린다. 야구 중계방송과 기사에서 자주 듣고 읽던 이야기와 배치된다. "포크볼은 투수의 건강에 해롭다. 많이 던지면 부상을 초래한다."

물론 포크볼(혹은 스플리터)을 던지는 투수들은 다친다. 오타니 쇼헤이는 메이저리그 첫 시즌이던 2018년 스플리터 구사율이 22.4%였다. 일본프로야구(NPB) 시절보다 더 높았다. 오타니는 2019년 첫 토미 존 수술을 받았고, 이후 점차 구사율을 줄여갔다. 두 번째 토미 존 수술을 받고 복귀한 2025년의 스플리터 구사율은 4.7%까지 떨어졌다. '유령 포크'로 NPB를 평정하고 뉴욕 메츠에 입단한 센가 고다이는 2024년 2월 어깨를 시작으로 숱한 부상에 시달려왔다. 이 밖에도 케빈 가우스먼, 알렉스 콥, 네이션 이볼디 등 스플리터로 유명한 투수 상당수가 수술대에 누웠다.

그런데 이들이 정말 스플리터 때문에 쓰러진 걸까.

부상을 당한 스플리터 투수들의 공통점은 또 있다. 꽤 오랫동안 강속구를 던졌던 투수라는 점이다. 스플리터보다 강속구가 투수의 몸에 연구는 점은 최근 10년 넘게 스포츠의학계에서 반복해서 증명되고 있다.

메이저리그 커미셔너 사무국은 2024년 12월 투수 부상에 대한 보고서(Major League Baseball Pitching Injury Analysis Report)를 발간했다. 이 보고서에는 아래와 같은 문장이 있다.

"투수 부상의 첫 번째 원인은 구속이다. 공이 빨라질수록 팔꿈치 내측 측부 인대(UCL)에 가해지는 압력이 높아져 부상 위험이 올라간다. 2008년 시속 91.1마일이던 메이저리그 포심 평균 구속은 2024년 시속 94.2마일로 빨라졌다. 그동안 메이저리그 투수들의 팔꿈치 수술 빈도는 2배, 마이너리그는 3배 높아졌다."

아래의 두 논문은 다음과 같은 결론을 제시하고 있다.

"시속 95마일 이상 투구 때 UCL에 가해지는 부하는 인대가 견딜 수 있는 생물학적 한계

치에 근접한다."
('The Relationship Between Pitching Velocity and Elbow Varus Torque in Professional Baseball Pitchers', AJSM 2023)

"패스트볼이 가장 높은 피크 토크(Peak Torque)를 발생시킨다. 패스트볼 다음으로는 슬라이더의 부하가 높다. 특히 고속 슬라이더를 던질 때 부상 위험이 급증한다."
('Pitch Types and Their Influence on Elbow Varus Torque and Spin Rate', PubMed 2025)

특정한 변화구가 아닌 '너무 빠른 속도가 부상을 부른다'는 견해다.

KBO 리그 구단들도 자주 찾는 피칭 아카데미 '드라이브라인'의 크리스 랭긴 디렉터는 메이저리그의 포크볼 기피 현상을 '시장 비효율(market inefficiency)'이라고 표현한다. 자산 가격이 실제 가치를 제대로 반영하지 못하는 현상이 시장 비효율이다.

스플리터는 가치가 매우 높은 공이다. 스탯캐스트에 따르면 2023년 메이저리그에서 스플리터 100구당 런밸류는 0.5점으로 전체 구종 중 1위였다. 2위 슬라이더(스위퍼 포함)는 0.2점으로 절반에도 미치지 못했다.

그런데 이해 리그 스플리터 구사율은 2.2%, 슬라이더는 22.0%였다. '시장 비효율'이다. 랭긴은 "스플리터가 부상 위험을 높인다는 주장은 연구 결과로 뒷받침되지 않는다"며 스플리터를 금기시하는 태도를 미신에 빗대 '터부(taboo)'로 표현했다.

최근 메이저리그에서는 스플리터에 대한 인식 변화가 빠르게 일어나고 있다. 2008년 리그 전체 스플리터 구사율은 1.5%였다. 2022년에는 1.6%로 15년 동안 0.1%포인트라는 미미한 변화만 있었다.

하지만 2023년에 처음으로 2% 선을 넘었고, 2024년엔 3.0%였다. 그리고 2025년엔 3.3%로 3년 연속 상승했다. 2020년 메이저리그에서 50이닝 이상 던진 선수 중 포크볼 비율이 5% 이상인 투수는 7명에 불과했다. 포크볼을 던진 투수를 모두 더해야 8명이었다. 하지만 2025년 포크볼러는 75명으로 늘어났고, 구사율 5% 이상은 57명, 10% 이상은 47명이었다.

마흔이 넘어서도 놀라운 활약을 펼치고 있는 한국의 포크볼러 노경은과 김진성은 이 공이 과거 믿어왔던 것보다 덜 위험하다는 살아 있는 증거일 수 있다. 두 투수도 수술 경력이 있다. 하지만 모두 커리어 초반이었다. 노경은은 스무 살이던 2004년 어깨, 김진성은 고교 시절과 프로 입단 2006년 팔꿈치 수술을 받았다. 수술 전까지 두 투수는 포크볼을 던지지 않았다. 포크볼을 던진 뒤로는 수술을 받은 적이 없었다. 두 선수는 예외적인 사례가 아니다. 지난해 KBO 리그 포크볼 구사율 10위 이내 투수 가운데 포크볼을 던지는 동안 팔꿈치나 어깨 수술을 받은 투수는 없다.

지친
불펜 에이스는
우리가 알던
그 투수가
아니다

_신동윤

2025년 10월 1일 한화-SSG전은 흔치 않은 역전극이었다. 한화가 9회말 수비에 들어갈 때 리드는 석 점. 원정팀 승리 확률은 95%에 달했다. '세이브 상황'이라는 표현이 무색할 정도로 한화의 승리는 당연해 보였다.

두 타자 연속 아웃. 승리 확률은 99.7%로 상승. 그런데 사달이 났다. 투런 홈런 두 방으로 5-6 끝내기 패배.

마운드 위에서 망연자실한 투수 김서현은 전날 3연전 첫 경기 연장 10회 등판해 세 타자를 깔끔하게 처리한 뒤 리베라토의 끝내기 안타로 승리투수가 됐다. 그 전날에도 9회초 삼진 두 개를 잡아내며 삼자범퇴 완벽한 마무리를 했다. 즉, 10월 1일 SSG전은 3연투(이하 연투는 날짜 기준으로 휴식일이 없는 연속 등판)였다.

중요한 순간이라면 ─── 위태로운 줄타기를 해야 할까?

한화는 정규시즌 143번째 경기까지 1위 LG를 치열하게 따라붙고 있었다. SSG전에서 이기면 역전 우승을 노릴 수도 있었다. 하지만 3연투를 한 21살 젊은 마무리는 지쳐있었다. 그가 시즌 내내 마지막 이닝을 지켜오지 않았다면 팀이 이 경기를 앞두고 우승을 노릴 위치에 있지 못했을지도 모른다. 그럼에도 그 실패는 모진 비난을 불렀다.

감독의 투수 기용도 논란이 되었다. 벤치는 벤치대로 이유가 있을 것이다. 중요한 경기였다. 무리를 하더라도 잡아야 했다. 마무리를 믿었을 것이다. 그럴 수 있다. 그런 것도 야구의 일부라 하는 이도 있다.

3연투라고 늘 실패하는 것은 아니다. 2연투라면 다른 때보다 더 잘 던지는 투수도 꽤 있다. 투수 건강과 혹사를 우려하는 팬들은 연투에 거부감을 느끼고 있지만 현장의 감각은 다르다. 실제로 제한된 구원투수들로 주 6일, 하루 3–4명의 투수를 쓴다면 연투는 계산상 불가피하다.
막상 연투 경기 등판 결과를 보면 그리 나쁘지도 않다. 2025시즌 전체 구원 등판 5586번 중 2연투는 1096번으로 19.6%다. 등판 투수는 110명. 2연투 경기에서 자신의 시즌 피OPS보다 좋은 기록을 보인 경우가 60명, 나쁜 경우가 50명. 거의 비슷하다.

3연투라도 성적 차이는 잘 드러나지 않는다. 90번의 3연투가 있었고 48명 투수 중 26명은 3연투 경기 피OPS가 자신의 시즌 평균보다 좋았고 22명이 나빴다. 타석 수 가중치를 두면 138 대 150으

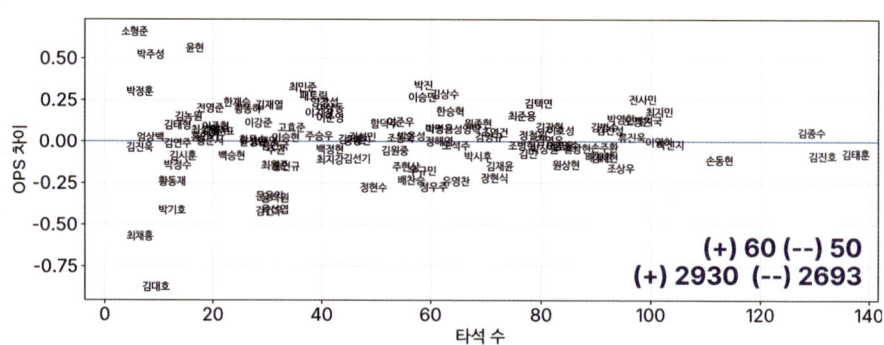

2연투 등판 때 하당 투수 시즌 평균 OPS 대비 차이(2005)

로 나쁜 쪽이 약간 더 많다.

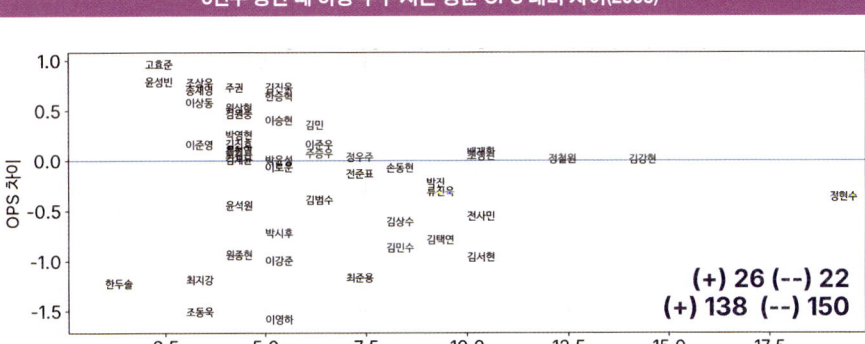

3연투 등판 때 하당 투수 시즌 평균 OPS 대비 차이(2005)

장기적으로 피로 누적이 부상 위험을 높인다는 데는 모두 동의한다. 하지만 꼭 이겨야 하는 경기 승부처에 연투 중인 불펜 에이스를 올리는 것은 어쩔 수 없는 선택이고, 그것이 더 나은 결과를 가져올 것이라는 판단도 있다. 반대급부가 있지만 적어도 그 순간에는 확률적으로 더 나은 선택이라 믿는다. 메이저리그나 일본프로야구에서는 3일 연투가 거의 없다. 하지만 순위 싸움으로 들어간 페넌트레이스 막판이나, 포스트시즌에는 그렇지 않다. 지난해 신시내티 마무리 에밀리오 파간은 정규시즌 막판 4연투를 했다.

10월 1일 김서현의 등판은 시즌 두 번째 3연투였다. 3월 27일 LG전, 28일 KIA전에 던진 뒤 29일 9회에 다시 마운드에 올랐다. 3─4로 뒤지던 경기를 8회말 2득점으로 뒤집은 9회초. 선두 타자에게 스트레이트 볼넷을 허용했지만 삼진 하나 땅볼 2개로 승리를 지켰다. 같은 3연투지만 이런 상반된 결과가 나오기도 한다.

어차피 반반이라면, 마무리로 내내 기용되던 투수가 마운드에 오르는 게 더 낫지 않을까. 누적된 연투가 장기적으로 좋지 않지만, 승부의 세계에서 중요한 순간에 아슬아슬한 줄타기는 해내야 하지 않을까. 쉽게 반박하기 어려운 관점이다.

기억은 자주 왜곡된다. 믿고 싶은 것만 믿는 확증편향이 일어난다. 그리고 마무리 실패 같은 강렬한 순간이 더 오래 기억된다. 통계로 봐도 2025시즌 2연투, 3연투 등판 결과에서 좋은 경우와 나쁜 경우는 거의 반반이다. 한두 경기에서 결과가 나빴다고 해서 나쁜 선택이라 단정할 근거는 보이지 않는다.

그런데 통계는 더 많은 데이터를 이용해서 사실에 가까이 가기 위한 도구다. 야구에서 완전히 같은 상황은 없다. 더 긴 기간 동안 더 많은 데이터를 모아보면 숨어있던 뭔가가 나타날 수도 있다.

2025시즌 3연투 상황을 보면 큰 차이는 아니지만 의심스러운 점도 있다. 잘 던진 투수가 잘한 정도와 못 던진 투수가 못한 정도를 비교하면 후자 쪽이 확실히 크다. 평균이 같더라도 승부에 중요한 상황이냐, 아니냐에 따라 의미가 달라진다.

2014년부터 2025년까지 12시즌 동안 모든 구원 등판 상황에서 이전 5일 등판 이력이 그 경기 결과에 어떤 영향을 미치는지 분석했다. 투구 수와 상관없이 등판 여부를 기준으로 한다. 구원투수가 불펜과 마운드에서 던진 연습구 때문에 1이닝 내외 피칭일 경우 투구 개수보다 등판 여부가 더 중요하다는 분석 결과가 있기 때문이다.

첫 번째로 직전 사흘 동안 등판 여부를 살폈다. 경우의 수는 2×3인 8개다. 등판을 1, 휴식을 0으로 해서 3일 휴식은 D000, 하루 전 등판했고 앞 이틀 동안 휴식이었다면 D100처럼 표시한다. 평가는 볼넷, 단타, 2루타, 홈런, 인플레이 아웃 등 각 결과를 그에 해당하는 득점 가치로 환산한다. 2025시즌을 기준으로 볼넷은 0.43점, 단타 0.49점, 홈런 1.4점 삼진 −0.31점이다. 이 값이 타석의 결과다. 득점 가치는 리그 평균을 0점에 맞춰서 만든 값이다. 2연투(D100) 조건에 해당하는 모든 타석의 평균 득점 가치가 0보다 크면 2연투 때 투수 성적이 나빠진 것이다. 0보다 작다면 더 잘 던졌다.

그런데 타석 결과는 투수의 영향을 받는다. 유능한 마무리가 마운드에 있다면 그 타석의 평균 득점 가치는 리그 평균보다 낮다. 마찬가지로 타자가 누구냐에도 영향을 받는다. 강한 타자 타석에서 평균 득점 가치는 리그 평균보다 높아진다. 분석에서는 이를 반영한다. 투수 A와 타자 B가 대결할 때 기대되는 타석 득점 가치를 기준으로 해 그보다 높으면 투수 성적이 나빠진 것이고, 낮으면 반대다. 아래 그림은 타석당 기대되는 득점 가치에 비해 어떤 결과가 나왔는지를 9이닝당 실점으로 환산한 결과다.

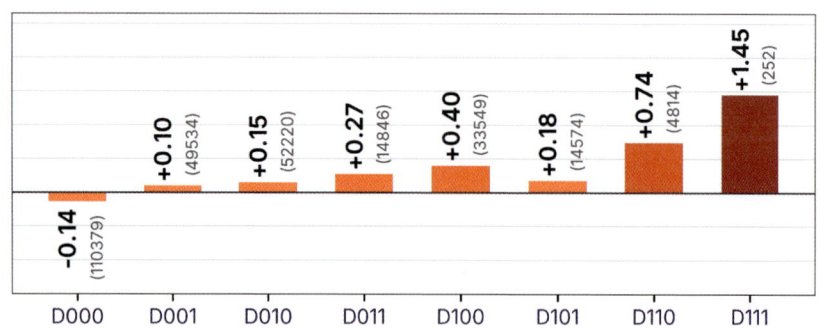

직전 3일 등판 기록에 따른 성적 변화(9이닝당 실점)

3일 휴식 후 등판(D000)에서 투수는 9이닝당 0.14점을 덜 내준다. 이틀 휴식(D001) 때는 0.1점 늘어난다. 이틀 휴식 후 연투(D100) 라면 0.40점, 3연투(D110)는 0.74점, 4연투라면 1.45점 늘어난다. 휴식일에 따른 피로의 영향이 투구 결과에 영향을 미친다는 점이 꽤 분명하게 나타난다. 한 두 시즌의 통계로는 잘 드러나지 않지만 5시즌 이상으로 샘플사이즈가 커지면 차이가 드러난다. 3연투일 때 9이닝당 실점은 0.74점 늘어난다. 스케일이 비슷한 평균자책점으로 따지면 지난해 롯데 감보아와 두산 최승용의 차이(0.83) 정도다.

그런데 연투의 영향은 좀 더 길게 복잡하게 나타난다. D100과 D101은 2연투 등판이다. 실점 증가는 각각 0.40, 0.18로 크지 않다. 2025년 2연투 등판 결과를 비교했던 경우에도 두 상황의 결과는 거의 같았다. 그런데 직전 3일이 아니라 직전 5일로 범위를 넓혀보면 좀 더 많은 것이 보인다.

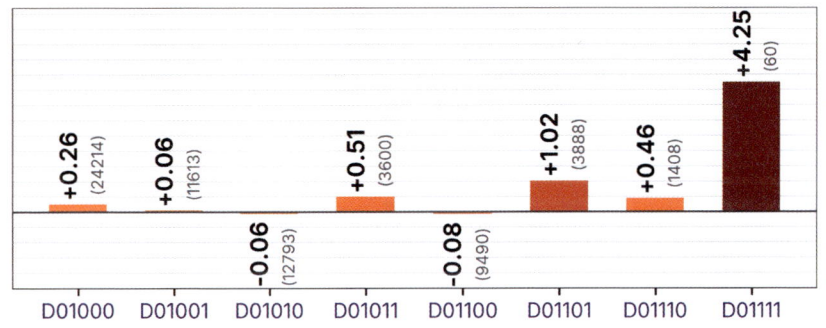

하루 휴식 후 등판 성적 변화(9이닝당 실점) - 직전 5일간 등판기록 차이

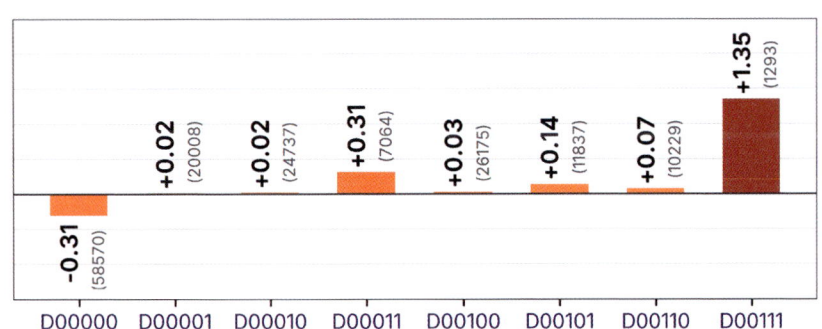

이틀 휴식 후 등판 성적 변화(9이닝당 실점) - 직전 5일간 등판기록 차이

하루 휴식이 있을 경우 등판 결과는 대체로 나쁘지 않다. 하지만 누적된 연투 이력이 있는 경우는 영향이 나타난다. 휴식일 전 2연투가 있었던 D01101 상황에서는 +1.2 실점이다. 흔한 경우는 아니지만 3연투 이상이 있었던 D01111에서는 +4.25점이다. 평균자책점 3.50 투수가 7.75 투수처럼 던진 것이다. 월요일 휴식일이 있는 주 6일 144경기 스케줄에서 이틀 휴식은 비교적 긴 인터벌이다. 그래도 피로는 남는다. 이전 3연투가 있었던 D00111의 경우 이틀 휴식에도 +1.35점, 2연투가 있던 D00011은 사흘 휴식에도 불구하고 +0.31점이었다.

워낙 변수가 많아서 선명하진 않지만, 연투냐 아니냐 외에 이전의 누적 피로도가 어떻게든 영향을 미치고 있는 것은 분명해 보인다.

투수마다 내구력, 회복력이 다를 것은 당연하다. 하지만 연투와 연투가 아닌 상황을 단순 비교하는 것으로 '연투에 강하다'는 판단을 하는 것은 매우 섣부르다. 연투 여부로만은 보이지 않는 피로가 누적돼 있다면 실패 가능성은 급격히 커지기 때문이다. 연투 경기에서 잘 던진 이유가 실은 앞 시기 휴식으로 피로가 회복됐기 때문일 수도 있다.

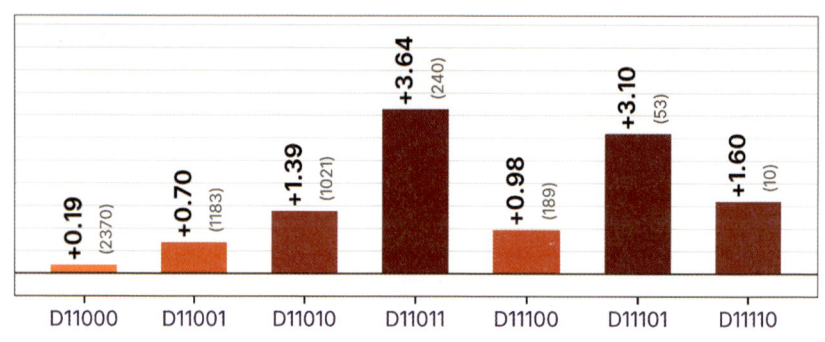

3연투 등판 성적 변화(9이닝당 실점) - 직전 5일간 등판기록 차이

최근 3일 등판 이력으로 봤을 때 3연투 효과는 평균 +1.45점이었다. 최근 리그 환경에서 3연투는 가장 가혹한 등판 조건이다. 그런 것 치고 +1.45점이라면 치명적인 수준은 아니다. 또 2025년 3연투 등판 경우를 봐도 확연하게 나쁜 모습이 보이지는 않았다. 그렇지만 그 이전 등판 이력에 따라 역시 달라진다.

3연투 앞에 2연투가 있는 D11011에서는 3.64점 증가가 나타난다. 4연투에 해당하는 D11101 에서도 큰 폭의 실점 증가 효과가 보였다. .

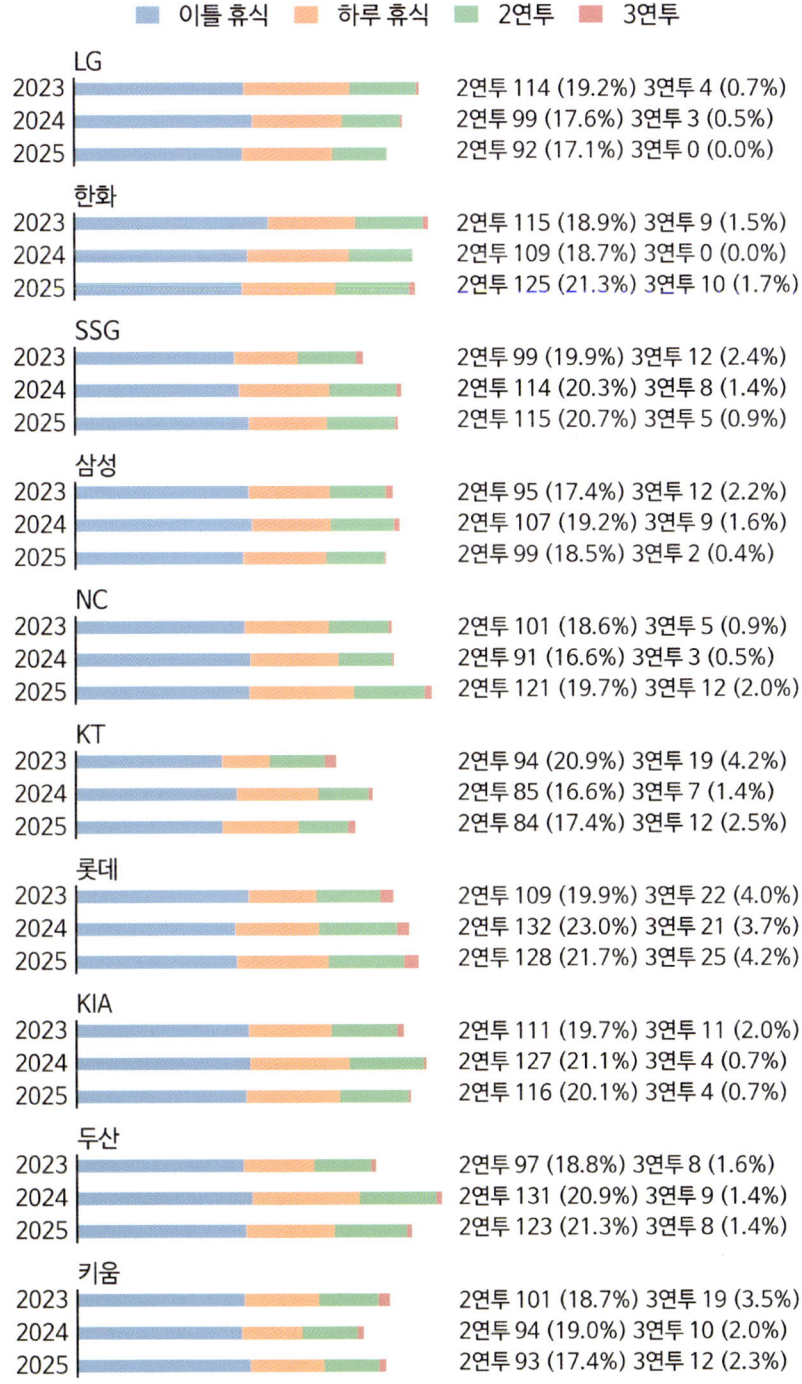

이틀 휴식　**하루 휴식**　**2연투**　**3연투**

LG
- 2023　2연투 114 (19.2%) 3연투 4 (0.7%)
- 2024　2연투 99 (17.6%) 3연투 3 (0.5%)
- 2025　2연투 92 (17.1%) 3연투 0 (0.0%)

한화
- 2023　2연투 115 (18.9%) 3연투 9 (1.5%)
- 2024　2연투 109 (18.7%) 3연투 0 (0.0%)
- 2025　2연투 125 (21.3%) 3연투 10 (1.7%)

SSG
- 2023　2연투 99 (19.9%) 3연투 12 (2.4%)
- 2024　2연투 114 (20.3%) 3연투 8 (1.4%)
- 2025　2연투 115 (20.7%) 3연투 5 (0.9%)

삼성
- 2023　2연투 95 (17.4%) 3연투 12 (2.2%)
- 2024　2연투 107 (19.2%) 3연투 9 (1.6%)
- 2025　2연투 99 (18.5%) 3연투 2 (0.4%)

NC
- 2023　2연투 101 (18.6%) 3연투 5 (0.9%)
- 2024　2연투 91 (16.6%) 3연투 3 (0.5%)
- 2025　2연투 121 (19.7%) 3연투 12 (2.0%)

KT
- 2023　2연투 94 (20.9%) 3연투 19 (4.2%)
- 2024　2연투 85 (16.6%) 3연투 7 (1.4%)
- 2025　2연투 84 (17.4%) 3연투 12 (2.5%)

롯데
- 2023　2연투 109 (19.9%) 3연투 22 (4.0%)
- 2024　2연투 132 (23.0%) 3연투 21 (3.7%)
- 2025　2연투 128 (21.7%) 3연투 25 (4.2%)

KIA
- 2023　2연투 111 (19.7%) 3연투 11 (2.0%)
- 2024　2연투 127 (21.1%) 3연투 4 (0.7%)
- 2025　2연투 116 (20.1%) 3연투 4 (0.7%)

두산
- 2023　2연투 97 (18.8%) 3연투 8 (1.6%)
- 2024　2연투 131 (20.9%) 3연투 9 (1.4%)
- 2025　2연투 123 (21.3%) 3연투 8 (1.4%)

키움
- 2023　2연투 101 (18.7%) 3연투 19 (3.5%)
- 2024　2연투 94 (19.0%) 3연투 10 (2.0%)
- 2025　2연투 93 (17.4%) 3연투 12 (2.3%)

평균값뿐 아니라 실점 편차도 감안해야 한다. 누적 피로로 인한 성적이 하락한 투수라면 '터지는 경기'의 빈도가 당연히 높아진다. 벤치가 무리한 연투를 어렵게 결정하는 것은 그만큼 그 승부가 중요했기 때문이다. 팀의 시즌 전체를 통틀어 손꼽힐 만한 하이레버리지 상황일 것이다. 한화 이글스의 143번째 경기 9회 초가 그랬던 것처럼.

하지만 10월 1일의 김서현은 3연투를 멋지게 성공시킨 3월 29일의 그 투수가 아니었다. 바로 전날 9월 30일 2삼진 삼자범퇴 세이브를 기록했던 그 투수도 아니었다. 하필 누적 투구 수도 많았다. 전날 16개, 그 전날 20개를 던졌으니 통상의 10이닝 세이브보다 부하가 컸다. 시즌 후반 상당한 구속 저하가 나타나기도 했다.

지친 불펜 에이스는 시즌 동안 단단하게 승리를 지켜내던 그 투수가 아니다. 그렇다면 등에 적힌 번호가 같다고 해서 같은 역할을 맡기고 같은 결과를 기대하는 것은 합리적이지 않다.

2025년 9월 30일
2삼진 삼자범퇴로 세이브를 기록한 김서현
ⓒ한화 이글스

23-1 잭로그 ⓒ두산 베어스

'골짜기 세대'는 정말 존재할까

_신동윤

최근 몇 년 사이 리그에 진입한 젊은 선수들을 종종 '베이징 세대'로 부른다. 이들은 2008년 베이징 올림픽 야구 우승을 보며 어린 시절을 보냈다.

2002년 전후
KBO 리그는 침체기였다

"당시 초등학교 4학년이었다. 예선부터 결승전까지 9경기를 다 봤다. 한국 경기가 있는 날엔 야구부 코치님이 TV를 틀어놓고 모두 시청할 수 있도록 했다. 한국이 우승하자 초등학교 야구 선수였던 내가 우승한 것처럼 자랑하고 다녔다."(이정후, 2021년 6월 〈일간스포츠〉 인터뷰)

이정후는 1998년생, 그러니까 2008년에 10살이었다.

그보다 6년 전 다른 종목에서 올림픽 금메달을 훨씬 압도할 이벤트가 있었다. 2002년 국제축구연맹(FIFA) 월드컵. 한국은 4강에 진출하며 그야말로 세상을 다 뒤집어놓았다. 1992년생 손흥민이 그때 딱 10살이었다.

"나는 그들을 보면서 감탄했다. 그중에서도 박지성과 이영표, 두 선수는 내 우상이었다. 나는 그들을 보고 자랐고 그들처럼 되는 것이 내 꿈이었다"(손흥민, 2018년 6월 OSEN 인터뷰)

이정후는 '바람의 손자'로 태어났으니 올림픽 금메달이 아니라도 야구 선수를 했을 것이다. 손흥민도 아버지가 23세 이하(U-23) 축구 국가대표 출신이고 유소년 클럽 감독이었으니 축구 선수가 될 확률이 높았다. 다만 그들 세대 스포츠 소년에게 당대의 판타지가 영향을 미치지 않았을 리 없다. 2008년에 야구였다면, 2002년에는 축구였다.

한국 인구는 일본의 40% 남짓이다. 스포츠 인프라나 아마추어 기반은 비교도 어렵다. 미국은 더 말할 것도 없다. 동시대에 여러 스포츠가 제한된 자원을 두고 경쟁하는 건 당연하다. 스포츠를 즐기는 학생 풀이 좁은 한국에서 경쟁 우세 종목과 열세 종목 간 격차는 훨씬 커질 것이다.

실제로 2002년 전후는 KBO 리그 침체기였다. 1997년 겨울 경제위기 여파로 이듬해 리그 관중은 264만 명으로 감소했다. 이후에도 쉽게 회복되지 않았다. 나라 전체로는 후유증에서 어느 정도 벗어난 2000년대 초반에도 마찬가지였다. 2002년에는 관중 239만 명으로 1989년 이후 최저점을 찍었고 2004년에는 233만 명으로 더 떨어졌다.

1995년의 500만 관중을 비로소 회복한 게 2008년이다. 2006년 월드베이스볼클래식(WBC) 4강, 2008년 베이징 올림픽 우승 그리고 2009년 WBC 준우승이 이어진 시기와 겹친다.

그렇다면 이 세대가 그 이전 또는 이후 세대와 실제로 재능 수준에서 차이를 나타냈을까.

분석 방법은 1982년 KBO 리그 출범 이후 같은 해 태어난 선수 집단들의 19-25세 기간 누적 성적을 비교하는 것이다(3년 이동평균). 타자는 타격 결과를 득점 가치로 보여주는 xRC, 투수는 FIP를 먼저 계산한 후 이를 xRC와 같은 스케일로 변환한 xRS를 쓴다. 외국인 선수는 제외했다.

시즌마다 타고 또는 투고로 득점 환경이 다르다. 페넌트레이스 경기 수가 다른 시즌도 있다. 타고에 경기 숫자도 많았던 시즌에 뛴 선수는 xRC가 실력 외적 이유로 높아진다. 그래서 해당 시즌 리그 전체 xRC에서 해당 출생 연도 선수가 차지한 비율을 구한 뒤 합산한다. 프로야구에서 출생 연도에 따라 누적 기여도 차이가 통상 어느 정도 나타나는지 참고하기 위해 KBO 리그뿐 아니라 메이저리그와 일본프로야구(NPB)에 대해서도 같은 분석을 해서 비교한다.

19–25세 누적 기여도로 연령을 제한한 건 월드컵 세대와 베이징 세대 비교를 위해서다.

1998년 출생 선수는 2025년에 27세 시즌을 치렀다.

2001년생 이후부터 커브가 하락하는 이유도 그들은 아직 25세에 이르지 못했기 때문이다.

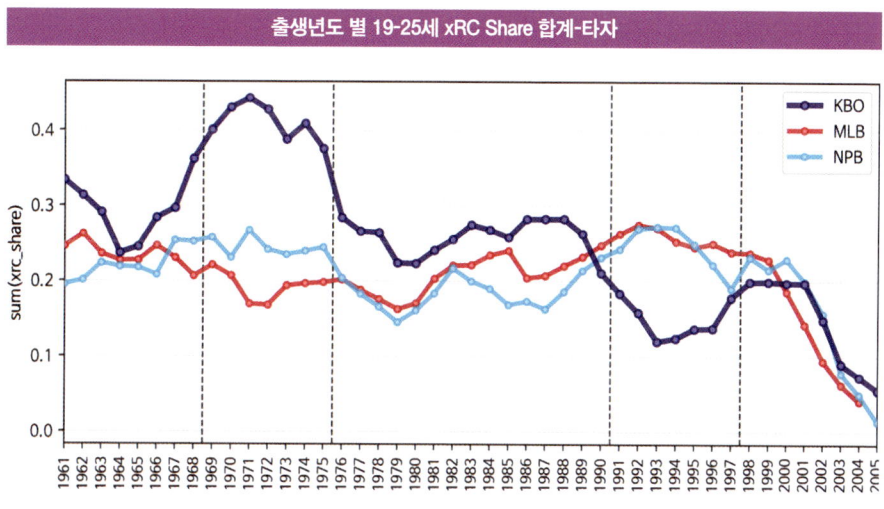

출생년도 별 19-25세 xRC Share 합계-타자

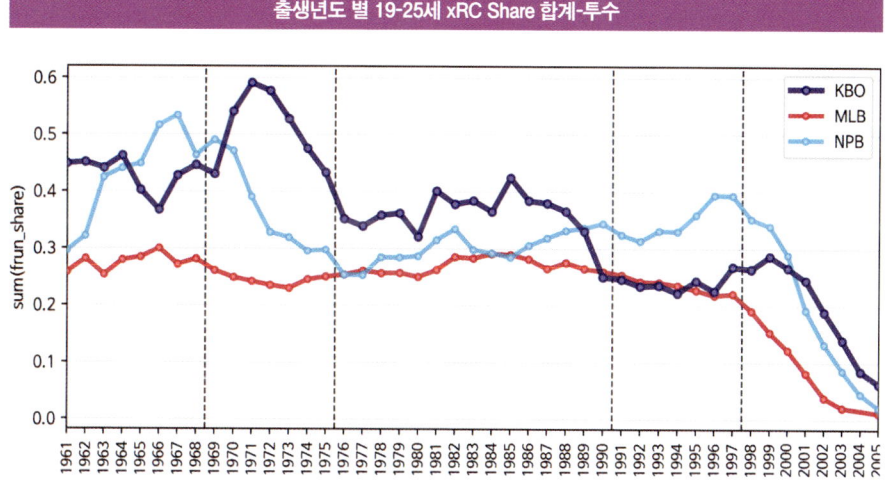

출생년도 별 19-25세 xRC Share 합계-투수

KBO 리그가 파란색 라인이다. 투수, 타자 모두 1970년생 전후가 높다. 이 세대의 19–25세 시즌 득점 기여가 다른 세대에 비해 월등히 크다는 뜻이다.

양준혁이 1969년, 이종범이 1970년생이다. 이 세대 재능이 출중한 이유가 있을 것이다. 한편으론 늦은 나이에 프로선수 생활을 시작한 초창기 세대 퇴장이 맞물리며 상대적으로 비중이 커진 면도 있을 것이다.

메이저리그 쪽 라인이 전체적으로 낮다. 동아시아 프로 리그에 비해 긴 마이너리그 시절을 거쳐야한다. 최근에야 대형 유망주라면 입단 1, 2년 차에 데뷔하는 트렌드가 만들어지고 있다. 이전에는 그렇지 않았다. 전설적인 투수 그레그 매덕스와 랜디 존슨도 마이너리그에서 세 시즌을 풀로 보내고입단 네 번째 시즌 도중 빅리그에 진입했다. 그래서 19–25세 나이대 선수의 비중이 일관되게 낮은편이다.

다만 세 리그 모두 19–25세 시기 기여도와 커리어 전체 기여도는 대체로 비례한다. 19–25세에 기여도가 낮은 출생 연도 집단은 커리어 전체에서도 기여도가 낮다. 이 나이대에 기여도가 높다면 커리어 전체 기여도도 높다. 출생 연도마다 부침이 있지만, 세 리그 그래프는 비슷하게 움직인다. 특정세대의 영향보다는, 야구 제도의 변화나 현역으로 뛰는 기간이 길어지는 등의 발전이 반영된 것으로 보인다.

그런데 KBO 리그 1991–1997년생이 '튄다'. 메이저리그, NPB와 비교할 때 유독 KBO 리그 커브에만하락이 길고 심하게 나타났다. '골짜기'가 나타난 것이다. 타자 쪽에서는 아주 선명하게, 투수 쪽에서는 그보다 덜하지만 그 전후 출생 연도 선수 집단의 기여도에 비해 꾸준하게 낮다. 그리고 1998년에 태어난 선수 집단부터 반전한다.

2025시즌까지 1991–1997세대의 (19–25세 시즌이 아닌) 커리어 전체 누적 WAR은 다음과 같다.

KBO리그 1991-1997년생 타자 통산 WAR 순위					
타자	출생년도	타석	WAR	시즌	WAR/y
박민우	1993	5809	48.5	13	3.7
구자욱	1993	5923	42.9	11	3.9
김하성	1995	3664	33.7	7	4.8
홍창기	1993	3234	28.5	9	3.2
유강남	1992	4234	23.9	13	1.8
송성문	1996	3236	20.4	9	2.3
박찬호	1995	4019	15.0	10	1.5
최지훈	1997	3314	14.4	6	2.4
류지혁	1994	3255	12.5	12	1.0
문성주	1997	1919	12.0	6	2.0

KBO리그 1991-1997년생 투수 통산 WAR 순위					
투수	출생년도	타석	WAR	시즌	WAR/y
고영표	1991	5027	28.5	9	3.2
박세웅	1995	6559	28.2	11	2.6
최원태	1997	5478	23.3	10	2.3
임찬규	1992	6032	23.1	13	1.8
한현희	1993	5080	21.9	13	1.7
구창모	1997	2930	19.1	8	2.4
박종훈	1991	4958	19.0	11	1.7
최원준	1994	3613	14.1	8	1.8
배제성	1996	3164	14.0	8	1.7
함덕주	1995	2359	12.9	13	1.0

대부분 현역 선수이기 때문에 남은 커리어 동안 누적 기여도는 더 높아질 수 있다. 그래도 1969–1979세대는 물론이고, 바로 앞의 1980–1990세대의 누적 기여도와 비교해도 격차가 있다. 1980–1990세대는 11년 기간이고 1991–1997세대는 7년 기간임을 감안해도 그렇다. 좀 더 확장해서 19–28세 기여도를 포함된 연수인 7년, 11년으로 각각 나눠서 비교해도 2배 이상 차이가 난다.

KBO리그 1980-1990년생 타자 통산 WAR 순위					KBO리그 1980-1990년생 투수 통산 WAR 순위				
	출생연도	타석	WAR	시즌	WAR/y	출생연도	타석	WAR	시즌	WAR/y

	출생연도	타석	WAR	시즌	WAR/y		출생연도	타석	WAR	시즌	WAR/y
최정	1987	88.7	9844	21	4.2	양현종	1988	11339	63.5	18	3.5
최형우	1983	77.8	9771	20	3.9	김광현	1988	9799	62.9	16	3.9
양의지	1987	77.5	7383	17	4.6	류현진	1987	6407	47.7	9	5.3
김현수	1988	68.5	9384	18	3.8	윤성환	1981	8161	42.0	15	2.8
강민호	1985	67.6	9174	22	3.1	장원준	1985	8784	34.6	18	1.9
김태균	1982	67.2	8225	18	3.7	배영수	1981	9459	34.3	18	1.9
오지환	1990	61.8	7811	17	3.6	윤석민	1986	5298	31.2	12	2.6
손아섭	1988	60.8	9292	19	3.2	장원삼	1983	7232	30.2	15	2.0
나성범	1989	52.6	6399	13	4	오승환	1982	3195	30.2	15	2.0
정근우	1982	52.4	7157	16	3.3	송승준	1980	7174	30.1	14	2.2

1998년 이후 출생 세대는 달랐다. 1998년생인 이정후는 미국으로 가기 전 7시즌 평균 WAR 5.3승을 기록했다. 1999년생인 김혜성과 강백호는 8시즌씩을 뛰며 각각 3.4승, 3.0승이다. 2000년생 문보경은 5시즌 평균 3.7승을 쌓았다. 2003년생에서는 김도영(4시즌/3.9승)과 안현민(2시즌/3.4승)이라는 슈퍼스타가 등장했다. 투수 중에는 2000년생 원태인(7시즌/3.8승), 1999년생 안우진(6시즌/2.9승)과 곽빈(6시즌/2.48승), 2001년생 소형준(6시즌/2.4승)이 상위권이다.

이들은 앞 세대보다 해외 진출, 그리고 군 복무에 따른 영향을 더 많이 받았다. 그럼에도 존재감은 더 뚜렷하다. 타자 쪽은 특히 더 그렇다. 1991–1997세대에 특출 난 존재가 없는 것은 아니지만 지금까지로 보면 전체적인 두께에서 차이가 난다.

'앞 세대'는 시기별로 네 집단으로 나눌 수 있다.

● 1968년 이전 출생

프로야구 1세대, 또는 1.5세대다. 최동원(1958년생) 선동열(1963년생) 이만수(1958년생) 장효조(1956년생) 등 전설적인 스타가 여기에 속한다. 커리어 WAR에서도 최상위권이다. 김동수(1968년생), 장종훈(1968년생), 이강철(1966년생), 송진우(1966년생)가 이 세대의 끝에 속한다.

● 1969-1979년 출생

누적 승리기여도가 가장 높은 세대. 양준혁, 구대성이 1969년생, 이종범, 정민태가 1970년생이다. 이들 '국민학교'를 다닐 때 세계야구선수권대회에서 김재박이 '개구리 번트'로 날았고 프로야구가 출범했다. 이들의 뒤를 이어 이승엽(1976년생), 정대현(1978년생), 박용택(1979년생)이 등장했다.

● 1980년-1990년 출생

1969–1979세대와 월드컵 세대 사이. 태어나 보니 프로야구가 있던 세대다. 고졸 프로 입단은 이미 상식이 돼 있었다. 1980년생인 봉중근과 송승준에서 시작한다. 정근우, 김태균, 이대호, 오승환 등 1982년생 황금 세대가 이 집단에 속한다. 베이징 올림픽 대표팀 주축이기도 했다. 1990년생인 오지환, 박건우, 김상수, 허경민은 2008년 한국의 마지막 세계청소년야구선수권대회 우승 멤버였다.

● 1991년-1997년 출생

2002년 축구 붐 전후에 초등학생이었던 '월드컵 세대'. KBO 리그 세대별 기여도 비중이 가장 작다. 1991년생 양석환과 고영표. 임찬규(이상 1992년생), 박민우와 구자욱(이상 1993년생), 최원준 구창모 이영하(이상 1997년생) 등이 이 세대. 1997년생 선수는 2025년 28세 시즌을 보냈다. 이들 다음이 1998년 이후 출생한 '베이징 세대'다.

'월드컵 세대'가 승리 기여에서 다른 세대보다 비중이 작은 것은 분명하다. 다른 리그에서는 특정 세대에서 이만큼 길고 분명한 저조기가 나타나지 않는다. 이 세대는 KBO 리그가 8개 구단에서 10개 구단으로 확장되는 기간에 드래프트됐다. 과거보다 더 많은 선수가 데뷔했다면 전체 평균은 낮아질 수 있다. 하지만 이 집단은 다른 세대에 비해 1군 기록을 남긴 선수 숫자가 현저하게 적었다. 팀과 경기 수가 늘었음에도 그렇다. 그래서 리그 확장으로 인한 평균 저하 효과는 크지 않은 것으로 보인다.

세스 스티븐스 다비도위츠는 그의 책 〈모두 거짓말을 한다〉에서 야구 응원 팀 결정에 관한 연구를 소개했다. 뉴욕에는 양키스뿐 아니라 메츠도 있지만, 양키스 팬이 훨씬 많다. 그런데 1978년 전후에 태어난 사람 중에 유독 메츠 팬 비율이 높았다. 이들은 1986년 메츠가 우승할 때 8살 소년이었다. 오리는 처음 본 존재를 어미처럼 따른다. 2002년 한국 소년들에게는 월드컵이 그런 존재였다.

'골짜기 세대'의 출현에는 월드컵 더 앞에 일어난 사건의 영향도 클 것이다. 축구를 이해하지 못했을 더 어린 나이에, 이들의 부모는 'IMF 위기(1997년 외환 위기)'를 겪었다. 나라 전체에 활력이 떨어졌고, 가정에는 위기가 닥쳤다. 한국개발연구원(KDI)에 따르면 1996–2000년 기간 아동 사교육비와 민간 보건 소비는 감소했다. 남미의 에콰도르는 한국과 비슷한 시기인 1999년 경제 위기를 겪었다. 이 시기 출생한 코호트 집단은 키와 교육에서 타 집단보다 유의미하게 낮은 성과를 보였다는 연구 결과가 있다. 경제위기가 인적자본 형성에 부정적인 영향을 미친 것이다.

구창모 ⓒNC 다이노스

KBO리그의 성숙과 KBO리거의 성장

_신동윤

프로야구 원년(1982년) 4할 타자 백인천은 그해 39세였다. 그리고 선수 겸 감독이었다. 당시 기준으로는 현역 선수보다 감독에 더 어울릴 나이였다. 2025시즌 133경기 549타석에 나와 WAR 4.4승을 만든 최형우는 42세였다. SSG 노경은은 불펜에서 77경기 80이닝을 던지며 WAR3.2승을 기록했다. 1984년 3월생으로 41세. 선수 수명이 그만큼 길어졌다.

KBO리그의 에이징커브는 어떤 곡선을 그릴까

고교를 졸업하고 프로에 입단하는 나이는 보통 19세다. 시즌을 보내며 점점 기량이 상승해 20대 후반에서 30대 초반에 정점을 찍는다. 이후 하락하기 시작한다. 이 흐름을 표현한 게 '에이징커브'다. 투수와 타자가 다르다. 투수가 좀더 일찍 전성기가 시작되고 타자는 약간 늦게 절정기를 맞고, 좀더 오래 지속되는 편이다.

KBO 리그의 에이징커브는 어떤 곡선을 그릴까. 나이에 따른 득점 생산(타자), 실점 억제(투수)를 기준으로 확인해봤다. 리그 환경 변화가 심했던 프로야구 출범 초기는 제외하고 1996년 이후 30시즌을 대상으로 삼았다. 그리고 KBO 리그를 메이저리그, 일본프로야구(NPB)와 비교했다. 비교 지표는 xRC, 투수는 FIP를 xRC와 같은 스케일로 변환한 값인 xRS다. (3년 이동평균)

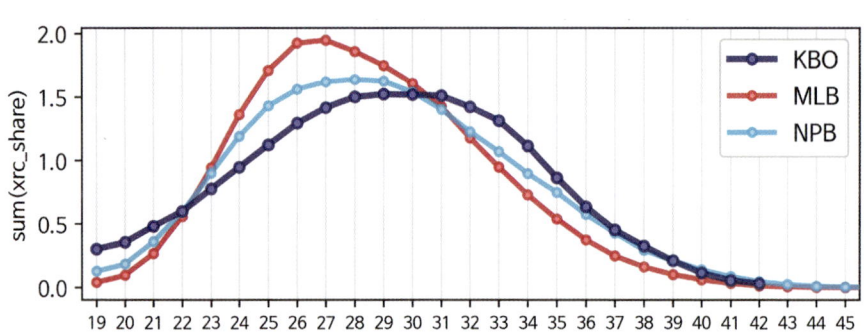

나이 별 득점기여(xRC) 비중 - 타자 | KBO, MLB, NPB

기본적인 형태는 3개 리그가 비슷하다. 메이저리그는 더 낮은 곳에서 시작해서 가파르게 상승하고 더 일찍 피크에 도달한다. 27세가 최고점이다. 피크 전후 나이대 성적도 다른 리그보다 좋다. 메이저리그 구단은 마이너리그에서 선별한 선수를 빅리그로 올린다. KBO 리그나 NPB보다 FA 자격 취득 기간이 6년으로 짧다는 점도 작용했다. 선수는 FA 자격을 얻기 전 최대한 좋은 성적을 거둬야 좋은 조건의 계약을 따낼 수 있다.

KBO 리그와 NPB는 비슷하다. 하지만 KBO 리그가 좀더 높은 위치에서 시작하고 더 느리게 상승한다. 최고점도 30-31세로 NPB의 28-29세보다 1년 늦다. 대신 약간 더 오래 지속된다.

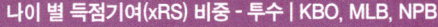

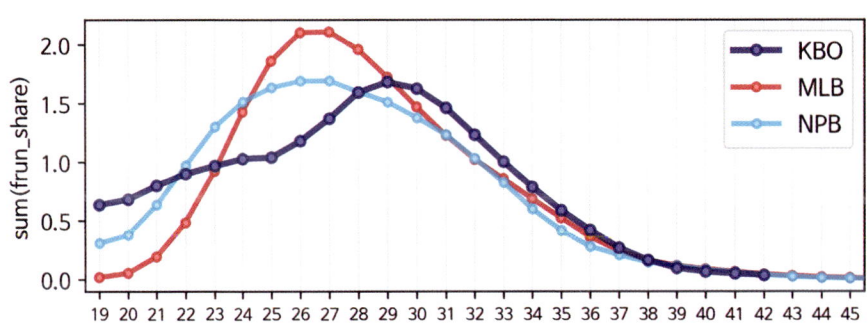

나이 별 득점기여(xRS) 비중 - 투수 | KBO, MLB, NPB

투수 곡선도 기본 형태는 비슷하다. 다른 점도 있다. 19–21세 시즌 기여도 비중이 KBO 리그에서 가장 크다. 그리고 24–26세 구간에서 기울기가 갑자기 완만해진다. 피크 시점도 메이저리그와 NPB는 27세 전후로 비슷한데, KBO 리그는 29–30세로 더 늦다.

공통적으로 KBO 리그는 19–21세 나이 선수들의 기여도가 다른 리그보다 크다. 정점까지 올라가는 기울기가 완만하고, 피크 나이가 더 늦고. 피크 후 약간 더 천천히 하락한다.

추측해 볼 이유는 몇가지 있다.

'한국의 젊은 야구선수들이 미국이나 일본보다 더 완성된 상태에서 리그에 진입한다. 성장은 좀 느리다. 하지만 내구도가 강해서 더 늦은 나이까지 현역 선수로 활약한다'는 가설은 아마 틀릴 것이다.

선수층이 얇기 때문에 갓 프로에 입단한 선수를 바로 투입하는 게 곡선 출발점이 높은 이유일 것이다. 미국이나 일본 구단은 유망주에게 팜에서 더 준비하고 성장할 시간을 주지만. 당장이 급한 KBO 리그 구단은 19살 신인이라도 쓸 수 있으면 쓴다. 그리고 프로와 아마추어 레벨 차이가 커서 신인이 당장 활약할 가능성은 더 낮다. 메이저리그 구단은 신인 선수를 일찍 올리면 그만큼 FA 자격 획득까지의 서비스타임과 마이너리그행 옵션을 소진하는 셈이라 데뷔 시기를 주의깊게 정해야 하는 사정도 있다.

22–25세는 병역 기간과 겹친다. 19–21세에 주전 포지션을 잡은 선수라도 상당수는 이 시기에 리그를 떠나야 한다. 퓨처스리그(2군)에 머물던 선수도 마찬가지다. 그들이 1군 데뷔 준비를 마쳤다고 해도 실제 기여도 적립은 병역 완료 후로 미뤄진다. 미국과 일본에 없는 프로야구 선수 병역 이행은 에이징커브를 정체시킬 뿐 아니라 다른 나이대 집단의 승리 기여도 비중이 상대적으로 높아지게 만드는 효과도 있다.

그런데 에이징커브는 리그 환경이 변하면서 달라진다. 선수가 기량이 성숙해 은퇴하기까지 흐름이 출범 초기와 지금 2020년대가 다를 것은 자명하다.

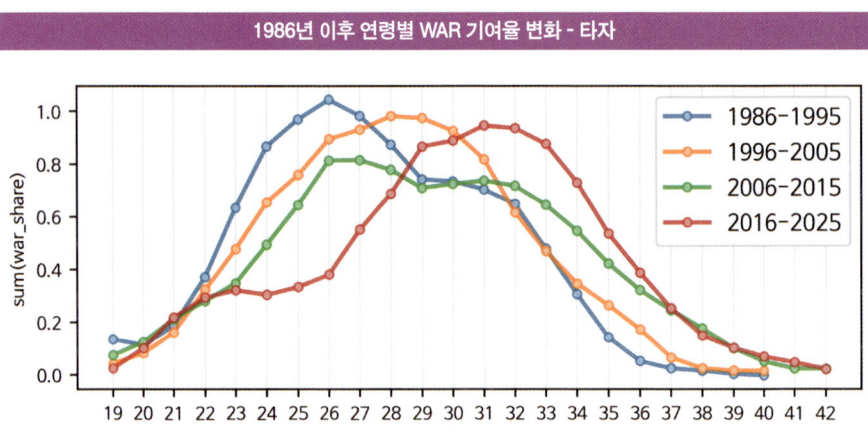

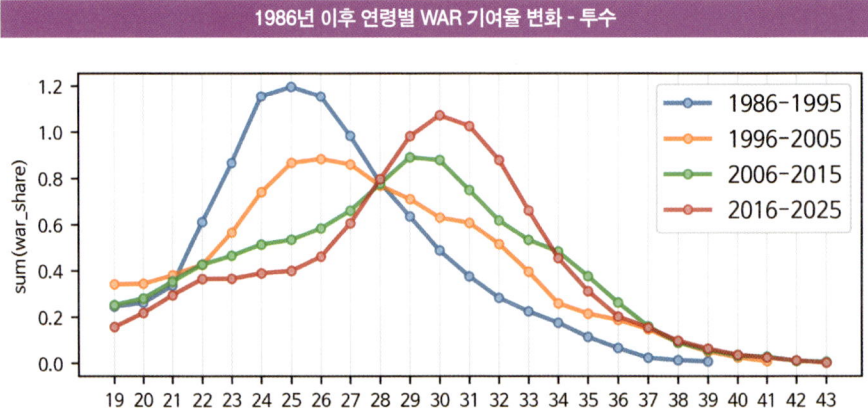

1986년부터 10년 단위로 끊어서 보면 타자와 투수 모두에서 공통적으로 나타나는 현상이 있다. 최고점이 오른쪽으로 움직인다. 그만큼 전성기 나이가 올라갔다. 1986–1995년에 타자 피크는 26세, 투수 피크는 25세였다. 2016–2025년 기간에는 타자 31세, 투수 30세로 5살씩 늘어났다. 리그가 성숙해지면서 입단 직후인 젊은 선수 역할이 줄어드는 것과 베테랑의 선수 생명이 더 길어지는 변화가 합쳐진 결과다.

앞의 글 '골짜기 세대는 정말 존재하는가'에서 살펴본 1991–1997년 출생 세대의 부진도 영향이 있다. 30대 중후반에 아직 현역 선수로 활약 중인 1980–1990년 출생 세대 비중이 상대적으로 커지기 때문이다. 이로 인해 2016–2025년 10년 기간에 커리어 피크가 좀더 오른쪽으로 밀려나는 효과가 생긴다.

중요한 요인은 하나 더 있다. 외국인선수의 존재다.

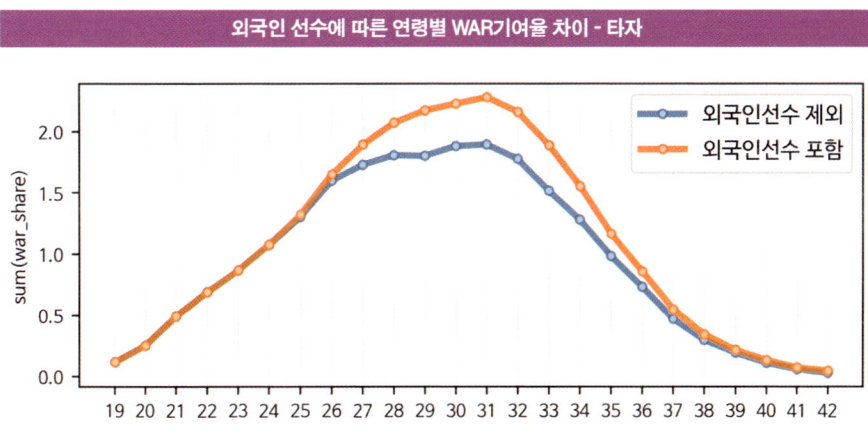

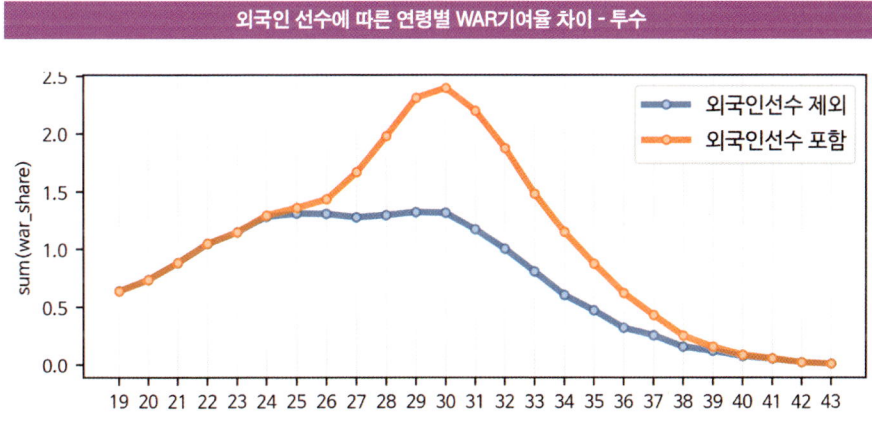

KBO 리그에서 뛰는 외국인선수 나이는 대체로 30세 전후다. 이들의 영향이 KBO 리그 나이별 WAR 비중에 크게 영향을 준다. 타자 쪽은 피크의 높이를 다소 높이는 정도에 그치지만, 투수에서는 그 이상이다. 데뷔–성장–하락이라는 일반적인 곡선과는 모양이 사뭇 다르다. 사실, KBO 리그의 외국인 투수에게는 '성장'이라는 개념이 없다.

선발투수의 WAR 기여는 구원투수보다 훨씬 크다. 그런데 구단마다 다섯 자리 선발로테이션 중 두 자리는 거의 예외없이 외국인 투수 몫이기도 하다.

글 앞부분의 차트 〈나이별 득점기여비중 - 투수〉는 사실 왜곡되어 있다. 외국인 투수는 한국 야구 생태계 외부에서 유입된 존재다. 에이징커브를 생태계 안에 있는 선수의 성장–퇴조의 흐름으로 보고 외국인 투수 기여분을 제거해 보자. 그렇다면 메이저리그와 NPB보다 늦은 나이인 30세 전후로 나타나는 피크는 실은 '존재하지 않는다'. 내국인 투수로 한정한다면 KBO 리그 투수의 커리어 정점은 메이저리그는 물론이고 NPB에 비해서도 한참 낮다. 그리고 이후 큰 향상 없이 30세까지 이어진다. 그래프상으로는 '정점'이 아니라 '능선'에 더 가깝다.

메이저리그는 구원투수 평균자책점이 선발 투수보다 거의 항상 낮다. 구원투수는 짧은 이닝을 전력 투구하고, 상대 타자와의 상성이 좋은 투수가 등판하기 때문이다. KBO 리그는 2010년대 이후 대부분 구원투수 평균자책점이 선발 투수보다 나쁘다. NPB는 메이저리그와 KBO 리그 중간 정도다.

유망주 투수 기용 차이가 이유로 보인다. 메이저리그 구단은 뛰어난 유망주일수록 선발 투수로 먼저 육성한다. 반면 KBO 리그에서 공이 빠른 상위 라운더 투수는 1군 불펜으로 커리어를 시작할 때가 많다. 재능의 최대한을 실적으로 바꾸기에 이상적인 방법은 아니다.

그래도 최근에는 젊은 선발 투수들이 보인다. LG 손주영과 송승기, 삼성 원태인, NC 구창모와 신민혁 두산 곽빈, KT 오원석, 한화 문동주 등이다. 2군에서 선발 투수로 준비를 한 뒤 투입되는 경우도 늘었다.

하지만 외국인 선수 의존도가 높은 KBO 리그의 특수성은 선발 투수 육성과 성장에 좋은 조건이 아니다. 선발 투수가 메이저리그 구단은 다섯 명, NPB 팀은 여섯 명 필요하다. KBO 리그 구단은 다섯 명이지만 외국인 투수를 제외하면 세 명이다. 선발 투수를 육성할 동기가 그만큼 약하다. 선수층은 얇고, 본격적으로 성장할 시점에 병역 문제가 닥친다. 투수 자원이 부족하니 유망주의 이른 불펜 투입으로 이어진다. 그러다가 어느 순간 국내 선발 투수가 없어서 외국인 투수 의존도가 높을 수 밖에 없음을 한탄한다.

재능이 성장하는 리그가 좋은 리그이고, 성숙한 리그다. 그러나 KBO 리그는 선발 투수 육성에 대해서라면 불리한 점이 많다.

최정 ©SSG 랜더스

내려갈 팀은 내려간다, 역대 최악의 DTD

_황규인

"추락하는 것은 날개가 있다(Jeder, der fällt, hat Flügel)." ― 오스트리아 시인 잉게보르크 바흐만 '유희는 끝났다(Das Spiel ist aus)'

2025년 롯데도 8월 6일까지는 날개가 있었다. 롯데는 이날 사직 안방경기에서 KIA를 7-1로 물리쳤다. 롯데 선발 투수 터커 데이비슨은 6이닝 4피안타 1실점으로 이 경기 승리를 챙기면서 시즌 10승(5패) 투수가 됐다. 롯데는 이날까지 시즌 전적 58승 45패 3무(승률 0.563)로 2위 LG(승률 0.602·62승 41패 2무)에 4경기 뒤진 3위였다.

프로야구 역사상 가장 지독한 DTD는?

프로스포츠에는 승패 마진(margin)이라는 개념이 있다. 이름 그대로 승리 숫자에서 패배 숫자를 빼서 계산한다. 롯데는 58승에 45패를 당했으니 이날 기준 승패 마진은 +13이 된다. 이틀 전에도 57승 44패 3무로 승패 마진 +13이었다.

롯데가 그 이전에 승패 마진 +13 이상을 기록한 날은 2017년 10월 3일까지 7년 10개월 1일을 거슬러 올라가야 한다. 이날은 그해 정규시즌 종료일이었다. 롯데는 80승 62패 2무로 승패 마진 +18을 기록하며 3위로 정규시즌을 마쳤다. 롯데는 이해 이후 2024년까지 '가을 야구' 무대를 밟지 못하고 있었다.

2025년 8월 6일 기준으로 롯데는 시즌 종료 때까지 38경기를 남겨 둔 상황이었다. 롯데가 이전에 38경기를 남겨 놓고 승패 마진 +13 이상을 기록한 시즌은 1992년과 1999년 두 번뿐이었다. 롯데는 1992년에는 승패 마진 +16(71승 55패), 1999년에는 +23(75승 52패 5무)으로 시즌을 마쳤다. 그리고 이 두 해 모두 한국시리즈에 올랐다.

한마디로 한국시리즈는 몰라도 포스트시즌 진출은 떼어 놓은 당상이라고 할 수 있었다. '몬테카를로 시뮬레이션'을 통해 포스트시즌 진출 확률을 계산하는 PSOdds에 따르면 2025년 8월 6일 기준으로 롯데가 가을 야구 무대를 밟을 확률은 94.9%에 달했다.

그러나 이튿날부터 모든 게 달라졌다. 롯데는 이날 한국야구위원회(KBO)에 데이비슨에 대한 웨이버 공시를 요청했다. 방출이었다. 순위표 더 높은 곳에서 시즌을 마치려면 데이비슨보다 구위가 좋은 외국인 투수가 필요하다고 판단했던 것. 1998년 외국인선수 제도 도입 이후 10승을 거둔 외국인 투수를 방출한 건 이해 롯데가 처음이었다.

롯데는 8월 7일 역시 사직 경기에서 KIA에 5-6으로 패한 걸 시작으로 23일까지 14경기에서 12패 2무를 기록했다. 58승 57패 5무로 승패 마진도 +1로 줄었고 포스트시즌 진출 확률은 50.3%로 내려앉았다. 롯데는 같은 달 24일 창원 경기에서 NC를 17-5로 꺾고 연패에서 벗어났다. 그렇다고 '데이비슨의 저주'가 아예 막을 내린 건 아니었다. 롯데는 이후 23경기에서 7승 15패 1무를 기록했다. 그리고 66승 72패 6무(승률 0.478)로 최종 승패 마진 -6을 기록하면서 6위로 정규시즌 일정을 마감했다.

롯데는 이해 8월 28일까지 3위 자리를 지켰다. 같은 날짜까지 3위였던 팀이 포스트시즌 진출에 실패한 건 2008년 한화 이후 17년 만에 나온 기록이었다. 당시 한화는 8개 팀 중 5위(승률 0.508)로 시즌을 마쳤다. 류현진을 제외하면 믿을 만한 선발투수가 부족해 '류패패패패'로 통했던 당시 한화는 그래도 64승 62패로 승패 마진 +2는 남겼다.

그리고 '기세'가 있었다

여기서 퀴즈. 그렇다면 2025년은 롯데 역사상 가장 지독한 DTD(Down Team is Down:'내려갈 팀은 내려간다'는 뜻으로 쓰는 야구 팬 은어)를 경험한 해라고 할 수 있을까. 적어도 승패 마진 기준으로는 아니다. 봄에만 잘하는 롯데, 그러니까 '봄데'란 무엇인지 증명한 2023년이 있기 때문이다.

사실 이해 시즌 개막은 전형적인 봄데와는 거리가 있었다. 시범경기를 9위로 마쳤기 때문이다. 정규시즌 첫 10경기를 치렀을 때도 4승 6패로 평범한 성적이었다. 그러다 이후 12경기에서 8연승을 포함해 10승 2패를 기록하면서 14승 8패(승률 0.636)로 4월을 마감했다. 10개 팀 중 1위에 해당하는 성적이었다. 롯데가 10경기 이상 치른 시점에 1위에 오른 건 2012년 이후 11년 만이었다.

롯데는 그해 5월에도 13승 9패(승률 0.591)를 기록하면서 27승 17패(승률 0.614)로 6월을 맞이했다. 순위는 3위로 내려왔지만 롯데가 5월 31일 기준으로 6할이 넘는 승률을 기록한 건 '검은 갈매기' 호세가 불방망이를 휘두르던 1999년(30승 15패 3무·승률 0.667) 이후 24년 만이었다. 그해 부산에는 호세 대신 '기세(氣勢)'라는 낱말이 유행이었다.

2019년 〈정신의학신문〉에 '롯데 자이언츠 유발성 우울증'이라는 칼럼을 썼던 박종석 연세봄 정신건강의학과 원장은 2023년 5월 17일 소셜 미디어(SNS)에 이런 글을 남기기도 했다. "방만하고 나태한 플레이, 7연패를 하고도 퇴근할 생각에 웃는 선수들, 분노와 절망, 목 디스크, 후

두엽의 통증을 느끼며 리모컨을 집어 던졌습니다. 그 팀이 2023년 5월 17일 1등을 하고 있습니다. (중략) 절대 포기하지 마세요. 롯데도 하는데 여러분이 왜 못 합니까."

최동원 선수 어머니 김정자 여사도 세상을 떠난 지 12년 된 아들 생일(5월 24일)을 맞아 이런 편지를 띄워 보냈다. "(전략) 금년에는 우리 롯데 선수들이 너무 잘해서 엄마는 기분이 참 좋아! 어디서든 롯데의 경기를 볼 때마다 너를 생각하게 되거든. 행복하게 잘 있어."

롯데는 이로부터 사흘 뒤(5월 27일) 고척 키움전에서 6-5로 승리하면서 26승 15패(승률 0.634)로 승패 마진을 +11까지 끌어올렸다. 역시 2017년 시즌 종료 후에는 보지 못했던 기록이었다. 6월 3일 사직 KIA전에서 역시 6-5로 승리했을 때도 승패 마진은 +11(29승 18패·승률 0.617)이었다. 이날 기준 가을 야구 예상 진출 확률도 90%를 넘었다(91.9%).

문제는 롯데가 이후 97경기에서 39승 58패(승률 0.402)를 기록했다는 점이다. 이 기간 10개 구단 중 성적이 가장 나쁜 팀이 롯데였다. 래리 서튼 감독이 추락 속도를 이겨내지 못하고 지휘봉을 내놓은 8월 28일 기준 승패 마진은 -8(50승 58패). 최종 성적 역시 68승 76패(승률 0.472)로 승패 마진 -8에 팀 순위 7위였다. 이 시즌 들어 143번째로 치른 10월 15일 경기에서 한화에 4-7로 패했을 때까지는 -9였지만 최종전 승리로 그나마 -8이 됐다.

2023년 승패 마진이 가장 좋았을 때(+11)와 나빴을 때(-9)를 비교하면 20 차이가 난다. 2025년에는 +13에서 -6으로 19 차이가 났다. 승패 마진 기준으로는 2023년에 경험한 DTD가 더

지독했다고 할 수 있다. 2023년은 그전까지 '동병상련'이라는 사자성어로 묶이던 LG가 29년 만에 한국시리즈 정상을 차지한 해라 DTD가 더욱 뼈아팠다.

프로야구 역대 최악 DTD 톱10				
연도	구단	마진 최고	마진 최저	차이
2011	LG	10	-13	23
2003	SK	21	-1	22
1999	LG	10	-10	20
2023	롯데	11	-9	20
2018	LG	10	-9	19
2025	롯데	13	-6	19
1985	OB	10	-7	17
2023	SSG	19	2	17
1986	롯데	12	-2	14
1989	삼성	11	-2	13
1993	LG	22	9	13
2017	LG	10	-3	13
2017	SK	11	-2	13

어떤 엘롯라시코

같은 기준으로 따지면 프로야구 역사상 가장 지독한 DTD에 시달린 팀은 2011년 LG다. 이해 LG는 6월 11일까지 승패 마진 +10(34승 24패·승률 0.586)으로 10개 구단 중 2위였다. 시즌이 끝났을 때는 59승 72패 2무(승률 0.450)로 승패 마진 -13에 6위였다. 승패 마진 23을 깎아먹은 것이다. LG는 이해 6월 4일 프로야구 8개 팀 가장 먼저 30승(22패) 고지를 정복했었다. 프로야구 역사상 30승 선점 팀이 포스트시즌 진출에 실패한 건 이해 LG가 처음이었다.

당시 LG 구단 프런트는 불펜이 문제라고 진단했다. LG는 이해 7월 30일까지 42승 42패(승률 0.500)로 4위 자리를 지키고 있었다. 그러니 롯데(13개)에 이어 블론세이브 2위(12개)를 기록 중이던 불펜을 강화하면 반등이 가능하다고 판단한 게 이상한 일도 아니었다. LG는 결국 그해 7월 31일 트레이드 마감 시한을 세 시간도 남겨 놓지 않고 넥센(현 키움)에서 베테랑 불펜 투수 송신영과 선발 투수 유망주 김성현을 영입하기로 결정한다. 문제는 그 대신 심수창과 함께 넥센 유니폼을 입게 된 선수가 박병호였다는 점이다.

송신영은 이해 LG에서 19경기에 나와 22⅔이닝을 평균자책점 1.99로 막았지만 DTD까지 막지는 못했다. 그리고 시즌 종료 후 FA 자격을 얻어 한화와 계약하면서 반 시즌 만에 LG를 떠났다. 여기에 김성현마저 넥센 시절 승부 조작을 저지른 사실이 밝혀져 이듬해 영구 제명 처분을 받았다. 반면 박병호는 우리가 아는 그 박병호가 됐다. 요컨대 이해 LG가 이렇게 지독한 DTD에 시달리지만 않았다면 〈넘버스북 2025〉에서 역대 '조공 트레이드 1위'로 꼽은 이 트레이드는 처음부터 없었을지 모른다.

이어 2003년 SK(현 SSG)가 2위였다. 당시 7월 5일까지 승패 마진 +21(47승 26패 1무)을 기록한 SK는 이후 내리막길을 걸으면서 9월 26일에는 62승 63패 3무(승률 0.496)로 승패 마진이 -1까지 떨어졌다. 시즌 마지막 5경기에서 4승 1패로 반등에 성공한 SK는 결국 승패 마진 +2(66승 64패 3무)로 정규시즌을 마치며 4위로 포스트시즌행 막차에 올랐다. SK가 가을 야구 무대를 밟은 건 2001년 창단 후 이해가 처음이었다.

그러고는 준플레이오프 때는 삼성에 2전 전승, 플레이오프 때는 KIA에 3전 전승을 거두면서 한국시리즈까지 올랐다. 현대와 맞붙은 한국시리즈 때도 승부를 최종 7차전까지 끌고 갔지만 상대 선발 투수 정민태에게 완봉승을 헌납하면서 0-7로 완패했다. 어쩌면 당시 SK에는 DTD가 가을 야구 울렁증 예방 주사가 됐는지도 모를 일이다.

그다음은 승패 마진 20을 날린 1999년 LG, 그리고 앞에서 살펴본 2023년 롯데가 공동 3위다. 공동 순위를 포함해 총 13팀이 워스트 10에 들 만한 DTD를 경험했다. 이 중 LG가 다섯 번, 롯데가 세 번 이름을 올렸다. 두 팀이 시즌 초반에 잘 나가다가 위기를 겪을 때마다 언론 기사에 DTD라는 표현이 등장하는 게 우연이 아닌 이유다.

이상은 시즌 중 승패 마진 +10 이상을 기록한 팀을 대상으로 순위를 매긴 결과다. 이런 기준이 없으면 시즌 초반 5경기에서 승패 마진 +1(3승 2패)을 기록했다가 -63(34승 97패 1무)까지 떨어졌던 2002년 롯데 같은 팀이 상위권에 이름을 올리기 때문이다. 이런 팀은 처음부터 '날개가 없었다'고 평가해도 무리는 아니다.

그래도 승패 마진 +5까지 기준을 낮추면 2017년 KT를 1위에 놓을 수도 있다. 2015년 1군 무대 진입 후 2년 연속 최하위(10위)에 그쳤던 '막내 구단' KT는 승패 마진 +6(7승 1패)으로 이해 시즌을 시작해 결국 -44(50승 90패)로 마무리했다. 사실 시즌 중에 승패 마진 +2 이상을 기록한 팀 가운데 이해 KT보다 승패 마진을 많이 날린 팀은 없다. 그전에는 1990년 OB(현 두산)가 +2에서 -45로 승패 마진 47만큼 떨어진 게 기록이었다.

거꾸로 가장 짜릿한 UTU(Up Teams is Up '올라갈 팀은 올라간다')를 경험한 팀은 2005년 SK였다. 당시 SK는 5월 31일까지 17승 28패 2무(승률 0.378)로 승패 마진 -11을 기록했다. 이후 9월 25일 LG를 6-1로 꺾으면서 70승 49패 6무(0.588)로 승패 마진을 +21까지 끌어 올렸다. 그러면서 팀 순위도 꼴찌에서 2위로 올라섰다. 다만 사흘 후 열린 최종전에서 LG에 2-3으로 패하면서 3위로 내려앉았고 준플레이오프에서도 4위 팀 한화에 2승 3패로 무릎을 꿇었다. 그렇게 역대 1위 UTU 시즌은 결국 DTD로 끝나고 말았다.

쌍방울 심성보가 도루를 하고 있다

'원 시즌 원더'를 추억하며

_신원철

'원히트원더(One Hit wonder)'. 활동 기간에 걸쳐 단 한 곡만 성공한 가수를 이렇게 부른다. 1998년 출판된 〈빌보드 북 오브 원히트원더 (The Billboard Book of One-Hit Wonders)〉에서는 전국 단위 팝 차트 톱40에 1번만 들었던 아티스트를 원히트원더로 봤다. 차트 분류가 달라진 뒤에도 '톱40'은 여전히 의미있는 기준으로 여겨진다. 〈빌보드〉지는 2023년 '핫100'에서 40위 안에 1번만 들어간 아티스트를 원히트원더로 설명했다.

반짝? 단 1년이라도 반짝여 본 적 있는가

'원 시즌 원더'. 1982년부터 2025년까지 KBO 리그에서 한 번이라도 1군 경기에 출전한 선수는 모두 3486명이었다. 이 가운데 대다수는 야구 팬들의 기억 속에서 잊혔거나, 기억될 기회조차 갖지 못했다. 그러니 딱 한 시즌, '원 시즌 원더'라도 남길 수 있었다면 성공한 선수라고 볼 수 있지 않을까. KBO 리그에서 5시즌 이상 보낸 선수를 대상으로 '원 시즌 원더'를 찾았다. 극단적으로 짧은 기간만 활약한 선수도 후보에 넣어야겠지만, 다른 시즌과의 비교에서 '원 시즌'이 더 특별해질 수 있다는 생각에서다. 현역 선수는 현재 소속, 은퇴 선수는 커리어하이 시즌 소속 팀으로 분류했다.

	홈런	커리어하이	차상위	차이	통산 홈런
OB 임형석	92년 26개	91, 94년 6개	20개	8시즌 48홈런
빙그레 이정훈	92년 25개	91년 17개	8개	11시즌 66홈런

홈런 – 단일 시즌 홈런 25개 이상이면서, 커리어하이 기록이 통산 기록의 ⅓ 이상인 선수

OB 임형석

커리어 내내 기록한 홈런의 절반 이상이 1992년에 몰려 있다. 잠실을 홈으로 쓰는 팀에서는 처음 나온 단일 시즌 20홈런 타자. 하지만 1993년 손가락 부상 이후 1992년의 경기력을 되찾지 못했다. 대신 서울고 코치로 강백호 이

재원 등 장타자를 육성했다.

빙그레 이정훈

1991년에도 17홈런을 기록했으나 두 자릿수 홈런 시즌은 그 두 번이 전부다. 그외에는 한 시즌 5홈런을 넘긴 적이 없는 교타자. 1992년 25홈런 외에도 타율 0.360으로 타율 1위에 올랐다. 하지만 이후 손목 부상으로 전성기가 끝나고 말았다. 그런데도 프로 통산 타율이 0.299에 달한다.

Honorable mention 쌍방울 심성보는 1군 4년째인 1998년 24홈런을 기록했다. 이 시즌을 마친 뒤 당뇨병 진단을 받으며 병마와 싸워야 했다. 2001년 세 번째 소속 팀인 LG에서 타율 0.279로 마지막 불꽃을 태운 뒤 2003시즌을 끝으로 은퇴했다.

LG 송구홍은 프로 2년차 20홈런 20도루로 잠실 구단 첫 20-20 클럽에 가입하며 대형 3루수로 기대를 모았지만 이후 두 자릿수 홈런 시즌이 한 번도 재현되지 않았다. 차상위 기록이 1996년 7개. 통산 홈런은 42개였다.

임형석의 26홈런, 이정훈의 25홈런, 심성보의 24홈런은 타고투저 시기를 보낸 지금 돌아보면 평범해 보이는 숫자다. 하지만 프로야구 역사를 통틀어 1군 경력이 있는 선수 가운데 한 시즌 24홈런 이상을 한 번이라도 기록한 타자는 겨

우 6.2%에 불과하다.

도루	커리어하이	차상위	차이	통산 도루
삼미 조흥운	82년 44개	83년 12개	32개	5시즌 71개
OB 김광수	91년 50개	99년 26개	24개	11시즌 190개

3루타	커리어하이	차상위	차이	통산 3루타
한화 송지만	99년 11개	96년 4개	7개	18시즌 28개
롯데 이종운	92년 14개	93년 7개	7개	10시즌 34개

3루타 – 단일 시즌 3루타 10개 이상, 차상위 기록과 차이 순

한화 송지만

송지만은 데뷔하자마자 완성된 타자였다. 신인이던 1996년 타율 0.287을 기록하는 한편 2루타 30개, 3루타 4개, 홈런 18개를 날렸다. 1999년에는 3루타만 11개를 쳤다. 그러나 그 뒤로 14시즌을 더 뛰면서 3루타 12개를 추가하는 데 그쳤다. 시드니 올림픽을 앞둔 2000년 9월 이탈리아와 연습경기에서 발목을 다쳐 3루타에 필요한 주력을 잃었다. 도루도 사라졌다. 대신 넘겼다. 2000년 이후 홈런이 무려 241개다.

롯데 이종운

프로 통산 738경기에서 9홈런이 전부인 이종운이지만 3루타는 34개를 때려냈다. 경기당 3루타에서는 통산 3루타 30개 이상 기록한 47명 가운데 4위(0.046개)에 올랐다.

Honorable mention KIA 서건창은 커리어하이 17개, 차상위 10개로 최고치와 차상위가 7개 차이였지만 두 번이나 두 자릿수 3루타를 기록한 선수를 '원 시즌 원더'에 넣을 수는 없었다. 두 자릿수 3루타를 한 번이라도 기록한 선수는 역대 15명으로 단 0.8%에 불과하다.

도루 – 단일 시즌 도루 40개 이상

삼미 조흥운

KBO 리그 데뷔에 앞서 실업야구에서 활약했다. 1954년생으로 28세에 프로 유니폼을 입어 전성기가 짧을 수 밖에 없었다. 프로 원년 79경기 44도루(성공률 78.6%)로 이 부문 2위에 올랐다. 도루왕 김일권과는 9개 차이였다. 이듬해에는 12도루(성공률 66.7%)에 머물렀다. 1986년 시즌을 끝으로 은퇴하기까지 통산 71도루를 남겼다.

OB 김광수

1982년 원년에 데뷔해 당시로는 황혼기인 32세(1991년)에 도루 커리어하이 기록을 세운 보기 드문 사례다. 그래도 20+도루 시즌이 3번이나 있었던 선수. 그런데 1991년 도루왕은 이순철(56개)이 차지했다.

삼성 김재걸

프로 2년차인 1996년에 40도루로 이종범(57개) 정수근(43개)에 이어 3위에 올랐다. 하지만 이후 20도루 시즌 없이 은퇴했다. 프로 통산 OPS가 0.595에 불과하지만 '한국시리즈의 사나이'라는 별명을 얻었다는 점도 묘하게 '원 시즌 원더' 캐릭터와 겹친다. KBO 리그에서 한 번이라도 40도루를 기록했다면 도루에서 상위 2.1%에 속한다.

조수행과 김상수는 차상위 기록도 30개에 달해 '원 시즌 원더'와는 어울리지 않는다고 봤다. 김주원은 23살인 2025년 커리어하이 기록을 썼다. 앞길이 창창하다.

점이 의아할 수 있다. 이현곤은 커리어하이 시즌인 2007년 OPS가 0.812로 기준에 못 미쳤고, 차상위 시즌과의 차이(.147)도 크지 않았다. 키움 강정호는 커리어하이 시즌이 2014년 1.198, 차상위 시즌이 0.973으로 차이는 0.226에 달했다. 하지만 0.973도 엄청난 기록이다.

OPS	커리어하이	차상위	차이	통산 OPS
롯데 홍문종	84년 0.954	87년 0.758	0.196	7시즌 0.751
삼성 동봉철	92년 0.908	97년 0.720	0.188	8시즌 0.745

OPS – 단일 시즌 300타석 시즌 OPS 0.900을 한 번이라도 기록한 선수

롯데 홍문종

일본 프로야구 출신 재일동포 선수. 1984년 교포선수 신분으로 롯데 자이언츠에 입단해 곧바로 KBO 리그에서의 커리어하이 시즌을 보냈다. 그해 최다안타 타이틀(122개)을 따내면서 타율 0.339로 '3관왕' 이만수에 이어 2위였다. 출루율(0.420) 2위, 장타율(0.539) 3위로 모두 대단했다. OPS는 0.954로 이만수와 김용철에 이어 3위였다. 하지만 이후엔 1987년의 0.758이 개인 최고 기록이다.

삼성 동봉철

1992년 타율 0.317, 출루율 0.433(5위), 장타율 0.476으로 KBO 리그에 화려하게 데뷔했다. 데뷔 시즌 OPS가 무려 0.908. 2년차 1993년에도 OPS 0.928로 활약했지만 이때는 방위병 복무로 68경기만 뛰어 타석 수가 적었다. 허리에 고질적인 부상이 있었던 게 전성기가 짧았던 이유.

ERA	커리어하이	차상위	차이	통산 ERA
빙그레 김락기	89년 2.67	90년 5.71	3.04	5시즌 4.15
MBC 이용철	88년 2.81	89년 5.44	2.63	7시즌 4.47

ERA – 시즌 단일 시즌 선발 등판 10회 이상+100이닝 이상

빙그레 김락기

데뷔 시즌이 커리어하이 시즌이었다. 그 시절 많은 투수가 그랬듯 선발과 불펜을 오가며 108이닝을 책임지며 8승 3패 2세이브 평균자책점 2.67 기록을 올렸다. 그런데 이듬해 110⅓이닝에서 평균자책점이 5.71로 치솟았다. 1989년 6개에 불과했던 피홈런이 1년 만에 19개로 늘어났다. 1991년부터 1993년까지 세 시즌 동안 1군 5경기 7⅓이닝 투구에 그친 채 유니폼을 벗었다.

MBC 이용철

1988년 7승 11패 평균자책점 2.81로 신인왕에 올랐다. 그해가 커리어하이 시즌으로 남았다. 1989년 29경기에서 7승 7패를 올렸지만 평균자책점이 5.44로 뛰어올랐고, 이후 은퇴하기까지 100이닝 시즌은 다시 오지 않았다. 그래도 1990년 10경기 32⅔이닝 평균자책점 2.48로 LG의 창단 첫 우승에 힘을 보탰다.

Honorable mention 롯데 윤형배 2년차인 1993년 평균자책점 2.46을 기록하며 전해 포스트시즌에서 활약이 우연이 아님을 입증했다. 하지만 무려 193⅔이닝을 책임진 탓인지 1999년을 끝으로 은퇴하기까지 6시즌 동안 50이닝을 넘긴 해가 딱 1번(1995년 67⅔이닝)이었다. 차상위 기록은 데뷔 시즌 1992년 4.86이다.

술과 부상이 거듭되면서 단 1승도 보태지 못하고 은퇴했다. 통산 1군 5시즌 1570이닝. 1994년 6월 17일 해태전에서 '무탈삼진 완봉승'이라는 진기록을 세웠다. KBO 리그 역대 최초이자 아직까지도 유일한 기록이다.

이닝		커리어하이	차상위	차이	통산 이닝
80년대	OB 한오종	88년 115.2이닝	87년 50이닝	110.2이닝	5시즌 1250이닝
90년대	LG 인현배	94년 124.2이닝	99년 160이닝	108.2이닝	5시즌 1570이닝
00년대	롯데 조정훈	09년 182.1이닝	08년 800이닝	102.1이닝	8시즌 409.2이닝
10년대	NC 박진우	19년 140.2이닝	20년 430이닝	97.2이닝	5시즌 228.2이닝

이닝 – 커리어하이와 차상위 시즌 100이닝 이상 차이가 있는 선수, 10년 단위 구간별 1위

1980년대 OB 한오종

통산 1군에서 5시즌을 채우면서 125이닝을 던졌다. 이닝 커리어하이 시즌은 1988년의 115⅔이닝. 그렇다. 나머지 4시즌 동안 책임진 이닝이 10이닝에 못 미친다. 1985년 1경기 10이닝, 1987년 3경기 50이닝, 1989년 4경기 3⅓이닝을 기록했고 1991년에는 1경기에 나와 한 타자를 상대해 볼넷을 내주고 내려갔다. 이른 은퇴 뒤 대만 프로야구 싱농 불스에서 투수코치로 지도자 경력을 시작했다.

1990년대 LG 인현배

1994년 데뷔와 함께 23경기에서 10승을 채우고 124⅔이닝을 던졌다. 그러나 이후 팔꿈치 수

2000년대 롯데 조정훈

2005년 드래프트 전체 1순위로 롯데 유니폼을 입었다. 4년차인 2009년 27경기 14승 9패 평균자책점 4.05로 최고 시즌을 보냈다. 무려 182⅓이닝을 던졌다. 선발 등판 평균 6⅔이닝 이상 책임진 셈이었다. 그리고 팔꿈치에 부상이 찾아왔다. 2010년 62이닝 투구에 그쳤고, 다음 6년 동안 1군에서 한 경기도 던지지 못했다. 2017년과 2018년 2년 동안 33경기 27⅓이닝을 던진 뒤 은퇴했다.

2010년대에는 100이닝 이상 차이를 보인 선수가 없었다. NC 박진우가 97⅔이닝으로 가장 차이가 컸다. 사이드암 투수로 2019년 41경기(선발 18회)에 등판해 140⅔이닝을 책임졌다. 하지만 다음 시즌엔 구속이 뚝 떨어지며 43경기(선발 1회) 43이닝 투구에 그쳤다. 2021년 9경기 11이닝 투구를 끝으로 방출되면서 은퇴를 결심했다. 이후 SSG 스카우트로 제2의 커리어를 시작했다.

탈삼진	커리어하이	차상위	차이	통산 탈삼진
롯데 조정훈	09년 175개	08년 54개	121개	8시즌 347개
현대 임선동	00년 174개	97, 01년 77개	97개	10시즌 436개

탈삼진 – 커리어하이와 차상위 시즌 차이

조정훈은 다승왕 시즌인 2009년 탈삼진에서도 175개로 류현진(188)에만 뒤진 2위였다. 이후 이닝과 함께 삼진도 크게 줄어들었다. 선발투수로 가능성을 보였던 2008년의 80이닝 54개가 커리어 2위 기록.

현대 임선동은 1 공동 다승왕(18)에 오른 2000년 195⅓이닝 동안 174탈삼진을 기록했다. 100이닝 시즌이 세 번 더 있었지만 탈삼진 능력이 그에 근접한 적은 없었다. 1997년 135⅔이닝, 2001년 159⅔이닝을 던지고 각각 77K를 기록한 것이 개인 차상위. 2001년 9이닝당 삼진 4.34개는 100이닝 이상 던진 투수 중 최소 기록이었다.

Honorable mention 롯데 노상수는 프로 원년인 데뷔 첫 해 44경기에서 12번이나 완투를 하며 232⅓이닝을 던졌다. 탈삼진은 141개. 9이닝당 5.46개는 지금 기준으론 보잘것없어 보인다. 하지만 1980년대 초반 프로야구에는 삼진 자체가 적었다. 노상수의 9이닝당 삼진 5.46개는 유종겸(6.81)에 이어 2위였다. 하지만 이해 무리한 탓인지 이듬해부터는 탈삼진 능력이 현저하게 떨어졌다. 1983년 169⅔이닝 69탈삼진이 차상위 기록이다. 1988년 다시 104⅔이닝으로 시즌 100이닝을 넘어섰지만 탈삼진은 41개에 불과했다.

SV+H	커리어하이	차상위	차이	통산 SV+H
현대 박승민	06년 38개	08, 11년 9개	29개	73개
KIA 이형범	19년 29개	20, 24년 2개	27개	34개

세이브+홀드 – 커리어하이와 차상위 시즌 차이

현대 박승민은 긴 무명 시절을 보낸 뒤 2006년 30살의 나이에 마무리로 변신했다. 1.82라는 압도적 평균자책점을 앞세워 38세이브를 기록했다. 그러나 계속해서 마무리 자리를 지키지는 못했다. 2007년에는 송신영과 조용훈이 마무리 임무를 대신했다. 이후 2007년 4홀드 3세이브, 2011년 8홀드 1세이브가 홀드+세이브 차상위 기록이다.

KIA 이형범은 대표적인 FA 보상선수 성공 사례다. 2019년 양의지의 보상선수로 두산으로 팀을 옮기자 마자 10홀드 19세이브를 기록했다. 통산 14홀드 20세이브 중 85.3%가 이 1년에 집중됐다. 2019년 한국시리즈에서는 3경기 4이닝 비자책 2실점 평균자책점 0.00에 1홀드로 우승에 기여했다. 이후 정규시즌에서는 한 시즌 홀드+세이브가 3개 이상 나온 적이 없었다.

Honorable mention KT 김민수 2022년 76경기 80⅔이닝 30홀드 3세이브. 앞 시즌 11홀드를 기록하며 가능성을 보였고, 2022년 커리어하이 시즌으로 상승세를 이어갔다. 2023년 이후로는 2024년의 12홀드가 최고 기록이다. 2024년에도 무려 75경기에 나와 81⅓이닝을 던졌다.

KIA 이형범 ©KIA 타이거즈

역대 FA
최고·최악
가성비
선수는?

_황규인

"깜빡 조는데 군대 꿈을 꿨다. 후임으로 박경수가 와 있었다. 박경수를 보자마자 '너 이 새X 왜 이렇게 못해?' 그랬더니 박경수가 '다 말 못 할 속사정이 있는 겁니다'라고 했다. 정말 태어나서 그렇게 미친 듯이 사람을 패본 적은 오늘 꿈속에서가 처음이었다."

지르느냐 참느냐 ── 그것이 문제로다

LG 팬으로 유명한 최훈 웹툰 작가는 2011년 소셜미디어(SNS)에 이렇게 썼다. 박경수는 LG가 2002년 시즌이 개막하기도 전에 이듬해 신인 1차 지명자로 확정한 유망주였다. 서울 성남고 재학 시절 "못해도 박진만, 잘하면 이종범이 될 것"이라는 평을 들었던 박경수는 LG에 입단하면서 계약금으로 4억3000만 원을 받았다. 동산고 포수 정상호가 2001년 SK(현 SSG)에 입단하면서 받은 4억5000만 원 다음인 당시 고졸 야수 역대 2위 금액이었다.

이 무렵 서울이 공동 연고지인 LG와 두산은 계약금을 더 높게 부른 팀이 1차 지명 우선권을 가졌다. LG는 '두산에서 얼마를 제시하든 5000만 원을 더 주겠다'고 박경수를 설득해 도장을 받아냈다. 성남고 1학년 시절부터 주전 유격수 자리를 꿰찬 박경수가 입단할 날을 학수고대하던 LG 팬들이 그를 이름 대신 '오천더'라고 불렀던 이유다.

프로 무대는 달랐다. LG 유니폼을 입은 박경수는 '절대 터지지 않는 유망주'의 대명사가 됐다. 2011년까지 9년 동안 타석에서는 통산 OPS 0.685에 그쳤고 수비에서도 유격수 부적합 판정을 받았다. 이 기간 스탯티즈 기준 누적 WAR는 11.1승이 전부였다.

2011년 시즌 종료 후 공익근무요원(현 사회복무요원)으로 입소한 박경수는 2014시즌을 앞두고 팀에 돌아왔다. 2년 공백을 채우기는 쉽지 않았다. 2011년 92경기였던 선발 출장은 2014년 48경기로 줄었다. 그해 최종 성적은 WAR 0.01승. 박경수는 시즌 종료 후 FA 자격을 얻었지만 LG는 붙잡을 마음이 없었다. 박경수는 그해 11월 28일 신생팀 KT와 4년 총액 18억2000만 원에 계약하며 수원으로 향했다.

"박경수는 예전부터 참 기대되는 선수였다. 좋은 재능을 가지고 있어 홈런을 20개 정도 칠 수 있는 능력이 있다. 올 시즌에는 홈런을 15−20개는 칠 수 있을 것이다."

2015년 당시 KT 지휘봉을 잡고 있던 조범현 감독은 시범경기 기간 취재진과 만나 이렇게 말했다. 프로 데뷔 이후 11시즌 동안 통산 홈런이 43개인 타자를 이렇게 평가할 때는 '기 살리기' 정도로 받아들여도 무방하다. 특히 팀이 1군 진입 첫 시즌을 앞두고 있다면 더더욱 그렇다.

그런데 박경수는 실제로 이해에 22홈런을 쳤다. 그리고 프로 데뷔 이후 최고인 WAR 4.9승을 남겼다. 박경수는 이후 FA 계약 기간이 끝날 때까지 통산 타율 0.280 82홈런 293타점을 기록했다. 이 기간 OPS 0.861에 WAR는 14.2승이었다.

스탯티즈에 따르면 박경수의 첫 번째 FA 계약이 끝난 2018년 WAR 1승당 평균 연봉은 3억231만 원이었다. 박경수는 WAR 1승에 1억2676만 원이었다. 막내 구단 KT로서는 리그 평균 비용의 41.9%만으로 팀 간판타자를 얻게 된 셈이다. 계약 기간 연평균 WAR 1.0승 이상을 기록한 FA 가운데 '가성비'가 가장 좋은 선수가 이해 박경수였다.

박경수는 2019년 시즌 개막을 앞두고 3년 총액 26억 원에 KT와 두 번째 FA 계약을 했다. 3시즌 동안 WAR 기준 'FA 가성비'는 176.6%로 올랐다. 리그 평균보다 76.6% 비싼 선수였다는 의미다. 박경수는 2019년에는 WAR 2.9승, 이듬해에는 2.9승을 기록했지만 2021년 0.10승에 그치면서 가성비를 깎아 먹었다. 그렇다고 2021년이 실패라고는 할 수 없다. KT가 창단 후 처음으로 출전한 한국시리즈에서 우승을 이끌며 MVP로 뽑혔기 때문이다.

프로야구 역대 FA 가성비 베스트 5							
이름	연도	구단	금액	WAR	WAR 1승당	리그 평균	비율
박경수	2015	LG → KT	18억	14.20	1억2676만	3억231만	41.9%
오지환	2020	LG	40억	21.38	1억8709만	2억9217만	64.0%
송진우	2000	한화	7억	13.61	5143만	6012만	85.5%
강민호	2022	삼성	36억	11.29	3억1887만	3억5467만	89.9%
손시헌	2014	두산 → NC	30억	10.86	2억7624만	2억9390만	94.0%

우승은 가성비가 만든다

FA 가성비 2위는 박경수의 LG 1차 지명 6년 후배인 오지환이다. 오지환은 2020년 시즌을 앞두고 FA 자격을 얻어 원소속팀 LG와 4년 총액 40억 원에 계약했다. 오지환은 이 4년 동안 WAR 21.4승을 올렸다. 계약이 끝난 2023년 기준 WAR 1승당 평균 연봉은 2억2917만 원이었는데 오지환은 64.0%인 1억8709만 원에 1승을 안겼다. LG 역시 오지환의 계약 마지막 해에 1994년 이후 29년 만에 한국시리즈 우승을 차지했다. 그리고 LG 주장 오지환은 이해 한국시리즈 MVP에 올랐다.

첫 번째 FA 때 계약 기간 6년 이상에 총액 100억 원 이상을 요구했던 오지환은 2023년 시즌을 앞두고 LG와 6년 총액 124억 원에 비FA 다년 계약을 맺었다. 그러고는 시즌 종료 후 똑같은 조건으로 FA 계약을 다시 했다. 2차 드래프트를 앞두고 보호선수를 한 명이라도 더 확보하려 계약 형태를 바꿨던 것. 한국야구위원회(KBO)는 이에 다년 계약 선수는 FA 자격을 얻을 수 없도록 2024년 규정을 손질했다.

오지환 다음은 '회장님' 송진우다. 1999년 한화의 한국시리즈 우승을 도운 송진우는 그해 시즌 종료 후 FA 권리를 행사했다. 그리고 원소속팀 한화와 3년 총액 7억 원에 도장을 찍었다. 프로야구 역사상 1호 FA 계약이었다. 이 계약이 끝난 2002년만 해도 WAR 1승당 연봉은 6012만 원이 전부였다. 송진우는 5143만 원으로 85.6% 수준이었다. 송진우는 36세였던 2002년 투수 부문 골든글러브를 탔는데 현재까지 이 포지션 최고령 수상 기록으로 남아 있다.

4위는 포수 강민호의 세 번째 FA 계약이다. 2018년 4년 동안 총액 80억 원을 받는 조건으로 롯데에서 삼성으로 옮긴 강민호는 이 계약이 끝난 뒤 다시 삼성과 4년 36억 원에 잔류를 선택했다. 그리고 WAR 1승당 3억18887만 원에 총 11.3승을 올렸다. 2025년에는 WAR 1승당 평균 연봉이 3억5467만 원까지 올랐기 때문에 강민호는 89.9% 비용으로 같은 승수를 올린 셈이 된다. 강민호는 2025년 시즌 종료 후 다시 삼성과 계약하면서 프로야구 역사상 처음으로 FA 계약을 네 번 한 선수가 됐다.

5위는 손시헌이다. 두산에서 뛰던 손시헌은 2013년 시즌 종료 후 4년 총액 30억 원에 FA 계약을 하고 NC로 건너갔다. 그리고 2017년까지 통산 WAR 10.9승을 남겼다. WAR 1승당 2억7624만 원으로 역시 계약 마지막 해인 2017년(2억9390만 원) 평균과 비교하면 94.0% 수준이었다. NC도 그 덕에 유격수 수비에 대한 부담 없이 조기에 1군 무대에 연착륙할 수 있었다.

장성우와 전준우도 리그 평균보다 적은 비용으로 팀에 승리를 안겼다. 2022~2025년 KT와 총액 42억 원에 계약한 장성우는 누적 WAR 12.5승으로 평균 3억3546만 원에 1승을 올렸다. 리그 평균의 94.6%에 해당하는 금액이다. 2020~2023년 롯데와 총액 34억 원에 계약한 전준우는 이 기간 WAR 11.9승을 기록했다. WAR 1승당 비용은 기준 금액(2억2917만 원)의 97.6%인 2억8523만 원이었다.

●

홍현우가 최악이 아니라고?!

가성비가 가장 떨어지는 FA는 이런 식으로 순위를 정할 수가 없다. WAR가 마이너스(−)로 나올 수도 있기 때문이다. 대신 '잃어버린 WAR'를 계산하는 건 가능하다.

예를 들어 LG는 2000년 시즌 종료 후 FA 홍현우와 4년 총액 18억 원에 도장을 찍었다. 2025년 관점에서는 '소소한 계약'처럼 보이지만 2000년에는 4510만 원이면 WAR 1승을 거둘 수 있었다. LG는 WAR 39.9승에 해당하는 금액을 투자했다고 할 수 있다.

만약 홍현우가 LG에서 WAR 제로(0)를 기록한다면 이 WAR 39.9승을 날린 셈이 된다. 실제로는 더 나빴다. 홍현우가 실제로 LG에서 뛴 4년 동안 남긴 누적 WAR는 −0.75승이었다. 결국 LG는 '대체 선수'

로도 채울 수 있었던 0.75승을 보태 총 40.65승을 잃어버린 것이다.

LG로서 더욱 뼈아픈 건 2004년 시즌 종료 후 트레이드를 통해 홍현우를 사실상 친정 팀인 KIA로 돌려보냈다는 점이다. 홍현우 혼자 보냈으면 괜찮았을 텐데 이용규와 함께 보냈다. 〈넘버스북 2025〉에서는 이 선택을 '역대 조공 트레이드' 4위로 꼽았다.

프로야구 역대 FA 가성비 워스트 5							
이름	연도	구단	금액	WAR	WAR 1승당	기대 WAR	차이
심정수	2005	현대 → 삼성	60억	9.53	6억2959만	78.30	68.77
정수근	2004	두산 → 롯데	40억6000만	10.64	3억8158만	57.38	46.74
진필중	2004	KIA → LG	40억6000만	0.19	157억8947만	42.40	42.21
이용규	2014	KIA → 한화	67억	8.87	7억5536만	50.96	42.09
장원삼	2014	삼성	60억	4.11	14억5985만	45.64	41.53

이렇게 계산해 보면 '헤라클레스' 심정수를 워스트 FA 1위로 꼽을 수 있다. 2003년 리그 전체 WAR 1위(9.0승)를 기록했던 심정수는 2024년 50위(2.6승)까지 순위가 떨어졌다. 무릎 부상과 라섹 수술 부작용이 문제였다.

그러나 이승엽이 2004년 일본프로야구(NPB)로 떠나면서 장타력 갈증에 시달리던 삼성은 심정수에게 총액 60억 원짜리 4년 계약을 안긴다. 계약 기간에 WAR 78.3승을 기록해야 맞출 수 있는 금액이었다. 실제 WAR는 9.5승이었다. 그 바람에 삼성은 68.8승을 잃어버리고 말았다.

워스트 FA 2위는 2004년 롯데와 6년 계약한 정수근이다. 총액 40억6000만 원은 당시 기준 FA 역대 최고액이자 WAR 57.4승을 올려야 수지타산을 맞출 수 있는 금액이었다. 정수근이 롯데에서 남긴 WAR는 10.6승으로 46.7승 손해였다. 정수근은 게다가 경기장 안에서만 팀에 손해를 끼친 게 아니었다. 팀 주장을 맡고 있던 2008년 만취 상태에서 경찰관까지 폭행하는 사고를 쳤고 이듬해에도 술집에서 행패를 부리면서 결국 불명예 은퇴하고 말았다.

이어 LG에서 WAR 42.21승을 날린 진필중이 3위다. 두산 시절 진필중은 포스팅(비공개 경쟁 입찰) 제도를 통해 메이저리그 문을 두드릴 정도로 잘 나가던 마무리 투수였다. 2003년 KIA에서 한 해를 보낸 진필중은 LG와 4년 총액 30억 원에 계약하며 잠실로 돌아왔다. 그러나 LG에서 2006년까지 누적 WAR 0.19승에 그친 뒤 2007년에는 1군 경기에 한 번도 나서지 못하고 방출된다. LG는 진필중을 영입하면서 KIA에 손지환을 보상 선수로 내줬다. 손지환은 KIA에서 4년간 WAR 5.4승을 올렸다.

4위는 이용규다. 홍현우 트레이드 때 KIA 소속이 된 이용규는 2013년 시즌 종료 후 FA 자격을 얻어 한화와 4년 계약을 한다. 문제는 FA 자격 취득을 앞두고 어깨 수술을 받은 데다 재활이 다 끝나기도 전에 지명타자로 경기에 출전하기 시작했다는 점이었다. 이 때문에 첫해 WAR가 −0.02승에 그쳤다. 2015년에는 WAR 4.1승, 2016년에는 4.5승을 거뒀지만 2017년 다시 0.3승에 그쳤다. 당시 총액 67억 원은 WAR 50.9승이 손익분기점이었지만 실제 결과는 8.87승이었다.

계속해서 장원삼이 5위였다. 장원삼은 2013년 시즌 종료 후 당시 FA 투수 최고액인 60억 원에 원소속팀 삼성과 4년 계약을 맺었다. FA 계약 첫해였던 2014년 2.8승이던 WAR는 2015년 0.9승, 2016년에는 −0.1승으로 내려갔다. 2017년에도 0.5승이 전부였다. 이 계약으로 삼성은 41.5승을 잃어버렸다. FA 계약 기간이 끝난 뒤 재취득 자격을 갖추지 못한 장원삼은 2017년 연봉 7억5000만 원에서 5억5000만 원이 줄어든 2억 원에 계약을 했다. 프로야구 역대 최다 삭감 신기록이었다. FA 자격이 없어 삼성 구단의 보류권에 묶인 신분이었지만, 시장에 나갔어도 그 이상 금액을 받기는 어려웠을 것이다.

아, 홍현우는 7위다. 홍현우와 장원삼 사이에는 박명환이 있다. 2006년 최하위(8위)에 그친 LG는 그해 시즌 종료 후 '잠실 라이벌' 두산에서 FA 자격을 얻은 박명환을 4년 40억 원에 영입했지만 결국 41.1승을 잃어버리게 된다.

강민호 ©삼성 라이온즈

'몬스터월'은 대전의 야구를 어떻게 바꿨나 -파크팩터 이야기

_이성훈

2025년 KBO리그 중요 사건 중 하나는 대전 한화생명 볼파크의 개장이었다. 1964년 개장해 리그에서 가장 낙후됐던 옛 이글스파크(한밭야구장) 대신 깔끔하고 편안한 새 구장이 문을 열었다. 이글스 팬들은 72번 홈경기 중 60경기를 매진시키며 열광적인 반응을 보였다. '인피니티 풀' 누수 문제와 파울볼에 맞아 깨지는 유리창, 기대보다 적은 1만7000석의 관중석 규모 등은 논란이 됐다. 하지만 대전의 야구팬들이 이전보다 훨씬 나은 환경에서 야구를 즐길 수 있게 된 건 분명하다.

볼파크의 특징은 ── 경기에 어떤 영향을 미쳤을까

새 대전구장은 독특한 그라운드 모양으로도 화제가 됐다. 국내에서 볼 수 없었던 좌우 비대칭 외야 그라운드와 우익수 쪽 95m 거리에 솟은 8m 높이의 일명 '몬스터월'이 눈길을 끌었다. 이런 볼파크의 특징은 경기에 어떤 영향을 미쳤을까. 또 그라운드 환경에 변화를 겪었던 다른 구장은 어땠을까.

이를 파크팩터라는 지표로 파악했다. 파크팩터는 구장의 특정 이벤트에 대한 유불리 여부를 보여준다. 1000이 리그 평균이고 높을수록 해당 이벤트가 더 자주 발생한다. 예를 들어 2025년 서울 잠실구장의 홈런 파크팩터는 635였다. 리그 평균보다 36.5% 홈런이 덜 나왔다는 의미다. 이 글에서는 가장 간단한 공식을 사용해 파크팩터를 구했다. 스탯티즈의 파크팩터 공식과는 분모에 경기 대신 타석을 사용하는 등 차이가 있다. 이 때문에 결과가 약간 다르게 나오지만, 큰 차이는 없다.

1000을 기준으로 그 이상이면 타자에게 유리하다. 이하라면 투수에게 유리한 구장이다.

1. '볼파크'는 좌타자와 우타자를 차별대우했다.

한화 구단 최근 2시즌 파크팩터 변화		
지표	2024년	2025년
홈런	891	835
2루타	917	1106
삼진	1044	933
볼넷	1048	1019
실책	1100	1000
인플레이 안타	997	1118
득점	963	1068

볼파크 첫 시즌에 홈런 파크팩터는 835로 계

파크팩터 공식 예시

사직구장 홈런 파크팩터
= [{(롯데 사직 홈런)+(롯데 사직 피홈런)}
/{(롯데 사직 타석+롯데 사직 피타석)}]
/[{(롯데 타구장 홈런)+(롯데 타구장 피홈런)}
/{(롯데 타구장 타석+롯데 타구장 피타석)}]

산됐다. 리그 평균보다 17% 정도 홈런을 억제하는 구장이었다는 의미다. 잠실구장 다음으로 홈런을 치기 어려운 서울 고척스카이돔과 비슷한 홈런 억제력을 보인 것이다. 몬스터월과 좌우중간까지 깊은 거리가 예상대로 홈런에 불리하게 작용했다. 지난해 가장 홈런에 유리했던 대구 삼성라이온즈파크(1542)나 인천 SSG랜더스필드(1463)와는 매우 큰 차이다.

2025시즌 구장별 홈런 파크팩터

구장	홈런 파크팩터
잠실	635
고척	811
대전	835
사직	923
광주	980
수원	1108
창원	1373
인천	1463
대구	1542

그런데 볼파크를 '수비 친화적 구장'으로 평가할 수 있을지는 애매하다. 〈표1〉을 다시 보자. 볼파크의 득점 파크팩터는 1068로 계산됐다. 즉 평균보다 6.8% 득점을 내기 좋은 환경이었다. 이글스파크의 2024년 득점 파크팩터 963보다 오히려 높아졌다. 이유는 2루타 등 인플레이안타의 증가로 보인다. 2루타 파크팩터가 2024년 917에서 1106으로 높아졌다. 단타와 3루타를 포함한 인플레이안타 파크팩터도 997에서 1118로 상승했다. 홈런 파크팩터는 2024년 옛 홈구장 이글스파크도 891로 평균보다 낮은 편이었다. 즉 데뷔 첫해 볼파크는 이글스파크와 비슷하게 홈런을 억제하는 경향을 보였지만 2루타 등 인플레이 안타를 치기에는 더 유리해

졌다. 한화가 리그 최강 투수진을 보유했다는 점은 바뀐 구장 환경에서 더 대단해보인다.

'펜스 거리가 가깝지만 담장이 높은 구장'은 국내외를 가리지 않고 2루타 파크팩터가 높게 나오는 경향이 있다. 다른 구장이면 펜스를 넘어가거나, 혹은 워닝트랙에서 잡힐 타구가 자주 담장을 맞고 2루타로 둔갑하기 때문이다. 그래서 외야 왼쪽에 세워진 11.3m '그린몬스터'가 상징인 보스턴의 펜웨이파크, 그리고 펜스 거리가 좌우 95m에 높이는 4.8m인 부산 사직구장은 거의 언제나 리그 최고의 2루타 공장이었다.

그런데 볼파크의 높은 2루타 파크팩터가 몬스터월 때문이었는지는 애매하다. 좌타자보다 우타자들의 2루타 파크팩터가 더 높게 계산되기 때문이다.

한화생명 볼파크 좌우타자별 파크팩터

지표	좌타자	우타자
홈런	712	932
2루타	1025	1191
삼진	967	907
볼넷	1044	1004
인플레이 안타	1109	1121

볼파크의 좌타자 홈런 파크팩터는 거의 '잠실 수준'까지 내려간다. 인플레이 안타를 제외하면 좌타자에게 리그 평균보다 크게 유리한 항목이 없다. 반면 우타자 홈런 파크팩터는 좌타자만큼 낮지 않았고, 2루타 파크팩터는 리그 평균보다 꽤 높게 계산됐다.

그래서 첫 시즌만 보면, 볼파크는 2루타를 많이 치는 '중장거리형 우타자'에게 유리한 구장으로

보인다. 시간이 흐르고 이러한 특성이 굳어진다면, 한화가 독특한 구장의 특성을 전력 구성에 어떻게 활용할지도 관심사가 될 것이다.

2. '성 담장'을 없애자 볼넷이 늘었다?

롯데는 2025시즌을 앞두고 4.8m 펜스 위에 설치했던 1.2미터 높이 철망, 이른바 '성 담장'을 철거했다. 2021년 시즌 뒤 펜스 높이를 올리기로 결정한 성민규 당시 단장의 이름을 딴 별명이다.

파크팩터를 보면 효과는 즉각적으로 나타난 것으로 보인다. 그런데 예상치 못한 부작용도 나타났을 개연성도 있다.

사직구장 최근 2시즌 파크팩터 변화		
지표	2024년	2025년
홈런	654	923
2루타	1154	1173
삼진	888	975
볼넷	979	1136
실책	1251	1184
인플레이 안타	1174	1038
득점	1143	1109

2024년 사직구장 홈런 파크팩터는 654로 잠실(743)보다 낮은 KBO 리그 최저였다. '성 담장'은 사직을 잠실보다 더한 '홈런 타자의 무덤'으로 만들었다. 이 담장을 철거한 2025년, 사직의 홈런 파크팩터는 바로 923으로 올라갔다.

그런데 덩달아 볼넷 파크팩터도 급등했다. 볼넷은 홈런, 2루타 등 타격 이벤트보다 표본이 훨씬 많기 때문에 '튀는 값'이 나오기 어렵다. 그래서 볼넷 파크팩터 값은 아무리 높아도 1100을 넘기지 못하는 게 일반적이다. 그런데 사직구장 볼넷 파크팩터 값은 1년 만에 979에서 1136로 치솟아버렸다. 이는 투수들이 낮아진 담장을 의식해 정면승부를 피했을 가능성을 시사한다.

파크팩터는 구장의 물리적 특징만 반영하지 않는다. 파크팩터가 측정하는 지표는 결국 선수가 만들어낸다. 환경 변화가 그라운드에서 뛰는 선수의 심리 상태가 경기에 접근하는 태도를 바꾼다면 파크팩터 값도 따라서 변한다.

홈런이 줄어들고 볼넷은 늘어났지만, 전체적으로 사직구장이 공수 중 어느 쪽에 유리했는지를 종합적으로 따지는 득점 파크팩터에는 큰 변화가 없었다. 2024년 1143에서 지난해 1109로 3% 낮아졌을 뿐이다. '성 담장'이 있을 때나 없을 때나 사직구장은 쏟아지는 2루타 덕에 리그 평균보다 10% 정도 공격 쪽에 유리한 구장이었다.

3. KBO 리그 대표 '타자 지옥'은 이제 잠실이 아니다.

2024년초 메이저리그 LA 다저스와 샌디에이고가 고척돔에서 시즌 개막전을 치렀다. '서울 시리즈'를 앞두고 구장을 관리하는 서울시시설관리공단은 고척돔의 인조잔디를 전면 교체했다. 메이저리그 커미셔너 사무국의 요청이었다.

야구 경기 뿐 아니라 콘서트 등 각종 행사를 9년 동안 소화한 고척돔의 인조잔디는 닳고 닳은 상태였다. 마찰력이 줄어든 그라운드 환경에서 땅볼 타구 속도는 빨라진다. 잔디는 균일하게 닳지 않기 때문에 이상한 타구도 자주 나온다.

그래서 내야수, 특히 원정팀 내야수들은 고척돔 인조잔디에서 상대적으로 빨라지는 타구를 처리하는 데 애를 먹었다(이 현상에 대해서는 〈프로야구 넘버스북 2025〉에 실린 '수비하기 좋은 구장, 나쁜 구장, 이상한 구장'에 설명돼 있다). 잔디가 바뀌자 고척돔은 한국에서 가장 수비하기 좋은 구장으로 변신했다.

고척돔 최근 3시즌 파크팩터 변화

지표	2023년	2024년	2025년
홈런	826	835	811
2루타	1108	937	803
삼진	1067	1039	1107
볼넷	1016	1045	974
실책	1301	677	770
인플레이 안타	1008	938	853
득점	993	846	781

2023년 고척돔의 '실책 파크팩터'는 1301. 리그 평균보다 30% 넘게 실책이 잘 나오는 구장이었다. 타구가 빠르고, 불규칙하면 실책이 늘어나기 마련이다. 그런데 2024년에는 677로 거의 반 토막이 났다. 리그 평균보다 실책을 30% 억제하는 구장으로 돌변했다. 2025년에도 770으로 리그 최소치였다. 타구 속도 감소는 실책 외에 여러 종류 안타도 모두 줄인 것으로 보인다.

2루타와 인플레이안타 파크팩터가 모두 낮아졌다. 공격에 불리한 쪽으로 환경이 바뀌며 고척돔의 득점 파크팩터는 781까지 내려갔다. 잠실의 914보다 한참 낮은 리그 최소치다. 드넓은 잠실야구장은 오랫동안 KBO 리그를 대표하는 "투수 천국/타자 지옥'이었다. 이제 그 타이틀은

고척돔으로 넘어갔다.

4.
한국 야구 선수들은 왜 수비가 약한가?

고척돔의 변화가 시사하는 바가 있다. KBO 리그의 두드러지는 특징 중 하나는 타 리그에 비해 수비가 약하다는 점이다. '좋은 수비'는 페어 지역으로 나간 타구를 더 자주 아웃으로 처리하는 수비다. 이를 나타내는 지표가 DER다. 수비가 불가능한 홈런을 제외한 안타와 실책 출루의 합이 분자, 타석에서 역시 수비와 무관한 4사구와 삼진, 홈런을 뺀 값이 분모를 만든다. 그리고 이를 1에서 뺀 값이 DER이다.

DER 공식

$$1 - [(안타 + 실책출루 - 홈런) / (타석 - 볼넷 - 사구 - 삼진 - 홈런)]$$

여기에서는 기술적인 이유로 '실책 출루' 대신 '실책'을 공식에 넣었다. 이러면 출루와 무관한 실책의 영향으로 DER값은 다소 낮아진다. 하지만 추이를 보는 데는 문제가 없다.

최근 3시즌 리그별 DER

리그	2023	2024	2025	3시즌
KBO	0.667	0.651	0.665	0.661
MLB	0.684	0.689	0.690	0.688
NPB	0.700	0.700	0.697	0.699

지난해 KBO 리그 DER은 0.665였다. 반면 메이저리그는 0.690, 일본프로야구(NPB)는 0.697이었다. 메이저리그 타구 속도는 엄청나게 빠르다. 빠른 타구는 수비가 어렵다. 메이저리그 DER이 NPB보다 낮게 나오는 이유다.

그런데 KBO 리그 수비수들은 그보다 훨씬 느린 타구를 처리하면서도 아웃으로 전환시키는 비율이 떨어진다. 즉, 수비가 약하다. 직관적으로도 KBO 리그의 수비는 미국이나 일본 프로야구보다 떨어져 보인다. 수비수들의 '실력'이 그 이유로 지목돼 왔다.

하지만 2024년을 전후한 고척돔의 파크팩터 변화는 실력 외에 두 리그에 비해 열악한 그라운드 환경도 중요한 이유가 될 수 있다는 점을 보여준다. 실책이나 호수비는 팬들이 경기력을 직관적으로 파악할 수 있는 플레이다. 크게 늘어난 야구팬에게 수준 높은 경기력을 보여주기 위해서라도 구장 관리 개선이 필요하다. 하지만 구단들이 구장 관리에 들이는 예산은 크지 않은 게 현실이다.

숫자에 담긴
잠실구장
44년

_이성훈

후당 김인호(1932~1988)는 대구·경북 지역을 무대로 활동한 건축가다. 서울을 근거로 했던 김중업, 김수근에 비해 언론으로부터 주목은 덜 받았지만, 건축계에서는 '한국 3대 건축가'로 평가받는 거장이다. 한국 전통문화에 관심이 많아 사찰과 고건축물에 대한 논문을 다수 썼고, 불국사와 부석사 복원에 앞장섰다. 현대 건축물에도 '한국의 미'를 적용하려 애썼다. 신라 화랑의 투구 모양과 한옥 처마의 부연(보조 서까래) 구조가 만들어내는 곡선에서 영감을 받은 대구실내체육관은 1971년 개장 당시 혁신적인 건축으로 높은 평가를 받았다.

BE THE ONE

마지막이 될
잠실야구장 시즌을 앞두고

1977년 서울종합운동장 야구장 설계 공모에 당선된 김인호는 다시 한 번 전통미를 녹인 독특한 건물을 만들었다. 당시 세계 어디서도 비슷한 사례를 찾기 어려운 개성적인 야구장이었다.

미국 야구에는 집중적으로 야구장이 건설된 시기들이 있다. 1960~1970년대 야구장 건설 붐에는 특징이 있다. 다를 비슷한 모양이었다. 관중석을 최대한 늘리고, 인조잔디를 깔아 야구와 미식축구 경기를 같이 치를 수 있는 다목적 원형 구장을 만들었다. 공장에서 찍어낸 것처럼 개성이 없다고 해서 '쿠키 커터'라는 별명도 붙었다. 피츠버그의 스리리버스스타디움, 신시내티의 리버프론트스타디움, 필라델피아의 베테랑스스타디움 등이 이 시대를 대표하는 구장이다. 더 쾌적하고 아름다운 야구장을 원하는 대중의 요구에 따라 2000년대 초반 모두 사라졌다. 비슷한 시기 일본에 지어진 구장도 비슷했다. 1978년 문을 연 요코하마스타디움은 당대 미국 유행을 그대로 가져온 '원형 다목적 구장'이었다. 이런 시대에 김인호는 '한국적 아름다움'을 담은 야구장을 만들자고 결심한 것이다.

"(해외여행이 자유롭지 않았던 시절이라) 메이저리그는 가보신 적이 없었어요. 책을 보면서 공부를 하신 거죠. 타구가 어느 정도 날아가면 홈런이 된다는 기본적인 것부터요. 그러면서 야구의 속도감을 표현하면서 한국적 미학을 담으려 하셨어요."
– 김무권 건축가(후당 김인호 기념사업회장).

SBS '뉴스토리'와 인터뷰에서

"중대한 현상 설계(공모)가 있으면 향을 피워놓고 참선을 하셨어요. 한 번은 아버지께서 참선 중에 야구공의 스피드나, 장구의 측면 모습에서 영감을 받으셨다는 얘기를 들었습니다."
– 김수양(김인호 선생 맏딸). 같은 인터뷰에서

곡선미가 살아 있는 지붕, 살짝 오르막 경사인 통로를 통과하면 펼쳐지는 확 트인 그라운드. 독특하고 아름다운 야구장은 1982년 문을 열었고, 이듬해부터 프로야구 경기가 열렸다. 지난해까지 44년, KBO리그 구장으로는 43년 동안 서울에서 가장 역동적인 공간 중 하나로 자리매김했다. 그리고 예정대로라면 2026년을 끝으로 생을 마감한다. 지금 구장은 철거되고 부지에 3만 석 이상 수용 규모인 돔구장이 들어선다. 새 구장은 5년 공사 뒤 2032년 개장 예정이다. 이 기간 동안 잠실 주경기장이 대체구장이 된다.

아듀, 잠실야구장. 마지막이 될 잠실야구장 시즌을 앞두고 이 책의 이름에 맞게 구장과 관련된 숫자를 들어본다.

44년 동안 KBO리그 정규시즌 5386경기, 포스트시즌 193경기가 잠실구장에서 열렸다.

잠실 마운드에서 가장 긴 이닝을 보낸 투수는

정삼흠으로 1141⅓이닝을 던졌다. 1110⅔이닝의 김용수가 뒤를 잇는다. 박명환과 장호연, 김상진이 그 다음이다. 모두 지금보다 선발투수가 훨씬 긴 이닝을 던진 시기에 활약했다는 공통점이 있다. 김용수는 선발보다 마무리 투수로 더 오래 뛰었음에도 이 부문 2위에 올랐다.

잠실구장 투구 이닝	
투수	잠실 투구이닝
정삼흠	1141⅓
김용수	1110⅔
박명환	954⅓
장호연	842.2
김상진	822

승리를 많이 따낸 투수들의 이름도 비슷하다

잠실구장 승	
투수	잠실 승
김용수	79
정삼흠	63
박명환	62
유희관	62
김상진	58

잠실 최다승의 주인공 김용수는 '잠실 최다 세이브'의 주인공이기도 하다.

잠실 세이브 순위	
투수	잠실 세이브
김용수	134
진필중	101
정재훈	87
봉중근	65
이상훈	63

잠실에서 홀드를 가장 많이 따낸 두 명은 모두 LG의 왼손 스페셜리스트다.

잠실 홀드 순위	
투수	잠실 홀드
진해수	79
류택현	72
이동현	61
이재우	48
정재훈	47

타자 부문 기록 대부분에 좌타 레전드 두 명의 이름이 올라 있다. 2002년 LG에서 데뷔한 뒤 21년 동안 한 팀에서만 뛴 박용택은 출장 경기와 안타, 득점, 2루타에서 1위다. 두산에서 10시즌, LG에서 8시즌을 보낸 김현수는 박용택이 1위인 모든 기록에서 2위, 타석수와 타점, 루타수, 볼넷 1위다. 김현수는 선수 생활을 마감할 때 쯤이면 잠실구장 통산 성적 대부분에서 1위에 오를 가능성이 높았다. 지난 시즌을 끝으로 KT로 FA 이적한 게 변수가 됐다.

두 좌타 레전드의 잠실 성적		
김현수		박용택
1251(2위)	경기	1275(1위)
1389(2위)	안타	1442(1위)
682(2위)	득점	691(1위)
0.309(7위)	타율	0.315(12위)
261(2위)	2루타	268(1위)
2060(1위)	루타	2052(2위)
5204(1위)	타석	5130(2위)
790(1위)	타점	650(2위)

잠실 통산 도루	
타자	잠실 통산 도루
정수근	247
이대형	209
정수빈	194
박용택	187
류지현	184

잠실 통산 3루타	
타자	잠실 통산 3루타
정수빈	52
오지환	36
정수근	34
김형석	34
김광림	32

잠실은 홈런을 치기 어려운 구장으로 타자들에게 악명 높다. '두목곰' 김동주가 잠실 홈런 1위다. 타이론 우즈는 잠실구장에서 5시즌만 뛰고도 5위에 올랐다.

잠실 통산 홈런	
투수	잠실 홈런
김동주	131
김현수	120
김재환	112
박용택	94
우즈	90

잠실 최고의 대도는 2~3년 뒤쯤 정수빈으로 바뀔 가능성이 높다. 정수빈은 커리어 353도루 중 55%를 잠실구장에서 기록했다.

그리고 곧 전준호를 제치고 KBO리그 통산 3루타 1위가 될 정수빈은 이미 '잠실 3루타왕'에 올라 있다. 2위 오지환과 16개나 차이가 난다.

LG와 두산은 잠실을 공동 홈구장으로 써왔다. 두 팀 모두 잠실에서 야구를 잘 했다. 두산(OB 시절 포함)이 조금 더 나았다. 원정을 포함한 통산 승률에서도 두산이 0.520으로 LG(MBC 시절 포함)의 0.501보다 더 나았다.

잠실 통산 승률			
	승	패	승률
MBC+LG	1580	1453	0.521
OB+두산	1583	1358	0.538

마지막으로, 두 팀의 맞대결 결과를 알아보자. LG와 두산은 44년 동안 총 734번 맞대결을 잠실에서 치렀다. 결과는 378승 336패 20무로 두산이 앞섰다.

잠실 라이벌전 통산 성적	
총 맞대결	734
OB+두산 승	378
MBC+LG 승	336
무승부	20

잠실구장의 마지막 시즌에는 어떤 이야기가 펼쳐질까.

잠실야구장에서 우승하는 다음 팀은 어디일까
©LG 트윈스

2025시즌 한국시리즈 5차전 LG 관중석의 모습
©LG 트윈스

'1200만 관중' 시대, 더 성장할 수 있을까

_이성훈

2024년 처음으로 시즌 1천만 관객을 돌파한 KBO리그의 흥행 열풍은 2025년에 더 뜨거워졌다. KIA를 제외한 나머지 9개 구단 관객이 늘어났다. 9개 팀 모두 시즌 관객 입장 기록을 경신했다. 리그 총 관객은 2024년보다 13% 증가한 1231만2519명. KBO리그는 '1100만'을 건너뛰고 사상 첫 '1200만 관객 시대'로 직행했다.

메이저리그보다 ─── ─── 관객이 더 많은 구단 등장

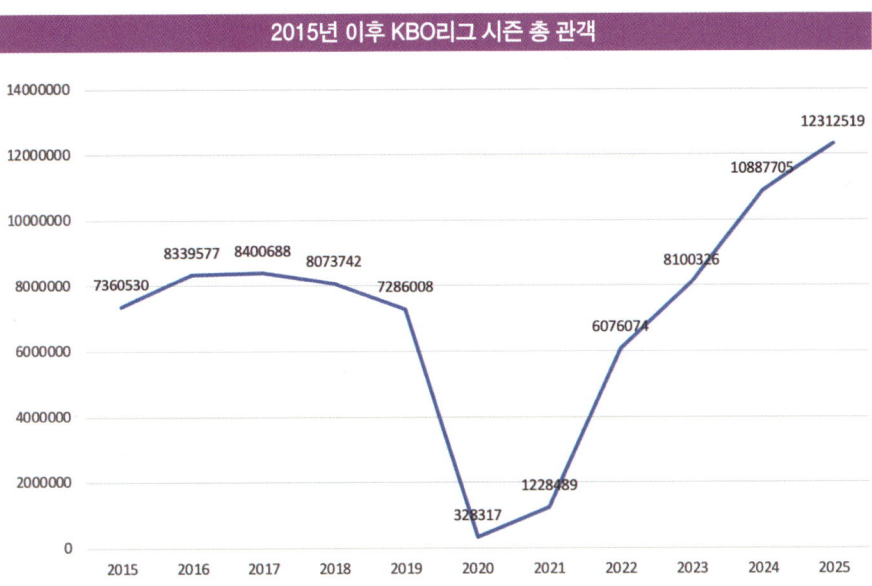

2015년 이후 KBO리그 시즌 총 관객

- 2015: 7360530
- 2016: 8339577
- 2017: 8400688
- 2018: 8073742
- 2019: 7286008
- 2020: 328317
- 2021: 1228489
- 2022: 6076074
- 2023: 8100326
- 2024: 10887705
- 2025: 12312519

야구장 객석엔 빈자리가 사라졌고, 입장권을 구매하기는 갈수록 어려워졌다. 새로 문을 연 대전한화생명볼파크에서는 정규시즌 72경기 중 60경기가 매진됐다. 99.3%라는 경이적인 객석 점유율이 나왔다. 2025년 전 세계 프로야구에서 객석 점유율 1위 구단이 한화였다. 2위는 98.4%인 삼성이었다. 이제 한국에서 프로야구 티켓 구하기는 '하늘의 별 따기'가 됐다.

불과 몇 년 전까지 꿈도 못 꾸던 일도 벌어졌다. 메이저리그보다 관객이 더 많은 구단이 등장하기 시작한 것이다. 삼성은 관객 164만174명을 유치해 역대 최다 기록을 세웠다. 메이저리그의

2025년 객석 점유율

구단	정원	평균 관객	객석 점유율
한화	17,000	16,875	99.3%
삼성	24,000	23,606	98.4%
롯데	22,665	20,793	91.7%
LG	23,750	21,725	91.5%
두산	23,750	19,595	82.5%
키움	16,000	12,312	77.0%
SSG	23,000	17,549	76.3%
KIA	20,500	15,207	74.2%
KT	18,700	13,301	71.1%
NC	17,983	10,906	60.6%

자료=한국야구위원회(KBO)

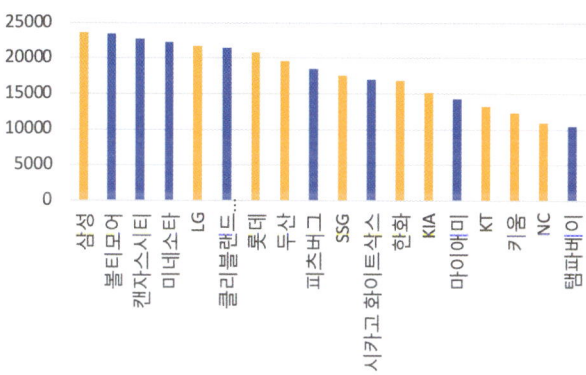

2025년 평균 관객

피츠버그, 시카고 화이트삭스, 마이애미, 탬파베이, 애슬레틱스보다 더 많았다. KBO 리그 홈 경기수가 메이저리그보다 9경기 적다는 걸 감안하면 더욱 인상적이다. 삼성의 평균 관객 2만 3606명은 메이저리그에서 22위에 해당한다.

지난해 〈넘버스북 2025〉을 비롯해 많은 매체들이 여성 관객 증가 현상을 다뤘다. 6개 구단 티켓 판매를 대행하는 〈티켓링크〉의 데이터에 따르면 2025년에 여성 관객의 비율은 더 늘었다. 남성 관객도 늘었지만, 여성 관객이 더 많이 늘어난 것이다.

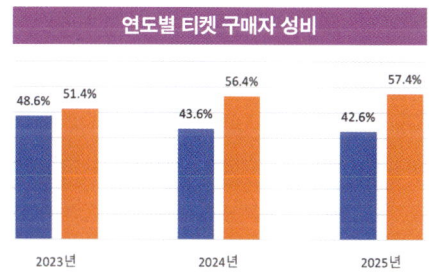

연도별 티켓 구매자 성비

치솟는 프로야구 인기는 TV 업계에도 지각 변동을 일으켰다. OTT와 유튜브의 등장 이후 전 세계에서 TV 시청자는 꾸준하게 줄어들고 있다. 2001년 80.8%였던 국내 지상파 3사(KBS·MBC·SBS) 시청 점유율은 2022년 40% 밑으로 내려왔다. 모든 프로그램 시청률이 과거와 비교할 수 없을 정도로 하락했다. 이 와중에 프로야구 시청률은 시대를 거슬러 상승했다. 지난해 포스트시즌 평균 시청률은 6.89%로 2024년의 6.12%보다 꽤 높아졌다. 한국시리즈 4차전 시청률은 10%를 넘어섰다. 축구 국가대표팀의 월드컵 최종예선 경기 시청률이 11–13%대였다. 축구 A매치는 한국 스포츠 중계에서 최고 시청률을 보장해 온 프로그램이었다. 프로야구의 인기가 축구 A매치의 아성을 위협하고 있는 것이다.

현재로서는 한국인들이 야구장에서 3시간 동안 경험하는 즐거움을 대체할 만한 '더 흥미로운 무언가'가 눈에 잘 띄지 않는다. 그렇다면 앞으로 야구 인기를 흔들만한 변수는 없는가? 물론 그렇지는 않다.

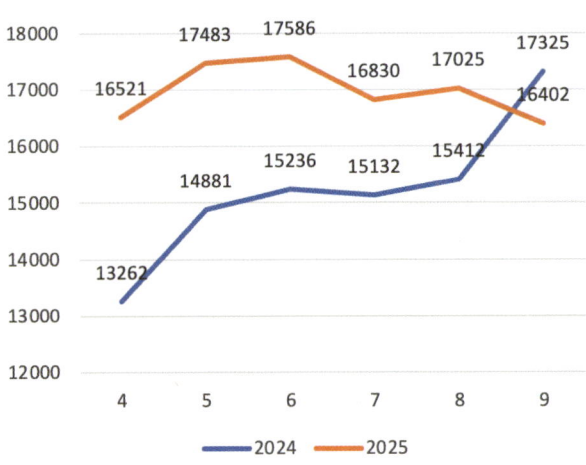

월별 편중 관중

범례: 2024, 2025

1. 날씨

밤 최저기온이 25도 이상인 날을 열대야라고 부른다. 프로야구가 출범한 1982년, 서울에는 1년 내내 열대야가 단 3일에 불과했다. 2025년에는 47일로 늘어났다. 전해인 2024년에는 48일로 역대 최장이었다. 이 기록은 다시 깨질 게 확실하다. 기후변화로 한반도의 여름은 갈수록 독해지고 있다. 야구를 보기도 불편한 날이 늘고 있는 것이다. 실제로 2025년에 한창 무더운 7월과 8월 관객은 6월 이전에 비해 확연하게 줄었다. 한여름 관객 감소는 2024년에는 두드러지지 않았던 현상이다.

필자는 4년 전 〈네이버〉에 기고한 칼럼에서 돔구장의 필요성을 주장했다. 기후변화에 대응하고, 세계를 휩쓸고 있는 K팝 스타들이 날씨 리스크 없이 대형 콘서트를 여는 데 돔구장이 필요하다는 취지였다. 돔구장은 건설과 유지에 많은 비용이 든다. 매일 경기를 여는 프로야구와

문화 콘텐츠의 결합으로 가동률을 높인다면 돔구장이 '혈세 먹는 하마'로 전락할 위험을 줄일 수 있다고 설명했다. 그때의 기대는 조금씩 현실이 되고 있다. 2만5000석 규모 청라돔이 2028년 개장을 목표로 인천 서구에서 공사가 한창이다. 프로야구 2026시즌이 끝나면 현 잠실야구장 자리에 3만5000석 새 돔구장을 만들기 위한 공사가 시작된다. 2025년 12월에는 최휘영 문화체육부 장관이 '5만 명 돔구장'의 필요성을 역설했다. 경기도 파주시가 돔구장 건설을 추진하고 있고, 김태흠 충청남도 지사도 천안에 5만석 돔구장을 짓겠다고 주장했다.

하지만 시간과 교통정리가 필요하다. 당장 잠실 돔구장 완공 목표 시점은 2032년이다. 더 늦어질 가능성도 매우 높다. 그동안 LG와 두산 팬들은 잠실 주경기장에 차려질 1만8000석 안 되는 '임시 야구장'에서 불편을 감수해야 한다. 주요 경기에는 3층 객석을 개방해 수용 규모를 3만 명 이상으로 수용한다지만 이 기간 리그

전체적으로 관객 감소가 불가피하다. 서울과 인천 외 다른 도시들이 짓고 싶어 하는 돔구장은 프로야구 1군 팀이 입주하지 않으면 가동 일수가 적어 '혈세 먹는 하마'가 될 것이 뻔하다. 허구연 한국야구위원회(KBO) 총재는 "1군 팀 추가 창설은 없다"고 못을 박았다. 진정으로 돔구장을 건설하려는 도시는 기존 1군 팀을 다른 도시에서 빼앗아 와야 하는 것이다.

여기에서 야구 인기에 영향을 끼칠 가능성이 있는 두 번째 문제가 발견된다.

2. 지방 소멸

2025년 3월 29일. 창원NC파크 외벽 구조물이 떨어져 관객이 사망하는 안타까운 사고가 일어났다. 사고의 원인과 처리 과정을 보면, 프로야구 연고지로서 지방 도시들이 처한 악조건들이 드러난다.

창원시와 지역 정치권이 NC 다이노스 유치 당시 내걸었던 많은 지원 약속을 제대로 지키지 않고 고압적이고 비협조적인 태도로 일관했다는 사실은 이제 잘 알려져 있다. NC 구단이 '연고지 이전 가능성'을 공개적으로 거론하자 급하게 "22년간 1300억 원을 지원하겠다"고 발표했다. 하지만 지원 근거가 될 '스포츠 진행조례 개정안'은 2025년 12월 31일 현재 창원시의회 본회의에 상정되지도 않았다.

창원에서 고전하고 있는 프로 스포츠팀은 NC만이 아니다. 2024–2025시즌 한국프로농구(KBL) 챔피언결정전 우승 팀 LG 세이커스의 홈구장은 창원체육관이다. 28년 전 개장할 때 설치한 전광판을 그대로 쓰고 있다. 다양한 시각 정보는 고사하고 출장 선수 5명 외에는 이름도

표기할 수 없는 구식이다. 국제농구연맹(FIBA) 기준에 맞지 않아 국제 경기는 개최할 수도 없다. 팬들의 여론이 들끓자 창원시는 2026년에 16억 원을 들여 전광판을 교체하기로 했다.

창원시가 스포츠 구단 지원에 인색한 데는 이해가 되는 구석도 있다. 중공업 도시인 창원의 경제력은 과거보다 하락했다. 2024년 창원시 재정자립도는 31.4%로 프로야구 연고 도시 중 가장 낮다.

프로야구 연고도시 재정자립도	
서울특별시	73.6
인천광역시	49.2
수원시	42.9
부산광역시	42.7
대구광역시	41.9
대전광역시	41.1
광주광역시	39.8
창원시	31.4

자료=국가통계포털(KOSIS)

그런데 창원시가 돈을 아끼지 않은 사례도 있었다.

창원에는 2007년부터 12년 동안 시비 1100억 원과 도비 1000억 원 포함 총 7000억 원이 투입된 '마산 로봇랜드'라는 테마파크가 만들어졌다. 로봇랜드는 2019년 개장하자마자 부실한 콘텐츠와 운영으로 적자 행진을 시작했다. 3년이 걸린 소송전에서 지는 바람에 경상남도와 창원시가 민간사업자에게 1662억 원을 배상하기도 했다. 감사원은 중앙투자심사를 의뢰하지 않고 전문기관 검토 없이 사업이 추진돼 막대한 재정 낭비가 발생했다고 질타했다. 지방자치단체의 무능과 무책임 때문에 혈세가 낭비됐

다는 것이다. 이걸로 끝이 아니었다. 2026년에 '로봇랜드 2단계 사업' 민간사업자 공모가 시작된다. 경남도는 여기에도 1800억 원 이상을 투자하고 연간 최대 210억 원의 보조금을 지급할 계획이라고 밝혔다. 2024년 로봇랜드 연간이용객은 약 50만 명. NC 구단 시즌 총관객의 70% 정도다. NC파크의 건축비는 1270억 원이었다. 창원시가 로봇랜드 민간사업자에게 배상한 돈의 75% 정도다.

또한 창원시는 '흉물 논란'으로도 홍역을 치렀다. 성산구 대상공원에 40m 높이 인공나무 '빅트리'를 만들었다. 싱가포르의 명물인 '슈퍼트리'를 본따 도시의 랜드마크를 기대했다. 하지만 완공된 빅트리는 조감도와는 사뭇 다른 기괴한 외형으로 빈축을 샀다. 민간사업자로부터 빅트리를 기부채납 받은 창원시는 해마다 유지보수비로 3억 원은 투입해야 한다. 시민들의 거센 항의를 받은 창원시는 '흉물'의 외형을 바꾸기 위해 또 외부 용역을 실시할 예정이다. 빅트리에 들어가는 돈이면 NC파크의 안전 관리와 유지보수를 문제없이 하고도 남았을 것이다.

재정과 행정 자원이 부족한 상황에서, 프로스포츠는 지자체 정책의 우선순위에서도 다른 사업들에 밀려나 있는 것으로 보인다.

사고 이후 NC 구단은 홈 경기를 부산 사직구장에 이어 울산 문수야구장에서 치르는 임시변통을 해야 했다. 5월 29일 창원으로 돌아왔지만 NC파크 관객석은 다른 구장과 달리 꽉 찬 날이 드물었다. 매진된 경기가 1년 내내 6번에 불과했다. 경기당 평균 관객은 1만906명으로 10개 구단 중 최하위였다. 비극적인 사망 사고의 충격 때문만은 아니었다. NC의 평균 관객은 2024년에도 꼴찌였다. 여러 이유가 거론되지만, 인구 감소 문제를 빼놓을 수 없다.

프로야구 연고 도시 인구 변화			
도시	2011년	2024년	증감폭
서울특별시	10,249,679	9,331,828	-917,851
부산광역시	3,550,963	3,266,598	-284,365
대구광역시	2,507,271	2,363,629	-143,642
인천광역시	2,801,274	3,021,010	+219736
광주광역시	1,463,464	1,408,422	-55,042
대전광역시	1,515,603	1,439,157	-76,446
수원시	1,088,489	1,193,005	+104,516
창원시	1,091,881	999,858	-92,023

자료=국가통계포털(KOSIS)

NC를 유치했던 2011년 109만 명이 넘었던 창원시의 인구는 이후 꾸준하게 감소했다. 2024년에는 100만 명 밑으로 내려왔다. 프로야구 연고지 중 유일하게 100만 명에 미치지 못하는 도시다. 전체 인구 감소보다 더 심각한 건 젊은 사람들이 사라지고 있다는 점이다. 국가통계포털(KOSIS)은 19세-39세 인구를 '청년'으로 분류한다. 2020년 이후 창원의 청년 인구는 2만4383명이나 줄어들었다.

2020년 이후 19~39세 인구 증감폭	
서울특별시	+90,268
부산광역시	-33,286
대구광역시	-39,289
인천광역시	+33,765
광주광역시	-22,525
대전광역시	-2,214
수원시	+16,606
창원시	-24,383

자료=국가통계포털(KOSIS)

수도권 구장인 잠실과 고척, 문학과 수원에는 3루쪽 원정 관객석도 빈자리가 드물다. KIA와 롯데, 삼성과 한화 등 전통의 '지역 인기팀'을 응원하는 젊은이들이 3루쪽 관객석을 채운다. 부모 세대로부터 지방 연고팀에 대한 '팬심'을 물려받았거나, 직접 지방에서 수도권으로 이주한 이들이다.

이 현상은 1970년대와 유사한 점이 있다. 급격한 산업화의 과정에서 지방에서 서울로 대거 이주한 젊은이들이 동대문야구장을 찾아 고향 명문고의 야구부를 응원하며 향수를 달랬다. 국가대표팀이 최우선 순위였던 축구와 달리, 야구는 그렇게 향수를 자양분 삼아 한국인의 삶에 뿌리를 내렸다. 이는 고교야구에서 프로야구로 이어졌다. KBO는 원년부터 지역연고제를 채택했고, 연고지 고교를 졸업한 선수는 모두 해당 구단만 지명할 수 있도록 했다. 동대문야구장을 찾았던 청년들의 '야구사랑'을 물려받은 어린이들이 '프로야구 키드'가 됐고, 그들의 자녀가 '천만 관객 시대'의 주역이 됐다. 그리고 지금 지방 도시 청년들은 조부모 세대처럼 나은 일자리를 찾아 수도권으로 모여든다. 조부모 세대가 동대문야구장을 찾았던 것처럼, 수도권 프로야구장 3루쪽 응원석을 찾아 타향살이의 고단함을 달랜다. 그들이 수도권으로 떠나는 만큼, 지방 도시 구장의 빈자리는 늘어난다.

그런데, 지방 구장들의 흥행 상황은 도시마다 제각각이다.

위에서 본 것처럼 대전과 대구의 관객석은 1년 내내 포화상태였다. 사직구장의 객석 점유율도 91.7%에 달했다. 대구와 부산은 인구가 가장 크게 감소한 지방 대도시다. 유일하게 2024년보다 관객이 줄어든 광주, 그리고 점유율 60%의 창원만 '흥행 적신호'가 켜진 것이다.

새 구장 효과와 성적 급상승을 동시에 누렸으며, 젊은층 인구 감소가 상대적으로 덜한 대전은 제외해보자. 산업 몰락과 인구 감소 현상을 비슷하게 겪고 있는 대구·부산과 광주·창원의 흥행을 가른 변수는 무엇이었을까.

팀 성적으로 해석하기에는 애매하다. 지난해 롯데의 후반기 추락이 KIA의 부진보다 덜 충격적이었다고 보기 어렵다. 삼성은 8월 중순까지 KIA보다 승률이 낮았다. 프로야구 최다 우승팀이자 최고 인기 팀인 타이거즈를 향한 광주 시민의 팬심과 자부심이 대구와 부산 사람보다 작을 리 만무하다.

하나의 가설을 세워봤다. 혹시 야구장과 전철역 사이의 거리가 이유 중 하나가 아닐까?

전철은 버스와 승용차보다 훨씬 많은 인원을 한꺼번에 제 시각에 수송할 수 있는 교통수단이다. 그래서 많은 사람이 출퇴근과 등하교를 위해 같은 시간대에 움직이는 대도시 환경에 어울리는 대중교통망이다. 그래서 프로야구와 찰떡궁합이다. 한국에서 매일 밤, 수만 명이 한곳에 모였다가 한꺼번에 흩어지는 대중 이벤트는 프로야구가 유일하다. 한국프로스포츠협회에 따르면 주요 프로스포츠 종목 가운데 야구 팬의 전철 이용률이 가장 높다.

그래서 전철역이 야구장과 붙어 있는 도시 주민들은 프로야구 관람에 느끼는 부담감이 상대적으로 덜하다. 언제 야구장에 도착할 지 확신할 수 있고, 경기가 끝난 뒤 귀가 시간에도 변수가 많지 않다. 야구를 안주 삼아 맥주 한 잔을 마시기에도 부담이 없다.

반면 승용차로 야구장에 가야 하는 팬이라면 몇 가지 고민을 해결해야 한다. 땅이 드넓어서 주차장도 광대한 미국 중소도시 스포츠 구장과 달리, 대부분 도심에 위치한 한국 야구장은 주차부터 스트레스다. 6시에 정시 퇴근을 해도 6시 30분 플레이볼에 맞춰 입장하기가 쉽지 않다. 음주운전을 하면 안 되니 경기 중 맥주 한 잔은 건강생심이다. 이런 스트레스에 시달리지 않으려면 버스를 타야 한다. 다만 경기가 끝난 뒤 수천 명과 함께 정류장에서 기다리면서 꽉 찬 버스 몇 대를 보내며 밤이 깊어지는 걸 각오해야 한다.

야구장을 전철로 갈 수 있는 도시 팬들은 이런 스트레스가 훨씬 덜하다. 대구와 부산이 그렇다. 라이온즈파크는 대구 지하철 2호선 알파시티역이 바로 붙어 있다. 사직구장은 종합운동장역에서 나와 5분만 걸으면 된다. 창원에는 아직 전철이 없다. 광주는 1호선에 이어 현재 공사 중인 2호선도 챔피언스필드를 작정한 듯 멀리 돌아간다. 가장 가까운 전철역인 금남로5가역에서 걸어가면 35분이 걸린다. 인근 주민이 아닌 이상 승용차를 타고 와서 주차 전쟁을 치르거나, 버스를 한 번은 타야 한다. 이런 도시 야구 팬은 '직관'을 위해 '더 큰 각오'를 해야 한다.

철도와 프로야구의 궁합을 잘 보여주는 사례가 바로 옆 나라에 있다. 일본이 지금처럼 세계에서 가장 프로야구의 열기가 뜨거운 나라가 된 이유 중 하나가 '철도'라는 학술적 분석이 많다. 일본 야구의 산업화 과정에서 중요한 초창기 동력은 철도업자들이 제공했다. 1920년대 한신, 한큐 등 간사이 지방의 민간업자, 이른바 '사철'이 신규 노선을 건설하며 종점 부근에 야구장 등 오락시설을 만들었다. 승객 유치를 위해서였다. 일본 야구의 '성지'로 불리는 고시엔구장의 소유주는 지금도 한신전철이다. 도쿄 연고 야쿠르트의 전신 구단은 일본 국철(JNR)이 모기업이라 이름이 '고쿠데쓰(국철) 스왈로즈'였다. 긴테쓰(버팔로스)와 난카이(호크스)도 프로야구단을 소유해 재미를 봤던 철도회사다. 후쿠오카에서 '니시테츠(서일본 철도)'를 모기업으

로 탄생한 라이온즈는 1978년 세이부철도에 인수됐다. 세이부철도는 도쿄 외곽 도코로자와에 깔아놓은 세이부전철의 종점에 새 야구장을 만들고 라이온즈를 통째로 옮겨버렸다. 1980년대 '세이부 황금시대'가 열렸고, 수많은 팬이 세이부철도가 운영하는 전철을 타고 세이부라이온즈구장(현 벨루나 돔)을 찾았다. 현재 일본프로야구(NPB) 12개 구단 중 니혼햄을 제외한 11개 구단 홈 구장이 가장 가까운 전철역과 10분 거리 이내에 있다(니혼햄의 홈구장 에스콘필드 옆에는 2028년 개통을 목표로 '홋카이도 볼파크역'이 건설되고 있다). 아예 역이름이 '돔마에(돔 앞)'인 곳이 2곳, '규조마에(구장 앞)'인 곳이 1곳이다. 그래서 일본 야구팬들은 상대적으로 '이동 스트레스'를 덜 받으며 야구를 즐긴다. 한국보다 더 무더운 여름 폭염 때 전철을 타고 에어컨이 켜진 돔구장을 찾는 건 주머니가 가벼운 일본 젊은이들의 피서법이다.

그래서 야구장과 전철역의 거리를 고려하지 않은 지자체들의 결정은 아쉬울 수밖에 없다. 매일 밤 열리는 지역 최고의 볼거리를 전철망에 왜 포함시키지 않은 걸까. 전철망과 연결성이 더 강화된다면 프로야구는 더 훌륭한 여가 수단이 된다. 시민들의 불편이 해소되면서, 구장 인근 상권도 활기를 띨 수 있다.

그래서 주의깊게 지켜봐야 할 문제들이 있다. SSG가 짓고 있는 새 구장 청라돔은 지금은 존재하지 않는 '야구장 옆 전철역'을 확보할 수 있을까. 2028년 문을 열 대전도시철도 2호선 '보문산공원–한화생명볼파크역'은 어떤 효과를 가져올까. 그리고 21세기 내내 논의만 했던 '창원도시철도'가 언젠가 삽을 뜨고 계획대로 NC파크 앞을 지나갈 수 있을까. 그리고 그때까지 창원시가 NC 구단을 지킬 수는 있을까.

(광주KIA챔피언스필드는 위 지도 가운데 '무등경기장'에 위치한다. 광주 지하철 1호선에 이어 내년에 1단계 개통을 앞둔 2호선도 무등경기장을 멀리 돌아간다. 도보 30분 이내의 거리에 전철역이 한 곳도 없다. 사진 출처=광주교통공사 홈페이지)

일본프로야구 홈 구장과 가장 가까운 역

구단	홈구장	가장 가까운 역	도보 시간
요미우리	도쿄돔	고라쿠엔역/스이도바시역	5분 이내
한신	한신고시엔구장	고시엔역	5분 이내
요코하마	요코하마스타디움	간나이역/니혼오도리역	5분 이내
히로시마	마쓰다줌줌스타디움	히로시마역	약 10분
야쿠르트	메이지진구야구장	가이엔마에역	약 10분
주니치	반테린돔	나고야돔마에야다역	5분 이내
소프트뱅크	미즈호PayPay돔	도진마치역	약 10~15분
니혼햄	에스콘필드	기타히로시마역	약 20분
지바 롯데	ZOZO마린스타디움	가이힌마쿠하리역	약 15분
오릭스	교세라돔	돔마에치요자키역/돔마에역	5분 이내
라쿠텐	라쿠텐모바일파크	미야기노하라역	5분 이내
세이부	벨루나돔	세이부규조마에역	5분 이내

'천만 관객 시즌' 10개 구단 경영은 어땠나?

_최민규

한국 프로야구에는 오랫동안 '돈 먹는 하마'라는 달갑지 않은 별명이 붙었다. 이제는 아니다.

KBO리그는 2024년 사상 최초로 1000만 관객을 유치했다. 평균 관객은 출범 42년 만에 1만5000명을 넘어섰다. 흥행 열기는 2025년까지 이어졌다. 평균 관객 1만7101명으로 다시 신기록을 세웠다. 13.1%. 메이저리그는 1966년, 일본프로야구(NPB)는 1973년에 처음으로 평균 관객이 1만5000명을 넘어섰다. 이듬해엔 모두 증가율이 마이너스였다는 점에서 KBO리그의 최근 열기가 얼마나 대단한지를 보여준다.

이제 돈 먹는 하마가 ━━━━ 아니다

관객 증가는 매출 증대로 이어졌다. 2024년은 11년 만에 리그 구단 전체 매출액이 두 배가 된 해이기도 했다. 10개 구단이 금융감독원에 제출한 감사보고서를 종합하면 2024년 전체 매출액은 6,825억 원이었다. 전년 대비 11.0% 증가했고, 2013년(3,228억 원)의 2.11배였다. 10개 중 7개 구단이 역대 최고 매출 기록을 세웠다.

외형이 커졌을 뿐 아니라 내실도 좋아졌다. 10개 구단 전체 당기순이익은 2023년 156억 원에서 2024년 291억 원으로 86.5% 상승했다. 당기순이익을 매출액으로 나눈 순이익률은 4.3%로 이해 코스피 상장사 평균(4.9%)과 비슷했다. 하지만 프로야구단의 '내실'은 일반 기업에 비해 당기순이익이나 순이익률로 평가하기 어렵다. 매출 상당액이 모기업이나 계열사 등 특수관계자로부터 발생하기 때문이다. 통상 '지원금'이라 불린다. 이 돈으로 적자를 메우는 구조다.

〈넘버스북 2025〉에서 '자체 매출 비율'이라는 지표를 소개했다. '자체 매출'은 총매출액에서 특수관계자매출을 뺀 금액이다. 특수관계자는 법령상 '주주 등의 출자지분율 합계가 100분의 30 이상인 다른 법인'을 가리킨다. 통상적으로 '그룹 계열사'로 불린다. 자체 매출을 총매출로 나눈 게 자체 매출 비율이다. 특수관계자매출도 상품이나 용역 거래다. 하지만 시장 가격보다 훨씬 '우호적인' 가격이 매겨진다. 자체 매출 비율은 프로야구단의 '자생력'을 측정하기에 좋은 지표다.

2001년 금융감독원에 감사보고서를 제출한 구단은 삼성, LG, SK 등 세 곳이었다. 세 구단 자체 매출 비율은 17.7%에 불과했다. '프로야구는 돈 먹는 하마'라는 표현이 실감난다. 이후 이 수치는 꾸준히 개선돼왔다. 전 구단이 감사보고서를 제출한 2009년 리그 전체 자체 매출 비율은 44.1%였다. 2012년엔 61.8%로 상승했다. 2013년 NC, 2015년 KT가 제9, 10구단으로 새로 가입하면서 이 수치는 하락했다. 흥행 기반이 약한 신규 구단은 창단 초기 손익계산서 상태가 좋을 수 없다. 하지만 10구단 체제 4년째인 2018년에 자체 매출 비율은 60.6%로 다시 60% 선을 회복해 다음 시즌까지 이어졌다.

2020년 시작된 신종 코로나바이러스 감염증(코로나19) 팬데믹으로 프로야구 흥행은 전 세계적으로 타격을 받았다. 팬데믹 첫 해 자체 매출 비율은 47.9%로 급감해 2010년(47.6%) 수준으로 돌아갔다. 하지만 2023년 62.9%로 역대 최고치를 찍었다. 그리고 '천만 관객' 시대인 2024년 67.5%로 최고 수치를 경신했다. 아래에서 2024년 구단별 경영 성과를 살펴본다. 순서는 자체 매출 비율이다.

2009-2024년 KBO리그 자체매출비율(금액 단위 억 원)

연도	매출	당기순이익	자체매출	특수관계자 매출	자체 매출 비율
2009	2,129	26	875	1,254	44.1%
2010	2,292	5	1,042	1,250	47.6%
2011	2,720	21	1,410	1,310	54.2%
2012	3,039	131	1,829	1,210	61.8%
2013	3,228	-249	1,608	1,620	51.8%
2014	3,602	-260	1,828	1,774	52.7%
2015	4,547	-127	2,255	2,292	50.8%
2016	5,031	128	2,761	2,270	54.4%
2017	5,207	-124	2,894	2,313	56.9%
2018	5,077	97	2,993	2,084	60.6%
2019	5,163	7	3,081	2,082	60.5%
2020	4,322	-314	1,953	2,369	47.9%
2021	4,886	27	2,355	2,531	50.5%
2022	5,467	-133	3,082	2,385	58.3%
2023	6,147	156	3,838	2,309	62.9%
2024	6,825	291	4,610	2,215	67.5%

2024년 구단별 주요 경영지표(금액 단위 억 원)

구단	연도	자체 매출 비율	매출	당기순이익	자체 매출	특수관계자 매출
히어로즈	2024	100.0%	450	77	450	0
KIA	2024	85.9%	771	-3	662	109
NC	2024	76.8%	503	-2	386	117
두산	2024	72.6%	697	56	506	191
SSG	2024	64.5%	610	19	393	216
한화	2024	63.0%	594	1	374	220
LG	2024	61.5%	816	22	502	314
롯데	2024	59.6%	722	110	431	291
삼성	2024	58.7%	840	2	493	347
KT	2024	50.2%	823	9	413	410
전체	2024	67.5%	6,825	291	4,610	2215

키움 히어로즈

히어로즈는 모기업이나 계열사가 없다. 이장석 전 구단주가 지분 69.3%를 소유하고 있는 ㈜서울히어로즈가 구단을 운영한다. 그래서 자체 매출 비율은 언제나 100%다. 2024년 매출액 450억 원은 10개 구단 가운데 가장 적었다. 하지만 77억 원 흑자는 두 번째로 많았다. 성적은 꼴찌였지만 경영 성과는 좋았다.

히어로즈 구단은 매출을 크게 세 항목으로 집계한다. 운동장수입, 광고수입, 기타수입이다. 2018년까지는 상품매출을 따로 집계했지만 큰 의미 없는 수치였다. 2018년 상품매출액은 118만 원에 그쳤다.

매출에서 가장 큰 몫을 차지하는 건 광고수입이다. 2024년 전체 매출의 40%가 여기에서 나왔다. 창단 이후 전체 매출액에서도 차지하는 비중이 44%로 가장 높다. 네이밍스폰서가 메인, 유니폼과 고척돔에 부착하는 광고가 서브다. 키움증권이 우리담배(2008), 넥센타이어(2010~2018)에 이어 2019년부터 네이밍스폰서를 맡고 있다. 우리담배와의 첫 네이밍스폰서 계약은 3년 기간에 평균 70억 원 규모였다. 하지만 우리담배는 시즌 도중 계약을 파기했다. 70억 원 중 약 52억 원만 지급했다. 구단은 이후 소송으로 차액 등 25억7000만원을 돌려받았다. 우리담배의 스폰서는 첫 시즌 광고수입의 62%, 전체 매출의 38%에 달했다. 네이밍스폰서 없이 치른 2009시즌 히어로즈의 광고수입은 11억 원으로 급감했다.

넥센타이어는 2010~2015년 연간 50억 원 수준에서 계약했다. 다음 세 시즌엔 연간 100억 원으로 두 배 가량 인상됐다. 히어로즈는 2013년 처음으로 포스트시즌에 진출하며 만년 약체에서 컨텐더로 변신했다. 이해부터 4년 연속 가을 야구 무대를 밟았다. 이 기간 프로야구 평균 관객에는 큰 변화가 없었다. 이기는 팀을 만들어 구단 가치를 높였다는 해석이 가능하다.

키움증권과는 2019년부터 2023년까지 비슷한 규모 계약을 했다. '키움 히어로즈'는 첫 4시즌 모두 가을야구에 나갔다. 2023년 3월 스폰서 계약은 5년 연장됐다. 5년 550억 원에 인센티브를 포함하면 최대 695억 원이다. 성적에 따른 옵션 조항을 삽입한 건 스폰서 입장에서 현명했다. 계약을 연장한 2023년부터 키움은 세 시즌 연속으로 최하위로 추락했다.

히어로즈는 '비인기 구단'이다. 창단 이후 한 번도 평균 관객이 리그 평균을 넘어선 적이 없다. 2016년 서울 고척스카이돔에 입주한 뒤에도 마찬가지였다. 그래서 운동장수입이 적다. 2008-2024년 운동장수입이 차지하는 비중은 16%에 그쳤다.

그런데 2024년에 27%로 역대 최고를 찍었다. 금액(122억 원)과 평균 관객(1만1073명) 모두에서 역대 최고였다. 팀 순위가 꼴찌였지만 '천만 관객' 시대에 방문 팀 관객이 늘어난 덕을 봤다. 안방 팬 비율이 낮은 키움은 전통적으로 고가 입장권 정책을 펴왔다. 2024년엔 홈구장 입장 수입을 관객 수로 나눈 객단가가 10개 구단 중 두 번째로 높았다. 낡은 목동구장을 쓰던 2014년에도 두 번째였고, 리그 평균보다 27% 높았다. 아주 나쁘게 말하자면 '뜨내기를 벗겨 먹는' 상술이다.

구단들은 한국야구위원회(KBO)로부터 분배받

는 중계권 수입을 비롯한 여러 항목을 '기타수입'으로 분류한다. 키움은 '기타수입'이 가장 독특한 구단이다. 2016년 키움은 190억 원이라는 KBO에서 전례 없는 당기순이익을 올린다. 키움을 제외한 9개 구단 전체는 62억 원 적자였다. 전해 11월 메이저리그 미네소타 트윈스와 계약한 박병호의 이적료(152억 원) 덕이었다.

키움은 박병호를 비롯해 강정호, 김하성, 이정후, 김혜성, 송성문까지 잇따라 메이저리그로 선수를 보냈다. 이적료로 벌어들이는 수입도 구단 경영에 큰 도움이 된다. 프로야구에서는 이질적이지만, 프로축구에서는 자금력이 약한 구단이 살아남는 보편적인 방식이다.

키움 히어로즈 연도별 항목별 매출 비율

연도	운동장수입	광고수입	기타수입
2008	12.0%	62.1%	25.9%
2009	14.5%	6.9%	78.6%
2010	15.0%	59.1%	25.9%
2011	21.6%	40.9%	37.6%
2012	24.0%	42.6%	33.4%
2013	21.9%	51.4%	26.6%
2014	17.2%	49.7%	33.1%
2015	13.0%	40.6%	46.4%
2016	13.8%	36.9%	49.3%
2017	18.1%	45.9%	35.9%
2018	18.9%	51.2%	29.9%
2019	16.1%	53.2%	30.6%
2020	1.8%	63.7%	34.5%
2021	3.8%	45.3%	50.9%
2022	17.7%	46.7%	35.5%
2023	14.8%	28.5%	56.7%
2024	27.1%	39.6%	33.3%
전체	16.0%	43.6%	40.3%

이정후의 포스팅 수입이 들어온 2023년 기타수입은 364억 원으로 창단 이후 최고였다. 2024년에는 150억으로 줄었다. 2024년 매출 감소가 가장 컸던 구단이 히어로즈였다. 이해 메이저리그 포스팅을 신청한 김혜성의 계약이 이듬해 1월로 넘어갔다. 그래서 이적료 수입은 2025년 재무제표에 반영된다.

KIA 타이거즈

2024년 가장 괄목할 만한 경영 성과를 거둔 구단은 우승팀 KIA였다. 총매출액 771억 원으로 전년 대비 70%나 증가했다. 창단 이후 최고이자, 전체 구단을 통틀어 역대 5번째였다. 물론 이해 KIA에는 이적료 수입이 없었다. 내실 면에서 더 대단했다. 매출액 가운데 662억 원이 자체 매출이었다. 자체 매출 비율은 85.9%. 히어로즈를 제외하고는 역대 가장 높은 수치였다.

KIA 구단은 매출액 하위 항목을 공개하지 않는다. KBO가 집계한 관객 변화에서 KIA의 매출액 급증의 한 이유가 보인다. 이해 홈 관객은 125만9249명으로 전년 대비 49%나 증가했다. 평균 관객은 1만7250명으로 챔피언스필드 수용 규모(2만500석)의 84%를 채웠다. 입장수입으로만 전년 대비 51억 원을 더 벌어들였다. 여기에 MVP로 뽑힌 슈퍼스타 김도영의 유니폼 판매로만 100억 원 넘는 매출을 올린 것으로 알려졌다.

하지만 매출이 300억 원 넘게 올랐음에도 당기순이익은 더 나빠졌다. 2023년 1억9505만 원 적자에서 2억7176만 원 적자가 됐다. KIA는 지배회사인 ㈜기아와 지원금약정을 체결하고 있

				KIA 타이거즈 연도별 경영지표			
연도	매출	당기순이익	자체 매출	특수관계자 매출	자체 매출 비율	비고
2008	188	-1	불명	불명		
2009	255	0	92	163	35.9%	우승
2010	220	0	77	143	34.7%	
2011	278	0	119	159	42.7%	
2012	275	1	121	154	44.1%	
2013	306	-2	120	186	39.3%	
2014	348	-1	159	189	45.8%	
2015	438	-9	174	264	39.7%	
2016	453	-8	191	262	42.2%	
2017	544	-3	256	288	47.2%	우승
2018	471	-2	259	212	55.0%	
2019	416	9	192	224	46.2%	
2020	383	-4	112	271	29.4%	
2021	351	-1	115	236	32.7%	
2022	476	-1	228	248	47.9%	
2023	454	-2	307	147	67.6%	
2024	771	-3	662	109	85.9%	우승

다. ㈜기아는 대외홍보 및 광고 수행을 전제로 매년 결손금 범위 내 금액을 전액 지원한다. 구단 회계에서는 지원금수입으로 잡힌다. 그래서 자체 매출만으로 흑자를 내지 못하면 당기순이익은 언제나 소액 흑자 또는 소액 적자가 된다.

2024년 KIA의 지원금수입은 98억 원. 이를 포함한 특수관계자 매출은 109억 원이었다. 2008년 이후 가장 작은 규모였다. 반면 자체 매출은 662억 원으로 역대 최고였다. 자체 매출 112억 원, 특수관계자 매출 271억 원이었던 2020년과 비교하면 상전벽해 수준이다. 인구 5000만 명이 넘는 '고소득 국가' 한국에서 최고 인기 스포츠인 프로야구 우승팀의 한 해 스폰서 비용으로 98억 원 또는 109억 원은 너무 많은 금액이 아닐 것이다.

KIA 구단의 2024년 호황은 선수단뿐 아니라 프런트 직원에게도 수혜가 됐다. 앞 세 시즌 구단 임직원 급여는 36억~37억 원 수준이었다. 2024년에는 57억 원으로 더 많은 몫이 돌아갔다. 프런트에 좋은 인재를 고용하기 위해서는 재원이 있어야 한다.

●

NC 다이노스

NC도 2024년 이정표를 달성한 팀이다. 창원 NC파크 평균 관객이 처음으로 1만 명을 넘겼다. 리그 전체적으로는 큰 의미를 두기 어렵다. 평균 1만261명으로 10개 구단 중 최하위였다. 하지만 객단가는 1만8479원으로 놀랍게도 전체 1위였다.

2024시즌 구단별 객단가

구단	객단가(원)
NC	18,665
키움	16,306
한화	15,928
롯데	15,631
두산	15,343
LG	14,953
리그 평균	14,706
SSG	14,386
KT	12,933
삼성	12,633
KIA	12,322

통상적으로 고급 좌석을 많이 설치하면 객단가가 오른다. 하지만 2019년 개장한 NC파크는 새 좌석을 넣을 여지가 거의 없었다. 2022년부터 NC는 리그 순위, 상대 팀, 상대 전적, 날씨 등 다양한 변수를 고려해 입장권 가격을 탄력적으로 책정하는 '다이내믹 프라이싱' 정책을 펴고 있다. 본사인 NC소프트 AI(인공지능) 팀이 모델 설계를 맡았다.

NC 연도별 평균관객과 객단가

연도	평균관객	객단가
2014	7,297	8,001
2015	7,259	8,213
2016	7,627	8,827
2017	7,377	8,660
2018	6,151	7,608
2019	9,865	12,638
2020	639	14,723
2021	1,782	15,759
2022	5,125	14,320
2023	7,854	15,918
2024	10,261	18,481

NC파크는 지난해 대전한화생명볼파크 개장 이전 KBO 리그에서 가장 최근에 지어진 구장이다. 새 야구장은 흥행에 도움이 된다. 개장 첫해 평균 관객은 전년도보다 60%나 증가했다. 하지만 NC는 새 구장 덕을 제대로 보지 못했다. 이듬해 코로나19 팬데믹이 일어났기 때문이다. 팬데믹이 종료된 2022시즌에 관객 회복 속도는 다른 구단보다 느렸다. 2024년에야 비로소 첫 평균 1만 관객에 도달할 수 있었다. 하지만 스마트한 가격 정책으로 손실을 줄였다.

2024년 구단 매출액은 503억 원으로 전해보다 48억 원이나 줄었다. 하지만 실제로는 창단 이후 가장 건실했다. NC 구단은 매출액을 여섯 가지 항목으로 분류한다. 이 가운데 세 항목에는 큰 변화가 없었다. 하지만 입장권수입이 49%, 상품판매는 95%나 증가했다. 두 항목에서 78억 원 매출 상승이 일어났다. 하지만 광고수입이 120억 원이나 줄었다. 그래서 매출이 전년 대비 8.8%나 감소했다. 물론 줄어든 '광고'의 대부분은 지배기업인 NC소프트와의 거래에서 나왔다. NC 구단의 특수관계자 매출은 2023년 249억 원에서 2024년 117억 원으로 절반 아래로 줄었다. 자체 광고수입은 오히려 소폭 늘어났다.

NC 다이노스 2023, 2024년 항목별 매출

	2023	2024	증감
광고	31,109,839,054	19,117,263,550	-38.5%
입장권	9,230,777,918	13,784,646,775	49.3%
상품	3,429,647,541	6,654,567,409	94.0%
회원	23,567,182	0	-100.0%
구장	1,043,285,625	1,125,415,781	7.9%
기타	10,289,222,362	9,593,760,873	-6.8%
총매출	55,126,339,682	50,275,654,388	-8.8%

NC의 창단 이후 최고 시즌은 첫 한국시리즈 정상에 오른 2020년이다. 하지만 구단 경영이라는 관점에서 2020년은 최악의 시즌이었다. 우승이 확정된 한국시리즈 6차전 관객은 1670명뿐이었다. 이해 NC의 자체 매출 비율은 33.2%에 불과했다. 2024년엔 76.8%로 히어로즈와 KIA 다음이었다. 이전엔 한 번도 60%를 넘지 못했다. 2011년 프로야구단 창단 당시 NC소프트 이사회에서는 반대가 심했던 것으로 알려져 있다. 적자 사업으로 악명높은 프로야구단이 회사에 부담이 될 것이라는 우려에서였다. 부담은 한결 덜어졌다.

●
두산 베어스

2024년 두산의 자체 매출 비율은 72.6%로 히어로즈와 KIA와 NC 다음인 4위였다. 두산은 모기업이 있는 구단 중 '자생력'이 가장 강하다. 2009년부터 2023년까지 15시즌 중 12번이나 자체 매출 비율 2위를 기록했다. 2017–2023년에는 7년 연속 2위였다. 1위가 늘 히어로즈였다는 점에서 실질적인 1위다.

두산은 최대 시장인 서울을 공동 연고로 삼고 있는 팀이다. 여기에 두산그룹이 2008년 밥캣 인수 이후 2020년까지 장기 경영난에 시달렸다는 사정이 있었다. 2018년엔 특수관계자 매출이 100억 원에 불과했다. 잠실구장을 공동 홈구장으로 쓰는 LG는 2.5배 가량 많았다. 구단이 자체 생존 능력을 키울 수밖에 없는 상황이었고, 연고지에는 큰 시장이 있었다. 2018년 두산 구단의 자체 매출 비율은 79.8%에 달했다. 당시로는 역대 2위였다.

두산의 2024년 순위 하락은 다른 구단들의 경영 상태가 호전됐기 때문이다. 두산의 실적은 매우 좋았다. 자체 매출 비율은 4위지만 금액은 506억 원으로 KIA 다음이었다. 구단 사상 최대 금액이기도 했다. 2023년보다 78억 원이나 늘어났다. 잠실구장 입장수입에서 36억 원, 상품 판매 등 사업수입에서 32억 원을 더 벌어들였다.

두산그룹은 2020년대에 위기에서 벗어난다. 2022년 3년 만에 영업이익 1조 원대를 회복하며 23개월 동안 이어진 채권단 관리를 졸업했다. 2023년 두산 구단의 특수관계자매출은 191억 원에 당기순이익은 40억 원이었다. 두산그룹은 2024년에도 특수관계자매출을 같은 금액으로 책정하며 지원 규모를 유지했다. 그래서 이해 베어스 구단의 당기순이익은 56억 원으로 증가했다.

2009년 이후 두산 자체 매출 비율과 순위		
연도	자체매출비율	순위
2009	47.3%	2
2010	52.4%	2
2011	59.5%	2
2012	55.9%	5
2013	59.5%	2
2014	48.8%	5
2015	53.7%	2
2016	53.0%	6
2017	66.0%	2
2018	79.8%	2
2019	72.1%	2
2020	64.7%	2
2021	63.0%	2
2022	68.2%	2
2023	69.2%	2
2024	72.6%	4

SSG 랜더스

SSG는 2024년이 창단 4번째 시즌이었다. 자체 매출 비율은 처음으로 60%를 돌파했다. 첫 두 시즌에 모두 57.8%였고, 2023년엔 58.1%로 소폭 상승했다. 2024년 증가율이 가장 높았다.

SSG는 2021년 1월 신세계그룹이 SK 와이번스를 전격 인수하면서 탄생한 구단이다. 신규 구단 창단이 아닌 기존 구단 인수는 2001년 KIA 타이거즈 등장 이후 첫 사례다. 당시 KBO 리그 최다 우승팀 명문 해태의 매각 대금은 180억 원이었다. 신세계는 SK에 그보다 7.5배 많은 1,353억 원을 지급했다. 물가 변동을 반영하더라도 5.4배에 해당했다. 1995년 현대그룹이 태평양 돌핀스를 470억 원에 인수한 뒤 2020년까지 KBO 리그 구단의 '매각가'는 한 번도 그 이상 올라간 적이 없었다. 그래서 과연 프로야구단이 그 정도 가치가 있는가라는 우려 섞인 시각도 있었다.

적어도 SSG는 SK가 창단한 2000년보다는 훨씬 나은 환경에서 프로야구단을 운영하고 있다. SK의 첫 시즌 자체 매출 비율은 3.5%에 그쳤다. 매출액 204억 원 중 구단이 자체 영업으로 번 돈은 7억 원에 불과했다. 창단 3년째인 2002년에 문학구장이 개장했다. 당시로는 국내 최신 시설이었다. 하지만 새 야구장 첫해에도 자체 매출 비율은 7.8%에 그쳤다. 창단 이후 4시즌 평균치는 6.5%. 반면 SSG의 창단 이후 4시즌 이 수치는 59.6%에 이른다.

2024년 구단 매출의 10% 이상을 차지한 회사는 3개였다. 그룹 계열사인 SSG닷컴이 86억 원(14.2%), 이마트가 62억 원(10.1%)이었다. 가장 많은 매출은 KBO의 마케팅 자회사인 KBOP로부터 나왔다. 방송 중계권료 등 KBOP의 수입은 10개 구단에 분배된다. 2024년 KBOP는 10개 구단에 94억 원씩을 배분했다. SSG 구단 총매출액에서 15.4% 비중을 차지했다. 2024년 SSG닷컴과 이마트로부터 발생한 매출액은 전년 대비 20억 원 줄었지만 KBOP 분배금은 13억 원 늘어났다.

SK와 SSG 첫 4시즌 자체 매출 비율

SK		SSG	
연도	자체매출비율	연도	자체매출비율
2000	3.5%	2021	57.8%
2001	5.9%	2022	57.8%
2002	7.8%	2023	58.1%
2003	8.6%	2024	64.5%

한화 이글스

2023년까지 히어로즈를 제외하고 역대 자체 매출 비율 최고를 기록한 구단은 한화다. 2012년 이 비율은 무려 80.6%에 달했다. 2024년 KIA에 이어 역대 2위다. 이전까지 어떤 구단도 80%를 넘지 못했다. 2012년은 에이스 류현진이 LA 다저스와 계약한 해다. 구단이 이해 말 다저스로부터 받은 이적료는 무려 2573만 7737달러33센트였다. 하지만 전해인 2011년 자체 매출 비율은 34.6%, 이듬해인 2013년에는 23.5%에 불과했다. 지속되기 어려운 '원시즌 원더'였을 뿐이었다.

2024년 한화의 자체 매출 비율은 63.0%였다. 2023년보다는 4.8%포인트 하락했다. 하지만 2022년부터 3년 연속 60% 이상을 기록했다.

2009–2010년에 20%대였다는 점에서 상당한 개선이다.

한화는 KIA와 NC와는 달리 자체 매출과 특수관계자매출이 모두 늘어났다. 구단 고유 활동으로 374억 원을 벌어들였고, ㈜한화를 비롯한 계열사에서 220억 원 매출이 발생했다. 전년 대비 각각 35억 원, 59억 원 증가다. 프로야구가 대중의 사랑을 받을수록 모기업에서는 프로야구단의 가치를 높게 평가하며 투자를 늘린다. 특수관계자매출도 '시장가격'에 가까워진다. 이러면 프로야구 산업이 선순환 국면으로 진입할 수 있다. 이 점에서 한화는 모범적인 구단이다.

한화의 자체 매출 비율은 코로나19 팬데믹 이전인 2018년과 2019년에 이미 70%를 넘었다. 한화가 전국적인 관심을 받는 구단으로 변신했다는 사실과 무관치 않다. '인기 구단'의 척도 중 하나는 방문 경기 관객이다. 지방 구단일수록 설명력이 높다. KIA가 최고 인기 구단을 꼽히는 이유 중 하나가 원정 경기에서 많은 관객을 불러 모으기 때문이다. 2024년 한화의 홈 관객은 80만4204명으로 10개 구단 중 9위에 불과했다. 홈구장 수용 규모가 리그 최소인 1만2000석인 탓이 크다. 하지만 이해 원정 경기 관중은 131만6423명으로 10개 구단 중 1위였다.

한화그룹은 오랫동안 소극적인 야구단 운영으로 악명높았다. 드래프트 하위 라운드에서 선수 지명을 하지 않은 해도 많았다. 하지만 2013년부터 변화가 일어났다. 당시 한화는 특수관계자매출을 지원금과 광고, 상품으로 구분했다. 지원금은 구단 운영에서 결손이 발생하면 이를 메우는 용도다. 류현진 이적료로 2012년 0원이었던 지원금은 이듬해 252억 원으로 늘어났다. 상품과 광고 명목으로는 75억 원을 지급했다.

도합 329억 원으로 2012년의 3.5배, 2011년의 1.9배였다.

한화 그룹이 '3세 경영'을 준비하던 시기와도 겹친다. 재벌 기업이 젊은 후계자가 등장하는 시점에 프로야구단에 대한 투자를 늘리는 건 KBO 리그의 지난 역사에서도 확인할 수 있다. 모그룹의 '투자'는 계속 이어졌다. 특수관계자매출은 2015년까지 매년 300억 원을 넘었다.

2012년 시즌 후반 대전구장에서 만났던 한대화 감독에게 "내년에 그룹에서 투자를 늘릴 것"이라고 소식을 전한 적이 있다. 한 감독은 "내 목이 위험하겠는데"라고 진반농반으로 말했다. 투자에는 결과가 나와야 한다.

한화는 2013년 김응용, 2015년 김성근 등 '명장'으로 이름 높은 감독을 잇달아 고용한다. 김성근 감독은 임기 초반 열렬한 지지를 받았고, 후반엔 독단적인 구단 운영과 선수 혹사로 비난받았다. 하지만 '무플보다는 악플'이 나은 법이다. 한화의 원정 관객 순위는 김 감독 임기 첫 2년에 KIA를 제치고 1위에 오른다. 그가 중도 퇴임한 2017년부터 2019년까지는 3년 연속 2위였다. 2018–2019년에 자체 매출 비율이 70%를 넘었던 이유 중 하나다. 마케팅 환경이 서울에 비해 열악한 지방 구단이라 더 값진 성과다.

2010년대 성취에 비하면 한화는 첫 '천만 관중' 시대를 제대로 누리지 못했다. 자체 매출 374억 원은 10개 구단 중 가장 적었다. 그래서 2026년 4월 공시될 한화 구단의 2025년 손익계산서가 기대된다. 대전한화생명볼파크는 개장 첫 해 구단 사상 최다인 관객 123만1840명을 유치했다. 전년 대비 53%나 증가했다. 그리고 객단가

2만1528원은 10개 구단 중 가장 높았다.

한화 연도별 원정 경기 평균 관객 순위		
연도	관객	순위
2013	11,046	5
2014	11,302	5
2015	13,855	1
2016	15,047	1
2017	13,678	2
2018	14,084	2
2019	11,567	2
2020		
2021		
2022	8,148	6
2023	12,745	3
2024	18,033	1

LG 트윈스

2024년 KBO 리그 구단 평균 매출은 683억 원이다. 매출 800억 원 이상이면 '빅 클럽'으로 분류할 수 있다. LG도 여기에 포함된다. 자체 매출 502억 원은 '잠실 라이벌' 두산보다 약간 적었다. 하지만 특수관계자 매출이 314억 원으로 두산보다 100억 원 이상 많았다. 글로벌 대기업을 모기업으로 두고 있어 '지원'을 끌어내기 유리한 조건이다. 한때 '엘롯기'라는 멸칭에 묶였던 LG는 2023년 이후 한국시리즈에서 두 번 우승하며 창단 이후 최고 전성기를 구가하고 있다. 모기업의 관심도 높아졌다. 2022년 190억 원이던 특수관계자매출은 이후 두 시즌 연속으로 300억 원을 넘겼다.

그래서 2024년 자체 매출 비율은 61.5%로 7위에 그쳤다. 하지만 성적 향상이 더 많은 야구단 활동 관련 매출로 이어진 경향은 뚜렷하다. 2021년 자체 매출은 255억 원이었지만 이후 3년 연속 첫 자리 숫자가 달라졌다. 자체 수입과 계열사로부터의 지원이 모두 빠르게 늘어나고 있다는 점에서 LG는 프로야구 산업의 성장을 이끄는 선두 주자다.

LG 구단을 운영하는 LG스포츠는 수입 항목을 크게 4개, 작게는 9개로 구분한다. 대분류에서 입장료수입, 광고수입, 사업수입은 다른 구단과 비슷하다. 여기에 브랜드홍보수입이 별도로 붙는다. 지배기업인 ㈜LG와 기업 브랜드를 소비자들에게 홍보하고 대가를 받는 계약을 체결하고 있다. 2023년 이 수입은 139억 원이었지만 2024년에는 105억 원으로 줄어들었다. 우승 시즌인 2024년에 브랜드 홍보 효과는 가장 컸을 것이다. 그런데 관련 매출이 줄어들었다는 건 이 항목이 '지원금'으로 인식돼 왔다는 방증이다.

LG 2023, 2024년 항목별 매출(단위: 천 원)			
항목	2023	2024	증감률
입장료	15,758,830	17,584,456	11.6%
광고	22,049,060	22,643,142	2.7%
사업	26,730,490	25,981,725	-2.8%
브랜드홍보	13,900,000	10,500,000	-24.5%
기타	3,616,446	4,850,098	34.1%
합계	82,054,826	81,559,421	-0.6%

LG스포츠는 LG전자로부터 한국프로농구(KBL) 소속 팀 세이커스를 위탁받아 운영하고 있다. 농구단 운영에서 발생하는 수입도 매출로 잡힌다. 구단 관계자는 "총매출에서 농구단이 차지하는 비중은 10-15% 정도"라고 밝혔다. KBL은 KBO 리그에 비해 경영 환경이 매우 열악하다.

KBL은 2023-24시즌 역대 최다 관중과 입장수입을 달성했다. 리그 전체 입장수입은 114억 원으로 2023년 KBO 리그 구단 평균(121억 원)에도 미치지 못했다. KBL 구단은 연간 100억 원 안팎 금액을 지출하는 것으로 알려져 있다.

● 롯데 자이언츠

부산 연고 롯데는 2024년 정규시즌을 7위로 마치며 7년 연속 포스트시즌 진출에 실패했다. 그럼에도 매출액은 722억 원으로 전년 대비 26.9%나 증가했다. 종전 최고액은 2023년의 569억 원이었다. 600억 원대를 건너뛰고 700억 원 대에 진입했다. 자체 매출 431억 원과 특수관계자 매출 291억 원은 모두 창단 이후 최고였다. 위에서 본 LG와 마찬가지로 프로야구 산업의 선순환이 나타난다.

자체 매출 비율은 59.6%로 60% 선에 미달했다. 롯데는 이 수치에서 제리 로이스터 감독 체제던 2014년을 제외하고는 한 번도 60%를 넘은 적이 없다. 부산은 서울을 제외하고는 가장 큰 야구 시장이지만 구단의 성적이 좋지 않았기 때문이다.

롯데의 2024년 손익계산서에서 가장 두드러지는 항목은 당기순이익이다. 110억 원으로 10개 구단 1위였다. 히어로즈를 제외하면 역대 프로야구 2위에 해당한다. 롯데는 2000년대 중반부터 이익이 발생하면 구단에 귀속되도록 했다. 이전까지는 자체 매출 증가로 이익이 늘면 당초 잡았던 '지원' 규모를 줄였다. 실질적으로 영업이익을 회수하는 셈이다. 이러면 구단 입장에선 적극적으로 영업 활동을 할 유인이 사라진다. 롯데 구단의 누적 결손금이 2023년 187억 원에서 2024년 80억 원으로 크게 줄어든 건 이런 이유다.

2024년 입장료 수입(홈 78%+원정 28%)은 174억 원으로 전년 대비 31.4% 증가했다. 가장 큰 몫을 차지하는 광고수입은 347억 원으로 19.7% 올랐다. 특수관계자매출은 대부분 광고비로 잡힌다. 광고수입에서 이 매출을 제외한 금액은 2023년 29억 원에서 2024년 56억 원으로 두 배 가까이 늘었다. 유니폼 등 상품 매출도 18억 원에서 41억 원으로 80%대 증가율을 보였다.

롯데는 2025년에도 포스트시즌 진출에 실패했지만 자체 매출 비율 60% 돌파가 기대된다. 2025년 사직구장 입장수입은 248억 원으로 2024년보다 28.6%나 증가했다.

롯데 구단은 선수단 운영비를 공개하고 있다. 2024년에는 291억 규모였다. KBO가 이해 개막 시점에서 집계한 롯데 선수단 연봉과 계약금 총액(육성선수 제외)은 148억 원이었다. 선수단 운영에는 연봉 총액의 두 배 정도 돈이 드는 셈이다.

롯데 2023, 2024년 항목별 매출(단위: 천 원)			
항목	2023	2024	증감률
입장	13,244,038	17,407,671	31.4%
광고	28,979,774	34,694,064	19.7%
상품	2,250,650	4,057,674	80.3%
회원	214,092	236,612	10.5%
구장	626,440	990,715	58.2%
기타	11,561,997	14,803,545	28.0%
합계	56,876,991	72,190,281	26.9%

● 삼성 라이온즈

삼성은 2016년 1월 4일 지배기업이 삼성전자

에서 제일기획으로 변경된 뒤 '그룹 차원에서 프로야구에 대한 관심이 줄었다'는 평을 받아 왔다. 하지만 여전히 삼성은 그룹 계열사로부터 풍족한 지원을 받고 있다. 2024년 삼성전자 107억 원, 삼성생명 57억 원, 삼성화재 44억 원, 삼성물산 35억 원 등 특수관계자 매출이 347억 원에 달했다. 10개 구단 중 두 번째로 큰 금액이었다. 그래서 삼성의 자체 매출 비율은 58.7%로 10개 구단 중 아홉 번째에 그쳤다. 하지만 자체 매출 493억 원은 전년 대비 100억 원 이상 늘어난 구단 역대 최고 금액이기도 했다.

2024년 총매출액 순위에서 삼성은 840억 원으로 10개 구단 중 1위였다. 800억 원 이상 세 팀 중 둘은 프로농구팀을 함께 운영한다. 프로야구단만 따지면 삼성의 매출 우위는 더 커진다. 삼성은 독특한 매출 구조로 되어 있는 구단이다. 2010~2018년 9년 기간 연속으로 총매출 1위였다. 서울 서초동의 삼성레포츠센터는 1993년 건립 이후 삼성 구단이 소유했다. 여기에서 발생하는 수익을 야구단 운영비에 보탰다. 2012년 야구단은 매출 393억 원(특수관계자 매출 포함)에 영업손실 24억 원이었다. 반면 레포츠 사업부는 매출 141억 원, 영업이익 17억 원으로 '효자' 노릇을 했다.

그런데 삼성은 2015년 레포츠센터 토지와 건물, 주차장을 삼성생명에 매각했다. 자산처분으로 400억 원 이익이 발생했다. 삼성 구단이 2015년 리그 사상 최대 당기순이익 256억 원을 기록한 건 자산처분손익이 이해 재무제표에 반영됐기 때문이다. 매각 이후 구단은 삼성생명에 리스료를 지급하고 레포츠센터를 운영하고 있다. 그리고 제3의 회사에 수수료를 지급하고 운영을 위탁한다. 매각으로 목돈은 확보했고, 매

출 외형은 유지할 수 있었다. 하지만 운영 수익성은 떨어지는 구조다. 매각 전해인 2014년 레포츠센터 영업이익은 13억 원이었다. 매각 뒤인 2015년엔 18억 원 손실이 났다. 2024년 영업이익은 1억 원에 미치지 못했다.

레포츠센터 소유권을 잃는 대신 삼성은 새 야구장을 얻었다. 2016년 개장한 라이온즈파크에는 국비 210억 원, 대구시비 956억 원이 투입됐다. 500억 원을 낸 삼성전자는 대구시와 사용수익허가계약을 했다. 삼성전자는 다시 삼성 구단에 매년 사용료(2024년에는 20억 원)를 받는 조건으로 25년 동안 관리운영권을 넘겼다. 야구장 건설은 1993년 당시 구단주였던 이건희 삼성그룹 회장이 추진했던 목표였다. 하지만 법령에 가로막혀 뜻을 이루지 못했다. 레포츠센터는 야구장 대신 구단에 준 선물 격이었다. 라이온즈파크 개장으로 이 전 회장의 원래 구상이 실현된 셈이다.

관객 유치 측면에서 삼성은 새 야구장 효과를 제대로 누리지 못했다. 개장 첫해 라이온즈파크에는 85만 명이 넘는 대구 팬이 찾았다. 평균 관객은 1만1825명으로 프랜차이즈 사상 최초로 1만 명을 넘겼다. 하지만 하필 선수단 전력이 하락해있던 시기였다. 삼성은 2016년부터 5년 연속 하위권에 머무른다. 2021년 포스트시즌에 복귀했지만 하필 코로나19 팬데믹 두 번째 해라 야구장엔 입장 제한이 걸렸다.

하지만 새 야구장의 효과는 경영 면에서 이전 레포츠센터에 비할 바가 아니었다. 관객 유치는 기대에 미치지 못했지만 새 구장에서 부대 수입이 발생했다. 부대시설을 추가하기 어려운 시민운동장 시절엔 기대할 수 없는 수익이었다. 구단은 2016년부터 손익계산서에 '신축구장수입' 항

삼성 연도별 레포츠센터 영업이익과 야구장 수입				
연도	레포츠센터	입장수입	구장운영수입	비고
2007	1,316,611	1,537,672	-	
2008	1,022,453	2,143,282	-	
2009	1,707,023	2,237,422	-	
2010	1,559,756	3,445,214	-	
2011	1,679,915	6,918,802	-	
2012	1,721,307	8,599,815	-	
2013	1,580,816	7,530,864	-	
2014	1,316,341	7,374,864	-	
2015	-1,803,237	6,825,978	-	레포츠센터 매각
2016	-131,400	9,036,056	4,684,909	라이온즈파크 개장
2017	-412,556	7,604,931	4,718,108	
2018	484,662	8,137,280	4,599,147	
2019	202,451	7,677,273	5,188,244	
2020	-2,825,083	338,948	3,973,615	코로나19
2021	-48,286	417,445	2,842	
2022	269,630	9,219,689	3,421,708	
2023	306,167	11,385,712	3,699,360	
2024	97,708	17,309,047	4,559,773	

목을 추가했다. 첫해 입장수입은 전년 대비 22억 원 올랐지만 이 수입이 47억 원 규모였다. 원가를 고려하더라도 상당한 금액이다.

2007–2014년 8년 동안 레포츠센터에서 나오는 영업이익은 연평균 15억 원 정도였다. 이 기간 평균 입장수입은 50억 원. 라이온즈파크 개장 이후 4년 동안 연평균으로 레포츠센터 영업이익은 3580만 원, 야구장 입장 및 운영수입은 129억 원이었다. 그리고 2024년 입장 및 운영수입은 219억 원이 됐다. 삼성 구단이 비로소 '새 야구장 효과'를 누리게 됐다.

● KT 위즈

2024년 특수관계자매출이 가장 많은 구단은 KT였다. 무려 410억 원에 달했다. 자체 매출 비율 50.2%도 10개 구단 중 최저였다. 프로야구 막내팀이 상대적으로 협소한 프랜차이즈에서 영업을 하는 건 역시 쉬운 일이 아니다. 하지만 2009년에는 히어로즈를 제외한 모든 구단이 자체영업비율 50% 미만이었다는 점에서 비관적이지는 않다.

상승 추세는 강하다. 창단 첫해 매출액 517억 원 가운데 361억 원이 지배기업인 ㈜KT를 비롯해 계열사인 BC카드, KT스카이라인, 나스미디어 등에서 왔다. 자체 매출은 156억 원으로 비율 30.2%에 그쳤다. 이후 세 시즌에도 이 수치는 30%대였다. 이 기간 KT의 순위는 10위, 아니면 9위였다. KT는 2019년에 창단 이후 첫 포스트시즌에 오른다. 이 해 자체 매출 비율도 처음으로 40%를 넘었다. 그라운드와 프런트 모두에서 성과를 거뒀다. 2021년 우승 시즌엔 29.8%로 떨어졌다. 코로나19 팬데믹 때문이었다. 하지만 2022년 다시 40%대로 올라선 뒤 계속 상승 곡선을 그리고 있다.

2024년 자체 매출은 413억 원으로 창단 이후 최다였다. 처음으로 특수관계자매출(410억 원)을 넘겼다. 그래서 2023년 당기순이익이 124억 원 적자였지만 2024년엔 9억 원 흑자로 전환할 수 있었다. 자체 매출 증가액이 90억 원이었다. 입장수입이 35억 원, 기타수입이 20억 원, 사업수입이 24억 원 증가했다. KT는 중계수입을 별도로 분류하고 있다. 중계수입은 2023년 16억8000만 원에서 2024년 93억5400만 원으로 증가했다. 2024년 KBO는 지상파 3사 및 CJ ENM과 3년 중계권 계약을 갱신했다. 연간 총액은 990억 원이다. 2023년까지는 연평균 760억 원이었다. 중계권료는 제반 경비를 제한 뒤 각 구단에 균등 분배된다. 2024년 중계수입에

서 농구단이 차지하는 비중은 매우 낮았다.

모기업과 계열사도 상당한 지출을 하고 있다. 창단 이후 10년 동안 3,600억 원이 넘는 돈을 특수관계자 거래로 집행했다. 제9구단 NC의 이 기간 특수관계자매출이 2,434억 원이라는 점과 비교된다. 2024년 총매출액은 823억 원으로 삼성에 이어 두 번째로 많았다. 이 부문에서는 LG와 함께 '빅3'다. 프로야구 위즈와 프로농구 소닉붐 외 e스포츠, 사격, 하키, 골프 등이 'KT 스포츠'라는 법인으로 묶여 있다. 전체 매출액에서 프로야구가 차지하는 비중은 85% 정도다. 모기업인 ㈜KT는 2015–2023년 매년 1조 원 이상 영업이익을 낼 여력이 있었다. 2024년에는 역대 최대 매출을 기록했지만 구조조정에 따른 일회성 인건비 급증으로 8,095억 원이었다.

연도	매출	당기순이익	자체매출	특수관계자 매출	자체 매출비율
2015	517	-38	156	361	30.2%
2016	484	-2	166	318	34.3%
2017	532	-2	182	350	34.2%
2018	554	-2	194	360	35.0%
2019	551	-5	222	329	40.2%
2020	465	-25	150	315	32.4%
2021	675	-20	201	474	29.8%
2022	653	-73	287	366	43.9%
2023	663	-124	323	340	48.7%
2024	823	9	413	410	50.2%

KT 창단 이후 자체매출비율

한국시리즈 5차전 우승 관중석
©LG 트윈스

색깔을
입은
야구 -
컬러 마케팅

_신원철

일본 히로시마역에서 마쓰다줌줌스타디움으로 가는 길, 이른바 '카프 로드'는 온통 빨간색이다. 지역 소상공인들이 연고 구단 히로시마 카프 팬들의 눈길을 끌기 위해 빨간색을 활용하기도 하지만, 큰 기업들도 고유 색깔을 기꺼이 버리고 빨간색으로 변신한다. 카프 로드에서는 파란색이 상징색인 편의점 로손 간판도, 호텔 도요코인의 간판도 빨간색으로 바뀐다. 히로시마 구단의 팀 컬러를 따른 것이다. 팬들도 안방 경기에 붉은 원정 유니폼을 입고 오는 것이 자연스럽다. 응원단의 '위세'를 보여주는 방법이라서다.

팀 컬러의 재정의, 소속감 혹은 일체감 혹은 자부심

이태일 전 NC 다이노스 대표는 2023년 유니폼과 상징색의 의미를 소개하며 "유니폼, 경기장, 상징물 등에서 다양한 색깔을 눈으로 본다. 우리는 스포츠를 할 때 옷을 입고 모자를 쓰거나 양말과 신발을 신는다. 그 외형은 다른 사람이 나를 보는 '모습'을 만든다. 그 모습은 색깔의 구분과 '입는 형태'로 표현된다. 신은 인간에게 색깔을 표현할 수 있는 능력을 주었다. 내가 누구이며, 어떤 성향이라는 것이 그 외형을 통해 보여진다"고 썼다. 1200만 관객 시대에 프로야구 팬들도 색깔 하나로 자신의 소속을 드러낸다.

2025년 KBO 리그 포스트시즌에서도 색깔이 유독 주목받았다. 포스트시즌에 진출한 팀 모두 저마다의 상징색을 적극 활용해 통일성을 이루고, 팬들과 유대감을 높였다. 히로시마의 경우처럼 보통은 원정 유니폼 색깔이 팀 상징색으로 이어지는 경우가 많다. SSG 랜더스는 빨간색, 삼성 라이온즈는 파란색, 한화 이글스는 주황색을 앞세웠다. 원정 유니폼 색깔에서 개성이 상대적으로 떨어지는 NC와 LG 트윈스도 응원에 활용하는 상징색이 있다. NC는 민트색, LG는 노란색을 단체 응원에 활용했다.

KBO 리그에서 컬러 마케팅이 완전히 새로운 것은 아니다. 구단의 의도를 떠나 팬들은 이미 색깔로 팀을 구분하고, 이를 팀 컬러로 인식하고 있다. '푸른 피의 에이스(삼성)', '공포의 검빨 유니폼(해태)' 등이 대표적이다. 하지만 이런 이미지를 통합적인 캠페인으로 끌고 가지는 못했다.

최근에는 외부 협업 상품이 늘어나면서 생긴 한계도 있었다. 유니폼 종류 또한 늘어났고, 이에 따라 경기장에서 시각적 통일성이 떨어지는 결과가 나타났다. 웹툰 등 야구 밖 IP(Intellectual Property)와 협업한 상품은 젊은 여성 팬에게 큰 인기를 끌었지만 이로 인해 '일체감'을 놓치고 있다는 지적이 팬들 사이에서도 나왔다.

여성 야구팬들 목소리를 담은 독립 출판물 〈담장 너머〉를 기획한 조훈희 씨는 책에서 "10개 구단의 젊은 여성 대상 마케팅은 다 거기서 거기가 됐다"며 "야구단끼리도, 다른 종목 팀과도 차별화 요소가 없다"고 지적했다. 그러나 2025년 포스트시즌에서는 안방 경기를 주최한 모든 구단이 각자의 색깔을 전면에 내세워 긍정적인 반응을 이끌어냈다.

2025년 가을 '색깔 전쟁'은 SSG가 먼저 시작했다. '레드 웨이브'라고 이름까지 붙였다. SSG는 그동안 지나치게 다양한 색깔을 사용해 통일성이 떨어지는 편이었다. 모기업 홍보(스타벅스, 초록색)와 연고지 강조(인천, 흰색) 사이에서 원정 유니폼 색깔인 빨간색이 힘을 쓰지 못했다. 팬들이 선호하는 유니폼이 다양해서 하나의 '행복한 고민'이 늘어난 셈이다.

이런 상황에서는 팬들을 설득할 수단이 필요하다. SSG는 2025년 포스트시즌을 앞두고 "팬과 선수단이 하나 되는 응원 분위기를 조성하기 위

해" 빨간색을 강조했다고 설명했다. '레드 웨이브'라는 이름을 짓고 이를 홍보한 것도 효과적이었다. 팬 응원 열기를 소개하는 기사에 자연스럽게 '레드 웨이브'라는 표현이 반복적으로 사용됐다. SSG는 2025년 정규시즌 홈 최종전에도 '레드 데이'라는 이름을 붙였다. 2026년에도 '레드 웨이브' 캠페인이 계속될 가능성이 있다.

색깔로 가장 강렬한 인상을 남긴 팀은 단연 한화다. 이미 팬들에게 주황색이 각인된 덕분에 특별히 캠페인 이름을 지을 필요도 없었다. 팬 사은품 선택이 절묘했다. 플레이오프(PO) 1차전이 비로 하루 밀리는 등 시리즈 초반 날씨가 굳었다. 비는 오히려 마케팅 기회였다. 주황색 우의를 관객에게 나눠줬다. 경기 중에는 비가 오지 않더라도 함께 우의를 입고 응원하는 '오렌지 타임'을 넣었다.

한화의 컬러 마케팅이 성공했다는 신호는 맑은 날에 더 확실히 볼 수 있었다. 팬들이 맑은 날씨에도 주황색 우의를 입고 야구장을 찾아왔다. 주황색 우의가 기능을 넘어 하나의 상징으로 쓰이기 시작한 것이다. 주황색은 다른 상품으로도 이어졌다. 김승연 한화그룹 회장의 사인이 담긴 담요 또한 주황색으로 만들어졌다. 무료 배포한 상품 재고가 바닥나면서 우의와 담요가 중고 거래 플랫폼에서 인기를 끌기도 했다.

'푸른 피의 팀' 삼성은 한화에 자극을 받은 것으로 보인다. SSG를 대구로 불러들인 준PO 홈 경기 공지에는 파란색 '최강삼성' 응원 타월을 제공한다는 안내가 전부였다. 하지만 한화와의 PO

3차전 홈 경기를 앞두고는 대구 팬들에게 파란색 옷을 입고 방문해달라는 '드레스코드' 공지가 더해졌다. 우의나 깃발, 수건 같은 특정한 아이템이 아니어도 일체감을 가질 수 있다는 점에서 긍정적인 시도였다. 집에 있는 파란색 옷만 걸쳐도 된다는 점에서 진입 장벽을 낮추는 효과도 있었다. 2025년 메이저리그에서는 디트로이트 타이거즈가 포스트시즌 시작과 함께 오렌지 컬러 드레스코드를 안내하며 호응을 얻었다.

PO 3차전과 역시 대구에서 열린 4차전은 '색깔 전쟁'이기도 했다. 한화는 오렌지색 우의와 수건을 3루 쪽 관중석에 배치해 '대구 안의 대전'을 연출했다. 그 덕인지 3차전에서 5–4로 귀중한 방문 경기 승리를 가져갔다. 삼성은 4차전에서 7–3 역전승으로 응수하며 시리즈를 최종 5차전까지 끌

고 갔다. 푸른 물결이 주황색 섬을 삼켰다.

한국시리즈에 직행한 LG는 유니폼과는 다른 선택을 했다. LG는 전통적으로 핀스트라이프 홈 유니폼과 검은색 원정 유니폼을 착용한다. 눈길을 끄는 강렬한 색상이 없다는 점이 다른 포스트시즌 진출 팀과의 차이였다. 원정 유니폼이 검정색이라 '가시성'이 좋지 않았는데 노란색 응원 수건을 활용해 한계를 극복했다.

LG의 노란색 응원 도구 역사는 과거 '막대풍선' 시절로 거슬러 올라간다. 세계적으로 널리 쓰인 폴리에틸렌 소재 막대풍선은 1994년 처음 등장했다. LG가 이해 한국시리즈에서 응원 도구로 채택한 게 처음이다. 이때는 노란색이었다. 그러다 1997년 한국시리즈부터 빨간색으로 색깔을

바꿨다. 상대 팀 해태(현 KIA)의 막대풍선 역시 노란색이라 색깔이 겹치는 것을 피하려 했다. 이후 LG의 응원 도구 색깔은 빨간색과 노란색으로 나뉘었다.

2001년부터는 '카드섹션' 효과를 노린 노란색 응원 타월이 등장했다. 2010년대 중반에는 모기업 홍보를 겸하는 노란색 슬로건을 배포해 단체 응원에 활용하기도 했다. 2023년에 일회용 응원 도구 사용이 법적으로 제한된 뒤로는 막대풍선은 사라지고 응원 타월만 남게 됐다.

LG의 색깔이 노란색으로 다시 인식된 계기는 2023년 한국시리즈다. 29년 만의 정규시즌 1위에 이어 통합 우승에 도전했다. LG 팬들이 큰 기대감을 안고 잠실구장을 가득 채웠다. 구단은 이들의 손에 노란 응원 타월을 들려줬다. 야구장을 한 바퀴 돌아보면 노란색 파도가 일렁이는 듯한 느낌을 받을 정도로 장관을 이뤘다. LG 선수들도 이런 장면은 그동안 본 적이 없었다며 감격스러워했다.

LG는 2023년 한국시리즈 뒤 꾸준히 노란 바탕에 빨간 글씨가 들어간 응원 도구를 개발하고 있다. 외부 협업 상품에서도 찾아볼 수 있을 만큼 보편적인 아이템이 됐다.

구단 관계자는 "지금은 노란색 응원 타월이 야구장 '직관' 필수품으로 자리 잡게 됐다. 2023년부터는 한국시리즈에서 노란색 머플러도 사용하고 있다"고 설명했다. 그러면서 "LG는 타 구단처럼 '단색' 컬러 마케팅을 하기는 어려운 구조다. 홈 유니폼은 흰색, 유광 점퍼는 '검빨흰'으로 구성돼 있고, 응원 타월은 노란색을 사용하고 있다"며 "단 응원 도구 핵심 색상은 시각적 효과가 가장 명확하고 강한 노란색을 유지

하려고 한다"고 말했다.

컬러 마케팅에는 뚜렷한 상징색이 중요하지만, 이를 소비자(팬)들이 받아들이게 하는 설득력과 일관성 또한 필요하다. 때로는 긴 시간과 많은 노력이 필요한 일이기도 하다.

서두에 사례로 든 히로시마는 창단 초기에는 남색을 상징색으로 썼다. 하지만 지금은 말 그대로 '과거사'로만 남아있다. 일본 야구팬이라면 누구나 히로시마와 빨간색을 동일시한다. 주고쿠신문 보도에 따르면 1975년 미국 출신 조 루츠가 일본프로야구 최초 외국인 감독(일본계 제외)으로 취임하면서 변화가 시작됐다. 루츠 감독은 투지를 강조하기 위해 헬멧 색깔을 강렬한 빨간색으로 교체하자고 요청했다. 3년 연속 센트럴리그 최하위에 머문 약체 이미지를 벗기 위한 시도였다.

루츠 감독은 주고쿠신문 인터뷰에서 "일장기의 빨간색을 보고 떠올렸다. 빨간색은 선수를 생생하게 만든다"고 이유를 설명했다. 첫 반응은 좋지 않았다. 나중에 '미스터 레드 헬멧'으로 불리게 되는 야마모토 고지(전 WBC 일본 대표팀 감독)는 "처음에는 부끄러웠다. 캠프에서 익숙해졌더니 시범경기에서 상대 팀 선수들에게 엄청 놀림을 받았다"고 털어놨다. 히로시마는 그해 창단 후 처음으로 센트럴리그 우승을 차지했고 아키야마는 타격·득점왕을 차지하며 MVP에 올랐다. 빨간색은 공포의 대상이 됐다. 2025년은 '빨간 헬멧' 50주년. 젊은 야구팬들도 히로시마가 빨간색으로 물든 이유를 되새기는 계기가 됐다.

메이저리그에서는 세인트루이스 카디널스가 빨간 헬멧을 쓴다. 처음부터 빨간색을 앞세우지는

않았다. 1882년 창단 후 1899년까지 갈색 양말을 신는다는 이유로 브라운스라는 이름을 썼다. 1899년 유니폼에 붉은색을 쓰기 시작하면서 새로운 별명이 생겼다. 스포츠기자 윌리 맥헤일은 한 여성 팬이 새 유니폼을 보고 마치 "홍관조(cardinal)의 깃털 색깔 같다"고 말한 것을 듣고 브라운스를 '카디널스'라고 부르기 시작했다. 얼마나 찰떡같은 표현이었는지 1900년에는 아예 카디널스로 구단 이름을 바꿔버렸다.

이태일 전 대표는 앞서 언급한 칼럼에서 "한때 우리 스포츠는 '아무도 보지 않아도 최고의 기량을 겨루면 훌륭하다'는 관점을 가질 때가 있었다. 텅 빈 수원구장에서 현대 유니콘스가 헹가래를 치던 시절이다. 그러나 시대가 바뀌고 문화가 달라졌다. 팬과 소비자를 위한 다양한 시도, 전통과 레거시 문화를 통한 지역과의 호흡, 그 정체성에 반영하는 색깔을 통한 '우리'의 자긍심 등이 우리의 스포츠 일상을 관통하는

코드다"라고 했다.

이제 프로야구 구단들은 상징의 중요성을 점점 강조하고 있다. 2025년 가을에 자기 '색깔'을 보여줄 기회를 잡지 못했던 팀들은 또 어떤 시도로 팬들의 시선을 사로잡을까.

7대 7 무승부로 승부를 마친 대표팀

2025년 11월 한일전에서 확인된 한국 대표팀의 두 가지 숙제

_이성훈

한국 야구는 2015년 세계야구소프트볼연맹(WBSC) 프리미어 12 우승 이후 10년 넘게 국제대회에서 부진을 거듭하고 있다. 세계적인 '구속 혁명'을 따라잡지 못한 투수진의 상대적 수준 저하, 젊은 거포 발굴 실패, 안정적인 대표팀 운영 시스템 부재 등 심각한 문제가 중첩된 결과였다.

2023년 월드베이스볼클래식(WBC) 1라운드 탈락 이후 이런 이유들이 지목되면서 해결책을 찾으려는 노력이 이뤄지고 있다. 가시적인 성과가 나오기까지는 시간이 더 필요해 보였다. 이 책이 나오기 전 가장 최근 대표팀 경기였던 2025년 11월 한일전은 안현민 등 젊은 타자의 국제 경쟁력 확인 등 성과가 있었다. 풀어야 할 숙제도 확인됐다. 두 가지를 들어 본다.

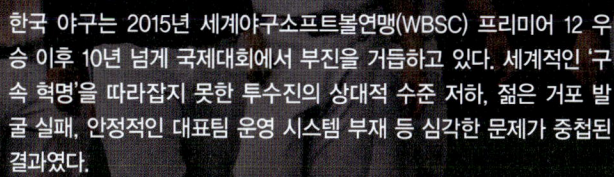

투수진

컨디션 관리

2023년 WBC에서 한국 대표팀이 1라운드에서 탈락한 중요한 이유 중 하나로 투수 컨디션 관리 실패가 꼽힌다. 대표팀 투수들이 3월 초에 시작하는 대회 1라운드에서 전력투구할 몸이 만들어져 있지 않았다.

일정 문제도 있었다. 대표팀 투수들은 2월 초 소속 팀 캠프에 모인 뒤 중순에 애리조나 투손의 대표팀 캠프로 소집됐다. 그리고 2주 만에 귀국했다. 이 과정에서 연결 항공편이 기체 문제로 결항했다. 그래서 버스로 하루 종일 LA까지 이동해 간신히 서울행 비행기에 탑승하고 서울 고척스카이돔에서 닷새 정도 훈련한 뒤 다시 일본으로 떠나는 살인적인 일정이었다. 선수들의 몸은 파김치가 됐다.

가장 중요했던 호주전. 등판한 투수 모두가 2022년 정규시즌보다 못 한 공을 던지며 한국은 역전패를 당했다. 투수들이 8실점한 게 가장 큰 패인이었다.

대표팀의 투수진의 컨디션 관리 노하우는 나아졌을까? 일본과의 두 차례 평가전 결과는 비관적이다. 문동주와 원태인, 손주영은 대표팀에 선발되고도 컨디션 난조로 경기에 나서지 못했다. 나머지 투수 대다수는 공이 정규시즌보다 속도가 떨어졌다.

두 경기에 등판한 투수 14명 중 정규시즌보다 직구 평균 속도가 빨랐던 투수는 오원석, 곽빈, 이민석 3명뿐이었다. 나머지 10명은 모두 정규시즌보다 느린 공을 던졌다. 여섯 명은 시속 1~2km 차이가 났다. 배찬승, 이로운, 김서현, 김영우, 박영현 등 5명은 시속 3km 이상이나 떨어졌다.

한국 투수진 포심패스트볼 평균 구속(km/h)			
투수	정규시즌	한일전	차이
오원석	142.8	146.2	3.4
곽빈	151.4	151.6	0.2
이민석	150.2	150.3	0.1
성영탁	143.1	142.0	-1.1
정우주	151.2	149.7	-1.5
조병현	147.5	146.0	-1.5
김택연	150.5	148.9	-1.6
김건우	145.8	144.2	-1.6
이호성	148.1	146.4	-1.7
배찬승	151.7	148.7	-3.0
이로운	147.7	144.5	-3.2
김서현	153.4	150.2	-3.2
김영우	152.7	148.8	-3.9
박영현	147.5	143.6	-3.9

자료출처=스탯티즈, 야후재팬

구속이 빨라진 투수 3명 중 오원석과 이민석의 기록은 액면 그대로 받아들이기는 어렵다. 두 선수 모두 정규시즌에선 선발투수로 기용됐기 때문이다. 구원으로 짧은 이닝 동안 전력투구하면 페이스 조절을 해야 하는 선발 등판에 비해 구속이 당연히 오른다.

가령 이민석은 정규시즌 마지막 선발 등판 때 포심 패스트볼 평균 시속이 148.8km였다. 다음 구원 등판 때는 시속 150.4km, 그 다음엔 시속 151.2km였다. 그래서 실제로 정규시즌보다 빠른 공을 던진 투수는 곽빈 단 한 명이라고 봐야 한다.

두 경기에서 한국 투수들은 17이닝 동안 4사구를 23개나 내줬다. 투수는 자기 몸 상태를 잘 안다. 자신 있게 승부하기 어려운 몸 상태에서 국가대표급 타자를 만나면 원하는 곳으로 공을 던지기 어렵다.

일본 투수진은 그렇지 않았다.

일본은 엔트리에 뽑힌 투수 12명이 모두 한 차례씩 등판했다. 정규시즌보다 공이 빨라진 투수와 느려진 투수가 각각 6명씩이었다.

빨라진 투수는 오타 다이세이를 제외하곤 모두 일본프로야구(NPB)를 대표하는 선발 자원. 이들은 한일전에서 정규시즌보다 짧은 2~3이닝씩을 담당했고 기대대로 정규시즌보다 훨씬 빠른 공을 던졌다. 이들 6명보다 구속 상승폭이 컸던 한국 투수는 오원석 한 명뿐이다.

일본은 WBC에서 메이저리그에서 뛰고 있는 투수 중심으로 선발 로테이션을 짤 구상을 하고 있다. 그래서 한일전에 나온 투수는 긴 이닝을 던지는 구원투수 자리를 두고 경쟁한다.

일본에서 정규시즌보다 느려진 투수 6명은 모두 정규시즌 구원투수였다. 이들 중 모리우라 다이스케를 제외한 나머지 5명의 구속 하락 폭은 시속 1.4km 이내였다. 한국 투수진에선 10명이 시속 1.5km 이상 하락했다. 물론 정규시즌이

끝난 뒤라 선수들이 지친 상태였다. 하지만 한국보다 실력이 나은 일본 투수들이 컨디션 관리도 더 잘했다.

일본 투수진 포심패스트볼 평균 구속(km/h)			
투수	정규시즌	한일전	차이
기타야마 고키	150.3	153.4	3.1
다카하시 히로토	152.2	155.1	2.9
오타 다이세이	153.3	155.2	1.9
스미다 치히로	147.8	149.3	1.5
가네마루 유메토	148.2	149.5	1.3
소타니 류헤이	148.6	149.3	0.7
니시구치 나오토	150.4	150.3	-0.1
다이라 가이마	154.3	154.0	-0.3
마쓰야마 신야	154.1	153.2	-0.9
마쓰모토 유키	151.5	150.2	-1.3
후지히라 쇼마	152.0	150.6	-1.4
모리우라 다이스케	148.2	144.0	-4.2

자료출처=Deltagraphs.com, 야후재팬

2026년 3월 WBC를 앞두고 한국 대표팀은 1월에 국내파 예비 엔트리 전원을 사이판에 소집한다는 계획을 세웠다. 이례적이다. 2025년까지 묘수를 찾지 못한 '국제대회 컨디션 조절 방법'을 찾을 수 있을까. 독자들이 이 책을 읽고 있을 즈음에는 답이 나와 있을 것이다.

다시 적응해야 하는 '사람 심판의 야구'

KBO 리그에는 2024년부터 볼·스트라이크 자동 판정시스템(ABS)이 스트라이크 판정을 맡고 있다. 한국 야구팬들은 ABS에 만족감을 보이고 있다. 중계방송에 표시되는 스트라이크존 진입 여부와 불일치하는 사람 심판의 오심을 더 이상 보지 않아도 된다.

구단과 선수도 시간이 흐르며 ABS에 꽤 적응이 된 느낌이다. 구단들은 소위 'ABS형 투수'를 눈여겨보기 시작했다. 강력한 구위를 가졌지만 포수의 미트 쪽으로 던지는 능력이 부족해 일명 '반대 투구(역구)'가 많았던 투수들의 가치가 재조명됐다. 사람 심판은 이런 공에 스트라이크 판정이 짠 경향이 있다.

앤더슨, 라일리, 감보아 등 '구위형 외국인 투수'가 ABS의 도움을 받아 기대를 뛰어넘는 활약을 펼쳤다. 국내파로는 윤성빈, 김영우, 배찬승 등의 다소 거친 파워피처가 선전했다. 코너를 찌르는 정교한 제구는 떨어져도 스트라이크존 언저리에 강력한 속구를 꽂아 넣을 수 있는 투수가 상대적으로 우위를 점했다. 젊은 강속구 투수가 예전보다 빠르게 1군에서 자리 잡을 수 있는 환경이 조성됐다. 앞의 〈한국 투수들은 세계와의 격차를 좁히고 있는가〉에서 다룬 리그 전체 구속 상승이 일어난 중요한 이유 중 하나다.

키움 김건희(왼쪽)와 캔자스시티 더블A 엄형찬(오른쪽)의 주자 1루시 포구 자세. 두 선수는 2004년생 동기로 고교 시절 김범석(LG)와 함께 '고교 3대 포수'로 평가됐다. 한국 시절 비슷했던 두 선수의 '유주자시 포구 자세'는 지금 완전히 달라졌다. 김건희는 빠른 송구를 위해 무릎을 세우고 엉덩이를 들고 있는 반면, 엄형찬은 주자가 있어도 오른쪽 무릎을 땅에 대고 있다. 현재 빅리그 절대다수 포수가 사용하는 포구 자세다. 사람 심판의 눈을 속이는 프레이밍에 유리하고, 송구에 불리하지 않다는 사실이 입증됐기 때문이다.

포수들의 삶도 달라졌다. ABS 시대에 프레이밍 기술 연마에 시간을 많이 쓸 이유가 없어졌다. 그 결과 지금 메이저리그와 KBO 리그 포수들의 포구 자세는 완전히 달라졌다. 한국 포수들은 주자가 나가면 도루 저지를 위해 양쪽 무릎을 모두 땅에서 떼고 공을 받을 준비를 한다. 공을 받자마자 송구 동작으로 빠르게 이어가기 위해서다.

반면 메이저리그 포수들은 주자가 있어도 한쪽 무릎을 땅에 대고 포구 준비를 하는 게 일반적이다. 한쪽 무릎을 꿇거나 한쪽 다리를 쭉 뻗으면 몸의 중심과 포구 위치를 최대한 낮출 수 있다. 이런 자세는 낮은 공을 안정적으로 포구한 뒤 미트를 끌어올리는 프레이밍을 하기에 유리하다.

요즘 빅리그 포수들은 이런 자세로 낮은 공을 포구한 뒤, 미트를 노골적일 정도로 끌어올린다. 보일 듯 말 듯 미세한 '미트질'보다, 노골적으로 미트를 스트라이크 존으로 당기는 게 주심의 눈을 속여 스트라이크를 '훔쳐 오는 데' 유리하다는 게 통계 연구로 밝혀졌기 때문이다.

또 한쪽 무릎을 꿇고 있어도 송구 동작으로 연결하는 데 '시간 손해'가 의외로 없거나, 있더라도 프레이밍으로 스트라이크를 따내서 얻는 이익에 비하면 사소하다는 사실도 드러났다. 또한 두 무릎을 들고 있을 때보다 포수 체력 유지와 부상 방지에 유리하다는 점도 입증되고 있다. 메이저리그도 2026년부터 ABS를 채택할 예정이다. 하지만 모든 공 판정을 맡기는 한국식이 아닌 팀당 두 번씩만 '챌린지' 기회가 주어지는 방식이다. 그래서 메이저리그에서는 앞으로도 심판의 눈을 현혹하려는 포수들의 프레이밍이 경기의 중요한 요소로 남을 전망이다.

이렇게 ABS의 도입 여부는 한국 야구의 환경을 미국과는 꽤 다르게 바꿔가고 있다. 문제는 국제 대회가 '미국식 환경'으로 치러진다는 점이다. NPB는 미국 메이저리그 심판들을 초청해 한일전 두 경기 주심을 맡겼다. 메이저리그 심판이 주로 주심을 맡을 2026년 WBC에 대비하기 위해서였다.

공식 경기에서 2년 만에 사람 주심을 만난 한국 선수들과 시청자들은 당황했다. 한국에서는 지난 2년 동안 스트라이크로 판정돼 온 존 상단 구석과 바깥쪽 공이 볼로 선언되는 경우가 꽤 자주 나왔기 때문이다. 도쿄돔 만원 관중 앞에서 열리는 한일전의 중압감에다 낯선 판정이 더해지자 젊은 투수들은 급격하게 흔들렸다. 4사구 23개의 또 다른 이유다.

사람 주심의 존이 유난히 좁게 느껴진 데는 이유가 있었다. 2025년 메이저리그의 스트라이크 존이 실제로 좁아졌기 때문이다.

메이저리그 사무국은 사람 심판을 평가할 때, 스트라이크·볼 판정이 트래킹시스템의 존과 얼마나 일치하는지를 기준으로 삼는다. 그런데 존 경계선에는 '오차 허용 범위'를 둔다. 미국에서 '버퍼 존(Buffer Zone)'이라고 부르는 영역이다.

2024년까지 존의 좌우 경계선에서 2인치(약 5.08cm) 밖까지였던 버퍼 존에 들어온 공은 스트라이크로 판정해도 심판 평가에 불이익이 없었다. 그런데 2025년 시즌을 앞두고 사무국과 심판 노동조합은 심판 평가 방식을 약간 바꾸는 새로운 협약을 맺었다. 이 협약에 따라 '버퍼 존' 범위가 2인치에서 0.75인치(1.95cm)로 대폭 축소됐다. 심판 입장에서는 바깥쪽 애매한 공을 스트라이크로 판정했을 때 불이익을 볼 확률이 대폭 상승한 것이다.

그 결과 바깥쪽 애매한 공에 볼 판정이 나오는 빈도가 확 올라갔다. 버퍼 존 약간 바깥쪽을 볼로 판정하는 '정심'이 늘었고, 바깥쪽 라인 살짝 안으로 들어온 스트라이크를 볼로 판정하는 '오심'도 늘었다. 자연스럽게 스트라이크 존 면적이 줄어든 것이다.

2026년 WBC에서도 빅리그 심판이 주심을 맡을 가능성이 높다. 그렇다면 2025년 한일전에 등장한 좁은 스트라이크 존이 또다시 등장할 확률도 높아진다. 대표팀의 젊은 투수들은 상대적으로 넓은 KBO 리그 스트라이크존에 적응하며 성장해 왔다. 국제대회에서도 통하려면 팍팍해진 사람 심판의 존에 어떻게든 적응할 방법을 찾아야 한다.

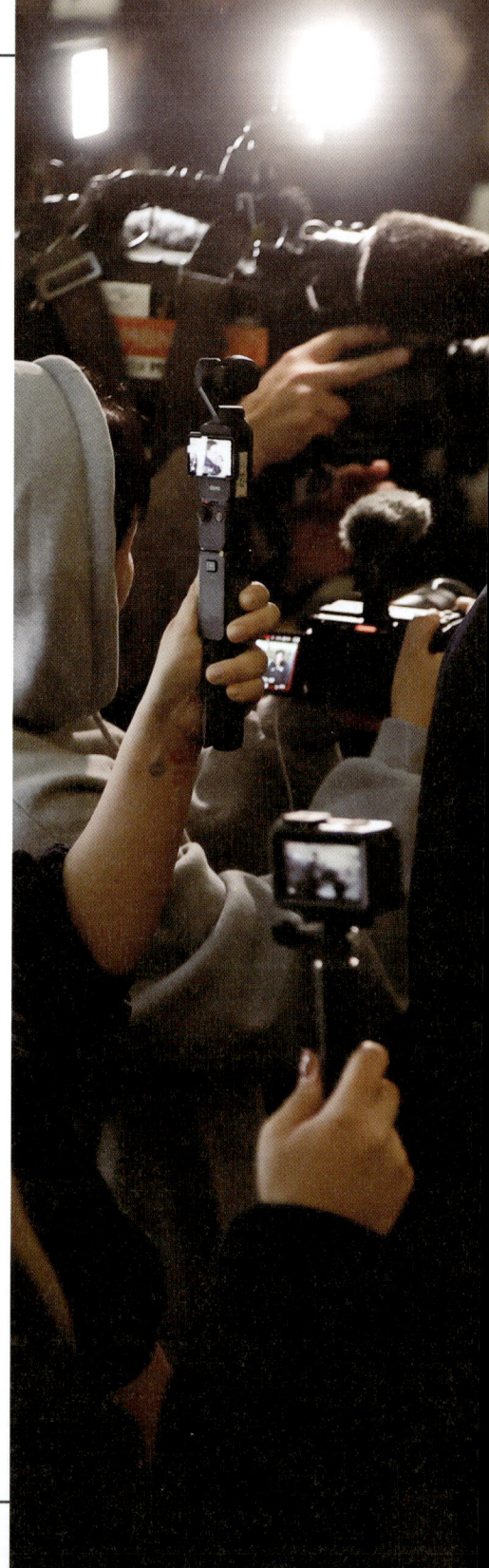

1차 캠프지로 출발하는 WBC 대표팀

2023 WBC 중국전에 나선 한국 대표팀 출처 GettyImages

2023년 WBC 투구 데이터가 증명한 '시대 정신'

_황규인

2023년 월드베이스볼클래식(WBC)은 포심패스트볼로 시작해 스위퍼로 끝이 났다. 이 대회는 조별리그 A조 첫 경기에서 네덜란드 선발 투수 톰 드 블록이 쿠바 선두타자 로엘 산토스에게 시속 92.5마일 (148.9㎞)짜리 포심을 던지면서 막을 올렸다. 그리고 일본 마무리 투수 오타니 쇼헤이가 홈플레이트 앞에서 9.8인치(24.9㎝) 휘어나가는 스위퍼를 던져 미국 대표팀 2번 타자 마이크 트라웃을 헛스윙 삼진으로 돌려세우며 막을 내렸다.

세계가 던진 공

한국이 던진 공

다소 작위적으로 비유하자면 가장 전통적인 구종으로 문을 열어 가장 현대적인 구종으로 문을 닫은 셈이다. 이 두 공 사이에 이 대회 20개 참가 팀 투수 297명이 던진 공은 총 1만3771개였다. 그리고 이 두 공 사이에 한국 야구가 수년 동안 외면했던 물리적, 전략적 간극이 고스란히 남아 있었다. 한국 야구가 이 대회 조별리그에서 탈락한 건 투구 레퍼토리 전체가 '시대정신'을 따라가지 못한 결과였다.

말하자면 2023년에도 '어떻게 더 빠른 공을 던질 것인가'하는 질문에 매달리는 팀은 이미 뒤처진 상태였다. '어떤 공을 어떻게 입체적으로 설계해 타자의 예측을 무너뜨릴 것인가'를 고민한 팀일수록 끝까지 살아남았다. 구속은 여전히 중요했지만 공이 빠르다는 이유만으로 성공을 보장하지는 않았다. 이런 상황에서도 한국 투수진은 여전히 '이 느린 구속을 가지고 어떻게 살아남을 것인가'만 고민하다 조별리그에서 짐을 싸고 말았다.

●
한국 야구에는 없는 것

이 대회에서 가장 위력을 발휘한 구종은 역시 스위퍼였다. '스탯캐스트'가 이 대회에서 스위퍼로 분류한 공은 총 190개였다. 이 190개 중 35개는 콜드(루킹)스트라이크, 39개는 헛스윙으로 끝났다. 그러면 콜드스트라이크와 헛스윙

비율을 합친 CSW율은 38.9%가 된다. 누적 투구수가 50개 이상인 10개 구종 가운데 최고 기록이다.

구종	CSW%	헛스윙률	피안타율	피장타율
스위퍼	38.9%	48.8%	0.182	0.283
스플리터	33.7%	45.6%	0.210	0.288
너클커브	30.0%	28.0%	0.182	0.345
슬러브	28.3%	24.1%	0.188	0.333
체인지업	29.2%	36.0%	0.246	0.361
슬라이더	31.6%	34.2%	0.240	0.387
커브볼	27.6%	26.5%	0.236	0.361
커터	28.2%	27.2%	0.247	0.394
포심 패스트볼	26.5%	21.6%	0.253	0.407
싱커	24.9%	15.5%	0.272	0.386

스위퍼에 상대 타자가 방망이를 휘두른 건 총 80번이었다. 앞서 본 것처럼 이 중 39번이 헛스윙이었다. 스윙 대비 헛스윙율 48.8%(80번 중 39번)도 최고였다. 또 피안타율 0.182는 11개 구종 가운데 너클커브와 최저 공동 1위, 피장타율 0.283은 단독 1위였다.

스위퍼 다음으로 위력적인 공은 스플리터(포크볼)였다. 스플리터는 CSW율 2위(33.7%), 헛스윙율 2위(45.6%), 피안타율 4위(0.210), 피장타율 2위(0.288) 구종이었다. 이 순위를 모두 더하면 10위(순위 점수 10점)가 나온다. 이어 너클커브가 14점으로 3위, 슬러브가 20점으로 4위였다.

요컨대 스위퍼, 스플리터, 너클커브, 슬러브가 지난 WBC에서 가장 위력적인 구종이었다고 할 수 있다. 조별리그 전체 투구 1만1290개 가운데 이 네 가지 구종이 차지하는 비율은 3.0%(344개)였다. 그러다 8강 토너먼트 때는 8.1%, 준결승전 두 경기에서는 10.6%, 일본과 미국이 맞붙은 결승전 때는 27.7%로 치솟는다. '남다른 공'을 던지는 '야구 선진국'일수록 위로 위로 올라갔던 것이다.

그렇다면 이 대회에서 한국 투수는 이 네 가지 구종을 몇 개나 던졌을까. (대회 기간 투구 내용보다 '스낵바' 출입으로 언론 보도를 더 많이 탔던) 당시 두산 소속 정철원이 스플리터 3개를 던진 게 전부였다.

구분	전체 투구	4대 구종	비율
조별 라운드	11634	344	3.0%
8강	1216	99	8.1%
4강	623	66	10.6%
결승	300	83	27.7%

물론 꼭 이렇게 '신기한 공'을 던져야만 성공할 수 있는 건 아니다. 이 대회 준결승에서 미국에 2-14로 패한 쿠바 대표팀이 이를 증명한다. 쿠바 투수가 이 대회에서 던진 공 929개 가운데 이 네 가지 구종은 1.7%(16개)밖에 되지 않았다. 대신 '기본'이 확실했다. 체인지업(피안타율 0.135), 커브볼(0.194), 커터(0.197), 슬라이더(0.218) 믹스로 상대 타선을 요리했다.

생존형 체인지업

한국 투수진에도 자랑할 만한 구종이 있었다. 체인지업이다. 각 팀 투구 레퍼토리 중 10% 이상을 차지하는 공 가운데 한국 투수가 던진 체인지업은 CSW율 2위(42.4%), 헛스윙율 1위(53.2%) 구종이었다. 피안타율(0.157)은 최저 8위, 피장타율(0.304)은 23위였다. 따라서 순위 점수 34점이 된다.

이보다 순위 점수가 좋았던(낮았던) 구종은 도미니카공화국(21점)과 베네수엘라(27점) 투수가 각각 던진 슬라이더뿐이었다. 계속해 도미니카공화국에서 던진 체인지업과 일본 투수가 던진 스플리터가 36점으로 공동 4위였다.

팀	구종	CSW%	헛스윙률	피안타율	피장타율
도미니카공화국	슬라이더	43.1%	46.4%	0.149	0.255
베네수엘라	슬라이더	37.6%	39.0%	0.165	0.190
한국	체인지업	42.4%	53.2%	0.157	0.304
도미니카공화국	체인지업	33.8%	45.9%	0.189	0.226
일본	스플리터	39.9%	51.9%	0.188	0.283

한국은 이 대회 참가국 가운데 '체인지업에 가장 진심인 팀'이라고 할 수 있다. 한국 투수가 이 대회에서 던진 속구 계열 구종(포심·투심 패스트볼, 싱커)은 총 245개였고 체인지업은 118개였다. 속구를 두 개 던질 때마다 체인지업을 하나씩 던진 셈이다. 이를 뒤집어 계산하면 속구 대비 체인지업 비율은 48.8%가 된다. 물론 20개 참가 팀 가운데 최고 기록이다.

한국 체인지업의 가장 큰 특징은 '느리다'는 것이다. 평균 시속 127.1㎞로 20개 참가 팀 중 18

위였다. 그 덕에 한국 대표팀 속구 계열 평균 시속(145.9㎞)이 16위에 그쳤는데도 속구와 체인지업 사이 구속 차이(시속 18.7㎞)가 가장 컸다. 속구와 상하좌우 궤적 차이가 얼마나 났는지 계산한 '이탈 거리'도 6.26인치(15.9㎝)로 20개 팀 중 네 번째로 컸다.

팀	속구 속도	체인지업 속도	차이	이탈 거리
한국	145.9	127.1	18.8	6.26
일본	153.7	135.2	18.5	8.32
호주	144.7	128.2	16.5	7.21
체코	139.6	123.4	16.2	4.15
도미니카공화국	153.7	137.7	16.0	7.63

그렇다고 문제가 없던 건 아니다. 한국 투수가 던진 속구가 너무 밋밋했다는 게 문제였다. 한국 투수가 던진 속구는 릴리스포인트에서 20.4인치(51.8㎝) 떨어진 지점에 도착했다. 20개 참가팀 가운데 15위에 해당하는 기록이다. 이 부문 1위 일본은 14.3인치(36.3㎝)였다. 공이 적게 떨어질수록 타자는 공이 솟아오른다고 느낀다. 한국과 일본의 차이인 6.1인치에는 야구공 두 개가 들어간다. 홈런을 헛스윙으로 바꿀 수 있는 차이다.

이런 차이가 생기는 건 공에 한국 투수가 공에 회전을 제대로 걸지 못했기 때문이다. 이 대회서 한국 투수가 던진 속구는 분당회전수(RPM)가 평균 2092회였다. 이보다 속구 RPM이 떨어지는 참가국은 중국(1978회)과 체코(1979회)뿐이었다.

게다가 한국은 투구판에서 공을 놓을 때까지 거리를 뜻하는 익스텐션도 6.18피트(188.4㎝)로 중간 수준(10위)이었다. 느리고 회전이 적은 공

을 애매한 자리에서 던지니 상대 타자에게 위협이 될 리가 없다. 그 결과가 속구 피안타율 16위(0.345)에 피장타율 17위(0.546)였다. 이번엔 20개 팀 속구만 따졌을 때 나온 순위다.

이렇게 속구가 통하지 않으니 체인지업을 유인구가 아니라 스트라이크 존에 던져 카운트를 잡는 용도로 썼다. 한국 투수가 던진 체인지업이 스트라이크 존을 통과한 비율은 44.9%였다. 한국 다음으로 속구와 체인지업 사이에 속도 차이가 컸던 일본(시속 18.4㎞)은 체인지업 가운데 36.2%를 스트라이크 존에 던지며 헛스윙을 유도하는 공으로 삼았다. 그리고 상대 타자를 타율 0.089에, 장타율 0.111로 묶었다. 체인지업 투구 개수(58개)가 적어 순위에 오르지 못했을 뿐이다.

●
무늬만 변화구

한국산 커브볼도 '월드클래스'라고 부를 만했다. 20개 참가 팀에서 던진 커브볼만 따졌을 때 CSW율(40.4%) 3위, 헛스윙율(42.9%) 3위, 피안타율(0.213) 7위, 피장타율(0.277) 4위였다.

한국 투수가 던진 커브 52개(구사율 9.7%)는 속구보다 14.9인치(37.8㎝) 더 떨어졌다. 이보다 낙폭 차이가 큰 커브를 던진 팀은 일본(18.3인치)과 멕시코(15.8인치)뿐이었다. 슬라이더와 비교했을 때도 9.73인치(24.7㎝) 더 떨어졌다. 커브와 슬라이더 사이에 이렇게 낙폭 차이가 큰 팀은 없었다.

뒤집어 말하면 슬라이더가 그만큼 적게 떨어졌다는 뜻이 된다. 한국산 슬라이더 66개(구사율

12.3%)는 속구보다 5.16인치(13.1cm) 더 떨어졌다. 속구와 슬라이더가 이렇게 '붙어서' 들어오게 던진 팀은 없었다. 이 부문 1위인 일본(11.2인치)과 비교하면 6.04인치(15.3cm) 차이였다.

한국산 슬라이더는 좌우 변화도 거의 없었다. 속구보다 7.30인치(18.5cm) 더 휘어나가 16위였다. 상하좌우를 모두 합친 전체 이탈 거리는 8.94인치(22.7cm)로 체코(7.28인치) 한 팀에만 앞섰을 뿐이다. 여기에 속구와 슬라이더 사이 구속 차이(시속 11.8km)도 네 번째로 적었다.

팀	속도	좌우 변화폭	이탈 거리
체코	121.1	3.97	7.28
한국	134.1	7.30	8.94
대만	130.7	7.07	9.06
캐나다	136.7	6.94	9.94
미국	139	8.69	10.2

이런 공으로는 속구에 타이밍을 맞추고 있는 상대 타자의 히팅포인트에서 달아날 수가 없다. 결과는 안 봐도 유튜브. 상대 타자가 한국 투수가 던진 슬라이더를 쳤을 때 타율은 0.391로 최하위, 장타율은 0.565로 그나마 꼴찌에서 세 번째였다.

이렇게 맞아 나가는 공을 스트라이크 존 안에 넣기는 쉽지 않다. 이 대회에서 한국 투수가 던진 슬라이더 가운데 34.8%만 존을 통과했다. 푸에르토리코(30.6%)에 이어 두 번째로 낮은 기록이었다.

이 대회 47경기에서 투수들이 던진 슬라이더는 총 2155개로 전체 투구 중 15.6%를 차지했다. 투수들이 가장 많이 선택한 변화구가 바로 슬라이더였다. 그만큼 대세였지만 한국은 이 공을 던지다 무너졌다.

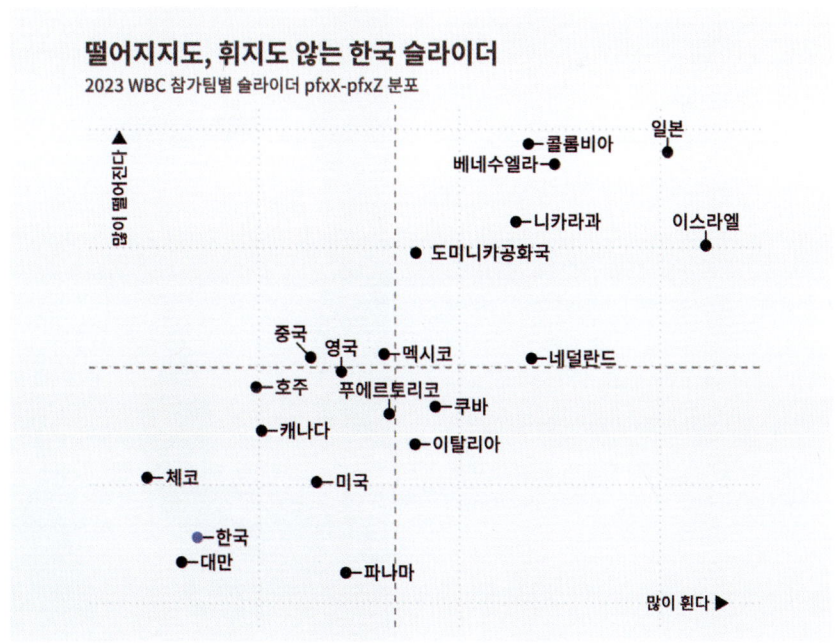

떨어지지도, 휘지도 않는 한국 슬라이더
2023 WBC 참가팀별 슬라이더 pfxX-pfxZ 분포

홀로 빛나는 공은 없다

투구를 평가할 때는 시작점은 여전히 속구다. 누가 야구를 잘하는지 못하는지는 공을 얼마나 빨리 던지는지만 봐도 어림짐작할 수 있기 때문이다. 이 대회에서 이긴 팀이 던진 속구 계열 평균 시속은 149.6㎞로 패한 팀(146.6㎞)보다 시속 3㎞가 빨랐다. 또 토너먼트에 올라간 8개 팀은 평균 시속 150.0㎞로 그렇지 못한 팀(146.1㎞)보다 3.9㎞가 빨랐다. 한국인 일단 이 점에서 실패했다.

잘 나가는 팀은 여기에 타자 시선을 상하좌우로 '찢어 놓는' 변화구를 더했다. 야구 선진국 투수들이 일반적인 슬라이더 범위를 넘어선 스위퍼를 던져 상대 타자와 '힘 대 힘'으로 맞붙을 때 한국 투수들은 구식 슬라이더도 제대로 던지지 못했다. 기교를 가지고 이를 넘어서려 했지만 역부족이라는 사실만 체감했을 뿐이다. 상대 타자를 속일 수는 있어도 이길 수는 없었던 것이다.

2023년 WBC는 이제 세계 무대에서 '명품 구종' 하나로 살아남을 수 없다는 사실을 우리에게 알려줬다. 역할에 맞는 투구 레퍼토리를 갖추는 게 그만큼 중요해졌다는 뜻이다. 오타니는 트라웃에게 스위퍼를 던지기 전에 시속 160㎞를 넘나드는 포심패스트볼 세 개를 연달아 던졌다. 그 공 세 개가 없었다면 스위퍼에 방망이가 따라 나왔으리라고 장담할 수 없다. 이제는 모든 구종이 적어도 '일류 조연'이 되어야 하는 시대. 한국은 여전히 주연도 찾지 못한 건 아닌지 걱정이다.

'리딩 팀' 한국과 강적들, WBC 프리뷰

_신원철

다섯 가지 테마로 본 ── WBC 본선 출전 20개국

월드베이스볼클래식(WBC)은 야구판 '월드컵'으로 진화하고 있다.

2023년 대회는 결승전까지 관객 130만6414명을 유치했다. 직전 2017년 대회 대비 20% 증가했다. 2006년 첫 대회가 열린 뒤로 최다였다. 세계 최대 야구시장은 미국, 그 다음이 일본이다. 두 나라 바깥에서 인기는 더욱 놀랍다. 경제전문잡지 〈포브스〉에 따르면 모두 4개국에서 전 대회보다 시청률이 35% 이상 증가했다. 한국이 36%, 캐나다가 44%였다. 멕시코는 103%, 대만은 무려 151%나 시청률이 올랐다. 〈포브스〉는 "중계 채널 확대와 관련이 있다. 2023년 WBC는 163개 국가 및 지역에서 63개 미디어 파트너를 통해 13개 언어로 방송됐다"고 설명했다.

선수들의 동기부여도 커졌다. 대회 초창기 시큰둥했던 메이저리거들의 태도가 달라졌다. 2023년 대회에 참가하지 않았던 애런 저지와 브라이스 하퍼가 미국 국가대표로 2026년 WBC에 출전한다고 선언했다. 두 선수는 아메리칸리그(AL)와 내셔널리그(NL)를 대표하는 미국 국적 슈퍼스타 타자다. 미국은 2023년 대회에서도 마이크 트라웃과 무키 베츠 등 올스타급 타선을 구축했다. 하지만 마운드 전력은 기대에 미치지 못했다. 정규시즌 시작 전인 3월에 열리는 대회에 전력으로 뛴다면 야수보다는 투수의 부상 위험이 높아진다. 이번 대회를 앞두고는 그동안 몸을 사리던 특급 투수들까지 발벗고 나섰다. 지난해 양대리그 사이영상 수상자인 타릭

스쿠발과 폴 스킨스가 이번 대회 미국의 원투펀치다. 2023년 대회 때는 한국과 일본이 대회 출범 후 처음으로 미국 국적 대표선수를 선발해 '야구의 세계화'에 동참했다.

다섯 가지 테마로 2026년 WBC 본선 참가 20개국을 다섯 그룹으로 묶어 소개한다. 국가명 뒤에는 이번 대회에 편성된 조, 과거 본선 출전 횟수, 최고 성적, 누적 승패, 2023년 대회 성적을 붙였다. 조별로 소개 순서는 2023년 대회 성적이다. 성적이 같은 경우 누적 성적순으로 나열했다.

2026 WBC 본선 참가국	본선 참가	누적 경기	승	패	승률
일본	5	38	30	8	0.789
도미니카공화국	5	28	20	8	0.714
푸에르토리코	5	34	23	11	0.676
한국	5	26	17	9	0.654
미국	5	35	21	14	0.600
쿠바	5	32	18	14	0.563
베네수엘라	5	29	16	13	0.552
이스라엘	2	10	5	5	0.500
네덜란드	5	28	13	15	0.464
멕시코	5	24	11	13	0.458
이탈리아	5	20	7	13	0.350
캐나다	5	15	5	10	0.333
호주	5	17	5	12	0.294
대만	5	17	5	12	0.294
콜롬비아	2	7	2	5	0.286
체코	1	4	1	3	0.250
영국	1	4	1	3	0.250
파나마	3	9	2	7	0.222
브라질	1	3	0	3	0.000
니카라과	1	4	0	4	0.000

[드림팀] 미국 일본 ─── 베네수엘라 도미니카공화국

일본 (C조, 5회, 우승, 30승 8패, 우승)

일본은 WBC에서 가장 강한 나라다. 모두 5차례 열린 WBC에서 세 번이나 정상에 올랐고 4강 미만 성적을 거둔 적이 한 번도 없다. 2회 이상 우승한 팀은 아직 일본뿐이다. 덕분에 WBC 누적 경기 수(38경기)와 승리(30승)가 가장 많다. 하지만 이번 대회에서는 불안 요소가 있다. 바로 메이저리그식 피치클락 적응이다. 이를 대비하기 위해서인지 2025년 12월 26일 발표한 1차 명단 8명 가운데 현역 메이저리거 투수가 3명(오타니 쇼헤이, 기쿠치 유세이, 마쓰이 유키) 포함됐다. 지난해 월드시리즈 우승 주역 야마모토 요시노부와 일본 복귀 제안을 뿌리치고 콜로라도로 이적한 스가노 도모유키도 참가한다. 최종 로스터에서 현역 메이저리거는 9명까지 늘어났다. 2009년 5명을 넘어선 일본 역대 WBC 대표팀 가운데 최다 인원이다. 2023년 대회에서는 4명(오타니, 다르빗슈 유, 요시다 마사타카, 라르스 누크바)의 메이저리거가 뛰었다. 일본프로야구(NPB)도 2010년대 이후 기량이 급성장했다. 이전보다 훨씬 많은 NPB 선수가 메이저리그 진출을 노리고 있다. 그래서 '사무라이 재팬'의 일원으로 국제대회에 출전하겠다는 의지가 강하다.

미국 (B조, 5회, 우승, 24승 13패, 준우승)

대회 최고 타자와 투수를 전해 MVP와 사이영상 수상자로 본다면 미국 대표팀은 4명 중 3명을 보유했다. 단연, 역대 최고 대표팀이다. 2023년 대회 참가에 미지근한 반응을 보였던 저지가 마음을 바꿔 '캡틴 아메리카'를 맡았다. 누구보다 먼저 대표팀 합류를 선언했다. 여기에 스킨스와 스쿠발이 동참하는 이례적인 일이 벌어졌다. 미네소타 에이스 조 라이언과 싱커의 달인 로건 웹까지 가세했다. 이 네 명으로 짜여질 미국 대표팀 선발투수진은 2025년 정규시즌 평균자책점 2.70과 WAR 21.8승을 합작했다. 2023년 대회 선발진은 전해 평균자책점 3.61, WAR 7.8승에 그쳤다. 메릴 켈리와 닉 마르티네스는 한국과 일본 리그에서 뛴 뒤 컴백했고, 랜스 린과 애덤 웨인라이트는 하향세에 접어든 노장이었다. 이번 대표팀과 차이는 매우 컸다.

베네수엘라 (D조, 5회, 4강, 16승 13패, 8강)

베네수엘라는 아직 WBC 결승전에 올라간 적이 한 번도 없다. 하지만 현역 메이저리거 숫자와 면면, 그리고 우승에 대한 열망으로는 '드림팀'에 손색없다. 2025년 메이저리그 개막전 로스터 베네수엘라 출신이 무려 63명이었다. 미국을 제외하면 도미니카공화국(100명)에 이어 두 번째로 많았다. 정규시즌 전체로는 베네수엘라 선수가 모두 93명이었다. 역시 도미니카공화국(144명)에 이어 2위였다. 2023년 대회에서는 8강에 만족해야 했지만 호세 알투베, 미겔 로하스, 로날드 아쿠냐 주니어, 살바도르 페레스, 미겔 카브레라 등 화려한 라인업을 자랑했다. 페레스와 카브레라는 메이저리그 MVP 출신이다. 이번 대회에는 알투베가 난색을 보였지만 페레스와 아쿠냐 주니어는 대표팀을 지킨다. 휴스턴 벤치코치인 오마르 로페스가 2023년에 이어 다시 감독을 맡는다. 그를 보좌할 코치진이 더 '드림팀'에 가까울지도 모르겠다. 벤치코치 로빈슨 치리노스, 타격코치 카브레라, 투수코치 호안 산타나.

도미니카공화국 (D조, 5회, 우승, 20승 8패, 1R)

감독부터 드림팀답다. 메이저리그 통산 703홈런을 친 앨버트 푸홀스가 지휘봉을 잡았다. 현역 은퇴 2년 뒤인 2024년부터 도미니칸윈터리그 레오네스 델에스코기도 감독을 맡아 지도자로 변신했다. 감독 첫 해 정규시즌에선 승률 5할에 못 미쳤다. 하지만 턱걸이로 올라간 포스트시즌에서 우승을 차지했다. 이어 캐리비안시리즈에서도 우승트로피를 들어올렸다. 이 대회에서도 1라운드에서 2승 2패였지만 4강과 결승전을 모두 1점 차로 이기는 뒷심을 보였다. 늘 그렇듯 이번 대회 타선도 최강을 다툰다. 매니 마차도, 페르난도 타티스 주니어, 블라디미르 게레로 주니어, 후안 소토, 훌리오 로드리게스 등 슈퍼스타가 참가한다. 늘 그렇듯 마운드는 타선에 비해 낮다. 하지만 크리스토퍼 산체스와 브라얀 베요가 합류하면서 수준급 선발투수진이 짜여졌다. 지난 대회에선 A급 선발투수가 사이영상 출신 샌디 알칸타라 외에 없었고, 그 알칸타라가 부진했던 게 1라운드 탈락 이유였다. 2013년 대회에 이은 두 번째 우승을 노린다.

[2라운드는 가야지?]
한국 멕시코 푸에르토리코

멕시코 (B조, 본선 5회, 최고 성적 4강, WBC 누적 11승 13패, 2023 4강)

2023년 대회에서 역대 최고 결과를 냈다. 2006년과 2009년 대회에서 2라운드까지 올라갔지만 다음 두 대회에서는 모두 1승 2패로 1라운드 탈락 고배를 들었다. 2023년 대회는 첫 판에서 한 수 아래인 콜롬비아에 패했다. 하지만 미국을 11−5로 대파하고 분위기를 바꾸더니 영국과 캐나다를 연파하고 8강에 진출했다. 8강에서는 푸에르토리코에 1회 4점을 내주고도 5−4로 역전승. 4강에서는 일본을 상대로 8회까지 5−4로 앞서면서 결승 진출을 바라봤다. 하지만 9회말 무라카미 무네타카에게 끝내기 2타점 2루타를 맞고 대회를 마감했다. 쿠바 출신이지만 멕시코 시민권자인 랜디 아로사레나가 대표팀 명단에 이름을 올렸다. 그는 2023년 대회에서 2루타 1위(6개) 타점 3위(9개) OPS 2위(1.507)에 올랐다. 보스턴 1번 타자 재런 듀란과 시애틀 마무리 안드레스 무뇨스도 역시 멕시코 대표팀에 합류했다. 2025 KBO리그 '최동원상 수상자'이면서 MVP인 코디 폰세(토론토)의 합류가 불발된 점은 아쉽다.

푸에르토리코 (A조, 5회, 준우승, 23승 11패, 8강)

모든 대회에서 2라운드 이상에 진출했고, 2013년과 2017년엔 준우승했다. 명포수 출신 야디에르 몰리나 감독이 2023년에 이어 다시 대표팀을 이끈다. 이번 대회에서는 1라운드를 수도 산후안에서 치르는 '홈 어드밴티지'까지 되찾았다. 푸에르토리코는 2006년과 2009년, 2013년 대회 1라운드를 유치했다. 이번이 네 번째다. 그런데 정작 선수단을 제대로 꾸리지 못했다. 부상 경력 선수들의 보험 가입 문제로 슈퍼스타들이 대거 제외되면서 한때 '보이콧' 주장이 나올 정도. 프란시스코 린도르와 카를로스 코레아가 빠졌다. 하비에르 바에스는 때아닌 대마초 소지에 따른 징계로 이번 WBC 참가가 무산됐다. 미국 국가대표였다가, 이번 대회에서는 '어머니의 나라'를 택한 놀란 아레나도의 어깨가 무거워졌다. 지난 대회에서 세리머니를 하다 무릎을 다쳤던 디아스는 보험 문제에 발목을 잡히지 않았다는 점이 아이러니다.

한국 (C조, 5회, 준우승, 17승 9패, 1R)

'드림팀'의 원조는 미국 올림픽 국가대표 농구팀이다. 2004년 아테네 올림픽에서 동메달에 그치자 '리딤(설욕)팀'으로 별명이 바뀌었다. 한국 국가대표팀은 첫 두 번 WBC에서 4강과 준우승이라는 성취를 이뤘다. 다음 세 대회 연속 1라운드 탈락 위 '야구 드림팀' 칭호를 내려놓고 설욕에 나선다. 지금까지의 모든 실패를 파헤쳤다. 첫 경기 징크스와 이 징크스를 불러온 대회 준비 과정을 전부 뜯어보고 문제점을 개선했다. 한국은 지난 세 대회 모두 조별리그 첫 경기에서 패했다. 2013년 네덜란드에 0-5, 2017년 이스라엘에 1-2, 2023년 호주에 7-8로 지면서 다음 경기에 대한 부담감이 커졌다. WBC는 아니지만 슈퍼라운드 진출에 실패한 2024년 프리미어12에서도 첫 경기를 대만에 3-6 스코어로 내줬다. 2023년 대회 때는 미국 캠프가 뜻밖의 추운 날씨 탓에 제대로 이뤄지지 않으면서 투수들의 준비가 늦어졌다. 이 대회 한국의 팀 평균자책점은 20개국 가운데 16위인 7.55에 그쳤다. 마운드 붕괴를 방지하기 위해 이번 대회에 앞서서는 최종 로스터가 확정되지 않은 1월에 '예비 캠프'를 차렸다. 이 예비 캠프에는 38세 베테랑 류현진도 참가했다.

그런데 대회를 앞두고 악재가 속출했다. 메이저리그 야수 김하성과 송성문이 1월 부상으로 불참이 확정됐다. 2월엔 선발투수 문동주와 원태인, 포수 최재훈이 부상을 당했다. 마무리로 기대를 모았던 라일리 오브라이언도 종아리에 부상을 입었다.

[유럽 야구의 현주소] 이스라엘 ― 이탈리아 네덜란드 체코 영국

이탈리아 (B조, 본선 5회, 최고 성적 2R, WBC 누적 7승 13패, 2023 8강)

베네수엘라에서 태어났지만 이탈리아 출신 아버지를 둔 프란시스코 서벨리가 감독으로 선임됐다. 이탈리아식으로는 '체르벨리'다. 그는 2009년과 2017년 대회에서 이탈리아 대표팀 포수로 활약했다. 이탈리아는 오랫동안 유럽 야구 강호였다. 1954년 초대 유럽야구선수권대회 우승팀이 바로 이탈리아다. 성적을 내겠다는 의지가 확고하다. 마이크 피아자 전 감독과 재계약하지 않은 배경 가운데 하나는 2023년 유럽선수권 대회 부진이었다. 이탈리아 대표팀 자격이 있는 선수를 모으기 위해 단장 선임에도 공을 들였다. 전 다저스 단장 네드 콜레티가 이탈리아 대표팀 구성을 이끌었다. 샌프란시스코 포수 패트릭 베일리, 시애틀 슬러거 미치 해니거 , 2025년 9월 은퇴한 강타자 마이크 리조 등이 후보였지만 모두 불발. 대신 2023년 드래프트 1라운드 출신 포수 유망주 카일 틸이 합류했다. 2023년 대표팀에서 이탈리아 태생 선수는 단 3명뿐이었다. 이탈리아는 2025년 5월 시민권법을 개정해 국적 취득 문턱을 높였다. 이번 대회에는 큰 영향이 없겠지만, 앞으로는 이탈리아 태생 세리에A 야구선수가 더 많이 국제무대에 등장할 수 있다.

네덜란드 (D조, 5회, 4강, 13승 15패, 1R)

명예의 전당 입성에 성공한 명중견수 출신 앤드루 존스가 대표팀을 이끈다. 그의 아들 드라우 존스 역시 대표팀에 뽑혔다. 네덜란드는 유럽야구선수권 최다 우승국(25회)이다. 메이저리그는 유럽에서 선수 육성을 위해 야구캠프를 운영한다. 유럽 전체 정원 90명 중 30명이 네덜란드에 할당돼 있다. 하지만 대표팀 전력은 약화됐다. 지난해 3월 오사카 교세라돔에서 치른 평가전 두 경기에서 일본에 0-5, 0-9 스코어로 모두 패했다. 2017년 대회에서 메이저리거 5명을 앞세워 4강에 진출했지만, 2023년 대회에서는 1라운드에서 멈췄다. 2017년 '황금세대' 중 안드렐톤 시몬스와 디디 그레고리우스, 조나단 스쿱이 현역 은퇴하고 잰더 보가츠와 주릭슨 프로파만 남았다. 오지 알비스와 세단 라파엘라가 그들의 후계자다. 네덜란드는 퀴라소, 아루바 등 카리브해 출신 선수의 전력 비중이 절대적이다. 이들은 전통적으로 국가대표 소집에 적극적이다. 그레고리우스는 2022년을 끝으로 메이저리그를 떠났지만 지난해 오사카 평가전에선 대표팀 유격수로 뛰었다.

이스라엘 (D조, 2회, 2R, 5승 5패, 1R)

이안 킨슬러 감독 사임으로 대회 반 년을 앞두고 사령탑이 교체됐다. 지도자 경력만 보면 업그레이드다. 디트로이트 감독을 지냈고, 2013년 WBC 예선에서 이스라엘 감독이던 브래드 아스머스가 돌아왔다. 아스머스는 선수로는 역대 유태계 메이저리거 최다 출장(1971경기) 기록을 세웠다. 본선 참가국 가운데 '혈통 규정'을 가장 효과적으로 활용할 수 있는 국내법을 가진 나라다. 선수의 의지만 있다면 현역 메이저리거를 여럿 참가시킬 수 있다. 2023년 대회에선 작 피더슨 등 메이저리그 7명이 참가했다. 이스라엘 야구협회는 메이저리거 14명, 트리플A 소속 선수 10명을 '차출 가능'으로 분류하고 있다. 외야수 해리슨 베이더와 포수 개럿 스텁스가 일찍부터 대표팀 합류를 선언했다. 빅리그 41승 투수 딘 크레이머가 다시 에이스 역할을 맡는다. 두산에서 뛰었던 로버트 스탁도 있다.

영국 (B조, 1회, 1R, 1승 3패, 1R))

2023년 대회에 이어 2회째, 2회 연속 본선 출전이다. 영국에서 야구를 배우고 미국에서 선수로 뛰었던 브래드 마르셀리노 감독이 다시 팀을 이끈다. 마르셀리노는 2013년 예선에서 선수, 2017년 예선과 2023ㆍ2026년 본선에서는 감독으로 영국 대표팀 일원이 됐다. 2023년 대회에서 영국 태생 선수는 단 6명이었다. 대다수는 미국에서 태어났고, 카리브해의 바하마 출신이 7명이었다. 30명 중 메이저리거는 2명, 마이너리거 16명이었다. 이번에도 비슷한 기조가 이어질 전망이다. 바하마 출신의 재즈 치점 주니어가 가장 중량감 있는 선수. 더 알려진 선수가 발탁될 가능성도 있었지만 무산됐다. 세계에서 가장 빠른 공을 던진 아롤리스 채프먼은 영국 대표팀으로부터 합류 의사를 타진받았다. 채프먼은 망명 전인 2009년 WBC에서 쿠바 대표로 뛰었다. 지금은 미국 국적이지만 조부모가 영국 식민지던 자메이카에서 쿠바로 이민을 갔다. 그래서 영국 국가대표 자격이 있을 것으로 여겨졌지만, 조직위의 판단은 자격 미달이었다. NPB 니혼햄의 차세대 스타 외야수 미즈타니 슌도 영국 대표팀이 접촉했지만 최종 로스터에는 들어가지 않았다.

체코 (C조, 1회, 1R, 1승 3패, 1R)

체코는 지난 대회에서 기대 이상으로 선전했다. 다른 유럽 팀이 미국에서 야구하는 선수들을 끌어모으려 노력하는 동안 체코는 자국 엑스트라리가 선수 위주 대표팀을 꾸렸다. 메이저리거 전무에 마이너리거도 단 1명이었다. 이 대회 선전으로 체코에서 야구 위상은 올라갔다. 지난해엔 처음으로 체코 정부가 예산을 우선 지원하는 스포츠 30개 종목에 태권도를 제치고 포함됐다. 체코는 메이저리그, NPB와 교류 속에 과학적인 훈련으로 대표팀 수준을 끌어올리고 있다. 지난해 미국 전지훈련에서는 시속 93–100마일 공을 던지는 투수들 상대로 석 점씩은 냈다. 협회 차원에서 투수 구속 향상 프로그램을 진행하고 있는데 4년 만에 10대 투수 6명이 시속 90마일을 넘겼다. 데이터 분석 기법도 미국과 일본의 지원으로 발전하고 있다. 이번 대회를 앞두고는 미국 프로야구에서 뛰는 체코계 선수를 최대한 포함시킨다는 목표를 세웠다. 그러나 실제로 합류한 메이저리거는 볼티모어 유틸리티맨 테린 바브라 1명뿐이다.

[2023대회 숨은 강자]
파나마 캐나다 호주 쿠바

쿠바 (A조, 본선 5회, 최고 성적 준우승, WBC 누적 18승 14패, 2023 4강)

옛 영광만 남은 줄 알았던 쿠바가 2023년 대회에서 부활했다. 쿠바야구연맹이 망명한 메이저리거에게 문을 열면서 전력이 강해졌다. 루이스 로베르트와 요안 몬카다는 "인생 최고의 경험"이라며 감격스러워했다. 여기에 리반 모이넬로, 라이델 마르티네스 등 NPB 소속 선수 5명이 합류했다. 쿠바는 5개 팀이 모두 2승 2패를 거둔 A조를 조1위로 통과했다. 그래서 B조 1위 일본을 피하고 호주와 8강전을 치를 수 있었다. 호주를 4-3으로 꺾고 4강에 오른 뒤 미국과 준결승전에서 2-14로 대패하며 대회를 마무리했다. 쿠바는 2026년 대회에서도 현역 메이저리거 발탁에 공을 들이고 있다. 하지만 도널드 트럼프 미국 대통령이 쿠바에 대한 강경한 태도를 보이는 게 변수다. 2023년 망명 선수의 대표팀 복귀는 전임 바이든 행정부의 특별 승인이 있어 가능했다. 현행 미국 법령은 메이저리그 구단이 쿠바에 거주하는 선수와 직접 계약하는 행위를 금지하고 있다. 많은 쿠바 선수가 망명을 선택했던 이유다. 2018년 12월 메이저리그와 쿠바야구협회는 망명 없이 계약이 가능케하는 협정을 체결했다. 하지만 트럼프 대통령이 이듬해 4월 이 협정을 무효화했다.

호주 (C조, 5회, 8강, 5승 12패, 8강)

초대 대회부터 빠짐없이 본선에 참가했지만 2라운드 진출은 2023년이 처음이었다. 한국과의 조별리그 첫 경기를 잡으면서 유리한 위치에 섰고, 결국 토너먼트 진출에 성공했다. 한국 대표팀이 컨디션 관리에 실패한 반면, 겨울에 열리는 자국 프로야구(ABL 시즌)을 마치고 WBC를 준비한 호주 선수들은 몸이 가벼웠다. 8강에서는 전력이 강화된 쿠바와 접전을 벌이며 돌풍을 이어갔다. 이번 대회에서는 2024년 메이저리그 드래프트 전체 1순위 유망주 트래비스 바자나가 데뷔한다. 이해 프리미어12에서 성인 국가대표로 데뷔해 OPS 0.596으로 기대에 미치지 못했다. 하지만 프로 2년차인 지난해 트리플A까지 오르며 맹타를 과시했다. 시카고 화이트삭스 내야수 커티스 미드도 대회 출전이 확정됐다. 지난해 탬파베이에서 뛰다 김하성이 부상에서 복귀하자 시카고 화이트삭스로 트레이드됐다. 혈액암을 극복하고 지난해 마운드에 돌아온 강속구 구원투수 리암 헨드릭스도 합류 의사를 밝혔지만 우선 '지명투수 풀(2라운드 이후 교체 출전 가능)'에 포함됐다.

파나마 (A조, 3회, 1R, 2승 7패, 1R)

2023년 대회 조별리그에서 A조 4위에 그쳤다. 그래도 2승이라는, 파나마에는 큰 성과가 남았다. 파나마는 1, 2회 대회에서 5전 전패를 당했다. 다음 두 대회는 본선에 오르지 못했다. 세 번째 도전에서 대만과 이탈리아를 상대로 승리를 챙겼다. 메츠 출신 루벤 테하다가 4경기 OPS 1.042로 클래스를 보여줬고, 애리조나와 마이애미 등에서 뛰었던 투수 움베르토 메히아가 4이닝 무실점을 기록했다. 이번 대회에는 야디에르 몰리나의 후계자로 꼽히는 세인트루이스 포수 이반 에레라, 필라델피아 내야수 에드문도 소사, 시카고 컵스 포수 미겔 아마야가 참가한다. 한국 야구 팬들에게 익숙한 이름도 있다. '전 NC' 크리스티안 베탄코트와 '전 한화' 하이메 바리아, 삼성 아리엘 후라도가 WBC에서 'KBO 출신 배터리'를 이룰 수도 있다.

캐나다 (A조, 5회, 1R, 5승 15패, 1R)

지난 대회에선 대진운이 좋지 않았다. 조별리그에서 2승을 거뒀지만 하필 같은 조에 준우승 미국, 4강 멕시코가 있었다. 경기 내용 면에서는 투수력에 약점이 있었다. 마이너리거 위주인 영국 상대로 18점을 뽑았지만 8점을 내줬다. 미국전에서는 1-12 스코어로 7회 콜드게임 패배를 당했다. 조별리그 최종전인 멕시코전에서도 10실점하면서 2라운드 진출에 실패했다. 대회 OPS가 0.917로 전체 4위인데, 평균자책점은 8.74로 19위였다. 미국에서 태어났지만 캐나다 대표팀에 대한 애착이 강했던 프레디 프리먼은 불참한다. 반면 토론토의 슈퍼스타 블라디미르 게레로 주니어는 캐나다에서 태어났지만 도미니카공화국을 대표한다. 그래도 전력은 더 강해졌다. 프리먼을 제외하더라도 보 네일러(포수), 조시 네일러(1루수), 에두아르드 줄리앙(2루수), 아브람 토로(3루수), 타일러 오닐, 덴젤 클락, 오웬 케이시(이상 외야수)로 선발 라인업을 꾸릴 수 있다. 지난 대회 약점이던 마운드에선 선발투수 칼 퀀트릴과 마이클 소로카, 제임스 팩스턴, 구원투수 매트 브래시가 선발됐다. NC에서 뛰었던 왼손투수 로건 앨런, NC에서 3년째 뛰는 맷 데이비슨이 캐나다 국가대표다.

[예선에서 살아남다]
콜롬비아 니카라과 브라질 대만

대만 (C조, 본선 5회, 최고 성적 2R, WBC 누적 5승 12패, 2023 1R)

대만은 타이베이돔에서 열린 A조 예선을 거쳐 WBC 본선에 합류했다. 전해 프리미어12 우승에 이어 다시 성취를 이뤘다. 하지만 과정은 순탄치 않았다. 홈 관중 3만5325명이 운집한 첫 경기에서 스페인에 5-12로 크게 졌다. 남아프리카공화국을 9-1로 잡았지만 니카라과에 0-6으로 져 1승 2패로 몰렸다. 스페인과의 2위 결정전에서 6-3 승리로 설욕하며 꿈을 이뤘다. 대만은 마이너리거 합류 여부에 따라 전력이 달라지는 팀으로 여겨지지만, 프리미어12에서는 국내파 위주 대표팀으로 일본을 꺾고 우승을 차지하는 이변을 일으켰다. WBC 대표팀은 다시 해외파 위주로 구성된다. 지난해 대만 유일한 메이저리거였던 덩카이웨이가 불참을 선언한 가운데, 왼손 린위민 등 마이너리그 투수나 쉬뤄시, 구린뤼양 등 NPB 투수 선발에 총력을 기울였다. 투수에 비해 야수진에는 해외파가 적다. 트리플A 내야수 쩡종저와 NPB 외야수 린안커 정도다. 지난 대회 한국과 일본의 예를 따라 미국 국적 선수 선발을 추진했다. 메이저리그 통산 277경기에 뛴 외야수 스튜어트 페어차일드와 컵스 유망주 1루수인 조너선 롱이 대만 유니폼을 입게 됐다.

콜롬비아 (A조, 2회, 1R, 2승 5패, 1R)

2017년 대회부터 3회 연속 본선에 진출했다. 2017년과 2023년 1라운드에선 1승씩을 거뒀다. 애리조나조 투손에서 열린 예선 B조는 1위로 통과했다. 브라질(5-0) 중국(8-1) 독일(10-0, 7회 콜드)을 상대로 23득점 1실점이라는 압도적인 실력 차이를 보여줬다. 베테랑 투수 호세 킨타나와 훌리오 테에란. 야수 히오 우르셀라와 해롤드 라미레스 등 메이저리거들이 조국을 위해 힘을 합쳤다. 이들은 본선 최종로스터에도 포함됐다. 메이저리그에서 콜롬비아를 대표하는 선수로는 2000년대 명유격수 에드가 렌테리아, 2010년대 애틀랜타 에이스 테에란이 있었다. 2020년대는 다소 처진다. 지난해 메이저리그 개막전 로스터에 포함된 콜롬비아 선수는 전성기가 지난 우르셀라와 도노반 솔라노 두 명뿐이었다. 호세 모스케라 감독이 예선에 이어 본선까지 팀을 이끈다. 2004년 다저스와 계약했지만 메이저리그 데뷔에는 실패했고, 이후 스카우트를 거쳐 지도자의 길을 걸었다.

니카라과 (D조, 1회, 1R, 0승 4패, 1R)

2회 연속 본선 진출에 성공했다. 초대 대회에선 초청받지 못했고, 2, 3회 대회에선 모두 예선에서 탈락했다. 첫 출전한 지난 대회 결과는 4전 전패. 그래서 5회 대회는 다시 예선부터 시작해야 했다. 예선 A조에서 돌풍을 일으켰다. 당초 남아공에만 앞선 3위 전력으로 평가됐지만 3전 전승으로 당당히 1위에 올라섰다. 첫 두 경기는 모두 연장 10회 2-1 끝내기 승이었다. 그리고 3차전에서 홈 팀 대만을 6-0으로 꺾는 이변을 연출했다. 본선 진출을 이끈 산도르 기도 감독 대신 메이저리그 통산 840승의 더스티 베이커에게 지휘봉을 넘기는 변화를 줬다. 기도는 코치로 새 감독을 보좌한다. 베이커는 2023년 미국 WBC 대표팀 감독 제안을 거절한 인물이다. 예선에 참가한 메이저리거는 투수 JC 로메로가 유일했다. 본선에선 더 강해진다. 메츠 3루수 마크 비엔토스가 어머니의 모국인 니카라과 대표팀에 합류했다. 양키스에서 FA로 풀린 투수 호나탄 로아이시가도 출전을 원했으나 무산됐다. 로아이시가는 지난해 개막전 로스터에 포함된 유일한 니카라과 출생 선수였다.

브라질 (B조, 1회, 1R, 0승 3패, 본선 실패)

이번 대회 참가 20개국 중 19개국은 지난 대회에도 출전했다. 유일한 변화는 2023년 출전 팀 중국 대신 브라질이 들어온 것이다. 2013년 3회 대회에 이어 두 번째 WBC 본선이다. 첫 출전선 3전 전패로 탈락했다. 2025년 12월 기준 세계야구소프트볼연맹(WBSC) 세계랭킹은 22위로 본선 참가국 가운데 가장 낮다. 예선 당시 순위는 23위. 하지만 20위 중국과 17위 독일을 꺾으면서 투손 예선 2위로 본선행 티켓을 확보했다. 독일 상대로 라운드로빈 방식 오프닝 라운드에서 9-7로 이긴 데 이어 2위 결정 플레이오프에서 다시 6-4 승리를 거뒀다. 마운드의 중심은 KBO리그 KIA에서 잠시 뛰었던 보 다카하시, 토론토 마이너리거 에릭 파르지뉴다. 단테 비셋의 아들인 단테 비셋 주니어, 매니 라미레스의 아들 루카스 라미레스가 타선을 이끌었다. 비셋의 동생인 보는 지난해 메이저리그 전체 타율 2위에 올랐다. 브라질의 예선 통과 뒤 "대표팀에 복귀하고 싶다"는 뜻을 밝혔지만 최종 로스터에는 빠졌다. 상파울루에서 태어난 마쓰모토 유이치 감독은 2004년 야쿠르트에 입단하며 일본에 귀화했다. 14년 현역 생활 뒤 2016년부터 야쿠르트 코치를 맡고 있다. 유격수 이토 비토르는 한신의 통역요원이다.

1943년 런던 윔블리 구장에서 열린 야구 경기
출처 gettyImages

영국은 첫 야구월드컵 우승팀이었다

_최민규

2023년 월드베이스볼클래식(WBC)에서 가장 놀라운 팀 중 하나는 첫 출전에 나선 영국이었다.

3월 11일 애리조나주 체이스필드에서 주최국이자 우승 후보 1순위 미국을 상대로 첫 경기를 치렀다. 놀랍게도 이 경기 선제점은 영국이 냈다. 선두 타자 트레이시 톰슨이 미국 선발투수 애덤 웨인라이트의 초구를 솔로 홈런으로 연결했다. 3회말 역전을 허용하고 결국 2-6으로 패했다. 하지만 '일방적인 점수 차로 패할 것'이라는 예상을 뒤엎은 선전이었다.

베팅업체 팬듀얼이 책정한 이 대회 영국의 우승 배당률은 300-1로 중국, 체코, 니카라과와 함께 최하위였다. 원금의 300배를 받는 매우 낮은 확률이었다. 캐나다전에서도 1회초 선제 3득점했지만 8-18 7회 콜드게임으로 패했다. 하지만 우승 배당률 120-1인 콜롬비아를 7-5로 꺾고 대회 본선 첫 승리를 따냈다. 최종 멕시코전에서는 6회까지 1-1로 팽팽하다 7회말 결승점을 내줘 1-2로 석패했다. 메이저리거가 즐비한 강호 멕시코는 최종적으로 대회 4강에 오른 강팀이었다. 영국은 현역 메이저리거가 두 명뿐이었다.

WBC라는 무대에서 영국은 신참이다. 그리고 야구 변방이다. 지난 대회에서 선전은 대단했다. 하지만 대표팀 30명 중에서 영국 태생 선수는 2명에 불과했다. 대부분이 미국 마이너리그 경험이 있었다. 하지만 영국은 세계 최초의 '야구 월드 챔피언'이기도 하다. WBC는 과거 야구월드컵(세계야구선수권대회)을 계승하는 대회다. 세계야구소프트볼연맹(WBSC)은 2013년 제 3회 대회부터 WBC 우승팀을 '세계 챔피언'으로 정했다. 1938년 초대 야구 월드컵 우승 팀이 바로 영국이었다.

근대 스포츠의 발상지, ——— 1 영국

스포츠의 역사에서 영국은 빼놓을 수 없는 나라다. 스포츠 역사학자인 앨런 거트만에 따르면 근대스포츠는 18세기 초에서 19세기 말에 출현했다. 출현시기가 분명한 것처럼 출현지역 역시 비교적 분명하다. 거트만은 "근대스포츠는 영국에서 기원해 미국과 서유럽 등 전세계로 확산됐다"고 기술한다.

근대스포츠의 탄생과 전파 배경에는 자본주의와 제국주의라는 시대적 특징이 있다. 스포츠 활동으로 얻어지는 강건한 신체와 스포츠의 특징인 규칙·규율은 산업자본주의 시대 노동자에게 권장됐던 덕목이다. 산업혁명과 자본주의가 시작된 영국에서 근대스포츠가 탄생한 건 어쩌면 당연한 결과였다. 유럽과 아메리카대륙의 후발 산업국들은 잇따라 영국식 스포츠와 문화를 받아들였다. 영국과 앙숙인 프랑스나 독일

스포츠클럽도 영국식 명칭과 척도(야드, 마일)를 사용할 정도였다.

한편으로 영국은 제2차 세계대전까지 세계 최대 식민제국을 경영했다. 지금 세계에서 가장 많은 팬을 보유하고 있는 스포츠가 영국을 기원으로 하는 축구라는 점은 과거 대영제국의 위상과 떼놓고 생각할 수 없다. 두 번째로 팬이 많은 크리켓도 역시 영국이 기원이다. 크리켓은 한국에서는 잘 알려지지 않은 경기다. 하지만 몇 년 전까지 전세계에서 평균 연봉이 두 번째로 높은 프로스포츠리그가 인도 크리켓리그인 IPL(indian premier league)이었다. 지금은 연봉 상한제도 도입으로 과거보다는 낮아졌다.

영국에서 온 이민자들이 주축이 돼 만들어진 나라인 미국도 영국 스포츠 문화를 일찍부터

뉴욕의 니커보커클럽은 1845년 최초의 야구규칙으로 알려진 니커보커룰을 제정했다.
사진=피처리스트

받아들였다. 미국의 국기(National Pastime)로 통하는 야구도 그 뿌리는 영국에서 찾을 수 있다. 멀게는 14세기부터 영국에서는 배트로 공을 때리는 놀이, 혹은 경기가 성행했다. 16세기에 탄생한 크리켓은 야구의 아버지 뻘인 경기다. 영국에서 신대륙으로 넘어온 이민자들이 타운볼, 라운더스 등으로 이름 붙여진 크리켓과 비슷한 경기를 했고, 1845년 뉴욕에서 최초의 야구규칙으로 알려진 니커보커룰이 제정됐다.

니커보커 클럽 회원들은 스스로를 영국식 클럽 회원인 영국식 신사로 여겼다. 복장에서도 드러난다. 이들은 영국 크리켓 선수처럼 양모제 바지를 착용했다. 이후 야구가 노동자들이 즐기는 스포츠로 성격이 변함에 따라 면으로 된 유니폼이 등장했다. 이와 함께 여러 색상으로 염색한 양말을 노출시켜 팀의 상징으로 삼았다. 1869년 창단한 세계 최초의 프로야구 팀의 이름이 신시내티 레드스타킹스인 이유다.

신생 미국의 스포츠는 어떤 면에서 영국을 더 앞섰다. 조정과 테니스 종목에서는 영국보다 앞선 시기에 전국 규모 협회가 조직됐다. 야구는 1845년 규칙 제정 이후 1858년에 야구선수전국연합(National Association of Base Ball Players)이라는 전국 조직이 탄생한다. 1871년에는 최초의 메이저리그이자, 첫 프로리그로 꼽히는 프로야구선수전국연합(National Association of Professional Base Ball Players, 이하 NA)이 결성됐다. 영국에서 축구규칙 제정과 전국조직인 FA 결성이 이뤄진 해는 1863년. 프로리그인 잉글랜드풋볼리그(EFL) 출범은 1888년의 일이다.

현대 스포츠의 특징인 프로화에서는 미국이 영국을, 야구가 축구를 앞섰다. 하지만 WBC와 FIFA 월드컵 규모에서 보듯 오늘날 야구와 축구의 세계화 수준에는 매우 큰 차이가 난다. 그 이유는 스포츠 종목 자체의 특성보다는 19세기에서 20세기 초반까지 세계 질서 주도권을 쥔 나라가 영국이었다는 사실에서 찾아야 할 것이다. 대영제국에는 해가 지지 않았지만, 미국은 1823년 먼로독트린 이후 오랫동안 아메리카대륙 외부에 대해서는 고립주의를 택했다. 경제학자 앤드루 짐볼리스트는 야구의 세계화가 뒤처진 이유 중 하나로 '미국의 고립주의 전통'을 든다.

야구 인기는 세계적으로 북중미와 동아시아에 편중돼 있다. 먼로주의는 아메리칸대륙 내에서는 팽창주의다. 캐나다를 제외한 북중미에서 야구가 전파된 과정은 미국-멕시코전쟁(1846-48), 1차 쿠바독립전쟁(1868-1878), 미국-스페인전쟁(1898), 파나마운하 건설(1880-1914) 등 지정학적 사건과 밀접하게 연관돼 있다. 동아시아의 야구 인기는 미국이 일본을 무력시위로 개항(1854)시킨 나라였으며, 그 일본이 제국주의 열강으로 탈바꿈해 대만과 한국을 지배했다는 사실과 밀접한 관계가 있다.

미국 작가 마크 트웨인은 생애 후반기 미국의 제국주의 정책을 비판해 금서 처분을 받았다. 하지만 젊은 시절에는 미국의 하와이 병합을 지지하는 입장이었다. 트웨인은 20-30대던 1860년대 순회기자 신분으로 독립 왕국이던 하와이를 여러 차례 찾았다. 그는 1889년 연설에서 하와이에서 야구 경기를 지켜본 경험에 대해 "장례식장에서 서커스를 하는 것과 같았다"고 회상했다. 다른 문화권에 스포츠가 전해졌을 때의 낯설음에 대한 표현이었다. 당대 미국이 영국과 같은 거대 식민제국이었다면 트웨인의 낯설음은 크게 줄었을 것이다.

미국이 영국에 ———— 2
———— 야구를 '역수출'하다

트웨인이 하와이에서 했던 경험은 그해 출판한 소설 〈아서왕 궁정의 코네티컷 양키〉에도 반영된다. 이 소설에는 미국인 엔지니어가 중세 영국으로 타임슬립해 야구를 가르친다는 내용이 있다. 문학적으로는 아마도 최초일 미국에서 영국으로의 '야구 전파'다.

실제로 야구가 미국에서 영국으로 건너간 시기는 소설 출간보다 빨랐다. 미국의 베이스볼이 영국에 본격적으로 소개된 건 1874년의 일이다. 첫 메이저리그인 NA가 설립되고 네 번째 시즌을 치르던 해다. NA 소속인 보스턴 레드스타킹스(현 애틀랜타 브레이브스)와 필라델피아 애슬레틱스(현 애슬레틱스)가 영국으로 원정을 떠났다. 가벼운 나들이 수준이 아니었다. 영국 원정은 NA 시즌이 한창이던 7~9월에 이뤄졌다. '구단은 리그가 사전에 정한 정규시즌 스케줄을 따른다'는 관념이 희박한 때였지만 시즌 중 해외 원정은 상당한 비중이 있는 행사였다. '옛 식민 본국에 미국산(産) 스포츠인 야구를 전파한다'는 쇼비니즘적 열망 외에 흥행에 대한 기대가 이 원정을 가능케 했다.

두 나라 간 스포츠 교류가 드물지 않던 때이기도 했다. 미국야구학회(SABR) 회원 존 바우어에 따르면 19세기 중반부터 영국 크리켓 선수들이 미국에 건너와 순회 경기를 했다. 영국 원정을 주도한 보스턴 주장 해리 라이트는 당대

They consented to differentiate the armor so that a body co
team from the other, but   that was the most
do. So, one of the teams   wore chain-mail
the other wore plate-armor   made of my new
steel. Their practice in the   field was the mos
thing I ever saw. Being   ball-proof, they never
of the way, but stood still   and took
when a Bessemer was at   the bat
hit him, it would bound   a hun
fifty yards, sometimes.   And w
was running, and threw him-   self on h
to slide to his base, it was   like an iron
                                              ing into
                                              first I
                                              men o
to act as umpires, but I had to
discontinue that. These peo-
ple were no easier to please   CATCHER OF THE ULSTER

아서왕 궁정의 코네티컷 양키 책

1874년 보스턴 레드스타킹스 선수단. 이들은 이해 프로야구 시즌 도중 영국 원정을 떠났다.
사진=baseballhall.org

최고 선수이자 '프로야구의 아버지'로 불리는 인물이다. 영국에서 태어나 세 살 때 미국으로 이주했고, 미국을 대표하는 크리켓 선수기도 했다. 영국 원정은 미국 팀끼리는 야구, 현지 클럽과는 크리켓 경기를 하는 일정으로 짜여졌다.

1874년 7월 27일 미국 선수단을 태운 배가 리버풀항에 도착했다. 리버풀을 시작으로 맨체스터, 런던, 셰필드를 거쳐 아일랜드 더블린을 돌며 야구와 크리켓 경기를 했다. 8월 3일 런던의 로즈크리켓구장에서 열린 야구경기에는 관중 5000명이 몰렸다. 하지만 적을 때 관중은 500명에 불과했다. 전체적으로 기대했던 흥행은 이뤄지지 않았다. 프로모터와 두 클럽은 적자를 봤다. "야구는 라운더스의 모방품"이라는 냉소를 보낸 영국인이 많았다. 미국 신문 〈필라델피아인콰이어러〉는 그해 9월 기사에서 이 원정에

대해 "미국인이 영국인에게 스포츠에서 무엇을 할 수 있는지 보여주려는 시도를 단념시키기에 충분했다"고 평가했다.

메이저리그의 두 번째 영국 원정은 14년 뒤인 1888년 10월 이뤄졌다. 스타플레이어 출신이자 시카고 화이트스타킹스(현 시카고 컵스) 구단주인 앨버트 스폴딩이 영국을 포함한 야구 월드투어를 기획했다. 그는 1874년 보스턴의 에이스 투수로 영국 원정 멤버기도 했다. 스폴딩은 쇼비니스트였다. 초대 미국 올림픽위원회 위원장이기도 했던 그는 "다른 나라 선수들도 야구를 해야 미국을 따라올 수 있다"는 기록을 남기기도 했다. 야구가 영국 스포츠의 아류가 아닌 남북전쟁 영웅 애브너 더블데이 장군의 발명품이라는 '가짜 신화'를 만든 주역도 스폴딩이었다. 그와 동시에 스폴딩은 사업가였다. 자신의 이름

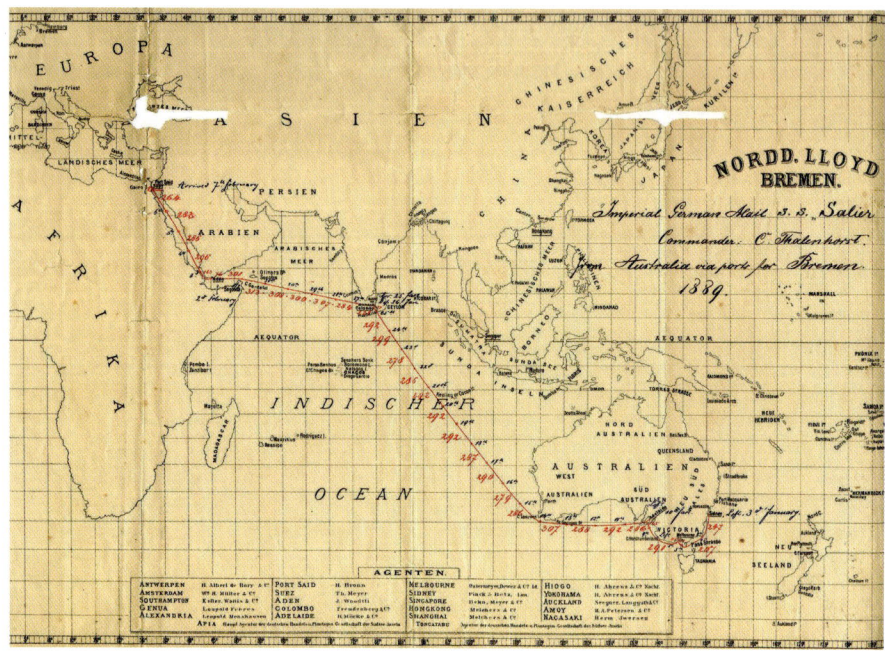

1888~89년 '스폴딩 투어' 여정. 사진=baseballhall.org

을 딴 스포츠용품업체(스폴딩사)를 운영하고 있었고, '야구의 세계화'가 사업에 도움이 될 것이라 생각했다.

1874년 원정에 비해 규모도 컸다. 스폴딩이 소유한 시카고 팀 선수 외에 뉴욕 자이언츠 주장 존 워드 등이 포함된 내셔널리그 올스타팀을 구성했다. 흥행 리스크를 줄이기 위해 출국 전 미국을 횡단하며 14회 시범경기를 펼치며 경비를 모았다. 당시 메이저리그 야구는 미국 동부 지역에 편중돼 있어 타 지역 주민에게는 큰 볼거리였다.

스폴딩의 '야구사절단'은 12월 호주에 도착해 본격적으로 월드투어를 시작한다. 호주에선 산 오클랜드, 시드니, 멜버른, 애들레이드, 벨러렛 등지에서 11경기를 치렀다. 해를 넘겨서야 호주를 떠났다. 이 원정은 호주에서 야구가 본격적으로 활성화된 계기로 꼽히기도 한다. 호주에서는 1850년대 빅토리아주 '골드러시' 때 이주한 미국인 광부들에 의해 야구가 소개된 뒤 산발적으로 경기가 열렸다. 스폴딩 일행 중에 해리 심슨이라는 인물이 있었다. 심슨은 호주에 남아 뉴사우스웨일스주에 리그를 창설하는 등 야구 보급 활동을 했다. 2005년 호주에 야구 명예의 전당이 문을 열었을 때 심슨은 첫 해 헌액됐다.

호주를 떠난 스폴딩 일행은 스리랑카를 거쳐 카이로에 도착했다. 카이로에서 한 경기를 치른 뒤 수에즈운하를 통과해 이탈리아에 도착했다. 이탈리아에서는 나폴리와 로마, 피렌체에서 경기를 치렀다. 이어 프랑스 파리에서도 어려운 교섭 끝에 한 경기를 했다. 파리의 상징인 에펠

1889년 이집트를 찾은 메이저리그 선수들은 스핑크스에서 공놀이를 해 현지인들과 마찰을 빚기도 했다.
사진=baseballhall.org

'영국 야구 클럽'은 1870년대도 존재했던 것으로 여겨진다. 하지만 이번이 좀 더 본격적이었다. 1890년 6월에는 영국 최초의 전국 규모 야구협회인 영국내셔널리그가 설립된다. 참가 클럽은 90개였다. 이해 첫 프로야구 선수권대회가 열렸고, 우승팀은 아스톤빌라였다. 잉글랜드 프로축구 프리미어리그 소속의 그 아스톤빌라다. 손흥민의 전 소속팀 토트넘 홋스퍼도 이 시기 야구팀을 운영했다. 스폴딩투어의 영향으로 웨일즈 지역엔 야구와 크리켓을 절충한 11인제 경기인 '웨일스식 야구'가 만들어졌다. '브리티시 베이스볼'로 불리기도 한다.

탑이 한창 공사 중이던 때였다. 야구 역사가들은 스폴딩투어에서 이집트, 이탈리아, 프랑스의 야구 역사가 시작됐다고 본다.

그리고 3월 12일 영국에 도착해 런던, 브리스톨, 레이턴, 버밍엄, 글래스고, 맨체스터, 리버풀, 벨파스트, 더블린에서 11경기를 치렀다. 최소 3000명에서 최대 8000명 관중이 입장했으니 열기는 1차 투어보다는 높았다. 영국 상류사회에서 관심을 보냈다. 스폴딩과 선수들은 현지에서 영국 정치인, 배우, 운동선수 등 명사와 교류했다. 이들 가운데는 왕세자 신분이던 에드워드 7세도 있었다.

'영국 야구'도 태동하기 시작했다. 스폴딩의 원정단이 아직 미국행 기선을 타기 전인 1889년 3월, 영국 요크에는 야구 클럽이 만들어졌다.

영국야구, 1938년 야구월드컵   3
챔피언에 오르다

스폴딩투어는 미국에서도 화제였다. 1889년 4월 8일 뉴욕의 고급 식당인 델모니코스에서는 스폴딩 원정단을 환영하는 만찬이 열렸다. 2년 뒤 미국 대통령이 되는 시어도어 루즈벨트 뉴욕 주지사도 참석했다. 트웨인도 이 자리에 있었다. 세계일주를 마치고 돌아온 야구 선수들을 격려하는 연설에서 자신이 젊은 시절 하와이에서 봤던 야구를 언급했다.

하지만 영국에서 야구 인기는 오래가지 못했다. 프로리그는 1시즌 만에 중단됐다. 여러 아마추어 리그가 뒤를 이었지만 20세기로 넘어오며 자취를 감췄다. 영국에는 야구의 경쟁자가 너무

많았다. 스폴딩투어 당시 야구경기를 관전했던 에드워드 7세는 "야구는 뛰어난 경기다. 하지만 크리켓이 더 우월하다"는 감상을 남기기도 했다. 미국에서 건너온 '베이스볼'보다는 '웨일스식 야구'가 더 인기를 모았다.

영국 야구의 후원자로 나서려 했던 스폴딩도 정신이 없었다. 투어를 마치고 1년 뒤인 1900년 신생 아메리칸리그가 내셔널리그의 독점적 지위에 도전했다. 제 코가 석 자에, 발등이 불이 떨어진 상황이었다. 두 리그는 경쟁적으로 선수 쟁탈전에 나섰다. 1902년 10월 두 리그가 화해하기까지 기간을 메이저리그 역사에서는 '아메리칸리그 전쟁'이라고 칭한다.

클럽 시스템인 영국 스포츠와는 달리 미국 스포츠는 기업스포츠, 즉 프로화가 특징이다. 리그 운영방식도 축구가 승강제가 있는 개방형인 반면, 야구는 소수 '메이저 클럽'이 프랜차이스 권리를 나눠 갖는 폐쇄형이다. 리그와 구단 운영 목표는 이익 실현이다. 야구가 세계화되고 저변이 넓어지는 건 장기적으로 모든 구단에 이익이다. 하지만 개별 구단 입장에선 이미 세계 최고가 된 리그에서 경쟁하는 게 최우선 과제일 수밖에 없다. 지금도 WBC 성공에 가장 훼방을 놓는 주체는 다름아닌 메이저리그 구단들이다.

그래서 19세기 두 번의 투어 이후 메이저리그는 오랫동안 '세계화' 시도에 무관심했다. 일부 구단

1889년 4월 9일 델모니코스에서 열린 환영 만찬 안내장.
이 자리에는 마크 트웨인이 참가해 연설을 했다.
사진=chicagology

과 선수들이 오프시즌 해외 원정을 떠났지만 큰 반향을 불러일으키지 못했다. 1924년 10월 시카고 화이트삭스와 뉴욕 자이언츠는 에버턴의 홈구장 구디슨파크에서 시범경기를 치렀다. 관중은 2400명에 불과했다. 베이브 루스가 포함된 올스타팀이 1934년 일본을 방문한 정도가 예외다. 루스는 일본에서 열광적인 반응을 불러일으켰고, 2년 뒤 일본에는 프로야구가 탄생했다.

영국 야구는 1930년대에 잠깐 부활한다. 영국을 야구의 나라로 만들겠다는 야심을 가진 인물이 있었다. 리버풀을 근거지로 스포츠도박 사업을 하던 존 무어스였다. 그는 미국 메이저리그와 교류를 했으며 루스와도 친분이 있었다. 무어스는 웨일스식 야구를 하던 클럽들에 재정 후원을 하며 미국 야구로 전환시켰다. 여러 학교에 야구 장비를 기부했고, 여러 리그를 창설했다. 한 해에만 50만 파운드가 넘는 거액을 야

구에 투자했다. 당시 영국 해군 최신예 전함 건조비가 750만 파운드 가량이었다. 1938년에 이르면 영국 내 야구 클럽은 730개에 달했다.

영국이 초대 야구 세계챔피언에 오른 것도 무어스와 무관치 않다. 무어스는 사업가답게 영국에서 야구붐을 일으키기 위해 큰 그림을 그렸다.

1936년 베를린 올림픽에서 야구는 24년 만에 시범종목으로 복귀했다. 2년 뒤엔 세계야구를 관장하는 첫 조직인 국제야구연맹(IBF)이 탄생했다. 지금 프리미어12를 주관하는 세계야구소프트볼연맹(WBSC)의 전신이다. 베를린 다음 올림픽은 1940년 도쿄, 그리고 1944년 런던에서 열리게 돼 있었다. 일본은 이 때에도 '야구의 나라'였고, 영국은 무어스의 본거지다. 베를린에서 야구 열기에 불을 지펴 도쿄에서 런던까

존 무어스(가장 왼쪽)는 1960년부터 축구클럽 에버턴의 회장직을 지낸다. 에버턴에서도 야구팀을 만들었다.
사진=에버턴헤리티지소사이어티

지 활활 타오르게 한다는 그림이 자연스레 그려진다.

베를린 올림픽 야구 종목에는 미국과 일본 두 팀만 참가 예정이었다. 그나마 일본이 출전을 포기해 미국팀이 둘로 나뉘어 7이닝 단판 승부로 금메달을 가렸다. IBAF를 설립해 초대 회장을 맡은 레슬리 만은 1940년 도쿄 올림픽에는 미국과 일본 외에 중국, 필리핀, 하와이, 영국, 독일, 멕시코, 쿠바 등 9개 팀을 출전시킨다는 야심찬 구상을 했다. 개최국인 일본도 만의 구상을 지지했다.

무어스는 만과 손을 잡았다. 1938년 IBAF의 첫 세계선수권대회를 영국에서 치르기로 한 것이다. 참가국은 영국과 미국 둘 뿐이었지만 당시 대회 명칭은 '아마추어 월드시리즈'였다. 메이저 리그 우승결정전인 월드시리즈에 버금가는 대회라는 기개가 엿보인다. 다음 두 번 올림픽까지 염두에 둔 장대한 구상이었다.

놀랍게도 이 대회에서 영국은 미국을 4승 1패로 누르고 우승을 차지한다. 세 경기는 완봉승이었다. 물론 아마추어 대회인 만큼 미국 메이저리그나 마이너리그에서 뛰는 선수는 출전이 불허됐다. 그렇다 하더라도 엄청난 이변이었다. 캐나다 온타리오주 리즈에서 태어난 투수 겸 외야수 로스 켄드릭은 16K, 12K 경기를 했다. 켄드릭을 포함해 미국과 인접해 야구가 번성했던 캐나다 출신 선수가 대표팀 주력이었다. 하지만 이들을 포함해 대표팀 선수 전원은 영국 클럽 소속이었다. 영국 신문들도 대회 우승을 대서특필했다. 2년 뒤 도쿄, 그리고 6년 뒤 런던 올림픽에서마저 명승부를 펼친다면 영국 야

〈사진〉1938년 초대 야구월드컵 우승을 차지한 영국 국가대표팀. 왼쪽은 대니 라이트, 가운데는 프랑크 캐더렛, 오른쪽은 로스 켄드릭이다.
사진=리버풀에코

구는 결정적인 전기를 맞을 수도 있었다.

무어스의 꿈은 결국 이뤄지지 못했다. 전쟁 때문이다. 영국야구가 세계 정상에 오른 다음해 유럽에서 세계 제2차 대진이 발발힌다. 긴 전쟁과 전후 고달픈 복구기를 거치며 영국에서는 야구가 다시 잊혀졌다. 지금의 영국야구협회는 1987년에야 재건됐다.

메이저리그는 스폴딩 월드투어 130년 뒤인 2019년에 영국에 돌아왔다. 그해 6월 뉴욕 양키스와 보스턴 레드삭스가 런던스타디움에서 정규시즌 2경기를 치렀다. 두 경기에는 11만 8718명 관중이 몰렸다. 이듬해 런던시리즈는 코로나19 팬데믹으로 취소됐지만 2023년에 재개됐다. 스폴딩이 과거 구단주였던 컵스가 세인트루이스 카디널스와 두 경기를 치렀다.

야구 세계화의 역사 :

야구는 총과
함께
라틴
아메리카로
건너왔다

_최민규

종주국 미국을 제외하면 야구 인기는 세계적으로 라틴 아메리카와 동
아시아에 편중돼 있다. 어렵지 않게 짐작할 수 있듯 지리적으로 가까
운 라틴 아메리카가 처음으로 야구가 전파된 지역이었다. 과정은 평화
롭지 않았다.

야구는

전쟁과 함께 왔다

국경을 맞댄 멕시코는 야구가 가장 먼저 '수출' 된 나라다. 야구는 전쟁과 함께 멕시코에 왔다. 야구가 탄생한 1845년, 미국은 원래 멕시코 영토였던 텍사스공화국을 자국 연방에 합병한다. 이듬해 4월 미군은 리오그란데강을 건너 멕시코를 공격했다. 3년을 끈 미국—멕시코 전쟁이다. 당시 진주한 미국 군인들이 야구를 퍼뜨린 게 멕시코 야구의 가장 오래된 기원이다.

1925년 설립된 멕시칸리그(LMB)는 미국과 동아시아 3국을 제외하면 규모와 흥행에서 가장 앞서 있는 프로야구 리그다. 멕시칸리그는 1940년대 메이저리그보다 더 높은 연봉을 제시하며 선수 쟁탈전을 벌이기도 했다. 하지만 1955년부터 미국프로야구 마이너리그로 편입됐다. 2021년 이후에는 더 이상 마이너리그 지위가 아니다. 멕시칸리그와는 별개로 1945년부터 시작된 동계리그인 멕시칸 퍼시픽리그(LMP)도 운영되고 있다.

쿠바는 플로리다반도 바로 아래 섬나라다. 스페인 식민지던 1864년 미국에서 유학한 네메시오 기요트가 야구를 소개했다. 쿠바는 지도로만 봐도 미국의 영향력에서 자유로울 수 없는 나라다. 미국은 1859년 스페인에 쿠바 매입을 제안하며 이 지역에 관심을 기울였다. 쿠바인들은 1868~1878년 스페인과 1차 독립전쟁(10년 전쟁)을 벌여 자치권을 획득한다. 전쟁이 끝난 해 쿠바에는 미국 외 지역으로는 처음으로 프로야구 리그가 생겼다. 이 리그는 쿠바 혁명

(1953–1959) 뒤인 1961년 폐지됐다. 이후 국가 주도형 아마추어 리그인 내셔널시리즈가 창설됐다.

쿠바는 오랫동안 아마추어 야구 세계 최강국으로 군림했다. 1992년 바르셀로나 올림픽을 기점으로 프로와 아마추어 장벽이 무너진 뒤 쿠바 야구의 위상은 추락했다. 스타 선수 망명도 이어졌다. 하지만 여전히 쿠바는 경쟁력 있는 리그를 운영하고 있다. 2022년부터 기존 리그인 내셔널시리즈와 별개로 최상위리그인 엘리트리그를 따로 운영했다. 내셔널시리즈는 여름, 엘리트리그는 겨울에 시즌을 치렀다. 2025년부터는 내셔널시리즈가 윈터리그로 돌아가고, 엘리트리그는 여름에 열린다.

독립전쟁 시기에 옆 히스파니올라섬으로 이주한 쿠바인들이 섬 동부의 도미니카공화국에 야구를 전파했다. 도미니카공화국은 지난해 메이저리그 개막전 로스터에 포함된 선수가 100명이었다. 미국(515명)을 제외하곤 최다였다. 최초의 프로야구팀은 1907년 조직됐고, 1922년엔 프로야구 리그가 만들어졌다. 이 리그는 1922년 창설돼 1929년까지 세 시즌만 치르는 데 그쳤다. 미국의 지지를 받은 독재자 라파엘 트루히요 집권기(1930–1938/1942–1952)에 도미니카공화국 야구는 정부 주도로 발전한다. 1936년 리그가 부활했고, 이듬해엔 야구광이었던 트루히요의 이름을 딴 사실상 '국영 야구팀'이 창단돼 우승을 차지했다. 이 팀에는 니그로리그의 전설

인 새철 페이지와 조시 깁슨도 뛰었다. 하지만 과도한 비용 지출로 한 시즌만 마치고 해체됐다. 리그도 함께 소멸됐다. 1951년 부활한 리그 (LIDOM)는 지금까지 이어지고 있다. 겨울에 열리는 윈터리그로 메이저리그나 마이너리그 소속 선수들이 미국 프로야구 비시즌에 돈을 벌기 위해, 혹은 다음 시즌 준비를 위해 이 리그에서 뛴다.

'10년 전쟁' 종전 10년 뒤인 1898년에 미국–스페인(미서) 전쟁이 일어난다. 그해 2월 쿠바 아바나항에 정박한 미 해군 메인 함이 의문의 폭발로 침몰했다. 이 사건 직후 미국은 스페인에 전쟁을 선포한다. 그 이전부터 미국은 스페인 세력 축출을 위해 쿠바 독립운동을 지원했다. 미서전쟁 승전으로 미국은 스페인으로부터 카리브해의 쿠바와 푸에르토리코, 아시아의 필리핀과 괌을 획득한다. 쿠바는 미군정을 거쳐 독립하지만 푸에르토리코는 지금까지 미국 속령으로 남아있다.

푸에르토리코 최초의 야구팀은 전쟁 1년 전인 1897년 창단됐다. 히스파니올라섬을 거쳐 이주한 쿠바인들이 현지인들과 함께 구단을 만들고 협회를 조직했다. 프로야구 리그는 1938년 창설됐다. 2012년부터 리그 이름을 로베르토 클레멘테 프로야구 리그(LBPRC)로 명칭을 바꿨다. 자국 출신 전설적인 야구 스타이자 1972년 니카라과 지진 때 구호 활동을 하다 항공기 사고로 사망한 클레멘테의 이름을 땄다. 현재 리그는 6개 구단으로 이뤄져 있으며 홈구장 평균 수용 규모는 1만4167명이다.

파나마는 지리적으로 북아메리카와 남아메리카를 나누는 나라다. 역사적으로는 남미, 정치적으로는 북미에 가깝다. 이 나라에서 최초의 야구 경기는 1883년에 열렸다. 하지만 그 이전인 1850년대 미국 철도 노동자들이 야구를 전했다.

대서양과 태평양을 잇는 지협에 있는 파나마는 미국에게 매우 중요한 지역이었다. 파나마운하 개통 전까지 미국 주도로 건설한 철도가 승객과 화물을 두 대양 사이에서 환승하는 역할을 했다. 미서전쟁 이후 태평양의 필리핀과 괌을 지배한 미국은 운하 건설에 본격적으로 착수했다.

당시 파나마는 콜롬비아연방을 구성하는 한 주였다. 콜롬비아 의회가 운하 건설 비준을 연기하자 미국은 분리주의자들을 지원했다. 그 결과 1903년 파나마는 콜롬비아에서 독립한다. 미국은 1914년 완공된 파나마운하를 1999년까지 소유했다. 도널드 트럼프 미국 대통령은 2025년 2기 임기 시작 전부터 "운하 운영권을 되찾겠다"는 발언을 했다.

2023년 월드베이스볼클래식(WBC)에 처음 출전한 니카라과는 파나마와는 코스타리카를 사이에 두고 있는 나라다. 니카라과에서 야구는 1880년대 미국 사업가 앨버트 애들스버그에 의해 소개됐다. 1891년에는 최초의 야구 경기가 열렸다. 미국은 파나마와 비슷한 이유로 니카라과에 영향력을 행사했다. 지협 지형인 니카라과는 19세기부터 파나마와 함께 유력한 운하 건설지로 꼽혔다. 하지만 1902년 마르티니크 화산 폭발로 계획이 좌초됐다.

파나마와 니카라과에서 프로야구 리그가 운영된다. 파나마 최초의 프로야구 리그는 1946년 창설됐다. 니카라과는 1957년이다. 니카라과 리그에서는 소모사 독재 정권의 지원을 받는 신코 에스트레야스와 반대파인 인디오스 델 보에르의 라이벌전이 유명했다. 두 리그는 미국 프로야구와 협정을 맺고 '공식 야구(Organized Baseball)'에 편입됐다. 하지만 멕시칸리그와는 달리 정식으로 마이너리그로 분류되지는 않는다.

파나마리그는 1972년, 니카라과리그는 1967년 재정난으로 중단된다. 1961년부터 1965년까지는 두 리그가 합병되기도 했다. 파나마리그는 2001년, 니카라과리그는 2004년에 재개돼 지금까지 운영된다. 파나마리그는 2025-26시즌을 취소했다.

남미의 콜롬비아는 이번 WBC가 두 번째 출전이다. 미서전쟁을 전후해 미국이 중앙아메리카와 카리브해에 영향력을 강화하는 시기에 야구가 도입됐다. 콜롬비아에서 가장 성행하는 스포츠 종목은 축구다. 하지만 북부인 카리브해 연안 지역에서는 야구 인기가 높다. 내륙인 안데스 고원 지역에서는 축구가 압도적인 점과 비교된다.

이 점은 이 나라에서 야구가 도입된 과정과 이유를 잘 보여준다. 지난해 메이저리그 개막전 로스터에 포함됐던 도노반 솔라노는 바랑키야, 히오 우르셀라는 카르타헤나에서 태어났다. 모두 카리브해 지역이다. 프로야구 리그는 1948년 시작됐다. 하지만 두 번이나 해체됐고, 지금의 리그는 1993년에 시작됐다. 메이저리그 명유격수였던 에드가 렌테리아가 리그를 소유한적도 있다. 렌테리아는 바랑키야 출신이다.

베네수엘라는 '축구의 대륙' 남미에서 드물게 야구가 성행하는 국가다. 지난해 개막전에 출장한 베네수엘라 태생 선수는 63명으로 미국과 도미니카공화국 다음으로 많았다. 베네수엘라도 콜롬비아와 마찬가지로 카리브해를 끼고 있는 나라다. 20세기 초반 미국 석유회사가 이 지역에 진출한 뒤 야구가 소개됐다. 국가대표팀이 1941년 쿠바에서 열린 월드컵에서 우승한 뒤로 야구는 이 나라가 최고 스포츠가 됐다. 1945년엔 프로야구 리그(LVBP)가 설립돼 지금까지 운영되고 있다. 중단된 시즌은 세 번인데, 두 번은 선수 파업, 한 번은 전국 총파업이 이유였다. 2026년 1월 미군은 수도 카라카스를 전격 침공해 독재자 니콜라스 마두로 대통령을 체포했다. 이 사태로 진행 중이던 LVBP 플레이오프가 나흘 동안 열리지 못했다. 라틴아메리카 프로야구의 최고봉인 카리브해 시리즈는 카리브프로야구연맹(CPBC)이 주관한다. CPBC 회원국이 멕시코, 도미니카공화국, 푸에르토리코, 그리고 베네수엘라다.

아메리카 대륙에서 야구의 전파와 확산은 20세기 강대국으로 떠오른 미국의 힘 투사와 밀접한 관계가 있다. 산업적으로도 그렇다. 멕시코는 이 지역에서 가장 잘 조직된 프로야구 리그를 운영한다. 하지만 멕시칸리그 선수 급여는 월 1만 2000달러가 상한선이다. 멕시칸리그를 제외한 이 지역 모든 프로야구 리그는 겨울에 열리는 윈터리그다. 미국 프로야구단에 소속된 선수들이 시즌을 마치고 뛸 수 있는 시기다. 메이저리그 구단들이 도미니카공화국과 베네수엘라 등에 직접 설립하거나 제휴하는 야구 아카데미는 미국 야구의 중요한 선수 공급처다. 정규 교육 과정에서 배제된 청소년들이 이 시설에서 오직 야구만 한다. 아카데미가 유망주 선수에게 정규 학교 '자퇴'를 권한다는 건 공공연한 비밀이다.

라틴 아메리카에서 유일하게 스페인어가 아닌 포르투갈어가 지배적 언어인 브라질은 야구에서도 예외적이다. 브라질야구소프트볼연맹(CBBS)은 브라질에 야구가 전래된 시기를 20세기 초반으로 소개한다. 리우데자이네루의 전기, 전화 회사, 미국 영사관에서 일하던 미국인 직원들이 야구 경기를 했다. 하지만 브라질에서 야구를 실질적으로 발전시킨 이들은 1908년부터 이 나라로 이주한 일본인 이민자였다. 지금 CBBS 회장인 조제 티아구 카우데이라는 일본에서 야구 선수로 뛴 경험이 있다. 전임자로 24년 동안 회장을 맡은 이는 일본계인 조르지 오츠카였다. 지금은 비일본계 선수가 늘어났다. 그럼에도 WBC 예선에 출전한 대표팀 28명 가운데 10명은 일본계 성을 썼다. KBO 리그 KIA에서 외국인선수로 뛰었던 보 다카하시도 포함돼 있다. 브라질은 2013년 3회 대회 이후 두 번째로 올해 대회에 참가한다.

WBC에 참가한 베네수엘라 대표팀
출처 gettyImages

첫 WBC에 참가한 대표팀
출처 gettyImages

야구 세계화의 역사 :

야구와
동아시아,
일본을
중심으로

_최민규

동아시아는 북아메리카 다음으로 야구가 성행하는 지역이다. KBO 리그, 일본프로야구(NPB), 중화직업봉구연맹(CPBL)은 모두 2020년대 들어 호황을 구가하고 있다.

1896년 요코하마에서 열린
그 야구 경기

2025시즌 평균 관중은 NPB 3만1515명, KBO 리그 1만7101명, CPBL은 1만373명이다. CPBL 은 1990년대부터 꾸준히 터져 나온 승부조작 스캔들로 팬들의 외면을 받아왔지만 최근 세 시즌 연속으로 평균 관객 증가율이 20%를 넘 기는 중흥기를 맞고 있다. 중남미 최대 규모인 멕시칸리그는 2025시즌 20개 구단 총관중이 455만2968명으로 CPBL(373만4429명)을 앞 서지만 평균으론 절반에도 못 미치는 4,975명 이다.

3국 프로야구 2010년 이후 평균관중

연도	KBO	NPB	CPBL
2010	11,144	25,626	2,690
2011	12,801	24,966	3,000
2012	13,451	24,734	2,433
2013	11,184	25,518	6,079
2014	11,302	26,458	5,105
2015	10,223	28,248	5,532
2016	11,583	29,116	5,872
2017	11,668	29,300	5,493
2018	11,214	29,779	5,458
2019	10,119	30,929	5,826
2020	456	6,699	3,573
2021	1,706	9,138	3,180
2022	8,439	24,558	4,903
2023	11,250	29,219	6,000
2024	15,226	31,098	7,684
2025	17,101	31,515	10,373
2010-2025 증가율	53.5%	23.0%	285.6%

동아시아 야구의 중심 지역은 일본이다. 역사 적으로도 그렇다. 한국과 대만은 일본으로부터 식민 지배를 받았다. 두 나라 모두에서 식민지 시대 야구는 일본인이 주도한 스포츠였다. 제도 의 확립과 운영, 장비 및 인프라, 야구 기술과 전술 등은 일본 유학생이나 일본인 거류민 집 단에서 전파됐다. 해방 이후에도 영향력은 이어 졌다. 직접적인 교류는 많지 않았지만 훈련 방 식과 철학은 '일본식'이었다.

한국 야구가 아시아를 벗어나 '세계 야구'에 데 뷔한 건 1970년대의 일이었다. 1982년 프로야구 가 출범하면서 미국 메이저리그와의 교류로 일 본과 차별되는 '한국 야구'의 특색이 만들어진 다. 대만 야구는 1949년 '국부천대' 이후 국민 당 정부로부터 한동안 '일제의 잔재' 취급을 받 았다. 대륙에서 넘어온 외성인들은 농구를 대 규모로 후원하기도 했다. 하지만 1960년대 후반 부터 야구는 대만을 대표하는 스포츠가 된다. 거대 중국에 의해 외교적으로 고립된 상황에서 야구는 중국과 대비되는 대만의 정체성을 나타 내는 종목이 됐다.

중국은 궤를 달리한다. 중국야구협회에 따르면 중국의 야구 원년은 미국인들이 상하이베이스 볼클럽을 결성한 1864년까지 거슬러 올라간다. 현대 중국의 아버지인 쑨원도 12세에 하와이에 서 야구를 했다는 기록이 있다. 국공내전 이후 인 1959년 베이징에서 열린 제1회 전국제육대 회에는 23개 야구팀이 참가했다. 하지만 문화

1891년 제일고등학교 야구부

대혁명(1966–1976) 시기 야구는 '사악한 서구 문물'로 간주돼 시련을 겪는다. 1979년에야 야구협회가 재건됐다. 이후 미국의 메이저리그나 스포츠마케팅 회사가 중국을 미래의 대형 시장으로 여겨 투자를 해왔지만 아직 뚜렷한 성과는 나오지 않았다.

프로야구는 물론, '고시엔'으로 대표되는 고교야구와 실업야구 격인 사회인야구, 일반인들이 즐기는 클럽 야구까지 야구는 일본인의 삶에 깊숙이 뿌리내리고 있다. 일본에서 야구가 성행하는 이유는 여러 측면에서 파악할 수 있다. 국제 교류의 관점에서는 빼놓을 수 없는 때가 있다.

1896년 5월 23일 요코하마의 외국인 거류지 내 크리켓 구장에서 당대 최강이던 다이이치고(第一高·현 도쿄대 교양학부) 야구팀이 요코하마클럽과 경기를 치렀다. 지금도 존속하고 있는 이 클럽은 원래 영국인들이 크리켓을 하기 위해 만들었다. 1880년대부터 미국인 회원이 늘어나며 야구팀도 생겼다.

일본 최강으로 꼽히던 다이이치고는 1891년 요코하마클럽에 처음 도전장을 냈다. 5년 뒤에야 경기가 성사됐다. 클럽의 성인 선수들은 일본 10대 선수들을 진지한 경쟁자로 여기지 않았다. 하지만 결과는 다이이치고의 29–4 압승이었다. 6월 5일 열린 2차전에서도 32–9 대승을 거뒀다. 이 경기는 일본 야구 사상 최초의 '국제 경기'였다. 학생 야구 선수들이 미국 성인팀을 눌렀다는 낭보는 미디어를 타고 일본 전역을 떠들썩하게 했다. 일본의 야구전당박물관은 이 승리 이후 "야구 인기가 전국적으로 높아졌다"고 기술하고 있다.

明 治 廿 九 年 六 月 五 日 試 合
我 校

Seat	Names	I	II	III	IV	V	VI	VII	VIII	IX	Sum
S.S.	井原 Ihara	O	X¹	O	S	X¹		O	X¹		3
III.B.	村田 Murata	X³	X¹	O		OX³		X¹	O		3
I.B.	宮口 Miyaguchi	X	X¹¹¹		X¹	O	O	O			4
L.F.	富永 Toninaga		O	X¹		O	O	X¹¹	O		3
P.	青井 Aoi		O	O		X¹	O	X¹¹	O		4
C.	藤野 Fujino	X¹	X¹¹		X	X¹	O	S	O		2
II.B.	井上 Inoue		O	X¹¹	O	O		O	OX¹		5
R.F.	上村 Kamimura		O	X¹	O	O		O	O		5
C.F.	森脇 Moriwaki			X¹	O	O		X¹¹	O		3
	Total	3	3	2	2	2	4	2	7		32

附 錄

橫 濱 連 合 軍

Seat	Names	I	II	III	IV	V	VI	VII	VIII	IX	Sum
III.B.	Ellis	X¹¹	X		O		X¹¹	S	X¹¹¹		1
L.F.	Chipman		X¹		S		X¹¹	S	X¹¹¹		0
C.F.	Abel	S		X¹	X		S	X⁵	S		0
C.	Golden	X		X¹	O	X¹¹¹		O			2
II.B.	Douglas		X¹	X¹		X¹	S	O			1
P.	Callen		X¹		O	X¹¹	S	O			2
R.F.	Whitny		X¹		O	X¹	S³	O	X¹¹¹		1
S.S.	Tilden			S	O	X¹		X¹¹	O		2
I.B.	Casery			X	X¹¹		X¹¹	S	O		0
	Total	0	0	0	3	1	0	1	4		9

제일고 vs 요코하마 기록지1

이런 모순은 일본 야구에서만 나타나지는 않는다. 미국 캘리포니아종합기술대 역사학 교수인 앤드류 모리스는 일제시대 대만의 야구 붐에 대해 "일본의 지배에 편입되는 것이자 저항하는 모순적인 과정"이라고 설명한다. 여운형, 조만식, 이상재 등 한국 독립운동가들은 '일본인들의 스포츠'였던 야구의 열렬한 후원자였다. 해방 이후 최초의 야구 슈퍼스타로 꼽히는 장태영은 1944년 경남중에 입학했다. 그는 자서전 〈백구와 함께 한 세월〉에서 "일본, 또는 일제에 대한 반발과 동경이라는 이율배반, 그 틈서리에서 나는 앓아야 했고 그럴수록 야구와 일본 문학에 빠져 들었다"고 회상했다.

그래서 1896년 다이이치고의 승리에는 큰 의미가 있었다. 당시 다이이치고 교지에 실린 한 재학생의 소감은 시사하는 바가 크다. 일본의 1890년대는 청일전쟁(1894-1895) 승전으로 국수주의가 극에 달한 시기라는 맥락과 함께 읽어야 할 문장이다.

"미국은 야구를 국기로 삼는다. 우리 일본인이 유도나 검도를 자랑하는 것과 비슷하다. 미국인들은 모국에서 떨어진 외국에서 어린애 같다고 조롱해 온 '소인'들과 야구 경기로 맞붙었다. 그리고 낙엽처럼 나가떨어졌다. 미국인들의 무례함은 필설로 형용할 수 없을 정도다. 우리 민족정신이 지닌 투쟁적인 성향은 이미 확립된 사실이다. 중국과의 전쟁에서 처음 입증됐고, 이제 야구 경기에서의 위대한 승리를 통해 다시 한번 증명됐다."(도널드 로든, 'Baseball and the Quest for National Dignity in Meiji Japan', 1980)

야구가 일본에서 언제나 환영받았던 건 아니다. 외래 문물을 방종의 상징으로 받아들이는 보수

일본의 '야구 원년'이 언제인지에 대해서는 여러 주장이 있다. 다수설은 1872년이다. 하지만 그 이전에도 개항장에서 미국인들이 야구를 즐겼다는 기록이 있다. 일본은 매튜 페리 제독의 '흑선내항' 이듬해인 1854년 미일화친조약을 맺고 시모다와 하코다테 항구를 개방했다. 개항은 1868년 메이지유신으로 이어진다. 야구는 메이지 시대에 다른 종목들과 함께 일본에 수입됐다. 외국 문물에 대한 접근도가 높았던 각급 학교를 중심으로 전파됐다. 미국 야구가 성인 클럽에서 시작했다면, 일본 야구의 본류는 학생 야구라는 점은 양국 야구사의 차이다. 야구는 무력시위로 개항을 강요한 미국의 '국기(National Pastime)'이자, 한편으로는 일본이 추구하는 '근대화'의 상징 중 하나였다.

적인 일본인도 많았다. 유럽에 비해 문화적으로는 열등하게 여겨졌던 미국 스포츠라는 점도 거부감을 일으켰다. 교육학자 니토베 이나조 같은 사람은 "상대를 속이고 베이스를 훔치는 야구는 미국인이나 할 소매치기 운동이다. 점잖은 영국인이나 독일인은 하지 않는다"는 말을 한 적이 있다. (로버트 화이팅, 〈You gotta Have Wa〉, 1989).

1911년 도쿄 아사히신문은 26회에 걸쳐 '야구는 유해한 운동'이라는 주제의 캠페인 기사를 내보냈다. 자매지인 오사카 아사히신문이 4년 뒤인 1915년 제1회 전국중등학교우승야구대회(고시엔)를 개최한다는 점은 아이러니다. 축구 전국대회는 그 3년 뒤에 열렸다. 야구에 선점 효과를 빼앗긴 축구는 이후 한 번도 야구의 지위를 넘보지 못했다.

주만 가나에

외래 문물인 야구가 국민 스포츠 지위로 오르는 과정에서 '내면화', 혹은 '일본화'를 거쳤다는 점이 중요하다. "베이스볼과 야큐(野球)는 다르다"는 말이 그래서 나왔다. 1896년 요코하마클럽을 꺾은 다이이치고는 '야큐'의 상징 격인 학교다. 1872년이 일본 야구 원년으로 꼽히는 이유는 이해 다이이치고의 전신인 다이이치중에서 영어와 역사 교사로 일한 호레이스 윌슨이 학생들에게 야구를 가르쳤다는 기록이 있기 때문이다. 다이이치고는 일본에서 가장 우수한 학생들이 모인 학교다. '강요된 근대'에 살던 미래 국가 지도층이 될 엘리트들이 서구 문물을 받아들이면서도, 서구를 극복하려는 마음을 먹었으리라는 건 어렵지 않게 짐작할 수 있다.

베이스볼을 한자어 '야구(野球)'로 번역한 인물도 다이이치고 야구부 출신인 주만 가나에다. 주만은 "야구는 일본인의 성격에 맞는 운동"이라며 야구를 일본의 민족성과 연결 지었다. 그리고 소속감과 애교심을 기를 수 있는 운동으로 파악했다.

중국에서는 베이스볼을 봉구(棒球)로 번역한다. 다카하시 고 교토대 교수에 따르면 1915년께 중국 본토에서 베이스볼을 직역한 '루구(壘球)'와 일본산인 야구를 제치고 이 번역어가 확립됐다(다카하시, '왜 베이스볼은 봉구로 번역되었을까', 2016).

대만도 같은 '봉구'다. 그런데 대만은 일제시대에는 야구라는 단어를 썼다. 야구가 봉구로 바뀐 건 본토에서 쫓겨난 장제스 정권이 탈대만화·중국화 정책을 편 결과다. 그래서 일본식 용어를 중국 본토식으로 교체했다. 일본에서 베이스볼이 야구가 된 것과 마찬가지로 민족과 국가에 대한 관념이 언어에 개입한 사례다.

1896년 다이이치고와 요코하마클럽과의 경기가 그토록 큰 반향을 불러일으켰던 데는 배경이 있다. 1890년 5월 다이이치고는 자교 운동장에서 바라대(현 메이지대)와 경기를 치렀다. 다이이치고가 0-6으로 뒤진 6회 다이이치고 응원단이 바라대 미국인 교사인 윌리엄 임브리를 집단 폭행하는 사건이 일어났다. 입장을 거절당한 임브리가 울타리를 넘어 그라운드로 들어가자 다이이치고 학생들이 '외국인이 신성한 그라운드를 모독했다'며 격분한 게 사달이 난 이유였다.

이 사건은 미·일간 외교 문제로 비화했고, 일본 외무성과 다이이치고가 임브리를 찾아 사과하는 것으로 마무리됐다. 메이지 정부가 추진한 구미화주의에 대한 반동으로 야기된 외국인 혐오와 국수주의가 배경이라는 해석도 있다.

이 사건 이후 다이이치고 야구부는 고행에 가까운 혹독한 훈련을 모토로 삼았다. 미국 스타일 야구를 했던 기독교 미션 스쿨 야구부에 지고 외교 문제까지 일으켰다는 건 커다란 수치였다. 하루 수백 개 투구로 통증이 찾아온 투수가 팔을 나뭇가지에 묶었다는 일화도 있다.

강훈을 미덕으로 삼는 '일본식 야구'의 원형은 다이이치고 야구부에서 찾을 수 있다. '무사도 야구'로도 불렸다. 주만이 베이스볼을 야구로 번역한 해가 이 사건 4년 뒤인 1894년이라는 점은 시사하는 바가 있다. 문학가 마사오카 시키는 다이이치고 재학생으로 '임브리 사건'을 현장에서 지켜봤다. 그는 영어 야구 용어를 '타자', '주자', '사구'. '직구' 등 한자어로 번역한 인물이다.

야구에서 '서구 문물'과 '일본화'는 이후에도 경

합해 왔다. 와세다대 야구부는 1905년 3개월 일정으로 일본 야구 사상 최초인 미국 원정을 했다. 여기에서 체득한 새로운 기술과 전술로 다이이치고에 이어 일본 최고 반열에 올랐다. 하지만 '수입'에 그치지는 않았다. 와세다 전성기를 이끈 도비타 스이슈 감독은 야구를 유도나 검도 같은 전통 무도에 빗대 '야구도(道)'라는 단어를 창안했다. '일구입혼(一球入魂·공 하나에 혼을 담는다)'을 강조하며 가혹한 훈련 끝에 실력이 만들어진다는 철학을 정립했다.

도비타 스이슈

이런 야구관은 1930년대 야구 통제령과 1940년대 고교 및 프로야구 경기 중단으로 이어지는 일본 정부의 '반(反)야구 정책'과 맞물리며 더욱 강화됐다. 구와타 마스미 요미우리 자이언츠 2군 감독은 2010년 와세다대 석사 논문에서 야구도의 특징을 '훈련량 중시'. '정신 단련'. '절대복종' 등 세 가지로 압축했다. 그러면서 이 특징이 "정부와 군부의 압력으로부터 야구를 지키자는 맥락에서 나왔다"고 지적했다.

구와타 논문

일본프로야구의 성립 계기는 베이브 루스와 루게릭 등 당대 슈퍼스타가 포함된 1934년 메이저리그 올스타 방일이다. 19세기 후반 메이저리그는 유럽 원정을 통해 '야구의 세계화'를 이루려 했지만 실패했다. 이후 간헐적으로 해외 원정이 이뤄졌지만 흥행 차원이었다. 메이저리그 선수들이 오프시즌 미국 전역을 도는 순회 경기로 부수입을 올리던 시절이기도 했다. 그런데 일본 원정은 열광적인 반응을 불러일으켰다. 입국 퍼레이드에 50만 인파가 몰릴 정도였다.

이 시기 일본은 이미 미국 다음으로 야구가 성행하는 나라였다. 일본 문부성이 1932년 야구 통제령을 시행해 각종 대회와 연맹 설치에 문부성 승인을 받게 한 이유 중 하나가 뒷돈 스카우트 등 야구 열기 과열이었다. 통제령 아래에서 학생 선수는 성인 클럽팀의 유료 경기에 참가할 수 없었다. 이런 이유로 메이저리그 올스타를 초청한 요미우리신문은 대일본도쿄야구 클럽을 창단한다. 지금의 요미우리 자이언츠다.

교토상업학교 중퇴생 신분으로 클럽에 합류한 투수 사와무라 에이지는 9번째 경기에 선발 등판해 루스와 게릭을 삼진으로 잡는 등 8이닝 1실점 9탈삼진 완투로 센세이션을 일으켰다.

사와무라의 쾌투는 1896년 다이이치고의 승리를 연상케 했다. 나머지 세 경기에서 20⅔이닝 평균자책점 10.65로 부진했지만 그건 중요하지 않았다. 일본프로야구(NPB) 연간 최고투수상에 그의 이름이 붙어있는 이유다.

대만 야구에도 비슷한 사건이 있다. 1968년 전교생 100명인 홍예초교 팀이 타이베이구장에서 2만 관중이 지켜보는 가운데 일본 최강 와카야마교를 눌렀다. 이 승리는 이듬해부터 이어진 리틀야구 신화로 이어진다. 1969년 미국 펜실베이니아주 윌리엄스포트에서 열린 제1회 리틀야구 월드시리즈에서 대만 대표 골든 드래건

07

스 팀은 대회 첫 우승을 차지한다. 뒷날 주니치 드래건스의 마무리 투수로 명성을 날린 궈위안즈가 이 대회 우승 멤버였다. 대만 스포츠 사상 가장 큰 위업이었고, 외성인들로부터 경원 받던 야구가 '국기' 지위로 올라선 계기였다.

루스와 게릭을 삼진 아웃시킨 사와무라는 일본 야구에서 '극미(克美)'의 상징이 됐다. 극미는 올스타전 초청을 기획한 쇼리키 마쓰타로 요미우리신문 사주의 숙원이기도 했다. 요미우리 구단에는 초대 구단주 쇼리키의 '유훈' 세 가지가 전해져 내려온다. 세 번째가 '미국 야구를 따라잡고 넘어선다'다.

구보다도 강한 타구를 날리고, 빠른 투구를 한다. 그리고 빠르게 달린다. 점수를 달리는 동작(Run)으로 나타내는 야구의 본질에서 우러나는 아름다움을 보여주는 선수다.

일본 야구는 2010년대 이후 크게 발전했다. 기술, 트레이닝, 분석 기법, 팀 운영 등 여러 측면에서 미국, 혹은 세계 야구의 성과를 수용했다는 점을 빼놓을 수 없다. 2023년 오타니와 '사무라이 재팬'은 19세기 서세동점(西勢東漸) 시기 시작된 일본의 야구 교류사에서 중요한 변화가 나타나고 있다는 점을 보여줬다.

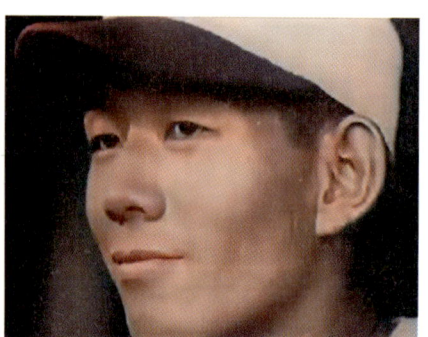

사와무라 에이지

오타니 우승 확정

2023년 월드베이스볼클래식(WBC)에서 일본은 미국을 꺾고 우승한다. 초대와 2회 대회에서도 우승을 차지했지만 당시엔 메이저리그 선수들이 정상 컨디션으로 임하지 않았다. 2023년 대회는 그렇지 않았다.

그렇다고 2023년의 '극미'를 '일본식 야구가 미국식 야구를 이겼다'는 식으로 해석하기 어렵다. 우승 주역인 오타니 쇼헤이는 '세계 최고의 야구선수'다. 그의 플레이에서는 전통적인 일본 야구, 혹은 '야큐'의 이미지가 약하다. 그는 누

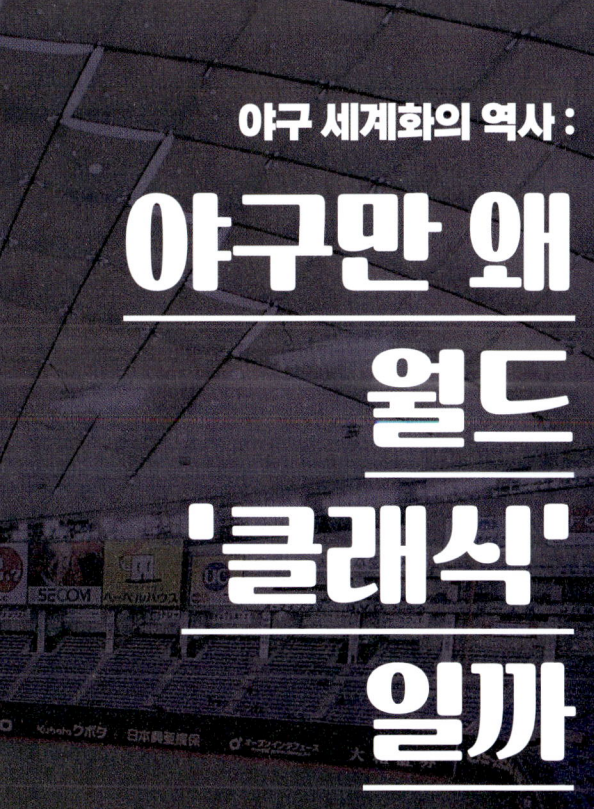

야구 세계화의 역사 :
야구만 왜 월드 '클래식' 일까

_최민규

월드베이스볼클래식(WBC)은 '공식적'으로 세계 야구 최고봉을 가리는 대회다. 그런데 이름이 독특하다.

축구에서 세계 최상위 국가대항전 이름은 4년마다 열리는 '월드컵'이다. 농구와 럭비, 크리켓, 필드하키 종목의 월드컵도 같은 위상이다. 아이스하키와 배구, 핸드볼, 라크로스, 그리고 여러 개인 종목에서는 '월드챔피언십'이라는 명칭을 쓴다. 월드컵과 월드챔피언십 모두 '세계선수권대회'로 번역이 가능하다. 하지만 야구에서는 '월드' 뒤에 '클래식'이라는 엉뚱한 이름이 붙었다. 메이저리그 챔피언결정전인 월드시리즈의 별칭 '폴클래식(가을의 고전)'에서 따온 말이다.

야구의 월드컵, 혹은 세계 야구선수권은 지금 이름만 특이한 게 아니다. 변해 온 과정도 복잡하다. 이를 추적하면 '야구 세계화'의 또 다른 면이 보인다.

'클래식'은 월드시리즈를 연상시킨다

앞의 글에서 언급했던 대로 1938년에 열린 초대 대회 우승국은 영국이다. 세계 야구를 관장하는 세계야구소프트볼연맹(WBSC)이 공인하는 바다. 이 대회는 우승 트로피 기증자의 이름을 따 '존 무어스 컵'으로 명명됐다. '아마추어 월드시리즈'로도 불렸다. 이듬해 2회 대회에는 개최국 쿠바와 미국, 니카라과까지 3개국이 출전했다. 첫 대회보다 참가국이 1개국 늘었다. 하지만 디펜딩 챔피언 영국은 자국 리그 일정을 앞세워 불참했다. 영국의 '세계선수권' 두 번째 참가는 2009년 WBC에서야 이뤄졌다.

2회 대회부터는 공식 명칭이 '아마추어 월드시리즈'가 됐다. 지금 WBC에 월드시리즈를 연상시키는 '클래식'이라는 단어가 들어간 건 초창기로 돌아갔다고 볼 수 있다.

하지만 세계 야구의 주도권은 지역적으로 큰 변화를 겪는다. 초대 대회는 영국인 사업가 무어스와 국제야구연맹(IBF)을 설립해 초대 회장을 맡은 메이저리그 선수 출신 레슬리 만의 합작품이었다. 하지만 만은 연맹 설립 연도인 1938년 한 해만 재직했다. 2–8대 회장은 모두 라틴계였다.

연맹 이름은 1944년 FIBA로 변경됐다. 기존 명칭에 '아마추어'의 약칭인 'A'가 붙었다. 한 글자가 더해졌을 뿐인데 약칭이 달라진 데는 이유가 있다. IBF는 영국과 미국에서 쓰는 영어(International Baseball Federation), FIBA는 라틴아메리카 공용어인 스페인어(Federación Internacional de Béisbol Amateur)다. '아마추어 월드시리즈'도 스페인어인 '세리에 문디알 데 베이스볼 아마테우르'가 공식 용어가 됐다.

미국 야구의 주류인 메이저리그는 아마추어 국제대회에 관심이 없었다. 출전 자체가 불허됐다. 아마추어에서도 1942년 5회 대회를 끝으로 대표팀을 보내지 않았다. 성적도 좋지 않았다. 7개국 중 3위에 오른 7회 대회가 가장 선전이었다. 5회 대회에선 1승 11패 전적으로 최하위였다. '국가대표'로 불릴 만한 팀이 구성되지 않았다. 미국의 불참은 1941년 제2차 세계대전 참전 영향도 있다. 전쟁 기간(1939–1945)에도 매년 대회가 열렸던 건 중남미가 전쟁의 무풍지대였기 때문이다. 1939년부터 1973년까지 모든 대회는 쿠바를 비롯한 중남미 지역에서만 열렸다.

2차 세계대전 종전 이후 시기는 역사상 미국의 영향력이 가장 강했던 때다. 세계 야구에서도 이 시대를 반영하는 일이 일어났다. 1938년 미국 아마추어 야구계에 NBC(미국야구회의)라는 단체가 설립됐다. 지금도 미국아마추어와 세미프로팀 대상으로 매년 'NBC 월드시리즈'를 개최한다. 1939년과 1940년에는 푸에르토리코 수도 산후안에서 '인터내셔널 시리즈'를 열기도 했다. 1944년에는 산하에 국제야구회의(IBC)를 뒀다. 이름은 거창하지만 실질이 받쳐주지 못했다. 프로야구 중심인 미국 야구에서 '틈새시장'을 노리는 스타트업에 가까웠다.

그런데 이 단체는 2차 대전 전후 급속하게 성장한다. 1948년에는 전 세계 비(非)프로 팀을 대상으로 한 국제대회를 구상했다. 일이 잘 풀리지는 않았지만 1950년과 1952년 일본에서 미국팀과 일본팀이 맞붙는 시리즈를 성사시켰다. 1955~1957년엔 '글로벌 월드시리즈'를 개최했다. 전성기 IBC 가맹국은 30개 이상으로 FIBA의 두 배를 훌쩍 넘었다.

이 기획에는 미국 국무부가 끼어있었다. '미국적인 이상'을 전파하려 한 미국 국무부와 전후 세계 각지에 주둔한 미군이 NBC의 기획을 지원했다. 메이저리그 전 커미셔너이자 상원의원을 역임했던 해피 챈들러가 IBC 회장을 맡았다. 야구팬이었던 드와이트 아이젠하워 대통령도 이 기획의 지지자였다. 1952년 국무부 산하 정보기관인 미국정보국(USIS)이 작성한 보고서는 "자유세계에서 야구에 대한 관심이 크게 올라가고 있다. 많은 나라 선수들이 미국에서 수십 년 동안 인기 스포츠였던 야구를 하고 있다"며 쿠바, 일본, 이집트 등지의 야구 현황을 기술한다.

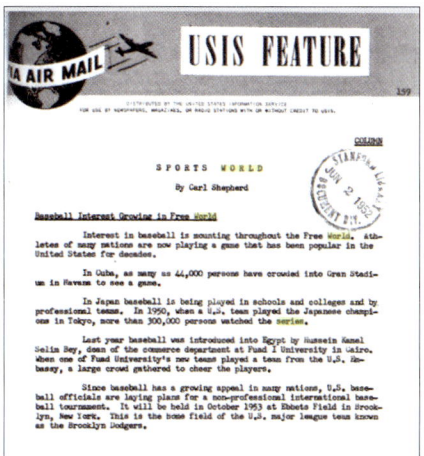

1952년 6월 2일자 USIS 공문〉

1953년 유럽, 1954년 아시아에서 결성된 대륙별 야구연맹 회원국들은 기존 FIBA가 아닌 IBC를 상위 기구로 선택했다. 미국 아마추어 야구를 총괄하지도 않는 사설 단체가 세계 야구를 주무른 셈이다. 한국 야구의 세계 무대 데뷔도 1949년 NBC와 IBC 회원국이 되면서부터다. 대한야구협회는 1955년부터 성인 야구 최고봉을 가리는 전국야구선수권대회를 창설하며 'NBC배'로 명명했다. 우승 트로피는 코카콜라 한국 지사에서 기증했다. 하지만 이 대회 우승팀이 NBC가 주관하는 국제대회에 참가한 적은 없다.

NBC의 전성기는 오래가지 않았다. NBC가 개최한 마지막 국제대회는 1957년 '글로벌 월드시리즈'였다. 이 대회를 끝으로 NBC는 국제 야구에서 손을 뗀다. 돈이 되지 않는 사업이었다.

이후에도 세계 야구는 국제 정치로부터 자유롭지 않았다. FIBA는 여전히 중남미 회원국들로만 구성됐다. 1954년부터 1960년까지는 '아마추어 월드시리즈'가 열리지 않았다. 쿠바 혁명(1953~1959년) 여파였다. 대회는 1961년에야 재개된다. 우승국은 바로 쿠바였다. 원래 이 대회는 매년 개최가 원칙이었지만 다음 두 번은 4년마다 1회 개최로 변경됐다. 디펜딩 챔피언 쿠바는 1965년 콜롬비아 대회에 불참했다. 쿠바와 외교관계를 단절한 콜롬비아 우파 정부가 비자 발급을 거부했기 때문이다.

다음인 1969년 대회에 미국이 복귀했다. 미국은 중앙집권 전통이 없는 나라다. 전미 아마추어 야구를 대표하는 조직은 오랫동안 존재하지 않았다. IBF 초대 회장 만이 1932년 설립한 미국아마추어야구연맹(USABF)이 최초의 단체로 꼽히지만 여러 기구가 난립 상태였다. '정리'는 동서 냉전기인 1970년대에야 이뤄진다. 국가 주도 엘리트 스포츠 정책을 택한 동구권 국가들이 국제대회에서 강세를 보였다. 그래서 미국올림픽위원회(USOC)는 종목별로 전국 조직 하나씩만 인정하는 정책으로 전환했다. 지금 미국 아마추어 야구를 관장하는 단체는 USA 베이스볼이다. 이 단체는 1965년 미국야구연맹(USBF)이라는 이름으로 설립됐고, 1978년 USOC의 인가를 받았다.

USBF 결성 2년 뒤인 1967년, 대학생으로 구성된 미국 대표팀이 팬아메리칸(팬암) 대회에서 우승을 차지한다. 이때도 아마추어 최강으로 꼽히던 쿠바를 결승시리즈에서 2승 1패로 눌렀다. 팬암 대회 역사상 첫 우승이었다. 이에 고무된 USBF는 FIBA가 주관하는 아마추어 월드시리즈 복귀를 결정했다. 대회는 1969년 도미니카공화국 수도 산토도밍고에서 열렸다. 미국팀은 산토도밍고 시민들로부터 거센 야유를 받았다. 개최국 시민들은 4년 전 미군의 침공으로 정권이 교체된 사건을 잊지 않고 있었다.

미국의 복귀를 계기로 FIBA는 비로소 '세계 야구'를 관장하는 조직이 된다. 1970년 콜롬비아 대회에선 북미의 캐나다, 유럽에서 이탈리아와 네덜란드가 첫 출전을 했다. 1952년 쿠바 대회부터 야구가 성행하는 퀴라소, 아루바 등이 포함된 네덜란드령 안틸레스가 참가했지만 유럽 본국의 출전은 처음이었다. 1972년 니카라과 대회에는 서독과 아시아의 일본·대만이 첫선을 보였다. 한국은 대회에는 참가하지 않았지만 이해 FIBA 회원국이 된다.

1973년에 연맹이 둘로 갈라지는 분열을 겪는다. 대회도 따로 열었다. 기존 FIBA는 '아마추어 월드시리즈' 명칭을 고수했고, 새 조직인 세계아마추어야구연맹(FEMBA)은 '월드챔피언십'을 새로 개최했다.

갈등은 표면적으로는 쿠바파와 니카라과파 간 대립 양상이었다. 쿠바는 혁명 이후 사회주의 국가였고, 소모사 가문 장기 독재 체제의 니카라과는 친미 노선이었다. 미국과 그 영향력 아래 있는 아시아, 서유럽 국가들은 FEMBA를 택했다. 한국의 대한야구협회도 FEMBA로 갈아탔다. 유럽 국가 중 네덜란드는 예외적으로 '아마추어 월드시리즈'에 참가했다. 네덜란드령 안틸레스와 의견을 같이했다.

정치적인 이유 외에 FIBA의 행정력이 떨어진다는 문제도 있었다. 당시 유럽야구연맹 로저 파나예 회장은 FEMBA 설립에 대해 "FIBA는 쿠바를 대변인으로 한 카리브 지역 친목 모임"이라며 "유럽과 아시아 협회들이 야구의 올림픽 종목 채택을 위해 FIBA에 가입했지만 변화가 없었다"고 주장했다.

FIBA의 열악한 행정력은 1974, 1975년 아마추어 월드시리즈가 열리지 않았다는 점에서 방증된다. 반면 FEMBA는 1973년 니카라과 대회에 이어 1974년 미국에서 월드챔피언십을 개최했다. 이와는 별도로 대륙간컵이라는 국제대회를 신설했다. 이 대회는 2010년까지 유지됐다. 한국 야구의 세계 무대 데뷔전이 1975년 캐나다 몬트리올에서 열린 2회 대륙간컵이다. 3승 4패로 조별리그 3위에 올랐다. 이어 '슈퍼월드컵'으로 명칭이 바뀐 1977년 니카라과 대회에서 첫 세계 대회 우승을 차지한다. 결승리그 최종전에서 일본에 완투승을 거둔 왼손투수 이선희는 대회 MVP에 올랐다.

세계 야구의 분열은 멕시코의 중재로 1976년 해

소된다. 두 연맹은 AINBA라는 이름으로 통합된다. 기존 이름에서 연맹(Federación)을 협회(Asociacición)로 변경했다. 하지만 국내 언론에선 똑같이 '국제아마추어야구연맹'으로 번역했다. 초대 회장으로는 쿠바의 국제올림픽위원회(IOC) 위원인 마누엘 곤살레스 게라가 선출됐다.

통합 첫 해 콜롬비아에서 열린 아마추어 월드시리즈는 한국의 이 대회 데뷔전이기도 했다. 5승 5패로 공동 5위를 차지했다. 대회 세 번째 경기에서 일본을 6-4로 이겼다. 해외에서 열린 한일전 사상 첫 승리였다. 이 경기에서 유격수 김재박은 3루타와 홈스틸을 기록하며 역전승 주역이 됐다. 김재박은 이 대회에서 투수로도 마운드에 오르며 '투웨이'로 활약했다.

당시 국내 언론은 이 대회를 '세계야구선수권대회'로 표기했다. 하지만 공식 명칭은 여전히 '아마추어 월드시리즈'였다. 유서 깊은 이 이름은 1978년 이탈리아 대회부터 사라졌다. AINBA는 IOC의 권고를 받아들여 대회명을 '베이스볼월드챔피언십'으로 변경했다. 이를 직역하면 '세계야구선수권대회'가 된다. 1972년 니카라과대회에서 '비공식적으로' 쓰였던 명칭이기도 하다.

한국은 두 번째로 출전한 1978년 이탈리아 대회에서 3위에 올랐다. 대회 전 일본 사회인야구 도쿄 선발팀을 서울에 초청하고, 네덜란드에서 열린 할렘 대회에 출전하는 등 준비를 충실히 했다. 11개국 풀리그에서 8승 2패로 쿠바(10승), 미국(9승 1패)에 이어 3위에 올랐다. 대회 최종일 쿠바에 7회 0-11 콜드게임 패를 당해 우승 꿈이 좌절됐다.

이탈리아 대회는 사상 처음으로 유럽에서 개최된 대회였다. 유럽에는 19세기 말 야구가 소개됐지만 야구 활동이 본격적으로 이뤄진 건 2차대전 이후다. 전후 유럽에 대규모로 주둔한 미군의 영향이 컸다. 1970년대 아마추어 월드시리즈에 처음 참가한 세 나라 중 서독은 유럽 주둔 미군이 가장 많았다. 이탈리아에 이어 일본(1980)과 한국(1982)이 차례로 대회 첫 개최 리스트에 이름을 올렸다. 중남미에 국한됐던 '세계 야구'가 더 넓어졌다는 현상을 반영한다.

한국은 1980년 대회에서 쿠바에 이어 주최국 일본과 공동 2위에 올랐다. 왼손 투수 이선희는 일본전에서 3회 최동원에 이어 구원 등판해 1실점 호투로 6-4 역전승의 발판을 놓았다. 이선희는 한국 야구에서 '일본 킬러' 계보를 시작한 투수로 꼽힌다.

1982년 자국에서 열린 대회에서 사상 처음이자 마지막 우승을 차지한다. 풀리그 방식으로 10개 팀이 모두 한 경기씩을 치러 순위를 가렸다. 7승 1패로 타이인 일본과의 최종전은 우승 결정전이기도 했다. 8회말 김재박의 '개구리 번트'와 한대화의 결승 스리런 홈런은 이해 출범한 프로야구와 함께 한국에 엄청난 야구 붐을 불러일으켰다. 스포츠 산업 관점에서는 가장 유의미한 대회였다.

세계 야구의 '탈(脫)카리브해 현상'은 회장들의 국적에서도 나타난다. AINBA 초대 회장은 쿠바인이었다. 후임으로 FEMBA 회장을 지냈던 니카라과 국적 카를로스 가르시아가 1980년에 선출됐다. 하지만 전해 니카라과 혁명으로 소모사 정권이 붕괴됐다. 가르시아는 미국중앙정보국(CIA)을 위해 스파이 행위를 했다는 혐의로 기소돼 투옥됐다. 미국 국적 로버트 스미스가 회장 대행을 맡았고, 1981년 후임 회장이 됐다. 스미스가 대행을 맡았던 1979년 야구는 5년 뒤

로스앤젤레스(LA) 올림픽 시범종목으로 채택됐다. 그의 후임 세 명의 국적은 미국, 그리고 이탈리아(2명)다.

명칭에도 변화가 생겼다. 스미스의 임기 중인 1988년 '세계야구선수권대회'가 '야구 월드컵'으로 대회명을 변경한다. 그리고 2001년에는 조직 이름이 스페인어에서 영어로 바뀌었다. 1938년 레슬리 만이 처음으로 만든 'International Baseball Federation'로 돌아왔다. 약칭만 IBF에서 IBAF로 변했다. 프로복싱과 볼링에 IBF라는 약칭을 쓰는 세계기구가 이미 있었기 때문이다. IBAF는 2013년 올림픽 종목 재진입을 위해 국제소프트볼연맹(ISF)와 통합하며 WBSC가 됐다.

야구 월드컵은 2011년을 끝으로 중단된다. '월드컵'은 12세 이하(U12)부터 23세 이하(U23)까지 연령별 세계 대회 명칭으로 돌려졌다. 지금 세계 야구 챔피언을 가리는 대회는 WBC다. 그런데 WBC 1회 대회 개최 연도는 2006년이다. 이후 세 번이나 야구 월드컵 대회가 열려 각각 세계 챔피언이 탄생했다.

여기에는 사연이 있다. WBC는 WBSC와 WBCI(메이저리그 사무국과 메이저리그 선수 노동조합이 출자한 합작회사)가 공동 주관하는 대회다. 리카르도 프라카리 현 WBSC 회장에 따르면 메이저리그는 당초 WBC를 세계 챔피언을 가리는 대회로 구상했다. 하지만 '세계 챔피언'이라는 칭호를 쓰는 데는 IBAF의 동의가 필요했다. IBAF는 세 가지 조건을 달았다. 국적 기준 강화와 예선전 개최, 세계반도핑기구(WADA) 규정에 따른 반도핑 프로그램 운영이었다. 그런데 메이저리그가 이를 받아들이지 않았다. 2000년대 메이저리그에는 금지약물 문제가 만연하기도 했다.

이런 이유로 2006년 초대 대회와 2009년 2회 대회는 '초청대회' 형식으로 치러졌다. 2013년 3회 대회부터 WBC는 비로소 '세계 챔피언'을 가리는 무대가 됐다. 이 대회부터 대륙 예선전이 시작됐다. WADA 기준에 맞춘 반도핑 프로그램을 운영했고, 국적 기준도 강화됐다. 이전까지 선수는 자신과 부모뿐 아니라 조부모가 시민권이나 영주권을 갖고 있거나, 태어난 나라 대표팀 출전이 가능했다.

WBC는 메이저리거들이 참가하는 대회다. 그래서 메이저리그에서 뛰는 선수를 보유하지 못한 국가는 대표팀 경쟁력이 떨어질 수밖에 없다. 이런 불만을 받아들여 IBAF는 2011년 총회에서 WBC 아래 차상위 세계대회인 프리미어12를 창설했다. 프리미어12에는 메이저리그 40인 로스터에 포함된 선수가 참가할 수 없다. 대회 권위와 열기를 높이기 위해 야구가 정식 종목에 포함된 하계 올림픽을 앞두고는 예선을 겸했다. 2027년 열릴 대회에는 아시아 1위 팀과 유럽/오세아니아 1위 팀에게 이듬해 LA 올림픽 본선 출전권이 주어진다. 기존처럼 WBSC 랭킹 상위 12개국에 더해 13~20위 8개국 중 신설된 예선을 통과한 네 팀까지 모두 16개국이 참가한다. WBC 결승전이 미국에서 열린다면 프리미어12는 일본에서 우승 팀이 가려진다. 이 점은 21세기 세계야구 판도를 보여준다.

2019년 프리미어12 슈퍼 라운드 멕시코전에서 승리하여 2020년 도쿄올림픽 본선 출전권을 따냈던 야구 대표팀.
이 대회에서 한국 대표팀은 2위를 기록했다.
출처 GettyImages.com

야구에서 비롯된
소소한 궁금증

RECIPES

세계적으로 드문 ─── 김영웅의 '미친 가을'

_이성훈

김영웅은 현재 KBO 리그에서 가장 대표적인 '모 아니면 도' 스타일 타자다. 언제나 큰 어퍼스윙으로 홈런을 노린다. 그 과정에서 무더기 삼진을 당한다. 주전으로 자리잡은 2024년 이후 리그에서 삼진이 가장 많고, 삼진률(삼진/타석)이 가장 높은 선수가 김영웅이다.

2024년 이후 삼진 순위

타자	삼진	삼진률
김영웅	298	29.6%
한유섬	262	25.3%
데이비슨	260	25.8%
노시환	254	20.7%
박동원	236	23.1%

김영웅은 포스트시즌(PS)에서도 자신의 정체성을 굳건하게 지킨다. 가을야구 통산 77타석에서 삼진을 26개나 당했다. 삼진률은 무려 33.8%. 역대 PS 70타석 이상 들어선 타자 199명 중 단연 1위다.

포스트시즌 통산 삼진률

김영웅	33.8%
이재현	31.2%
박경완	30.3%
이성열	29.8%
김재환	29.5%

*70타석 이상 기준

김영웅의 '도'가 가을에도 꾸준하다면, 김영웅의 '모'는 가을에 광풍으로 변한다.

2024년 플레이오프(PO) 1차전 4회, 김영웅은 생애 첫 가을야구 안타를 홈런으로 장식했다. 그 다음날에는 결승 솔로포를 때려냈다. 한국시리즈 3차전과 5차전에도 홈런을 추가했다. 2025년에 김영웅의 '가을 홈런쇼'는 더 강렬해졌다. 준PO 2차전 투런 홈런에 이어 PO 3차전에선 류현진을 상대로 석 점 홈런을 날렸다. 다음날 열린 4차전에선 역사에 남을 활약을 펼쳤다. 6회 동점 3점포에 이어 7회 역전 결승 석 점 홈런을 연타석으로 터뜨렸다. PO 4경기 만에 12타점. 단일 PS 시리즈 최다 타점 타이 기록이 나왔다. 김영웅은 2025년 가을에 가장 빛난 '해결사'였다.

김영웅은 PS 통산 19경기 77타석 동안 홈런 8개, 2루타 5개를 기록했다. 장타율은 무려 0.815, OPS는 1.257에 이른다. 모두 PS 통산 70타석 이상 들어선 타자 중 압도적 1위다.

1990년대 메이저리그 중계가 본격화된 뒤 한국 야구팬들은 이전보다 메이저리그 강타자들을 더 친숙하게 받아들였다. 이들 중 누구도 포스트시즌에 김영웅 급 임팩트를 보여주지는 못했다.

포스트시즌 통산 OPS

타자	OPS	장타율
김영웅	1.257	0.815
우즈	0.967	0.612
디아즈	0.954	0.600
송성문	0.953	0.550
이정훈	0.953	0.533

*70타석 이상 기준

"우리 시대 강타자"들의 PS 성적

타자	타석	홈런	장타율	OPS
오타니 쇼헤이	160	11	0.550	0.940
애런 저지	293	17	0.476	0.822
페르난도 타티스 Jr.	70	6	0.700	1.114
블라디미르 게레로 Jr.	114	8	0.653	1.092
데이빗 오티스	369	17	0.543	0.947
배리 본즈	208	9	0.503	0.936

메이저리그에서도 김영웅만큼 '가을에 미친' 타자를 찾기는 쉽지 않다.

메이저리그 구단은 PS 진출 확률이 KBO 리그보다 낮다. 그래서 50타석으로 기준으로 낮췄다. 이 기준 이상인 타자 902명 중 통산 OPS 1위는 1.211인 베이브 루스다. 장타율 1위 기록은 트로이 글로스의 0.756. 모두 김영웅의 파괴력에는 살짝 못 미친다.

물론 표에 나온 수치들이 김영웅이 본즈나 오타니보다 나은 타자라는 증거는 될 수 없다. 하지만 김영웅이 2025년 가을 야구 팬에게 선사한 전율의 크기는 '세계적인 스케일'이었다고 감탄할 근거는 된다. 전통적으로 '선풍기 스윙'을 혐오해온 한국 야구라는 환경에서, 무모하게까지 보이는 용기로 가을을 지배한 김영웅은 '경이로운 돌연변이'다.

MLB PS 통산 OPS 순위

순위	타자	OPS	장타율
1	베이브 루스	1.211	0.744
2	루 게릭	1.208	0.731
3	트로이 글로스	1.154	0.756
4	크리스 영	1.138	0.688
5	빌리 해쳐	1.119	0.654

*통산 50타석 이상

박해민이라는 예외

_신원철

이른바 '눈 야구'는 나이와 상관관계가 적거나, 다른 분야보다 하락세가 늦게 찾아온다고 여겨진다. 나이와 기량과의 관계를 따지는 '에이징커브' 논쟁에서도 볼넷 비율은 다른 기록에 비해 하락세가 늦게 찾아온다는 쪽이 '다수설'에 속한다.

〈괴짜야구경제학〉을 쓴 J.C. 브래드버리는 2010년 세이버메트릭스를 다루는 웹사이트 베이스볼프로스펙터스에 기고한 에이징커브 연구에서 "선수가 기량이 정점에 달하는 시기는 각기 다르며, 그 간격이 상당히 큰 경우가 많다. 타율과 장타율은 28세, 홈런은 30세, 볼넷은 32세까지 계속해서 향상된다"고 주장했다. 셋 중 볼넷이 가장 늦게 피크에 도달한다. 브래드버리는 "노련한 경험이 신체적 기량 저하를 보완하는 것으로 보인다"고 썼다.

한편으로 선수를 유형별로 나눠봐야 한다는 주장도 있다. 팬그래프의 제프 짐머만은 2011년 로열스리뷰에 쓴 '볼넷 비율과 에이징 커브'와 SB네이션에 기고한 '타자 에이징 커브'에서 "볼넷 비율이 애초에 높지 않은 유형인 선수는 나이가 들더라도 뚜렷한 성장세를 보이지 않는다"는 주장을 폈다.

30대 초반까지는 개선된다(34세까지는 향상된다는 연구도 있다)와 볼넷 비율이 낮은 유형의 선수는 나이가 들어도 크게 변하지 않는다. 어느 쪽으로 봐도 2025년 LG 박해민의 사례는 설명하기 어렵다. 박해민은 35살인 2025년 순수출루율 0.103을 기록했다. 규정타석을 채운 43명 가운데 5위. 데뷔 후 처음으로 0.100을 넘긴 시즌이기도 했다.

박해민은 2025년 6월 "훈련 때부터 정해진 코스만 치려고 한다. 내 스트라이크존이 작아졌다는 걸 올해 많이 느꼈다. ABS 존은 일정하니까 어떤 코스가 볼인지 명확한 기준을 세울 수 있었다. 그래서 볼넷이 늘고 출루율이 높아지지 않았나 생각한다며 "출루율과 타율의 차이만 보면 커리어하이 비슷하다"고 했다. 두 기록의 차이가 바로 순수출루율이다. 시즌 종료 시점에서 실제로 커리어하이 기록을 세웠다.

박해민은 "선구안이 훈련으로 좋아질 수 있다는 걸 느끼고 있다"고 했다. 동료 홍창기와도 대화를 자주 한다. 홍창기는 순수출루율 통산 2위(2000+타석 기준)에 올라있는 선수다. "창기는 야구 비디오게임처럼 공 궤적이 보인다던데 내가 할 수 있는 경지 밖이다. 나는 존이 작으니 가운데에서 멀리 벗어나는 공을 칠 필요가 없다는 걸 느꼈다"고 말했다.

박해민은 34세까지 출루를 잘하는 선수가 아니었다. 2014-2024년 2000타석 이상 출장 선수 89명 가운데 타율 45위(0.286), 출루율 59위(0.354)였다. 이 기간 순수출루율은 0.068이고, 타석당 볼넷 0.09개는 평균(0.10)에도 못 미쳤다. 그런데 지난해 35살 나이에 고점을 찍었다. 스탯티즈 집계 기준 KBO 리그에서 통산 2000타석을 넘긴 선수 303명을 대상으로 ①33세 이후 규정타석을 채운 단일 시즌 순수출루율이 ②이전 통산 기록보다 0.03 이상 올라 ③커리어하이를 기록한 경우를 뽑아봤다. 2025년의 박해민은 4위에 해당한다. 나머지 3명은 양준혁(2006), 김태균(2015), 권희동(2025)이다. 이들은 모두 통산 순수출루율이 0.100 안팎으로 출루능력이 좋았다. 0.070 아래인 박해민은

33세 이후 순수출루율 커리어하이를 기록한 선수

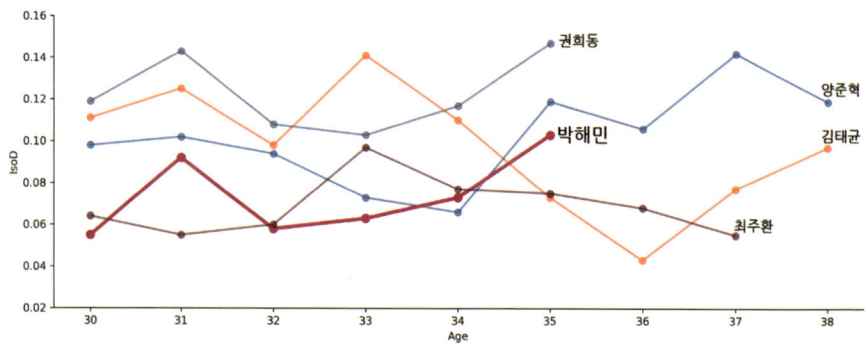

선수	커리어하이 시즌		"커리어하이 순수출루율"	"커리어하이 전 통산 순수출루율"	차이
권희동	2025	35세	0.147	0.098	0.044
양준혁	2006	37세	0.142	0.099	0.041
김태균	2015	33세	0.141	0.103	0.038
박해민	2025	35세	0.103	0.068	0.035
최주환	2021	33세	0.097	0.063	0.034

그래서 더욱 희귀한 사례다. 2020년까지 통산 순수출루율 0.063이던 최주환이 2021년 순수출루율 커리어하이 0.097로 박해민과 유사한 사례를 만들었지만, 그 뒤로는 다시 내림세를 탔다.

박해민의 변신은 FA 계약에도 직접적인 영향을 끼쳤다. 박해민은 4년 전보다 5억 원 오른 총액 65억 원에 LG에 잔류했다. 경쟁 팀의 제안은 그보다 10억 원 이상 높았던 것으로 알려져 있다. 수비와 주루에서만 가치를 인정받는 선수였다면 이 정도로 큰 규모 계약을 제시받기는 어려웠을 것이다.

박해민 선구 관련 지표

시즌	팀	나이	K%	BB%	BB/SO	IsoD
2014	삼성	24	12.1	9.9	0.82	0.084
2015	삼성	25	20.7	9.2	0.44	0.069
2016	삼성	26	13.6	7.6	0.56	0.057
2017	삼성	27	12.2	7.8	0.64	0.054
2018	삼성	28	15.3	8.6	0.57	0.061
2019	삼성	29	14.1	10	0.71	0.079
2020	삼성	30	14.2	7.2	0.51	0.055
2021	삼성	31	15.1	12.7	0.84	0.092
2022	LG	32	13.4	6.9	0.52	0.058
2023	LG	33	13.3	8.1	0.61	0.063
2024	LG	34	18.3	8.3	0.46	0.073
2025	LG	35	17.3	12.5	0.72	0.103

KBO리그 최고 수비수는... 구본혁?

_이성훈

한국야구위원회(KBO)는 2023년부터 포지션별 수비상을 제정했다. 2025년에도 포지션별 9명이 영예를 안았다. 그런데 2025년 KBO 리그 최고 수비수는 이들이 아닐 수도 있다.

2025 KBO 수비상

포지션	선수
투수	고영표
포수	김형준
1루수	디아즈
2루수	박민우
3루수	송성문
유격수	김주원
좌익수	에레디아
중견수	박해민
우익수	김성윤

스탯티즈에는 '평균대비수비득점기여(Fielding Runs Above Average)'라는 기록이 있다. 이 부문 1위는 야구 팬이라면 쉽게 예상할 수 있듯 박해민이다. FRAA 11.9로 전체 선수 중 1위였다. 7위는 LG 3루수 구본혁이다. 구본혁은 KBO 수비상을 받지 못했다. 수상자 송성문이 FRAA에서도 전체 3위로 구본혁을 앞질렀다.

2025시즌 FRAA 순위

순위	선수	포지션	RAA
1	박해민	중견수	11.9
2	디아즈	1루수	9.86
3	송성문	3루수	8.84
4	김영웅	3루수	7.87
5	고명준	1루수	7.21
6	김형준	포수	6.86
7	구본혁	3루수	6.54
...			
19	구본혁	유격수	4.79
89	구본혁	2루수	1.91

그런데 이 기록 상위 90위 명단에 구본혁의 이름은 두 번 더 등장한다. 이 리스트에서 각기 다른 세 포지션으로 이름을 올린 선수는 구본혁이 유일하다. 순위에는 제외됐지만 좌익수로도 2경기 16이닝을 소화하며 FRAA 0.011을 추가했다. 그래서 구본혁이 2025년의 '평균대비수비승리기여(Fielding Wins Above Average)'는 1.33승으로 리그 전체 1위다.

2025시즌 FWAA 순위

타자	FWAA
구본혁	1.33
박해민	1.19
송성문	1.04
디아즈	0.99
강승호	0.9

포지션별 FRAA

선수	유격수	2루수	3루수
구본혁	4.79	1.91	6.54
안상현	−0.58	−0.8	−1.28
오명진	1.62	3.43	0.83
김규성	2.46	0.52	−3.19
박계범	−2.14	−1.95	−0.59

구본혁이 수비로 이렇게 많은 활약을 했다고 계산되는 이유는 여러 포지션을 수준급으로 소화할 수 있는 능력 때문이다. 구본혁은 3루수와 유격수, 2루수 모두 200이닝 이상을 소화했다. 2025년 KBO 리그에서 이 세 포지션 모두 200이닝 이상 소화한 선수는 구본혁이 유일하다.

2025년 내야 세 포지션에서 100이닝 이상 출장한 선수는 리그 전체를 통틀어 딱 세 명에 불과하다. 이 세 명 중 세 포지션 모두에서 1점 이상의 FRAA를 기록한 선수도 구본혁뿐이다.

구본혁은 내야 세 포지션에 문제가 생길 때마다 투입돼 모두에서 주전에 버금가거나 더 나은 수비력으로 공백을 없었다. 그래서 리그 전체 어떤 주전 선수에도 뒤처지지 않거나. 오히려 나은 수비 기여를 했다. 후반기에는 준수한 타격 실력까지 뽐냈다. 후반기 100타석 이상 들어선 타자들 중 타율 4위가 구본혁이다.

후반기 타율 순위

순위	타자	타율
1	양의지	0.399
2	에레디아	0.391
3	오스틴	0.381
4	구본혁	0.366
5	송성문	0.362

내야 3포지션 1000이닝 이상 소화

선수	유격수	2루수	3루수
구본혁	315	220.2	328.2
안상현	170.1	179.2	298.1
오명진	129.1	488	146
김규성	119.1	301.2	109.2
박계범	118.2	191	121.1

선수층이 얇은 KBO 리그에서는 주전의 공백이 팀의 위기로 이어지는 경우가 많다. LG는 구본혁의 존재 때문에 그런 걱정을 할 일이 상대적으로 적었고, 결국 우승까지 내달렸다. 많은 팬이 KBO 수비상에 '유틸리티' 부문을 추가하자고 외치는 이유다.

구속과 제구

_최민규

KBO 리그 투수들의 공이 빨라지면서 나타난 현상이 있다. 구속과 제구를 대비시킨 뒤 어느 쪽이 더 중요하냐는 논란이다.

한 쪽은 "아무리 공이 빨라도 제구가 되지 않으면 소용없다"고 말한다. 반대 쪽에서는 "아무리 제구력이 좋아도 시속 130km 직구로는 프로에서 버텨낼 수 없다"고 한다.

어느 쪽이 사실에 가까울까. 2020-2025시즌 KBO 리그에서 한 시즌 50이닝 이상을 던진 투수 대상으로 답을 찾아봤다. 연인원은 451명이다. 포심패스트볼을 1구도 던지지 않은 투수를 제외하면 438명이 된다. 그리고 각 지표별로 투수의 종합적인 투구 결과와의 R^2값을 구했다. 종합적인 투구 결과로는 ERA+를 이용했다. 해당 시즌 리그 평균자책점을 투수 개인 평균자책점으로 나눈 값이다. 여러 시즌을 대상으로 하기 때문에 단순 평균자책점보다는 시즌별 차이를 중립화시킨 값이 더 타당하다. 포심패스트볼 평균 구속과 ERA+의 R^2값은 0.05였다. 포심 구속이 평균자책점을 5%만 설명한다는 의미다. 크지 않다.

제구력은 까다롭다. '원하는 곳에 공을 던지는 능력'을 미국 야구에서는 커맨드라고 부른다. 하지만 이를 측정하기는 어렵다. 투수와 포수가 어떤 공을 던지려고 했는지는 야구기록지에 나타나지 않기 때문이다. 그래서 9이닝당 볼넷(BB/9)을 지표로 삼았다. 제구력이 좋은 투수라면 대체로 볼넷이 적을 것이다. 이런 이유로 BB/9은 오랫동안 제구력 지표로 애용돼 왔다. BB/9의 ERA+에 대한 설명력은 포심 구속보다는 나았다. 하지만 큰 차이는 아니었다. R^2 값에 기반한 설명력은 7%에 불과했다. 볼넷을 적게 내주는 것보다는 삼진을 많이 잡는 게 훨씬 더 중요했다. BB/9은 ERA+에 7% 설명력을 가질 뿐이지만, K/9(9이닝당 삼진)은 15%로 두 배 이상이다.

포심 구속과 BB/9도 시즌 별로 리그 평균값이 변한다. 그래서 ERA+와 같은 방식으로 포심 구속+, BB/9+를 구한 뒤 R^2를 다시 계산했다. 설명력은 각각 6%, 7%로 차이가 더 줄어들었다. 역시 크지 않은 값이다. 사실, 당연한 결과다. 포심을 빠르게 던지고, 볼넷을 적게 내주는 것 외에도 실점에 작용하는 요인은 너무 많다. 메이저리그에선 어떨까. 2025년 메이저리그에서 50이닝 이상 던진 투수 323명을 대상으로 같은 방식으로 조사했다. 포심 구속과 ERA+ 간 R^2는 KBO 리그와 정확하게 같은 0.05였다. KBO 리그보다 공이 훨씬 빠른 리그지만 구속 자체의 설명력은 같았다. 결국 구속은 투수 구위의 한 요소일 뿐이다. 구위를 종합하는 지표가 있다면 설명력이 더 높을 것이다. 이점에서 구속 외에 구위를 보여주는 트래킹 데이터 항목이 한국 팬들에게 공개되지 않는다는 점은 아쉽다.

포심이 투수 성적에 설명력에 떨어지는 또다른 이유가 있다. 야구는 적응의 경기이고, 포심은 타자가 가장 많이 상대하는 공이다. 그래서 타자 적응도가 높다. 2020-2025시즌 KBO 리그에서 포심 피안타율은 0.300이었다. 변화구와 체인지업은 0.257-0.272대. 가장 포심이 빨랐던 지난해 포심 피안타율은 0.310으로 오히려 더 올라갔다. 변화구와 체인지업은 앞 4년보다 더 낮아졌다. 그렇다고 여기에서 '강속구보다 변화구가 더 중요하다'는 결론을 내리는 건 현명하지 않다. 투구는 시퀀스다. 더 빨라진 공에 집중해야 하는 타자에게 변화구의 효과는 더 높아진다. 그래서 포심은 '투구의 기본'이다. 기본이 튼튼하고 강해야 한다.

메이저리그에서 BB/9의 설명력은 포심보다 더 떨어졌다. KBO 리그에서 R^2가 0.07이었지만 메이저리그에선 0.03이다. 한국 투수들이 볼넷을 더 많이 내준다는 게 이유 중 하나일 것이다. 지난해 메이저리그 BB/9은 3.21개였지만 KBO 리그에선 3.72로 16% 많았다.

투구 지표별 ERA+에 대한 설명력 순위

항목	R^2	상관계수
잔루율	0.58	0.76
피OPS	0.57	-0.75
피출루율	0.50	-0.71
피장타율	0.46	-0.68
피안타율	0.45	-0.67
BABIP	0.23	-0.48
90이닝당 홈런	0.16	-0.40
90이닝당 삼진	0.15	0.39
삼진/볼넷 비율	0.15	0.39
90이닝당 볼넷	0.07	-0.26
90이닝당 볼넷+	0.07	0.26
포심 구속+	0.06	0.25
포심 구속	0.05	0.22

KBO리그와 메이저리그 투구지표별 ERA+와의 R^2

	KBO	MLB
포심 구속	0.05	0.05
90이닝당 볼넷+	0.07	0.03

볼카운트의 이해(1)

_신동윤

야구 팬이 경기 중 가장 많이 보는 숫자는 볼카운트다. 별로 어렵지 않다. 볼이 많으면 타자가 유리하고 스트라이크가 많으면 투수가 유리하다. 하지만 더 들어가면 그리 간단치는 않다. 풀카운트에서 투수가 유리할까, 타자가 유리할까. 초구 승부가 중요하다고 하는데 정말 그럴까. 그렇다면 왜 그럴까. 3볼에서 기다리는 건 나쁠까. 투 스트라이크가 되면 타자가 불리할 텐데 얼마나 불리한가.

야구는 타자와 투수의 공 한 개 승부의 연결이고, 가장 중요한 전략적 지형이 볼카운트다. 그러니 조금 자세히 들여다볼 만한 일이다.

차트는 12가지 볼(B)-스트라이크(S) 상황에서 타격 지표들이 전체 평균에 비해 얼마나 좋거나 나쁜지 나타낸다. 지표는 타율, 장타율, OPS, 콘택트장타율(slgcon) 등 네 개다. slgcon은 인플레이 타구의 장타력을 보여주는 지표로 공식은 '루타수/(타석-4사구-희생번트-희생플라이-삼진)'이다. 네 지표 모두 전체 평균보다 좋으면 플러스, 나쁘면 마이너스다. 파란 막대는 해당 카운트에서 타격, 삼진, 볼넷을 포함해 타석이 완료된 경우의 결과, 주황 막대는 그 이후 승부가 이어진 타석도 포함한 결과다. 분석에는 2022년부터 2025년까지 KBO 리그 네 시즌 모든 타석을 대상으로 했다.

0B0S

초구. 당연히 이후 결과는 전체 평균과 같다. 팬들은 초구 타격을 썩 좋아하지 않지만 평균보다 타율은 높다. 장타율은 0.127이나 높다. 초구 타격의 나쁜 점은 공격의 또다른 옵션인 볼넷 출루 기회가 없어지는 것이다. 하지만 출루를 포함하는 지표인 OPS도 평균보다 높다. 투구수를 늘리지 못하는 단점에도 불구하고 이 타석 승부가 중요하다면 공격적인 타격에 장점은 확실히 있다.

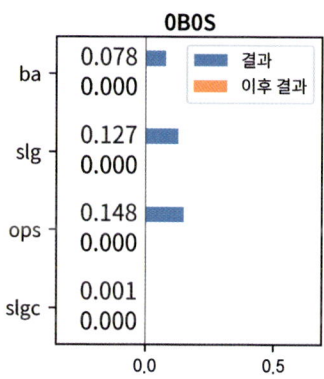

1B0S

초구 볼을 골라내면 타자에게 유리해진다. 하지만 기대만큼 많이 유리해지는 것은 아니다. 초구 타격과 비교하면 타율 0.019, 장타율 0.037 차이다. 이보다는 평균과 초구 타격의 차이가 더 크다. 이후 승부의 결과는 조금 더 유리해지지만 역시 큰 차이는 아니다. 주로 OPS 효과다. 볼 1개가 그만큼 볼넷 가능성은 높인다. 제구에 자신이 있는 투수라면 초구 스트라이크에 너무 집착할 이유가 없다고 해석할 수도 있다.

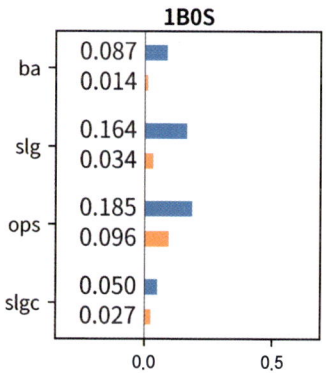

0B1S

초구 스트라이크가 되면 당연히 투수가 유리해진다. 그런데 역시 타율·장타율보다는 OPS 효과다. 삼진 가능성이 높아지기 때문이다. 볼카운트에 대한 흔한 오해는, 불리한 볼카운트가 타자를 위축시켜 타구의 질을 떨어뜨릴 것이라는 생각이다. 카운트별 타구 질은 slgcon을 보면 된다. 나빠지지만, 아주 조금만 나빠진다. 볼카운트 효과는 볼넷이나 삼진 가능성에 주로 작용한다. 인플레이 타구의 결과에는 상대적으로 작은 영향에 그친다. 적극적으로 칠 생각이라면 초구에 시원하게 헛스윙한 걸 크게 걱정할 필요가 없다. 0B1S에서 slgcon은 별로 나쁘지 않다.

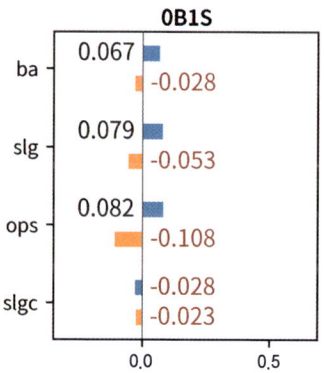

1B1S

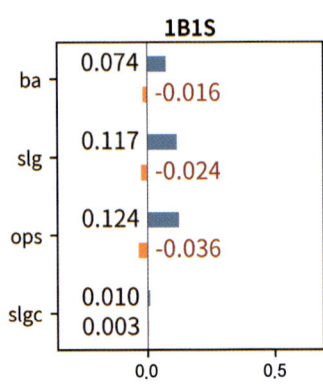

첫번째 갈림길. 공 하나의 볼/스트라이크가 결과에 가장 영향을 미치는 카운트가 1–1이다. 1–2가 되면 이후 기대 OPS는 0.513, 2–1이면 0.8200이다. 큰 차이다. 이 카운트에서 공한 개가 타자의 급을 완전히 바꿔버린다. 강속구를 가진 투수가 제대로 힘을 쓰는 승부가 보통 이 카운트다. 존 안쪽을 겨냥한 빠른 공이 파울 타구 유도에 굉장히 효과적이기 때문이다. 안 치면 스트라이크고, 때려도 파울이라면 이보다 좋을 수가 없다. 반대로 타자는 확실한 타격으로 인플레이 타구를 만드는 게 중요한 카운트다.

1B2S

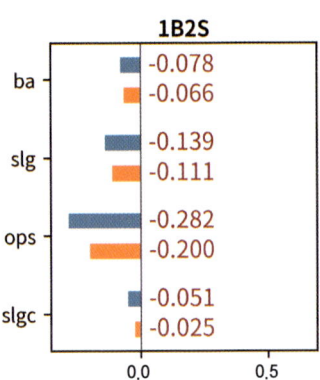

2S가 채워지면 이제 투수의 시간이다. 풀카운트를 제외하면, 볼이 몇 개라도 투수의 유리함은 거의 비슷하다. 공 한개로 아웃카운트를 잡을 수 있기 때문이다. 타자의 전략은 기본적으로 어떻게 삼진을 피할 것이냐라는 토대에서 세워진다. 초구 공략에서 타율과 장타율이 높은 이유도 실은 더 강한 타구를 때려서가 아니라 삼진아웃이 없는 승부여서다.

2B1S

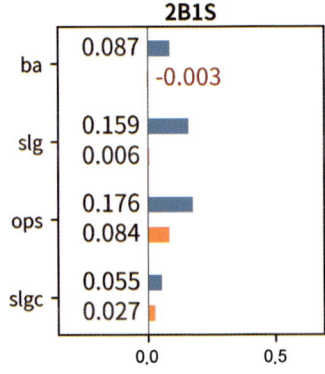

볼 하나가 늘었지만 1–1과 의외로 크게 차이 나지 않는다. 1–1에서 투수에게 볼은 타자에게 스트라이크보다 덜 치명적이다. 타자는 삼진 직전에 몰리지만 투수는 볼넷 앞에 공한 개 여유가 더 있기 때문이다. 2S 제외 8종류 카운트 중투수에게 가장 스트라이크가 필요한 단 하나를 꼽으면 여기다.

김현수 ©LG 트윈스

볼카운트의
이해(2)

_신동윤

2B2S

볼과 스트라이크가 같지만 투수가 유리하다. 타자는 스트라이크 3개 중 2개를 써버렸고 투수는 볼 4개 중 2개만 썼기 때문이다. 타자의 불리함은 역시 삼진 위험 때문이다. 바로 그 이유로 콘택트 능력이 좋은 타자라면 충분히 해볼 만한 싸움일 수 있다. 불리한 카운트라고 해도 slgcon은 평균과 거의 같다.

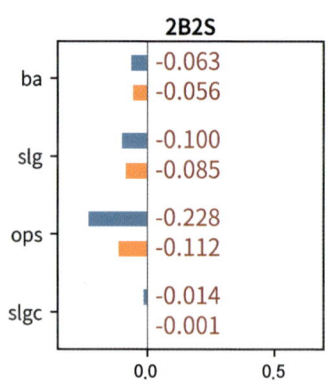

3B2S

풀카운트. 유불리가 복잡하다. 종합지표인 OPS를 보면 타자에게 유리한 것처럼 보인다. 실제로도 그렇다. 타자는 ⅓이 남은 반면, 투수는 ¼만 남았다. 딱 이 만큼 타자에게 유리하다. 타율과 장타율에서 투수에게 유리한 것처럼 보이는 건 지표 계산 구조에서 생기는 착시다. 관건은 볼넷 효과인데, 타율과 장타율에서 볼넷은 분모를 줄인다. 출루율에서 볼넷은 분자를 늘린다. 그래서 타율, 장타율은 볼넷 손실을 과소평가하게 된다. 풀카운트에서는 타자가 유리하다.

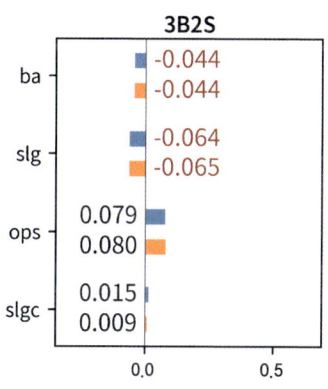

0B2S

당연히 투수의 카운트. 하지만 인플레이 타구를 만들 수 있다면 타자의 불리함은 생각보다 작다. 볼카운트 이해에서 가장 중요한 포인트가 이것이다. 공을 때린 결과가 주목을 받지만 볼카운트 싸움은 '삼진과 볼넷이라는 담보를 두고 싸우는 전략 게임'이라는 의미가 더 크다. 콘택트의 질이 중요하겠지만 어쨌든 삼진을 당하지 않고 버티는 건 매우 중요한 타자의 능력이다.

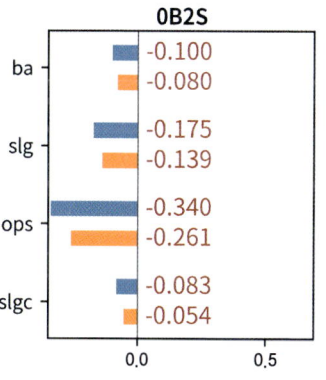

2B0S 3B0S 3B1S

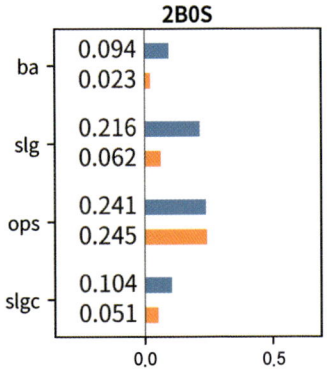

당연히 타자의 카운트. 하지만 의미는 좀 더 들여다봐야 한다. 카운트가 불리해진 투수가 치기 쉬운 공을 던진 결과로 단순화하기 어렵기 때문이다. 이 카운트 인플레이 타격 결과는 slgcon에서 나타난다. 평균보다 꽤 높다. 하지만 출루율을 포함하는 OPS 효과가 훨씬 더 크다. 3B 카운트에서 타자의 유리함은 노려친 타격 결과보다 다음 공이 빠지면서 볼넷이 되는 것에서 더 크게 나타난다.

타자에게 삼진이 결정적이듯 투수에게는 볼넷이 그렇다. 삼진을 당하지 않는 기술은 승부의 전략을 전혀 다르게 만든다. 볼넷 허용을 억제하는 투수의 스킬도 그렇다. 타자에게 압도적으로 유리한 카운트라 해도 인플레이 타격 결과에 미치는 영향은 생각보다 작다.

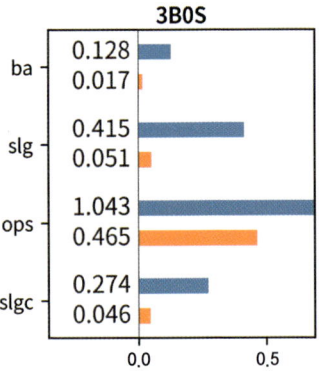

장타에 중점을 둔 타자 생산성은 볼카운트보다는 삼진에 대한 태도에 더 좌우된다. 콘택트를 일부 포기한 강한 스윙으로 삼진을 늘리더라도 인플레이 타격에서 그 이상의 효과를 얻겠다는 접근이다.

'선구안'이라는 표현은 때로 오해를 부른다. 타자는 투수의 공을 보고 고를 수 없다. '고르는 눈'이란 야구라는 세계에 존재하기 어렵다. 0.45초 전후로 날아드는 공의 예상 로케이션을 정확히 식별하기란 불가능하다. 타자가 선택하는 것은 스윙을 소극적으로 할 것이냐 적극적으로 할 것이냐에 훨씬 더 가깝다. 흔히 '존을 좁게 본다' 또는 '넓게 본다'같은 맥락이다. 전자를 택하면 투구 수는 늘어나고 후자를 택하면 줄어든다. 투구 수는 양날의 검이다. 공을 더 많이 보면 삼진과 볼넷은 동시에 증가한다. 대신 타자의 능력에 따라 2S 카운트의 위험은 많이 달라진다.

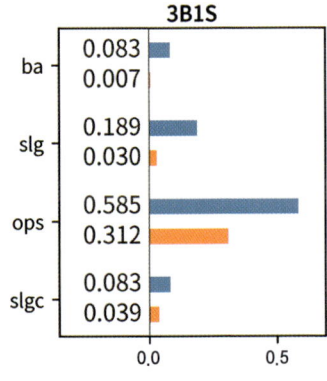

정교한 타자는 2S 카운트의 위험을 어느정도 줄일 수 있다. 삼진보다는 볼넷이 나올 가능성을 높일 수 있다. 콘택트 능력이 떨어진다면 2S 전에 적극적으로 타격하는 게 더 낫다. 파워히터라면 삼진 위험을 감수한 강한 스윙으로 장타를 만들어 손실 이상의 생산성을 만드는 전략을 택할 수 있다.

타자가 2S 위험 평가를 두고 전략을 세운다면 투수는 당연히 3B 이후의 위험 평가를 한다. 3B 이후에도 존 공략이 가능한 투수에게 불리한 볼카운트는 훨씬 덜 치명적이다. 더 느긋하게 싸울 수 있다.

모든 것은 확률적 선택이다. 투수와 타자는 서로의 전략을 읽어가며 역의 선택, 역의 역의 선택을 고심할 것이다. 그래서 야구가 재미있다.

2스트라이크에서 타격 능력은 떨어지지 않는다

_최민규

CSW율을 다룬 이 책 앞 글에서는 2025시즌 KBO 리그 볼카운트별 타율을 소개했다. 타율 기준으로 투스트라이크에서 타자는 급격하게 불리해진다. 이 점은 메이저리그든, 일본프로야구(NPB)든, 대만의 고교야구든 다르지 않다.

그런데 볼카운트별 타격은 가끔 착각을 불러일으키기도 한다. 스트라이크가 두 개인 상황은 아웃으로 이어질 확률이 높다. 그래서 이 상황에서 타자의 타격 능력이 감소한다는 생각으로 이어지기도 한다. 하지만 2S 타격에서 실패가 많은 이유는 능력보다는 상황 때문이다. 2S에서 늘어난 아웃의 상당 부분은 삼진이다. 당연하게도 0S나 1S에서는 삼진아웃이 나올 수 없다.

옆 표에서 2015년 KBO 리그에서 2S에서 타율이 급격하게 떨어졌다는 사실을 확인할 수 있다. 하지만 인플레이타구만을 대상으로 타율을 계산하면 사뭇 다르다. 타율은 2S 네 카운트에서 다른 카운트 대비 크게 하락하지만 BABIP은 큰 차이가 없다. 2S 전체 타율은 0.190이지만 BABIP은 0.311이다. 0S에서는 타율/BABIP이 0.349/0.316, 1S에선 0.340/0.3111이다. 2S에서 BABIP은 0S보다 5리만 낮았고, 1S와는 동일했다.

2025년 KBO리그 볼카운트별 타율과 BABIP

B	S	타율	BABIP
0	0	0.346	0.317
1	0	0.347	0.312
2	0	0.367	0.324
3	0	0.375	0.289
노스트라이크		0.349	0.316
0	1	0.330	0.309
1	1	0.341	0.311
2	1	0.357	0.319
3	1	0.336	0.298
1스트라이크		0.340	0.311
0	2	0.160	0.297
1	2	0.181	0.308
2	2	0.202	0.316
3	2	0.217	0.320
2스트라이크		0.190	0.311

타격 능력을 '인플레이타구를 안타로 만드는 능

력'으로 정의한다면 이 능력은 어떤 볼카운트냐에 관계없이 유지된다는 결론을 내릴 수 있다. 그래서 삼진을 잘 잡지 못하는 투수라면 투스트라이크에서 신중해야 한다. 지난해 국내 투수 중 WAR 1위는 원태인, 2위는 임찬규였다. 두 투수의 2S 피안타율은 모두 리그 평균보다 높았다. 규정이닝을 채운 투수 중 9이닝당 삼진이 가장 적은 투수가 이 두 명이었기 때문이다.

BABIP이 볼카운트와 관계없이 일정하게 유지되는 현상은 메이저리그에서도 그대로 관찰된다. 타자에게 가장 불리할 것 같은 0-2카운트에서 타율(0.156)은 가장 낮았지만 BABIP은 12개 카운트 중 다섯 번째로 높았다.

당한 영향을 받는다. 지난해 KBO 리그에서 2S에서 BABIP은 0S와 1S 카운트 기록의 99%로 차이가 없다. 하지만 안타 중에서 홈런을 따로 계산하면 이야기가 달라진다.

BABIP에 대응해 '홈런/(타수-홈런)'이라는 공식을 만들어보자. 0S에서는 4.1%, 1S에서는 3.5%, 2S에서는 2.1%로 차이가 커진다. 2S에서 이 수치는 0S, 1S 카운트의 56%에 불과하다. 타율(55%)과 비슷한 수치다. 지난해 메이저리그에서는 KBO 리그보다 더 낮은 41%였다. 메이저리그 타자들은 투 스트라이크에서도 홈런을 노리는 스윙을 할 것 같지만, 과장된 이미지다.

2025년 메이저리그 볼카운트별 타율과 BABIP

B	S	타율	BABIP
0	0	0.338	0.296
1	0	0.335	0.292
2	0	0.340	0.288
3	0	0.387	0.289
노스트라이크		0.337	0.294
0	1	0.320	0.290
1	1	0.328	0.295
2	1	0.329	0.291
3	1	0.351	0.298
1스트라이크		0.327	0.292
0	2	0.156	0.291
1	2	0.161	0.286
2	2	0.171	0.286
3	2	0.193	0.287
2스트라이크		0.169	0.287

2025년 타격지표별 노S+1S 대비 2S 성적

	KBO리그	MLB
타율	55%	51%
BABIP	99%	98%
홈런/(타수-삼진)	56%	41%
3	0	0.375

타자들은 볼카운트에 따라 투구에 대응하는 방식을 바꾼다. 2S에 몰리면 스윙을 콤팩트하게 바꾸는 타자가 많다. 그래서 BABIP에 비해 홈런/(타수-삼진) 수치는 2S에서 크게 변한다. 그리고 투수들은 2S에서 유인구를 훨씬 자주 던지고, 타자들도 이를 안다. 2S에서 홈런이 줄어드는 이유 중 하나다.

하지만 타격 능력 중 장타력은 볼카운트에 상

KBO리그 투수는 스무 살에 가장 빠른 공을 던진다

_최민규

한국 프로야구 투수들은 몇 살에 가장 빠른 공을 던질까.

운동선수 기량은 20대 후반에 피크에 달한다고 한다. 야구의 투수는 좀 다르다. 투구는 '소모품'인 어깨와 팔꿈치에 지속적인 부하를 건다. 그래서 구속은 다른 기량에 비해 전성기가 일찍 꺾인다.

스탯티즈는 2013년부터 KBO 리그 구속을 집계해왔다. 지난해까지 13시즌 외국인을 제외한 국내 투수 전체 구속을 연령대 별로 집계했다. 옆 페이지 위 그래프에서 보듯, KBO 투수들의 포심패스트볼 '구속 피크'는 전체적으로 20-21세에 찾아온다. 이 나이 평균 구속은 시속 143.5km로 가장 빠르다. 19세에 고교를 졸업하고 입단한 투수가 데뷔 2, 3년차 시즌을 보낼 때다.

메이저리그도 비슷하다. 스탯캐스트 데이터를 바탕으로 2015-2025년 연령대 별 포심 평균 구속을 구했다(옆 페이지 아래 그래프). KBO 리그보다 한 살 많은 22세에 시속 95.1마일로 절정에 달한다. 하지만 메이저리그는 동아시아 프로리그보다 투수 데뷔가 늦은 편이다. 11년 동안 20세 이하 투수는 전무했고, 21세 투수 세 명, 22세 투수도 17명에 불과했다. 그래서 '피크'에 실질적인 차이는 크지 않아 보인다.

통념보다 이른 피크는 '구속 혁명'이 이유기도 하다. 미국에서 먼저 시작됐고, 일본이 그 다음, 한국이 그 다음이다. 젊은 투수들의 공이 점점 빨라진다면 평균 구속이 느린 시대에 데뷔했던 선배들과의 차이는 커질 수밖에 없다. KBO 리그 투수들의 나이에 따른 구속 하락 폭이 메이

2013-2025년 KBO리그 투수 연령별 포심 평균구속

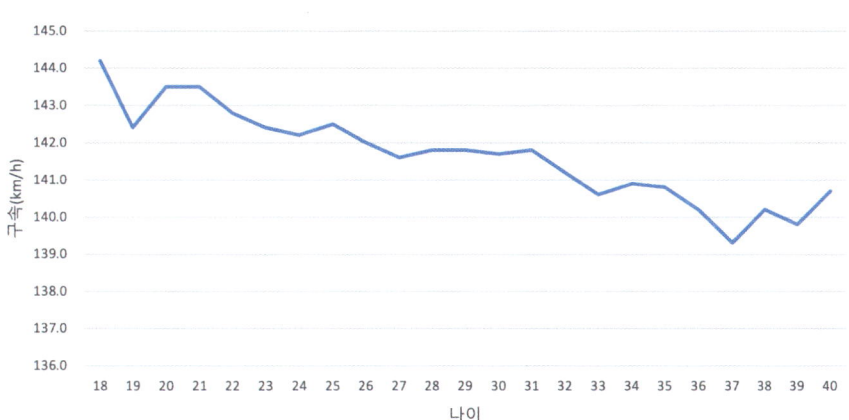

2015-2025년 MLB 투수 연령별 포심 평균구속

저리그보다 완만한 이유는 '구속 혁명'을 훨씬 늦게 받아들였고, 아직 전체적인 구속 상승 폭이 크지 않기 때문이다.

태어난 해가 같은 투수 집단을 따로 묶으면 구속 피크는 더 늦게 온다. 출생연도가 같으면 데뷔 연도도 거의 같다. 아래 표에서 특정 연도에 데뷔한 투수 집단이 해가 지날수록 어떤 구속 변화를 보이는지를 전체적으로 확인할 수 있다.

2013-2025년 출생연도별 투수 집단 고속 변화(괄호 안은 나이)

출생연도	2013	2014	2015	2016	2017	2018	2019	2020	2021	2022	2023	2024	2025
1995	144.9(18)	140.3(19)	141.2(20)	142.2(21)	142.3(22)	142.7(23)	142.8(24)	142.4(25)	142.7(26)	144.2(27)	144.0(28)	143.6(29)	145.3(30)
1996			140.6(19)	141.2(20)	142.4(21)	142.6(22)	142.3(23)	141.9(24)	144.2(25)	144.3(26)	143.2(27)	143.5(28)	145.1(29)
1997				140.6(19)	142.5(20)	142.6(21)	142.3(22)	142.6(23)	143.3(24)	144.5(25)	143.5(26)	144.7(27)	146.0(28)
1998					141.0(19)	143.1(20)	145.0(21)	143.3(22)	142.6(23)	143.5(24)	143.5(25)	142.2(26)	145.1(27)
1999						143.2(19)	143.1(20)	143.7(21)	143.9(22)	146.1(23)	145.6(24)	143.5(25)	146.3(26)
2000						143.7(18)	140.8(19)	141.3(20)	142.3(21)	144.1(22)	143.0(23)	142.7(24)	145.0(25)
2001							144.2(18)	141.6(19)	141.5(20)	143.2(21)	142.5(22)	142.5(23)	145.2(24)
2002									144.3(19)	144.6(20)	144.5(21)	142.8(22)	145.0(23)
2003										145.7(19)	146.5(20)	146.0(21)	147.9(22)
2004											143.7(19)	143.2(20)	145.8(21)
2005												143.7(19)	146.4(20)
2006													145.7(19)

가장 잘 성장한 그룹은 2018년 데뷔한 1999년 생이다. 이들은 데뷔 시즌에 포심 구속이 시속 143.2km로 당시까지 가장 빨랐다. 재능이 좋았고, 발전도 잘 했다. 5년차인 2022년엔 시속 146.1km로 시속 2.9km나 빨라졌다. 동기생 중에 안우진, 곽빈, 윤성빈이 있기 때문이다. 데뷔 시즌에 안우진 다음으로 공이 빨랐던 조성훈이 빛을 보지 못하고 지난 시즌을 끝으로 은퇴한 게 아쉽다.

한국 야구의 구속 혁명은 프로 구단의 육성보다는 고교 야구 투수들의 공이 빨라진 이유가 더 크다. 이 현상은 2021년부터 본격적으로 시작됐다. 2021년에 데뷔한 2002년생 투수들의 포심 평균 구속은 시속 144.2km로 1999년생들의 기록을 깼다. 장재영과 이의리가 이해에 데뷔했다. 그 1년 후배들은 데뷔 시즌 시속 145.7km로 신기록을 세웠다.

지난해 KBO 리그 최고 강속구 기록을 세운 문동주를 비롯해 이민석과 박영현이 2022년 입단 동기다. 박영현은 첫 해 시속 144.1km에서 매년 구속이 오르고 있다. 반면 김서준은 첫 해 삼성에서 시속 147.7km를 던졌지만 이듬해 투구 폼을 바꾼 뒤 시속 141.9km로 뚝 떨어졌다. 이후 1군에 오르지 못했다.

2023년과 2024년엔 19세 투수 구속이 시속 143.7km로 하락했다. 2025년엔 시속 145.7km로 회복됐다. 하지만 이해부터 한국야구위원회(KBO)가 트랙맨을 구속 측정 기준으로 삼았다는 점을 고려해야 한다. 트랙맨은 이전까지 주로 쓰던 PTS보다 구속이 더 나온다.

ABS는 젊은 타자에게 어떤 영향을 미쳤나?

_최민규

메이저리그 통산 163승 투수 콜 해멀스는 2012년 화제의 19세 루키 브라이스 하퍼의 허리를 강속구로 고의로 맞춘 적이 있다. 당시 해멀스는 "내가 신인 시절에는 스트라이크존이 너무 좁았는데 아무도 뭐라고 하지 않았다"고 했다. 젊은 선수가 불이익을 받는 건 당연하다는 투였다.

'불이익'은 주로 주심의 스트라이크·볼 판정에서 나온다. 한국 프로야구에도 이런 관행이 작동한다는 믿음은 널리 퍼져 있었다. 그런데 2024년부터 KBO 리그는 자동투구판정시스템인 ABS를 도입했다. 그렇다면 ABS 이후 시대에는 젊은 선수가 받는 불이익이 줄어들 것이라는 가설을 세워볼 수 있다.

ABS 도입 전 2시즌(2022-2023) 동안 데뷔 1-3년차 젊은 타자(외국인 제외)들은 OPS 0.661을 기록했다. 도입 후 2시즌(2024-2025)에는 0.707이었다. 큰 향상이다. 하지만 프로야구는 매 시즌마다 환경이 달라진다. 어떤 시즌은 투수가 잘 하고, 어떤 시즌은 타격이 활발하다. 그래서 리그 평균으로 나눈 뒤 100을 곱한 OPS+를 기준으로 삼았다. 도입 전 2시즌 이 선수들의 OPS+는 92.8이었다. 리그 평균보다 7.2% 낮다는 의미다. 다음 2시즌엔 94.3으로

1.5포인트 향상됐다. 2022-2023년이 투고타저 시즌이었기 때문에 향상폭은 크게 줄어들었다. 4년차 이상 타자들의 OPS+는 99.3에서 98.3으로 1.0포인트 감소했다. ABS 시대에 타격이 나빠졌다.

전체적인 타격 결과를 나타내는 OPS 같은 지표에는 존 판정 변화 외 다른 요인이 작용할 가능성이 높다. 그래서 존 판정과 관련된 볼넷과 삼진으로 범위를 좁힐 필요가 있다. 비슷한 방식으로 ABS 전후 기간 리그 평균 대비 볼넷률(BB%+)과 삼진율(SO%+) 변화를 살펴봤다.

데뷔 1-3년차 타자의 BB%+는 87.30에서 87.4로 변했다. 0.1포인트 상승. 4년차 이상 타자는 0.5포인트 감소했다. 타자에게 볼넷은 많을수록 좋다. 전자 집단이 더 유리해지고 후자는 더 불리해졌다. 하지만 사실상 거의 차이가 없는 작은 변화였다.

데뷔 1-3년차 타자의 SO%+는 119.20에서 116.7로 떨어졌다. 2.5포인트 감소다. 4년차 이상은 98.5에서 99.2로 0.7포인트 올랐다. 볼넷과는 반대로 삼진은 적을수록 좋다. 역시 ABS 이후 젊은 선수에게 유리해졌지만 역시 큰 차이는 아니다.

OPS, BB+, SO+ 모두에서 동일한 경향이 발견된다. 두 가지 결론이 가능하다. 첫째, ABS는 젊은 타자들에게 다소나마 유리한 환경을 만들었다. 둘째, 적어도 ABS 도입 전 2시즌 동안 KBO 리그에서는 신인 타자가 받는 불이익이 크지 않았다. 물론, 불이익을 당한 입장에서는 크게 느껴질 수도 있다.

2008–2013년 메이저리그를 대상으로 한 연구에서도 비슷한 결과가 나왔다. 이에 따르면 베테랑 타자는 루키에 비해 유리한 판정을 받았다. 하지만 차이는 미미했다. 36세 이상 베테랑 타자는 루키에 비해 38타석당 스트라이크 1개만큼의 이득을 얻었다.

2022-2025년 KBO리그 데뷔 1-3년차/4년차 이상 타자 성적

연차	시즌	타석	타수	안타	홈런	루타수	볼넷	사구	삼진	희플	타율	BB%	SO%	출루율	장타율	OPS
1-3년차	2022	5332	4715	1167	76	1642	429	74	1236	23	0.248	8.0%	23.2%	0.319	0.348	0.667
4년차 이상	2022	45407	39887	10282	849	14895	4064	581	8368	356	0.258	9.0%	18.4%	0.333	0.373	0.706
1-3년차	2023	5259	4652	1152	64	1589	401	68	1063	51	0.248	7.6%	20.2%	0.313	0.342	0.655
4년차 이상	2023	45845	39995	10505	718	14781	4295	585	8010	384	0.263	9.4%	17.5%	0.340	0.370	0.710
1-3년차	2024	5362	4760	1289	142	2005	468	60	1215	41	0.271	8.7%	22.7%	0.341	0.421	0.762
4년차 이상	2024	46311	40477	11050	1056	16424	4298	662	8684	424	0.273	9.3%	18.8%	0.349	0.406	0.755
1-3년차	2025	4295	3848	947	48	1283	306	41	960	35	0.246	7.1%	22.4%	0.306	0.333	0.639
4년차 이상	2025	46182	40280	10468	895	15319	4318	714	9015	341	0.26	9.3%	19.5%	0.340	0.380	0.720
1-3년차	2022-2023	10591	9367	2319	140	3231	830	142	2299	74	0.248	7.8%	21.7%	0.316	0.345	0.661
4년차 이상	2022-2023	91252	79882	20787	1567	29676	8359	1166	16378	740	0.26	9.2%	17.9%	0.336	0.371	0.707
1-3년차	2024-2025	9657	8608	2236	190	3288	774	101	2175	76	0.26	8.0%	22.5%	0.325	0.382	0.707
4년차 이상	2024-2025	92493	80757	21518	1951	31743	8616	1376	17699	765	0.266	9.3%	19.1%	0.344	0.393	0.737

*외국인 제외

ABS 전후 2시즌 1-3년차/4년차 이상 타자 OPS+

연차	2022-23	2024-2025	차이
1-3년차	92.8	94.3	1.5
4년차 이상	99.3	98.3	-1.0

ABS 전후 2시즌 1-3년차/4년차 이상 타자 SO%+

연차	2022-23	2024-2025	차이
1-3년차	119.2	116.7	-2.5
4년차 이상	98.5	99.2	0.7

ABS 전후 2시즌 1-3년차/4년차 이상 타자 BB%+

연차	2022-23	2024-2025	차이
1-3년차	87.3	87.4	0.1
4년차 이상	102.1	101.6	-0.5

ABS는 외국인선수에게 가장 큰 영향을 미쳤다

_최민규

젊은 타자들은 2024년 ABS 도입 이후 종합적인 타격과 볼넷, 삼진 수치가 향상됐다. 하지만 큰 의미를 둘 수준은 아니었다. 젊은 투수들은 어땠을까.

KBO 리그에서는 젊은 투수가 타자보다 더 많은 기회를 받는다. 지난해 데뷔 1-3년차 타자는 도합 4295타석에 들어섰다. 투수는 8156타석에서 타자와 승부했다. 타석 기준으로 두 배 가까운 기회를 받은 셈이다. 지난해 3년차 이하 투수들의 평균자책점은 5.27. 리그 평균과 비교한 ERA+는 122.30이었다. 평균보다 22.3% 높았다. 4년차 이상 선배 투수들은 104.2로 4.2% 높았다. 두 집단을 합쳐 리그 평균보다 높은 평균자책점이 나오는 건 외국인 투수를 제외했기 때문이다.

타자와 같은 방식으로 ABS 전후 2시즌 ERA+, BB/9+(리그 평균 대비 9이닝당 볼넷), SO/9+(리그 평균 대비 9이닝당 삼진) 변화를 살폈다. ABS에 젊은 투수에게 유리한 환경을 조성했다면 ERA+와 BB/9+ 변화는 음수, SO/9+ 변화는 양수가 돼야 한다. 선배 투수들이라면 반대 방향이다.

데뷔 1-3년차 투수의 2022-2023년 ERA+는 118.5였고, 2024-2025년에는 116.2였다. 변화량은 -2.3. 4년차 이상 투수는 +1.9였다. 일단 가

디아즈 ⓒ삼성 라이온즈

ABS 전후 2시즌 1-3년차/4년차 이상 ERA+

연차	2022-23	2024-2025	차이
1-3년차	118.5	116.2	-2.3
4년차 이상	102.9	104.8	1.9

ABS 전후 2시즌 1-3년차/4년차 이상 BB/9+

연차	2022-23	2024-2025	차이
1-3년차	132.9	135.7	2.8
4년차 이상	102.5	102.7	0.2

ABS 전후 2시즌 1-3년차/4년차 이상 SO9+

연차	2022-23	2024-2025	차이
1-3년차	101.3	95.8	-5.5
4년차 이상	97.4	95.6	-1.8

ABS 전후 2시즌 FM그룹 투구 지표 변화

기간	BB/9+	SO/9+	ERA+
2022-2023	64.4	106.0	77.1
2024-2025	63.2	99.0	85.5
차이	-1.2	-7.0	8.4

FM그룹에 해당하는 투수=윌커슨, 켈리, 요키시, 알칸타라, 쿠에바스, 반즈, 벤자민, 페냐, 브랜든, 후라도, 산체스, 엘리아스

ABS 전후 2시즌 외국인선수 타격 지표 변화

연차	2022-23	2024-2025	차이
기간	BB%+	SO%+	OPS+
2022-2023	94.8	93.4	112.9
2024-2025	97.9	92.2	118.4
차이	3.1	-1.2	5.5

ABS 전후 2시즌 외국인선수 투구 지표 변화

기간	BB/9+	SO/9+	ERA+
2022-2023	73.2	106.3	82.2
2024-2025	72.5	113.7	79.9
차이	-0.7	7.4	-2.3

ABS 전후 2시즌 FM그룹 타격 지표 변화

기간	BB%+	SO%+	OPS+
2022-2023	91.1	81.7	118.5
2024-2025	89.4	73.9	120.5
차이	-1.7	-7.8	2.0

*FM그룹=2022-2023년과 2024-2025년 기간에 각각 1시즌 이상 뛴 외국인선수 FM그룹에 해당하는 타자 =소크라테스, 라모스, 푸이그, 에레디아, 오스틴, 도슨

설과 맞는 결과가 나왔다. 하지만 타격의 OPS 와 마찬가지로 투수의 전체적인 성적을 나타내는 평균자책점 변화는 ABS존이라는 변수 하나로 설명하기 어렵다.

존 변화와 관계가 깊은 볼넷과 삼진 영역에선 'ABS는 젊은 투수에게 유리한 환경을 조성한다'는 가설과 반대 결과가 나왔다.

3년차 이하 투수의 BB/9+는 2.8포인트 증가했다. 인간 심판의 편향에서 자유로운 ABS 시대에 더 볼넷이 많아진 셈이다. 4년차 이상 투수는 0.2포인트 증가로 거의 차이가 없었다.

젊은 투수군의 SO/9+는 101.3에서 95.8로 5.5 포인트나 감소했다. 상당한 감소 폭이다. ABS 가 이들에게 유리했다면 이 수치는 올라가야 한다. 4년차 이상 투수들도 감소했지만 -1.8포인트로 차이는 적었다.

젊은 투수들의 평균자책점은 향상됐지만 볼넷과 삼진 관련 수치는 오히려 나빠졌다. 이 현상을 ABS로 설명하기는 쉽지 않다. 덜 다듬어졌지만 구위가 좋은 영건이 최근 늘어난 현상이 더 영향을 미쳤다는 가설이 더 매력적으로 보인다.

외국인선수들은 어떨까. 이들도 판정 불이익을 받을 가능성이 상대적으로 높은 집단이다.

외국인 타자들의 ABS 전후 OPS+와 BB%+는 증가했고, SO%+는 감소했다. 외국인 투수 집단에선 ERA+와 BB/9+ 감소, SO/9+ 증가 현상이 관찰됐다. 모두 ABS 이후 긍정적인 방향으로 변했다. 순방향 변화 폭은 내국인 신진급 선수보다 컸다.

물론 외국인선수는 수가 적고, 매 시즌 교체가 잦다. 그래서 ABS 도입 전후 각각 1시즌 이상 뛴 선수로 범위를 좁혔다. 타자 6명, 투수 12명이다. 이 집단에서 타자는 SO%+, 투수는 ERA+에서 매우 큰 향상을 보였다. 전체 6개 지표 중 4개가 순방향으로 움직였다. 다른 요인을 제외한다면 ABS는 외국인선수에게 더 유리하게 작용했다는 잠정적인 결론이 가능하다.

성장 혹은 성숙, 10개 구단 WAR나이 - 타자

_신동윤

2025시즌 KBO 리그 출전 기록이 있는 타자 평균 나이는 27.5세다. 하지만 신참들은 경기에 뛸 기회를 자주 받지 못한다. 타석수를 가중치로 계산(타석나이)하면 29.4세. 이 숫자가 실제 경기 출전 비중을 고려한 평균 나이다. 단순 출전이 아니라 전력에서 차지하는 비중을 반영하려면 승리기여도(WAR)에 가중치를 두고 평균(WAR나이)을 계산한다. 이렇게 보면 30.0세다.

2016년 이후 타자 단순 평균 나이는 조금씩 젊어지고 있지만 실제 타석 또는 승리기여를 고려하면 그보다는 더 많다. 주력으로 뛰는 선수 나이는 서른 살 정도라는 의미다.

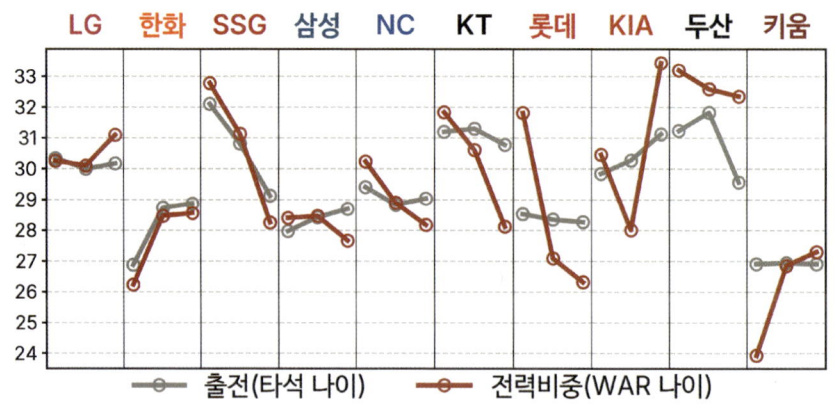

KBO 팀별 타자 나이 변화 23-25시즌

이 나이는 구단마다 다르다. 주축 선수의 노쇠나 젊은 선수 성장에 따라 다르고, 또 변한다. 세대교체가 진행 중인 팀이라면 젊고, 완성된 팀으로 성숙해가는 팀은 나이가 많아진다. 타석나이가 적어지면 젊은 선수 기용이 늘어나는 신호다. WAR나이가 적어지면 젊은 선수 전력 비중이 커진다는 신호다. 이 둘을 조합하면 각 팀의 성장 혹은 세대교체가 어떻게 진행되는지 추측해볼 수 있다. 두 나이의 상대적 관계도 정보를 준다. 타석나이가 어려지는데 WAR나이가 그대로인 팀이라면 세대교체 시도에도 불구하고 젊은 선수가 제대로 성장하지 못하고 있을 가능성이 크다.

프로야구 10개 구단의 상황을 살펴봤다. 이하 글에서 나이는 2025년 12월 31일을 기준으로 했다. 외국인선수는 분석에서 제외했다.

LG
타석나이 30.0세>30.2 (+0.2) WAR나이 30.1세>31.1 (+1.0)

WAR나이가 1년 만에 딱 1살 많아졌다. 잘하던 선수가 그대로 잘하고 있을 가능성이 크다. 35세 승리기여 비중이 가장 크다. 박동원 박해민 오지환 세 명 합계가 12.5승. 위로는 김현수(37, 3.4승)가 있었다. 2023, 2025년 우승 주역이지만 에이징커브의 끝자락인 것은 부인하기 어렵다. 시즌 뒤 김현수와 결별한 이유로 보인다. 그 아래 세대인 신민재(29, 3.5승), 문성주(28, 2.6승), 구본혁(28, 3.6승) 문보경(25, 4.2승)이 보통 27–32세로 보는 타자 최전성기 연령대에 있다는 점은 긍정적이다. 신민재와 구본혁의 성장은 대단하다. 다만 25세 아래로는 의미 있는 전력화 조짐이 보이지 않는다.

한화
타석나이 28.7세>28.9 (0.2) WAR나이 28.5세>28.6 (0.1)

타석나이, WAR나이 모두 2년 연속 많아졌지만 그래봐야 28–29세. 노시환(4.9승) 외에 불확실했던 25세 이하 전력에 문현민(21, 2.4승)의 가세가 눈에 띈다. 이원석(26) 이진영(28) 김태연(28) 이도윤(29) 하주석(31) 정도가 중간 그룹.채은성(35, 1.4승)과 최재훈(36, 3.2승)은 대체 전력을 준비해야 할 시점이다.

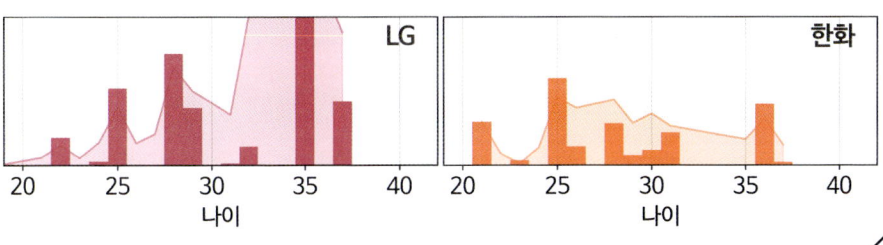

SSG
타석나이 30.8세>29.1 (−1.7) WAR나이 31.1세>28.3 (−2.8)

두 나이 모두 줄었다. 세대교체가 진행 중이라는 신호다. 10개 구단 중 타석나이는 두 번째로, WAR나이는 가장 많이 젊어졌다. 전력 비중이 젊은 선수로 이동한 것이다. 세대교체 성공의 신호. 그래서 리그 3위 성적은 더 가치가 있다. 최정(38, 1.4승)과 한유섬(36, 1.8승)의 비중은 꾸준히 줄어들어 이제는 최지훈(28, 2.3승)과 박성한(27, 5.3승)이 주축이다. 정준재(22, 1.8승) 고명준(23, 0.8승) 조형우(23, 0.8승)가 준비 중인 미래 전력.

삼성
타석나이 28.4세>28.7 (0.3) WAR나이 28.5세>27.7 (−0.8)

타석나이는 0.5 올라갔지만 WAR나이는 0.8 낮아졌다. 기존 라인업에 있던 젊은 선수가 성장한 것이다. 이재현(22, 5.1승) 김영웅(22, 2.8승) 양도근(22, 1.3승) 박승규(25, 1.3승) 등 25세 이하 타자 전력 비중이 10개 팀 중 가장 크다. 김성윤(26, 5.5승)도 있다. 강민호(40, 2.6승)를 제외하면 류지혁(31, 1.5승) 구자욱(32, 4.5승) 이성규(32, 1.2승) 등 30대 전력도 여전히 전성기 나이대 안에 있다. 당분간 에이징커브를 들여다보지 않아도 될 팀.

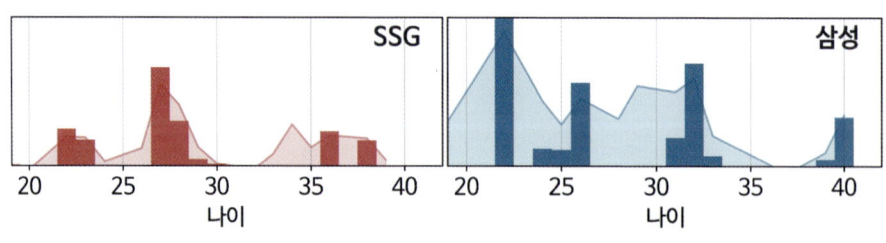

NC
타석나이 28.8세〉29.0 (0.2) WAR나이 28.9세〉28.2 (-0.7)

역시 타석나이는 약간 늘었지만 WAR나이는 낮아진 팀. 김주원(23, 6.3승)과 김휘집(23, 2.9승)의 역할이 컸다. 최정원(25,1.3승) 도 성장 중. 포수 김형준(26, 3.3승)이 아직 20대 중반이라는 것도 강점. 박민우(32, 4.4승)까지는 아직 전성기 나이지만 권희동(35, 2.8승)과 박건우(35, 1.9승)의 외야 라인은 세대교체가 신호가 켜졌다.

KT
타석나이 31.3세〉30.8 (-0.5) WAR나이 30.6세〉28.1 (-2.5)

SSG 다음으로 WAR나이가 젊어진 팀. 다만 안현민(22, 6.8승)의 활약이 거의 전부라 세대교체 성공으로 해석하긴 어렵다. 전력 중심은 여전히 30대 중반이다. 오윤석(33, 0.7승) 장성우 (35, 2.3승) 허경민(35, 1.7승) 김상수(35, 1.2승) 등. 황재균은 은퇴를 결정했고 20대 중반 전력 중 유일하게 WAR 1승 이상을 기록했던 강백호(26, 1.7승)는 팀을 떠났다.

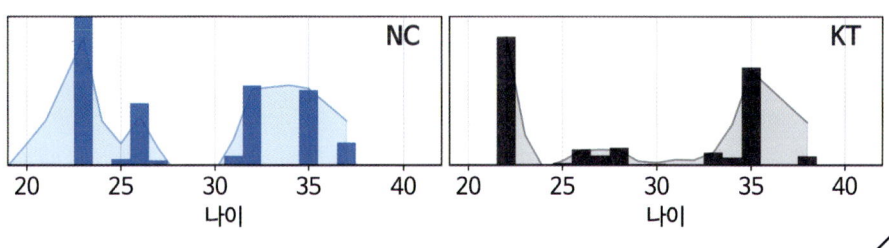

롯데
타석나이 28.3세〉28.3 (0.0) WAR나이 27.1세〉26.3 (-0.8)

WAR나이가 키움 다음으로 젊은 팀. 리그 평균보다 무려 2.7세 젊다. 윤동희(22, 3.1승) 한태양(22, 1.5승) 박찬형(23, 1.2승) 고승민(25, 2.1승) 전민재(26, 1.1승) 등
가능성을 보여준 선수들이 낙오 없이 성장하고 있다는 점이 희망. 다만 아직은 어느 누구도 확실한 존재감을 갖지 못하고 있는 건 아쉽다. 유강남(33, 2.1승)과 전준우(39, 1.4승)는 어느정도 기량을 유지하고 있지만 손호영(31, 0.2승)과 박승욱(33, -0.3승)의 하락세가 중위권 탈락 요인이 됐다.

KIA
타석나이 30.3세〉31.1 (0.8) WAR나이 28.0세〉33.4 (5.4)

전년도 우승팀의 몰락 이유에는 세대교체 실패도 있었다. WAR나이가 무려 5.4세나 많아졌다. 베테랑이 갑자기 잘한 이유라면 좋겠지만 거꾸로다. 20대에서 WAR 1승 이상 선수는 부상으로 122타석만 뛴 김도영(22, 1.3승) 단 한 명이다. 박찬호(30, 4.6승)도 2026년에는 없다. 김호령(32, 2.8승) 김선빈(36, 2.1승) 나성범(36, 1.9승) 김태군(36, 1.8승) 등 주축 전력 나이가 리그에서 가장 많다. 42세 최형우는 이적했지만 WAR이 팀내 최다인 4.4승이었다.

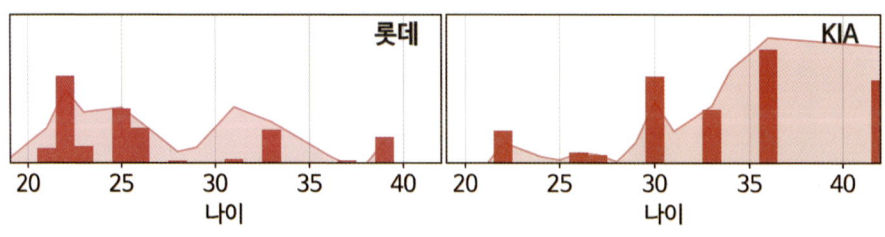

두산
타석나이 31.8세〉29.6 (−2.2) WAR나이 32.6세〉32.3 (−0.3)

KIA 다음으로 WAR나이가 많은 팀. 하지만 내용은 다르다. 타석나이는 −2.2세로 가장 젊어졌다. WAR나이도 약간이지만 낮아졌다. 적극적인 세대교체를 진행했지만, 아직은 효과가 충분히 나타나지 않았다는 뜻. 양석환(34, 1.2승) 정수빈(33, 2.8승) 김재환(37, 1.9승) 양의지(38, 6.8승)의 비중이 여전히 지배적이었다. 안재석(23, 1.8승) 오영진(24, 1.8승) 박지훈(25, 0.8승)에 기대를 걸어봐야 한다. 그 중간에는 강승호(31, 1.6승)가 있다.

키움
타석나이 26.3세〉26.4 (0.1) WAR나이 26.1세〉26.5 (0.4)

타석나이, WAR나이 모두 리그에서 가장 젊은 팀이다. 하지만 메이저리그로 떠난 송성문(29, 8.6승)을 제외하면 WAR 1승 이상 타자는 이주형(24, 2.9승) 외에 없다.

젊어진 나이는 전성기를 맞은 핵심 전력이 차례로 팀을 떠났고, 영입한 베테랑 기여도가 낮았던 결과일 뿐이다.

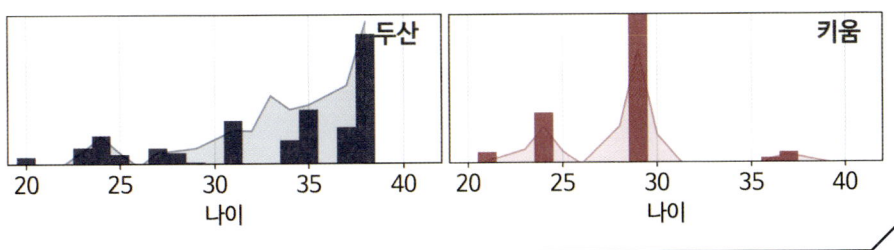

성장 혹은 성숙, 10개 구단 WAR나이 - 투수

_신동윤

2025년 KBO 리그에서 1타석 이상 타자를 상대한 투수의 평균 나이는 26.8세. 타자 편과 같은 방식으로 구한 타석나이는 평균 27.8세, WAR나이는 평균 28.9세다. 타자보다 약간 젊다. 리그 전체적으로 최근 10시즌 동안 타자는 세 종류 나이에 거의 변화가 없었다. 반면 투수 나이는 2021시즌에 가장 적었고, 2024년까지 늘어나다가 2025시즌에는 다시 소폭 줄었다.

타석나이가 적어졌다면 더 젊은 투수들이 더 많은 타자를 상대한 팀이다. WAR나이가 적어졌다면 이들이 승리에 더 많은 기여를 했다는 의미다. 내려가는 팀은 주력 투수 나이가 젊어지고, 올라가는 팀은 그 반대다. 투수의 전성기 나이는 타자보다 어리다. 리그 내 WAR 비중으로 보면 26–30세 전후에 정점을 맞는다. 지난해 투수력은 10개 구단 가운데 일부를 제외하곤 더 젊어졌고 젊은 투수들은 더 유능해졌다.

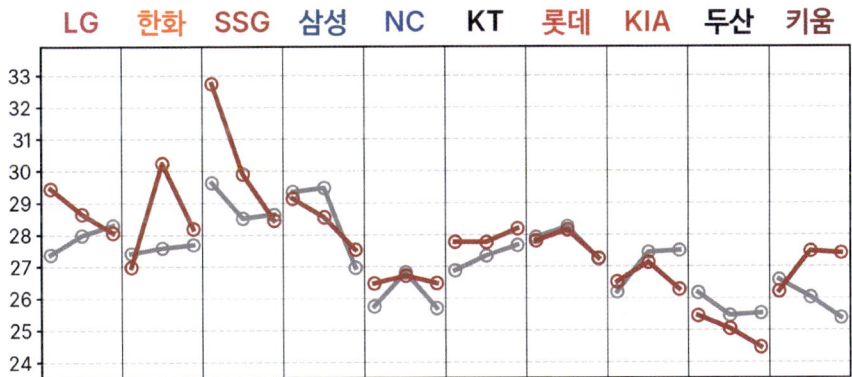

KBO 리그 투수 나이 변화 23-25 시즌

LG 한화 SSG 삼성 NC KT 롯데 KIA 두산 키움

LG
타석나이 28.0세>28.3 (0.3) WAR나이 28.7세>28.1 (-0.6)

타석나이는 약간 늘었지만 WAR나이는 줄었다. 송승기(23, 3.6승)와 손주영(27, 3.8승)이 선발 로테이션에 안착했고, 김영우(20, 1.5승)가 주력 구원투수로 활약했다. 20대 후반인 유영찬(28, 0.9승) 이정용(29, 0.6승) 장현식(30, 0.7승)이 불펜 주력이었고, 베테랑 선발 임찬규(33, 4.9승)는 국내 투수 중 WAR 1위.

한화
타석나이 27.4세>27.5 (0.1) WAR나이 27.1세>26.3 (-0.8)

한 살씩을 더 먹은 김서현(21, 2.0승)과 문동주(22, 2.5승)의 팀내 비중은 커졌다. 영건 리스트에 정우주(19, 1.2승)가 추가됐다. 앞 시즌 박상원(0.9승) 이민우(0.8승) 주현상(2.8승) 장민재(0.6승)의 역할을 김범수(30, 1.3승)와 한승혁(32, 2.5승)이 대체했다. 류현진(38, 4.0승)은 여전했다. 결과적으로 앞 시즌 대비 타석나이는 비슷. WAR나이는 젊어졌다. 적극적인 세대 교체 중이라기보다는 공들인 영건들이 성장하고 있다.

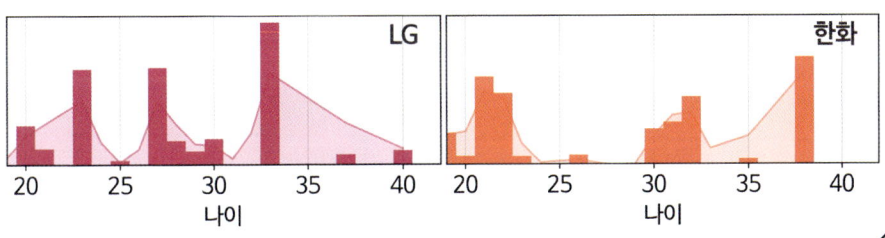

SSG

타석나이 28.5세〉28.6 (0.1) WAR나이 9.9세〉28.5 (-1.4)

한화 다음으로 WAR나이가 젊어진 팀. 내용 면에서는 가장 극적인 세대교체가 이뤄지고 있다. 이로운(20, 2.6승)과 조병현(23, 3.4승)의 존재감이 압도적이고 김건우(23, 1.3승)는 왼손 선발이라는 희소성이 있다. 김민(26, 2승)과 최민준(26, 1승) 역시 전성기를 앞둔 나이. 평균 나이를 낮춘 요인 중 박종훈(34)의 부진은 부정적이다. 문승원(36, 1.5승)과 김광현(37, 1.6승)의 시간은 아직 남아있었고, 노경은(41, 3.1승) 활약은 아름다웠다.

삼성

타석나이 29.5세〉27.0 (-2.5) WAR나이 28.6세〉27.5 (-1.1)

젊은 타선에 비해 투수진은 베테랑 비중이 컸던 팀이었으나 2025년에는 젊은 투수 기용이 대폭 늘었다. 타석나이가 2.5세 감소했다. WAR나이 역시 1.1세 줄었다. 원태인(25, 4.9승)의 비중은 여전했고 배찬승(19, 0.6승)과 이승현(23, 1.4승)도 성장 중이다. 최지광의 이탈은 양창섭(26, 1승)으로 상쇄. 베테랑 중 김태훈(33, 1.3승)과 백정현(38, 1.3승)의 기여가 있었지만, 김재윤(35) 이승현(34) 임창민(40. 은퇴 예정)을 대신할 투수가 필요하다.

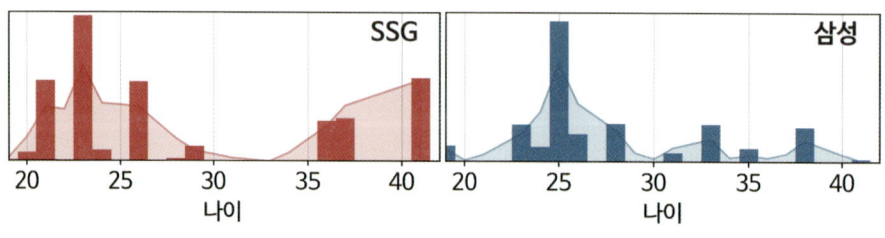

NC
타석나이 26.8세>25.7 (−1.1) WAR나이 26.7세>26.5 (−0.2)

젊은 투수 자원이 꾸준히 많은 팀이다. 손주환(23, 0.7승) 김영규(25, 1.2승) 신민혁(26, 1.9승) 전사민(26, 0.8승) 김진호(27, 1.4승) 등 양적으로는 리그 최강. 하지만 질적 성장은 더디다. 2024년 가능성을 보여준 김시훈(25)은 부진했다. 2026 시즌 최대 관심은 역시 돌아온 구창모(28). 지난해 4경기(3선발)를 던지며 재적응기를 그쳤다.

KT
타석나이 27.3세>27.7 (0.4) WAR나이 27.8세>28.2 (0.4)

리그 추세와는 달리 WAR나이가 많아진 유일한 팀이다. 반드시 나쁜 신호는 아니다. 고영표(34, 4.2승)의 부활이 평균 나이를 끌어올린 면이 있어서다. 젊은 투수 성장에 늘 목마르겠지만, 베테랑의 부활을 반기지 않을 이유도 없다. 우규민(40, 1.1승)의 꾸준함도 그렇다. 소형준(24, 3.7승)과 오원석(24, 3.3승)은 어느 팀이라도 부러워할 젊은 선발 자원이다. 박영현(22, 1승)을 필두로 한 불펜은 상대적으로 침체했다. 이전 두 시즌 KT가 보여준 중후반 스퍼트가 재연되지 못한 중요한 이유였다. 불펜 침체가 누적된 과부하에서 비롯됐다면 올시즌을 앞두고 중요한 숙제다.

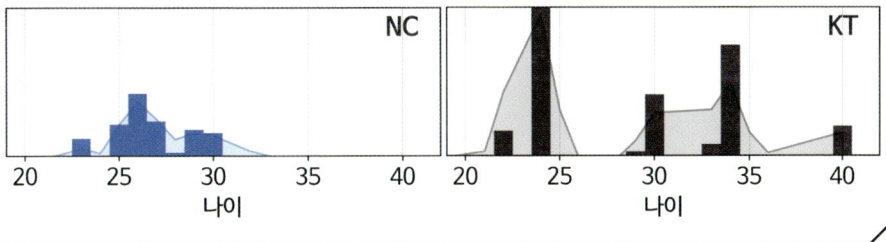

롯데
타석나이 28.3세>27.2 (−1.1) WAR나이 28.2세>27.3 (−0.9)

타선에 비해 마운드 세대교체가 더뎠던 팀. 지난해엔 조금 더 희망적이었다. 김진욱(22)이 부진했지만 이민석(22, 1승) 홍민기(24, 1.1승) 정현수(24, 1승)가 가능성을 보였고 정철원(26, 1승)이 보강됐다. 불확실성이 크지만 윤성빈(26)에 대한 기대도 있다. 나균안(27, 3승)의 재기도 크다. 대체로 젊은 팀이다. 주력 투수 가운데 박세웅(30, 1.9승)과 김원중(32, 1.6승)이 가장 나이가 많은 편인데 둘 모두 전성기에 가까운 나이다.

KIA
타석나이 27.4세>27.5 (0.1) WAR나이 27.1세>26.3 (−0.8)

성영탁(21, 2승)이 툭 튀어나왔지만 윤영철(21) 황동하(23) 정해영(24)은 기대에 미치지 못했다. 김도현(25, 1승)이 선발 로테이션 정착 가능성을 보여준 게 그나마 긍정적. 평균 나이가 많은 편은 아니다. 하지만 젊은 투수 성장 때문이라기보다 30대 이상 투수들의 퇴조 탓이 더 크다. 결과적으로 마운드를 지킬 영건도, 베테랑도 없는 상태가 돼버렸다. 조상우(31, 1승)는 장현식의 빈자리를 충분히 메우지 못했고 이형범(31) 임기영(32) 이준영(33)의 반등도 조짐이 없다. 양현종(37, 0.9승)의 남은 시간도 불확실해 보인다.

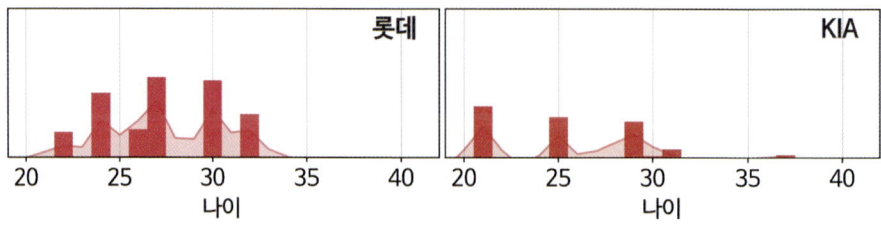

두산
타석나이 25.5세>25.5 (0.0) WAR나이 25.0세>24.5 (-0.5)

타석나이는 두 번째, WAR나이는 가장 젊다. NC와 함께 리그에서 가장 젊은 투수진을 보유한 팀이다. 두산은 타자 세대교체에 적극적이지만 아직 뚜렷한 성과를 내지 못하고 있다. 투수 세대교체는 상대적으로 더 순조롭다. 최민석(19, 1.4승)이 제일 눈에 띈다. 최승용(24, 1.7승)과 곽빈(26, 2승)도 주력 선발투수로 활약했다. FA로 잔류한 이영하(28, 0.9승)도 아직 전성기가 많이 남은 나이다. 젊은 선발투수진이 강점이지만 불펜 뎁스가 아직 얇다.

키움
타석나이 26.0세>25.4 (-0.6) WAR나이27.5세>27.4 (-0.1)

2024년 키움에서 외국인을 제외한 WAR 1승 이상 선수는 하영민(30, 2.7승) 혼자였다. 2025년엔 주승우(25, 1.4승)가 합류해 두 명으로 늘어났다. 하지만 하영민이 1.4승에 머물렀다. 합산 2.8승으로 앞 시즌과 비슷했다. 팀 투수력은 창단 이후 가장 약했다.

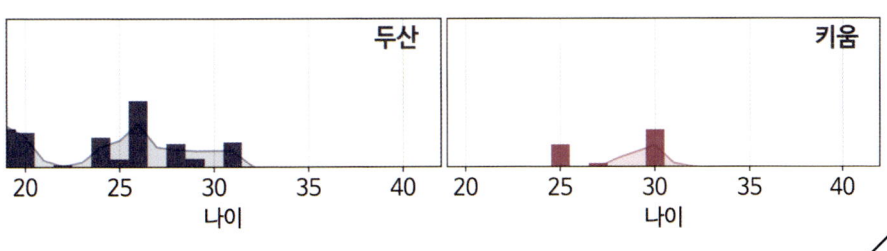

클러치 히터는 없어도 디아즈는 있다

_황규인

'야구의 신'이 르윈 디아즈를 삼성에 보낼 때까지만 해도 좋았다. 문제는 코디 폰세를 또 한화에 보냈다는 것. 디아즈가 2025년 정규시즌 MVP를 차지하지 못한 이유다. 디아즈는 한국 데뷔 2년 차인 이해 정규시즌에 타율 0.314, 50홈런, 158타점을 기록했다. 50홈런은 역대 외국인 타자 최다 홈런, 158타점은 내·외국인을 통틀어 최다 기록이다.

세이버메트릭스가 발전하면서 타점을 뜻하는 알파벳 약자 RBI(Runs Batted In)를 'Really Bad Idea(정말 형편없는 발상)'라고 풀이하는 이들도 생겼다. 홈런 등 장타를 많이 칠수록 타점도 많이 올리는 게 사실이지만 '상황'에 영향을 많이 받기 때문이다. 실제로 디아즈가 타석에 있을 때 베이스에 나가 있던 주자는 총 497명으로 이 역시 리그 1위 기록이었다.

그렇다고 디아즈가 순전히 주자가 많았기에 타점이 많았던 건 물론 아니다. 디아즈는 소위 '득점권 상황'에서 OPS 1.154를 기록했다. 득점권에서 50타석 이상 들어선 타자 가운데는 NC

박민우(1.185) 한 명만 디아즈보다 득점권 OPS가 높았다.

그런데 '해결사 능력'을 논할 때 꼭 득점권을 기준으로 삼을 필요는 없다. 0-1로 뒤진 9회말 2아웃 주자 1루 상황이 득점권이 아니라는 이유로 10-0으로 앞선 6회초 무사 만루 상황보다 덜 중요한 건 아니기 때문이다.

세이버메트릭스에서는 어떤 상황이 얼마나 중요한지 따질 때 LI(Leverage Index)라는 지표를 활용한다. 예를 들어 경기당 평균 4.5점이 나는 환경에서 0-1로 뒤진 9회말 2아웃 주자 1루 상황은 LI 2.5, 10-0으로 앞선 6회초 무사 만루 상황은 사실상 제로(0)다.

2025년 프로야구는 총 5만5996타석을 남기고 막을 내렸다. '톰 탱고' 방식(www.insidethebook.com/li.shtml)으로 LI를 계산하면 이 중 11.1%에 해당하는 6222타석이 2.0 이상이었다. 평소보다 두 배 중요한 상황이자 타격 기회 9번 가운데 제일 중요한 '하이 레버리지' 상황이었다는 뜻이다. 그리고 2025년 LI 2.0 이상인 상황에서 가장 좋은 성적을 남긴 타자는…

2025 하이 레버리지 OPS 베스트 5

이름	구단	타율	출루율	장타율	OPS
르윈 디아즈	삼성	0.383	0.447	0.817	1.264
최정	SSG	0.308	0.513	0.615	1.128
최형우	KIA	0.389	0.457	0.667	1.124
전준우	롯데	0.375	0.471	0.650	1.121
구자욱	삼성	0.400	0.457	0.655	1.112

짐작하신 것처럼 디아즈였다. 디아즈는 이런 상황에서 총 60타석에 들어서 타율 0.383/출루율 0.447/장타율 0.817로 OPS 1.264를 기록했다. 이어 30타석 이상을 기준으로 △SSG 최정 1.128 △KIA 최형우 1.124 △롯데 전준우 1.121 △삼성 구자욱 1.112 순서였다.

이 시즌이 끝난 뒤 FA 자격을 얻은 최형우도 '친정팀' 삼성으로 돌아왔다. 2025년 '클러치 히터' 랭킹 톱 5 가운데 세 명이 2026년 삼성에서 뛰게 된 것이다. 그러나 이 책을 읽고 계시는 분이라면 짐작하고 계신 것처럼 '클러치 히팅'은 올해 잘했다고 내년에도 잘하리라는 법은 없는 기록이다.

2024년 하이 레버리지 상황에서 OPS 1.350으로 1위였던 KT 멜 로하스 주니어는 2025년에는 0.522에 그치면서 시즌을 마치지 못하고 짐을 싸야 했다. 2024년 2위(1.179) 롯데 손호영도 다음 시즌에는 똑같이 0.522로 내려왔다.

2025 하이 레버리지 OPS 베스트 5

이름	구단	타율	출루율	장타율	OPS
어준서	키움	0.100	0.206	0.100	0.306
강승호	두산	0.113	0.200	0.189	0.389
천재환	NC	0.107	0.182	0.214	0.396
장두성	롯데	0.156	0.200	0.219	0.419
황성빈	롯데	0.138	0.194	0.241	0.435

2025년 같은 상황에서 가장 약했던 타자는 키움 신인 어준서(OPS 0.306)였다. 계속해 △두산 강승호 0.389 △NC 천재환 0.396 △롯데 장두성 0.419 △롯데 황성빈 0.435도 클러치 상황에서 힘을 쓰지 못했다. 같은 논리로 이들이 내년에는 클러치 히터 모드로 변신한다고 해서 놀랄 일도 아니다.

다시 말하지만 LI 2.0 이상인 상황은 전체 타석 가운데 9분의 1 정도밖에 되지 않는다. 그리고 이런 상황에서 잘했다고 꼭 좋은 타자로 보기도 쉽지 않다. 롯데 나승엽은 하이 레버리지 상황에서 남긴 1.067보다 전체 타석 기록 0.7070이 실제 기량에 더욱 가까울 테니 말이다.

그래도 확실한 건 인간은 원래 '결정적인 순간'에 매혹당하는 존재라는 사실이다. 클러치 히터는 없다는 사실을 증명하는 숫자만큼이나 클러치 히터 목격담도 차고 넘친다. 어차피 표본 부족으로 생기는 현상이라면 '가비지 타임'에 잘 치는 것보다는 '박빙'에 잘 치는 쪽이 훨씬 낫지 않은가.

강한 투수가 살아남는 게 아니라 살아남은 투수가 강한 투수다

_황규인

2025 하이 레버리지 피OPS 베스트 5

이름	구단	피안타율	피출루율	피장타율	피OPS
손동현	KT	0.086	0.132	0.143	0.275
원상현	KT	0.080	0.294	0.080	0.374
최지민	KIA	0.120	0.267	0.120	0.387
주승우	키움	0.115	0.229	0.164	0.393
김민	SSG	0.150	0.244	0.225	0.469

2025 하이 레버리지 피OPS 워스트 5

이름	구단	피안타율	피출루율	피장타율	피OPS
김재윤	삼성	0.267	0.377	0.578	0.955
김태훈	삼성	0.295	0.421	0.500	0.921
박명근	LG	0.313	0.410	0.500	0.910
김종수	한화	0.333	0.424	0.481	0.905
원종현	키움	0.371	0.388	0.516	0.904

"아프지만 않았다면 네가 톱클래스 불펜 자리를 지키고 있었을 거다."

1985년생 LG 투수 김진성은 자기보다 열여섯 살 어린 KT 손동현이 2025시즌 도중 몸 관리 요령을 묻자 "투수는 365일 보강 운동을 달고 살아야 한다"고 조언하면서 이렇게 격려했다. 김진성은 불혹에도 큰 부상 없이 장기 레이스를 마치며 33홀드(2위)를 올렸다. 반면 손동현은 잘 나가던 전반기에 부상이 찾아오면서 '절반의 성공'에 만족해야 했다.

손동현은 이해 5월 23일까지 29경기에 나와 30⅓이닝을 평균자책점 0.89로 막으면서 3승 무패 10홀드를 기록하고 있었다. 그러다 오른쪽 어깨 근육 파열 진단을 받아 같은 달 26일 퓨처스리그(2군)로 내려갔다. 그렇게 전반기를 마감한 손동현은 7월 18일이 되어서야 1군 무대로 돌아왔다. 후반기에는 29경기에 나와 28⅓이닝 동안 평균자책점 6.99를 기록하는 데 그쳤다.

손동현이 이해 전반기에 얼마나 대단했는지는 LI(Leverage Index)를 통해서도 알 수 있다. 손동현은 이 기간 LI 2.0 이상인 그러니까 평소보다 두 배 이상 중요한 '하이 레버리지' 상황에서 타자를 총 33명 상대했다. 그리고 이 중 딱 두 명에게만 출루를 허용했다. 그중 한 번은 고의 사구였다. 삼성에 3–2로 앞섰던 5월 14일 대구 방문경기 8회초 2사 2루 상황에서 강민호를 걸렀던 것. 손동현은 다음 타자 류지혁을 삼진으로 돌려 세우면서 실점 없이 이닝을 마쳤다.

재미있는 건 후반기에도 이런 박빙 상황에서는 강했다는 점이다. 손동현은 후반기에 LI 2.0 이상인 상황에서 8타자를 상대했는데 7월 24일 창원 방문경기에서 NC 박민우에게 단타를 내줬을 뿐 다른 타자를 상대로는 전부 아웃카운트를 빼앗았다. 손동현은 LI 2.0 이상인 상황에서 상대 타자를 OPS 0.274로 묶었다. 피안타율은 0.086(35타수 3안타)밖에 되지 않았다.

다만 7월 24일 경기 내용를 살펴보면 하이 레버리지 상황에서 강하고 약한 것만으로 위기 관리 능력을 평가하는 데는 무리가 따른다는 사실을 알 수 있다. 정말 좋은 투수는 위기 자체를 만들지 않기 때문이다. 이날 손동현은 자신이 위기를 초래했다고 할 수 있다.

손동현은 이날 5–3으로 앞서가던 7회말 공수 교대 시점에 마운드에 올랐다. 첫 타자 김주원은 2루수 앞 땅볼로 잡아냈지만 최정원에게 2루타를 허용했다. 최정원 타석에서 1.060이던 LI는 다음 타자 박민우 타석에서 2.13으로 올랐다. 그리고 박민우에게 1타점 적시타를 내준 것

이다. 손동현에게 다행스러운 건 LI 2.70 상황에 타석에 들어선 다음 타자 오영수를 중견수 뜬공, 계속해 LI 2.63 상황에서 승부를 벌인 박건우를 우익수 뜬공으로 돌려 세우면서 추가 실점 없이 이닝을 마쳤다는 점이다.

아예 '소방수'로 등판한 경우만 따졌을 때는 손동현의 팀 후배 박영현이 가장 좋은 성적을 남겼다. 2025년 세이브 1위(35세이브) 박영현이 LI 2.0 이상인 상황에서 이닝 중간에 마운드에 오른 건 11번이다. 이 중 박영현이 상대 타자를 잡지 못한 상황은 9월 4일 수원 LG전 8회초 한 번뿐이다. 8–6으로 쫓긴 1사 3루에서 마운드에 오른 박영현은 박해민에게 볼넷을 내주고 경기를 시작했다. 이어 폭투와 볼넷으로 주자 만루 위기를 몰렸다. 그리고 이 상황에서 문성주에게 역전 만루 홈런을 얻어맞고 말았다. 실수 한 번이 너무 치명적인 결과로 이어졌던 것이다.

그런데 하이 레버리지 상황에서 강한 투수가 되는 가장 확실한 길은 결국 '산전수전'을 다 겪는 것뿐인지 모른다. 2025년 LI가 2.0 이상인 상황에서 이닝 중간에 마운드를 넘겨받은 경우가 가장 많은 투수는 김진성(23번)이다. 이 부문 2위 롯데 정철원(15번)과 비교해도 1.5배 이상 많은 횟수다.

이 상황에서 김진성은 상대 타자에게 OPS 0.761을 허용했다. 같은 상황에서 리그 평균 기록은 0.732였으니 김진성이 딱히 잘 막았다고 볼 수는 없다. 그런데 김진성은 이닝이 끝날 때까지 다른 타자는 OPS 0.435로 막았다. 그러니까 어쩌면 처음부터 끝까지 완벽한 투구를 펼치는 것보다 끝끝내 버텨내고야 말겠다는 마인드가 좋은 구원 투수를 만드는 건 아닐까.

도루의 상식, 도루의 반전

_신원철

'변화구 타이밍에 뛰어라'. 야구의 상식이자 정설이다. 2025년 KBO 리그 1440회의 도루 시도를 살펴봤다. 주자들은 역시 직구보다 변화구 때 더 많이 뛰었고, 성공률 또한 더 높았다. 그런데 도루왕 박해민, 그리고 그의 소속 팀이자 '뛰는 야구'가 이미지인 LG는 달랐다. 오히려 상대 투수가 직구를 던질 때 더 많은 도루 시도를 했고 성공률 또한 높았다.

2025년 도루 상황을 구종과 구속, 헛스윙 여부 등으로 펼쳐봤다. 구종은 패스트볼(투심, 포심)과 나머지(커터 슬라이더 커브 체인지업 등)로 나눴다. 견제에 의한 도루 실패와 성공은 분류에서 제외하기 위해 도루 시도 때 투구가 '스트라이크, 볼, 헛스윙'인 세 가지 경우로 한정했다. 따라서 도루 시도와 성공률 모두 공식 기록과는 약간의 차이가 있다.

이렇게 해서 남은 총 1395회 도루 상황 가운데 직구 때 도루 시도는 650회(46.6%)였고, 478회 성공으로 이어졌다. 성공률은 73.5%다. 변화구 도루 시도는 745회로 성공은 596회, 성공률은 80.0%다.

상식대로 변화구 타이밍에 뛰어야 성공 확률이 더 높았다.

2025년 LG는 통념과 다른 야구를 했다. 직구 때 도루 시도가 56.7%(93회)로 변화구 때(43.3%, 71회)보다 많았다. 2025년 직구 때 도루 시도가 절반 이상인 팀은 LG뿐이다. 성공률도 직구에서 78.5%, 변화구에서 66.2%로 역전 현상이 나타났다. 삼성은 변화구에 뛰는 경우가 63.8%(81회)로 직구(46회/36.2%)의 두 배 가까이 됐다.

2025 직구/변화구 팀 도루

팀	전체 시도	직구 성공/시도	직구 성공률	변화구 성공/시도	변화구 성공률
NC	239	85/117	0.727	100/122	0.820
두산	183	66/87	0.759	78/96	0.813
SSG	173	58/77	0.753	70/96	0.729
LG	164	73/93	0.785	47/71	0.662
한화	131	44/62	0.710	56/69	0.812
삼성	127	33/46	0.717	65/81	0.803
롯데	117	40/53	0.755	51/64	0.797
KIA	99	28/46	0.609	49/53	0.925
키움	93	34/40	0.850	49/53	0.925
KT	69	17/29	0.586	31/40	0.775

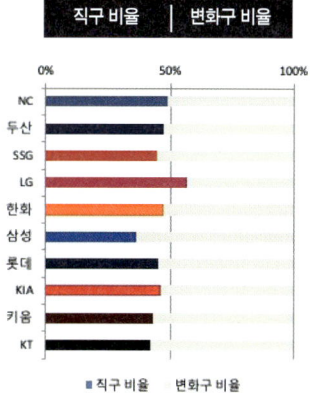

직구 비율 | 변화구 비율

■ 직구 비율　　변화구 비율

도루왕 박해민 또한 직구에 더 많이 뛰었고 성공률도 조금 더 높았다. 61차례 시도 가운데 직구가 37번, 변화구가 24번이었다. 성공률은 직구에서 81.1%, 변화구에서 79.2%로 나타났다. 2024년 도루왕 조수행은 2025년 시즌 직구에 18번, 변화구에 17번 뛰었고 성공률은 각각 직구 88.9%, 변화구 82.4%였다. 박찬호와 황성빈, 송성문은 변화구 타이밍에 도루를 시도했을 때 전부 성공했다.

2025 직구/변화구 총 도루 시도 20회 이상 선수

선수	전체 시도	직구 성공/시도	직구 성공률	직구 비율	변화구 비율	변화구 성공/시도	변화구 성공률
LG 박해민	61	30/37	0.811	60.7%	39.3%	19/24	0.792
NC 김주원	55	23/29	0.793	52.7%	47.3%	21/26	0.808
SSG 정준재	45	17/20	0.850	44.4%	55.6%	20/25	0.800
두산 정수빈	38	13/21	0.619	55.3%	44.7%	13/17	0.765
두산 조수행	35	16/18	0.889	51.4%	48.6%	14/17	0.824
NC 최정원	35	14/17	0.824	48.6%	51.4%	16/18	0.889
SSG 최지훈	35	9/12	0.750	34.3%	65.7%	19/23	0.826
NC 박민우	34	12/16	0.750	47.1%	52.9%	16/18	0.889
삼성 김성윤	33	11/14	0.786	42.4%	57.6%	15/19	0.789
KIA 박찬호	33	9/15	0.600	45.5%	54.5%	18/18	1.000
SSG 오태곤	32	14/16	0.875	50.0%	50.0%	11/16	0.688
KIA-NC 최원준	30	14/17	0.824	56.7%	43.3%	11/13	0.846
롯데 황성빈	28	12/15	0.800	53.6%	46.4%	13/13	1.000
키움 송성문	27	9/11	0.818	40.7%	59.3%	16/16	1.000
삼성 김지찬	25	8/10	0.800	40.0%	60.0%	14/15	0.933
한화 이원석	24	11/13	0.846	54.2%	45.8%	10/11	0.909
SSG 안상현	23	7/10	0.700	43.5%	56.5%	10/13	0.769
LG 신민재	22	8/11	0.727	50.0%	50.0%	6/11	0.545
한화 문현빈	22	9/11	0.818	50.0%	50.0%	8/11	0.727
롯데 장두성	22	7/10	0.700	45.5%	54.5%	10/12	0.833
NC 천재환	19	7/8	0.875	42.1%	57.9%	8/11	0.727

직구 구속을 구간별로 나눠봤다. 시속 147–149㎞ 구간에서 157차례 시도가 있었고 122회 성공(성공률 77.7%)였다. 시속 150~152㎞ 구간이 81회 시도에 64회 성공(79.0%), 시속 153㎞ 이상 구간은 42회 시도에 32회 성공(76.2%). '더 빠른 패스트볼'이 도루 저지에 결정적 영향을 끼치지는 않는 것으로 나타났다.

2025 직구 구속 구간별 도루 성공률

구간(km/h)	도루 시도	성공	성공률
147 – 149	157회	122회	0.777
150 – 152	81회	64회	0.790
153+	42회	32회	0.762

구종별로는 커브가 가장 도루하기 쉬운 공이었다. 2021년부터 2025년까지 5년간, 또 2025년 한 시즌 모두 커브에 도루성공률이 가장 높았다. 가장 도루하기 어려운 구종은 최근 5년은 포심패스트볼, 2025년은 투심 패스트볼이었다.

구종별 도루 성공률 순위

2021~2025		2025	
커브	0.841	커브	0.828
스플리터/포크볼	0.768	체인지업	0.811
슬라이더	0.768	커터	0.797
투심/싱커	0.754	슬라이더	0.793
커터	0.752	스플리터/포크볼	0.772
체인지업	0.751	포심	0.745
포심	0.705	투심/싱커	0.658

주자가 도루를 시도할 때 타자가 도움을 줄 수 있을까. 적어도 그 방법이 헛스윙은 아니었다. 2025년 도루 시도에서 헛스윙이 있었을 때 성공률은 73.7%였지만, 타자가 지켜봤을 때(투구 판정 볼 혹은 스트라이크) 성공률은 77.7%였다. 2021년 이후 5년간 기록도 헛스윙시 67.3% 볼 혹은 스트라이크가 76.5%로 타자가 스윙하지 않았을 때 도루 성공률이 더 높았다(표5). 기록으로 나타난 하나의 반전이다. 2루나 3루로 뛰는 주자를 돕기 위해 일부러 헛스윙을 해 스트라이크 하나를 손해볼 이유는 없다.

헛스윙 vs 지켜보기

2021~2025		2025	
스윙	0.673	스윙	0.737
지켜보기	0.765	지켜보기	0.777

2025년 프로야구 투수 교체 성적표

_황규인

'설까치' 설종진 키움 감독은 같은 팀 퓨처스리그(2군) 사령탑으로 2025년 시즌 개막을 맞았다. 그러다 7월 14일 홍원기 전 감독이 물러나면서 1군 감독 대행이 됐다. 그리고 시즌이 다 끝나기도 전에 '대행' 꼬리표를 뗐다.

사실 그가 감독 대행을 맡은 건 이번이 인생 첫 경험은 아니었다. 설 감독은 신일고 1학년이던 1989년 모교인 서울백운초 감독 대행을 맡은 적이 있다. 설 감독은 당시 폐결핵에 걸려 학교도 쉬면서 요양을 하고 있었다. 그러다 '짜증이 날 정도로 심심해서' 모교를 방문한 게 시작이었다.

사정을 전해 들은 백운초 감독은 '운동 삼아 애들이나 가르치라'고 했다. 그렇게 코치 생활을 하던 중 전국대회를 앞두고 감독이 부친상을 당했다. 전국대회 일정을 맞출 수 없게 된 감독은 제자가 대신 팀을 지휘할 수 있도록 서울시야구협회를 설득했다. 설 감독은 대행으로 팀을 4강까지 이끈 뒤 상을 치르고 돌아온 감독에게 지휘봉을 넘겼다.

설 감독 대행 시절 백운초 야구부원 가운데 프로 무대에서 가장 성공한 선수로는 조성환 KBSN 해설위원을 꼽을 수 있다. 조 위원도 두산 수석코치로 2025년 시즌을 시작해 이승엽 전 감독 퇴임과 함께 감독 대행을 맡았다. 다만 설 감독과 달리 끝내 정식 사령탑에 오르지 못하고 팀을 떠났다.

홍 전 감독과 이 전 감독 모두 투수 교체에 약점이 있었다. 이닝 중간에 투수를 바꿀 때는 확실히 그랬다. 이 전 감독이 앞서가던 경기에서 이닝 중간에 투수를 바꾼 건 43번이었는데 그중 6번(14.0%)이 동점 또는 역전으로 이어졌다. 이 시즌 1군 지휘봉을 잡은 경험이 있는 12명 가운데 가장 나쁜 기록이다. 이어 홍 전 감독이 12.5%(40번 중 6번)로 그다음이었다. 두 감독 대행은 적어도 이 문제는 성공적으로 해결했다고 볼 수 있다.

설 감독이 같은 상황에서 투수 교체를 꺼내든 32번 가운데 바로 '블론세이브'로 이어진 사례는 9월 3일 대구 방문경기 딱 한 번(3.1%)밖에 없었다. 3−2로 쫓긴 8회말 1사 3루 상황에서 원종현을 내리고 오석주를 올렸는데 중견수 희생플라이를 내주는 바람에 3−3 동점이 됐다.

키움은 9회초에 1점을 뽑아 결국 4-3으로 승리했다.

조 감독 대행이 이기고 있던 상황에서 이닝 중간에 투수 교체 카드를 꺼낸 건 61번이고 그중 3번(4.9%)만 첫 타자에게 얻어맞아 리드를 내줬다. 이 분야에서 설 감독, 조 감독 대행보다 좋은 성과를 거둔 지도자는 이강철 KT 감독뿐이다. 이 감독은 2024년에도 투수 교체 성적이 제일 좋은 사령탑이었다.

이기고 있는 상황에 5번 이상 등판한 투수 가운데 가장 뛰어난 '첫 타자 킬러'로는 두산 최원준을 꼽을 수 있다. 사이드암 투수인 최원준은 이기고 있는 상황에 10번 등판해 10번 모두 첫 타자를 잡아냈다.

팀이 이기고 있던 건 아니었지만 최원준은 8월 19일 대전 방문경기 때도 보기 드문 기록을 남겼다. 정철원은 이날 5-5 동점이던 8회말 2사 만루 위기에 등판해 초구에 한화 노시환을 중견수 뜬공으로 잡아냈다. 9회초에 두산 타선이 1점을 뽑으면서 공 1개만 던지고 승리 투수가 됐다.

거꾸로 이 상황에서 가장 약한 투수는 NC 김진호였다. 김진호가 이닝 중간에 등판한 건 12번인데 첫 타자에게 아웃을 빼앗은 경우는 세 번(25.0%)이 전부다. 김진호는 이 시즌 NC 핵심 오른손 불펜 요원으로 자리매김했지만 이닝 중간에 올라왔을 때는 좋은 투수라고 평가받기 아쉬운 성적을 남겼다.

누적 횟수 기준으로는 롯데 정철원이 가장 아쉬웠다. 김태형 롯데 감독이 이기고 있던 경기에서 정철원을 이닝 중간에 투입한 건 총 24번이다. 정철원은 이 중 5번(20.8%)은 첫 타자를 상대로 바로 동점 또는 역전을 내줬다.

이닝 중 교체 투수 첫 타자 상대 기록

감독(대행)	구단	교체	아웃	아웃 비율	동점 허용	리드 허용	합계
김태형	롯데	131	80	61.1%	8	8	16
이호준	NC	105	72	68.6%	9	4	13
이승엽	두산	43	31	72.1%	3	3	6
염경엽	LG	81	52	64.2%	4	2	6
김경문	한화	103	71	68.9%	4	2	6
홍원기	키움	40	28	70.0%	1	4	5
이숭용	SSG	74	57	77.0%	4	1	5
박진만	삼성	91	58	63.7%	3	2	5
이범호	KIA	79	43	54.4%	2	2	4
조성환	두산	61	39	63.9%	0	3	3
설종진	키움	32	23	71.9%	1	0	1
이강철	KT	50	34	68.0%	1	0	1

1승당 비용 1위 KIA, 2위 롯데의 서로 다른 팬심

_황규인

2025 프로야구 각 구단 1승당 몸값(단위: 원)

구단	연봉 총액	2025_win	2025_mean
KIA	123억265만	65	1억8927만
롯데	122억1100만	66	1억8502만
삼성	132억700만	74	1억7847만
SSG	131억1300만	75	1억7484만
두산	105억5154만	61	1억7298만
LG	131억5486만	85	1억5476만
한화	126억5346만	83	1억5245만
KT	105억1093만	71	1억4804만
NC	89억4777만	71	1억2602만
키움	43억9756만	47	9357만

*KBO 샐러리캡 기준

"KIA 팬들은 2025년 시즌은 안방에 그냥 가만히 누우셔서 편안하게 야구를 보셔도 아무 문제가 없을 것 같은데…"

이순철 SBS 해설위원은 이해 시즌 개막 전 한 유튜브 채널에 출연해 "(KIA가) 그냥 1강"이라며 이렇게 말했다. 시간이 정답을 알려준 것처럼 결과는 정반대였다. 2024년 통합 챔피언이던 KIA는 65승 75패 4무(승률 0.464)에 그쳤다. 10개 구단 중 8위에 해당하는 성적이다. 프로야

구 역사상 전년도 챔피언이 8위 이하로 떨어진 건 1996년 OB(현 두산)밖에 없었다.

이러면 당연히 1승당 비용이 올라간다. KIA는 올해 몸값 상위 40명에게 연봉과 옵션 등을 합쳐 123억265만 원을 지급했다고 한국야구위원회(KBO)에 신고했다. 1승을 올리는 데 1억8927만 원을 쓴 셈이다. 2024년(1억2930만 원)보다 5997만 원(46.4%) 늘어난 금액이다. 2025년 기준 1승당 비용이 가장 높은 팀도, 제일 많이 늘어난 팀도 KIA다.

팬들 역시 '고비용 저효율' 야구에 등을 돌렸다. 2025년 광주KIA챔피언스필드를 찾은 관중은 총 107만9676명으로 전년(117만7249명)보다 9만7573명(8.3%)이 줄었다. 프로야구 10개 구단 가운데 안방 관중 숫자가 줄어든 팀은 KIA가 유일하다.

관중이 찾지 않으면 경기장 인근 외식업 매출에도 영향을 끼친다. 핀테크·데이터 플랫폼 기업 '한국신용데이터'는 2025년 3월 22일–10월 4일 프로야구 경기장 반경 1.5km에 자리 잡은 외식업 사업장 신용카드 매출을 분석했다. 그

결과 안방 경기가 있는 날은 그렇지 않은 날보다 매출이 평균 7.13% 늘었다. 감소폭(0.01%)은 크지 않았지만 광주는 안방경기가 있는 날 오히려 매출이 줄었다. 물론 이런 현상이 나타난 곳은 광주뿐이다.

KIA 다음으로 1승당 비용(1억8502만 원)이 높은 팀은 롯데였다. 롯데는 선수단 몸값 상위 40명에게 122억1100만 원을 써서 66승을 거뒀다. 롯데는 2024년(1억6894만 원)에도 2023년(1억5657만 원)에도 1승당 몸값이 두 번째로 높은 팀이었다.

이런 상황에도 안방 관중은 123만2840명에서 150만7704명으로 27만4864명(22.3%) 늘었다. 롯데는 안방경기 입장 수익(약 247억8420만 원)이 가장 많은 팀이기도 하다. 또 롯데 안방 사직구장에서 경기가 있는 날에는 그렇지 않은 날보다 매출이 19.0% 늘었다.

1승당 비용이 가장 적은 팀은 2025년에도 키움이었다. 키움은 몸값 상위 40명에게 43억9756만 원을 써서 47승을 거뒀다. 키움이 1승을 거두는데 쓴 선수단 인건비는 9357만 원으로 리그 평균(1억5910만 원)과 비교하면 58.8% 수준밖에 되지 않았다. 키움은 2024년에도 1승당 비용(9791만 원)이 1억 원이 되지 않는 유일한 팀이었는데 2025년에는 이보다도 434만 원이 줄었다. 2024년에는 그래도 팀에서 연봉을 가장 많이 받는 40명에게 56억7876만 원은 썼기 때문이다.

스탯티즈 WAR 기준으로 몸값 대비 효율이 가장 높은 선수는 신인상 수상자 KT 안현민이었다. 2024년까지 육군 21사단에서 취사병으로

복무했던 안현민은 연봉 3300만 원을 받으면서 WAR 6.8승을 기록했다. 485만 원마다 KT에 1승을 선물한 셈이다.

이어 LG 왼손투수 송승기가 WAR 1승에 100만 원으로 2위였다. 역시 2024년까지 국군체육부대(상무)에서 군 복무를 한 송승기는 2025년 시즌 개막을 앞두고 3600만 원에 연봉 계약을 했다. 그러고는 WAR 3.6승에 해당하는 성적을 올렸다.

거꾸로 가장 효율이 떨어지는 선수는 '연봉 킹' SSG 김광현이었다. 김광현은 연봉 30억 원을 받은 이 시즌 WAR 1.6승을 올렸다. 그러면 WAR 1승당 18억7500만 원을 받은 셈이 된다. 역대 내국인 투수 가운데 WAR 1승당 비용이 가장 많은 투수가 2025년 김광현이다. 이어 연봉 81억 원을 받았던 2022년 김광현(WAR 6.6승)이 1승당 12억2727만 원으로 그다음이다. 김광현은 메이저리그에 진출했다가 2022년 국내 복귀하면서 비FA 다년 계약을 맺어 연간 수입 전액이 연봉으로 잡힌다.

한·일 프로야구 연봉 격차가 크게 줄었다

_최민규

KBO 리그는 1983년부터 재일동포 선수들을 받아들였다.

일본프로야구(NPB)의 쟁쟁한 스타 출신도 왔다. 삼미에서 30승을 거둔 장명부는 NPB 통산 91승에 1980년 히로시마에서 승률왕 타이틀을 따냈다. 김일융은 1984년 삼성 입단 전까지 요미우리에서 80승을 거뒀고, 두 번 평균자책점 타이틀을 땄다. 1987년 NPB에 복귀해 36승을 더했다. 1986년 청보 유니폼을 입은 김기태는 1974년 다승과 탈삼진왕, 1979–1980년 구원왕에 올랐다.

이런 일은 어떻게 가능했을까. 국적과 핏줄을 떠나 이들은 프로다. 프로는 돈으로 가치가 매겨진다. 그래서 이에 대해서도 경제와 관련된 설명이 가능해진다.

KBO 리그 원년인 1982년에 일본의 1인당 GDP는 한국의 거의 다섯 배였다. 하지만 프로야구라는 세계에서는 달랐다. 이 해 NPB 평균연봉은 KBO 리그의 1.92배에 그쳤다. 이 정도라면 후발리그인 KBO가 전성기에서 내려온 NPB 스타를 유혹할 수 있는 차이다. 실제 당시 일본 야구계에서는 "한국에 선수를 빼앗긴다"는 우려가 있었다.

이후 재일동포 붐은 빠르게 사그러들었다. 1990년 이후 KBO 리그에서 주전급으로 활약한 재일동포 선수는 세 팀에서 통산 511안타를 때려낸 김실(1994~2000), 그리고 2022–2023년 안권수 정도다.

프로야구 산업에 변화가 있었다. 1989년 NPB 평균연봉은 1982년 대비 169.3% 인상됐다. 반면 '연봉 인상률 상한선 25%'라는 담합을 한 KBO 리그는 같은 기간 29.5%에 그쳤다. 이러면 말도 잘 통하지 않는 모국으로 복귀하려는 유인이 줄어든다.

국제경제적 요인은 더 강력했다. 1985년 9월 22일 '플라자 합의' 이후 엔화 가치는 급격하게 상승했다. 1982년에 100엔은 319원에 교환됐다. 하지만 1994년엔 791원으로 두 배 이상이 됐다. 1994년은 '국보급 투수' 선동열이 KBO 리그에서 데뷔한 한국인 선수로는 최초로 NPB 구단에 진출한 해다. 해태 후배인 이종범은 선동열을 뒤따라 1998년 주니치에 입단했다. 전해인 1997년엔 100엔당 환율은 무려 1303원이었다. 양국 프로야구 연봉 차이도 사상 최대로 벌어졌다. NPB 평균 연봉이 KBO 리그보다 무려 11.29배나 높았다.

1998년 외국인선수 제도가 도입됐다. NPB 출신 일본인 선수도 선을 보였다. NPB 타이틀 홀더 출신으로는 가도쿠라 겐(2005년 탈삼진)과 다카쓰 신고(구원왕 4회)가 있었다. 하지만 2003년까지 26년 동안 일본인 선수는 겨우 여섯 명에 불과했다. 경기력 차원에서 미국이나 중남미 출신 힘있는 선수들에 비해 경쟁력이 높다고 할 수 없었다. 일본 선수 입장에서 한국행에는 큰 동기부여가 없기도 했다. 이 여섯 명이 활동한 2002-2010년 NPB 평균연봉은 KBO 리그의 5.14배였다. 반면 경쟁자인 외국인 선수들은 마이너리그에서 KBO 리그보다 훨씬 적은 연봉을 받았다.

하지만 '돈'은 한·일 양국 프로야구 선수 교류 양태를 다시 바꾸고 있다. NPB 평균연봉은 2011년부터 지난해까지 15년 동안 24.8%만 올랐다. 같은 기간 KBO 리그는 84.6%나 상승했

다. 여기에 100엔당 환율은 1481원에서 948원으로 급락했다. 그 결과 2025년 NPB 평균연봉은 KBO 리그의 2.89배 수준이 됐다. 1985년(2.78)과 비슷한 수치다. 2017년 월드베이스볼클래식(WBC) 일본 국가대표 다케다 쇼타 같은 선수가 올해 아시아쿼터로 SSG에 입단한 데는 이런 경제적 변화가 작용했다.

아시아쿼터는 미국과 중남미 출신 외국인선수와의 경쟁을 차단한다. 이 점도 일본 선수들의 한국행 동기를 자극한다. 아시아쿼터 1년차 최대 몸값(20만 달러)는 지난해 NPB 평균연봉(4905만엔)의 64% 수준이다. 하지만 프로야구 연봉은 어디든 피라미드 구조다. 20만 달러는 지난해 신인과 외국인, 육성선수를 제외한 NPB 연봉 중앙값(1900만 엔)의 1.64배, 최저 연봉(440만 엔)의 7.09배에 해당한다. 동기부여를 일으킬 수 있는 금액이다.

1982-2025년 NPB 평균연봉/KBO 평균연봉

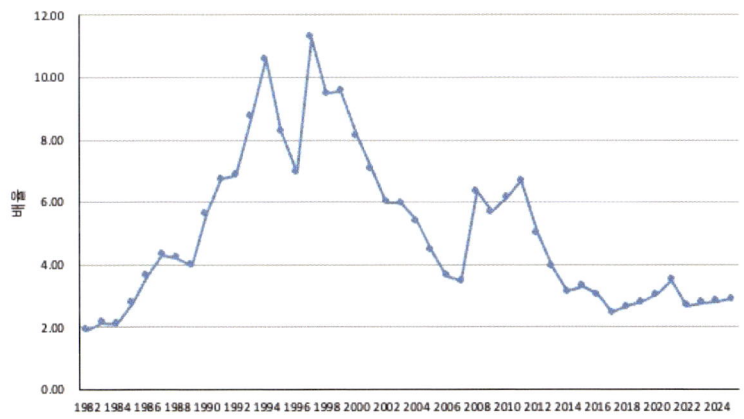

배율

연도

자료=한국야구위원회(KBO), 일본프로야구 선수회
*양국 모두 신인과 외국인, 신고(육성)선수 제외. NPB 1980-1987년은 추정치.
*환율은 기획재정부 집계 기준. 2025년은 12월 17일 현재.

연봉/매출 비율은 MLB>KBO>NPB 순

_최민규

프로야구에서 가장 익숙한 '금액'은 선수 연봉이다.

프로야구 선수의 가치는 대개 돈으로 측정된다. 고액 연봉 선수는 관심과 선망, 때로는 질시의 대상이 된다. 프로야구 스타가 일군 부는 어린이와 청소년에게 야구 글러브를 끼게끔 하는 동기 중 하나다. 1980년대 한국 사회에서 '1억 원'은 부의 상징이었다. 당시 이 금액이 가장 자주 보도된 분야가 프로야구기도 했다.

그렇다면 KBO 리그 구단들은 어느 정도로 선수들에게 돈을 쓰고 있을까. 의외로 비중이 그렇게 높지 않다. 2024년 10개 구단 평균 매출액은 683억 원이었다. 한국야구위원회(KBO)가 집계한 이해 등록선수 연봉(신인·외국인 포함)과 계약금 합계 구단 평균액은 137억 원. 연봉(계약금 포함)/매출 비율은 20.1%다.

메이저리그와 비교하면 낮은 수치다. 2024년 경제잡지 〈포브스〉가 집계한 메이저리그 구단 평균 매출액은 4억700만 달러(5554억 원)다. 미국 스포츠 연봉 관련 정보를 다루는 스포트랙에 따르면 이 해 사치세 부과 기준인 연봉 평균액은 2억100만 달러(2735억 원). 연봉/매출 비율은 49.3%로 KBO 리그의 두 배에 이른다.

'모기업'이 존재하는 KBO 리그 구단의 운영은 메이저리그와는 다르다. 그래서 다른 기준을 들 수 있다. KBO 리그 구단 매출에서 모기업이나 계열사에서 발생하는 매출을 제외한 금액을 '자체매출'로 볼 수 있다. 구단마다 회계 기준 차이가 있지만 '자체매출'은 대체로 구단의 고유 영업으로 벌어들인 금액이다. 2024년 사상 최초로 1000만 관중을 돌파한 흥행 호조로 자체매출도 크게 늘어났다. 평균 461억 원으로 자체매출비율은 67.5%로 역대 최고를 찍었다. 자체매출 대비 연봉 비율은 29.7%로 역시 메이저리그와 차이가 크다. 메이저리그가 구단 매출에서 더 많은 몫을 선수에게 배분하고 있다.

물론 이를 근거로 'KBO 리그 연봉 수준이 낮다'로 단언할 수는 없다. 메이저리그 구단 평균 매출액은 KBO 리그의 8배가 넘는다. 절대적인 매출액이 크기 때문에 운영비 등 고정적인 비용이 구단 예산에서 차지하는 비중이 낮아진다. 세계 최대 스포츠산업 시장을 바탕으로 지출이 더 많은 수익으로 이어지는 선순환도 가능하다. KBO 리그 구단의 모기업 의존도는 개선되고 있지만 여전히 상당히 높다.

일본프로야구(NPB) 구단 대다수의 매출액은 공개되지 않는다. 일본 관보에서 매출액이 공개된 구단은 소프트뱅크 호크스 하나다. 소프트뱅크의 2024년 매출액은 460억3100만 엔(4144억 원)이었다. 메이저리그 매출 하위권 구단 규모다. 소프트뱅크 구단은 등록선수 59명에 연봉 40억 엔(360억 원)을 지급했다. 계약금을 제외한 금액이긴 하지만 연봉/매출 비율은 8.7%에 불과했다. 매출이 아닌 순익(48억 엔)으로 연봉 총액을 감당하고도 남았다. 요미우리 자이언츠와 주니치 드래곤스를 제외한 NPB 10개 구단의 평균 순익은 16억 엔(144억 원)이었다. NPB의 관객 수와 중계권 수입 등을 근거로 추청할 때 NPB 구단의 연봉/매출 비율은 KBO 리그보다는 낮은 게 거의 확실하다.

2024년 KBO 구단별 연봉/매출 비율(단위 : 억 원)

구단	매출	자체 매출	연봉+계약금	연봉/매출	연봉/자체매출
히어로즈	450	450	101	22.5%	22.5%
두산	697	506	143	20.5%	28.3%
SSG	610	393	133	21.7%	33.7%
삼성	840	493	155	18.5%	31.5%
롯데	722	431	148	20.5%	34.4%
한화	594	374	127	21.4%	33.9%
KIA	771	662	110	14.3%	16.7%
LG	816	502	210	25.8%	41.9%
NC	503	386	102	20.3%	26.5%
KT	823	413	140	17.0%	33.9%
전체	6825	4610	1370	20.1%	29.7%

2024년 메이저리그 구단별 연봉/매출 비율(단위 : 백만 달러)

구단	매출	연봉	연봉/매출	구단	매출	연봉	연봉/매출
다저스	752	353	46.9%	볼티모어	366	127	34.7%
양키스	728	316	43.4%	클리블랜드	336	144	42.9%
컵스	584	240	41.1%	밀워키	335	163	48.7%
보스턴	574	226	39.4%	애리조나	328	224	68.3%
필라델피아	519	264	50.9%	피츠버그	326	123	37.7%
애틀랜타	510	276	54.1%	신시내티	325	123	37.8%
휴스턴	494	265	53.6%	워싱턴	325	141	43.4%
샌프란시스코	448	249	55.6%	캔자스시티	324	160	49.4%
메츠	444	348	78.4%	미네소타	324	249	76.9%
샌디에이고	432	228	52.8%	디트로이트	320	110	34.4%
에인절스	410	190	46.3%	콜로라도	318	171	53.8%
텍사스	406	268	66.0%	마이애미	317	122	38.5%
토론토	387	234	60.5%	탬파베이	297	107	36.0%
시애틀	379	168	44.3%	화이트삭스	277	135	48.7%
세인트루이스	373	208	55.8%	애슬레틱스	257	84	32.7%
				합계	12215	6016	49.3%

파울은 무한한데
번트는 왜 유한할까

_황규인

'두 번까지는 스트라이크 카운트라는 벌칙을 받고, 세 번부터는 무한대로 칠 수 있는 기회를 부여받는 이상한 규칙. 야구에서의 파울은 기회의 영속성을 의미한다. 대부분 방망이에 제대로 맞히지 못한 타구이지만, 그것이 바깥으로 나가버렸으므로, 타자는 한 번만 더, 다시 한 번 더 기회를 갖는다. 당신이 살거나, 죽을 때까지.'
— 서효인 '이게 다 야구 때문이다' 중

이 '이상한 규칙'에서 번트는 예외다. 타자가 언제 아웃당하는지 정리한 야구 규칙 5.09(a)에는 '2스트라이크 뒤의 투구를 번트하여 파울볼이 되었을 경우'가 들어 있다. 도대체 왜 번트에는 '기회의 영속성'을 부여하지 않는 걸까.

일단 짚고 넘어가야 할 건 파울은 원래 스트라이크도 볼도 아니었다는 사실이다. 현존 최고(最古) 야구 규칙 '니커보커 규칙'(1845년)에도 파울 볼이 무엇인지 다룬 조항이 있다. 이때도 파울 뜬공을 잡으면 아웃이었다. 대신 파울 지역에 공이 떨어지면 그저 '리플레이'였다.

파울 판정 기준은 달랐다. 1876년까지는 첫 바운드가 페어 지역에서 일어났다면 이후 공이 파울 지역으로 흘러가도 페어였다. 지금 외야 타구에 대해 페어 판정을 내리는 것처럼 말이다.

따라서 어떻게든 공을 페어 지역에 처음 떨어뜨리기만 하면 안타로 연결할 수 있었다. 그리고 이를 목표로 삼는다면 번트가 가장 좋은 수단이었다. 파울 지역에서 첫 바운드가 일어났다고 해도 타자가 손해 보는 일은 없었다. 아니, 투구 수가 늘어나니 타자에게 오히려 이득이었다.

야구 역사에서 '번트의 아버지'로 통하는 인물은 디키 피어스(1836-1908)다. 당시에는 다들 타격은 방망이를 세게 휘두르는 것(strike)이라고 믿고 있었는데 피어스가 타구 힘을 죽여 페어 지역에 떨어뜨리는 '트릭 샷'을 들고 나와 센세이션을 일으켰다. 이 트릭 샷은 '비겁한 플레이'라는 비판도 받았지만 1루에 살아나가는 데는 더할 나위 없이 좋은 접근법이었다.

그러다 1877년 '타구가 내야 페어 지역에 떨어졌다가 파울 지역으로 향한다면 파울'이라는 규정이 생겼다. 트릭 샷으로 안타를 만들기는 어려워졌지만 그렇다고 파울을 친 타자가 따로 벌칙을 받는 건 아니었다. 번트에 자신만 있다면 상대 투수에게 무한정 공을 던지게 할 수도 있었다.

이 분야 최고 전문가는 알래 래섬(1860–1952)이었다. 세인트루이스 브라운스(현 카디널스) 소속이던 래섬은 1886년 '월즈 챔피언십 시리즈(World's Championship Series)' 1차전에 톱 타자로 나와 첫 타석부터 번트로만 파울 10개를 만들었다. 월즈 챔피언십 시리즈에서는 당시 메이저리그였던 아메리칸 어소시에이션(AA)과 내셔널리그(NL) 챔피언이 맞대결을 벌였다. 지금 NL과 아메리칸리그(AL)가 맞붙는 월드시리즈의 전신 격이다.

이런 일이 이어지면서 AA와 NL은 1894년 '파울 볼을 치려는 의도가 명확한 시도(Any obvious attemt fo make a foul hit)'가 있을 때는 스트라이크를 선언하도록 규칙을 바꿨다. 문제는 의도가 명확한지 아닌지 심판이 판단하기가 쉽지 않다는 것. 이에 번트 시도가 있을 때만 이 규정을 적용했다. 당시에는 2스트라이크 이후 파울 볼이 나왔을 때 어떻게 처리할 것인지도 따로 다루지 않았다. 스트라이크가 세 번 나오면 자연스레 (삼진) 아웃이었다.

NL에서 '2스트라이크 이전 파울 = 스트라이크' 규칙을 도입한 건 1901년이었다. '메이저리그의 이용규'라고 할 수 있는 로이 토머스(1874–1959)가 '용규 놀이'로 상대 투수를 괴롭힌 뒤 볼넷을 골라내는 일이 너무 잦았기 때문이다.

AL도 1903년 같은 규정을 도입했다. 이 규칙 도입 과정에서도 '명확한 의도' 규정이 살아남았다. 그래서 번트는 구제받지 못했다. '미필적 고의'라는 평가가 우세했기 때문이다.

19세기 야구인들이 파울 볼을 얼마나 싫어했는지는 플라이볼 포구 규칙을 봐도 알 수 있다. 1863년까지는 노바운드뿐 아니라 원바운드 타구를 잡아도 아웃이었다. 그러다 1864년부터 페어 타구는 노바운드 포구 때만 아웃으로 인정했다. 파울 볼은 여전히 원바운드로 잡아도 아웃이었다. 파울 볼도 바로 잡아야만 아웃으로 바뀐 건 이로부터 19년이 지난 1883년이었다.

2023~2025 투구수별 타격 기록

투구 수	타율	출루율	장타율
1	0.345	0.361	0.519
2	0.343	0.353	0.507
3	0.276	0.285	0.409
4	0.234	0.312	0.338
5	0.222	0.356	0.323
6	0.211	0.373	0.306
7	0.222	0.403	0.330
8+	0.220	0.417	0.332

2025년
한국야구의 판도

TEAM
ISSUES

2026 드래프트에서 삼성 라이온즈에 지명된 선수들이 애국가를 부르고 있다
ⓒ삼성 라이온즈

2026
주목할 루키 –
1라운더만
4명,
KBO리그에
야수 붐이…
왔다?

_신원철

2026년 신인 드래프트 최대 화두는 역시 '야수 약진'이었다.

전면 드래프트 전환 이후 지난 3년 동안 1라운드 지명 선수 30명 가운데 24명, 80%가 투수였다.

그런데 이번 드래프트만큼은 야수들이 존재감을 드러냈다. 1라운드에서만 무려 야수 4명이 지명을 받았다.

1라운더 야수만 4명,
야수 풍년의 이면

전체 2순위로 뽑힌 NC 내야수 신재인과 3순위 한화 외야수 오재원이 필두였다. 두 명 모두 드래프트 당시 유신고 3학년이었다. 7순위에서 두산 외야수 김주오(마산용마고), 10순위에서 키움(KIA 지명권 트레이드) 내야수 박한결(전주고)이 1라운드에 호명되면서 '야수 돌풍'을 이어갔다. 특히 두산은 그동안 1라운드 후보로 거론되지 않았던 김주오를 1라운드에 호명하는 파격적인 결정으로 판을 흔들었다. '모의 드래프트'에서도 주목받지 못했던 선수라 '김주오가 누구예요'라는 질문이 온라인 커뮤니티에 여러 번 올랐다.

한편으로는 '쓸만한 야수'가 예년에 비해 부족한 현실이 불러온 현상이라는 해석이 나오기도 했다. '사교육(사설 아카데미)' 영향으로 투수 기량, 특히 구속이 전반적으로 상향 평준화되는 분위기에서 상대적으로 야수 유망주 풀이 좁아졌다. 이에 따라 '쓸만한' 몇몇이 예상보다 이른 순번에 지명되는 경향이 나타났다는 얘기다. 이번 드래프트에서 지명받은 투수는 110명 가운데 60명(포수 7명, 내야수 28명, 외야수 15명)으로 2025 드래프트(투수 60명, 포수 9명, 내야수 27명, 외야수 14명)와 같았다. 일부 구단이 야수 '얼리픽'에 나서면서 빠르게 계획을 수정한 팀도 있었다. 2라운드 이내에 야수를 적어도 1명은 뽑은 팀이 6개(키움, NC, 한화, 두산, SSG, KT)인 반면 LG는 4라운드까지, 삼성은 6라운드까지 내리 투수만 지명했다.

〈넘버스북 2025〉에서는 최고 구속 시속 150㎞ 이상의 투수를 조명하며 '고교 구속혁명'을 다뤘다. 올해판에서는 야수 유망주에 주목했다. 지명 배경은 각각 다르지만 올해 각 구단이 가장 먼저 뽑은 야수들은 짚어볼 필요가 있다. 포지션별 최고의 야수 유망주이거나, 혹은 각 팀의 약점에 깊이를 더해줄 선수들이다. 그래서 이들은 예상보다 빨리 1군 데뷔전을 치를지도 모른다. 물론 아직까지는 기대가 섞인 추측이다. 소개 순서는 지명 순번에 따랐다.

NC 1R 2순위 유신고 내야수 신재인, 30G 타율 0.320 OPS 0.996

NC는 드래프트 당일까지도 후보 세 명을 놓고 고심한 끝에 신재인을 호명했다. "지명 순번에서 최고의 선수를 뽑는다"는 원칙을 앞세우면서. 신재인은 그동안 언론 인터뷰에서 겸손을 앞세우는 '모범답안'을 내놓지는 않았다. 뻔한 말보다 "멘탈이 강하다", "공수주 빠짐없이 평균 이상의 능력을 보여 드릴 수 있다"라고 자신을 소개했다. 2025년 11월 2일 막을 내린 '2025 울산-KBO 폴 리그'에서 결승전 5안타 포함 대회 타율 0.440 활약으로 NC에 우승을 선사하며 '야수 1번'의 자존심을 살렸다. 드래프트 직전에 참가한 U18 야구 월드컵에서는 타율 0.130으로 부진했다. 떨어진 주가를 다시 끌어올린 활약이었다.

한화 1R 3순위 유신고 외야수 오재원, 30G 타율 0.438, OPS 1.195

2025년 출장한 30경기 가운데 25경기에서 안타를 쳤고, 추첨승으로 끝난 전국체전 덕수고전을 제외한 29경기에서 출루에 성공했다. 타율은 높지만 장타는 기대하기 어려운 유형이라는 평가도 있었다. 하지만 오재원의 타구 속도는 그의 '장타 잠재력'을 말해준다. 트랙맨 레이더가 쓰이는 'SPOTV 고교야구 시리즈' 전국대회 8강 이후 중계방송에서 시속 170㎞ 타구를 외야로 쐈다. '갭파워'는 충분히 기대할 수 있는 선수다. 중견수 갈증에 시달리고 있는 한화지만 FA(강백호)와 외국인선수(요나단 페라자) 모두 코너 외야수를 데려왔다. 오재원에게는 길이 열린 셈이다.

두산 1R 7순위 마산용마고 외야수 김주오, 33G 타율 0.365 OPS 1.144

2026 신인 드래프트 최고의 파격. 두산이 김주오를 부르자 현장에서 탄성이 터져 나왔다. 앞서 호명된 신재인과 오재원 때도 탄성이 나왔지만 분위기가 다소 달랐다. 두 선수는 일찌감치 1라운드 지명 후보로 언급돼 고교야구를 잘 모르는 팬들에게도 익숙한 이름이었지만 김주오는 그렇지 않았다. 하지만 팬들에게 잘 알려지지 않았다고 해서 실력까지 부족하다고 볼 수는 없다. 홈런 6개로 2025년 고교야구 홈런더비 2위에 오른 선수다. 1위는 KT가 지명한 충암고 김건휘(7개). 탄탄한 체격이지만 팀에서 중견수를 맡을 만큼 수비 감각이 있다.

키움 1R 10순위(KIA 순번) 전주고 내야수 박한결, 28경기 타율 0.406 OPS 1.221

2학년 때 이미 전국적으로 주목받았다. 2024년 42경기 49안타(타율 0.350)로 고교야구 한 시즌 최다 안타 기록(덕수고 박준순 50개, 2025년 경남고 박보승이 51개로 경신)에 하나가 부족했다. 박한결의 타격 센스는 2025년 U18 야구 월드컵에서 또 한번 드러났다. 몸에 맞는 공으로 부상을 당하며 타율은 0.273에 그쳤지만, 20타수 이상 출장한 한국 주전 야수 가운데 가장 적은 삼진(22타수 3삼진)으로 대회를 마무리했다. LG 양우진(경기항공고)이 8순위까지 내려오지 않았다면 다른 팀 유니폼을 입었을지도.

SSG 2R 15순위 세광고 내야수 김요셉, 타율 0.229 OPS 0.836

키 189㎝의 장신 유격수. 2할대 초반 낮은 타율에도 2라운드 지명을 받았다. SSG가 김요셉의 잠재력을 그만큼 확신했다는 의미다. 2학년 때는 타율 0.414, OPS 1.080을 기록했다. 프로에서는 다른 포지션을 맡을 가능성도 있다. 신체 조건과 '툴'이 갖춰진 내야수가 SSG 유니폼을 입었다? 어쩌면 '넥스트 최정'이 될지도 모를 선수다.

KT 2R 16순위 유신고 내야수 이강민, 28G 타율 0.351 OPS 0.965

2025년 공식경기 홈런은 하나지만 장타 잠재력을 갖췄다는 평가를 받는 유격수다. 베테랑 위주로 1군 엔트리가 돌아가는 KT가 세대교체를 구상하며 과감하게 2라운드 지명권을 썼다. TMI 하나. 홍석무 유신고 감독은 1라운드 신재인 오재원에 이어 이강민까지 상위 지명을 받자 수원에 있는 학교에서 이강민을 자동차로 태워 서울 송파구 롯데 호텔 드래프트 현장까지 달려왔다. 드래프트에 초청받지 못한 이강민에게 현장 분위기를 느끼게 해주고 싶어서였다고.

롯데 3R 24순위 부산고 내야수 이서준, 26G 타율 0.301 OPS 0.951

2학년이던 2024년에는 26경기 1홈런을 기록했다. 대신 타율이 0.347로 2025년보다 높았다. 고3이 되면서 장타력을 장착했다. 2025년 기록한 홈런 6개는 입단 동기 유격수 가운데 최다 기록이다. 롯데 역시 이서준의 장타 생산력에 주목해 3라운드 지명권을 썼다. 수비에서는 안정적인 자세에서 오는 뛰어난 송구 능력이 강점이라는 평가. 부산에서 태어나고 자라 연고 구단 롯데의 지명까지 받은 '로컬보이'. 마침 롯데의 취약 포지션이 유격수다.

KIA 3R 30순위 휘문고 외야수 김민규, 21G 타율 0.410 OPS 1.026

흔히 말하는 '야구 센스'가 있는 선수다. 타구 판단 능력이 뛰어나 벌써부터 '제2의 김호령'으로 기대를 모으고 있다. 요즘 보기 드물어진 '강견 외야수'라는 점도 눈길을 끈다. 주루에서는 출루했을 때 상대를 힘들게 만든다는 평가를 받았다. 고교 통산 도루는 42경기 21개. 2025년에는 21경기 가운데 13경기에서 도루를 기록했다. 2024년에는 11경기 타율 0.182가 전부였지만 '취업'을 앞둔 2025년 4할 타자로 성장했다.

LG 5R 48순위 부산고 포수 강민기, 27G 타율 0.319 OPS 0.884

당초 야수 1라운드 지명을 염두에 뒀던 LG는 기대한 선수들이 내려오지 않자 4연속 투수 선발로 방향을 바꿨다. 5라운드에서는 눈여겨봤던 포수 강민기를 선발했다. 포수만 봤을 때는 2라운드 NC 이희성(원주고) 다음으로 두 번째다. 포수 수비에서는 송구 능력이 돋보인다. 낫아웃 상황에서 2루 주자의 빈틈을 보고 송구할 만큼 시야가 넓고 과감하다. 2년 때는 선배 포수 박재엽(롯데) 대신 포지션을 1루수로 옮겨 주전으로 뛰었을 정도로 타격 잠재력을 인정받았다.

삼성 7R 69순위 성남고 포수 이서준, 27G 타율 0.396 OPS 1.166

성남고의 황금사자기 우승을 이끈 주전 포수다. 결승전에서는 투수로 나온 신재인을 상대로 2점 홈런을 터트리기도 했다. 올해 36안타 가운데 장타가 15개. 2루타 8개, 3루타 4개 홈런 3개를 쳤다. 여기에 볼넷 11개/삼진 10개의 비율까지 보여주면서 출루 능력까지 갖췄다는 평가를 받았다. 삼성은 NC로부터 박세혁을 영입했지만 30대 중후반 포수의 출전 비중이 계속해서 높았던 만큼 미래를 대비해야 하는 팀이다.

1R 한화 구단에 지명된 오재원이 2025년 9월 30일
롯데 자이언츠와의 경기에서 시구를 하고 있다
ⓒ한화 이글스

KT 위즈에서 뛰게 된 맷 사우어
출처 gettyImages.com

2026 신규 외국인 선수들의 '숫자'

_이창섭

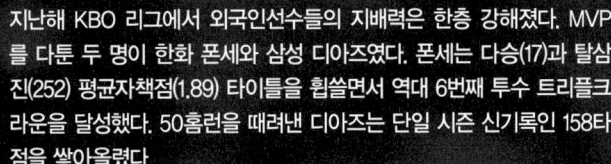

지난해 KBO 리그에서 외국인선수들의 지배력은 한층 강해졌다. MVP를 다툰 두 명이 한화 폰세와 삼성 디아즈였다. 폰세는 다승(17)과 탈삼진(252) 평균자책점(1.89) 타이틀을 휩쓸면서 역대 6번째 투수 트리플크라운을 달성했다. 50홈런을 때려낸 디아즈는 단일 시즌 신기록인 158타점을 쌓아올렸다.

13명의

새로운 도전자

두 선수뿐만이 아니었다. 특히, 투수들이 차별화된 구속으로 광풍을 일으켰다. 포심패스트볼 평균 시속 150km를 넘긴 10명 중 8명이 외국인 투수였다(100이닝 기준). 스탯티즈가 투수 구속을 제공한 2013년부터 2024년까지 이 부문 한 시즌 최다 외국인 투수가 겨우 두 명이었다. 그런데 지난 시즌엔 이 숫자를 훌쩍 뛰어넘었다. 이 가운데 폰세와 앤더슨, 와이스는 메이저리그 계약을 따내 금의환향했다. 리그 최고 투수였던 폰세는 3년 3000만 달러(약 430억 원)라는 대우를 받았다. KBO 리그가 또 다른 '기회의 장'으로서 입지를 굳히는 모양새였다.

올해도 모두 13명이 KBO 리그에서 새로운 기회에 도전한다. LG를 제외한 9개 구단이 새 얼굴을 뽑았다. 이들의 특징을 '숫자'로 알아봤다.

152.2

ABS 시대에 접어들면서 외국인 투수 영입에는 새로운 기준이 생겼다. 구위와 제구 사이 우선 순위가 명확해졌다. 제구가 다소 부족해도, 구위로 스트라이크 존을 집중 공략하는 투수가 ABS 시대에 더 적합하다는 평가였다. 지난해 폰세의 포심 평균 구속은 시속 153.6km였다. 선발 투수 최고 기록으로 일본프로야구(NPB) 마지막 시즌(시속 151.8km)보다 구속이 더 올라왔다. 지난해부터 KBO 리그와 NPB는 구속 측정장비가 트랙맨으로 같아졌다. 폰세의 성공 비

결에는 킥체인지업 장착도 있지만, 포심 구위 향상도 중요한 이유다.

새 외국인 투수 9명 중 폰세의 포심 구위를 능가하는 투수는 없다. 하지만 평균 시속 **152.2km**를 기록한 투수 두 명이 있다. 삼성 맷 매닝(28)과 KT 맷 사우어(27)다.

벌써 '맥모닝'이란 별명이 생긴
삼성의 새 외국인 선수 맷 매닝
출처 gettyImages.com

매닝은 이름값에서 기대감이 높다. 2016년 메이저리그 드래프트 전체 9순위 지명을 받았을 정도로 아마추어 시절부터 유명했다. 이듬해 곧바로 디트로이트 최고 유망주가 됐고, 2020년까지 팀내 2위 유망주 자리를 지켰다. 당시 매닝보다 순위가 한 단계 낮았던 디트로이트 유망주가 지난해 아메리칸리그(AL) 사이영상을 2연패한 타릭 스쿠발이었다. 매닝은 스쿠발과 어깨를 나란히 하지 못했다. 스쿠발과는 달리 매닝은 기회를 살리지 못했다. 작년에는 메이저리그 무대도 서지 못했고, 디트로이트도 결국 매닝을 포기했다.

매닝의 적은 '부상'이었다. 메이저리그에서 한 번도 100이닝을 넘긴 적이 없다. 마이너리그에서도 마지막 100이닝 시즌이 2019년 더블A 시절(133⅔이닝)이었다. 지난 시즌도 디트로이트 산하 트리플A, 필라델피아 더블A 팀에서 도합 55⅔이닝만 소화했다. 33경기(선발 6회)에서 평균자책점 6.47로 성적도 좋지 않았다. 필라델피아 이적 뒤 공백이 투구 메카닉 조정 때문이었다고는 하지만 한 시즌을 감당할 수 있는 내구성이 뒷받침될지 불분명하다. 희망적인 요소는 포심의 구위다. 지난해 매닝은 트리플A에서 포심 평균 시속 **152.2km**를 찍었다. 피안타율도 0.245로 나쁘지 않았다. 이 포심과 더불어 피안타율 0.204를 기록한 스위퍼가 통한다면, KBO 리그에서 승산이 있다.

사우어는 '제2의 폰세'에 가장 근접한 투수다. 지난해 메이저리그 10경기(선발 1회) 성적은 2승 1패 평균자책점 6.37, 트리플A 18경기(17선발)에서도 5승 5패 평균자책점 5.86으로 아쉬웠다. 그러나 사우어가 엄청난 타고투저 성향인 퍼시픽코스트리그(PCL)에서 뛰었다는 점을 감안해야 한다. 지난해 PCL 전체 평균자책점이

5.45였다. 사우어는 9이닝당 홈런이 1.52개로 많은 편이었다. 하지만 삼진/볼넷 비율 2.82는 80이닝 이상 던진 34명 중 5번째로 좋았다.

사우어의 지난해 투구에서 주목해야 할 포인트는 '불운'이다. 트리플A에서 BABIP는 0.352로 리그 4번째로 높았다. 높은 BABIP은 불운의 결과일 가능성이 높다. 타구 평균 속도는 시속 139.5km로 느린 편이었다. 느린 타구로 BABIP이 높았다면 더 불운했다. 구종별 기록에서도 불운이 엿보인다. 트리플A에서 사우어의 포심은 평균 시속 **152.2km**였다. 포심 피안타율은 0.244(78타수 19안타)였는데, 타구 질로 계산된 기대피안타율은 0.194로 훨씬 낮았다. 커터와 싱커, 스플리터, 커브도 실제 성적(피안타율 0.295/피장타율 0.500)보다 기대성적(기대피안타율 0.239/기대피장타율 0.361)이 더 긍정적이었다. 불운이 KBO 리그에서 지워진다면 사우어의 성적은 개선될 가능성이 높다. 직전 시즌까지 선발로 뛰었다는 점, 아직 젊은 나이에 KBO 리그에 온 점도 사우어의 전망을 밝게 한다. 무엇보다 그의 가능성을 높게 평가해야 하는 이유가 KBO 리그에서 최상위권인 포심 구속에 있다.

21

적극적으로 존을 노리는 투수가 경계해야 될 건 홈런이다. KBO 리그 구속이 빨라지면서 타자들의 적응도도 높아지고 있다. 지난해 리그에서 피장타율이 가장 높은 투구가 투심패스트볼, 그 다음은 포심이었다.

롯데 엘빈 로드리게스(28)는 홈런에 취약한 투수였다. 메이저리그 통산 52⅔이닝밖에 던지지

롯데의 새 에이스가 될 앨빈 로드리게스
출처 gettyimages.com

한화 오웬 화이트(27)는 지난해 트리플A에서 9이닝당 홈런 0.8개로 홈런 관리를 잘 했다. 화이트는 지난 시즌에 인터내셔널리그(IL), 2024 시즌은 PCL에서 뛰었다. PCL에선 9이닝당 홈런은 1.3개로 높았지만 워낙 홈런이 많았던 리그였다. 2시즌 180이닝 동안 홈런 21개를 맞았다면 준수하다. 그런데 화이트에게는 홈런 말고 다른 문제가 있었다. 180이닝 동안 볼넷 91개를 내줬다. 9이닝당으론 4.6개로 지난해 KBO 리그 평균(3.6)보다 딱 1개 많다. 지난 2시즌 트리플A에서 포심 피안타율 0.310에 평균 타구속도가 시속 92.1마일로 높았다는 점도 불안 요소다.

'홈런 숫자 21'과 관련된 외국인 선수는 한 명 더 있다. KIA 해롤드 카스트로(33)다. 내·외야 수비를 모두 볼 수 있는 카스트로는 전형적인 홈런 타자는 아니다. 메이저리그 통산 450경기 16홈런, 마이너리그에서는 808경기 36홈런에 그쳤다. 파워보다는 다재다능함이 카스트로의 매력이다. 그런데 카스트로는 지난해 캔자스시티 트리플A 팀 오마하에서 99경기 동안 21홈런을 쏘아 올렸다. 미국에서 그의 한 시즌 최다 홈런이었다. 2024년엔 멕시칸리그와 베네수엘라 윈터리그에서 도합 135경기 21홈런이었다. 계산이 좀 복잡하긴 하지만 어쨌든 2년 연속 21홈런을 쳤다. 3년째인 올해 KIA에서 홈런이 21개보다 늘어날지, 줄어들지 궁금해진다.

4와 7

올해 KBO 리그에는 지난해 트리플A를 주름잡은 타자 두 명이 데뷔한다. 두산 다즈 카메론(29)과 KT 샘 힐리어드(32)다.
카메론은 메이저리그 골드글러브를 세 차례 수상한 마이크 카메론의 아들이다. 2015년 드래

않았는데, 홈런을 21개나 맞았다. 9이닝당으로 환산하면 3.6다. 로드리게스는 지난 시즌에도 메이저리그 19⅔이닝 동안 9개, 트리플A 45⅓이닝에서 12개의 홈런을 맞았다. 도합 65이닝 21홈런, 9이닝당 2.9로 매우 위험한 수준이다. 로드리게스는 포심과 커브, 커터, 스위퍼 등을 던진다. 포심의 홈런 지분이 절대적이다. 지난 시즌 21홈런 중 12개가 포심 승부에서 나왔다. 메이저리그 통산 21개 중에선 포심으로 14개를 맞았다. 2023-2024년 NPB에선 78이닝 동안 홈런 6개만 내줬다는 점은 긍정적이다. 포심으로는 절반인 세 개를 맞았는데 구사율도 50%였다.

2026시즌에는 두산 유니폼을 입을 다즈 카메론
출처 gettyimages.com

프트 전체 37순위로, 그 해 55순위 지명자가 폰세였다. 아버지와 같은 외야수지만, 아버지의 수비력을 물려받진 못했다. 수비로 막은 점수를 계산하는 DRS(디펜시브런세이브)가 통산 -12점에 그친다. 아버지와 가장 큰 차이는 메이저리그 경력이다. 메이저리그와 트리플A의 간극을 좁히지 못했다. 트리플A선 위협적인 타자였지만, 메이저리그만 올라오면 움츠러들었다. 2025년에도 트리플A 65경기에서 OPS 0.954를 쳤지만 메이저리그 21경기에선 0.507로 초라했다. 통산 기록도 160경기에서 타율 0.200, OPS 0.585에 그친다. 반면 지난해 트리플A에선 wRC+가 150에 달했다. 평균적인 트리플A 타자보다 50% 뛰어난 공격력이었다.

힐리어드는 카메론과는 달리 메이저리그에서 찍은 타격 수치가 준수했다. 통산 332경기에서 타율은 0.218에 그쳤지만 OPS가 0.735에 달했다. 그런데 소속 팀이 '타자들의 천국' 쿠어스 필드를 홈으로 쓰는 콜로라도였다. 구장효과를

감안하면 메이저리그 평균보다 13% 공격력이 떨어지는 타자였다. 2025년 20경기는 2019년 데뷔 이후 가장 적었다. 전환점이 필요한 시기였다.

두 선수는 각기 다른 트리플A 리그에서 활약했다. 하지만 활약이 대단했던 점은 같다. 힐리어드는 PCL에서 OPS **4위**, 카메론은 IL에서 OPS **7위**였다. 직전 시즌 트리플A 두 리그에서 이런 성적을 낸 타자 두 명이 동시에 한국에 오는 건 보기 드문 일이다.

키움 트렌턴 브룩스(31)도 트리플A에서 활약이 뛰어났다. 메이저리그 커리어는 지난 두 시즌 37경기가 전부다. OPS는 0.420으로 매우 좋지 않았다. 하지만 트리플A에서는 통산 0.854를 친 강타자였다. 타율(0.279)보다 출루율(0.382)이 1푼 이상 높다는 게 강점. 볼넷이 많고 삼진이 적었다. 지난 두 시즌 트리플A 타율은 0.289로 앞 세 시즌보다 더 좋았다. 출루율

0.399로 역시 대단했다. 볼넷/삼진 비율 1.02는 지난 두 시즌 PCL 2위 기록이다(650타석 이상 기준). 선구안을 앞세우는 기본에 충실한 타자였다. 그래서 장타력이 상대적으로 떨어져도 OPS가 높았다. 지난 2시즌 OPS 0.871로 PCL 7위였다. 화려한 스타일은 아니지만, 우직하게 타선을 지탱해 줄 수 있다. 브룩스는 메이저리그에서 홈런을 딱 하나만 때려냈다. 잊지 못할 홈런을 안겨준 상대 투수가 올해 나란히 한국 땅을 밟은 사우어였다. 올해 키움-KT전에서 또 하나의 볼거리가 생겼다.

키움의 반응을 책임져야 할 네이션 와일스
출처 gettyimages.com

31.4

NC 커티스 테일러(31)와 키움 네이션 와일스(28)는 KBO 리그에서 도약을 꿈꾼다. 테일러는 메이저리그 데뷔를 하지 못했고, 와일스도 빅리그 등판은 한 경기뿐이다. 그러나 지난해 트리플A에서는 꾸준하게 선발로 던졌다. 테일러는 31경기(선발 24회) 10승 4패 평균자책점 3.21, 와일스는 25경기(선발 19회) 6승 8패 평균자책점 3.04를 기록했다. IL에서 100이닝 이상 던진 선발투수 가운데 평균자책점 1위가 와일스, 3위가 테일러다.

테일러와 와일스의 공통 숫자 31.4는 제1구종의 비중이다. 두 선수는 5가지 구종을 가지고 있다. 레퍼토리는 포심 싱커 커터 슬라이더 체인지업으로 같다. 테일러는 다섯 가지 구종을 모두 10% 이상 비율로 던졌다. 슬라이더 비중이 31.4%로 가장 높았다. 자신이 있기 때문에 많이 던졌다. 슬라이더 피안타율이 0.140(150타수 21안타)으로 이 공을 600구 이상 던진 트리플A 투수 중 1위였다. 슬라이더 탈삼진율 39.2% 역시 1위.

반면 와일스는 포심 비중이 31.4%로 가장 높았다. 포심 피안타율 0.238로 준수했다. 평균 시속 148.9km로 구속은 대단하지 않았다. 하지만 높은 회전수(분당 2418회)와 수직무브먼트(16.4인치)가 남다른 포심을 만들었다. 다른 리그로 이적해도 구질은 잘 바뀌지 않는다. KBO 리그 공인구 적응에 문제가 없다면 위력이 기대된다. 결정구가 있는 투수는 승부에서 이점을 누린다. 테일러의 슬라이더, 와일스의 포심은 지금까지 그들을 지켜준 구종이었다. KBO 리그에서도 그 역할을 해낼 수 있을까.

0

한화 윌켈 에르난데스(27)는 테일러와 공유하는 숫자가 있다. 테일러처럼 메이저리그 등판이 0회다. 2015년 LA 에인절스와 계약하면서 프로에 입문했지만, 메이저리그 승격에는 실패했다. 트리플A 경험도 지난 시즌이 처음이었다. 34경기(선발 19회) 3승 7패 평균자책점 4.80으로 성적도 평범했다. 에르난데스는 평균 시속 151.8km 싱커를 던진다. 싱커와 슬라이더, 체인지업 세 구종 구사율이 95%인 스리피치 타입이다. 싱커를 주무기로 하는 투수의 뜬공 비율이 38.6%로 높다는 건 다소 의아하다. 싱커는 정타를 피하고 땅볼 유도를 목적으로 하는 공이다. 이 점에서 보통 싱커볼러와는 다른 결과를 보였다. 뜬공 홈런 비율이 10.4%로 낮은 편이었다는 점은 다행이다. 에르난데스와 숫자 0을 공유한 테일러도 지난해 이 비율이 같은 10.4%였다는 점이 흥미롭다.

.400

롯데 제레미 비슬리(30)와 SSG 앤서니 베네치아노(28)는 투수다. 하지만 공통점은 그리 많지 않다. 비슬리는 우완, 베네치아노는 좌완이다. 비슬리는 2017년 드래프트, 베네치아노는 2019년 드래프트 출신이다. 2020년 코로나19로 마이너리그가 폐쇄되면서 베네치아노는 2021년이 돼서야 뛸 수 있었는데, 비슬리가 2023년부터 NPB로 가면서 미국 내 활동 시기도 엇갈렸다.

KBO 리그에 오기 직전 상황도 대비된다.

지난해 비슬리는 한 단계 후퇴했다. NPB 1군에서 8경기(6선발) 1승3패 평균자책점 4.60에 그쳤다. 슬라이더 위력이 크게 감소했다. 아웃존 스윙률이 2024시즌 36.4%에서 지난해 30.1%로 하락했다. 상대 타자들이 슬라이더 유인구에 속지 않았다는 걸 보여준다. 대신 2군에서는 15경기(14선발) 5승 4패 평균자책점 2.21로 자존심을 지켰다.

베네치아노는 한 단계 올라갔다. 지난해 메이저리그에서 26경기 평균자책점 4.68을 기록했다. 비록 메이저리그에 안착하진 못했지만, 메이저리그 마운드를 밟은 것만으로도 가산점이 된다.

비슬리는 포심과 커터, 슬라이더, 스플리터, 싱커를 던진다. 베네치아노는 포심과 스위퍼, 슬라이더, 싱커, 체인지업으로 레퍼토리를 구성한다. 두 선수 모두 포심을 기반으로, 수평 움직임을 보이는 구종들을 즐겨 던진다.

달리 말해, 두 선수는 KBO 리그에서 수직으로 떨어지는 구종이 성공의 열쇠다. 비슬리는 스플리터, 베네치아노는 체인지업이다. 이 구종들의 지난해 피안타율이 .400이었다. 2024시즌 수준으로 회복하는 게 관건이다. 2024시즌 비슬리의 스플리터는 피안타율 .154, 베네치아노도 트리플A에서 체인지업 피안타율이 .257였다. 이 공들이 살아나야, 반대손 타자에게도 보다 수월하다.

KBO리그 문을 두드리는 외국인선수 수준은 점점 높아져 왔다. 하지만 모두가 성공하는 건 아니다. 숫자에서 드러난 강점과 약점을 어떻게 키우고, 보완할지가 중요하다. 이들에게서 모두가 기억하는 숫자가 탄생하길 바라본다.

_이창섭 SPOTV MLB 해설위원

아시아쿼터 선수 10명 스카우팅 리포트

_최민규

수준은

기대 이상이다

새해 프로야구에서 가장 큰 변화는 아시아쿼터다.

10개 구단은 지난해까지 외국인선수 세 명씩을 보유할 수 있었다. 새 제도에서는 호주와 아시아 국적 선수를 대상으로 팀당 1명씩 쿼터가 추가된다. 대신 첫해 연봉(계약금과 옵션, 이적료 등 포함)은 최대 20만 달러로 제한했다. 외국인선수 정원을 늘리되 연봉에 제한을 둬 비용을 절감하고, 국내 선수를 보호한다는 취지다.

이 제도가 성공적으로 정착한다면 리그 경쟁 수준이 높아지고 국내 선수 기량 향상을 자극할 수 있다. 반면 "선발 로테이션 5자리 중 세 자리를 외국인선수가 차지한다면 국내 투수 성장이 저해될 것"이라는 우려도 강하다.

2025년 크리스마스이브에 KIA가 호주 국가대표 출신 유격수 제리드 데일을 영입하며 10개 구단 아시아쿼터 선수가 모두 확정됐다. 일본 국적이 역시 7명으로 가장 많았다. 호주가 2명, 대만이 1명이다. 기존 외국인선수 선발과 마찬가지로 구단들은 투수를 선호했다. 야수는 KIA의 데일 단 한 명이다. 투수 9명 중 선발로 분류할 수 있는 선수는 6명. 적지도 않고, 우려에 비해서는 아주 많지도 않다.

수준은 기대 이상이다. 당초 아시아쿼터로 한국 땅을 밟을 일본 선수는 일본프로야구(NPB) 2군이나 독립구단 출신이 주를 이룰 것으로 전망됐다. 가장 먼저 계약이 발표된 스기모토 고키는 독립리그에서만 뛰었고, 2호 선수인 왕옌칭은 라쿠텐 2군에서만 5시즌을 보냈다.

그런데 사흘 뒤 거물 다케다 쇼타의 한국행이 발표됐다. 이후 NPB 1군 경력이 6시즌 이상인 선수 세 명이 추가됐다. 호주 출신 두 명은 모두 국가대표 경력이 있다. 일본 선수들의 수준이 당초 예상보다 높은 이유에 대해서는 이 책 레시피 섹션 '한·일 프로야구 연봉 격차가 크게 줄었다'에서 따로 다뤘다.

구단 입장에서 아시아쿼터는 낮은 가격에 우수한 선수를 영입할 기회를 제공한다. 경쟁 압력이 높아진 상황에서 국내 선수들의 기량이 향상될 수 있을지는 앞으로 주시해야 할 문제다. 좋은 전례는 있다. 지금까지 재일동포나 외국인선수들은 국내 프로야구 발전에 상당히 기여했다.

라클란 웰스(1997년생) / 호주 / LG / 투수 / 좌투좌타 / 20만 달러

2013년 16세 나이로 호주프로야구(ABL) 시드니 블루삭스에 입단했다. 이해 시드니 마무리 투수가 구대성이었다. 2018년 18세 나이에 미네소타와 계약했다. 5시즌을 마이너리그에서 보냈지만 A+ 레벨까지만 올랐고, 호주로 돌아왔다. 2024년 필라델피아와 마이너리그 계약을 하며 다시 메이저리그에 도전했다. 이번엔 더블

A까지 올랐다. 그리고 2025년 KBO 리그 무대를 밟았다. 케니 로젠버그의 일시대체선수로 키움과 3만 달러에 계약했다. 네 차례 선발 등판에서 평균자책점 3.15로 양호했다. 마지막 두 경기는 모두 6이닝 2자책점 퀄리티스타트(QS)였다. 포심패스트볼 평균 시속은 144.4km로 리그 평균(146.2km)에 못 미쳤다. 하지만 슬라이더가 대단했다. 지난해 웰스의 슬라이더 100구당 구종 가치는 5.2점에 달했다. 50구 이상 기준으로 리그 3위였다. 마이너리그 통산 BB/9 1.82구로 컨트롤이 좋다. 지난해 한국에선 초구 스트라이크율 67.1%로 리그 평균(59.5%)을 크게 상회했다. 200이닝 이상 던진 투수 202명 가운데 8위. 2017년 월드베이스볼클래식(WBC) 호주 국가대표로 뛰었다.

왕옌청(2001년생) / 대만 / 한화 / 투수 / 좌투좌투 / 10만 달러

대만 화롄현 출신 왼손 투수다. 아시아쿼터 선수 중 가장 젊다. 2019년 대만 야구 명문 고교인 구바오고급가정상업직업학교를 졸업하고 NPB 구단 라쿠텐과 육성선수 계약을 했다. 2군 첫 시즌 평균자책점은 6.63. 다음 네 시즌엔 모두 4점대였다. 지난해 10승 5패, 84K, 평균자책점 3.26으로 이스턴리그 다승 2위, 탈삼진 3위에 오르며 마침내 두각을 드러냈다. 포심 최고 시속 154km를 자랑하는 파워피처. 투구의 축은 포심과 슬라이더. 너클커브도 던진다. 일본에서 스플리터를 배웠지만 완성도에서 높은 평가를 받지 못했다. 제구력은 강점으로 보기 어렵다. 통산 NPB 2군 9이닝당 볼넷이 3.78개였다. 지난해 3.34개로 개인 통산 가장 좋았다는 점은 긍정적이다. KBO 리그 2군 평균인 5.03개보다는 훨씬 낫다(1군 평균은 3.61개).

아시아 프로야구 챔피언십
한국전 마운드에 올라선 왕옌청
출처 gettyImages.com

한화 입단이 결정된 뒤 대만 언론 인터뷰에서 "류현진에게 투구에 대한 조언을 구하고 싶다"고 말했다. 지난해 NPB 2군 연봉은 300만 엔(2790만 원). 올해 한화와는 10만 달러(1억4500만 원)에 계약했다. 5.2배 많은 금액이다. 2023년 항저우 아시안게임과 아시아프로야구챔피언십(APBC) 대만 대표로 뽑혔다.

다케다 쇼타(1993년생) / 일본 / SSG / 투수 / 우투우타 / 20만 달러 ——

SSG가 연봉 20만 달러에 다케다와 계약했다는 소식은 많은 이를 놀라게 했다. 전성기가 지났다고는 하지만 다케다는 NPB 1군 통산 66승 투수다. 2015년 13승, 2016년 14승을 따냈다. 이 두 시즌 막강 소프트뱅크 팀 내 다승 1위였다. 2017년 WBC, 그 2년 전인 2015년 세계야구소프트볼연맹(WBSC) 프리미어12에 국가대표 유니폼을 입었다. 지난해 연봉은 1억5000만 엔(13억9580만 원). 올해 SSG에서 받는 연봉 20만 달러는 그 20% 남짓이다. 네임밸류로 따지면 1983년 장명부, 1984년 김일융에 못지않은 NPB 스타 출신이다. 시그니처 피치는 뚝 떨어지는 커브. 전성기 시절에는 '마구'로 통했다. 자신은 '드롭 커브'라는 고전적인 이름으로 부르는 구종이다. 다만, 피치밸류는 마이너스인 시즌이 더 많았다. NPB의 상징적인 구종인 스플리터는 잘 구사하지 않았다. 다케다에게 가장 큰 불안 요소는 다름 아닌 화려한 커리어다.

2017 WBC 중국전에 출전한 다케다 쇼타
출처 gettyimages.com

전성기 기량을 어느 정도 유지하고 있다면 한국 땅을 밟을 이유가 거의 없는 투수다. 다케다는 2024년 4월 토미 존 수술을 받아 실전 등판이 전무했다. 지난해 복귀했지만 2군 6경기에서 평균자책점 4.43으로 고전했고 10월 1일에 방출됐다. 부상 전인 2023년 다케다의 포심 평균 구속은 시속 146.6km. 전성기 구위를 어느 정도 유지하는지가 관건이다.

미야지 유라(1999년생) / 일본 / 삼성 / 투수 / 우투좌타 / 15만 달러 ━━━━

커리어로는 2026년 아시아쿼터 선수 가운데 가장 떨어지는 축에 속한다. NPB 구단에 소속된 적이 없다. 도카이대 졸업 뒤 사회인야구에서 1년 뛰었고 다음 두 시즌은 독립구단 소속이었다. 그럼에도 삼성은 이적료 3만 달러와 옵션 5만 달러 포함 최대 18만 달러를 지불했다. 장점이 확실하기 때문이다. 일본 야구계 전반적인 '구속 혁명' 흐름을 보여주는 투수다. 사회인야구 시절엔 변화구 위주 투수였지만 2024년 입단한 도쿠시마에서 웨이트트레이닝에 힘을 쏟으며 구속을 끌어올렸다. 2024년 포심 최고 시속 154km, 평균 시속 147.7km를 기록했다. 2024년 SSG와 두산에서 뛰었던 시라카와 게이쇼의 이해 독립리그 평균 시속이 143.6km였다. 미야지는 지난해 하야테 소속으로 요코하마 2군을 상대로 시속 158km를 찍으며 개인 기록을 경신했다. NPB는 2024년부터 독립구단인 하야테와 오이식스 두 팀을 2군 리그에 참가시켰다. 올해 한국의 울산 구단이 이 모델을 따랐다. 그래서 삼성 구단의 스카우트망에 포착될 수 있었다. 지난해 중간계투로 25이닝 동안 평균자책점 2.88에 K/9 11.16개를 기록했다. 4사구 14개를 내줘 제구력에선 높은 평가를 받지 못한다.

도다 나쓰키(2000년생) / 일본 / NC / 투수 / 우투우타 / 13만 달러 ━━━━

170cm 단신 우완 투수. 도카이다이가쿠스가오고 2학년 때 에이스 투수로 활약하며 팀을 창단 후 첫 일본고교야구선수권대회(고시엔) 4강 진출로 이끌었다. 하지만 팔꿈치를 다쳐 3학년 때는 선수로 뛰지 못했다. 2019년 독립구단 도쿠시마에 입단해 이듬해 리그 MVP에 올랐다. 그리고 육성 드래프트에서 요미우리의 지명을 받았다. 지난해까지 1군 통산 19경기 평균자책점 5.52에 WHIP 1.70 기록을 남기고 10월 방출됐다. 지난해 2군에선 81⅓이닝 평균자책점 2.42로 준수한 투구를 했다. BB/9 1.54개로 컨트롤이 뛰어나다는 점이 매력적이다. 2군 성적이긴 하지만 지난해 NC에서 이 지표가 가장 좋았던 신민혁(1.77)을 앞선다. 1군 등판은 모두 구원이지만 2군에선 선발 경험이 있다. 지난해 1군에서 포심 평균 시속은 145.5km. 투심, 커터, 슬라이더, 스플리터도 구사한다. 단신임에도 온몸을 쓰는 역동적인 투구폼을 갖고 있다. 릴리스포인트도 높은 편이다. 왼발을 들어 올린 뒤 잠깐 멈추는 '이중 키킹'이 특징이다. KBO 리그가 NPB보다 이중 키킹에 엄격하다는 점은 변수다. 지난해 요미우리에서 받은 연봉은 680만 엔. NC에선 계약금 2만 달러, 연봉 10만 달러, 옵션 1만 달러다. 거의 세 배가 됐다.

스기모토 고키(2000년생) / 일본 / KT / 투수 / 우투우타 / 12만 달러 ━━━━

계약 총액 중 3만 달러는 옵션이다. 보장 연봉

9만 달러는 올해 아시아쿼터 선수 가운데 두 번째로 낮다. 니혼대 시절 토미 존 수술로 경기를 거의 뛰지 못해 프로 지명을 받지 못했다. 졸업 뒤인 2023년부터 3시즌을 독립구단 도쿠시마에서 뛰었다. 첫 시즌엔 11경기 평균자책점 6.91로 부진했다. 이듬해 4.09로 향상됐고, 지난해 42경기에선 3.05로 더 좋았다. 제구가 안정된 게 호투 이유다. 볼넷/타석 비율이 2023년 16.7%에 달했다. 2024년 6.9%로 리그 5위(40이닝 이상 기준)에 올랐고, 지난해엔 6.2%로 1위였다. 포심 최고 구속은 2024년 기록한 시속 154km. 지난해엔 최고 시속 152km, 평균 시속 145.8km였다. 지난 시즌 선발로 세 경기에 등판했지만 4이닝 투구가 최다였다. 과거 선발로는 시속 130-140km대 구속에 그쳤다. KT가 스기모토를 선발로 쓰기는 쉽지 않아 보인다. 스기모토의 포심은 구속에 비해 위력이 좋다. 지난해 포심 스윙/투구 비율이 11.2%에 달했다. KBO 리그 평균(7.1%)보다 훨씬 높다. 변화구 완성도가 높다는 점은 높은 헛스윙률의 이유 중 하나다. 지난해 포심 49%, 슬라이더 24%, 커터 13%, 커브볼 9%, 포크볼 5% 비율로 투구했다. K팝 아이돌 그룹 르세라핌과 한국 음식을 좋아한다.

교야마 마사야(1998년생) / 일본 / 롯데 / 투수 / 우투우타 / 15만 달러 ───────

NPB에 자매 구단이 있는 롯데가 아시아쿼터로 어떤 선수를 뽑을지 관심을 가진 이가 많았다. 롯데의 선택은 NPB 통산 84경기(선발 49회)에 등판한 교야마였다. 붙박이 주전급은 아니지만 요코하마 1군에서 6시즌을 보낸 경력은 아시아쿼터 투수 가운데 손꼽힌다. 2024년 구원 23경기에서 평균자책점 2.01을 기록하며 좋은 시즌

을 보냈다. 하지만 지난해 1군에 오르지 못했고, 2군에서 23⅔이닝 평균자책점 6.46으로 부진한 끝에 방출됐다. 부상 문제도 있었다. 선발로만 뛴 2022년 포심 평균 시속은 147.8km. 전업 구원투수였던 2024년엔 시속 149.2km였다. 최고 시속은 155km. 이해 포심과 스플리터 거의 두 구종만 구사했다. 선발로는 커브, 슬라이더, 스플리터, 커터를 10-15% 비율로 섞었다. 아마추어 시절엔 제구력이 좋은 투수로 평가됐다. 하지만 1군 통산 BB/9가 5.19개로 매우 좋지 않았다. 입스 증세를 겪기도 했다. 커리어 막판엔 구위는 수준급이지만 공이 어디로 갈지 모르는 '와일드씽' 스타일 투구를 했다. 2025년 2군에선 23⅔이닝 동안 볼넷을 21개나 내줬다.

제리드 데일(2000년생) / 호주 / KIA / 내야수 / 우투우타 / 15만 달러 ───────

아시아쿼터 유일 야수다. 보장 연봉은 7만 달러로 10명 중 가장 적지만 계약금 4만 달러에 옵션 4만 달러가 붙어 있다. KIA는 일본 명문 구단 요미우리에서 14시즌 통산 180경기에 등판한 왼손 투수 이마무라 노부타카를 포기하고 데일을 영입했다. 2023년 WBC 호주 국가대표로 한국전에 출장한 경력이 있다. 내야 전 포지션을 맡을 수 있는 유틸리티라는 점은 데일의 경쟁력이다. KIA는 지난 두 시즌 부상 문제로 고생한 팀이다. 2025년 기준 25세로 젊은 나이지만 미국 마이너리그에서 5시즌, NPB 오릭스 2군에서 1시즌을 보내며 경험을 쌓았다. ABL에서 프로야구에 데뷔했을 나이는 15세에 불과했다. 마이너리그에선 통산 374경기 OPS 0.635로 타격에서 두각을 드러내지 못했다. ABL 2024-25시즌에 34경기 0.935로 커리어하이였고, 지난해 오릭스 2군에서 41경기 0.755로 잘

쳤다. 타율은 0.297. NPB는 2군도 투고타저다. 지난해 2군에서 규정타석을 채운 타자 34명 중 타율 0.290 이상은 딱 두 명이었다. 하지만 1군 승격은 이뤄지지 않았다. 한국프로야구에서 처음으로 '메이저리거'에 도전한다. 성장세인 젊은 타자라는 점이 KIA가 데일을 선택한 한 이유일 것이다.

다무라 이치로(1994년생) / 일본 / 두산 / 투수 / 우투좌타 / 20만 달러 ———

NPB 커리어는 다케다 다음이다. 2017년 세이부에 입단해 9시즌 동안 모두 1군 마운드에 올랐다. 통산 150경기에서 평균자책점 3.40을 기록했다. 모두 구원으로만 등판했다. 2023년과 2024년엔 평균자책점 1점대로 대단했다. 속구파는 아니다. 지난해 세이부에서 포심은 평균 시속 145.6km에 그쳤다. 짧은 이닝을 던지는 구원투수로는 인상적이지 않다. KBO 리그 평균보다 낮다. 크게 떨어지는 스플리터가 주무기. 2023, 2024년엔 스플리터 구사율이 40%를 넘었다. 2023년엔 23⅔이닝만 던지고도 이 공 피치밸류가 양대리그 전체 투수 중 14위였다. 지난해 스플리터 위력이 떨어지며 우려를 샀고, 시즌 뒤 방출됐다. 다만 볼넷률 6.0%는 개인 통산 가장 좋았다. 7월 20일 소프트뱅크전에서 투런 홈런을 맞은 뒤 2군으로 내려가 끝내 복귀하지 못했다. 하지만 2군 16경기에서 17이닝 무자책점에 피안타율 0.093, WHIP 0.47이라는 압도적인 투구를 했다. 명문 릿쿄대 졸업생으로 학점을 3학년 만에 모두 이수할 정도로 학업에서도 뛰어났다. 지난해 연봉은 1800만 엔. 올해 두산에서 받는 총액은 그 1.7배다.

가나쿠보 유토(1999년생) / 일본 / 키움 / 투수 / 우투좌타 / 13만 달러 ———

2019년 야쿠르트에 입단해 1군에서 6시즌을 뛰었다. 1군 2년 차인 2021년 10경기(선발 8회)에서 평균자책점 2.74를 기록하며 야쿠르트가 20년 만에 일본시리즈에서 우승하는 데 공을 세웠다. 하지만 이듬해 패스트볼 구속이 뚝 떨어지며 1군에서 9⅓이닝만 던지는 데 그쳤다. 이후 한 번도 1군에서 15이닝 이상을 던진 시즌이 없다. 패스트볼 구속은 회복됐다. 지난해 구원 12경기에서 평균 시속 149.1km를 찍었다. 가나쿠보는 포심 그립을 깊게 잡는다. 회전수가 적어 투심처럼 타자 앞에서 살짝 가라앉는 무브먼트가 특징이다. 통산 BB/9 3.49개로 제구력은 나쁘지 않다. 하지만 포심과 슬라이더에 의존하는 단조로운 투구가 문제로 지적됐다. 체인지업과 스플리터 완성도를 NPB 1군 기준으로 끌어올리지 못했다. 지난해 연봉은 한화로 8400만 원 정도였다. 올해 키움에서 옵션(3만 달러)을 달성하면 1억 원 이상을 더 받는다. 대만프로야구(CPBL) 구단으로부터도 입단 제의가 있었다고 한다.

팀 KPI의 이해

_신동윤

팀 종합 : 득점과 실점, 경기운영 (SSG)

경기당 득점	경기당 실점	경기당 실책	수비효율
4.23 8위)9위	**4.00** 10위)2위	**0.74** 8위)5위	**0.689** 6위)1위
69(-19) 4.73(리그)	133(+59) 4.73(리그)	101(+17) 0.74(리그)	136(+38) 0.676(리그)

경기당 도루시도	도루성공률	경기당 희생번트	경기당 투수교체
1.2 3위)3위	**73.3** 3위)7위	**0.36** 4위)8위	**3.86** 5위)5위
113(-0) 1.0(리그)	90(-33) 74.9(리그)	83(-27) 0.41(리그)	101(+1) 3.87(리그)

팀 KPI(Key Performance Indicator 핵심성과지표)는 한 시즌 동안 주요 전력 요인을 표현합니다

SSG는 승률 0.536으로 정규시즌 3위에 올랐습니다. 공격력(경기당 득점)에서 끝에서 두 번째지만 투수 및 수비력(경기당 실점)은 앞 시즌 10위에서 2위로 크게 좋아졌습니다. 경기당 실책이 8위에서 5위로 리그 평균과 비슷해졌고 수비효율(DER)은 전체 1위입니다. DER은 실책으로 인한 출루 허용이 줄면 높아지지만, 그보다는 인플레이 타구를 더 많이 아웃시켰을 때 높아지는 지표입니다. 전반적인 수비 범위가 넓어졌다는 것을 시사합니다.

여전히 도루를 많이 시도하는 팀인데 도루성공률은 앞 시즌보다 나빠졌습니다(3위)7위). 희생번트는 줄었고 경기당 투수교체 횟수는 비슷합니다. 팀KPI는 이렇게 지표값, 전년대비 순위 변화, 당해 시즌 리그평균으로 구성됩니다.

왼쪽 아래 색깔로 표시된 넘버스북스코어(이하 NB-스코어)가 있습니다. 리그 10개 팀과 비교해

서 얼마나 더 잘했고 못했는지를 평가합니다. 평균이 100이고 이보다 크면 잘한 팀, 작으면 못한 팀입니다. 평균자책점처럼 낮을수록 좋은 지표는 낮을 때 100보다 커집니다. 높을수록 좋은 타율 같은 기록은 반대입니다. 리그평균과 표준편차를 이용해서 계산합니다. 공식은 '100 + (팀 평균과 리그평균 차이/10개 팀 표준편차* 30)' 입니다. '수능표준점수'와 같은 방식입니다. 수능표준점수는 표준편차에 20을 곱하지만 NB-스코어는 30을 곱하는 것만 다릅니다.

수능 원점수는 난이도에 따라 달라지지만 표준점수는 경쟁자보다 얼마나 더 잘했는지를 상대평가합니다. NB-스코어도 같은 방식입니다. 130이 넘으면 리그 상위권 이상이고 150이 넘으면 압도적, 또는 역대급 수준입니다. 70 아래면 하위권 이하, 50이하면 처참 또는 '흑역사' 급입니다. KBO 리그는 타 리그보다 적은 10개 구단 체제라 시즌에 따라 차이가 증폭돼 나타나는 경우도 있습니다

공격 : 득점생산에 관한 KPI 와 NB-스코어 (삼성)

타율	출루율	장타율	OPS
0.271 9위)2위	**0.353** 8위)2위	**0.427** 3위)1위	**0.780** 5위)1위
131(+57) 0.262(리그)	133(+49) 0.338(리그)	155(+43) 0.389(리그)	149(+46) 0.727(리그)

삼진 회피	순출루	순장타	타석당 투구수
0.81 9위)5위	**0.082** 3위)4위	**0.155** 1위)1위	**3.93** 5위)3위
109(+34) 0.80(리그)	123(+3) 0.077(리그)	157(+21) 0.127(리그)	122(+24) 3.89(리그)

타자의 득점 기여는 1)타석에서 삼진을 당하지 않고 버티면서(삼진회피) 2)공을 골라 걸어나가거나(순출루) 3)안타를 치고 나가는 것(타율, 장타율)으로 달성됩니다. 장타율은 다시 '타율+순장타(ISO)'로 분리해서 볼 수 있습니다. 타율은 정확도, 순장타는 파워를 평가합니다. 이렇게 삼진회피, 순출루, 타율, 순장타는 팀의 득점 생산이 어떤 요인으로 이루어졌는지를 나타냅니다. 또 눈과 인내심, 컨택 능력, 장타를 만드는 파워를 의미합니다.

삼성은 2024년 득점 6위였으나 2025년에는 2위입니다. 순장타는 2024년에도 1위였고 2025년에도 1위였는데, 달라진 것은 출루율 상승(8위)2위) 입니다. 장타의 팀이 출루율도 높아졌으니 OPS도 1위입니다. 그런데 출루율 중 4사구 출루에 해당하는 순출루는 전 시즌과 거의 비슷합니다. 순위는 1계단 하락했지만 NB-스코어는 3포인트 올랐으니 실질적으로는 아주 약간 좋아진 쪽입니다. 핵심은 타율 상승입니다. 무엇보다 리그 최하위권이던 삼진회피가 평균 이상으로 올라왔습니다. 삼진이 줄어들면 인플레이타구가 늘어나고 그것만으로도 타율은 상승합니다.

타석당 투구수 증가와 삼진 감소가 함께 나타난 것은 특별한 의미입니다. 보통 공을 많이 보면 볼넷도 늘어나지만 삼진도 함께 늘어납니다. 그런데 삼성 타자들은 공을 많이 보면서도 삼진 억제에 성공했습니다. 원래 장타력이 좋았던 팀이 약점이던 삼진을 통제하기 시작했습니다. 그 배경에 적극적인 타격보다 늘어난 투구수가 있다는 것은 팀 공격력이 한 차원 높은 수준으로 진화하고 있다는 정황이 됩니다.

NB-스코어는 삼성 타선의 파워에 대해 한가지를 더 말해줍니다. 순장타 리그 순위는 그대로 1위
지만 NB-스코어는 136에서 157로 +21 상승했습니다. 1위는 1위지만 훨씬 더 압도적인 1위가 되었
다는 뜻입니다.

선발투수 : 압도적, 역대급 (한화)

	ERA (선발)		경기당이닝 (선발)		선발-피타율		선발-피순장타
3.51	7위)1위	**5.24**	10위)3위	**0.236**	10위)1위	**0.115**	2위)3위
134(+48)	4.21 (리그)	113(+56)	5.12 (리그)	155(+111)	0.260 (리그)	119(-3)	0.125 (리그)
	SO9 (선발)		Walk9 (선발)		HR9 (선발)		선발xRA9
10.03	3위)1위	**3.11**	6위)3위	**0.70**	3위)3위	**3.37**	9위)1위
166(+47)	7.84 (리그)	133(+25)	3.66 (리그)	120(-0)	0.82 (리그)	145(+72)	4.53 (리그)

한화는 평균자책점 1위에 최소실점 팀입니다. 원래 강했던 구원투수진에 압도적으로 강한 선발
로테이션이 합쳐지며 만들어진 결과입니다. 특히 피안타율, 9이닝당 삼진(SO9)의 NB-스코어는
각각 155, 166입니다. 2025년 한화 선발투수진 SO9 10.03은 2014년 이후 KBO 리그 모든 팀을
통틀어 1위입니다. 피안타율 0.236도 그렇습니다. NB-스코어 150 이상의 의미가 이런 것입니다.

한화는 리그 최소실책 팀이지만 수비효율(DER)로 보면 평균 수준입니다. 수비 지원이 탁월하다
고 볼 수 없습니다. 하지만 압도적인 삼진 능력은 수비 약점을 의미 없게 만들 수 있습니다. 다만
2025년 한화 선발 주축인 외국인 투수 두 명이 떠났습니다. 선수도, 팀도 새로운 도전을 앞두고
있습니다.

구원투수 : 지나치게 높은 이닝 부담 (NC)

	ERA (구원)		경기당이닝 (구원)		구원-피타율		구원-피순장타
4.55	8위)7위	**4.27**	6위)1위	**0.259**	8위)5위	**0.126**	6위)5위
96(+11)	4.47 (리그)	160(+62)	3.77 (리그)	108(+30)	0.263 (리그)	108(+2)	0.131 (리그)
	SO9 (구원)		Walk9 (구원)		HR9 (구원)		구원xRA9
7.34	8위)7위	**5.98**	4위)10위	**0.88**	3위)6위	**5.45**	7위)8위
84(-9)	7.67 (리그)	45(-58)	4.89 (리그)	96(-29)	0.87 (리그)	90(+2)	5.18 (리그)

NC는 득점 3위였지만 실점은 키움에 이어 전체 9위를 기록했습니다. 구원투수 평균자책점은 8위에서 7위로 약간 좋아졌음에도. 선발진 붕괴(선발 평균자책점 리그 9위)가 크게 작용했습니다. 그 여파는 10개 구단 중 가장 많은 구원 이닝(NB-스코어 160)으로 나타났습니다. 종합 KPI의 경기당 투수교체에서도 4.26회로 가장 많았습니다. 구원투수 KPI 중에는 9이닝당 4사구(Walk9)가 가장 크게 나빠졌습니다.

승률-기대승률 변화과 초반-중반-종반 승부(한화)

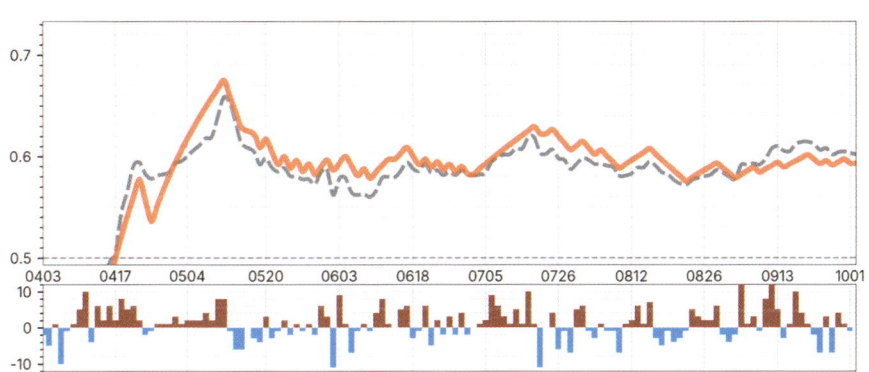

초반 질주를 그대로 이어가지는 못했지만 한화의 2025시즌은 비교적 꾸준했습니다. 승률은 대체로 기대승률과 비슷하게 갑니다. 1점차 승부를 이기는 게 강팀의 능력이라는 믿음은 통계적으로 거짓에 가깝습니다. 1점차 경기만 모아서 승률을 비교하면 오히려 강팀과 약팀의 승률 격차가 거의 없어집니다. 점수 차가 적은 경기에서는 실력이 아닌 운이 승패를 가를 가능성이 더 높아집니다. 물론 기대승률과 실제승률 차이는 승부처에서 성공과 실패에서 만들어지는 것은 사실입니다. 운이나 통계적 무작위성이 작용했다 하더라도 승패 결과는 그대로 성적표에 남습니다.

시즌 중 약간이지만 기대승률을 웃돌던 한화 이글스의 실제승률은 시즌 막판 뒤집혔습니다. 최고의 시즌을 보낸 팀이지만 아쉬움이 남는 것도 어쩔 수 없는 일입니다.

아래 막대그래프는 팀의 해당 날짜 경기의 득점과 실점의 차이입니다. 이긴 경기는 빨간색, 진 경기는 파란색, 막대가 길면 대승 또는 대패입니다. 빨간 막대가 붙어있으면 연승, 파란 막대가 붙어

있으면 연패입니다. 시즌 초반 승률은 등락이 너무 심하기 때문에 일부 제외하고 표시합니다. 5월 중순까지의 압도적 연승과 직후의 부진이 드러납니다. 그럼에도 2025년 한화는 경기 초반보다 후반에 강한 팀이었습니다.

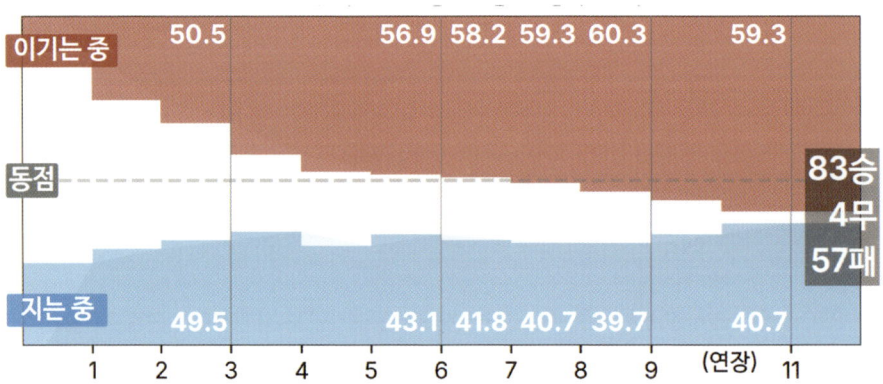

위는 페넌트레이스 전체 경기를 매 이닝 종료 시점에서 우세, 열세로 나눈 그래프입니다. 3회말까지는 우세 50.5%, 열세 49.5%로 거의 반반이었습니다. 하지만 중반에서 종반으로 넘어가며 우세 경기 비율이 점점 높아집니다. 최종적으로는 전체 59.3%가 이기는 경기였습니다.

한화가 압도적 선발투수진을 자랑했다는 점에서 초반 우세 경기가 생각보다 적은 것은 의외입니다. 리그 평균 수준에 머물렀던 공격력이 이유입니다. 다행히 볼펜도 강했기 때문에 버티고 버티다 결국 승기를 잡아간 것이 2025년의 한화였습니다.

포지션 뎁스 차트(DepthChart)와 최근 5년 공격력 비교우위 변화 (KIA)

뎁스 차트에서 포지션별 첫 줄은 해당 포지션의 팀 전체 타석과 득점창출능력(RC)를 보여줍니다. 괄호 안 수치는 리그 평균과의 차이입니다. 선수는 출장 경기수에 따라 주전, 백업순으로 정렬했습니다. RAA는 선수가 창출한 득점을 해당 포지션 리그 평균과 대비한 값입니다. 1루수나 지명타자는 대개 팀에서 가장 강한 타자입니다. 하지만 경쟁 팀의 1루수나 지명타자도 비슷합니다. 따라서 팀의 경쟁우위는 같은 포지션의 다른 팀 선수보다 얼마나 더 강하냐에 달려 있습니다. '포지션별 공격력' 분석은 이를 최근 5시즌 기간 변화로 보여줍니다.

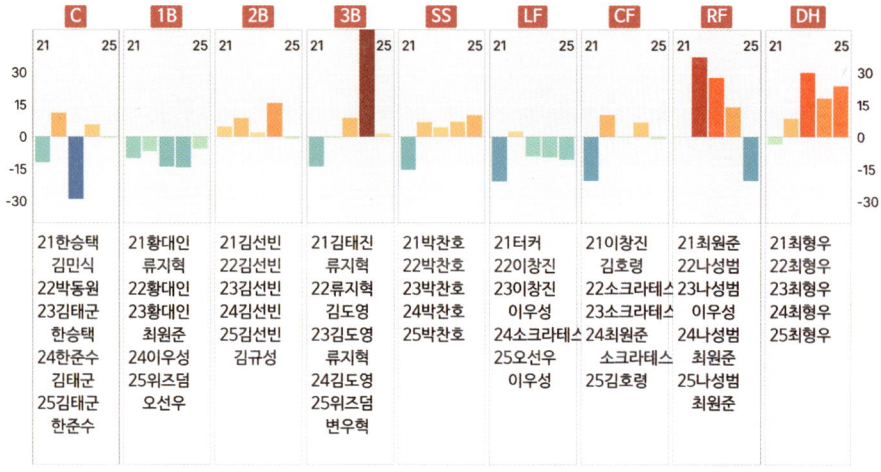

구단은 언제나 새로운 선수를 발굴하고 싶어합니다. 트레이드와 FA 계약 등을 통해 전력보강을 나섭니다. 하지만 포지션별 공격력을 결정적으로 개선하는 것은 쉬운 일이 아닙니다. 대체로 약한 포지션은 계속 약하고 강한 포지션은 계속 강합니다. 약한 포지션에 대안을 찾거나, 강했던 포지션에 공백이 생길 때 팀 전력의 큰 변화가 나타납니다.

2024년 우승팀 KIA는 리그 득점 1위이기도 했습니다. 2025년은 6위입니다. 김도영의 3루, 나성범의 우익에서 생긴 공백이 결정적입니다. 김선빈은 2025년 68경기 +13.0으로 질적으로는 여전했으나 출장 경기수가 적다 보니 2루수 포지션도 약해졌습니다. 2026시즌은 더 어려워 보입니다. 그마나 플러스 공격력을 만들었던 유격수와 지명타자를 잃었습니다.

타순 공격력(wRC)과 리그평균 비교(두산)

회색 막대는 리그 평균 타순별 공격력(wRC)을 보여줍니다. 위의 막대는 구단의 해당 타순 wRC를 나타냅니다. 오른쪽에는 이 타순에 가장 많이 출장한 선수 2명의 이름이 있습니다. 선수 옆 괄호 안에는 선수의 해당 타순 리그 평균 대비 득점 기여도와 타석수가 표시됩니다. 한 타순을 여러 선수가 조금씩 나눠 맡은 팀은 선수 2명의 성적 합계와 왼쪽 막대로 나타낸 '해당 타순의 시즌 전체 성적'에 차이가 생길 수 있습니다.

타순	wRC	선수 1	선수 2
1번	80.1 (-9.0점)	정수빈 (+0.1, 413)	안재석 (+2.4, 92)
2번	58.8 (-22.4점)	케이브 (-4.1, 155)	오명진 (-5.1, 108)
3번	116.7 (+14.2점)	케이브 (+12.7, 325)	양의지 (+7.2, 233)
4번	91.2 (-2.5점)	양의지 (+17.5, 249)	김재환 (-4.9, 201)
5번	81.5 (+6.6점)	김재환 (+7.9, 133)	양석환 (+3.7, 109)
6번	65.0 (-0.2점)	박준순 (+7.0, 115)	오명진 (+6.9, 88)
7번	56.8 (-3.7점)	강승호 (-0.2, 133)	오명진 (+0.2, 83)
8번	44.9 (-11.5점)	박계범 (+1.3, 77)	김기연 (+1.2, 70)
9번	56.9 (+1.8점)	정수빈 (+3.4, 93)	이유찬 (-0.9, 83)

두산의 3, 4, 5번 중심 타순 공격력은 리그 상위권입니다. 6번 이하 하위 타순도 경쟁 팀에 비해 처지지 않습니다. 하지만 1, 2번 테이블세터는 리그 평균보다 훨씬 아래입니다. 클래식한 리드오프 정수빈은 413타석에서 1번 타자를 맡았지만 득점력은 딱 리그 평균 수준(+0.1)에 그쳤습니다. 안재석이 92타석에서 +2.4를 만들었지만 나머지 백업이 전체적으로 약했습니다. 2번에는 케이브

와 오명진에 가장 많이 섰지만, 다른 타순을 배치될 때보다 유독 성적이 나빴습니다. 결과적으로 2025년 두산의 배팅 라인업 특징은 '강한 중심 타순을 효과적으로 활용할 만한 테이블세터 부재'라고 설명할 수 있습니다.

팀KPI는 한 시즌 동안 10개 팀의 전력 요인과 경기 운영을 요약, 시각화한 결과이며 팀별 페이지 앞에 수록되어 있습니다. .

LG 트윈스
LG TWINS

종합

경기당 득점	경기당 실점	경기당 실책	수비효율
5.47 2위)1위	4.06 2위)3위	0.64 3위)3위	0.683 7위)4위
146(+24) 4.73(리그)	130(-0) 4.73(리그)	131(+20) 0.74(리그)	120(+23) 0.676(리그)

경기당 도루시도	도루성공률	경기당 희생번트	경기당 투수교체
1.2 1위)4위	71.2 9위)9위	0.44 6위)5위	3.74 6위)4위
110(-28) 1.0(리그)	77(+5) 74.9(리그)	108(+16) 0.41(리그)	116(+18) 3.87(리그)

타격

타율	출루율	장타율	OPS
0.278 3위)1위	0.361 2위)1위	0.409 8위)2위	0.770 4위)2위
150(+33) 0.262(리그)	149(+6) 0.338(리그)	130(+39) 0.389(리그)	140(+31) 0.727(리그)

삼진 회피	순출루	순장타	타석당 투구수
0.83 2위)1위	0.083 1위)3위	0.132 8위)4위	3.92 2위)4위
148(+9) 0.80(리그)	128(-22) 0.077(리그)	109(+35) 0.127(리그)	121(-10) 3.89(리그)

선발

ERA(선발)	경기당이닝(선발)	선발-피타율	선발-피순장타
3.52 2위)2위	5.43 3위)2위	0.256 6위)4위	0.107 1위)1위
134(-5) 4.21(리그)	135(+2) 5.12(리그)	110(+12) 0.260(리그)	135(-19) 0.125(리그)

SO9(선발)	Walk9(선발)	HR9(선발)	선발xRA9
7.31 6위)7위	2.98 5위)1위	0.61 1위)1위	3.79 1위)2위
84(-15) 7.84(리그)	141(+29) 3.66(리그)	137(-11) 0.82(리그)	129(-16) 4.53(리그)

구원

ERA(구원)	경기당이닝(구원)	구원-피타율	구원-피순장타
4.25 6위)3위	3.48 8위)9위	0.251 4위)2위	0.116 5위)2위
109(+13) 4.47(리그)	65(-4) 3.77(리그)	123(+8) 0.263(리그)	129(+11) 0.131(리그)

SO9(구원)	Walk9(구원)	HR9(구원)	구원xRA9
8.05 7위)4위	5.32 8위)8위	0.69 6위)1위	4.87 6위)2위
119(+16) 7.67(리그)	78(+2) 4.89(리그)	143(+43) 0.87(리그)	112(+18) 5.18(리그)

승률 - 기대승률 변화

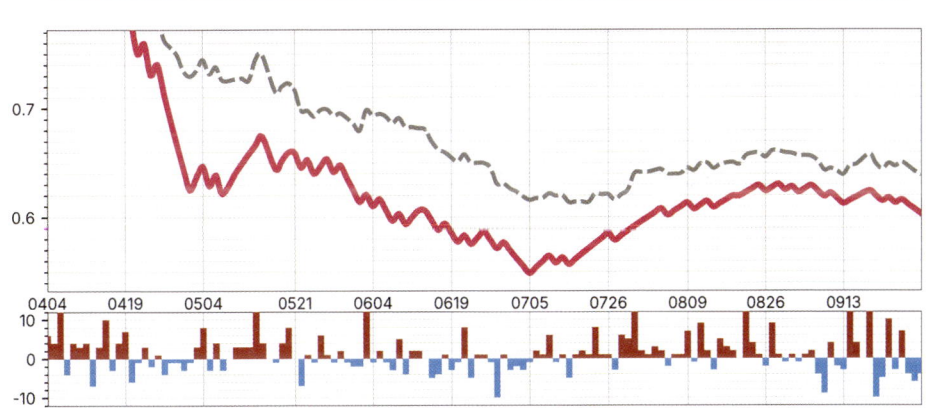

연승과 연패

03월22일-03월29일 7연승 경기당 7.9득점 1.9실점 (롯데,한화,NC 상대)

04월25일-05월02일 5연패 경기당 2.8득점 4.3실점 (KIA,한화,SSG 상대)

07월19일-07월26일 6연승 경기당 5.3득점 4.0실점 (롯데,KIA,두산 상대)

07월27일-08월05일 7연승 경기당 6.8득점 2.5실점 (두산,KT,삼성 상대)

08월17일-08월24일 6연승 경기당 6.3득점 2.4실점 (SSG,롯데,KIA 상대)

초반 - 중반 - 종반 승부

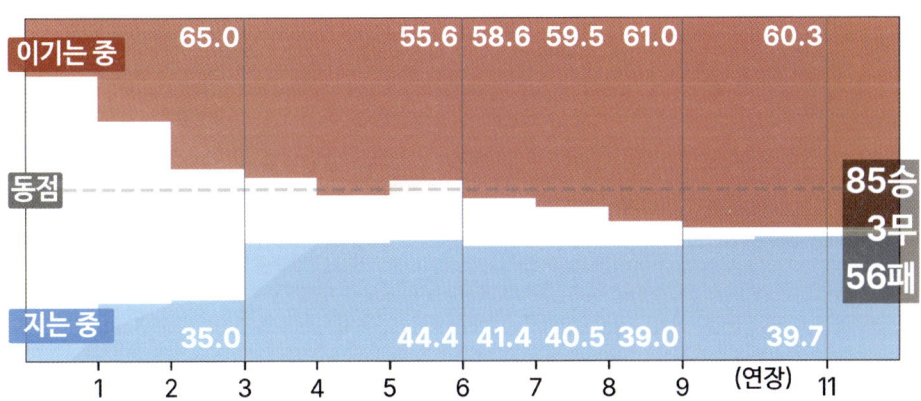

포지션 DepthChart

LF 618PA RC 68.8 (-4.6)
김현수 74G 2E RAA +6.4
문성주 26G 0E RAA +1.4
송찬의 12G 0E RAA -3.3

CF 582PA RC 78.3 (+8.1)
박해민 136G 1E RAA +8.4

RF 637PA RC 84.2 (+0.3)
문성주 76G 1E RAA +5.6
홍창기 40G 0E RAA +1.5
송찬의 17G 0E RAA -3.3

SS 599PA RC 69.2 (-1.2)
오지환 107G 9E RAA +0.2
구본혁 36G 3E RAA -0.3

2B 636PA RC 95.6 (+26.4)
신민재 113G 12E RAA +18.7
구본혁 26G 1E RAA +6.7

3B 628PA RC 79.4 (-1.1)
문보경 91G 14E RAA +5.2
구본혁 33G 2E RAA -2.2

1B 632PA RC 117.2 (+32.4)
오스틴 95G 8E RAA +32.3
문보경 18G 2E RAA +9.3

DH 614PA RC 98.6 (+15.3)
김현수 46G 0E RAA +10.4
문보경 26G 0E RAA -0.2
문성주 19G 0E RAA -0.7

C 602PA RC 81.4 (+19.2)
박동원 102G 8E RAA +17.0
이주헌 42G 4E RAA +2.3

5시즌 포지션별 공격력 추이(리그평균대비+)

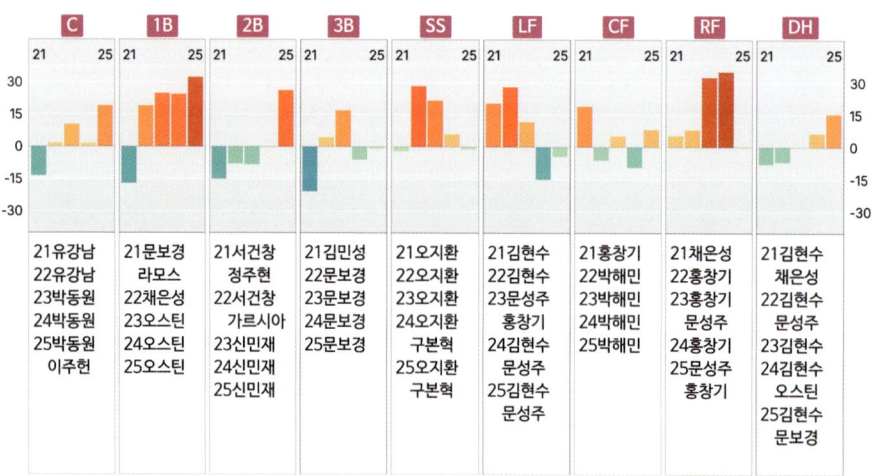

C	1B	2B	3B	SS	LF	CF	RF	DH
21유강남	21문보경	21서건창	21김민성	21오지환	21김현수	21홍창기	21채은성	21김현수
22유강남	라모스	정주현	22문보경	22오지환	22김현수	22박해민	22홍창기	채은성
23박동원	22채은성	22서건창	23문보경	23오지환	23문성주	23박해민	23홍창기	22김현수
24박동원	23오스틴	가르시아	24문보경	24오지환	24김현수	24박해민	문성주	23김현수
25박동원	24오스틴	23신민재	25문보경	구본혁	문성주	25박해민	24홍창기	24김현수
이주헌	25오스틴	24신민재		25오지환	25김현수		25문성주	오스틴
		25신민재		구본혁	문성주		홍창기	25김현수
								문보경

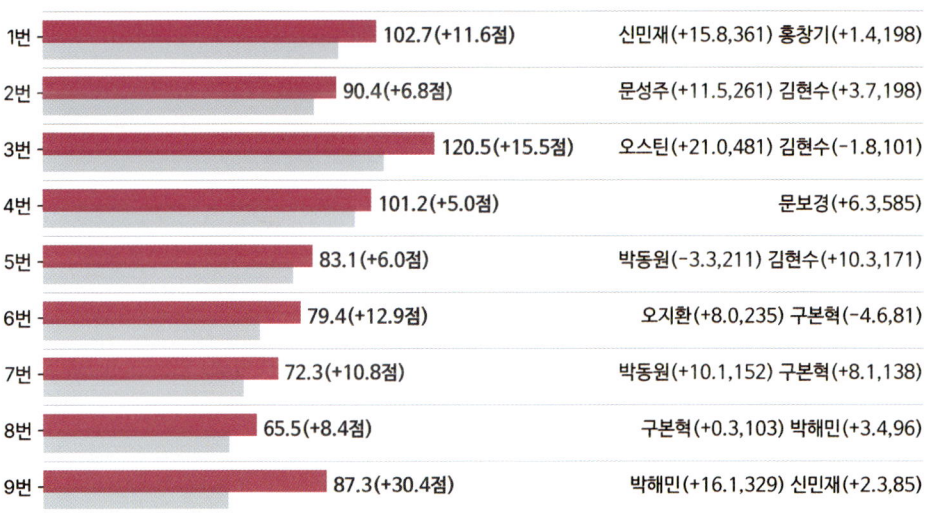

타순별 공격력(wRC)과 리그평균 비교

타순	wRC	선수
1번	102.7(+11.6점)	신민재(+15.8,361) 홍창기(+1.4,198)
2번	90.4(+6.8점)	문성주(+11.5,261) 김현수(+3.7,198)
3번	120.5(+15.5점)	오스틴(+21.0,481) 김현수(-1.8,101)
4번	101.2(+5.0점)	문보경(+6.3,585)
5번	83.1(+6.0점)	박동원(-3.3,211) 김현수(+10.3,171)
6번	79.4(+12.9점)	오지환(+8.0,235) 구본혁(-4.6,81)
7번	72.3(+10.8점)	박동원(+10.1,152) 구본혁(+8.1,138)
8번	65.5(+8.4점)	구본혁(+0.3,103) 박해민(+3.4,96)
9번	87.3(+30.4점)	박해민(+16.1,329) 신민재(+2.3,85)

유연했을 때
더 많이
이겼다

_신원철

"안녕하십니까. LG 트윈스 '우승 감독' 염경엽입니다." 입가에 웃음을
머금고 당당하게 말했다. 10월 5일 대전, LG 사령탑 취임 3년 만에 두
번째 우승이자, 2020년대 첫 2회 우승이라는 위업을 쌓은 직후였다.

송승기 ©LG 트윈스

2024 vs 2025, — 염경엽 감독은 얼마나 달라졌을까

염경엽 감독은 자부심을 가질 만했다. 우승 뒤 역대 KBO 리그 감독으로는 최고 대우인 3년 30억 원에 재계약했고, 처음 제정된 '올해의 감독상'까지 차지했다. 하지만 2025년 10월 1일 인천에서 한화가 SSG에 거짓말 같은 9회말 역전패를 당하지 않았더라면 그의 운명은 바뀌었을지도 모른다.

"승수를 벌어 놨고, 하늘이 도와줘서 우승할 수 있었다." 한화의 패배로 정규시즌 1위를 확정한 뒤 염 감독은 한숨 돌렸다는 듯 이렇게 말했다. 이날 LG는 NC에 3-7로 패하며 정규시즌 일정을 마쳤다. 3연패도 했다. 염 감독의 말처럼 하늘이 도운 1위였다.

LG는 정규시즌 마지막 8경기에서 2승 6패에 그쳤다. 이 8경기 307타석에 5명이 30타석 이상, 또 10명이 20타석 이상 나왔다. 후일담이지만, LG는 시즌 막판 부진 이유를 주전들의 체력 고갈에서 찾았다. 이기기 위해 주전을 계속해서 내보냈는데 정작 승률은 떨어지는 역설적인 결과가 찾아왔다.

2024년에도 비슷한 일이 있었다. 염 감독은 이 해 10개 구단 가운데 가장 적은 101개 선발 라인업을 짰다. 규정타석을 채운 선수는 7명으로 가장 많았는데 100타석 이상 선수는 12명으로 가장 적었다. 그만큼 주전들의 타석 비중이 높았고, 백업 선수에겐 기회가 적었다. 그래서 염 감독은 '쓰는 선수만 쓴다'는 비판을 받았다. 정규시즌 순위는 3위. 2023년 우승 뒤 "왕조 건설"을 외쳤지만 2년 연속 우승부터 무산됐다.

감독은 감독대로 할 말이 있다. 염 감독은 2024년을 돌아보면서 "주전만 쓴다는 비난을 받았지만 내 입장에선 성적을 내야 하니까 그렇게 했다. 3위를 했지만 6위까지 떨어질 수 있겠다고 생각했다. 있는 자원으로 어떻게든 순위는 올려야 했다. 그래서 3위에서 버텼다"고 회상했다. '주전만 써서 버텼다'와, '주전만 써서 졌다'는 평가가 엇갈린다.

그런데 2025년 LG가 가장 강력했던 시기는 주전이 '덜 뛴' 시기였다. LG는 85승 가운데 37승을 개막 직후 22경기(18승 4패)와 후반기 개시 뒤 23경기(19승 4패)에서 올렸다. 페넌트레이스

유연했을 때 더 이겼다			
기간	성적	타석 수 상위 10명 비중	팀 OPS
개막 직후 22경기(3.22~4.19)	18승 4패	87.8%	0.813(1위)
후반기 개시 후 23경기(7.17~8.15)	19승 4패	89.3%	0.824(1위)
정규시즌 마지막 8경기(9.19~10.1)	2승 6패	95.7%	0.670(6위)

일정의 ⅓ 도 안 되는 45경기에서 전체 승리의 44%를 쌓았다. 이때 선수 활용이 더 유연했다.

개막전부터 4월 19일까지 22경기에서 883타석을 17명이 나눠가졌다. 이 기간 타석 수 상위 10명의 비중은 87.8%다. 백업 포수 이주헌(17타석)과 백업 외야수 최원영(12타석)이 이틀에 한 번 이상 타석에 섰다. 팀 OPS는 0.813로 리그 1위였다. 2위 삼성(0.771)과 차이가 상당했다.

7월 17일에서 8월 15일까지 23경기에서는 모두 20명이 타석에 섰다. 상위 10명이 차지한 비율은 89.3%. 이주헌(29타석)과 최원영(24타석)이 계속 기회를 얻은 가운데 신인 박관우(27타석)도 경기당 한 차례 이상 타석에 나왔다. 이때도 팀 OPS는 0.824로 2위 NC(0.773)과 큰 차이를 보이며 1위였다.

하지만 2승 6패에 그친 마지막 8경기에서는 타석 상위 10명이 무려 95.7%를 차지했다. 이 기간 벤치 멤버의 타석을 모두 합쳐서 13타석이다. 이렇게 주전 '몰빵'을 했는데도 팀 OPS는 0.670으로 6위에 그쳤다.

두 번의 '로켓 스타트'가 휴식과 준비의 효과라고도 볼 수 있다. 그렇다면 시즌 막판 부진이 체력 고갈 영향을 받았다는 해석에 힘이 실린다. 지난해 LG의 100타석 이상 출장 선수는 여전히 10개 구단 가운데 가장 적은 14명. 홍창기와 오스틴이 부상으로 빠진 기간이 꽤 길었지만 선수단을 유연하게 운영하는 편은 아니었다.

염 감독이 2023년 우승의 원동력으로 생각한, 과감한 도루 시도는 이제 옛날 얘기다. LG는 2024년 후반기부터 이미 도루를 자제하며 팀 컬러를 바꿨다. 2년 연속 250회를 넘었던 도루

시도가 2025년에는 170회로 급감했다. 2024년 전반기 경기당 2.12회에서 후반기에는 1.17회로 줄었고, 2025년에는 전반기 1.19회 후반기 1.16회였다. LG는 더이상 '너무 많이' 뛰는 팀이 아니었다. 2025년 도루 시도는 NC(250회) 두산(187회) SSG(176회)에 이어 네 번째였다.

도루 시도를 줄였더니 득점 효율이 개선됐다. 2025년 LG는 안타+4사구 대비 득점이 38.7%로 리그 2위였다. 그런데 이들이 모두 득점 혹은 잔루로 나뉘는 것은 아니다. 출루한 뒤 아웃되는 경우도 있다. 2024년 출루 대비 주루 관련 아웃(도루실패, 주루사, 견제사) 비율은 2024년 7.3%로 압도적 1위였다. 후반기에 도루를 자제했음에도 그랬다. 이 수치는 2025년에는 5.2%(4위)로 낮아졌다. 아웃카운트 낭비가 적었다.

더이상 뛰지 않는 LG			
시기	도루 시도	경기당 도루 시도	성공률
2024 전반기	182회	2.12회	68.7%
2024 후반기	68회	1.17회	67.6%
2025 전반기	105회	1.19회	66.7%
2025 후반기	65회	1.16회	70.8%

한국시리즈에서는 5경기를 치르면서 도루 시도가 전혀 없었다. 안타 46개와 4사구 32개로 78명을 내보내고 35점을 올렸다. 주자생환률은 무려 44.9%에 달했다. 굳이 주자를 움직일 필요가 없었던 셈이다.

한국시리즈 내내 기회만 되면 뛰겠다고 했던 신민재는 "정말 뛸 상황이 오지 않았다"고 얘기했다. 진심인지 아닌지는 모르겠다. 신민재는 이미 후반기 56경기에서 도루를 단 7번만 시도했

2024-2025년 10개 구단 출루와 주루관련아웃						
2025년	득점	출루(A)	주루관련아웃(B)	B/A	득점/A	득점/(A-B)
LG	**788**	**2038**	105	5.15%	0.387	0.408
삼성	775	1980	88	4.44%	**0.391**	0.410
NC	732	1894	**123**	**6.49%**	0.386	**0.413**
한화	689	1832	103	5.62%	0.376	0.398
롯데	676	1939	81	4.18%	0.349	0.364
KIA	668	1869	73	3.91%	0.357	0.372
KT	648	1863	73	3.92%	0.348	0.362
두산	647	1832	109	5.95%	0.353	0.376
SSG	609	1802	90	4.99%	0.338	0.356
키움	**581**	**1704**	**58**	**3.40%**	**0.341**	**0.353**

2024년	득점	A=출루=(안타+4사구)	B=주루관련 아웃=(도루실패, 주루사, 견제사)	B/A	득점/A	득점/(A-B)
KIA	**858**	2130	93	4.37%	**0.403**	0.421
LG	808	2081	**152**	**7.30%**	0.388	0.419
롯데	802	2016	100	4.96%	0.398	0.419
두산	789	1966	110	5.60%	0.401	**0.425**
NC	773	2012	90	4.47%	0.384	0.402
삼성	770	1954	72	3.68%	0.394	0.409
KT	767	2042	68	3.33%	0.376	0.389
SSG	756	1914	74	3.87%	0.395	0.411
한화	745	1966	92	4.68%	0.379	0.398
키움	**672**	**1896**	**49**	**2.58%**	**0.354**	**0.364**

다. 9월 이후 도루 시도는 두 번에 불과하다. 정규시즌 막판 신민재는 "뛰었다가 감독님께 혼났다"고 했다. 염 감독은 홍창기를 잃은 가운데 신민재까지 빠지는 최악의 상황을 바라지 않았다. 그만큼 도루에 의한 부상을 극도로 경계하고 있었다.

체력 고갈을 불러온 주전 고집과 체력을 아끼기 위한 도루 자제. 얼핏 이율배반으로 보이지만 주전을 지켜야 한다'는 대명제에서 이해가 가는 측면도 있다. 주전이 나왔다가 교체되는 것과 주전이 나오지도 못하는 건 감독 입장에서 차이가 크다.

염 감독은 2025년 개막에 앞서 "유망주도 키우고 성적도 내겠다"고 공언했다. 주전이 확고한 팀을 물려받았음에도 육성에 의지를 보인 건 평가할 만 하다. 하지만 지금까지는 뚜렷한 결실로 이어지지는 않았다. 2023년과 2025년 두 우승시즌에서 주전은 거의 달라지지 않았다.

시즌 막판 부진도 여기에서 기인했을 수 있다.
2026년은 김현수가 빠진 자리를 채워야 하는
만큼 육성의 당위성이 더욱 커졌다.

문보경 ⓒLG 트윈스

문보경

바닥 뚫고 우주도 뚫고

한국시리즈 전까지는 '도저히 칠 것 같지 않았던' 슬럼프를 겪었다. 9월 이후 18경기 타율이 0.148. OPS는 0.437에 불과했다. '중간'이 없는 시즌이기도 했다. 2025년 시즌 타율이 0.276인데 월간 타율이 여기에 가장 가까웠을 때는 8월 0.283이다. 나머지 월간 타율은 0.310을 넘거나(3~4월, 5월, 7월) 0.240에도 못 미쳤다(6월, 9월 이후).

2025년 월간 OPS 표준편차로 본 '슬럼프 강도'는 4위였다. 규정타석을 채운 선수의 월별 월간 OPS 업다운을 구해보니 문보경의 표준편차는 0.200으로 나타났다. 한화 노시환(0.345), LG 오스틴 딘(0.276), 두산 양의지(0.270)에 이어 4위. '체감'과 다르게 느껴질 수 있다. 오스틴과 양의지의 월간 OPS 최저치는 0.694다. 이들은 '고점'이 높아 폼이 떨어졌을 때와 차이가 컸다. 문보경의 월간 OPS 최저치는 그보다도 훨씬 낮은 0.437(9월 이후)이다. 규정타석을 채운 달의 OPS로 봤을 때는 가장 깊은 수렁에 빠진 선수였다.

한국시리즈의 사나이

단일 KS OPS TOP 3		통산 KS OPS TOP 3	
24 김선빈	1.518	문보경	1.351
25 문보경	1.451	김선빈	1.241
86 김성래	1.444	우즈	1.160
20타석 이상		30타석 이상	

하지만 한국시리즈에서는 역사를 새로 썼다. 문보경의 2025년 시리즈 OPS는 1.451에 달했다. 역대 한국시리즈 2위(20타석 이상) 기록이다. 2024년 KIA 김선빈에 이어 두 번째다. 김선빈과는 달리 문보경은 MVP 수상에는 실패했다. 김현수(타율 0.529, 8타점)의 '임팩트'에 밀렸다. 투표에서는 팀 동료 앤더스 톨허스트(14표)와 박동원(10표)에도 밀려 딱 두 표만 얻었다. 문보경은 "4차전에서 이미 포기했다"며 웃었다. 이 경기 9회에 김현수는 역전 적시타를 기록했다. 하지만 통산 한국시리즈 OPS는 1.351로 끌어올렸다. 역대 시리즈 30타석 이상 출전 선수 가운데 1위다.

정규시즌 막판 슬럼프에도 2025년 WAR 4.2승으로 25세 이하 야수 5위에 올랐다. LG에서는 아주 소중한 기록이다. 지난해 LG의 2000년 이후 태어난 선수 가운데 200타석 이상 들어선 야수는 오직 문보경뿐이다. LG는 2023년 29년 만의 우승과 2025년 통산 4번째 우승 사이에 주전 변화가 거의 없었다. 나머지 주전 선수 나이를 생각하면 앞으로 성장을 기대할 만한 유일한 선수가 바로 문보경이다.

월간 OPS로 본 '슬럼프 강도'

	최고의 달	최악의 달	표준편차
노시환	1.221(9-10월)	0.602(5월)	0.345
오스틴	1.250(7월)	0.694(6월)	0.276
양의지	1.224(9-10월)	0.694(6월)	0.270
문보경	1.065(5월)	0.437(9-10월)	0.200

송승기 - 9라운드의 기적이 얼마나 어려운 일이냐면

KBO 리그에서 드래프트 9라운드 이하에서 지명을 받고 선발투수로 10승을 달성한 선수는 10명도 안 된다. 과거 연습생이나 신고선수로도 불렸던 육성선수를 포함해서 그렇다.

원년(1982년) 이후 1군 경기에 등판한 투수 가운데 10승을 한 번이라도 넘어선 선수는 약 17.5%. 그중에서도 9라운드 이하 투수는 11명으로 확 줄어든다. 1985년 송유석이 시작이었고, 2025년 송승기가 맥을 이었다. 10승 시즌 경기 40% 이상을 선발로 나선 선수는 8명. 송승기가 여기에 포함된다.

전조는 있었다. 2024년 상무에서 20경기 11승 4패 평균자책점 2.41로 '퓨처스리그(2군) 트리플 크라운'을 달성하며 기대감을 심어줬다. 그러면서도 9라운드 출신에 입대 전 1군에서 성과가 많지 않았다는 점에서 전역 후 활약에 물음표

9라운드 이하+10승 이상+선발 등판 40% 이상 투수			
이름	지명	첫 10승	
한용덕	87 빙그레 연습생	1990 13승	
윤형배	91 롯데 신고	1993 14승	
박석진	95 삼성 신고	1999 11승	
신승현	00 쌍방울 11R	2005 12승	
심수창	00 LG 11R	2006 10승	고졸 지명-대졸 입단
장원삼	02 현대 11R	2006 12승	고졸 지명-대졸 입단
배제성	15 롯데 9R	2019 10승	
송승기	21 LG 9R	2025 11승	

가 붙는 선수이기도 했다. 그런데 풀타임 선발 첫해에 규정이닝을 채우고 평균자책점 3.50으로 활약했다. 2025년 시즌 23세 이하 투수 가운데 WAR 1위(3.6승), 이닝 1위(144이닝)에 올랐다.

송승기 2025 최고의 경기		
날짜	경기 내용	GS
3월 27일 vs 한화	7이닝 1피안타 1볼넷 5탈삼진 무실점	79
4월 23일 vs NC	6이닝 무피안타 3볼넷 7탈삼진 무실점	76
6월 3일 vs NC	6이닝 1피안타 1볼넷 7탈삼진 무실점	76
6월 8일 vs 키움	7이닝 2피안타 2볼넷 5탈삼진 무실점	76

1군 복귀전부터 충격적이었다. 2025년 3월 27일 잠실 한화전에 선발 등판해 7이닝 무실점이라는 투구를 했다. 상대 선발투수는 한국 야구의 미래 에이스로 꼽히는 문동주였다. 시즌 초반 이닝 제한을 받은 문동주는 당초 30이닝 가량 투구가 예정됐다. 송승기의 호투에 자극됐는지 5회까지 마운드에서 서며 팽팽한 경기를 펼쳤다. 승자는 'LG 팬만 알던 유망주' 송승기였다. 23세 이하 대표팀 에이스 문동주와 선발 맞대결에서 승리한 것. 이 경기가 충격적인 이유는 또 있다. 송승기의 이날 게임스코어(GS)는 79점으로 2025년 선발 등판 경기 가운데 가장 높았다. 전역 후 첫 등판에서 시즌 최고의 투구를 펼쳤다는 얘기다.

김진성
다른 의미의 '만찢남'

만화 〈ONE OUTS〉 주인공 토구치 토아는 시속 130㎞ 안팎 느린 직구 하나만 던질 수 있는 투수다. 하지만 완벽한 제구력과 무브먼트 조절로 타자를 제압한다. 김진성은 토구치의 현실판에 가장 가까운 선수다.

구종은 오직 세 가지. 시속 140㎞ 초반 포심(46%)과 포크볼(50%), 그리고 가끔 던지는 슬라이더(약 4%). 사실상 '투 피치'다.

'구속 혁명'의 시대에 김진성의 구속은 그 자체로는 전혀 무기가 되지 않는다. 2025년 포심 평균 구속은 시속 142.3㎞. 규정이닝 3분의 1 이상을 던진 투수 119명 가운데 100위다. 그러면서도 스윙 대비 헛스윙률(Whiff%)은 23.9%로 30위. K/9는 8.02개로 44위였다. 느린 구속과 단순한 구종으로도 헛스윙을 유도했다.

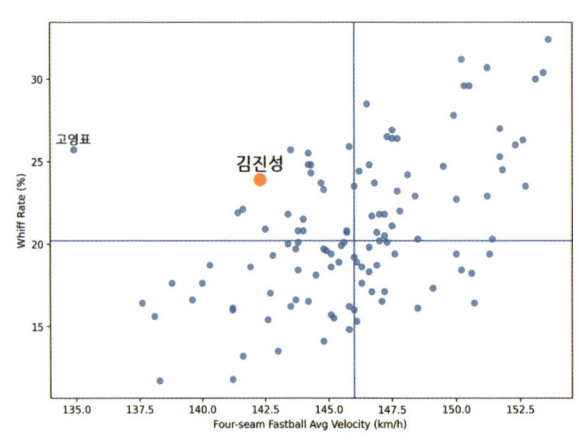

10개 구단 우완 필승조 가운데 김진성보다 평균 구속이 느렸던 투수는 키움 박윤성(시속 141.6㎞) 단 한 명. 박윤성은 아직 21세인 젊은 투수다. 고교 시절 시속 140㎞ 중반 구속을 보여줬던 만큼 앞으로 더 빠른 공을 던질 될 여지가 있다. 김진성과 달리 던지는 구종도 다양하다. 김진성보다 1살 많은 SSG 노경은도 나이를 잊은 활약을 펼쳤지만 그의 포심 평균 구속은 시속 146.2㎞로 위의 119명 중 55위였다. 포심 구속만 봤을 때는 '김진성 같은 투수'는 없었다.

공이 신통찮은 투수도 한 시즌 반짝할 수는 있다. 하지만 김진성은 최근 4년 동안 가장 많이 등판한 투수(296경기, 2위 유영찬 168경기)이자, 가장 많은 주자를 안고 등판한 투수(215명, 2위 유영찬 101명)였다.

그러나 이제는 벤치에서도 김진성이 40대 선수라는 사실을 받아들여야 할 것 같다. 2025년 평균 자책점은 전반기 3.60에서 후반기 3.16으로 나아졌다. 하지만 피 OPS는 전반기 0.632에서 후반기 0.713으로 올라갔다. 승계주자 실점률은 전반기 29.8%(14/47)에서 후반기 46.4%(13/28)로 크게 악화됐다. 김진성은 2026년 시즌을 앞두고 LG와 2+1년 비FA 다년 계약을 맺었다. 마흔 셋까지 뛰고 싶다는 꿈에 다가갔다.

김진성 ©LG 트윈스

한화 이글스
HANWHA EAGLES

종합

경기당 득점	경기당 실점	경기당 실책	수비효율
4.79 9위)4위	3.85 5위)1위	0.60 5위)1위	0.677 10위)6위
103(+22) 4.73(리그)	139(+43) 4.73(리그)	144(+38) 0.74(리그)	104(+46) 0.676(리그)

경기당 도루시도	도루성공률	경기당 희생번트	경기당 투수교체
1.0 8위)5위	72.7 10위)8위	0.55 8위)1위	4.07 8위)8위
98(+16) 1.0(리그)	86(+40) 74.9(리그)	146(+68) 0.41(리그)	77(-7) 3.87(리그)

타격

타율	출루율	장타율	OPS
0.266 8위)4위	0.335 7위)7위	0.395 9위)5위	0.730 9위)5위
115(+37) 0.262(리그)	92(+5) 0.338(리그)	109(+41) 0.389(리그)	103(+31) 0.727(리그)

삼진 회피	순출루	순장타	타석당 투구수
0.81 4위)4위	0.069 4위)9위	0.129 9위)5위	3.81 7위)10위
118(+18) 0.80(리그)	62(-55) 0.077(리그)	103(+34) 0.127(리그)	52(-36) 3.89(리그)

선발

ERA(선발)	경기당이닝(선발)	선발-피타율	선발-피순장타
3.51 7위)1위	5.24 10위)3위	0.236 10위)1위	0.115 2위)3위
134(+48) 4.21(리그)	113(+56) 5.12(리그)	155(+111) 0.260(리그)	119(-3) 0.125(리그)

SO9(선발)	Walk9(선발)	HR9(선발)	선발xRA9
10.03 3위)1위	3.11 6위)3위	0.70 3위)3위	3.37 9위)1위
166(+47) 7.84(리그)	133(+25) 3.66(리그)	120(-0) 0.82(리그)	145(+72) 4.53(리그)

구원

ERA(구원)	경기당이닝(구원)	구원-피타율	구원-피순장타
3.63 5위)2위	3.75 2위)5위	0.256 5위)4위	0.123 3위)4위
136(+29) 4.47(리그)	97(-38) 3.77(리그)	113(-2) 0.263(리그)	115(-10) 0.131(리그)

SO9(구원)	Walk9(구원)	HR9(구원)	구원xRA9
8.37 3위)1위	4.74 3위)4위	0.72 2위)2위	4.88 2위)3위
135(+17) 7.67(리그)	107(-5) 4.89(리그)	135(+3) 0.87(리그)	111(-12) 5.18(리그)

승률 - 기대승률 변화

연승과 연패

04월12일-04월23일 8연승 경기당 6.3득점 2.7실점 (키움,SSG,NC,롯데 상대)

04월25일-05월11일 12연승 경기당 4.7득점 2.1실점 (KT,LG,KIA,삼성,키움 상대)

06월10일-06월17일 5연승 경기당 6.0득점 2.0실점 (두산,LG,롯데 상대)

07월03일-07월22일 10연승 경기당 6.5득점 3.0실점 (NC,키움,KIA,KT,두산 상대)

08월09일-08월15일 5연승 경기당 4.7득점 3.0실점 (LG,롯데,NC 상대)

08월15일-08월22일 6연패 경기당 5.1득점 6.6실점 (NC,두산,SSG 상대)

08월22일-08월28일 5연승 경기당 4.2득점 1.3실점 (SSG,키움 상대)

초반 - 중반 - 종반 승부

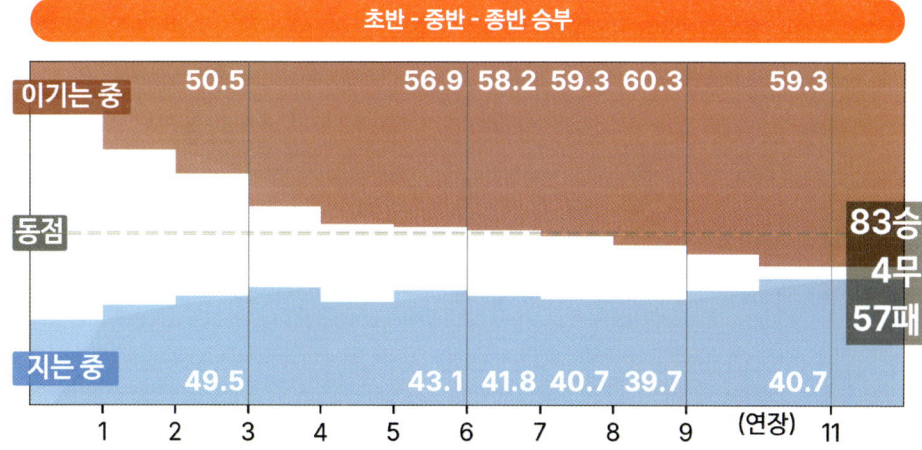

포지션 DepthChart

LF 634PA RC 88.7 (+13.4)
문현빈 104G 3E RAA +8.5
김태연 23G 1E RAA -0.0

CF 652PA RC 103.7 (+25.0)
플로리얼 62G 5E RAA +5.1
리베라토 58G 3E RAA +15.8
이원석 21G 0E RAA +0.0

RF 579PA RC 60.1 (-16.2)
이진영 81G 2E RAA -0.3
이원석 24G 0E RAA -14.2
김태연 23G 1E RAA -2.0

SS 545PA RC 52.2 (-11.9)
심우준 81G 7E RAA -12.2
하주석 48G 1E RAA +0.7
이도윤 15G 2E RAA -0.4

2B 572PA RC 44.9 (-17.4)
황영묵 61G 6E RAA -1.0
이도윤 45G 2E RAA -9.7
하주석 27G 1E RAA -2.1

3B 630PA RC 96.1 (+15.4)
노시환 143G 17E RAA +13.2

1B 613PA RC 77.1 (-5.2)
채은성 112G 6E RAA +5.5
김태연 26G 3E RAA -5.8

DH 622PA RC 60.9 (-23.5)
안치홍 34G 0E RAA -13.6
문현빈 30G 0E RAA +5.4
손아섭 29G 0E RAA -6.6

C 524PA RC 64.6 (+10.5)
최재훈 107G 5E RAA +19.4
이재원 35G 6E RAA -5.9

5시즌 포지션별 공격력 추이(리그평균대비+)

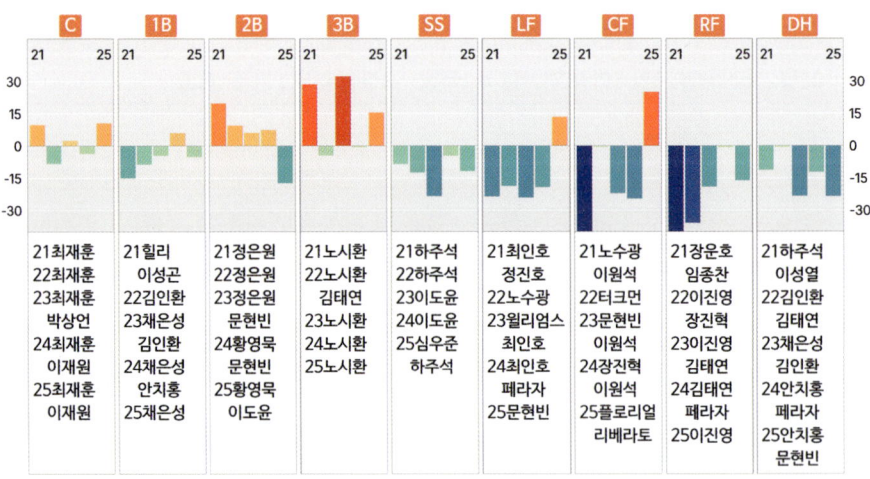

C	1B	2B	3B	SS	LF	CF	RF	DH
21최재훈	21힐리	21정은원	21노시환	21하주석	21최인호	21노수광	21장운호	21하주석
22최재훈	이성곤	22정은원	22노시환	22하주석	정진호	이원석	임종찬	이성열
23최재훈	22김인환	23정은원	김태연	23이도윤	22노수광	22터크먼	22이진영	22김인환
박상언	23채은성	문현빈	23노시환	24이도윤	23윌리엄스	23문현빈	장진혁	23채은성
24최재훈	김인환	24황영묵	24노시환	25심우준	최인호	24장진혁	23이진영	24안치홍
이재원	24채은성	문현빈	25노시환	하주석	24최인호	김태연	김태연	페라자
25최재훈	안치홍	25황영묵			페라자	이원석	24김태연	25안치홍
이재원	25채은성	이도윤			25문현빈	25플로리얼	페라자	문현빈
						리베라토	25이진영	

타순별 공격력(wRC)과 리그평균 비교

타순	wRC	선수
1번	74.5(-13.7점)	손아섭(-1.1,125) 이원석(-3.9,120)
2번	91.6(+10.1점)	리베라토(+16.9,269) 플로리얼(+2.9,154)
3번	95.4(-7.1점)	문현빈(-2.5,553)
4번	87.4(-5.7점)	노시환(-2.1,607)
5번	85.3(+10.8점)	채은성(+15.5,499)
6번	61.0(-4.3점)	이진영(+5.5,222) 김태연(+2.9,140)
7번	57.6(-2.3점)	이도윤(+3.3,147) 하주석(-0.2,98)
8번	64.1(+8.9점)	최재훈(+19.7,324) 이재원(-3.4,135)
9번	44.0(-10.7점)	심우준(-5.8,258) 황영묵(-1.1,89)

독수리는 '암흑기'의 중력장에서 탈출했을까

_이성훈

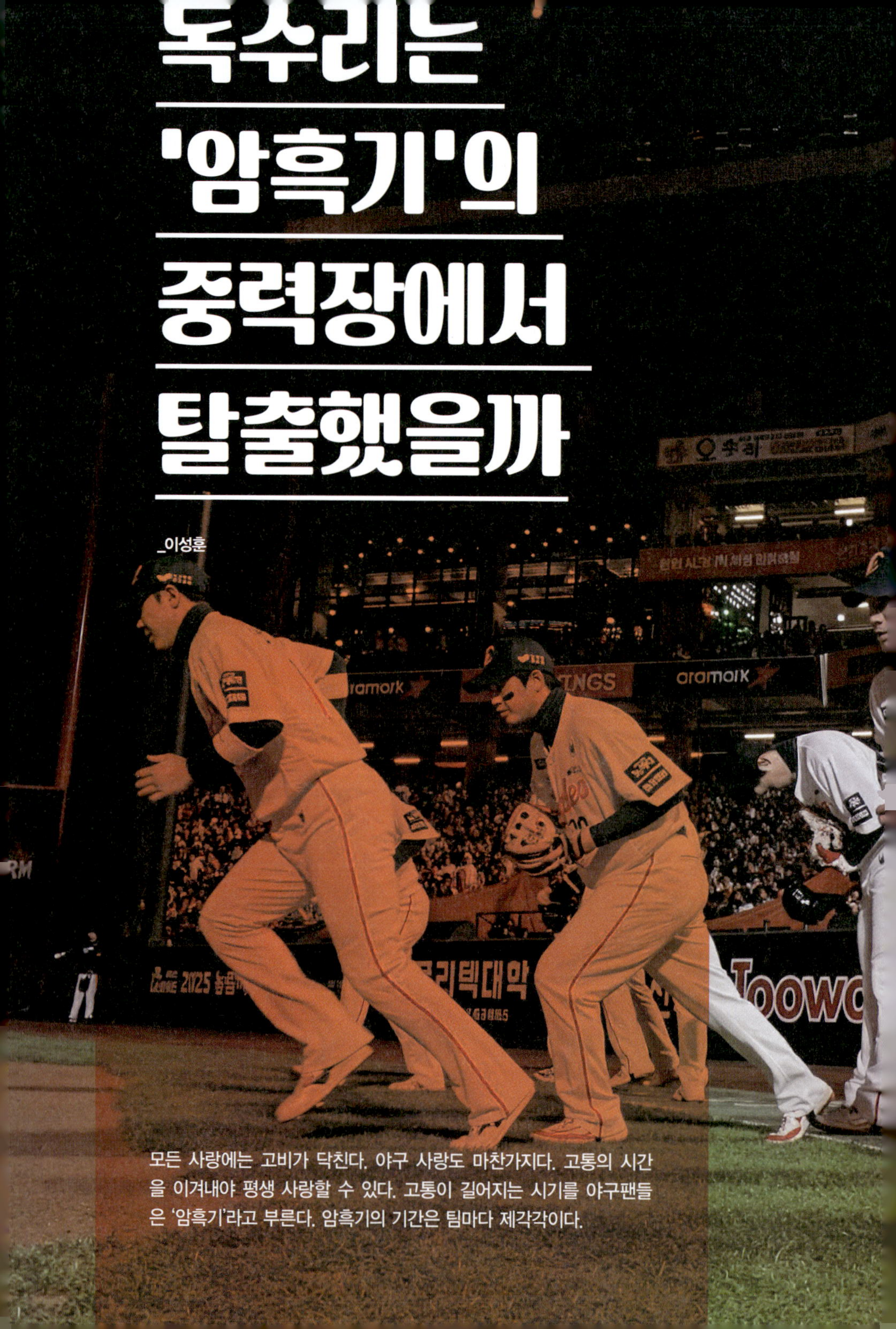

모든 사랑에는 고비가 닥친다. 야구 사랑도 마찬가지다. 고통의 시간을 이겨내야 평생 사랑할 수 있다. 고통이 길어지는 시기를 야구팬들은 '암흑기'라고 부른다. 암흑기의 기간은 팀마다 제각각이다.

암흑기 한화의 고질병이 사라졌다?

6년 이상 포스트시즌 진출 실패 구단			
팀명	연속 PS 진출 실패	이 기간 승률	'암흑기' 기간
빙그레/한화	2008년 ~ 2017년	0.417	10년
	2019년 ~ 2024년	0.385	6년
MBC/LG	1984년 ~ 1989년	0.466	6년
	2003년 ~ 2012년	0.434	10년
롯데	2000년 ~ 2007년	0.406	8년
	2018년 ~ 2025년	0.459	8년
두산	1985년 ~ 1992년	0.456	8년
삼미/청보/태평양	1982년 ~ 1988년	0.357	7년
현대/히어로즈	2007년 ~ 2012년	0.426	6년

삼성, KIA, NC, KT 없음

가장 암울한 시기를 보낸 팀은 한화로 보인다. LG는 10년 연속 포스트시즌 진출에 실패했고, 전신인 MBC 시절에도 6년 연속 '가을 가뭄'을 겪었다. 하지만 두 시기 사이의 기간이 꽤 길었다. 롯데도 지독한 암흑기를 두 번이나 겪었지만 '10년짜리'는 없었다. 2008년부터 2024년 사이에 딱 한 번 가을 야구를 했고, 이 기간 통산 승률 4할마저 위험했던 최악의 고통을 견딘 한화 팬들의 인내심 앞에선 모두가 겸손해져야 한다.

지난해 〈프로야구 넘버스북 2025〉에서는 한화의 '장기 암흑기'의 근본 원인으로 세 가지를 들었다.

– 반복되는 외국인 농사 실패
– 반복되는 국내 선수 육성 실패
– 반복되는 시스템 개혁 실패

2025년, 위 세 가지 고질병 중 첫 번째가 거짓말처럼 사라졌다. 그리고 두 번째 고질병도 2025년에는 종적을 감췄다.

폰세는 예전보다 훨씬 빠른 구속과 새 구종인 킥체인지업을 앞세워 KBO 리그를 평정했다. 독립리그에서 뛰던 2024년 일시대체 외국인선수로 KBO에 입성한 와이스도 눈부시게 발전했다. 패스트볼이 훨씬 빨라졌고, 주무기인 스위퍼는 더 느려졌다. 궤적 차이에다 속도 차이까지 더 커지면서 헛스윙이 급증했다. 탈삼진률 28.6%, xFIP 2.33. 모두 폰세와 앤더슨, 라일리에 이어 리그 4위였다. WAR 순위에서도 당연히 최상위권에 이름을 올렸다.

2025년 리그 투수 WAR Top 5			
투수	WAR	나이	WAR
폰세	8.4	38세	6.9
후라도	7.6	38세	6.8
네일	6.6	38세	6.0
앤더슨	6.5	39세	5.8
와이스	6.0	39세	5.3

자료=스탯티즈

두 선수의 활약은 그야말로 '역대급'이었다. 폰

세의 WAR 8.4승은 프로야구 역사상 외국인 투수 1위다. 폰세와 와이스의 WAR 합계는 14.3. 지난해 한화는 외국인 투수들의 합산 WAR이 가장 높았던 팀이었다. 프로야구 역사상 외국인 투수 합계 WAR 1위다. 즉 폰세와 와이스는 KBO 리그 사상 최고의 '외국인 원투 펀치'였다.

역대 외국인 투수 WAR가 가장 높았던 팀

연도	팀	투수 WAR	투수
2025	한화	14.3	폰세, 와이스
2007	두산	12.6	니퍼트, 보우덴
2015	롯데	12.0	린드블럼, 레일리
2024	롯데	11.8	반즈, 윌커슨
2020	두산	11.5	알칸타라, 플렉센

자료=스탯티즈

앞 두 시즌 한화는 외국인선수 WAR이 리그 최하위였다. 그런데 2025년 갑자기 1위가 됐다. 이런 경우는 리그 역사상 단 2번 밖에 없었다. 2015년 두산은 니퍼트의 부상과 다른 외국인들의 부진으로 시즌 외국인선수 WAR 꼴찌(2.08)을 기록한 채 4위로 준플레이오프(PO)에 올랐다. 이변을 거듭해 삼성 왕조를 격파하고 한국시리즈에서 '역대급 업셋'을 이뤘다. 이듬해 부활한 니퍼트와 새 외국인 투수 보우덴, 타자 에반스의 안정된 활약으로 통합 우승을 달성했다. 외국인 WAR 합계는 15.23으로 치솟아 리그 1위가 됐다. '용병 농사 꼴찌'가 1등으로 변신한 첫 사례였다. 2025년 한화가 두 번째 진기록을 썼다.

한화의 갑작스런 '외국인 풍년'에는 운과 실력 중 무엇의 지분이 더 클까?

한화가 최근 몇 시즌 동안 외국인 선발 관련 스태프를 교체 및 강화하고, 예전보다 많은 리소스를 쓰고 있는 건 사실이다. 폰세는 메이저리그로 돌아간 뒤 한화 구단의 지원이 인상적이었다고 몇 차례 이야기했다. 생활에 불편함이 없도록 신경을 써줬고, 일본 구단보다 훨씬 나은 데이터를 제공했다고 회상했다. 프로야구 취재를 오랫동안 했지만 "한화가 외국인을 잘 지원한다"는 말을 들은 건 처음이었다. 한화의 변화는 분명해 보인다.

일부 팬은 2025년 한화의 한국시리즈 진출을 '용병 빨'이라고 폄하하곤 했다. 폰세와 와이스가 '멱살 잡고' 한국시리즈로 끌어올렸다는 것. 하지만 국내 선수들도 큰 몫을 했다.

'리빌딩은 끝났다'라는 야심찬 슬로건에도 불구하고 2024년 한화의 국내 선수 전력은 기대에 못 미쳤다. WAR 23.0승으로 8위에 그쳤다. 〈넘버스북 2025〉에 쓴 대로 젊은 선수들은 성장하지 못했고, 베테랑 주전들은 단 한 명 예외도 없이 2023년보다 낮은 WAR을 찍었다. 말 그대로 '집단 퇴보'였다. 그런데 2025년 한화의 국내 선수 WAR은 33.2승으로 급상승했다. 1년 새 10승 이상을 더한 것이다. 삼성(36.9)에 이은 리그 3위이자 상승폭으로는 +12.1승인 LG에 이어 2위다.

한화의 국내 선수 전력 상승은 특정 선수에 의존하지 않았다. 2024년 주전 중 지난해 WAR이 가장 크게 상승한 선수는 노시환(2.5→4.9)이었다. 2.5승 이상 WAR 상승을 보인 선수는 아무도 없었지만 '십시일반'이 돋보였다. 선수 10명이 2024년보다 1승 이상 상승을 기록했다. 류현진(+0.2), 채은성(+0.2) 등 베테랑도 2024년보다 나은 활약을 보였다. 2024년보다 1승 이상 하락한 선수는 4명(황영묵, 최인호, 안치홍, 주현상)

국내 선수 WAR			
팀	2024	2025	증감폭
LG	37.1	49.3	+12.1
삼성	34.9	36.9	+2.0
한화	23.0	33.2	+10.2
KT	24.2	31.1	+6.9
SSG	21.4	30.8	+9.5
NC	25.7	25.6	-0.1
두산	36.7	24.7	-12.0
롯데	24.6	23.1	-1.6
KIA	39.0	20.7	-18.3
키움	12.3	-1.2	-13.5

자료=스탯티즈

국내 선수 전력이 급상승하는 경향이 있다고 〈넘버스북 2025〉에서 설명했다. 팀에 긴장감을 불어넣고 젊은 선수에게 동기를 부여하는 김 감독의 스타일이 또 효과를 발휘했을 가능성이 있다.

물론 우연히 여러 선수의 '좋은 시즌'이 겹쳤을 수도 있다. 앞으로도 꾸준하게 잘 할지 여부는 지켜봐야 한다. 오프시즌에서 강백호를 영입한 전력 보강도 '이게 최선인가?'라는 우려를 낳았다. 한화는 오랜 약점인 중견수 포지션에 또 의문부호를 달고 1월을 지나고 있다.

뿐이었다. 한화는 갑자기 '집단적 실력 향상'으로 탄탄한 국내 선수 전력을 보유하게 된 것이다. 이건 필연일까 우연일까?

2025년 한화에는 많은 것이 바뀌었다. 최신 시설이 갖춰진 새 홈구장에서 선수들은 훈련과 경기 준비의 질이 확 달라졌다고 입을 모았다. 직전 시즌 도중에 부임한 김경문 감독이 캠프부터 팀을 이끌었다. 김 감독이 부임한 팀에서

하지만 한화 팬들의 바람대로, 팀의 체질이 정말로 바뀐 거라면? 하위권을 맴돌며 얻은 드래프트 상위픽 유망주들이 달라진 팀 분위기와 시스템 속에 성장을 시작한 거라면? 폰세와 와이스를 대체할 외국인 선수를 알아볼 수 있는 눈이 생긴 거라면?

독수리는 마침내 암흑기의 중력을 벗어나 전성기로 가는 길을 찾은 것일 수도 있다.

한화와 FA 계약을 맺은 강백호 ⓒ한화 이글스

노시환,
기대와 욕망

당신은 노시환의 2025년에 대해 어떻게 느끼는가?

먼저 객관적 사실부터. 노시환은 훌륭한 타자다. 리그에서 10번째로 높은 WAR, 13번째 wRC+, 9번째 장타율을 기록했다. 생애 최다인 32홈런은 국내 타자 가운데 1위였다. 노시환을 둘러싼 환경이 다소 불리하게 바뀌었다는 점에서 더욱 인상적이다. 앞선 글 〈몬스터월'은 대전의 야구를 어떻게 바꿨나〉에서 설명한 것처럼, 한화생명볼파크는 옛 홈 구장보다 홈런을 치기 어렵다. 전보다 늘어난 강속구 투수들은 하이패스트볼로 ABS존 상단을 공략했다. 노시환은 리그를 대표하는 어퍼스윙 히터다. 어퍼스윙으로 대처하기 가장 어려운 공이 하이패스트볼이다. 심지어 2025년에 도루도 14개나 기록했다. 3루수 수비도 계속 견고하다.

게다가 노시환은 리그에서 가장 꾸준한 타자이기도 하다. 데뷔 후 7시즌 연속 출전 경기와 타석수를 계속 늘려갔다. 3년 연속 500타석, 2년 연속 600타석을 넘겼고 2025년에는 생애 첫 전 경기 출전을 해냈다. 2023년 이후 노시환보다 많은 타석에 들어선 타자는 없다. 이 기간 OPS는 0.863으로 국내 타자 중 7위다. 즉 노시환은 어떤 기준으로 봐도 KBO 리그에서 열 손가락 안에 들어가는 타자다.

2023-2025년 국내 타자 타석		
타자	타석수	OPS
노시환	1820	0.863
문보경	1751	0.845
정수빈	1737	0.730
구자욱	1699	0.955
김현수	1691	0.776

자료=스탯티즈

노시환은 2025년 생애 첫 가을야구에도 나섰다. 10경기에서 홈런 3개, 타율 0.381을 기록하며 4번 타자 역할을 준수하게 해냈다. 정규시즌에 가끔 깊은 슬럼프에 빠지는 것 외엔 특별한 약점을 찾기 어렵다. 긴 슬럼프는 노시환의 특성이라기보다는 오른손 장타자의 숙명에 가깝다. 콘택트형 좌타자라면 타격감이 좋지 않을 때도 1루까지 가까운 거리와 빠른 발을 이용해 빗맞은 타구를 내야 안타로 바꿔 성적을 유지할 수 있다. 비슷한 이유로 오른손 장타자는 병살타도 많다. 보통 한국야구에서 우타 장타자는 중심타선에 배치되고, 앞에 출루 능력이 좋은 테이블세터가 기용된다. 이들이 차린 밥상은 득점의 재료이지만, 발이 빠르지 않은 우타자에게는 병살타의 이유도 된다. 노시환이 리그 2위이자 한화 구단 역사상 가장 많은 병살타를 친 이유 중 하나다.

결론적으로 2025년 노시환은 예전처럼 좋은 활약을 꾸준하게 했다. 그런데도 만약 당신이 아쉬움을 느낀다면?

높은 기대 때문이다. 당신은 노시환에게 '그냥 좋은 타자'가 아니라 2024년 김도영, 2025년 안현민과 같은 슈퍼스타를 기대했다. 2023년 노시환은 23세 나이에 wRC+ 160.0점, WAR 6.74승을 기록하며 리그 MVP 투표에서 2위에 올랐다. 갓 전성기를 시작한 노시환이 계속 성장해 '대한민국 간판타자' 계보를 이을 것만 같았다. 하지만 노시환은 이후 두 시즌 모두 2023년을 넘어서지 못했다. A급 선수가 아닌 'A+'를 바라는 기대는 이번에는 충족될 수 있을까. 당신의 기대는 노시환 본인의 욕망이기도 할 것이다.

한국시리즈 4차전, 노시환의 출루
ⓒ한화 이글스

그날, 문현빈도 한화도 달라졌다

프로 입단 후 2년 동안 확실한 수비 포지션을 쟁취하지 못한 문현빈은 2025년 시즌 전 '백업 3루수'를 준비했다. 시즌이 시작되자 또 수비 포지션이 사라졌다. 지명타자로 5경기에 나왔지만 부진했고 이후 벤치로 밀려났다. 4월 5일 삼성전도 시작은 벤치 신세였다. 팀이 넉 점 뒤져 5연패 일보 전이던 8회 대타로 투입됐다. 이 순간 한화의 2025년과 문현빈의 야구 인생이 함께 바뀌었다. 추격의 동점 솔로포에 이어 9회 결승 석 점 홈런까지 터뜨렸다. 문현빈에게는 생애 첫 연타석 홈런, 한화에게는 귀중한 역전승이었다.

그리고 다음날부터 한화에는 문현빈이라는 새 주전 선수가 생겼다. 시즌이 끝날 때까지 문현빈은 모든 경기를 선발로 출전했다. 김경문 감독은 문현빈에게 좌익수라는 새 자리를 만들어 줬다. 문현빈은 가끔 가슴 철렁한 장면을 만들기도 했지만 주전 좌익수로 안착했다. 타순도 3번으로 고정됐다. '그 홈런' 이전까지 3승 8패로 꼴찌로 처져 있던 한화는 이후 133경기에서 리그에서 가장 높은 승률 0.620을 기록하며 19년 만에 한국시리즈에 진출했다.

가을야구에서도 문현빈은 돋보였다. 2009년 박정권에 이어 단일 포스트시즌에서 두 번째로 많은 16타점을 올렸다. 21세 이하 나이에 10타점을 넘긴 타자는 오직 문현빈 뿐이다. 국가대표로 발탁된 11월 한·일전 2경기에서도 문현빈은 전혀 주눅 들지 않았다. 안타 2개를 때려냈다. '사실상' 3개였다. 1차전에서 투수 마쓰모토 유키의 발에 원바운드로 맞은 타구를 노바운드로 판정한 심판진의 어이없는 오심 탓에 안타 하나가 날아갔다. 볼넷 2개까지 고르며 국제 경쟁력을 입증했다.

문현빈은 2025년 한국 야구 최고의 신데렐라 중 한 명이었다. 그리고 리그 3년차 이하 타자 중에 최고 선수가 됐다.

2025년 21세 이하 타자 OPS 순위		
타자	OPS	WAR
문현빈	0.823	2.42
박준순	0.686	-0.05
어준서	0.632	-0.81
김건희	0.615	0.3
김민석	0.567	-1.31

자료=스탯티즈

또한 2025년에 가장 발전한 타자 중 한 명이다. 전년 대비 타율이 가장 높아진 타자가 바로 문현빈이다.

이렇게 타율을 높일 수 있었던 동력은 콘택트 향상이다. 2024년 문현빈의 삼진 비율은 18.3%였지만 2025년엔 13.9%로 줄었다. 2025년 규정 타석을 채운 타자들 중 세 번째로 큰 감소폭이었다. 21세 이하 타자 중 삼진 비율 15%가 안 되는 타자는 문현빈 뿐이다.

문현빈은 그 이유를 미세한 타격 자세의 변화로 설명한다. 원래는 어린 시절 우상이던 김태균을 따라 투수쪽 어깨를 홈플레이트쪽으로 깊숙이 집어넣고 공을 기다리는 자세를 갖고 있었다. 앞쪽 어깨가 일찍 열려 스윙이 퍼져 나오는 걸 방지하는 타격 폼이다. 그런데 언젠가부터 어깨가 지나치게 닫혀있다 보니 공을 보는 시야가 좁아지고 빠른공에 대처가 늦다고 느꼈다. 그래서 어깨를 투수 쪽으로 조금 여는 변화를 줬다. 결과는 대성공이었다.

문현빈을 지켜본 야구인들은 한목소리로 '야구에 대한 진심'이 최고라고 칭찬한다. 이정후는 자신이 쓰던 국가대표 등번호 51번을 문현빈에게 물려주겠다고 선언했다. 그 진심을 느낀 선배가 '예쁜 후배'에게 주는 선물이다.

'타율 발전상'			
타자	2024년	2025년	상승폭
문현빈	0.277	0.320	0.043
전민재	0.246	0.287	0.041
한유섬	0.235	0.273	0.038
김주원	0.252	0.289	0.037
김형준	0.195	0.232	0.037

200타석 이상

스포츠서울 2025 올해의 선수상 타자상을 받은 문현빈
ⓒ한화 이글스

정우주 - 한화의,
-어쩌면 한국 야구의 '새로운 우주'

팀은 동점 상황인 9회말 노아웃 만루 위기에 몰렸다. 압도적인 구위로 삼진을 잡아낼 수 있는 투수가 필요하다. 현역 국내 투수 중에서 딱 한 명만 고를 수 있다. 누구를 선택해야 할까.

아마도 안우진이 정답일 것이다. 하지만 2025년 KBO 리그에서 뛴 투수로 한정하면 정답은 정우주일 수도 있다.

지난해 탈삼진률 1위는 당연히 폰세다. 그리고 2위가 정우주다. 36%로 국내 투수 중에선 최고다. 36%는 어마어마한 수치다. 프로야구 역사에서 이보다 높은 삼진 비율을 찍어본 국내 투수는 단 2명. 한국 야구 역사상 최고 투수 선동열과 최고 구원투수 오승환이다.

역대 국내 투수 탈삼진률

연도	투수	K %
1993	선동열	37.9%
2006	오승환	37.7%
2012	오승환	37.7%
2011	오승환	37.3%
1995	선동열	36.7%
2025	정우주	36.0%

자료=스탯티즈

구대성도, 최동원도, 임창용도 올라보지 못한 고지를 19살 신인 투수가 떡하니 점령했다. 전반기에 적응기를 거쳐야 했다는 점에서 더 대단하다. 올스타전 이후 투구는 더 무시무시하다.

후반기에 더 압도적이었던 정우주

전/후반기	경기	이닝	K%	BB%	WHIP	ERA
전반기	29	24⅓	29.6%	11.1%	1.11	4.81
후반기	22	29⅓	41.7%	7.5%	0.95	1.23

정우주는 6월초 부진을 겪은 뒤 한 달 가까이 2군에 머물렀다. 그리고 7월초에 훨씬 무서운 구위로 돌아왔다. 후반기 삼진 비율이 무려 41.7%로 치솟았고 볼넷은 감소했다. 전반기에는 없었던 선발 등판과 잦은 멀티이닝을 소화하면서도 '선동열/오승환 레벨'을 넘어섰다. '1이닝 9구 3K'의 진기록과 한일전 선발 등판 3이닝 4K 무실점은 어쩌면 자연스러운 결과였다.

정우주의 주무기는 오승환의 전성기를 연상시키는 강력한 포심패스트볼이다. 지난해 포심 구사율은 77%에 달했다. 2025년 50이닝 이상 던진 투수들 가운데 가장 높다. 2013년 이후로 범위를 넓히면 2019년 고우석의 77.4% 다음으로 높은 2위다. 그래서 타자들도 정우주의 포심만 노리지만 못 친다. 정우주의 직구에 스윙했을 때 헛스윙이 나오는 비율은 28.7%에 이른다. 리그 평균의 거의 두 배다. 메이저리거가 된 폰세와 앤더슨, 최고 마무리 조병현보다 훨씬 높다. 심지어 역대 국내 투수로는 가장 압도적인 시즌 중에 꼽히는 안우진의 2022년보다도 높다. 엄청난 회전수가 만드는 큰 수직 무브먼트가 포심 위력의 비밀이다. 한·일전에서 정우주의 직구 분당회전수(rmp)는 2600회에 이른 것으로 알려졌다. 미끄러운 표면 때문에 국내 공인구보다 회전수가 적게 나오는 메이저리그 공인구를 던진 결과라 더 놀라웠다. 2025년 메이저리그에서 포심을 100구 이상 투수 496명 중 2600rpm을 넘긴 투수는 14명에 불과하다. 2024년 3월 고척돔에서 LA 다저스 타선을 압도하며 데이브 로버츠 감독의 극찬을 받은 김택연의 포심이 2428rpm이었다. 김택연은 당시 KBO 공인구를 던졌다.

이제 막 19세 데뷔 시즌을 끝낸 정우주는 한화를 넘어 한국 야구에 너무나 중요한 존재가 됐다. 그의 전성기에는 어떤 우주가 펼쳐질까.

포심 헛스윙률(헛스윙/스윙)		
투수	Whiff%	피안타율
정우주	28.7%	0.182
앤더슨	26.3%	0.204
폰세	26.2%	0.225
조병현	20.9%	0.181
2022 안우진	20.3%	0.224

한국시리즈 5차전에 출전한 정우주
ⓒ한화 이글스

SSG 랜더스

SSG LANDERS

종합

경기당 득점	경기당 실점	경기당 실책	수비효율
4.23 8위)9위	4.00 10위)2위	0.74 8위)5위	0.689 6위)1위
69(-19) 4.73(리그)	133(+59) 4.73(리그)	101(+17) 0.74(리그)	136(+38) 0.676(리그)

경기당 도루시도	도루성공률	경기당 희생번트	경기당 투수교체
1.2 3위)3위	73.3 3위)7위	0.36 4위)8위	3.86 5위)5위
113(-0) 1.0(리그)	90(-33) 74.9(리그)	83(-27) 0.41(리그)	101(+1) 3.87(리그)

타격

타율	출루율	장타율	OPS
0.256 7위)8위	0.330 9위)9위	0.376 6위)7위	0.706 8위)9위
83(-5) 0.262(리그)	81(+10) 0.338(리그)	82(-19) 0.389(리그)	80(-10) 0.727(리그)

삼진 회피	순출루	순장타	타석당 투구수
0.79 7위)8위	0.074 8위)7위	0.120 5위)7위	3.88 8위)6위
76(-15) 0.80(리그)	84(+17) 0.077(리그)	85(-25) 0.127(리그)	92(+13) 3.89(리그)

선발

ERA(선발)	경기당이닝(선발)	선발-피타율	선발-피순장타
3.86 10위)3위	4.84 8위)9위	0.248 3위)2위	0.117 4위)5위
117(+55) 4.21(리그)	68(-4) 5.12(리그)	126(+6) 0.260(리그)	115(+9) 0.125(리그)

SO9(선발)	Walk9(선발)	HR9(선발)	선발xRA9
8.93 1위)2위	4.00 10위)7위	0.81 8위)6위	4.14 8위)3위
133(-22) 7.84(리그)	79(+50) 3.66(리그)	101(+23) 0.82(리그)	115(+35) 4.53(리그)

구원

ERA(구원)	경기당이닝(구원)	구원-피타율	구원-피순장타
3.36 7위)1위	4.07 4위)2위	0.238 2위)1위	0.106 8위)1위
148(+55) 4.47(리그)	137(+22) 3.77(리그)	147(+21) 0.263(리그)	148(+75) 0.131(리그)

SO9(구원)	Walk9(구원)	HR9(구원)	구원xRA9
7.70 1위)6위	4.26 10위)3위	0.80 10위)4위	3.65 5위)1위
102(-27) 7.67(리그)	131(+56) 4.89(리그)	117(+67) 0.87(리그)	158(+59) 5.18(리그)

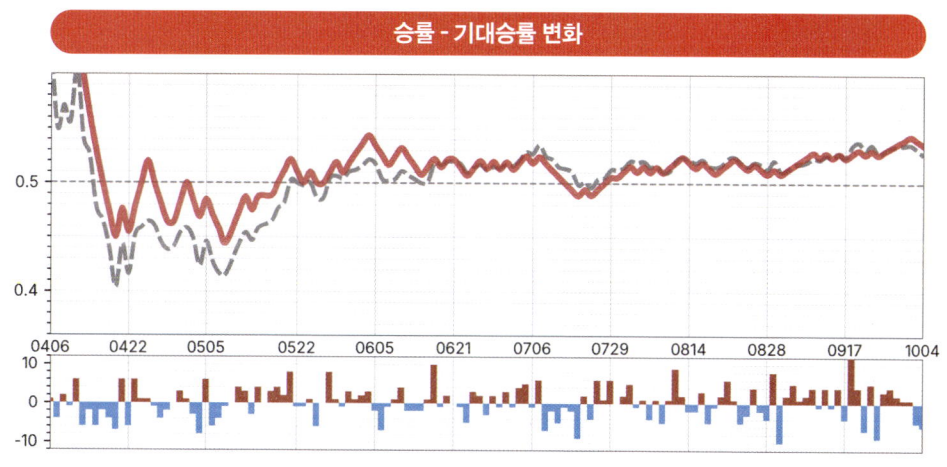

승률 - 기대승률 변화

연승과 연패

04월11일-04월19일 6연패 경기당 3.6득점 6.6실점 (KIA,한화,LG 상대)

07월08일-07월23일 6연패 경기당 2.6득점 5.4실점 (KT,두산,삼성 상대)

07월26일-08월01일 5연승 경기당 6.2득점 2.8실점 (한화,키움,두산 상대)

08월30일-09월07일 5연승 경기당 5.7득점 5.0실점 (NC,키움,KIA,롯데,LG 상대)

09월25일-10월01일 5연승 경기당 4.3득점 4.0실점 (KT,두산,롯데,키움,한화 상대)

초반 - 중반 - 종반 승부

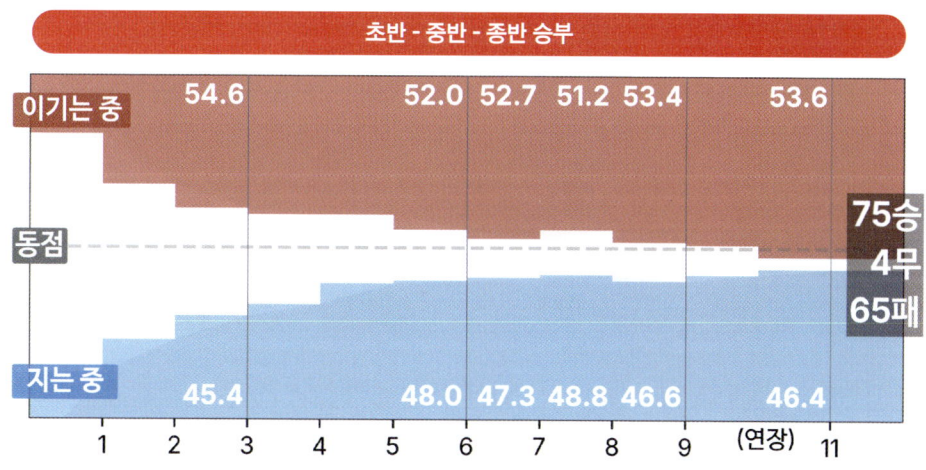

포지션 DepthChart

CF 626PA RC 80.1 (+4.6)
최지훈 128G 5E RAA +4.2

LF 618PA RC 85.4 (+12.0)
에레디아 86G 2E RAA +22.1
최준우 22G 0E RAA -1.4
오태곤 14G 2E RAA -3.1

RF 598PA RC 63.0 (-15.8)
한유섬 79G 2E RAA +1.5
김성욱 16G 0E RAA -2.5

SS 627PA RC 87.4 (+13.7)
박성한 124G 20E RAA +19.3
안상현 17G 3E RAA -3.1

2B 582PA RC 60.8 (-2.5)
정준재 102G 9E RAA -2.0
안상현 22G 2E RAA -0.3

3B 553PA RC 57.0 (-13.8)
최정 45G 4E RAA +7.7
안상현 32G 4E RAA +0.8
김찬형 20G 3E RAA -6.7

1B 604PA RC 59.5 (-21.6)
고명준 120G 3E RAA -12.4
오태곤 10G 0E RAA -3.4

DH 601PA RC 80.3 (-1.3)
최정 50G 0E RAA +0.3
한유섬 35G 0E RAA -1.0
류효승 24G 0E RAA +3.3

C 544PA RC 43.4 (-12.8)
조형우 80G 4E RAA -8.1
이지영 55G 3E RAA -6.4

5시즌 포지션별 공격력 추이(리그평균대비+)

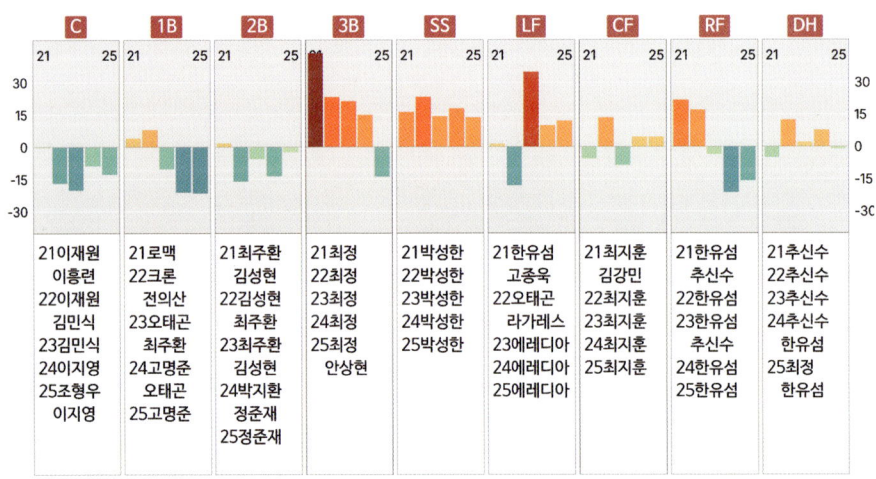

C	1B	2B	3B	SS	LF	CF	RF	DH
21이재원	21로맥	21최주환	21최정	21박성한	21한유섬	21최지훈	21한유섬	21추신수
이흥련	22크론	김성현	22최정	22박성한	고종욱	김강민	추신수	22추신수
22이재원	전의산	22김성현	23최정	23박성한	22오태곤	22최지훈	22한유섬	23추신수
김민식	23오태곤	최주환	24최정	24박성한	라가레스	23최지훈	23한유섬	24추신수
23김민식	최주환	23최주환	25최정	25박성한	23에레디아	24최지훈	추신수	한유섬
24이지영	24고명준	김성현	안상현		24에레디아	25최지훈	24한유섬	25최정
25조형우	오태곤	24박지환			25에레디아		25한유섬	한유섬
이지영	25고명준	정준재						
		25정준재						

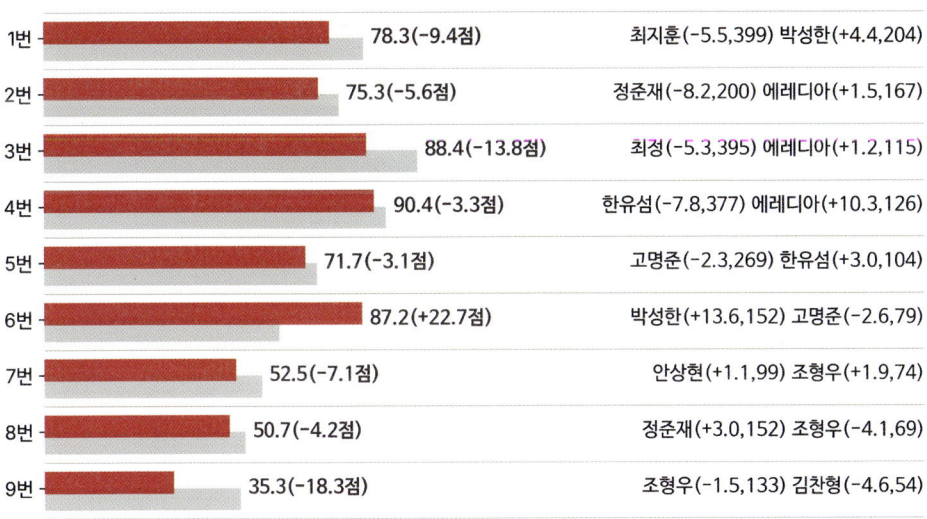

타순별 공격력(wRC)과 리그평균 비교

타순	wRC	선수 비교
1번	78.3(-9.4점)	최지훈(-5.5,399) 박성한(+4.4,204)
2번	75.3(-5.6점)	정준재(-8.2,200) 에레디아(+1.5,167)
3번	88.4(-13.8점)	최정(-5.3,395) 에레디아(+1.2,115)
4번	90.4(-3.3점)	한유섬(-7.8,377) 에레디아(+10.3,126)
5번	71.7(-3.1점)	고명준(-2.3,269) 한유섬(+3.0,104)
6번	87.2(+22.7점)	박성한(+13.6,152) 고명준(-2.6,79)
7번	52.5(-7.1점)	안상현(+1.1,99) 조형우(+1.9,74)
8번	50.7(-4.2점)	정준재(+3.0,152) 조형우(-4.1,69)
9번	35.3(-18.3점)	조형우(-1.5,133) 김찬형(-4.6,54)

이숭용이
증명한
성장형
리모델링

_황규인

반성문을 쓸 시간이다. 〈넘버스북 2025〉에 SSG 구단 꼭지를 쓰면서 이렇게 마무리를 했더랬다.

"아, 제일 중요한 1군 감독 이야기는 SSG 팬 여러분 정신 건강을 생각해 일단 생략하기로 한다. 혹시 하나. 이(숭용) 감독이 1년 만에 명장이 되는 그런 낭만적인 그림이 그려질지."

문학의 영광과 청라의 기다림

이 감독이 2025년 명장 반열에 올랐다고 할 수 있는지는 여전히 팬마다 생각이 다를 터. 그래도 1년 만에 감독도 성장할 수 있다는 걸 보여줬다는 사실까지 부인하기는 쉽지 않다. 이해에 처음 생긴 KBO 감독상 투표 때 한국야구기자회 소속 기자 5명이 그에게 표를 던진 이유일 것이다. 그리고 그 5명 중 한 명이 지금 이 글을 쓰고 있다.

프로야구를 몇 년만 봐도 시즌 전망은 원래 크게 믿을 게 못 된다는 걸 알게 될 테지만 2025 시즌 개막 전 SSG 예상 순위는 7, 8위 정도였다. 실제로는 3위 성적표를 받아들였다. 전반기에 못하고 후반기에 잘하는 게 꼭 좋은 모습이라고 볼 수는 없다. 그래도 SSG가 전반기에 6위(승률 0.512·43승 41패 3무), 후반기에 2위(승률 0.571·32승 24패 1무)였다는 사실도 이 감독이 '성장형'이라는 근거는 될 수 있다. 그리고 이 감독은 팀도 성장형으로 만들었다.

SSG는 2022년 (정규시즌 첫날부터 한국시리즈 마지막 날까지 계속 선두 자리를 지키는) '와이어 투 와이어' 우승을 차지한 뒤 "리모델링을 시작한다"고 밝혔다. 그러면서 "리빌딩이 급진적으로 세대교체를 이끄는 것이라면 리모델링은 기본 축을 유지하면서 서서히 변화를 이어가는 것"이라고 설명했다. 지난해부터 SSG 지휘봉을 잡은 이 감독이 취임 일성으로 '신구조화와 유망주 성장'을 강조한 이유도 여기에 있었다.

2024-2025년 프로야구 '가중 평균' 나이			
구단	2024년	2025년	차이
두산	28.8	27.7	-1.1
삼성	28.9	27.9	-1.0
SSG	29.7	28.9	-0.8
롯데	28.3	27.8	-0.5
키움	26.8	26.3	-0.5
NC	27.9	27.5	-0.4
KT	29.5	29.4	-0.1
한화	28.2	28.3	+0.1
LG	29.2	29.4	+0.2
KIA	29.0	29.5	+0.5

2024년은 확실히 실패였다. 기본적으로 출전 선수 '가중 평균 나이'가 너무 많았다. 만약 20세 선수와 30세 선수가 같은 포지션을 놓고 경쟁한다고 하자. 20세 선수와 30세 선수가 똑같이 100타석씩 들어섰다면 가중 평균 나이는 25세가 된다. 그런데 20세 선수가 150타석, 30세 선수가 50타석이라면 가중 평균 나이는 22.5세로 줄어든다. 거꾸로 20세 선수가 50타석, 30세 선수가 150타석이라면 27.5세로 올라간다. 이를 통해 어떤 선수에게 기회를 더 많이 줬는지 알 수 있다.

타자는 타석, 투수는 상대 타자 숫자를 기준으로 계산하면 2024 SSG 내국인 선수 가중 평균 나이는 29.7세였다. 프로야구 10개 팀 가운데 가장 이 나이가 많은 팀이 SSG였다. 2025년에는 28.9세로 0.8세 낮아졌다. 이제는 5위다. 두산이 28.8세에서 27.7세로 1.1세, 삼성이 28.9세에서 27.9세로 낮아져 감소폭이 더 컸지만 성적 하락을 피하지 못했다. SSG는 6위에서 3위로 성적을 끌어올리면서 이런 기록을 남겼다.

23세 이하 내국인 선수 WAR 합계

구단	WAR
SSG	11.3
삼성	10.8
한화	9.6
NC	8.9
KT	7.1
LG	6.7
롯데	6.1
두산	2.2
KIA	0.7
키움	−9.6

더욱 고무적인 건 23세 이하 내국인 선수만 따로 WAR를 계산했을 때 SSG가 1위(11.3승) 구단이라는 점이다. 2002년생 조병현(WAR 3.4승)은 마무리 투수 자리를 꿰차며 30세이브를 올렸고 2004년생 이로운(2.9승)은 33홀드를 올리면서 21세 이하 투수 역대 최다 홀드 기록을 새로 썼다. '소포모어 징크스'에 시달렸다는 평을 듣는 2003년생 내야수 정준재도 WAR 1.9승이었다.

또 2002년생 선발 투수 김건우(1.4승)는 준플레이오프(PO) 2차전에서 1회초 시작과 함께 6타자 연속 탈삼진 기록을 세웠고, 동갑내기 1루수 고명준(0.8승)은 준PO 1-3차전에서 세 경기 연속 홈런포를 터뜨렸다. 역시 2002년생인 포수 조형우(0.6승) 역시 팀 차세대 안방마님으로 자리매김했다.

2025년 SSG 1군 엔트리에 한 번이라도 이름을 올린 23세 이하 선수 15명 가운데 WAR이 마이너스(−)였던 선수가 2명(13.3%)밖에 없다는 점도 긍정적인 점이다. 나머지 9개 팀에서는 같은 나이대 147명 중 87명(59.2%)이 마이너스였다. 프로 생활을 하면서 기복을 피할 수야 없겠지만 SSG에는 오늘보다 내일이 더 기대되는 선수가 그만큼 많다고 할 수 있다.

2025년 구원진 성적

구단	평균자책점	WAR
SSG	3.36	13.9승
한화	3.63	10.1승
LG	4.25	5.2승
두산	4.34	1.6승
KT	4.45	4.3승
삼성	4.48	5.4승
NC	4.55	3.5승
롯데	4.65	4.2승
KIA	5.22	0.6승
키움	5.79	−7.7승

조병현과 이로운이 이 글에서 가장 먼저 나온 선수 이름인 데는 이유가 있다. SSG가 2025년 잘 나간 제일 큰 이유로는 구원진 활약을 꼽을 수 있다. '민노이조'(김민-노경은-이로운-조병현) 필승 계투진을 앞세운 SSG는 평균자책점 3.36으로 시즌을 마쳤다. 이해 구원진 평균자책점이 가장 낮은 팀이 SSG다. 2024년에는 5.25로 10개 구단 중 7위였다.

평균자책점 '분식회계' 의혹으로부터 가장 자유로웠던 팀도 SSG다. SSG 더그아웃에서 투수 교체 카드를 꺼내 들었을 때 누상에 있던 상대 팀 주자는 총 265명이었다. 이들 중 27.2%인 72명만 홈을 밟았다. 10개 구단 중 승계주자 실점률이 가장 낮은 팀이 SSG다. 이 비율이 가장 높았던 KIA(39.8%)와 비교하면 12.6%포인트 차이가 났다.

그렇다고 선발진이 못 던진 건 아니다. SSG 선발진은 평균자책점 3.86으로 시즌을 마쳤다. 전년도 최하위(5.26)였던 순위를 3위로 끌어올렸다. 1988년생 김광현(평균자책점 5.00)과 한 살 어린 문승원(5.13)이 '에이징커브'라는 다섯 글자를 떠올리게 하는 부진에 빠진 가운데도 일군 성과다.

SSG 팬들은 1년 사이에 이런 '업그레이드'가 일어난 이유로 경헌호 투수코치 영입을 꼽는다. 경 코치는 2024년 시즌이 끝난 뒤 선수와 지도자 생활을 통틀어 처음으로 SSG 유니폼을 입었다. 그러나 스프링캠프 때부터 바로 SSG 투수 장단점 파악을 끝냈다는 평가를 들었고 시즌을 통해 결과로 증명했다.

2024-2025년 팀 OPS			
구단	2024년	2025년	차이
삼성	0.774	0.780	0.006
LG	0.780	0.770	-0.010
NC	0.781	0.743	-0.038
KIA	0.828	0.734	-0.094
한화	0.745	0.730	-0.015
롯데	0.782	0.718	-0.064
두산	0.774	0.714	-0.060
KT	0.772	0.706	-0.066
SSG	0.762	0.706	-0.056
키움	0.717	0.671	-0.046

투수진이 성공 사례를 남긴 것과 달리 야수진은 명성에 흠집을 남겼다. SSG 안방 문학구장은 대표적인 '홈런 공장'으로 손꼽히는 곳이지만 이 시즌 SSG는 팀 홈런 5위(127개)에 그쳤다. 아니, 어쩌면 그나마 안방구장 덕에 홈런 순위는 5위였는지도 모른다. 팀 OPS(0.706)는 공동 8위, 공격 WAR(15.1승)은 9위였다. SSG 타선은 5월 17일 대전 경기에서 한화 선발 투수 폰세에게 프로야구 역대 한 경기 최다인 18탈삼진 기록을 헌납하기도 했다.

시즌 개막 전 4년 총액 110억 원에 계약한 1987년생 간판타자 최정은 시즌 내내 햄스트링(허벅지 뒤 근육) 부상에 시달리며 OPS 0.842에 그쳤다. 2007년(0.774) 이후 가장 나쁜 성적이다. 최정은 20025년 406타석에 들어섰는데 이 역시 2015년 330타석 이후 가장 적은 숫자다. 자연스레 몸에 맞는 공(12개)도 2015년(5개) 이후 가장 적었다.

2024년 591타석에 들어서며 타율 0.360으로 타격왕에 올랐던 기예르모 에레디아도 2024년에는 표피 낭종 질환과 자녀 출생 등으로 415타석 출전에 그쳤다. 역시 규정 타석(446타석) 미달이다. 그래도 전반기에 0.714였던 OPS를 후반기에 1.038로 끌어올리면서 재계약에 성공했다. 대신 연봉 총액은 전년도 180만 달러에서 130만 달러로 줄었다.

SSG는 결국 시즌 종료 후 강병식 타격코치와 결별하면서 새 판 짜기에 나섰다. 2023년 팀 OPS 4위(0.725) 팀이던 SSG는 강 코치 부임 첫 해였던 2024년에도 팀 OPS 7위(0.762)를 기록했었다. SSG는 이와 함께 두산에서 15년 동안 뛰면서 통산 276홈런을 쏘아 올린 인천고 출신 1988년생 왼손 타자 김재환도 영입했다.

SSG는 이 과정에서 'FA 제도 허점을 이용했다'는 비판도 받았다.

2025년이 '리모델링' 성공 가능성을 보여준 해였다면 2026년은 그 리모델링을 완성하는 해가 되어야 한다. 그러려면 2025년보다 '뉴 페이스'가 더 많이 필요하다. 특정 나이대에서 잘하는 선수로 꼽히는 것과 팀 붙박이로 아예 자리를 잡는 건 차원이 다른 문제다. SSG를 대표하던 선수들이 한 살씩 나이를 더 먹는다는 점에서 더더욱 그렇다. 최정을 풀타임 3루수로 쓸수 없는 시간이 점점 다가오고 있다.

그런 점에서 사실상 붙박이 지명타자에 가까운 김재환을 영입한 게 선수단 운용에 어떤 영향을 끼칠지가 2026년 관전 포인트가 될 수 있다. 김재환이 부활에 성공했을 때는 당연히 OK. 아예 써야 할 이유가 없을 정도로 못 칠 때도 오히려 괜찮다. 애매한 성적을 내면서 지명타자 슬롯을 차지하고 있을 때는 시즌 운용 전체에 걸림돌이 될 수도 있다.

비슷한 이유로 2026년 6월 1일 국군체육부대(상무)에서 제대하는 전의산이 어떤 컨디션으로 복귀할지도 주목해 볼만하다. 전의산도 어느덧 26세 시즌을 맞이하는 만큼 2020년 '기합 사건'에 연루된 후에도 구단에서 그에게 계속 기회를 준 이유를 증명해야 한다. 전의산이 1루에 연착륙할 수 있다면 고명준이 3루수로 이동하는 장기 플랜도 고려해 볼 수 있다.

SSG에 2026년 그리고 2027년은 '문학 시대'를 밝게 빛낸 이들에게 경의를 보내는 시간이자 2028년 청라돔 시대를 환하게 비출 유망주를 '인큐베이팅' 하는 골든 타임이다. 2024년 '초짜' 티를 벗지 못했던 사령탑도 1년 사이 제법 그럴

듯한 1군 감독이 됐다. 2026년 SSG는 홈런포를 앞세워 청라 시대 서곡을 완성할 수 있을까.

이율예라면...
이율예니까...

2025년 SSG 신인 포수 이율예는 WAR 0.1승으로 데뷔 첫 시즌을 마쳤다. 1군 8경기에 나와 13타석에 들어섰을 뿐이다. 그리고 시즌이 끝난 뒤 바로 국군체육부대(상무)에 지원해 합격했다. 앞으로 두 시즌은 1군 무대에서 활약할 일이 없다는 뜻이다. 그러나 2025년 프로야구는 이율예 없이는 설명할 수 없다. 1군 통산 8번째 타석에서 시즌 1위를 확정하는 홈런포를 쏘아 올렸기 때문이다.

이율예 ⓒSSG 랜더스

이율예는 10월 1일 안방 한화전에서 팀이 4–5로 끌려가던 9회말 2사 주자 1루 상황에 타석에 들어섰다. 그리고 상대 마무리 투수 김서현이 두 번째 공으로 던진 시속 148㎞짜리 속구를 받아쳐 왼쪽 담장을 넘기는 끝내기 2점 홈런을 쳤다. 같은 날 정규시즌 마지막 경기였던 잠실 NC전에서 3–7로 패해 자력 우승 기회를 놓친 LG는 이 홈런으로 한국시리즈 직행 티켓을 따낼 수 있었다. 그 덕에 이율예도 말 그대로 '전국구 스타'가 됐다.

LG에 정규시즌 우승 팀 타이틀을 안긴 이 홈런은 이율예의 통산 2호 홈런이자 통산 2호 안타이기도 했다. 이율예는 10월 2일 경기에서도 홈런을 추가했다. 프로 데뷔 첫 안타 3개가 모두 홈런이었던 것. 프로야구 출범 이후 최초 기록이다.

이율예는 강릉고 1학년 때부터 주전 안방마님 자리를 꿰차며 '또래 포수 가운데는 비교할 선수도 없다'는 평가를 들었던 유망주였다. 경남 마산 출신인 이율예는 중학교(원동중) 때까지 경남권에서 뛰다 "강릉고 훈련이 정말 힘들다"는 이야기를 듣고 입단 테스트를 받으러 갔다. "야구를 배우기 좋은 환경일 것 같다"는 이유였다.

고교 1학년 때만 해도 '타격이 수비에 비해 아쉽다'는 평가를 듣던 이율예는 2학년이던 2023년 18세 이하(U–18) 야구 월드컵에 다녀온 뒤 타격에도 눈을 떴다. 2024년 같은 대회 때는 팀 주장을 맡기도 했다. 이율예는 "웬만한 학교 에이스 투수들 공을 다 받아보면서 야구를 보는 시야도 넓어지고 경기를 어떻게 풀어 나가야 하는지도 배웠다"고 말했다.

이율예는 상무 입대를 확정한 상황에도 2024년 시즌이 끝난 뒤 팀 유망주 캠프에 참가해 다른 선수들과 똑같이 훈련을 소화했다. 이율예는 "상무에 간다고 해서 야구를 그만 하는 건 아니지 않나. 데뷔 후 첫 비시즌을 허투루 보내고 싶지 않았다. 지금 준비를 잘해야 전역을 하고 나서도 잘할 수 있을 것 같다"고 했다.

이율예가 1군에 돌아오는 2028년 SSG는 '청라돔 시대'를 맞이한다. 1군에서 포수로 22이닝밖에 소화하지 못한 채 입대하는 이율예가 청라돔 개장 경기에 선발 출장한다는 건 현실적으로 쉽지 않은 이야기다. 그렇다고 아주 불가능한 것도 아니다. 혹시 또 아는가. 이율예라면, 아니 어쩌면 이율예니까.

데뷔 첫 3안타가 모두 홈런			
타수	타율	OPS	wRc+
13	0.231	1.154	185

김광현, 더도 말고 덜도 말고 두산전만 같아라

김광현은 2025년 연봉으로 30억 원을 받았다. 2025년 1위 기록인 건 물론 프로야구 역사 전체에서도 두 번째로 큰 금액이다. 이 부문 1위 기록 역시 김광현이 2022년에 받은 81억 원이다. 메이저리그에 진출했다 2022년 복귀하면서 FA 계약이 아닌 비FA 다년 계약을 맺는 바람에 생긴 일이다.

김광현은 2022년 WAR 6.6승을 기록하면서 4년 총액 151억 원이 아깝지 않은 활약을 펼쳤

김광현 ⓒSSG 랜더스

다. 한국시리즈 때는 우승 '헹가래 투수'가 되기도 했다. 그러나 이후로는 △2023년 3.6승 △2024년 3.0승 △2025년 1.6승으로 내리막길이다. 누구도 세월을 이길 수 없다는 사실을 증명한 것이다. 1988년생인 김광현은 2026년 38세 시즌을 맞이한다.

김광현은 2025년에 144이닝을 던져 10승 10패 평균자책점 5.00에 138탈삼진을 기록했다. 규정이닝을 채운 투수 가운데 KIA 양현종(5.06) 한 명만 김광현보다 평균자책점이 나빴다. 김광현이 5점대 평균자책점을 기록한 것도 2025년이 처음이다. 10월 3일만 해도 시즌 평균자책점 4.79였지만 규정 이닝을 채우려고 등판한 이튿날 정규시즌 마지막 경기에서 NC를 상대로 5이닝 7실점(6자책점)하면서 기록이 올라갔다.

그래도 두산이 있어 다행이었다. 김광현은 이 시즌 두산을 상대로 34이닝을 던져 4승 무패, 평균자책점 2.65, 40탈삼진을 기록했다. 이 시즌 두산을 상대로 가장 긴 이닝을 소화한 투수도, 승리를 가장 많이 챙긴 투수도, 삼진을 가장 많이 빼앗은 투수도 김광현이다.

탈삼진 능력이 살아 있다는 점도 고무적이다. 김광현은 2025년 9이닝당 8.63개꼴로 삼진을 잡아냈다. 전년도(8.54개)와 차이가 없는 수준이다. 두산전을 빼고도 9이닝당 8.0개꼴이다. 또 9이닝당 볼넷은 4.05개에서 3.13개로, 9이닝당 피홈런은 1.33개에서 0.81개로 줄었다. 자연

스레 FIP는 5.18에서 3.77로 내려왔다.

한마디로 팀 차원에서 체력 관리를 해줄 수 있다면 2026년에는 반등 가능성도 살아 있는 셈이다. SSG 역시 시즌이 다 끝나기도 전에 2년 총액 36억 원에 재계약을 제시하면서 변함없이 신뢰를 보냈다. 선발 투수로는 드물게 팀 주장을 맡은 김광현은 개인 성적과 별개로 팀 내에서 '역대 최고 주장'이라는 평가를 받기도 했다.

김광현은 2026년 새해가 닷새도 지나기 전에 팀 후배 7명과 함께 일본 오키나와로 떠났다. 김광현은 2023년부터 팀 전지훈련에 앞서 후배들과 함께 '미니 캠프' 일정을 소화하고 있다. 2026년에도 팀 주장을 맡게 된 김광현은 "3위가 낮은 (팀) 순위는 아니지만 너무 아쉬운 시즌이었다"면서 "개인적으로도 2025년 실패를 교훈 삼아 더 나은 모습으로 돌아오겠다"고 다짐했다.

회춘 아닌 회춘			
연도	K/9	BB/9	HR/9
2024년	8.54	4.05	1.33
2025년	8.63	2.76	0.81

가장

이로운 투수

2004년생 오른손 투수 이로운은 프로 데뷔 첫 해인 2023년만 해도 팀에 해로운 투수였다. 신인 드래프트 때 1라운드 지명을 받은 선수가 흔히 그렇듯 스프링캠프 때는 난리였다. 시즌 개막 엔트리에도 이름을 올렸다. 하지만 시즌 최종 성적은 WAR −0.2승이었다. 2024년에도 WAR 0.2승에 그쳤다.

그런 의미에서 2025년 이로운을 상징하는 사자성어는 '괄목상대'라고 할 수 있다. 이로운

이로운 ©SSG 랜더스

은 이해에 75경기에 나와 77이닝을 평균자책점 1.99로 막으면서 6승 5패 1세이브 33홀드(공동 2위)를 기록했다. WAR 2.9승은 리그 전체 구원 투수 중 3위에 해당하는 기록이다. 1위가 같은 팀 조병현(3.4승), 2위도 같은 팀 노경은(3.3승)이기는 하지만 말이다.

이 시즌 가장 달라진 게 있다. 포심패스트볼 구사율을 전년도 61.0%에서 46.2%로 줄이는 대신 김광현에게 배운 슬라이더 구사율을 12.2%에서 20.4%로 끌어올렸다. 2024년만 해도 체인지업(23.1%)을 슬라이더보다 두 배 가까이 많이 던지던 투수였지만, 2025년에는 이 차이가 4.6%포인트로 줄었다. 슬라이더와 체인지업을 고루 던진다는 건 보조 구종으로 타자 몸쪽과 바깥쪽을 모두 공략할 수 있다는 뜻이다.

그 결과 탈삼진율이 2024년 14.8%에서 21.6%로 올랐다. 거꾸로 볼넷 허용률은 15.5%에서 8.5%가 됐다. 2024년에는 볼넷(43개)이 삼진(41개)보다 더 많은 투수였지만 2025년에는 삼진(66개)이 볼넷(26)보다 2.5배 이상 많았다. 이럴 때는 보통 '제구력이 좋아졌다'고 평가한다. 그러면서 '루킹 삼진' 비율도 전년도 12.2%에서 36.4%로 올랐다.

다만 이해 가장 유명한 삼진은 체인지업으로 헛스윙을 유도하며 잡아냈다. SSG가 삼성에 1-3으로 끌려가던 준플레이오프(PO) 3차전 5회말에 구원 등판한 이로운은 연속 2루타를 맞으면서 1점을 내줬다. 다음 타자는 삼성 간판 구지욱. 두 선수는 17구까지 이어지는 대결을 벌였다. 이로운은 이 타석 17번째 공으로 몸쪽에 떨어지는 체인지업을 던졌고 구자욱의 방망이가 헛돌면서 승부가 끝났다. 준PO 역대 한 타석 최다 투구 신기록이다. 이 경기 이후 이로운은 한동안 '괴로운'으로 불렸다.

진짜 괴로운 일은 오프시즌에 벌어졌다. 운전면허 취득에 도전했다가 기능 시험에서 두 차례 낙방을 경험한 것. 이 때문에 놀림을 받은 게 당연한 일. 결국 면허 취득에 성공한 이로운은 "도로 주행은 처음 연습할 때부터 너무 쉬웠다"고 너스레를 떤 뒤 "야구 외적으로도 많은 관심을 주신 팬 여러분께 정말 감사하다. 내년에는 더 잘할 수 있도록 준비 잘하겠다"고 말했다.

구종별 구사율

구종	2024년	2025년
포심 패스트볼	61.0%	46.2%
슬라이더	12.2%	20.4%
체인지업	23.1%	25.0%

삼성 라이온즈
SAMSUNG LIONS

종합

경기당 득점		경기당 실점		경기당 실책		수비효율	
5.38	6위)2위	4.49	1위)4위	0.60	1위)2위	0.688	1위)2위
140(+43)	4.73(리그)	111(-25)	4.73(리그)	142(-2)	0.74(리그)	134(-13)	0.676(리그)

경기당 도루시도		도루성공률		경기당 희생번트		경기당 투수교체	
0.9	6위)6위	75.4	2위)5위	0.47	2위)3위	3.71	4위)3위
94(-1)	1.0(리그)	103(-21)	74.9(리그)	118(-14)	0.41(리그)	118(+15)	3.87(리그)

타격

타율		출루율		장타율		OPS	
0.271	9위)2위	0.353	8위)2위	0.427	3위)1위	0.780	5위)1위
131(+57)	0.262(리그)	133(+49)	0.338(리그)	155(+43)	0.389(리그)	149(+46)	0.727(리그)

삼진 회피		순출루		순장타		타석당 투구수	
0.81	9위)5위	0.082	3위)4위	0.155	1위)1위	3.93	5위)3위
109(+34)	0.80(리그)	123(+3)	0.077(리그)	157(+21)	0.127(리그)	122(+24)	3.89(리그)

선발

ERA(선발)		경기당이닝(선발)		선발-피타율		선발-피순장타	
3.88	3위)4위	5.24	4위)4위	0.258	4위)5위	0.124	9위)6위
116(-5)	4.21(리그)	113(-2)	5.12(리그)	106(-5)	0.260(리그)	100(+19)	0.125(리그)

SO9(선발)		Walk9(선발)		HR9(선발)		선발xRA9	
6.96	9위)9위	3.40	2위)4위	0.88	9위)7위	4.24	4위)4위
73(+8)	7.84(리그)	116(-7)	3.66(리그)	89(+26)	0.82(리그)	111(+7)	4.53(리그)

구원

ERA(구원)		경기당이닝(구원)		구원-피타율		구원-피순장타	
4.48	2위)6위	3.65	7위)8위	0.261	6위)7위	0.143	9위)9위
100(-15)	4.47(리그)	86(-7)	3.77(리그)	104(+9)	0.263(리그)	75(+6)	0.131(리그)

SO9(구원)		Walk9(구원)		HR9(구원)		구원xRA9	
8.14	9위)3위	4.20	2위)2위	1.01	8위)9위	4.99	4위)4위
123(+65)	7.67(리그)	134(+13)	4.89(리그)	65(-9)	0.87(리그)	107(+8)	5.18(리그)

승률 - 기대승률 변화

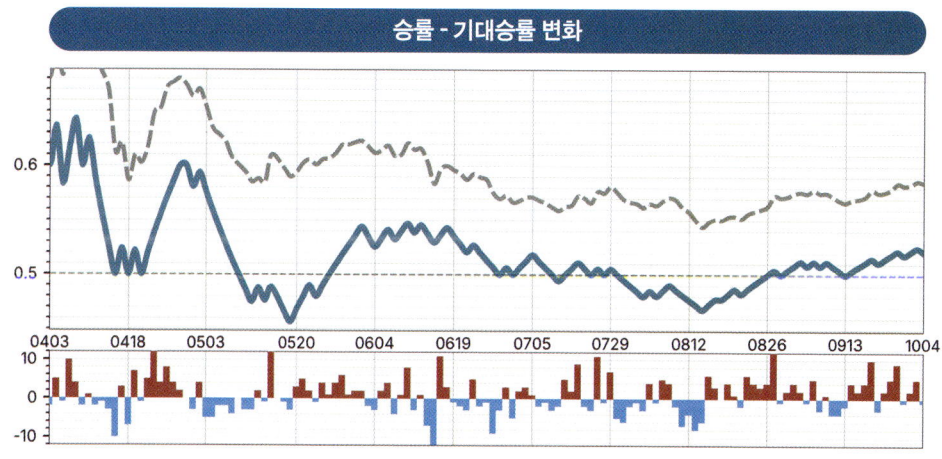

연승과 연패

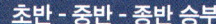

04월23일-04월30일 6연승 경기당 8.6득점 3.6실점 (KIA,NC,SSG 상대)

05월02일-05월11일 8연패 경기당 3.2득점 5.8실점 (두산,한화,LG 상대)

05월23일-06월01일 7연승 경기당 5.9득점 3.5실점 (KIA,롯데,LG 상대)

07월29일-08월03일 5연패 경기당 2.8득점 4.5실점 (한화,LG 상대)

08월08일-08월14일 5연패 경기당 2.8득점 6.7실점 (KT,KIA 상대)

08월21일-08월27일 5연승 경기당 8.7득점 4.0실점 (NC,키움,두산 상대)

초반 - 중반 - 종반 승부

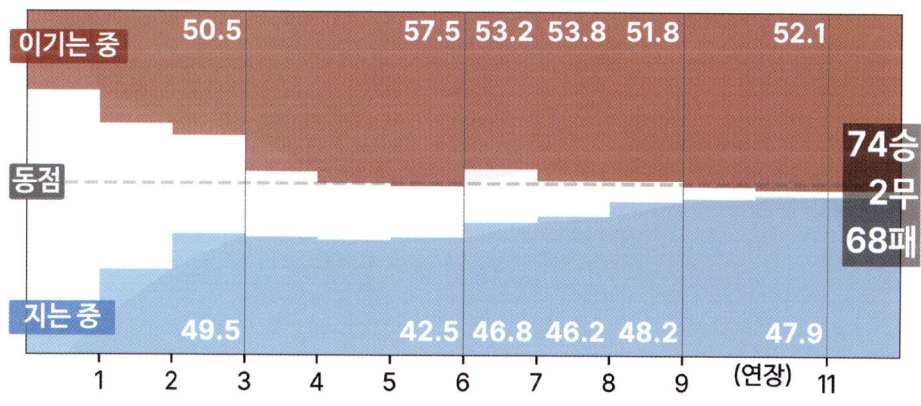

포지션 DepthChart

LF 625PA RC 92.5 (+18.3)
구자욱 95G 3E RAA +23.9
김헌곤 21G 0E RAA -3.5

CF 656PA RC 95.5 (+16.3)
김지찬 70G 1E RAA +0.9
김성윤 47G 1E RAA +9.2
박승규 20G 0E RAA +2.3

RF 596PA RC 85.3 (+6.8)
김성윤 65G 1E RAA +26.1
김헌곤 23G 0E RAA -8.2
이성규 21G 2E RAA -1.2

SS 601PA RC 86.9 (+16.3)
이재현 132G 23E RAA +16.5

2B 566PA RC 49.5 (-12.1)
류지혁 100G 4E RAA -3.3
양도근 26G 2E RAA -4.8

3B 600PA RC 79.9 (+3.0)
김영웅 114G 11E RAA +3.1
전병우 14G 0E RAA +2.8

1B 640PA RC 125.6 (+39.7)
디아즈 126G 4E RAA +38.2

DH 615PA RC 101.8 (+18.3)
박병호 45G 0E RAA +2.3
구자욱 44G 0E RAA +16.3
디아즈 16G 0E RAA +5.2

C 576PA RC 56.6 (-2.9)
강민호 104G 2E RAA +6.4
김재성 22G 0E RAA -6.4
이병헌 13G 2E RAA -2.7

5시즌 포지션별 공격력 추이(리그평균대비+)

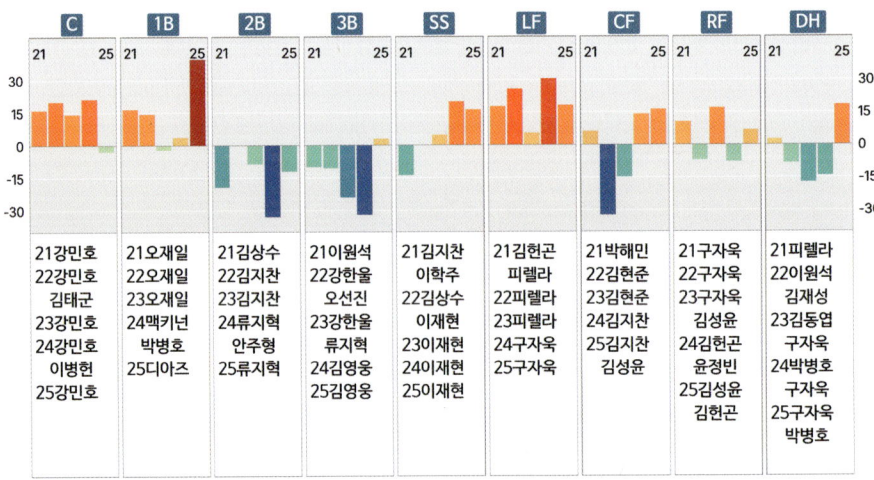

C	1B	2B	3B	SS	LF	CF	RF	DH
21강민호	21오재일	21김상수	21이원석	21김지찬	21김헌곤	21박해민	21구자욱	21피렐라
22강민호	22오재일	22김지찬	22강한울	이학주	피렐라	22김헌준	22구자욱	22이원석
김태군	23오재일	23김지찬	오선진	22김상수	22피렐라	23김헌준	23구자욱	김재성
23강민호	24맥키넌	24류지혁	23강한울	이재현	23피렐라	24김지찬	김성윤	23김동엽
24강민호	박병호	안주형	류지혁	23이재현	24구자욱	25김지찬	24김헌곤	구자욱
이병헌	25디아즈	25류지혁	24김영웅	24이재현	25구자욱	김성윤	윤정빈	24박병호
25강민호			25김영웅	25이재현			25김성윤	구자욱
							김헌곤	25구자욱
								박병호

타순별 공격력(wRC)과 리그평균 비교

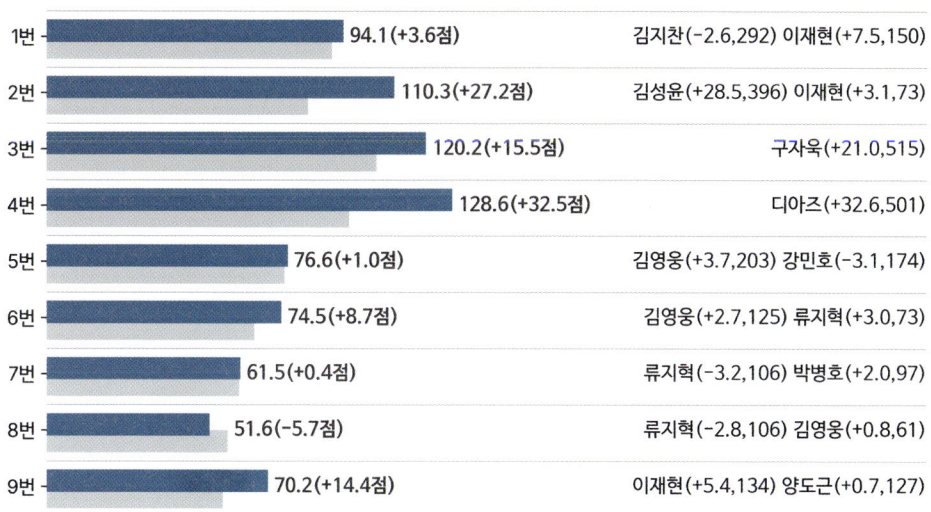

1번	94.1(+3.6점)	김지찬(-2.6,292) 이재현(+7.5,150)
2번	110.3(+27.2점)	김성윤(+28.5,396) 이재현(+3.1,73)
3번	120.2(+15.5점)	구자욱(+21.0,515)
4번	128.6(+32.5점)	디아즈(+32.6,501)
5번	76.6(+1.0점)	김영웅(+3.7,203) 강민호(-3.1,174)
6번	74.5(+8.7점)	김영웅(+2.7,125) 류지혁(+3.0,73)
7번	61.5(+0.4점)	류지혁(-3.2,106) 박병호(+2.0,97)
8번	51.6(-5.7점)	류지혁(-2.8,106) 김영웅(+0.8,61)
9번	70.2(+14.4점)	이재현(+5.4,134) 양도근(+0.7,127)

'홈런 명가'가
재건됐다

_최민규

프로야구 출범 2년째인 1983년 삼성은 100경기에서 홈런 90개를 때려내며 리그 1위에 오른다. 지금보다 프로야구에서 홈런이 훨씬 드물 때였다. 이 해를 시작으로 21년 동안 삼성은 10번이나 팀 홈런 1위에 오른다. 2위 여섯 번에 3위 아래로 떨어진 적은 딱 한 번뿐이었다. 1983년 이만수를 시작으로 이 기간 삼성은 홈런왕 10명을 배출했다. 전 구단을 통틀어 최다다. 한국 야구를 대표하는 홈런왕 이승엽과 그의 시즌 56홈런은 삼성과 대구 팬의 자랑거리다.

하지만 2003년을 마지막으로 삼성은 20년 동안 팀 홈런 1위에 오르지 못했다. 홈런왕은 2007년 심정수와 2011년 최형우 두 명 뿐이었다.

라이온즈파크는 개장 이후 9년 연속 홈런 파크팩터 1위

삼성 홈 구장 시기별 펜스 거리(단위 : 미터)					
시기	좌	중	우	좌중간	비고
1982-1995	98	114	98		
1996	99	121	99		대구구장
1997-2006	95	117	95		
2007-2015	99	120	99	115	
2016-2025	99.5	122.5	99.5	107	라이온즈파크

삼성의 많은 홈런에는 환경의 영향도 있었다. 창단 이후 써 온 시민운동장 야구장(이하 대구구장)은 홈플레이트와 펜스 사이 거리가 짧았다. 시기에 따라 다르지만 가장 짧을 때는 중앙 114m, 좌우 95m였다. 무더운 대구 기후도 홈런 타자에게 유리하게 작용했다. 일반적으로 기온이 높을수록 타구 비거리가 늘어난다. 그리고 다른 포지션보다 에너지 소모가 큰 투수를 지치게 한다.

스탯티즈 집계에 따르면 대구구장 마지막 세 시즌(2013-2015) 홈런 파크팩터 평균은 1099였다. 평균보다 10% 가량 많은 홈런이 나오는 구장이었다. 세 시즌 동안 삼성의 팀 홈런 순위는 2위, 아니면 3위였다. 당시 펜스 거리는 중앙 120m, 좌우 99m로 잠실을 제외한 다른 구장보다 특별히 짧지 않았다. 펜스 거리가 짧았던 2006년 이전에는 더 높았을 것이다.

2016년 삼성은 새로 문을 연 대구삼성라이온즈파크를 새 홈 구장으로 삼았다. 첫 시즌 홈런 순

위는 5위로 떨어졌다. 다음 시즌엔 7위로 역대 최저 순위를 기록한다. 2018년엔 9위로 최저 기록을 새로 썼다. 2023년까지 평균 순위는 10개 구단 중 6위였다.

라이온즈파크 개장 이후 삼성 연도별 팀 홈런과 순위					
연도	홈런	홈	원정	홈-원정	순위
2016	142	73	69	4	5
2017	145	77	68	9	7
2018	146	88	58	30	9
2019	122	76	46	30	2
2020	129	79	50	29	7
2021	133	82	51	31	3
2022	103	60	43	17	7
2023	88	55	33	22	8
2024	185	120	65	55	1
2025	161	98	63	35	1

홈런 순위와는 반대로 라이온즈파크는 홈런에 매우 유리한 구장이었다. 양끝과 정중앙 거리는 종전보다 0.5m씩 늘어났지만 '갭(Gap)'으로 불리는 좌중간 거리는 115m에서 107m로 크게 단축됐다. 외야 펜스가 8각형의 윗부분 모양인 특이한 형태기 때문이다. 좌중간은 타구가 가장 많이 나오는 구역이다. 그래서 라이온즈파크 10시즌 홈런 파크팩터 평균은 1408에 달했다. 개장 이후 2024년까지 이 부문 1위를 놓친 적이 없다. 2025년에야 인천SSG랜더스필드에 근소한 차이로 밀려 2위로 내려왔다. 홈런이 많아지면 점수도 많

이 난다. 보조구장 포함 프로야구 역대 전체 구장 24개 중 통산 득점파크팩터가 평균(1000)을 넘어가는 구장은 모두 12개. 이 가운데 단연 1위가 라이온즈파크다. 이런 구장에서 홈런을 치지 못했으니 성적이 날 수 없었다. 개장 이후 첫 8년 동안 삼성은 단 한 번만 포스트시즌에 진출할 수 있었다.

역대 프로야구 득점 파크팩터 1000 초과 구장

구장	사용기간	득점PF
라이온즈파크	2016-	1124
대구	1982-2015	1069
사직	1986-2025	1067
동대문	1982-1989	1060
전주	1983-1999	1047
목동	2008-2015	1045
NC파크	2019-	1044
광주	1982-2013	1042
KT위즈파크	1990-2025	1022
구덕	1982-1988	1022
인천	1982-2002	1019
대전	1982-2024	1018

2024년에 삼성은 새 구장 시대에 처음으로 한국시리즈에 진출한다. 그리고 2003년 이후 처음으로 팀 홈런 1위에 복귀한다. 그리고 지난해 2년 연속 1위에 올랐다. 올시즌에는 창단 이후 최초로 3년 연속에 도전한다.

지난해 팀 홈런은 161개로 2024년보다 24개 줄었다. 하지만 내용 면에서는 2025년의 홈런 기록이 더 양질이었다. 지난해는 스트라이크존 변경으로 타자에게 불리해진 환경이었다. 지난해 삼성은 리그 평균보다 35% 많은 홈런을 쳤다. 2024년엔 29%였다.

홈런을 따라다니는 나쁜 친구는 삼진이다. 홈런이 많으면 삼진도 많아지는 경향이 있다. 하지만 지난해 삼성의 삼진/타석 비율은 19.2%로 리그 5위였다. 2024년(20.2%)보다 떨어졌다. 반대로 볼넷률은 9.3%(3위)에서 9.9%(2위)로 올라갔다. 타격에서 가장 중요한 요소는 파워와 출루다. 두 부문 모두에서 향상됐다.

타구 질도 좋아졌다. 2024년 삼성 타자들의 라인드라이브 비율은 10개 구단 중 6위에 그쳤다. 2025년엔 '소총 군단' 롯데에 이어 2위였다. 1년 전보다 더 정확하고 힘있는 스윙을 했다는 방증이다.

2024년부터 삼성 타선은 드디어 라이온즈파크를 활용하는 법을 깨달았다. 개장 이후 8시즌 동안 삼성은 딱 한 번 홈에서 원정 팀보다 많은 홈런을 쳤을 뿐이었다. 연평균 74홈런을 친 반면 피홈런은 89개로 마진 -15개였다. 하지만 2024년과 2025년엔 모두 +21개였다.

2025년 전·후반기 삼성 홈/원정 성적

기간	경기	홈런			승률		
		홈	원정	차이	홈	원정	차이
전반기	83	67	26	41	0.587	0.390	0.197
후반기	56	31	37	-6	0.560	0.567	-0.007

라이온즈파크에 너무 적응을 잘 한 탓인지 원정에선 홈런을 치지 못했다. 2025년 전반기엔 너무 심했다. 93홈런 중 67개가 홈에서 나왔다. 원정 홈런 비율은 28%에 불과했다. 극단적인 불균형은 원정 부진을 불렀다. 전반기 원정 승률은 0.390에 불과했다. 메이저리그에서 '타자들의 천국'인 쿠어스필드를 홈으로 쓰는 콜로라도 로키

스는 원정에서 타격이 죽을 쑤는 것으로 유명하다. 2024년, 그리고 2025년 전반기 삼성이 그랬다. 하지만 올스타전 이후 56경기에선 원정에서 37홈런으로 홈보다 6개 더 많았다. 원정 승률도 0.567로 향상됐다.

그리고 2025년 삼성에는 최형우 이후 14년 만에 홈런왕이 탄생했다. 디아즈가 KBO 리그 처음으로 50홈런 고지를 밟은 외국인 타자로 탄생하며 타이틀을 따냈다. 올해 나란히 23세 생일을 맞는 3루수 김영웅과 유격수 이재현의 파워를 다시 확인한 점도 값지다. 지난해 김영웅은 2년 연속 20+홈런, 이재현은 3년 연속 12+홈런을 때려냈다. 그리고 왕년의 홈런왕 최형우는 올해 다시 삼성 유니폼을 입는다.

김영웅 ©삼성 라이온즈

원태인
잃어버린 구속을 되찾다

삼성 투수 원태인은 2024년 시즌을 앞두고 "구속이 제대로 나오지 않아 속상하다"는 말을 했다. 방송사 중계화면에 찍힌 구속이 구단이 자체 측정한 수치보다 훨씬 덜 나온다는 취지였다.

그의 항변에는 이유가 충분했다. 전해 3월 월드베이스볼클래식(WBC)에서 원태인은 국가대표로 세 경기에 등판했다. 세 경기 모두 포심 평균 구속은 시속 91.2마일(146.7km)로 측정됐다. 그런데 이해 스탯티즈가 집계한 KBO 리그 정규시즌에서 포심 평균 구속은 시속 144.5km로 시속 2.2km나 느렸다. 이듬해엔 시속 143.6km로 더 떨어졌다.

원태인 2023년 WBC 포심 구속

	상대	평균	최고
3월 9일	호주	146.7	148
3월 10일	일본	146.7	148
2월 13일	중국	146.7	150

자료출처=스탯캐스트, 중계 화면

하지만 여기에는 측정 방법의 문제가 있다. WBC 당시 구속은 도쿄돔에 설치된 트랙맨 시스템이 측정했다. 스탯티즈의 구속 기록은 방송사 중계 화면에 표시된 구속이 기준이다. PTS 데이터를 쓰는 방송사도 있었고, 트랙맨 수치를 받은 방송사도 있었다.

광학 카메라 기반인 PTS는 홈플레이트에서 투구판 방향으로 50피트(15.24m) 떨어진 지점에서 구속을 측정한다. 반면 트랙맨은 레이더를 사용해 공이 손끝에서 떠나는 릴리스포인트 지점이 기준이다. 투구는 투수 손을 떠나는 순간부터 감속을 시작하므로 PTS로 측정한 구속은 트랙맨보다 떨어진다.

2019-2025 원태인과 KBO리그 포심 평균 구속

연도	원태인	증감	리그	증감
2019	139.9		142.2	
2020	142.6	2.7	142.3	0.1
2021	144.4	1.8	142.9	0.6
2022	145.0	0.6	144.2	1.3
2023	144.5	-0.5	143.8	-0.4
2024	143.6	-0.9	143.6	-0.2
2025	146.3	2.7	146.2	2.6

자료출처=스탯티즈

그래서 원태인의 2023년 정규시즌 구속은 WBC 때보다 낮게 나올 수밖에 없었다. 2024년 구속 하락도 같은 맥락에서 설명된다. 한국야구위원회(KBO)는 이해부터 방송사에 구속 측정을 PTS 기준으로 단일화해달라고 요청했다. 그래서 원태인 뿐 아니라 리그 전체 구속이 하락하는 결과가 나왔다. 2025년 KBO는 중계방송과 야구장 전광판의 구속을 트랙맨으로 일원화했다. 그래서 지난해 리그 구속이 크게 향상됐다.

원태인은 어땠을까. 지난 시즌 원태인의 포심패스트볼 평균 구속은 시속 146.3km였다. 2024년보다 무려 2.7km나 빨라졌다. 잃어버린 구속을 되찾았다. 되찾기만 한 게 아니다. 실제로도 더 빨라졌다. 지난해 PTS 기준 원태인의 포심 평균 구속은 시속 144.3km였다. PTS로도 0.7km 빨라졌다. 그러니까 시속 2.0km는 측정 방식 변화, 시속 0.7km는 기량 향상의 결과로 볼 수 있다.

그렇다면 리그 전체로는 측정 방식 변화가 어떤 영향을 미쳤을까. 수치상으로는 시속 2.6km나 올라갔다. 한 시즌 만에 이런 변화가 나올 수는 없다. '구속 혁명'의 원조인 메이저리그에서 스탯캐스트 기준으로 한 시즌 최대 구속 변화는 딱 한 번 기록된 시속 1km. 평균적으로는 시속 0.3km였다.

2025년에 일부 선수의 특정 시기 트랙맨과 PTS로 측정된 시즌 평균 구속을 개인적으로 정리한 적이 있다. 샘플사이즈는 37명이다. 제한적이긴 하지만, 이들의 두 시스템 간 구속 차이 평균값은 시속 1.7km였다. 오차범위를 고려하면 시속 1.5~1.9km 범위다. NC 데이터애널리스트로 일했던 송민구 대구 MBC 해설위원은 더 큰 데이터세트를 바탕으로 지난해 측정 방식 변화로 인한 리그 전체 포심 구속 증가분을 시속 1.72km로 계산했다. 메이저리그가 2017년 PTS에서 트랙맨으로 시스템을 교체했을 때 차이인 시속 1마일(1.6km)과 비슷하다. 트랙맨이 국내에 도입된 2010년대 중후반에 PTS와의 구속 차이가 시속 1.5km 정도로 집계된 적도 있다.

PTS 구속은 개인 별로 차이가 있다는 점에 주의해야 한다. 측정 원리상 투구판과 릴리스포인트 간 거리(익스텐션)가 짧은 투수일수록 구속이 덜 나온다. 강속구를 던지는 투수일수록 트

2025년 트래킹시스템별 포심 평균구속 차이 샘플조사(37명)			
투수	PTS	트랙맨	차이
화이트	151.7	152.1	-0.4
송영진	143.2	143.6	-0.4
이의리	146.9	147.1	-0.4
구창모	141.4	142.2	-0.8
최성영	136.0	137.0	-1.0
김건우	144.8	145.8	-1.0
황준서	141.8	143.0	-1.2
조민석	138.8	140.1	-1.3
최성영	136.0	137.3	-1.3
황준서	141.7	143.0	-1.3
제환유	144.8	146.2	-1.4
박세웅	146.0	147.4	-1.4
박세웅	146.1	147.5	-1.4
양현종	139.2	140.6	-1.4
황동재	142.6	144.1	-1.5
김건국	144.9	146.4	-1.5
배제성	144.0	145.5	-1.5
황준서	141.6	143.1	-1.5
나균안	143.9	145.5	-1.6
로젠버그	143.0	144.6	-1.6
나균안	143.7	145.4	-1.7
박세웅	145.7	147.4	-1.7
이용찬	139.9	141.7	-1.8
나균안	143.3	145.2	-1.9
원태인	144.3	146.3	-2.0
김연주	138.6	140.7	-2.1
알칸타라	146.5	148.6	-2.1
배제성	143.4	145.5	-2.1
양현종	138.6	140.8	-2.2
배제성	143.3	145.6	-2.3
황동하	141.8	144.2	-2.4
조동욱	141.2	143.6	-2.4
엄상백	141.6	144.1	-2.5
와이스	149.1	151.7	-2.6
이용찬	139.7	142.3	-2.6
김대호	141.2	144.0	-2.8
목지훈	143.4	146.7	-3.3

자료출처=한국야구위원회(KBO), 스탯티즈

랙맨과의 차이도 커진다. 구장 별로도 차이가 있다. 많은 프로 선수가 2024년까지 "대구나 수원에서는 TV중계 화면에서 구속이 훨씬 덜 나온다"고 말하곤 했다. 송 위원의 분석에 따르면 광주, 문학, 잠실에서는 구속이 높게, 대구와 수원에서는 낮게 측정된다. KBO 리그는 어떤 프로야구 리그보다 응원 열기가 뜨겁다. 소음과 진동이 구장에 설치된 측정기기에 영향을 미칠 위험이 가장 큰 리그기도 하다.

원태인
ⓒ삼성 라이온즈

KBO리그 '넘버 투' 투수, 아리엘 후라도

다들 폰세만 이야기했지만, '2등'도 대단했다.

지난해 KBO 리그 최고 투수는 정규시즌 MVP를 수상한 한화의 폰세였다. 폰세는 11월 24일 MVP로 선정되고 보름 뒤인 골든글러브 시상식에 참가했다. 폰세가 미디어관계자 투표에서 득표율 97.2%로 수상자로 결정된 건 전혀 놀라운 일이 아니었다.

하지만 폰세를 제외하고 한 표씩을 받은 투수 9명 가운데 후라도의 이름이 없었던 건 놀랄 만 했다. 지난해 투수 WAR 1위는 8.4승인 폰세, 그리고 2위가 7.6승의 삼성의 파나마 출신 에이스 후라도였다. 폰세와 후라도의 차이(0.81)보다 후라도와 3위 네일 간 차이(0.98)가 더 컸다. 야

수를 포함한 선수 전체로는 범위를 넓혀도 후라도는 송성문과 폰세에 이은 3위였다. 폰세와 원태인의 선발투수 원투 펀치는 한화가 자랑하는 폰세-와이스 듀오 다음이었다. 원투펀치 WAR 합산은 한화가 1위(14.3), 삼성이 2위(12.5), 그리고 치리노스-임찬규의 LG(10.1) 순이었다.

후라도는 겉모습으로는 미덥지 않아 보인다. 지난해 3월 16일 KIA와의 첫 시범경기 등판에서 후라도의 체형은 전해보다 더 후덕해보였다. 이 경기에서 후라도는 4이닝 동안 10안타를 내주고 6실점(5자책)했다. 하지만 정규시즌에 들어가선 달랐다. 3월 22일 지난해 소속팀 키움과의 홈 개막전에서 6이닝 2실점으로 승리투수가 됐다. 이 경기부터 8경기 연속 QS(6이닝 이상

2025시즌 전체 선수 WAR Top 10				
순위	선수	구단	포지션	WAR
1	송성문	키움	3B	8.6
2	폰세	한화	투수	8.4
3	후라도	삼성	투수	7.6
4	양의지	두산	C	6.8
5	안현민	KT	RF	6.8
6	네일	KIA	투수	6.6
7	앤더슨	SSG	투수	6.5
8	김주원	NC	SS	6.3
9	와이스	한화	투수	6.0
10	디아즈	삼성	1B	5.8

자료출처=스탯티즈

2025시즌 전체 투수 WAR Top 10				
순위	선수	구단	포지션	WAR
1	폰세	한화	투수	8.4
2	후라도	삼성	투수	7.6
3	네일	KIA	투수	6.6
4	앤더슨	SSG	투수	6.5
5	와이스	한화	투수	6.0
6	잭로그	두산	투수	5.3
7	치리노스	LG	투수	5.2
8	원태인	삼성	투수	4.9
9	임찬규	LG	투수	4.9
10	라일리	NC	투수	4.3

자료출처=스탯티즈

3자책점 이하) 행진을 했다. 지난해 10개 구단에서 가장 많은 QS 23회와 QS+(7이닝 이상 3자책 이하) 15회를 기록한 투수가 후라도다.

KBO 리그에서 투수에게 가장 불리한 홈 구장으로 옮겼음에도 한국에서 보낸 세 시즌 동안 가장 많은 이닝(197⅓), 가장 좋은 평균자책점(2.60)과 WAR을 기록한 건 대단하다. 지난해 후라도는 라이온즈파크 개장 이후 가장 많은 홈 이닝(120)을 소화하며 두 번째로 낮은 평균자책점(2.45/50+이닝 기준)을 기록한 삼성 투수가 됐다. KBO 리그를 대표하는 '홈런 공장'에서 9이닝당 홈런이 0.44개에 불과했다.

세계 야구의 '대세 구종'은 슬라이더다. 삼성 이적 뒤 후라도는 스탯티즈 분류 기준으로 슬라이더를 던지지 않았다. 대신 키움 시절 거의 던지지 않던 커터 구사율을 크게 높였다. 지난해 커터 피치밸류는 11.3점으로 KT 소형준에 이어 2위였다. 투심은 12.0점(4위)으로 후라도의 레퍼토리에서 가장 효과적이었다. 후라도는 포심 구속이 리그 평균 이하인 투수다. 이 약점을 세 종류 패스트볼을 효과적으로 섞어 던지는 것으로 오히려 장점으로 만들었다. 비슷한 구속대 패스트볼이 상하, 좌우로 현란하게 변하니 상

대 타자들은 제대로 대응할 수 없었다.

후라도의 2026년 시즌은 예년보다 빨리 시작된다. 로건 앨런, 하이메 바리아, 움베르토 메히아와 함께 월드베이스볼클래식(WBC) 파나마 대표팀 선발투수진을 이룰 전망이다. 각각 지난 시즌 기준 메이저리그, 멕시칸리그, 일본프로야구(NPB), KBO 리그에서 뛰었다. 후라도의 패스트볼처럼 '다양성'이 돋보이는 로테이션이다.

후라도 연도별 구종구사율과 피치밸류							
연도	구종	투심	포심	커터	커브	슬라이더	체인지업
2023	PV	10.4	13.5	-0.5	-1.4	7.0	8.3
	구사율(%)	26.4	26.7	1.6	13.5	14.9	16.5
2024	PV	4.1	12.3	-0.1	3.6	9.0	11,5
	구사율(%)	21.0	32.6	1.6	8.6	16.4	19.5
2025	PV	12.0	7.3	11.3	2.1	0.0	8.6
	구사율(%)	16.0	34.2	14.9	11.2	0.0	23.3

자료출처=스탯티즈

김성윤 - 삼성 타선의 '넘버 투', 리그에서 네 번째로 뛰어났던 야수

삼성은 2025년 리그에서 두 번째로 많은 점수를 낸 강타선을 자랑했다. '스타 파워' 의존도가 높았다는 점은 다소 아쉽다. 그래서 중심 라인인 2~4번과 이재현이 버틴 9번을 제외한 타순은 리그 평균 수준이었다. 삼성은 전통적으로 스타플레이어 강타자가 많았던 팀이다. 지난해 삼성에서 가장 뛰어났던 야수는 50홈런의 사나이 르윈 디아즈였다. 두 번째로 빛났던 별은 새로 떠올랐다. 데뷔 9년 차에 처음으로 풀타임 주전으로 기용된 외야수 김성윤이다. WAR에서 디아즈에 이은 팀 내 2위이자, 리그 전체를 통틀어 네 번째로 뛰어났다.

2025시즌 야수 WAR Top 10				
순위	선수	구단	포지션	WAR
1	송성문	키움	3B	8.6
2	양의지	두산	C	6.8
3	안현민	KT	RF	6.8
4	김주원	NC	SS	6.3
5	디아즈	삼성	1B	5.8
6	김성윤	삼성	RF	5.5
7	박성한	SSG	SS	5.3
8	이재현	삼성	SS	5.1
9	박동원	LG	C	5.1
10	노시환	한화	3B	4.9

자료출처=스탯티즈

역대 삼성 26세 야수 WAR 순위				
순위	선수	포지션	시즌	WAR
1	이승엽	1B	2002	8.9
2	양준혁	LF	1995	7.1
3	김성윤	RF	2025	5.5
4	이만수	C	1984	5.4
5	김성래	2B	1987	5.0
6	박석민	3B	2011	3.8
7	정경배	2B	2000	3.3
8	강기웅	LF	1990	3.1
9	최형우	LF	2009	3.0
10	박한이	CF	2005	3.0

자료출처=스탯티즈

지난해 개막 전까지 김성윤은 타격보다는 키로 더 유명했다. 163㎝로 동료 김지찬과 함께 KBO리그 최단신이다. 3년 후배 김지찬이 입단 첫 시즌부터 주전을 꿰찬 데 비해 김성윤의 기다림은 길었다. 첫 두 시즌 1군 16타석에만 들어선 뒤 해군에 입대했다. 전역 뒤에도 주전 기회는 쉽게 찾아오지 않았다. 2021-2022년엔 1군 78경기에서 타율 0.183에 그쳤다. 2023년에도 전반기 타율 0.217로 부진했다. 하지만 후반기 176타석에서 0.352를 때려내며 주전으로 도약했다. 항저우 아시안게임 대표로도 선발됐다.

개막전 선발 우익수로 나선 2024년은 악몽의 시즌이었다. 첫 경기에 6타석 무안타로 물러난 건 일종의 나쁜 징조였다. 5월 14일 인천 SSG전에서 다이빙캐치를 시도하다 무릎을 다쳤다. 복귀는 9월 말에야 가능했다. 하지만 2025년에 화려하게 부활했다. 타율 0.331은 리그 3위, 출루율은 0.419로 2위였다. 정교함과 선구안이 모두 뛰어났다. 장타력도 기대 이상이었다. 3루타 리그 1위(9개)에 홈런도 6개를 쳤다. 종전 8시즌 홈런 합계가 4개였다. 26도루도 역시 커리어 하이. 전해 큰 부상을 당했음에도 수비까지 대단했다. 외야수 가운데 수비 WAR가 네 번째로 높았다. 상위 세 명이 모두 수비 WAR이 높게 계산되는 풀시즌 중견수라는 점에서 우익수로 더 많이 뛴 김성윤의 공헌도는 더 값지다. 그야말로 못하는 게 없는 선수였다.

리그 환경 변화도 조금은 도움이 됐을 것이다. 짧은 리치 탓인지 김성윤은 바깥쪽 높은 코스와 낮은 코스 공에 고전해왔다. 인간 심판은 이런 코스라면 존을 넓히는 경향이 있다. ABS 2년째인 지난해는 김성윤이 이 코스 공을 가장 잘 친 시즌이었다.

지난해 김성윤은 26세였다. 역대 삼성 26세 타

김성윤 2023-2025시즌 코스별 타율(투수→포수 시점)

1.000 PA 3	0.000 PA 2	0.000 PA 7	PA 2	PA 4
	0.556 PA 9	0.471 PA 19	0.200 PA 16	0.200 PA 8
0.333 PA 4	0.294 PA 17	0.389 PA 18	0.419 PA 32	0.182 PA 12
0.200 PA 5	0.429 PA 14	0.409 PA 22	0.133 PA 17	0.125 PA 8
0.333 PA 6	0.000 PA 7	0.167 PA 13	0.385 PA 15	0.333 PA 13

PA 1	0.000 PA 2	0.000 PA 1	0.143 PA 8	0.000 PA 4
PA 1	0.250 PA 5	0.429 PA 8	0.000 PA 4	
1.000 PA 1	0.200 PA 5	0.400 PA 6	0.182 PA 11	0.333 PA 3
1.000 PA 2	0.333 PA 3	0.375 PA 9	0.000 PA 6	PA 1
PA 4	0.500 PA 4	0.000 PA 2	0.000 PA 4	0.000 PA 1

0.400 PA 10	0.111 PA 13	0.227 PA 35	0.167 PA 30	0.000 PA 12
0.286 PA 10	0.348 PA 26	0.440 PA 52	0.222 PA 37	0.267 PA 22
0.250 PA 5	0.538 PA 26	0.361 PA 36	0.410 PA 39	0.273 PA 12
0.333 PA 3	0.480 PA 25	0.311 PA 46	0.238 PA 43	0.100 PA 13
0.000 PA 5	0.231 PA 16	0.308 PA 34	0.296 PA 32	0.333 PA 11

자 가운데 WAR이 세 번째로 높다. 그 아래에 이만수 김성래 박석민 강기웅 최형우 박한이의 이름이 있다. 1위는 이승엽(8.9), 2위는 양준혁(7.1)이다. 이승엽은 첫 시즌부터 '10대 4번 타자'였고, 양준혁은 1993년 신인왕이었다. 그리고 두 명 모두 커리어 내내 주전을 놓치지 않은 슈퍼스타였다. 김성윤의 루키 시즌은 보잘 것 없었다. 하지만 시작이 늦었을 뿐이다.

NC 다이노스

NC DINOS

종합

경기당 득점		경기당 실점		경기당 실책		수비효율	
5.08	5위>3위	5.32	8위>9위	0.81	6위>7위	0.680	4위>5위
122(+23)	4.73(리그)	74(-8)	4.73(리그)	79(-22)	0.74(리그)	111(+11)	0.676(리그)

경기당 도루시도		도루성공률		경기당 희생번트		경기당 투수교체	
1.7	7위>1위	74.4	5위>6위	0.43	5위>6위	4.26	3위>10위
143(+50)	1.0(리그)	97(-10)	74.9(리그)	106(-0)	0.41(리그)	56(-54)	3.87(리그)

타격

타율		출루율		장타율		OPS	
0.260	6위>6위	0.344	4위>4위	0.399	4위>3위	0.743	3위>3위
96(+7)	0.262(리그)	112(+10)	0.338(리그)	115(+4)	0.389(리그)	114(+5)	0.727(리그)

삼진 회피		순출루		순장타		타석당 투구수	
0.80	10위>6위	0.083	2위>2위	0.139	3위>3위	3.87	1위>8위
102(+40)	0.80(리그)	131(+5)	0.077(리그)	123(-2)	0.127(리그)	87(-75)	3.89(리그)

선발

ERA(선발)		경기당이닝(선발)		선발-피타율		선발-피순장타	
5.12	5위>9위	4.58	6위>10위	0.265	5위>7위	0.153	8위>10위
56(-40)	4.21(리그)	39(-57)	5.12(리그)	90(-15)	0.260(리그)	44(-40)	0.125(리그)

SO9(선발)		Walk9(선발)		HR9(선발)		선발xRA9	
7.88	7위>4위	4.26	8위>10위	1.17	7위>10위	5.38	7위>8위
101(+8)	7.84(리그)	64(-38)	3.66(리그)	37(-64)	0.82(리그)	66(-21)	4.53(리그)

구원

ERA(구원)		경기당이닝(구원)		구원-피타율		구원-피순장타	
4.55	8위>7위	4.27	6위>1위	0.259	8위>5위	0.126	6위>5위
96(+11)	4.47(리그)	160(+62)	3.77(리그)	108(+30)	0.263(리그)	108(+2)	0.131(리그)

SO9(구원)		Walk9(구원)		HR9(구원)		구원xRA9	
7.34	8위>7위	5.98	4위>10위	0.88	3위>6위	5.45	7위>8위
84(-9)	7.67(리그)	45(-58)	4.89(리그)	96(-29)	0.87(리그)	90(+2)	5.18(리그)

승률 - 기대승률 변화

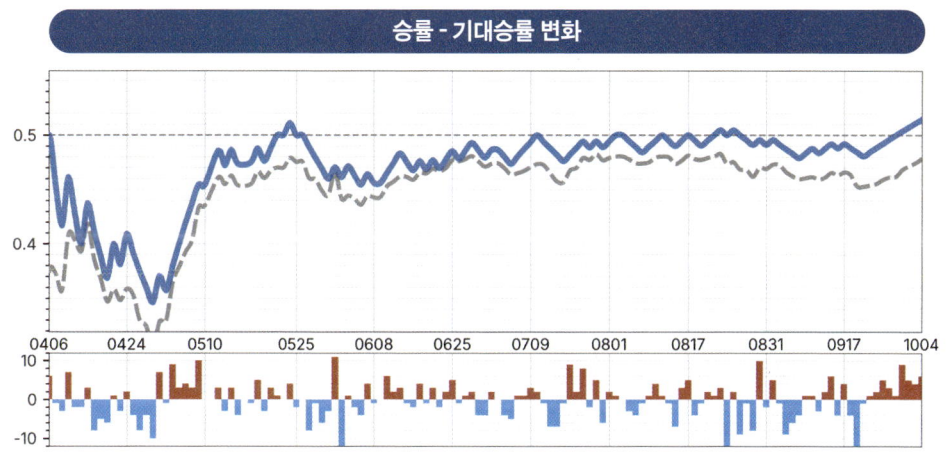

연승과 연패

05월03일-05월11일 7연승 경기당 8.1득점 3.6실점 (롯데,KT,두산 상대)

05월25일-05월31일 5연패 경기당 3.5득점 6.8실점 (두산,SSG,한화 상대)

09월20일-10월04일 9연승 경기당 6.6득점 3.1실점 (KIA,롯데,LG,두산,KT,SSG 상대)

초반 - 중반 - 종반 승부

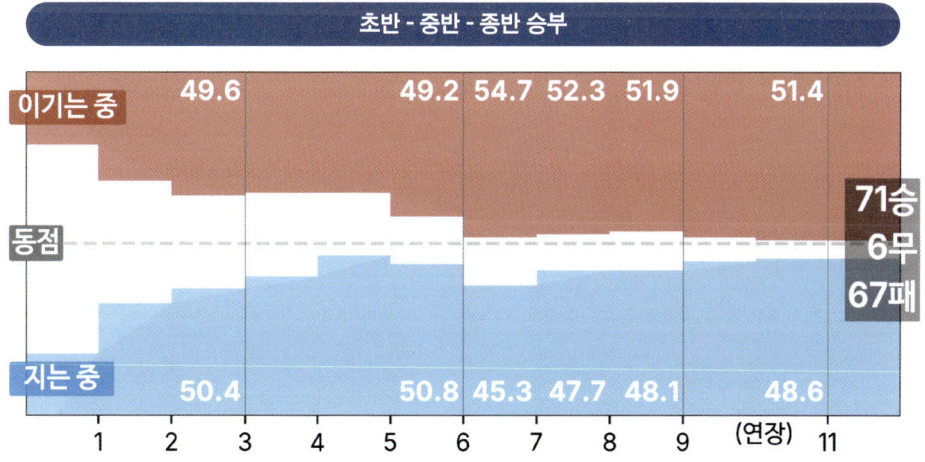

포지션 DepthChart

CF 575PA RC 57.5 (-11.8)
최원준 42G 0E RAA -4.3
천재환 39G 0E RAA -5.9
한석현 20G 1E RAA -4.4

LF 612PA RC 91.7 (+19.0)
권희동 83G 1E RAA +15.6
이우성 36G 0E RAA -2.5
천재환 5G 1E RAA +7.5

RF 608PA RC 81.3 (+1.2)
박건우 64G 1E RAA +7.4
손아섭 39G 0E RAA +2.2
권희동 21G 0E RAA +4.0

SS 659PA RC 105.2 (+27.7)
김주원 139G 29E RAA +29.6

2B 619PA RC 91.6 (+24.2)
박민우 96G 10E RAA +26.2
서호철 23G 3E RAA -3.1

3B 564PA RC 60.1 (-12.2)
김휘집 119G 19E RAA +2.5
서호철 18G 4E RAA -9.3

1B 604PA RC 91.0 (+10.0)
데이비슨 87G 2E RAA +13.3
서호철 27G 1E RAA +1.9

DH 582PA RC 73.6 (-5.4)
박건우 42G 0E RAA -0.4
오영수 30G 0E RAA -1.8
데이비슨 20G 0E RAA +7.9

C 555PA RC 56.2 (-1.2)
김형준 107G 3E RAA +6.4
박세혁 19G 3E RAA -6.7
안중열 15G 2E RAA -2.3

5시즌 포지션별 공격력 추이(리그평균대비+)

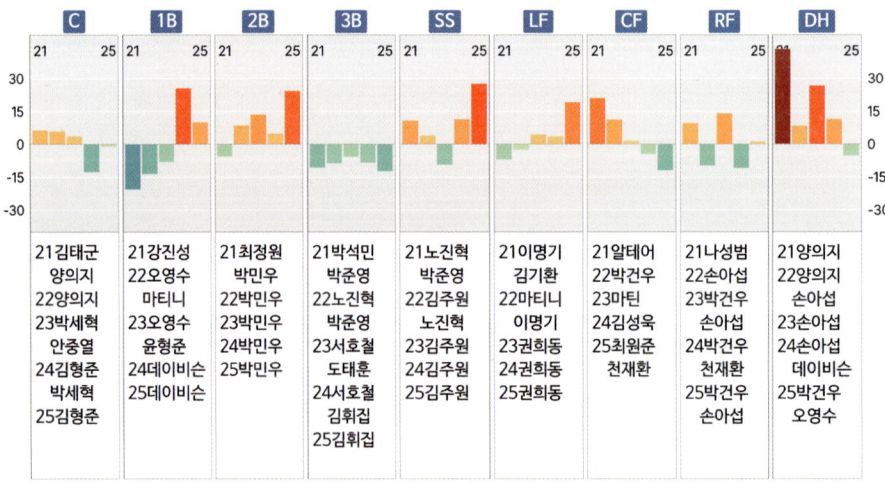

C	1B	2B	3B	SS	LF	CF	RF	DH
21김태군	21강진성	21최정원	21박석민	21노진혁	21이명기	21알테어	21나성범	21양의지
22양의지	22오영수	박민우	박준영	박준영	김기환	22박건우	22손아섭	22양의지
23박세혁	마티니	22박민우	22노진혁	22김주원	22마티니	23마틴	23박건우	손아섭
안중열	23오영수	23박민우	박준영	노진혁	이명기	24김성욱	손아섭	23손아섭
24김형준	윤형준	24박민우	23서호철	23김주원	23권희동	25최원준	24박건우	24손아섭
박세혁	24데이비슨	25박민우	도태훈	24김주원	24권희동	천재환	천재환	데이비슨
25김형준			24서호철	25김주원	25권희동		25박건우	25박건우
			김휘집				손아섭	오영수
			25김휘집					

타순별 공격력(wRC)과 리그평균 비교

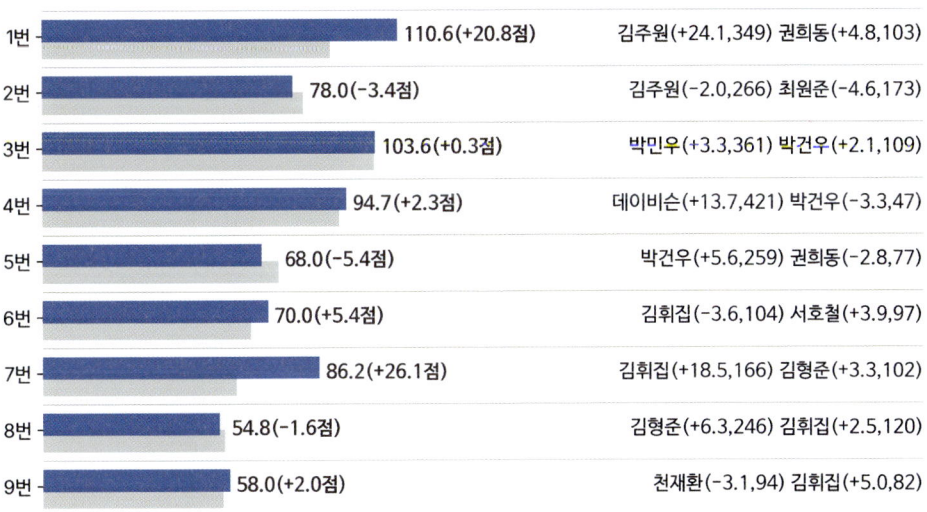

타순	wRC	선수 기록
1번	110.6(+20.8점)	김주원(+24.1,349) 권희동(+4.8,103)
2번	78.0(-3.4점)	김주원(-2.0,266) 최원준(-4.6,173)
3번	103.6(+0.3점)	박민우(+3.3,361) 박건우(+2.1,109)
4번	94.7(+2.3점)	데이비슨(+13.7,421) 박건우(-3.3,47)
5번	68.0(-5.4점)	박건우(+5.6,259) 권희동(-2.8,77)
6번	70.0(+5.4점)	김휘집(-3.6,104) 서호철(+3.9,97)
7번	86.2(+26.1점)	김휘집(+18.5,166) 김형준(+3.3,102)
8번	54.8(-1.6점)	김형준(+6.3,246) 김휘집(+2.5,120)
9번	58.0(+2.0점)	천재환(-3.1,94) 김휘집(+5.0,82)

왜 NC는 늘 기적의 팀 이기만 했을까

_신원철

NC는 2023년 정규시즌을 4위로 마친 뒤 포스트시즌(PS) 6연승을 거뒀다. '기적의 가을'이라고들 했다. 그럼에도 2024년 시즌 전망은 어두웠다. 에이스 페디가 메이저리그로 돌아갔기 때문이다. 시즌을 앞두고 2투수 박민우는 "또 하위권이라고들 하겠죠"라고 말했다.

외국인 스카우팅 명가,
너무 잘 뽑아도 탈?

NC는 2023년 정규시즌을 4위로 마친 뒤 포스트시즌(PS) 6연승을 거뒀다. '기적의 가을'이라고들 했다. 그럼에도 2024년 시즌 전망은 어두웠다. 에이스 페디가 메이저리그로 돌아갔기 때문이다. 시즌을 앞두고 2투수 박민우는 "또 하위권이라고들 하겠죠"라고 말했다.

2024년 NC는 하트라는 새로운 에이스를 찾아냈다. 일본프로야구(NPB)에서 실패한 선수였던 데이비슨은 홈런왕이 됐다. 그러나 순위는 9위. 정규시즌 종료를 8경기 남겨두고 1년 전 기적을 이끌었던 강인권 감독은 경질됐다. 이호준 감독이 새로 지휘봉을 잡았다.

창단 후 빠르게 강팀으로 인정받았던 이유였던 연속성이 사라졌다. NC는 2014년 창단 첫 PS 진출부터 4년 연속 가을에 야구를 했다. 2020년에는 통합우승까지 했지만 그 뒤로는 꾸준하지 않았다. 2021년 코로나19 직격탄을 맞으면서 추락하더니 2022년에도 PS 진출에 실패했다. 2년 연속 PS 진출은 2019-2020년이 마지막이다. 최근 5년간 가을 야구는 2번.

외국인 선수 스카우트를 잘하는 것도 문제 아닌 문제가 됐다. NC는 2023년부터 해마다 외국인 투수를 전원 교체했다. KBO 리그에 남기에는 너무 잘 던졌다. 2022년 시즌을 끝으로 4시즌 에이스로 활약했던 루친스키가 오클랜드와 2년 800만 달러에 금의환향했다. 20023년 페디, 2024년 하트도 빅리그 구단의 러브콜을 받았다. 그리고 나머지는 반대로 부진 끝에 재계약 대상에서 탈락했다.

2021년 이후 외국인 투수 WAR 1위			
2021년	두산 아리엘 미란다	6.7	두산과 재계약
2022년	SSG 윌머 폰트	5.8	샌디에이고 마이너 계약
2023년	NC 에릭 페디	7.6	화이트삭스 메이저 계약
2024년	NC 카일 하트	6.2	샌디에이고 메이저 계약
2025년	한화 코디 폰세	8.4	토론토 메이저 계약

자료=스탯티즈

이호준 감독 체제 첫 시즌은 좋았다. 와일드카드 결정전에서 한 해를 마무리했지만 어떤 관점에선 '기적'으로 부를 만했다. 피타고라스 승률로 PS 진출 가능성을 계산하는 'PS Odds'에 따르면 9월 20일 현재 NC의 포스트시즌 진출 확률은 단 3.5%였다. 17일까지는 21.0%였는데 이후 3연패로 상황은 절망적이 됐다. 하지만 이후 9연승으로 정규시즌을 마치면서 6위 KT를 반 게임 차로 밀어내고 5위에 극적으로 올랐다.

NC는 2016년 15연승, 2020년 11연승을 기록한 적이 있다. 하지만 가을 야구를 결정지은 막판 스퍼터라는 점에서 두 연승에 못지 않았다. 역대 KBO 리그 PS에 막차를 탄 팀 가운데 9연승으로 순위를 뒤집은 팀은 2025년 NC뿐이다. 어느 팀도 NC만큼 긴 연승으로 최종전에서 순위를 뒤집지 못했다.

1998년 OB는 막판 8연승으로 해태를 한 게임 차 5위로 끌어내렸다. 마침 마지막 2경기가 해태와의 광주 맞대결이었다. 긴장감이 고조된 가운데, OB가 원정 두 경기를 모두 잡았다. 연승 기간 뿐 아니라 피타고라스 승률에서는 2025년 NC의 역전이 더 '이변'에 가깝다. NC는 6위 KT보다 피타고라스 승률이 낮았고(NC 0.477, KT 0.493), 1998년 OB는 해태보다 피타고라스 승률이 높았다(OB 0.514, 해태 0.459). OB는 '순리대로' 해태를 제쳤던 셈이다.

2006년 KIA는 2연승으로 두산을 제치고 4위 자리를 빼앗았다. 하지만 긴 연승이나 정규시즌 최종전 역전극은 아니었다. 2006년 10월 5일에 최종전을 치렀는데 'PS Odds'에 따르면 10월 1일에 이미 KIA의 PS 진출 확률이 87.9%에 달했다. 2021년 키움은 SSG에 0.5경기 차 역전 드라마를 썼지만 마지막 연승이 3연승으로 상대적으로 짧았다. 10월 31일이 최종전이었고, 키움의 PS 진출 확률은 가장 낮았던 10월 28일에도 13.2%였다. 2025년 NC보다는 훨씬 높았다.

2025 NC, 역사상 가장 극적인 '가을 막차'				
주인공은?	연승은?	순위 역전인가?	최종전이었나?	기대승률 역전인가?
1998 OB	8연승	역전	최종전	아님
2006 KIA	2연승	아님	아님	아님
2021 키움	3연승	역전	최종전	아님
2025 NC	9연승	역전	최종전	역전

하지만 기적은 희망의 근거가 될 수는 없다. 2023년 기적이 2024년 9위로 이어진 것처럼. 2025년 NC의 피타고라스 승률은 0.479, 실제 승률은 0.514였다. 실제승률과 기대승률과의 차이가 가장 컸던 팀이 바로 NC였다. 승수로 환산하면 5.1승이나 더 거뒀다. 다음 시즌에도 행운이 따르리라는 보장은 없다.

이호준 감독은 시즌 중에도, 그리고 와일드카드 결정 2차전을 패배로 마친 뒤 스스로 '초보 감독의 한계'를 인정했다. 투수들의 임무를 구체적으로 설정하지 않고 기용한 탓에 불펜에 과부하가 걸렸다는 사실을 받아들였다.

NC는 구원투수 이닝이 610⅔이닝으로 가장 많았다. 구원 3연투 12회로 공동 2위에 구원투수 멀티 이닝은 146회로 최다였다. PS 진출에 실패한 2024년(3연투 3회, 멀티 이닝 128회)은 물론이고 막판까지 순위 싸움을 펼쳤던 2023년(3연투 5회, 멀티 이닝 117회)보다 불펜을 더 마구잡이로 썼다.

전반기 85경기에서는 경기당 투수 4.94명이 등판했는데, 후반기 59경기에서는 5.71명으로 늘었다. 이호준 감독이 "보직 설정의 중요성을 깨달았다"던 9월 3일 이후 23경기에서는 6.09명이 등판했다. 후반기에 김영규(33경기). 김진호(35경기). 배재환(35경기). 전사민(36경기)은 두 경기에 한 번 꼴 이상 빈도로 마운드에 올랐다. 9연승으로 PS 진출을 이뤄낸 '기적' 뒤에는 이런 희생이 있었다.

더, 더, 더 많이 바꿨다			
	3연투	멀티이닝	경기당 투수
2023년	5회	117회	4.78명
2024년	3회	128회	4.81명
2025년	12회	146회	5.26명
2025년 후반기	...		5.71명
2025년 9월 이후	...		6.13명

라일리 톰슨 - 좌타자 승부 해답을 찾다

KBO 리그에서 꾸준히 안정적인 전력을 유지하려면 중요한 게 있다.

'너무 뛰어난 외국인선수'를 뽑아서는 안 된다. KBO 리그 출신 외국인선수 '역수출'이 본격적으로 늘어나면서 NC가 그 유탄을 맞았다. 2022년 루친스키, 2023년 페디, 2024년 하트가 메이저리그 복귀를 택했다. 모두 그해 NC 투수 가운데 WAR 1위에 오른 선수들이었다. 그러나 2025년 WAR 1위 투수 라일리는 NC에 남기로 했다. NC 외국인투수로는 2022년 루친스키 이후 4년 만인 재계약 사례다.

라일리는 2025시즌을 앞두고 1년 총액 90만 달러에 NC 유니폼을 입었다. 라일리가 KBO 리그 첫 해에 기록한 17승은 리그 다승 공동 1위이자 NC 역대 단일 시즌 다승 4위다. 216삼진은 페디의 209K를 넘은 프랜차이즈 신기록. 메이저리그 경력이 없는 투수를 데려와 에이스로 만든 NC의 혜안이 돋보였다. NC는 라일리의 원투펀치 파트너로 다시 메이저리그 경력이 없는 커티스 테일러를 영입했다. 메이저리그 유턴 가능성이 있는 특급 투수보다, 오래 남을 수 있는 투수를 데려오는 방향으로 선회했다.

라일리는 개막 후 첫 5경기에서는 평균자책점 5.96에 그치며 실망을 안겼다. 4월 23일까지 외국인 투수 19명 가운데 최하위였다. 4월 10일 KT전 7이닝 14탈삼진 무실점 호투 한 번으로는 만회할 수 없는 부진이었다. 이 기간 라일리의 좌우 스플릿은 그 뒤까지 우려하게 만들었다. 수준급 왼손 타자가 많은 KBO 리그에서 살아남기 어려워 보였다. 피OPS가 오른손 타자 상대로는 0.608로 안정적이었는데, 왼손 타자 상대는 0.754에 달했다.

그러나 4월 24일, 좌타 위주 라인업을 앞세운 LG를 6이닝 무실점으로 제압하면서 반전이 시작됐다. 이 경기부터 시즌 끝까지 라일리의 좌우 피OPS는 좌타에게 0.570으로 강해졌고, 우타 상대로도 0.637로 강세를 이어갔다.

세컨드 피치인 슬라이더가 좌타자에게 약점을 보였다. 좌타자들은 이 공에 OPS 1.526을 기록했다. 라일리는 커브에서 해답을 찾았다. 지난해 라일리가 좌타자에게 던진 커브의 피OPS는 0.330으로 대단했다. 그리고 좌타 승부에서 슬라이더를 줄이고 커브와 스플리터를 늘렸다.

제2의 메릴 켈리를 찾아서, 빅리그 경력 없는 KBO 외국인 투수		
	2025년	2026년
롯데 감보아	KBO 7승 8패, ERA 3.58	보스턴 스플릿 계약
NC 라일리	KBO 17승 7패 ERA 3.45	NC 재계약
LG 톨허스트	KBO 8경기 6승 2패 ERA 2.86	LG 재계약
NC 테일러	AAA 10승 4패 ERA 3.21	NC 신규 영입
한화 에르난데스	AAA 3승 7패 ERA 4.80	한화 신규 영입

퇴출 후보에서 2년차 재계약까지			
라일리	평균자책점	순위	왼손타자 피OPS
첫 5경기	5.96	31명 중 29위	0.754
이후 25경기	3.01	21명 중 8위	0.570

박민우 - 평균보다 34% 뛰어난 타자 vs. 12% 뛰어난 타자

"아까 박민우가 내기를 제안하더라."

이호준 NC 감독이 2026년 신년회를 마치고 이렇게 말했다. 내기 내용은 '120경기 2루수로 선발 출전'. 이 감독은 "뭘 산다고는 하지 않았는데 비싼 걸 사지 않을까. 갑자기 찾아와서 뜬금없이…"라고 덧붙였다.

내기 제안에는 배경이 있었다. 이 감독은 2025년 시즌이 끝날 무렵 "박민우의 체력 관리를 위해 앞으로 1루수로도 기용하겠다"는 뜻을 밝혔는데, 박민우가 이 소식을 기사로 접했다. 2루수로 더 많이 뛰기 위해 더 철저하게 준비하겠다는 뜻이었다.

박민우가 한 시즌 120경기를 넘긴 것은 지난 13시즌 가운데 6번이다. 그런데 2루수 포지션으로 한정하면 얘기가 좀 다르다. 2015년 133경기가 처음이자 마지막이었다. 그 다음이 2020년 116경기다. 박민우는 "체력에 대한 우려가 많으니 몸 상태를 끌어올리려 했다. 2루수로 가장 많이 나갔던 때 몸 상태를 만들려 했다"고 말했다. 말 뿐만이 아니었다. 신인 때 체중으로 돌아갔다고 했다.

박민우 "120경기 2루수 선발 출전"

	2루수 선발 출전	수비 이닝	wRC+	wRC+순위
2015년	133경기	1127⅔이닝	116.0	26위
2020년	116경기	943⅔이닝	131.0	21위
2016년	113경기	897⅓이닝	124.2	24위

혹시 수비에 힘을 쏟다 보면 타격에서 보는 손해도 있지 않을까. 일단 박민우는 2루수로 133경기 선발 출전한 2015년 wRC+ 116.0을 기록했다. 프로 데뷔 후 세 번째 시즌이었고, 3년 연속 wRC+ 오름세에 있었다. 이후 2016년 124.2, 2017년 143.7까지 5년 연속 멈추지 않고 우상향했다. 선발 2루수로 116경기에 뛰었던 2020년에도 wRC+ 131.0. 이때까지는 수비 출전이 타격에 마이너스로 작용하지 않았다.

박민우의 통산 wRC+는 120.4. 지난 3년 모두 120.0 이상을 유지했다. 2024년을 끝으로 메이저리그에 진출한 김혜성을 빼면, 이 3년 동안 박민우 만큼 꾸준하게 생산력을 보여준 2루수가 없었다.

2023-2025 2루수 wRC+ TOP2

2023년	키움 김혜성	141.0	박민우	123.4
2024년	박민우	129.6	키움 김혜성	124.1
2025년	LG 신민재	128.8	박민우	123.3

그래서 박민우의 '120경기 2루수' 선언은 NC에게 중요하다. 지난해 리그 2루수 평균 wRC+는 92.0, 1루수는 110.30이었다. 박민우의 지난해 wRC+는 123.3. 즉, '2루수 박민우'에게는 리그 평균보다 34% 뛰어난 타격을 기대할 수 있다. 하지만 '1루수 박민우'는 리그 평균보다 12% 높을 뿐이다.

그래서 NC를 위해서는 박민우가 내기에서 이겨야 한다. 이 감독이 내기에서 이기기 위해 라인업 카드에 일부러 박민우의 이름을 1루수 옆에 적지는 않을 것이다.

김형준 - 도루 저지는 최강, 그런데 블로킹은

김형준은 2025년 11월 24일 KBO 리그 수비상 시상식에서 포수 부문 수상자로 무대에 올랐다.

이 상은 투표 점수 75%, 기록 점수 25% 합산으로 수상자가 결정된다. 투표인단은 감독과 코치 9명에 단장까지 구단당 11명이다. 이들은 현직에 종사하는 야구계 시니어이자 선수 기용에 영향력을 행사한다. 그래서 김형준은 10개 구단이 가장 기용하고 싶어하는 포수라는 뜻도 된다.

기록 점수에는 수비율과 레인지팩터(이닝당 자살+보살)가 '공식기록'이라는 이름으로 포지션 공통으로 적용되며 포수는 도루저지율(포수무관도루 제외)과 블로킹이 평가 항목에 더해진다. 김형준은 투표에서 70점, 도루저지율에서 6.25점, 블로킹에서 2.50점, 공식기록에서 7.50점을 획득해 수상 영광을 안았다.

5000이닝 이상 포수 도루저지율 순위

	2024			2025	
김형준	870⅓이닝	37.8%	김형준	906이닝	35.6%
한화 최재훈	791⅔이닝	28.4%	키움 김건희	741이닝	34.1%
키움 김재현	758⅓이닝	25.9%	SSG 조형우	696⅓이닝	28.2%

강력한 어깨에서 뿜어져 나와 2루로 뛰는 주자를 잡아내는 송구는 야구를 보는 팬의 눈을 즐

겁게 한다. 김형준의 장기다. 그의 2025년 도루 저지율은 35.6%(26저지, 47허용)에 달했다. 정규시즌 절반인 72경기 이상 출장한 포수 가운데 1위였다. 앞 시즌에도 37.8%(31저지, 51허용)로 1위에 올랐다.

김형준 스스로도 자부심이 있다. "도루저지 만큼은 다른 선수에게 지지 않으려 한다"고 했다. 2년 연속 도루저지율 1위를 지킨 김형준을 상대로 가장 많은 도루에 성공한 선수는 정수빈(8회)이다. 그 다음은 송성문(7회), 황성빈과 박해민(6회)이었다. 반대로 가장 많이 잡힌 선수는 구본혁 문보경 전민재 정수빈 황성빈으로 모두 세 번씩이었다. 김형준은 "(송)성문이 형 연속 성공 기록이 오래 가서(34연속, KBO 신기록) 한 번 끊어보고 싶은 마음이 있었다"고 했다.

2024-2025, 김형준 상대로…

많이 훔친		많이 잡힌	
8회	정수빈	3회	구본혁 문보경 전민재 정수빈 황성빈
7회	송성문	2회	강백호 박해민 정준재 조수행 등8명
6회	황성빈 박해민		

시니어들로부터 높은 평가를 받았지만 기록 점수에서 김형준은 2위(16.25점)였다. SSG 조형우(20.83점)에 뒤졌다. 블로킹의 차이였다. 지난해 김형준의 9이닝당 폭투+패스트볼은 0.566개로

2025년 5000이닝 이상 출전한 포수 11명 가운데 두 번째로 많았다. 가장 많았던 선수는 0.583 개인 두산 양의지. 양의지는 2007년 입단한 베테랑이자 무릎과 허리에 부상을 달고 있다. 이

점에서 김형준의 블로킹에는 아쉬운 점이 있다. 김형준은 더 완벽한 수비를 위해 노력하겠다면서 "실수로 이슈가 되지는 않겠다"고 했다.

김형준 ⓒNC 다이노스

KT WIZ
KT 위즈

종합

경기당 득점		경기당 실점		경기당 실책		수비효율	
4.50	7위)7위	4.56	9위)5위	0.71	7위)4위	0.667	8위)7위
86(-9)	4.73(리그)	108(+28)	4.73(리그)	107(+18)	0.74(리그)	77(-1)	0.676(리그)

경기당 도루시도		도루성공률		경기당 희생번트		경기당 투수교체	
0.5	9위)10위	66.7	8위)10위	0.45	1위)4위	3.35	2위)1위
71(-3)	1.0(리그)	48(-29)	74.9(리그)	113(-36)	0.41(리그)	160(+22)	3.87(리그)

타격

타율		출루율		장타율		OPS	
0.253	4위)9위	0.337	3위)5위	0.369	7위)9위	0.706	7위)8위
75(-28)	0.262(리그)	97(-14)	0.338(리그)	72(-23)	0.389(리그)	81(-19)	0.727(리그)

삼진 회피		순출루		순장타		타석당 투구수	
0.81	6위)3위	0.084	5위)1위	0.116	7위)8위	3.95	3위)1위
118(+26)	0.80(리그)	132(+18)	0.077(리그)	77(-14)	0.127(리그)	137(+24)	3.89(리그)

선발

ERA(선발)		경기당이닝(선발)		선발-피타율		선발-피순장타	
3.89	9위)5위	5.45	5위)1위	0.270	9위)8위	0.112	10위)2위
116(+51)	4.21(리그)	137(+41)	5.12(리그)	80(+8)	0.260(리그)	125(+85)	0.125(리그)

SO9(선발)		Walk9(선발)		HR9(선발)		선발xRA9	
7.67	4위)5위	3.07	1위)2위	0.71	10위)4위	4.37	10위)5위
95(-16)	7.84(리그)	135(+11)	3.66(리그)	119(+72)	0.82(리그)	106(+59)	4.53(리그)

구원

ERA(구원)		경기당이닝(구원)		구원-피타율		구원-피순장타	
4.45	4위)5위	3.45	5위)10위	0.278	7위)9위	0.132	1위)6위
101(-12)	4.47(리그)	62(-44)	3.77(리그)	73(-12)	0.263(리그)	96(-30)	0.131(리그)

SO9(구원)		Walk9(구원)		HR9(구원)		구원xRA9	
7.26	5위)9위	4.07	1위)1위	0.91	1위)8위	5.28	1위)7위
80(-31)	7.67(리그)	141(-31)	4.89(리그)	89(-43)	0.87(리그)	96(-65)	5.18(리그)

승률 - 기대승률 변화

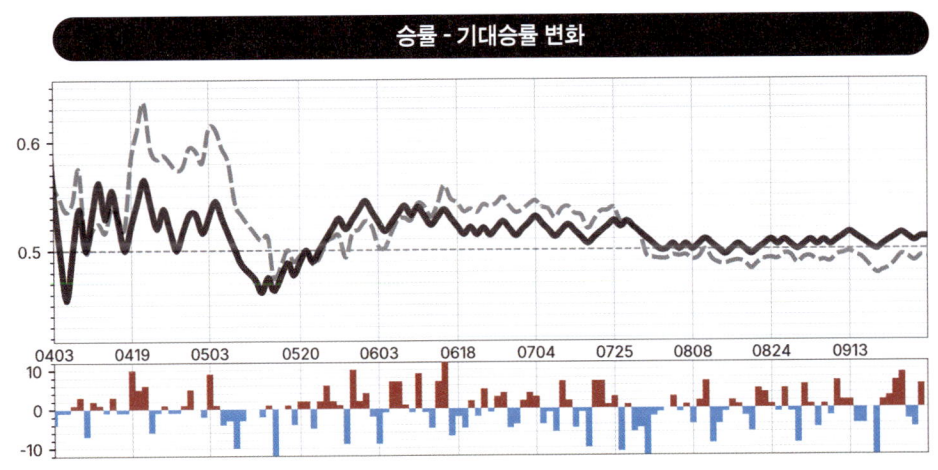

연승과 연패

05월05일-05월13일 6연패 경기당 2.7득점 6.3실점 (NC,롯데,삼성 상대)

07월29일-08월03일 5연패 경기당 2.0득점 7.3실점 (LG,NC 상대)

초반 - 중반 - 종반 승부

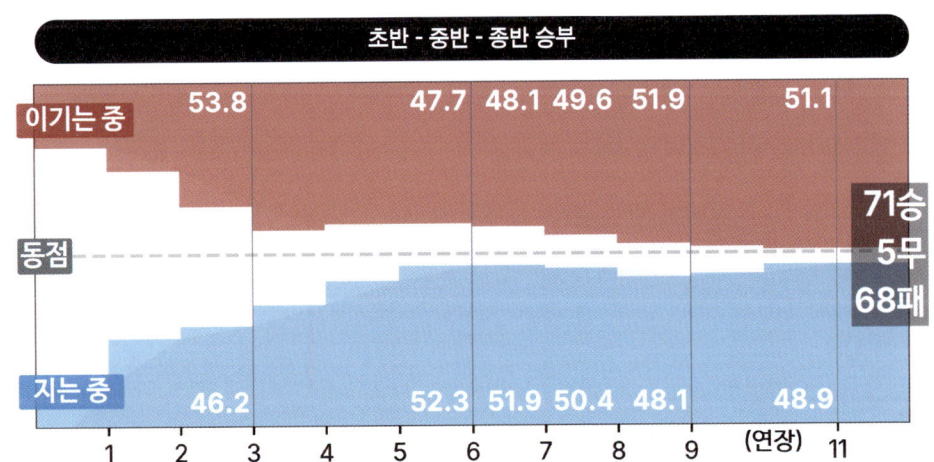

포지션 DepthChart

LF 622PA RC 57.0 (-16.9)
김민혁 83G 1E RAA -9.0
로하스 19G 1E RAA +0.4
이정훈 17G 0E RAA -5.9

CF 594PA RC 56.9 (-14.8)
배정대 64G 1E RAA -14.0
스티븐슨 39G 2E RAA +1.8

RF 641PA RC 127.7 (+43.2)
안현민 84G 7E RAA +40.7
로하스 49G 3E RAA +6.8

SS 502PA RC 36.4 (-22.6)
권동진 81G 15E RAA -13.9
장준원 47G 3E RAA -12.9
김상수 13G 2E RAA +4.3

2B 581PA RC 60.0 (-3.3)
김상수 90G 6E RAA -0.9
오윤석 21G 1E RAA -1.0
천성호 18G 2E RAA +2.8

3B 642PA RC 86.1 (+3.9)
허경민 110G 10E RAA -2.2
황재균 31G 1E RAA +4.5

1B 588PA RC 57.9 (-21.0)
황재균 65G 3E RAA -6.1
문상철 45G 0E RAA -4.5
오윤석 22G 0E RAA -5.2

DH 625PA RC 102.3 (+17.5)
강백호 77G 0E RAA +5.3
로하스 15G 0E RAA -6.2
이정훈 14G 0E RAA +4.0

C 581PA RC 46.6 (-13.4)
장성우 98G 5E RAA -3.6
조대현 24G 7E RAA -4.0
강현우 18G 4E RAA -3.6

5시즌 포지션별 공격력 추이(리그평균대비+)

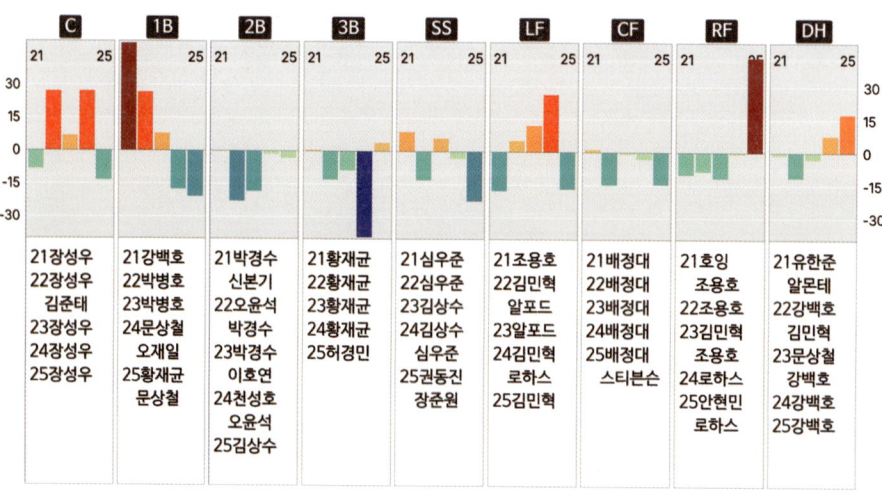

C	1B	2B	3B	SS	LF	CF	RF	DH
21장성우	21강백호	21박경수	21황재균	21심우준	21조용호	21배정대	21호잉	21유한준
22장성우	22박병호	신본기	22황재균	22심우준	22김민혁	22배정대	조용호	알몬테
김준태	23박병호	22오윤석	23황재균	23김상수	알포드	23배정대	22조용호	22강백호
23장성우	24문상철	박경수	24황재균	24김상수	23알포드	24배정대	23김민혁	김민혁
24장성우	오재일	23박경수	25허경민	심우준	24김민혁	25배정대	조용호	23문상철
25장성우	25황재균	이호연		25권동진	로하스	스티븐슨	24로하스	강백호
	문상철	24천성호		장준원	25김민혁		25안현민	24강백호
		오윤석					로하스	25강백호
		25김상수						

타순별 공격력(wRC)과 리그평균 비교

타순	wRC	선수
1번	85.7(-3.2점)	허경민(+2.8,130) 김민혁(-2.3,107)
2번	68.5(-12.4점)	김민혁(-8.1,203) 허경민(-0.5,91)
3번	119.6(+16.6점)	안현민(+27.7,433) 허경민(-3.4,82)
4번	97.9(+3.5점)	장성우(-10.1,209) 강백호(+8.3,148)
5번	66.9(-8.4점)	장성우(-2.9,185) 황재균(-3.7,88)
6번	73.1(+7.3점)	황재균(+1.1,94) 김상수(+0.4,83)
7번	56.0(-4.9점)	김상수(-3.5,80) 황재균(+1.1,63)
8번	41.9(-13.8점)	배정대(-6.1,126) 장준원(-2.1,54)
9번	41.4(-13.5점)	권동진(-7.8,194) 장준원(-6.1,69)

'붉은 여왕의 저주'에 갇힌 마법사들

_황규인

"여기서는 네 있는 힘껏 달려야 제자리에 머물 수 있단다. 다른 곳으로 가고 싶다면 적어도 지금보다 두 배는 더 빨리 달려야 하지."

— 루이스 캐럴 작 〈거울 나라의 앨리스〉 중 붉은 여왕

평범함은
결국 평범하다

KT는 2025년 시즌을 71승 68패 5무(승률 0.511)로 마감했다. 5위 NC(승률 0.514·71승 67패 6무)에 승률 0.003 뒤진 6위였다. 그러면서 2020년부터 이어졌던 포스트시즌 진출 기록이 끝났다. KT는 전년도에도 SSG와 똑같이 승률 0.507(72승 70패 2무)를 기록한 뒤 5위 결정전을 거쳐 포스트시즌행 막차에 올랐다.

KT는 2025년에도 9월 30일 창원 경기에서 NC를 꺾었다면 '가을 야구' 진출을 사실상 확정할 수 있었다. 두 팀 모두 이 경기가 시즌 142번째 경기였고 5위 KT가 6연승 중이던 6위 NC에 1경기 앞서 있던 상황이었다. KT가 이 '5징어 게임'에서 승리하면 남은 두 경기 중 한 경기만 이겨도 5위를 확보할 수 있었다. 거꾸로 NC는 이렇게 되면 남은 두 경기를 모두 이기고 KT가 두 경기에서 모두 패하길 기다려야 했다.

KT는 이날 결국 4-9로 무릎을 꿇으면서 NC에 승률 2모(0.0002) 뒤진 6위가 됐다. 허경민은 이날 프로 데뷔 이후 두 번째로 실책 2개를 기록했다. NC가 남은 두 경기에서 모두 승리하면 KT 역시 전승을 거둬도 자력으로 가을 야구 무대를 밟을 수 없었다. NC는 실제로 두 경기를 모두 이겼고 KT는 1승 1무를 기록하면서 포스트시즌 연속 진출 기록에 마침표를 찍어야 했다.

●
리그 평균 +5.1세

2009년 프로 데뷔 후 16년 동안 두산에서 뛰던 허경민은 2024년 시즌 종료 후 FA 자격을 얻어 KT에 합류했다. 그러면서 2025년 KT에서 내야 포지션별 최다 선발 출전 선수는 △1루수 1987년생 황재균(65경기) △2루수 1990년생 김상수(90경기) △3루수 1990년생 허경민(110경기) △유격수 1998년생 권동진(81경기)이 됐다.

이해에 KT가 정규시즌 144경기를 치르는 동안 선발 라인업에 내야로 이름을 올린 내국인 선수는 평균 33.1세였다. 이 부문 2위 한화(29.3세)와 비교해도 3.8세가 많은 1위 기록이었다. 막내 구단 KT 내야수는 리그 전체 평균(28.0세)보다 5.1세가 많았다.

2025년 내국인 선발 내야수 평균 나이		
구단	전체	내야수
KT	30.8	33.1
한화	29.2	29.3
LG	30.5	29.0
KIA	31.3	28.6
키움	27.0	27.7
롯데	28.3	27.0
SSG	29.0	26.7
두산	29.5	26.4
NC	29.1	26.1
삼성	28.8	25.2

한국시리즈 정상을 밟았던 2021년만 해도 이렇지 않았다. 당시 KT 선발 내야수는 평균 28.7세로 리그 평균(28.1세)과 0.6세 차이였다. 이해 KT는 DER 0.691을 기록했다. LG(0.701) 한 팀만 KT보다 수비가 좋았다. 2025년에는 0.669로 8위다. 내야수가 나이가 들면 수비 범위가 좁아지게 마련이다. KT는 2024년에도 DER 0.657로 8위였다.

KT는 내야수만 나이가 많은 게 아니다. 선발 라인업에 이름을 올린 전체 선수 평균 나이도 30.8세로 KIA(31.3세)에 이어 2위였다. 타자가 나이가 들면 발이 느려진다. KT의 이해 팀 도루는 48개로 최하위. 이 시즌 도루왕 LG 박해민(49개)이 KT 전체 선수보다 도루가 더 많았다. KT는 사실 2024년에도 팀 도루 61개로 이 부문 개인 1위 두산 조수행(64개)보다 도루가 적었다.

2024-2025년 팀 도루		
구단	2024년	2025년
NC	104	186
두산	184	144
SSG	149	129
LG	171	121
한화	69	101
삼성	113	98
롯데	105	91
키움	71	83
KIA	125	77
KT	61	48

잘 치면 굳이 베이스를 훔치는 모험에 나설 필요가 없다. 하지만 KT는 팀 OPS 0.706으로 SSG와 함께 공동 8위였다. 사실상 뒤에서 두번째에 해당하는 성적이다. KT에서 내야수로 출전한 선수가 남긴 OPS는 0.663으로 같은 조건에서 아예 최하위였다. 권동진 다음으로 유격수 선발 출전이 많았던 1995년생 장준원(47경기)은 OPS 0.498로 시즌을 마쳤다. 장준원의 OPS보다 안현민의 장타율(0.570)이 높았다.

이에 KT는 FA 시장이 열리자 2025년 시즌 KIA에서 WAR 4.6승을 올린 박찬호를 영입하려 했다. 1995년생 박찬호는 2023, 2024년 2년 연속해 유격수 부문 수비상을 탔던 선수다. 그러나 박찬호가 두산행을 선택하면서 유격수 자리에 물음표를 안은 채 2025시즌을 시작하게 됐다.

이를 달리 말하면 내야 전체에서 물음표를 지우지 못했다는 뜻이다. 유격수가 흔들리면 2루수도 3루수도 부담이다. 허경민은 2025년 실책 10개를 기록했다. 허경민이 3루수로 실책 10개를 기록한 건 이해가 처음이다. 국군체육부대(상무) 소속으로 2025년 퓨처스리그(2군)에서 OPS 1.075를 기록한 2000년생 류현인이 돌아오지만 1군 무대서 유격수 수비가 통할지는 아직 알 수 없다.

●

수비 = 투수 + 야수

팀 타선이 '안현민과 여덟 난쟁이'로 한 시즌을 마쳤는데도 KT가 막바지까지 5강 경쟁을 이어갈 수 있던 건 투수 쪽 사정은 그래도 나쁘지 않았기 때문이다. 2025년 KT 투수진 WAR 합계는 20.4승으로 5위였다. 다만 기복은 좀 있었다. 전반기에 3위(3.65)였던 KT 팀 평균자책점은 후반기 들어 7위(4.81)로 내려앉았다.

여기서 주목해야 할 건 KT 투수진은 '인플레이 타구'를 많이 만드는 성향이라는 점이다. 2025년 KT 상대 4994타수 가운데 88.5%인 4942타수가 인플레이 상황으로 끝이 났다. 이해 수비 때 인플레이 타구로 끝난 타수 비율이 가장 높은 팀이 KT다.

2025년 인플레이 타구 허용	
구단	타구
키움	4013
KT	3854
KIA	3794
롯데	3759
LG	3734
두산	3729
삼성	3713
NC	3706
SSG	3504
한화	3451

달리 말하면 다른 팀보다 KT 야수가 더 바빴다는 뜻이다. 이 시즌 KT 투수진 뜬공 대비 땅볼(G/F) 비율은 1.33으로 롯데(1.44) 다음으로 높았다. 이러면 외야수보다는 내야수가 더 바쁘다. 앞서 본 것처럼 KT 내야는 나이가 많다. 그러면 시즌이 흐를수록 지칠 확률이 높다. KT 야수진은 전반기에는 그래도 DER 7위(0.681)였지만 후반기에는 최하위(0.651)로 떨어졌다.

이 직격탄을 맞은 선수가 오원석이다. 2024년 시즌 종료 후 트레이드를 통해 KT로 건너온 오원석은 2025년 첫 90⅔이닝을 평균자책점 2.78로 막으면서 전반기에만 10승(3패)을 올렸다. 반면 41⅓이닝을 던진 후반기에는 평균자책

점이 5.62로 오르면서 1승 5패에 그쳤다. 탈삼진율은 전반기 21.0%, 후반기 20.0%로 거의 차이가 없었다. 삼진은 야수 도움 없이 잡는 아웃이다. 하지만 야수 역할이 중요한 DER는 0.774에서 0.674로 12.9%가 빠졌다.

2025년 전·후반기 팀 DER			
구단	전반기	후반기	계
SSG	0.691	0.695	0.693
삼성	0.683	0.706	0.692
두산	0.689	0.688	0.689
LG	0.693	0.674	0.686
NC	0.694	0.668	0.683
한화	0.686	0.666	0.678
KIA	0.672	0.67	0.671
KT	0.681	0.651	0.669
키움	0.658	0.682	0.667
롯데	0.665	0.661	0.664

그래도 왼손 투수 오원석이 선발 로테이션을 꾸준히 지켜준 덕에 KT는 '잠수함' 고영표(11승), 오른손 '정통파' 소형준(10승)과 함께 스타일이 서로 다른 내국인 선발진으로 한 시즌을 꾸릴 수 있었다. 내국인 선발 투수 3명이 두 자릿수 승수를 거둔 팀은 KT와 이 시즌 통합 챔피언 LG뿐이었다. KT 선발진은 이해 퀄리티스타트 1위(74번) 기록도 남겼다.

불펜은 그렇지 못했다. 지난 시즌에도 '왼손 필승 카드'를 찾지 못한 영향이 제일 컸다. KT 구원진은 이 시즌 왼손 타자에게 OPS 0.783을 허용했다. 팀 성적 최하위 키움(0.862) 다음으로 나쁜 기록이다. 전반기에는 전용주가 왼손 타자를 OPS 0.540으로 막으면서 '왼손 타자

킬러'로 자리매김하는 듯했지만 충수염(맹장) 수술을 받고 돌아온 후반기에는 0.985로 흔들렸다.

이 부담은 고스란히 마무리 투수 박영현에게 돌아갔다. 지난 시즌 KT에서 구원 등판한 투수 가운데 왼손 타자를 가장 많이(169번) 상대한 선수가 박영현이다. 박영현은 오른손 타자는 OPS 0.601로 묶었지만 왼손 타자에게는 0.873으로 딱히 강한 투수가 아니었는데도 그랬다. 후반기에는 왼손 타자에게 OPS 0.972를 허용해 전용주와 별 차이도 없었다.

● 구구 조화의 그늘

이강철 KT 감독은 구원 투수 교체 카드를 아끼고 또 아끼는 사령탑이다. 이 감독이 지난 시즌 경기 도중 투수 교체 카드를 꺼내든 건 총 482번. 이 부문 2위 키움(533번)보다도 10.5%가 적었다. 또 쓰는 투수만 쓴다. 2025년 박영현(67번), 손동현, 김민수(이상 58번)가 전체 구원 등판 횟수 가운데 38.0%를 차지했다. 구원진 평균자책점 1위를 기록한 SSG(39.9%) 한 팀만 이보다 '구원 투수 톱3' 의존도가 높았다.

그런 점에서는 오른손 투수 한승혁이 팀에 합류한 건 2026년 시즌 전망을 밝히는 요소라고 할 수 있다. 한승혁은 한화와 FA 계약한 강백호의 보상 선수로 KT 유니폼을 입게 됐다. 한승혁은 2025년 한화에서 64이닝을 평균자책점 2.25로 막으면서 16홀드를 올렸다. 이 해만 따지면 한승혁(2.5승)이 강백호(1.7승)보다도 WAR가 높았다.

다만 '프랜차이즈 스타' 강백호를 놓친 뒤 FA 시장에서 '패닉 바잉'에 나선 게 어떤 결과로 돌아올지는 아직 알 수 없다. 1990년생 포수 장성우가 2025년에 도루를 총 107개 허용하면서 '자동문'이 된 건 사실. 그렇다고 2024, 2025년을 합쳐 1군에서 35경기밖에 소화하지 않은 1994년생 한승택이 '보완재'가 될 수 있을지 의문이다. 최원준도 2025년에 WAR −1.5승을 기록한 선수일 뿐이다. 1988년생 김현수 영입은 신구 조화를 추구해야 할 팀이 '구구(舊舊) 조화'를 향해 한 걸음 더 나아간 것으로 풀이할 수도 있다.

KT는 2015년 1군 진입 이후 처음으로 전년도 외국인선수 세 명을 모두 교체한 뒤 2026년 시즌을 맞이한다. 아시아쿼터 스기모토 코우키는 이전까지 프로 경력이 아예 없었던 선수다. 이 감독은 이렇게 야수와 투수, 내국인과 외국인 모두 물음표가 가득한 상태로 계약 마지막 해를 시작한다. 2027년 이 팀 감독 이름은 여전히 이강철일까.

ABS라는 핑계를 지운

고영표

한국야구위원회(KBO)에서 2024년 자동판정시스템(ABS)을 도입한 뒤 '잠수함 투수가 최대 피해자'라는 주장이 득세했다. KT 고영표도 피해자 중 하나였다. 2023년 12승 7패에 평균자책점 2.28을 기록했던 고영표는 2024년 6승 8패 평균자책점 4.95로 부진했다. 그러다 2025년에는 11승 8패 평균자책점 3.30으로 부활했다.

고영표가 찾은 해법은 '스트라이크 존 바깥에 공을 던지자'였다. 고영표가 2025년에 던진 공

고영표 ©KT 위즈

이 스트라이크 존을 통과한 비율은 40.9%밖에 되지 않는다. 2015년 프로 데뷔 후 가장 낮은 비율이다. 대신 헛스윙으로 스트라이크를 유도했다. 전체 투구 대비 헛스윙 비율 14.1%는 데뷔 이후 최고 기록이다. 상대 타자가 방망이를 휘둘렀을 때 헛스윙으로 끝난 비율(25.7%)도 2018년(26.3%)에 이어 두 번째로 높았다.

가장 위력을 발휘한 구종은 역시 체인지업이었다. 이해 리그에서 체인지업을 가장 많이(1234구) 던졌고, 피치밸류(8.4)는 6위였다. 2024년엔 이 구종 피치밸류가 -3.2였던 게 부진의 가장 큰 이유였다. 고영표가 던지는 체인지업은 릴리스포인트에서 약 10m 지점까지는 속구와 사실상 똑같은 궤적으로 날아온다. 그러다 속구보다 0.1초 이상 늦게 존을 통과한 뒤 커브볼처럼 추락하는 듯 떨어진다. 타자 관점에서는 '공이 사라졌다'고 느낄 만한 구종이다.

체인지업은 당연히 '떨어져야 사는 공'이다. 스트라이크 존을 상중하로 삼등분했을 때 고영표가 이 시즌 던진 체인지업 1210개 가운데 88.7%가 '하' 아래로 들어왔다. 그리고 그중 78.1%를 스트라이크 존 바깥에 던졌다. 거꾸로 속구 계열은 높은 존을 공략했다. 포심패스트볼은 59.6%, 투심패스트볼은 52.8%가 '상' 이상이었다. 이 시즌부터 본격적으로 던지기 시작한 커터는 75.6%가 그랬다.

고영표는 "사이드암 투수를 상대하는 타자는

보통 아래쪽 코스만 보기 때문에 반대쪽 코스를 공략할 수 있는 구종이 필요하다고 생각했다"면서 "(ABS 시대에는 어쩔 수 없다고) 핑계만 대고 싶지는 않았다. 내가 할 수 있는 일을 찾아서 해야겠다고 생각했다"고 말했다.

강백호가 FA 자격을 얻어 한화로 떠나면서 KT에서 고영표만 한 프랜차이즈 스타는 찾아볼 수 없게 됐다. 고영표는 2025시즌 시상식에서 투수 부문 수비상을 받으면서 "수원 장안문을 지키고 있는 고영표"라고 자신을 소개해 박수갈채를 받기도 했다. 고영표는 "(KT가) 약팀이었을 때 느꼈던 설움을 잊지 않고 있다. 그 시간을 이겨낸 만큼 팀이 다시 무너지지 않도록 있는 힘을 모두 보태겠다"고 다짐했다.

2023-2025 스트라이크 구성		
연도	스크라이크 존%	헛스윙 유도율
2023	46.1	10.9
2024	47.6	10.7
2025	40.9	14.1

바빕신은

강백호를 구원할까

106.5 → 112.3 → 125.9.

적지 않은 이들이 '정체'라는 평가를 내리고 있던 게 사실. 전성기 '클래스'와는 여전히 거리가 있다. 그래도 강백호는 2023년부터 매년 wRC+를 끌어올리며 반등하고 있었다. 2025년 wRC+ 125.9는 이해에 규정타석 70% 이상 들어선 타자 가운데 20위다. 어느 팀에 가든 여전히 '넘버 2' 정도는 할 수 있다는 뜻이다.

강백호 ©KT 위즈

"과분하게 넘치는 사랑을 주셔서 감사했다."

2025년 시즌이 끝나고 FA 자격을 얻은 강백호는 그해 11월 20일 4년 최대 총액 100억 원에 한화로 이적했다. 강백호는 그러면서 100억 원대 FA 계약을 맺은 선수 가운데 직전 시즌 wRC+가 두 번째로 낮은 선수가 됐다. 2021년 나성범 한 명만 121.4로 강백호보다 이 기록이 나빴다. 한화로서는 모험 아닌 모험을 선택한 셈이다.

"종교는 없지만 바빕신을 믿습니다."

강백호는 2024년까지 통산 BABIP 0.350을 기록했던 타자다. 2025년에는 0.288로 내려갔다. 대신 순출루율은 통산 0.081에서 2025년 0.093, 순장타율도 0.187에서 0.202로 올랐다. '바빕신'만 도와준다면 2026년에 표면적으로도 성적이 올라갈 수 있을 것으로 기대할 수 있는 이유다.

"포지션 밸런스는 이상 무."

8년 동안 팀 간판으로 활약하던 야수가 팀을 떠났는데도 KT 수비 포지션에 '구멍'이 생겼다는 이야기는 들리지 않는다. 2023~2025년 통산 1254타석 중 982타석(78.3%)을 지명타자 자리에서 소화했으니 놀랄 일도 아니다. 긍정적으로 보면 강백호가 빠진 덕에 KT는 체력 안배가 필요한 선수에게 '수비 휴식'을 제공할 기회를 얻게 됐다고 할 수 있다. 강백호가 KT를 떠난 뒤 '꼭 나쁜 일만은 아니다'는 평가가 적잖게 나온 이유다.

"야구는 비즈니스라기엔 너무 스포츠적이고, 스포츠라기엔 너무 비즈니스적이다."

강백호는 2018년 시즌 개막전이던 3월 24일 광주 경기 3회초 데뷔 첫 타석에서 홈런을 쏘아 올렸다. 그리고 통산 1009번째 안타를 때려낸 2025년 10월 3일 안방 수원 경기 9회말 타석을 마지막으로 KT를 떠났다. 강백호가 KT 유니폼을 입고 897경기를 소화한 이 8년은 문자 그대로 다사다난했다고 할 수 있다. 심지어 KT를 떠나기로 한 뒤에도 폭로전이 이어졌다. 그래도 확실한 한 가지는 이 기간 강백호가 수원보다 환영받은 곳은 없었다는 점이다. 이제 강백호는 어디에서도 '응석'을 부릴 수 없는 신분이 됐다. 강백호는 앞으로 프로야구 역사에 어떤 선수로 남게 될까.

갈수록 지명타자			
연도	전체 타석	지명타자 타석	비율
2023	271	142	52.4%
2024	614	504	82.1%
2025	369	336	91.1%

KT 역대 최고 선수의

퇴장

프로야구에서 외국인선수는 기본적으로 '즉시 전력감'이어야 한다. 그래서 외국인선수가 부진하면 '제발 다른 선수를 데려오라'며 팬들이 아우성치는 게 당연한 일. 로하스가 2025시즌을 끝마치지 못하고 KT를 떠나야 했던 이유도 넓

게 보면 마찬가지다. 다만 깊게 들여다보면 사정이 조금 다르다.

로하스는 2020년 한국프로야구 정규시즌 MVP로 뽑힌 뒤 이듬해 일본프로야구(NPB) 한신에

로하스 ⒸKT 위즈

입단하면서 KT를 떠났다. 2024년 다시 수원으로 돌아온 뒤에는 팀내 1위이자 시즌 MVP 김도영(8.6승)에 이어 리그 전체 2위인 WAR 6.7승으로 시즌을 마쳤다. 로하스는 이해 타율 0.329에 32홈런 112타점을 기록했다. KT는 시즌 종료 후 연봉 180만 달러 전액을 보장하며 로하스와 재계약했다.

그런데 2025년 들어 갑자기 '꺾였다'. 타율 0.255 13홈런 42타점을 기록한 전반기는 그래도 사정이 나은 편이었다. 로하스는 7월 3일 안방 경기 5회말 통산 175번째 홈런을 치면서 우즈를 넘어 프로야구 역사상 홈런을 가장 많이 친 외국인 타자가 되기도 했다. 문제는 후반기 12경기에서 타율 0.071(28타수 2안타), 1홈런, 1타점에 그쳤다는 점이었다. 로하스는 떨어지는 공에 헛스윙 삼진을 당하고 나면 세상이 끝날 것처럼 아쉬워했지만, 한 번 집을 나간 타격감은 돌아오지 않았다.

그러자 KT 팬 사이에서 "'우리 팀 레전드 선수'가 더 이상 망가지는 모습을 볼 수 없다. 제발 교체해 달라"는 목소리가 들리기 시작했다. KT 팬들은 이해에 이미 프랜차이스 최장수 외국인 투수 쿠에바스가 3승 10패 평균자책점 5.40으로 무너진 채 짐을 싸는 걸 지켜본 뒤였다. KT는 결국 8월 2일 로하스와 결별하기로 했다는 소식을 전했다. 로하스는 "고별 행사를 한다면 영원한 작별로 느껴질 것 같다"며 조용히 출국 비행기에 올랐다.

2025년까지 KT 유니폼을 입고 '조원동 섹시가이' 로하스보다 홈런(178개)을 많이 친 타자는 없다. KT 유니폼을 입고 226타석 이상 들어선 타자 가운데 통산 OPS(0.982)도 로하스가 1위다. 누적 WAR 31.9승은 투타를 통틀어 KT 최고 기록이다. 외국인 선수는 물론 내국인 선수를 포함해도 '노학수' 로하스가 KT 역대 최고 선수인 셈이다.

수필가 피천득 선생은 대표작 '인연'에 "아사코와는 세 번 만났다. 세 번째는 아니 만났어야 좋았을 것이다"라고 썼다. KT 팬들이 공식 프로필상 1990년생인 로하스를 세 번 만나기는 쉽지 않을 것이다. 수원에서 나고 자란 한 사람으로서, 도미니카공화국 리그로 건너간 뒤에도 한국프로축구 팀 수원 삼성 유니폼을 입고 출근했다는, 그의 앞날에 무운을 빈다.

KT 통산 WAR 톱 3	
이름	통산 WAR
로하스	31.9승
고영표	28.5승
강백호	23.9승

롯데 자이언츠
LOTTE GIANTS

종합

경기당 득점	경기당 실점	경기당 실책	수비효율
4.69 3위)5위	5.20 6위)8위	0.77 9위)6위	0.659 9위)10위
98(-20) 4.73(리그)	79(-10) 4.73(리그)	90(+13) 0.74(리그)	56(-4) 0.676(리그)

경기당 도루시도	도루성공률	경기당 희생번트	경기당 투수교체
0.8 5위)7위	76.5 7위)4위	0.50 9위)2위	4.10 7위)9위
90(-7) 1.0(리그)	110(+24) 74.9(리그)	130(+70) 0.41(리그)	74(-16) 3.87(리그)

타격

타율	출루율	장타율	OPS
0.267 2위)3위	0.346 5위)3위	0.372 2위)8위	0.717 2위)6위
116(-4) 0.262(리그)	116(+16) 0.338(리그)	75(-39) 0.389(리그)	91(-19) 0.727(리그)

삼진 회피	순출루	순장타	타석당 투구수
0.82 3위)2위	0.079 10위)5위	0.105 6위)10위	3.88 6위)7위
128(+24) 0.80(리그)	110(+50) 0.077(리그)	55(-51) 0.127(리그)	92(-6) 3.89(리그)

선발

ERA(선발)	경기당이닝(선발)	선발-피타율	선발-피순장타
4.87 6위)8위	5.16 1위)6위	0.276 8위)9위	0.137 6위)8위
68(-21) 4.21(리그)	104(-37) 5.12(리그)	66(-18) 0.260(리그)	75(-24) 0.125(리그)

SO9(선발)	Walk9(선발)	HR9(선발)	선발xRA9
8.22 2위)3위	4.22 4위)9위	0.92 5위)8위	5.51 5위)9위
111(-12) 7.84(리그)	66(-46) 3.66(리그)	82(-26) 0.82(리그)	61(-39) 4.53(리그)

구원

ERA(구원)	경기당이닝(구원)	구원-피타율	구원-피순장타
4.65 9위)8위	3.73 9위)6위	0.261 10위)6위	0.140 4위)8위
92(+8) 4.47(리그)	96(+35) 3.77(리그)	104(+52) 0.263(리그)	81(-39) 0.131(리그)

SO9(구원)	Walk9(구원)	HR9(구원)	구원xRA9
8.29 6위)2위	4.77 6위)5위	0.87 5위)5위	5.20 9위)6위
131(+23) 7.67(리그)	106(+19) 4.89(리그)	99(-12) 0.87(리그)	99(+27) 5.18(리그)

승률 - 기대승률 변화

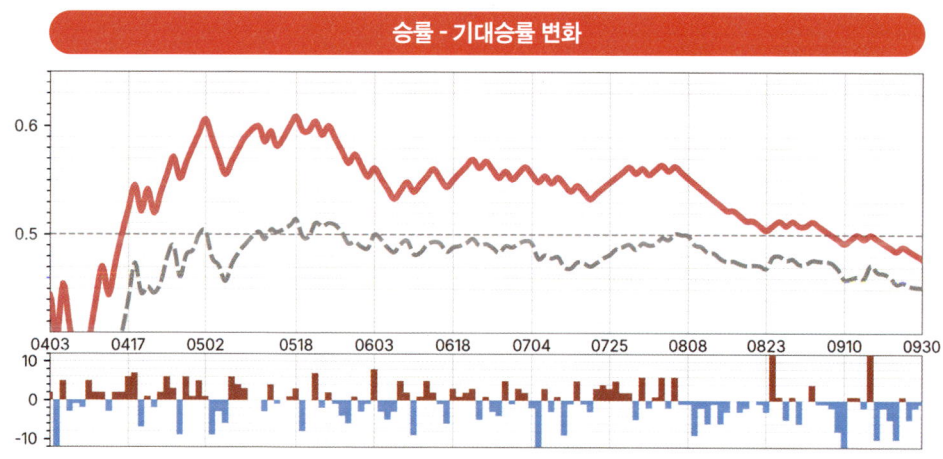

연승과 연패

07월22일-07월29일 6연승 경기당 5.4득점 3.1실점 (키움,KIA,NC 상대)

08월08일-08월23일 12연패 경기당 2.8득점 5.6실점 (SSG,한화,삼성,LG,NC 상대)

08월31일-09월10일 5연패 경기당 3.5득점 7.0실점 (두산,LG,KT,SSG,한화 상대)

초반 - 중반 - 종반 승부

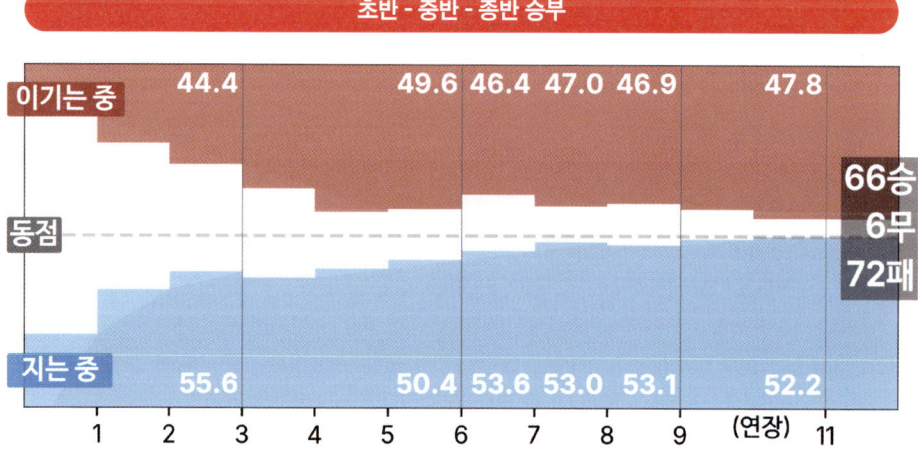

포지션 DepthChart

CF 639PA RC 69.6 (-7.5)
황성빈 61G 3E RAA -7.3
장두성 46G 2E RAA -3.9
윤동희 18G 0E RAA +5.7

LF 646PA RC 95.9 (+19.2)
레이예스 88G 1E RAA +10.7
전준우 48G 0E RAA +11.2

RF 628PA RC 72.8 (-9.9)
윤동희 73G 3E RAA +4.0
레이예스 30G 1E RAA -2.5
고승민 21G 1E RAA -7.6

SS 563PA RC 63.3 (-2.9)
전민재 87G 15E RAA -2.4
이호준 32G 9E RAA +1.9
박승욱 22G 2E RAA -4.2

2B 636PA RC 84.5 (+15.3)
고승민 58G 4E RAA +12.8
한태양 56G 6E RAA +4.1

3B 608PA RC 67.1 (-10.8)
손호영 71G 16E RAA -8.3
김민성 43G 5E RAA -4.2
박찬형 21G 3E RAA +0.1

1B 629PA RC 71.0 (-13.4)
나승엽 91G 8E RAA -8.7
고승민 33G 1E RAA -3.2
정훈 16G 2E RAA -5.1

DH 633PA RC 81.7 (-4.2)
전준우 61G 0E RAA -3.3
레이예스 26G 0E RAA +6.6
정훈 24G 0E RAA -4.8

C 557PA RC 52.0 (-5.6)
유강남 92G 2E RAA +3.9
정보근 34G 2E RAA -6.3
손성빈 15G 1E RAA -5.5

5시즌 포지션별 공격력 추이(리그평균대비+)

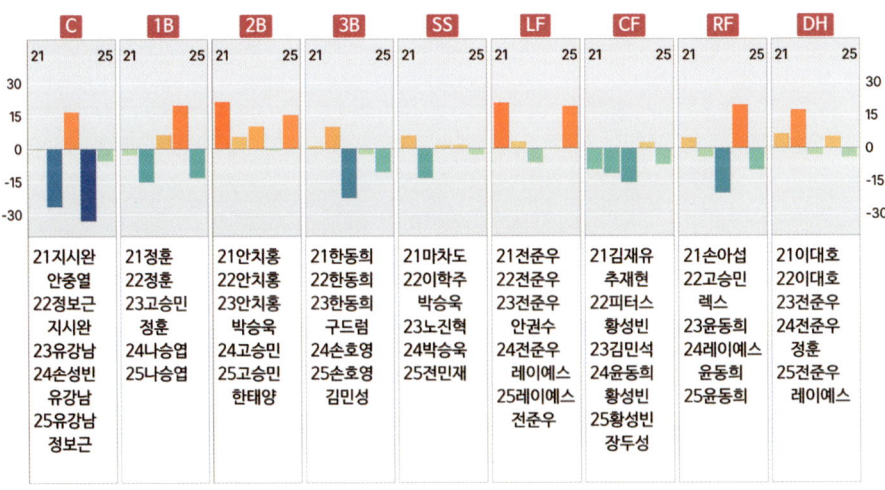

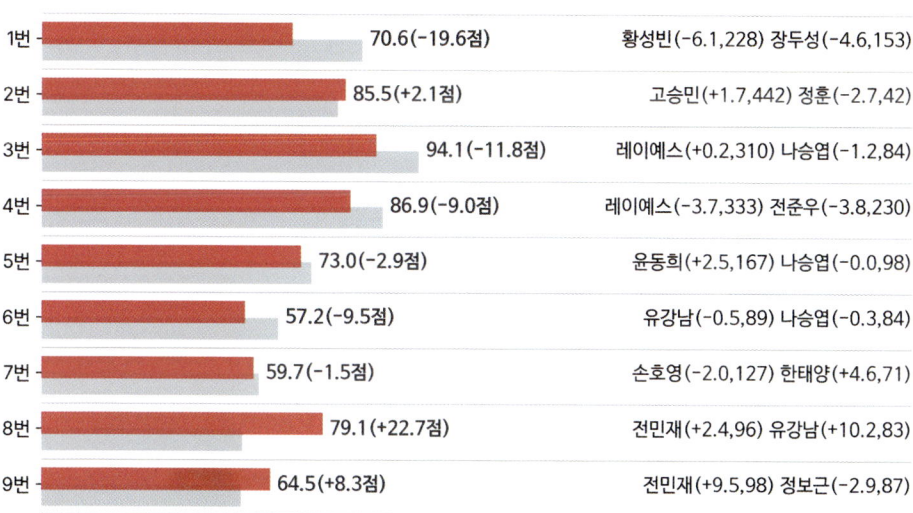

타순별 공격력(wRC)과 리그평균 비교

1번	70.6(-19.6점)	황성빈(-6.1,228) 장두성(-4.6,153)
2번	85.5(+2.1점)	고승민(+1.7,442) 정훈(-2.7,42)
3번	94.1(-11.8점)	레이예스(+0.2,310) 나승엽(-1.2,84)
4번	86.9(-9.0점)	레이예스(-3.7,333) 전준우(-3.8,230)
5번	73.0(-2.9점)	윤동희(+2.5,167) 나승엽(-0.0,98)
6번	57.2(-9.5점)	유강남(-0.5,89) 나승엽(-0.3,84)
7번	59.7(-1.5점)	손호영(-2.0,127) 한태양(+4.6,71)
8번	79.1(+22.7점)	전민재(+2.4,96) 유강남(+10.2,83)
9번	64.5(+8.3점)	전민재(+9.5,98) 정보근(-2.9,87)

아,
12연패

8년 만의 '가을 야구'는 예정된 미래처럼 보였다. 롯데는 8월 6일까지 58 승 45패 무패로 정규시즌 3위에 올라 있었다. 1위 한화, 2위 LG와는 네 경기 차. 4위 SSG와의 승차가 5경기로 더 컸다. 정규시즌 종료까지는 38경기만 남았다. 잔여 경기에서 4할 승률만 해도 롯데는 포스트시즌에 진출할 수 있었다.

그런 일은 일어나지 않았다.

가능성 0.007%의 불운은 ── 왜 하필 롯데를 찾아왔을까

12연패와 운

8월 7일 사직 KIA전에서 롯데는 5-6으로 패했다. 0-6으로 뒤지다 6회말 대거 5득점하며 따라붙었다. 8회말 1사 3루에서 유강남의 우익수 플라이 때 대주자 장두성이 홈으로 파고 들다 태그아웃됐다. 김태형 롯데 감독은 비디오 판독을 요청했지만 원심이 유지됐다. 장두성은 손꼽히는 빠른 주자지만 타구가 짧았고, KIA 우익수가 강견의 나성범이었다. 이후 추가 득점 없이 경기는 한 점 차 패배로 끝났다. 석패였다. 이 시점에서 이 경기가 8월 23일까지 이어진 악몽 같은 12연패(2무 포함)의 시작이라고 예상한 사람은 아무도 없었다.

12연패 이유로는 여러 개를 들 수 있다. 연패가 시작되기 전날 베테랑 타자 전준우가 왼쪽 햄스트링 부상으로 1군 로스터에서 말소됐다. 부상 전까지 전준우는 팀내 OPS 3위(0.783)에 두 번째로 많은 타점을 올리고 있었다. 롯데가 자랑하는 '윤나고황' 쿼더러플인 윤동희 나승엽 고승민 황성빈은 모두 연패 기간 타율이 1할대였다. 앞 시즌 '3할 타자' 손호영은 0.113으로 가장 나빴다. 5명의 이 기간 타율 합산은 0.153에 불과했다. 장타력 약점은 최악의 시기에 더 두드러졌다. 14경기에서 홈런은 여섯 개만 나왔다. 같은 기간 KIA 위즈덤보다 하나 적었다.

롯데는 2025년 3일 연투가 가장 많은 팀이었다. 불펜 부담이 컸다. 12연패 기간에 불펜은 선전했다. 이 기간 52⅔이닝을 던지며 평균자책점 3.76과 피안타율 0.248을 기록했다. 시즌 전체 기록(4.65/0.261)보다 나았다. 하지만 선발투수진에 문제가 생겼다. 박세웅이 3전 전패를 당했고, 이 기간 피안타율은 0.325에 달했다. 강속구 신예 이민석은 세 경기에서 평균자책점이 9.69였다. 롯데는 연패가 시작된 8월 7일 왼손 선발투수 데이비슨을 웨이버 공시한다고 발표했다. 후임은 메이저리그 통산 9시즌 38승 커리어를 자랑하는 우완 벨라스케즈. 벨라스케즈는 2015년 메이저리그 데뷔 시즌에 평균 시곡 152.1km 강속구를 던졌다. 하지만 패스트볼에 의존하는 단조로운 투수가 문제였고, 마지막 세 시즌엔 평균 구속이 시속 150.0km로 떨어졌다. 롯데에선 시속 148.9km에 머물렀다. 연패 기간에 벨라스케즈는 2경기에 등판해 8이닝 8실점했다.

대진운도 좋지 않았다. 12연패 기간 롯데는 1위 LG, 2위 한화와 각각 3연전을 치러야 했다. 스포츠베팅 배당률을 만드는 오즈메이커들은 매 경기 각 팀 기대승률을 매긴다. 롯데가 진 12경기에서 우세로 평가된 경기는 4경기에 불과했다.

하지만 2025년 롯데는 운이 좋은 팀이었다. 연패 전 롯데의 승률은 0.563. 득실점에 기반한 피타고라스 승률은 0.501로 훨씬 낮았다. 득점이 514점, 실점이 513점으로 거의 같았기 때문이다. '실력'보다 6.4승을 더 거둔 팀이었다. 12

연패 기간에 이 차이는 -2.5승이었다. 실력대로라면 롯데는 3승 9패 2무나, 2승 10패 2무를 할 경기력을 보여줬다. 크게 불운했다고는 보여지지 않는다.

그리고 연패가 끝난 뒤 24경기에서 이 방식으로 계산한 기대 승리는 8.6승, 실제 승리는 8승으로 큰 차이가 없었다. 행운이 불운으로 바뀌었고, 불운이 끝난 뒤엔 거의 공평해졌다. 시즌 전체로 롯데는 피타고라스 기대 승리보다 4.1승을 더 얻었다. NC(5.1)에 이어 두 번째로 운이 좋았다.

연패는 사람을 미치게 한다. 그라운드에서 뛰는 선수에게나, 객석에서 비탄에 빠진 팬에게나 마찬가지다. "연패에 빠졌을 때는 뭘 해도 안 된다", "귀신에 홀린 것 같다"는 푸념은 낯설지 않다. 사람의 뇌는 인과관계를 찾는 습성이 있다고 한다. 그래서 연패 기간에는 일어나는 수많은 부정적인 사건이 패배의 이유처럼 보여진다.

연패가 주는 교훈

하지만 연패는 통계적으로 일어나기 어려운 사건이다. 프로야구 역사상 단일 시즌 12경기 이상 연패가 지난해 롯데까지 딱 15번만 나왔다는 점에서도 알 수 있다. 피타고라스 승률을 적용하면 롯데의 12연패 확률은 0.007%에 불과했다. 그리고 11연패 뒤 12번째 경기에서 질 확률은 상대 팀과 전력이 같다는 조건에서 50%다. 오늘의 경기 결과는 전날 경기에 영향을 받지 않는 독립시행이기 때문이다. 물론 전날 불펜을 마구잡이로 기용했다거나, 중요한 선수가 부상을 당했다는 등 상황은 제외한다.

혹시 '독립시행'이 아닐 수도 있지 않을까? 야구도 사람이 하는 일이다. 연패에 빠진 팀에게는 연패를 당해야만 하는 뭔가 특별한 이유가 있지 않을까.

하지만 긴 야구 역사는 '개별 경기 결과는 독립시행'이라는 결론을 더 지지한다. 발생 빈도가 낮은 긴 연패가 아닌 시즌 중에 자주 나오는 단기 시리즈 스윕(전승)을 대상으로 살펴 보자. 두 팀 기대 승률이 50%일 때 홈 팀이 3연전 시리즈를 스윕할 확률은 0.5의 3승인 12.5%다. 원정 팀의 스윕 확률도 같은 12.5%이니 이론적인 스윕 발생확률은 25.0%가 된다. 메이저리그에서 1961년부터 올해 전반기까지 3연전 스윕은 전체 2만8411번 시리즈 중 7625회 일어났다. 발생확률은 26.8%다. 이론적인 확률과 실제 발생 확률이 거의 비슷하다. 홈 팀이 1, 2차전을 모두 이긴 뒤 3차전에서 이겨 스윕을 달성한 확률은 55.2%, 원정 팀의 경우 48.3%다. 이 차이는 야구 뿐 아니라 다른 단체구기종목에도 발생하는 홈 어드밴티지로 설명이 가능하다.

긴 페넌트레이스를 치르는 프로야구의 가장 큰 매력은 오늘 져도 내일 다시 경기가 열린다는 점이다. 그리고 매 경기는 독립시행이다. 연패는 사람을 미치게 하지만, 오늘 연패를 벗어날 확률은 승률 5할 팀이라면 50%다. 연패라는 절망에 짓눌리지 말아야 할 이유다. 야구가 인생에 주는 교훈이기도 하다. 그리고 프로야구 시즌은 매년 봄에 다시 찾아온다.

2025년 10개 구단 3일 이상 연투 횟수		
구단	3일 연투	4일 연투
롯데	28	0
키움	13	0
NC	12	0
KT	12	0
한화	10	0
두산	6	1
SSG	5	0
KIA	4	0
LG	2	0
삼성	2	0

2025년 10개 구단 3일 이상 연투 횟수				
팀	승	P%	PW	차이
NC	71	0.477	65.9	5.1
롯데	66	0.449	61.9	4.1
키움	47	0.313	43.9	3.1
KT	71	0.493	68.5	2.5
KIA	65	0.453	63.4	1.6
SSG	75	0.528	73.9	1.1
한화	83	0.607	85.0	-2.0
두산	61	0.471	65.0	-4.0
LG	85	0.645	91.0	-6.0
삼성	74	0.589	83.7	-9.7

12연패(8/7-8/23) 전후 롯데 성적 변화									
기간	승	패	무	승률	득점	실점	P%	PW	차이
8월 6일 전	58	45	3	0.563	514	513	0.501	51.6	6.4
8월 7일 후	8	27	3	0.229	162	236	0.320	11.2	-3.2
12연패 기간	0	12	2	0.000	41	79	0.212	2.5	-2.5
12연패 종료 후	8	15	1	0.348	121	157	0.373	8.6	-0.6
시즌	66	72	6	0.478	676	749	0.449	61.9	4.1

*P%=피타고라스 기대승률[득점의 제곱/(득점의 제곱+실점의 제곱)], PW=기대승률로 계산한 기대승수.

2025년 8월 23일 박찬형의 필사적인 수비
©롯데 자이언츠

2026 키플레이어 1

제레미 비슬리

KBO 리그는 외국인선수 비중이 큰 게 특징이다. 지난해 〈넘버스북〉에서 2024년 외국인선수가 WAR에서 차지한 비율이 2014년 이후 최고인 29.9%였다고 밝힌 바 있다. 2025년에는 29.8%로 아주 약간 떨어졌다. 하지만 투수 포지션에선 이 비율이 무려 46.2%였다. 종전 최고였던 2024년의 40.1%를 넘어섰다.

만년 하위 신세였던 한화가 일약 '넘버 투' 지위에 오른 건 폰세와 와이스의 존재를 빼놓고 설명할 수 없다.

롯데에도 지난해 팀내 WAR 1위 선수가 외국인 투수였다. 그 선수가 8월 초 방출해버린 데이비슨(3.4승)이라는 게 문제였다. 후임 벨라스케즈의 부진은 롯데가 포스트시즌 진출에 다시 실패한 중요한 이유였다. 개막전 선발을 맡았던 반즈는 8경기에서 WAR 0.3승에 그친 뒤 어깨 부상을 당해 2022년부터 시작된 롯데와의 인연을 접어야 했다.

그래서 올시즌 롯데에서 가장 중요한 전력이 외국인 투수다. 두 명 모두 외국인선수 첫 해 연봉 한도인 100만 달러를 꽉 채워 새로 영입했다. 비슬리와 로드리게스 모두 일본프로야구(NPB) 경력이 있다. NPB에서는 비슬리가 더 좋은 커리어를 보냈다. 특히 로드리게스가 최근 주로 구원으로 등판했다는 점에서 비슬리의 NPB 25회 선발 등판(구원 15회) 경력은 매력적이다.

2025시즌 KBO리그 WAR	
분류	WAR
전체야수	207.6
전체투수	183.0
합계	390.6
외국인야수	32.0
외국인투수	84.6
합계	116.6
내국인야수	175.6
내국인투수	98.4
합계	274.1
외국인야수 비율	15.4%
외국인투수 비율	46.2%
외국인 비율	29.8%

2023년 한신에서 구원으로 시작했지만 6월 이후 선발 6경기에서 평균자책점 2.42를 기록하며 주목받았다. 이듬해엔 선발 13경기에서 평균자책점이 2.15였다. 이해 76⅔이닝만 던지고도 WAR 1.0승은 외국인 투수 중 10번째였다.

비슬리는 메이저리그 시절에도 회전수가 높은 포심으로 주목받았다. 2021년 데뷔 시즌엔 상위 4% 수준이었다. 그래서 수직 무브먼트가 좋다. 구속도 지난해 시속 149.8km로 경쟁력이 있다. NPB 시절 가장 위력적인 공은 슬라이더였다. 2024년엔 슬라이더 피치밸류가 7.9점으로 50이닝 이상 던진 투수 98명 중 6번째로 좋았다. 우타자 바깥쪽 낮은 코스에 효과적으로 꽂혔다. 지난해엔 슬라이더 위력이 떨어진 게 고전 이유였다. 투구 비율로는 커터가 세컨 피치였다. CSW율이 32.1%에 달했다. 커터는 좌타자 상대로 헛스윙/스윙률(Whiff%)이 31.2%에 달했다. 지난해 KBO 리그 커터 평균은 21.7%. 최근 메이저리그 경향대로 높은 쪽으로 로케이션되는 커터도 자주 던진다.

제구력에는 다소 의문부호가 찍힌다. 빅리그에서부터 약점이었다. 통산 볼넷률이 12.3%에 달했다. NPB에선 8.1%로 나아졌지만 센트럴리그 평균(7.0%)보다 높았다. 하지만 공격적인 성향이 더 강한 KBO 리그에선 향상될 수 있다. 2022-2023년 삼성에서 뛰었던 수아레스는 NPB 시절 볼넷률이 9.2%였지만 KBO 리그에선 6.9%로 낮아졌다.

비슬리 NPB 2025시즌 구종별 투구 지표

구종	구사율	평균구속	PV	Whiff%	CSW%
포심	37.5%	149.8	-2.2	22.4%	23.9%
커터	29.5%	141.7	0.2	24.3%	32.1%
슬라이더	23.3%	132.0	-2.0	14.6%	29.0%
스플리터	6.0%	137.0	-1.0	27.8%	16.7%
투심	3.8%	146.7	0.5	0.0%	22.2%

토론토 블루제이스 시절의 제레미 비슬리
출처 gettyimages.com

2026 키플레이어 2

박세웅

2025년 롯데에서 팀의 12연패에 비견될 사건이 선발투수 박세웅의 롤러코스터였다. 모두 한창 기세를 올리다 급격하게 추락했다.

박세웅은 시즌 두 번째 등판이던 3월 29일 사직 KT전부터 5월 11일 수원 KT전까지 8경기 연속 승리 행진을 했다. 퀄리티스타트(QS)는 6경기. 이 중 네 번은 무자책점, 세 번은 무실점 경기였다. 이 8경기에서 박세웅의 평균자책점은 1.76으로 대단했다. 피안타율은 0.194, WHIP은 1.06이었다. 삼진은 9이닝당 10.9개를 잡아냈다.

하지만 5월 17일 사직 삼성전에서 5이닝 5실점으로 무너진 뒤 박세웅은 완전히 다른 투수가 됐다. 이때부터 20경기에서 평균자책점은 6.36으로 치솟았다. 피안타율은 3할을 넘었고 이닝당 주자 1.67명을 내보냈다. 9이닝당 삼진은 3개 이상 줄어들었다.

뭐가 문제였을까. 박세웅의 포심 구속은 후반기에 전반기보다 떨어졌다. 하지만 구속 하락은 8월 중순부터 시작됐다. 이전까지는 큰 구속 하락은 없었다. 스트라이크 비율에도 문제

가 없었다.

하지만 '어떤 스트라이크'냐가 문제였다. 8연승을 달릴 때 박세웅의 전체 스트라이크 가운데 헛스윙이 차지한 비율은 20.7%였다. 반면 8경기 연속 승리 기록이 끝난 뒤엔 15.0%로 급감했다. 역시 스트라이크로 기록되는 인플레이 타구의 비율은 24.6%에서 31.5%로 올라갔다.

지난해 박세웅이 두 번째로 높은 빈도로 헛스윙을 끌어낸 구종은 커브였다. 헛스윙/스윙 비율(Whiff)이 39.2%에 달했다. 리그 평균이 25.4%다. 스플리터가 40.0%로 근소한 차이로 가장 높았다. 하지만 스플리터는 모든 구종을 통틀어 가장 헛스윙률이 높은 구종이다. 지난해 리그 평균도 32.0%로 가장 높았다. 이 점에서 박세웅의 커브는 경쟁력이 강한 공이다.

그런데 지난해 박세웅의 커브 구사율은 13.7%로 2022년 이후 가장 낮았다. 이 공 피치밸류(5.3)가 그의 레퍼토리에서 가장 높았다는 점에서 의외다. 박세웅은 지난해 커브를 가장 많이 던지던 시기에 8연승을 달렸다. 첫 10경기에서

박세웅 8연승 기간과 이후 투구 지표 변화

시기	경기	평균이닝	평균자책점	피안타율	WHIP	K/9	헛스윙%*	연평균
8연승 기간	8	6.38	1.76	0.194	1.06	10.90	20.7%	$10.00M
5월 17일 이후	20	5.23	6.23	0.316	1.67	7.60	15.0%	$2.75M

*헛스윙율=스트라이크 중 헛스윙 비율

박세웅 구종별 구사율

연도	포심	커브	슬라이더	스플리터	체인지업
2022	42.2%	19.1%	27.9%	10.5%	
2023	40.0%	22.2%	23.6%	14.0%	
2024	37.9%	17.1%	31.6%	10.1%	2.8%
2025	40.0%	13.7%	31.0%	15.2%	

박세웅 구종별 피치밸류

연도	포심	커브	슬라이더	스플리터	체인지업
2022	-0.8	0.4	9.5	-3.1	
2023	-6.1	8.1	8.9	3.1	
2024	7.9	0.7	5.1	4.3	-0.6
2025	-16.6	5.3	3.1	-0.6	

커브 구사율은 14.6%였다. 4월 17일 키움전에 선 27.8%에 달했다. 그런데 다음 7경기에서는 7.8%로 거의 반토막이 났다. 이 기간 평균자책점은 무려 9.96이었다.

박세웅은 시즌 뒤 한 인터뷰에서 "커브 비중을 낮추고 슬라이더와 스플리터 완성도를 높이려 했다"고 말한 적이 있다. 의식적으로 커브 비중을 낮췄다는 의미. 어떤 사정이 있는지 정확하게 알 수 없지만 결과만 놓고 보면 커브는 더 많이 던져도 될 공이었다.

한 타 구단 코치는 박세웅의 커브에 대해 "각도가 좋은 공이다. 구질 데이터를 자세하게 분석해보지는 않았지만, 커브를 적게 던지는 이유가 선뜻 이해되지 않는다"고 말했다.

박세웅 ⓒ롯데 자이언츠

2026 키플레이어 3

한동희

롯데는 2025년 홈런과 인연이 먼 팀이었다. 시즌 내내 75개로 10개 구단 최하위에 머물렀다. 나머지 9개 구단은 모두 100개를 넘겼다.

롯데는 2022년 사직구장에 1.2m 높이 보조 펜스를 설치했다. 앞 두 시즌 롯데는 홈에서 홈런 118개를 쳤지만 피홈런이 149개였다. 홈런 마진은 연평균 -15.5개였다. 적어도 홈런에 관한 한 펜스를 높인 결정은 성공적이었다. 다음 세 시즌 롯데의 평균 홈런 마진은 평균 +1.7개였다. 원정 팀보다 홈런을 많이 쳤다. 펜스를 다시 낮춘 2025년 롯데 타자들의 사직구장 홈런은 15개 감소했다. 그런데 투수들은 9개를 더 내줬다. 홈런 마진은 -22개로 2021년 수준으로 되돌아갔다.

여기에는 구장이라는 환경 외에 선수단 구성이라는 문제가 있다. 이대호의 은퇴 이후 롯데에는 슬러거가 사라졌다. 이대호를 제외하면 최근 네 시즌 동안 롯데에서 20+홈런을 기록한 타자가 전무하다. 롯데가 자랑하는 젊은 야수진 가운데 윤동희와 고승민만이 시즌 두 자릿수 홈런을 기록했을 뿐이다. 그나마 통산 딱 한 번씩이다.

외국인 슬러거도 확보하지 못했다. 펜스 높이가 낮던 시기엔 고질적인 내야 수비 약점 때문에 유격수 마차도를 써야 했다. 펜스를 높인 뒤두 시즌 롯데는 외국인 타자로부터 연평균 홈런 12.5개를 얻었을 뿐이다. 2023년 시즌 도중

롯데 연도별 팀 홈런과 순위

연도	홈런	순위	비고
2020	131	5	
2021	107	6	
2022	106	5	성담장 설치
2023	69	9	
2024	125	8	
2025	75	10	성담장 철거

롯데 연도별 홈구장 홈런 마진

연도	홈런	피홈런	마진	비고
2020	67	77	-10	
2021	51	72	-21	
2022	39	44	-5	보조펜스 설치
2023	37	29	8	
2024	54	52	2	
2025	39	61	-22	보조펜스 철거

입단한 구드럼은 50경기 동안 홈런을 하나도 치지 못했다. 2024년 입단한 레이예스는 2시즌 연속 최다 안타 타이틀을 땄지만 연평균 홈런은 14개에 그쳤다.

그래서 지난해 12월초 상무에서 병역의무를 마친 한동희는 올시즌 롯데 타선의 키맨이다. 한동희는 2020-2022년 3년 연속 두 자릿수 홈런을 때려냈다. 다음 두 시즌 극심한 부진을 겪었다. 하지만 상무에서 1시즌 반 동안 142경기를 뛰며 38홈런을 때려냈다. 2025년 슬래시라

2210년 이후 2군 20+홈런 타자 리스트			
선수	연도	소속	홈런
최주환	2010	상무	24
김재환	2010	상무	21
이두환	2010	두산	21
문선재	2011	상무	21
모상기	2011	삼성	21
김사연	2014	KT	23
최승준	2014	LG	20
한동민	2015	상무	21
한동민	2016	상무	22
김대우	2016	롯데	21
문상철	2017	상무	36
황대인	2017	상무	26
윤대영	2017	경찰	24
짐주현	2017	롯데	20
이성규	2018	경찰	31
문상철	2018	상무	22
임지열	2018	경찰	22
한동희	2025	상무	27
이재원	2025	상무	26

인은 0.400/0.480/0.675로 만화같은 수준이다. OPS는 무려 1.155. 11월 국가대표에 선발됐던 이유다.

물론 2군은 2군, 1군은 1군이다. 하지만 한동희의 지난해 27홈런은 2010년 이후 2군 통산 3위에 해당한다. 이 기간 2군에서 20+홈런 기록은 모두 19번만 나왔다. 2010년 상무에서 21홈런을 친 김재환은 두산의 프랜차이스 홈런왕이 됐다. 김재환과는 달리 한동희는 상무 입대 전 1군에서 충분한 실적을 쌓았다.

한동희 ⓒ롯데 자이언츠

KIA 타이거즈

KIA TIGERS

종합

경기당 득점	경기당 실점	경기당 실책	수비효율
4.64 1위)6위	5.10 4위)7위	0.85 10위)10위	0.667 5위)8위
94(-61) 4.73(리그)	84(-26) 4.73(리그)	64(+23) 0.74(리그)	77(-21) 0.676(리그)

경기당 도루시도	도루성공률	경기당 희생번트	경기당 투수교체
0.7 4위)8위	77.8 6위)2위	0.30 7위)9위	4.00 9위)6위
82(-24) 1.0(리그)	119(+21) 74.9(리그)	62(-27) 0.41(리그)	85(+17) 3.87(리그)

타격

타율	출루율	장타율	OPS
0.258 1위)7위	0.335 1위)6위	0.399 1위)4위	0.734 1위)4위
89(-79) 0.262(리그)	93(-59) 0.338(리그)	115(-42) 0.389(리그)	106(-54) 0.727(리그)

삼진 회피	순출루	순장타	타석당 투구수
0.78 1위)9위	0.077 9위)6위	0.141 2위)2위	3.95 10위)2위
66(-96) 0.80(리그)	101(+35) 0.077(리그)	128(-6) 0.127(리그)	136(+78) 3.89(리그)

선발

ERA(선발)	경기당이닝(선발)	선발-피타율	선발-피순장타
4.28 1위)6위	5.12 7위)7위	0.261 2위)6위	0.115 3위)4위
97(-54) 4.21(리그)	99(+9) 5.12(리그)	98(-23) 0.260(리그)	119(-0) 0.125(리그)

SO9(선발)	Walk9(선발)	HR9(선발)	선발xRA9
7.60 5위)6위	3.70 7위)5위	0.68 2위)2위	4.45 2위)6위
93(-13) 7.84(리그)	97(-9) 3.66(리그)	124(+2) 0.82(리그)	103(-33) 4.53(리그)

구원

ERA(구원)	경기당이닝(구원)	구원-피타율	구원-피순장타
5.22 3위)9위	3.76 3위)4위	0.277 1위)8위	0.140 7위)7위
68(-47) 4.47(리그)	99(-28) 3.77(리그)	74(-73) 0.263(리그)	82(-11) 0.131(리그)

SO9(구원)	Walk9(구원)	HR9(구원)	구원xRA9
7.29 2위)8위	4.88 7위)6위	0.90 7위)7위	5.67 3위)9위
82(-38) 7.67(리그)	100(+18) 4.89(리그)	91(+6) 0.87(리그)	81(-37) 5.18(리그)

승률 - 기대승률 변화

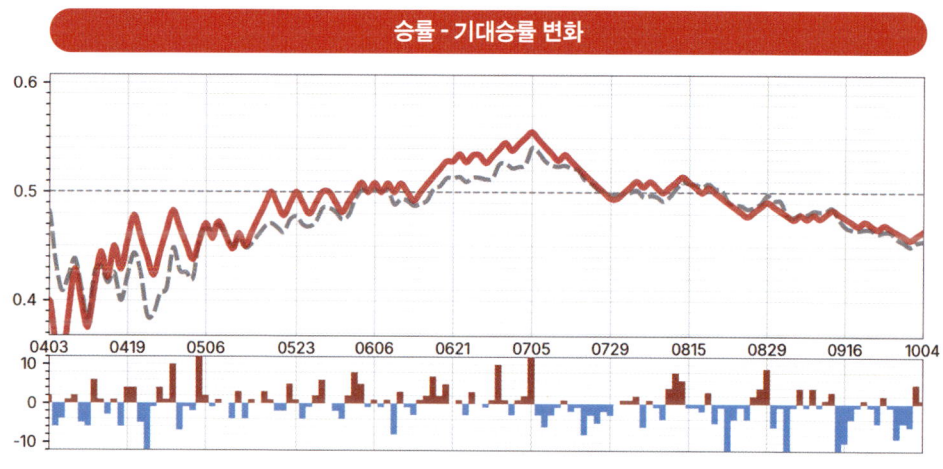

연승과 연패

06월14일-06월22일 6연승 경기당 6.1득점 3.6실점 (NC,KT,SSG 상대)

07월22일-07월30일 7연패 경기당 3.9득점 6.9실점 (LG,롯데,두산 상대)

08월19일-08월26일 6연패 경기당 4.7득점 8.1실점 (키움,LG,SSG 상대)

초반 - 중반 - 종반 승부

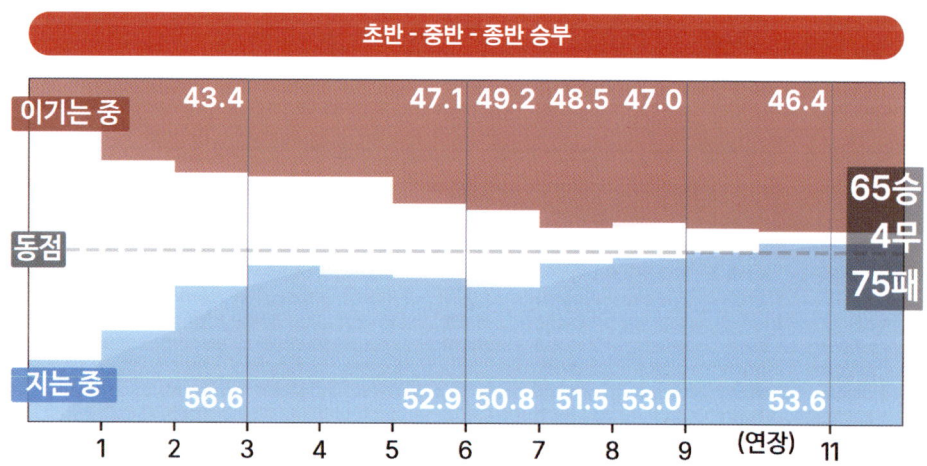

포지션 DepthChart

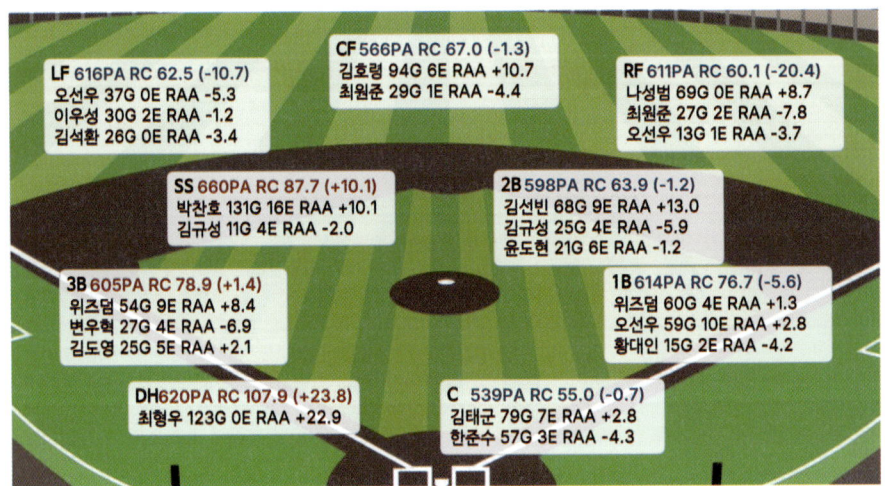

CF 566PA RC 67.0 (-1.3)
김호령 94G 6E RAA +10.7
최원준 29G 1E RAA -4.4

LF 616PA RC 62.5 (-10.7)
오선우 37G 0E RAA -5.3
이우성 30G 2E RAA -1.2
김석환 26G 0E RAA -3.4

RF 611PA RC 60.1 (-20.4)
나성범 69G 0E RAA +8.7
최원준 27G 2E RAA -7.8
오선우 13G 1E RAA -3.7

SS 660PA RC 87.7 (+10.1)
박찬호 131G 16E RAA +10.1
김규성 11G 4E RAA -2.0

2B 598PA RC 63.9 (-1.2)
김선빈 68G 9E RAA +13.0
김규성 25G 4E RAA -5.9
윤도현 21G 6E RAA -1.2

3B 605PA RC 78.9 (+1.4)
위즈덤 54G 9E RAA +8.4
변우혁 27G 4E RAA -6.9
김도영 25G 5E RAA +2.1

1B 614PA RC 76.7 (-5.6)
위즈덤 60G 4E RAA +1.3
오선우 59G 10E RAA +2.8
황대인 15G 2E RAA -4.2

DH 620PA RC 107.9 (+23.8)
최형우 123G 0E RAA +22.9

C 539PA RC 55.0 (-0.7)
김태군 79G 7E RAA +2.8
한준수 57G 3E RAA -4.3

5시즌 포지션별 공격력 추이(리그평균대비+)

C	1B	2B	3B	SS	LF	CF	RF	DH
21한승택	21황대인	21김선빈	21김태진	21박찬호	21터커	21이창진	21최원준	21최형우
김민식	류지혁	22김선빈	류지혁	22박찬호	22이창진	김호령	22나성범	22최형우
22박동원	22황대인	23김선빈	22류지혁	23박찬호	23이창진	22소크라테스	23나성범	23최형우
23김태군	23황대인	24김선빈	김도영	24박찬호	이우성	23소크라테스	이우성	24최형우
한승택	최원준	25김선빈	23김도영	25박찬호	24소크라테스	24최원준	24나성범	25최형우
24한준수	24이우성	김규성	류지혁		25오선우	소크라테스	최원준	
김태군	25위즈덤		24김도영		이우성	25김호령	25나성범	
25김태군	오선우		25위즈덤				최원준	
한준수			변우혁					

타순별 공격력(wRC)과 리그평균 비교

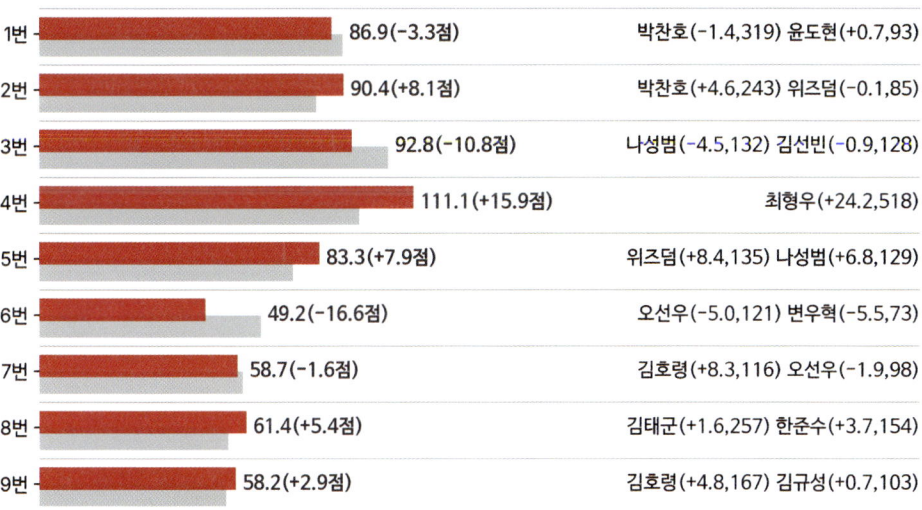

타순	wRC	선수
1번	86.9(-3.3점)	박찬호(-1.4,319) 윤도현(+0.7,93)
2번	90.4(+8.1점)	박찬호(+4.6,243) 위즈덤(-0.1,85)
3번	92.8(-10.8점)	나성범(-4.5,132) 김선빈(-0.9,128)
4번	111.1(+15.9점)	최형우(+24.2,518)
5번	83.3(+7.9점)	위즈덤(+8.4,135) 나성범(+6.8,129)
6번	49.2(-16.6점)	오선우(-5.0,121) 변우혁(-5.5,73)
7번	58.7(-1.6점)	김호령(+8.3,116) 오선우(-1.9,98)
8번	61.4(+5.4점)	김태군(+1.6,257) 한준수(+3.7,154)
9번	58.2(+2.9점)	김호령(+4.8,167) 김규성(+0.7,103)

KIA는 왜 계속 정상에서 추락하는가

_이성훈

우승에는 '우주의 기운'이 필요하다고들 한다. 선수단 실력이 좋아야 하고, 다치지 말아야 하고, 가을야구에서는 중요한 순간에 적시타와 삼진이 나와야 한다. 모든 게 맞아떨어져야 가능한 게 우승이다.

그렇게 '우주의 기운'을 몰아 써서 정상에 오른 팀은 다음 시즌 승률이 떨어지는 경향을 보인다.

2025년 외국인선수들은 죄가 없었다

1982년 OB부터 2024년 KIA까지 43시즌 우승 팀(한국시리즈 없이 전후기 통합 우승을 차지한 1985년 삼성 포함) 중에 무려 34개 팀이 이듬해 승률 하락을 겪었다. 평균 하락폭은 7푼1리. 144경기 시즌 기준으로 약 10승이 줄어들었다. 2021년 우승팀 KT는 다음해에도 승률이 같았고, 승률이 오른 팀은 8개에 불과했다. 상승폭 평균은 4푼9리. 우승팀은 다음해 승률이 떨어질 확률이 대단히 높고, 하락폭도 굉장히 클 가능성이 높다. '우주의 기운'이란 게 있다면, 2년 연속 모일 정도로 흔한 자원은 아닐 것이다. 수학 용어로 이른바 '평균으로의 회귀'다.

그런데 '우승 증후군'이 심했던 팀들 중에서 '21세기 타이거즈'가 두드러진다.

'우승 증후군'이 심했던 팀			
연도	우승팀	승률	다음해 승률	승률 변화
1982	OB	0.700	0.444	-0.256
1995	OB	0.612	0.392	-0.220
2009	KIA	0.628	0.444	-0.184
1990	LG	0.592	0.424	-0.168
1999	한화	0.554	0.391	-0.163
2004	현대	0.586	0.431	-0.155
2024	KIA	0.613	0.464	-0.149
2000	현대	0.695	0.558	-0.137
1993	해태	0.659	0.524	-0.135
2017	KIA	0.608	0.486	-0.122

21세기로 범위를 좁히면, 가장 크게 추락한 다섯 개 팀 중 세 개가 KIA다. 2001년 이후 세 번 우승 시즌에는 6할 이상 승률을 찍었고, 다음 시즌 승률은 모두 5할 아래로 떨어졌다. KIA 야구에 최근 '입덕'한 팬이라면 믿기 어렵겠지만, 2025년보다 더 심하게 추락한 적도 있었다. 2009년 정상에 오른 KIA의 정규시즌 승률은 0.628로 2024년의 0.613보다 높았다. 다음 시즌 승률은 0.444로 2025년의 0.464보다 더 낮았다. 승률 추락폭이 무려 0.184로 21세기 최고치다.

그런데 2010년과 2025년의 추락에는 비슷한 점도 있고 다른 점도 있다.

– 두 번 모두 직전 시즌보다 22승씩 줄었다. '승리 감소'에서 역대 공동 2위이자 21세기 공동 1위다.

– 2010년의 KIA 선수단은 국적을 가리지 않고 '우승 증후군'에 빠졌다. 국내 선수와 외국인 선수가 모두 부진했다. 2009년 MVP 김상현은 '원시즌원더'였음이 밝혀졌고, 나머지 국내 선수도 모조리 성적 하락을 겪었다. 우승을 이끌었던 외국인 원투펀치 중 구톰슨이 미국으로 돌아갔고 로페즈는 부진 속에 4승밖에 올리지 못했다. 그래서 선수단 전체 WAR이 2009년 52.2승에서 2010년 27.3승으로 거의 반토막 났다. WAR 24.9승 감소는 역대 우승팀 중 가장 큰 폭이다. 실제 승리 감소폭 -22와 거의 비

이듬해 WAR 하락폭이 컸던 우승팀				
우승연도	팀명	국내 선수 변화	외국인 선수 변화	전체 변화
2009	KIA	-19.0	-5.9	-24.9
2000	현대	-23.8	+0.4	-23.4
2020	NC	-19.4	-0.0	-19.5
1999	한화	-12.4	-3.9	-16.3
2024	KIA	-18.3	+2.5	-15.8

자료=스탯티즈

숫하다.

그런데 2025년에는 조금 달랐다. 외국인 선수들은 죄가 없었다.

〈프로야구 넘버스북 2025〉에서 설명했던 내용을 다시 보자. 2024년 KIA의 '외국인 농사'는 '풍년'과는 거리가 멀었다. 크로우의 부상 때문에 두 번이나 교체 카드를 썼다. 소크라테스는 준수했지만 압도적이지 않았다. 네일마저 시즌 막판 이탈했다. 그래서 2024년 KIA의 외국인 선수 WAR은 11.2승에 그쳤다. 10개 팀 중 6위로 중위권이었다. 즉 2024년 KIA는 '외국인 농사가 한 해를 좌우한다'는 야구계 통설의 반대 사례에 가까웠다.

2025년 KIA 외국인선수 WAR 합계는 13.7승으로 높아졌다. 2024년보다 2.5승을 더 만들어낸 것이다. 네일은 더 많은 이닝을 던지며 더 적은 실점을 기록했다. 그러고도 개인 승리가 12승에서 8승으로 줄어든 건 동료들 때문이다. 총 득점 지원이 2024년의 107점에서 지난해 64점으로 급락했다. 올러도 시즌 중에 부상이 있었지만 규정이닝을 채우며 외국인 투수 중 9번째로 높은 WAR 3.6승을 찍었다. 위즈덤도 소크라테스만큼은 했다. 그래서 2025년 KIA 외국인 선수들의 WAR 합계는 리그 4위였다. 우승팀 LG의 12.6승보다 오히려 높았다.

그래서 2010년과 달리, 2025년의 추락은 오롯이 국내 선수들 책임이다.

2025년 KIA 국내 선수 WAR은 20.7승. 최하위 키움에만 뒤진 9위였다. 2024년 39.0승에서 무려 18.3승이 날아갔다. 역대 국내 선수 WAR이 이보다 크게 감소한 디펜딩챔피언은 세 팀뿐이다. 모기업의 위기가 시작됐고 에이스 정민태를 일본에 떠나보낸 2001년 우승팀 현대, 코로나 방역수칙 위반으로 핵심 선수들이 출전 정지 징계를 당한 2021년 NC, 그리고 2009년 KIA다. KIA 국내 선수들의 2025년 침몰은 '역대급'이 맞다.

2025년 KIA는 지독한 부상 악몽에 시달렸다. 대부분은 시간을 되돌려도 막을 도리가 없는 우연, 혹은 불운이었다. 황동하가 겪었던 교통사고가 그렇다. 나성범과 김선빈의 노쇠화와 부상도 이제는 상수가 됐다. 윤영철과 곽도규의 토미존수술과 이의리의 구위와 제구가 이 수술 뒤 하락한 건 투수의 숙명에 가깝다. 윤도현의 경기 중 손가락 부상도 불운이었다.

하지만 어떤 부상은 피할 수도 있었다.

2024년 MVP 김도영은 시즌 개막전에서 왼쪽 햄스트링을 다쳐 한 달 동안 결장했다. 5월말엔 오른쪽 햄스트링 부상으로 다시 쓰러졌다. 그 다음이 문제였다. 7월 중순께부터 김도영의 복귀 시점을 두고 구단 내에 이견이 있다는 말이 흘러나왔다. 예상보다 훨씬 빨리, 퓨처스 경기 출전도 없이 8월 2일 1군 엔트리에 복귀한 김도영은 단 3경기 만에 다시 왼쪽 햄스트링을 다쳐 쓰러졌다. 전문가들은 한목소리로 '관리 문제'를 지적했다. 정상급 프로 선수라면 누구라도 하루빨리 경기에 복귀하고 싶은 마음이 굴뚝같다. 불타는 의욕은 자칫 독이 될 수 있다. 팀에서 가장 중요한 자산이 다시 다치지 않도록 철저하게 준비하고 점검하는 시스템이 있었다면 김도영의 세 번째 부상은 막을 수 있지 않았을까. 이창진의 시즌 초반, 나성범과 김선빈의 시즌 중반, 윤도현의 시즌 뒤 하체 근육부상은 훈련과 트레이닝 방식이나 재활 관리 문제와 연관된 것은 혹시 아닐까. KIA 구단은 문제를 냉정하게 들여다볼 필요가 있다. 이 글을 쓰고 있는 시점에도 이 문제에 대한 철저한 평가와 구단 역량 업그레이드가 이뤄졌다는 소식은 들리지 않았다.

주전 선수 부상은 누군가의 기회다. 그런데 지난해 KIA에서는 이 기회가 허공에 날아갔다. 1군 주전급으로 성장한 신예가 거의 없었다. 2025년 리그 전체에서 WAR 1승을 넘긴 25세 이하 선수는 모두 51명. 이 가운데 KIA 선수는 김도영과 성영탁 단 2명이었다. 젊은 선수가 대거 약진하고 있는 리그 환경에서 KIA에서만 '성장 정체'가 벌어진 것이다.

여기에다 지난해 팀 야수 WAR 1위 박찬호와 2위 최형우가 겨울에 팀을 떠났다. 이 둘의 WAR을 빼면 KIA 야수진 WAR은 음수로 내려간다. 새 얼굴이 절실한데, '건강한 스타 군단'을 우승으로 이끌어 본 이범호 감독이나 구단 모두 육성 실력은 아직 보여준 적이 없다. KIA는 지금 정말 위기다.

©KIA 타이거즈

김도영은 없었다

2025년 KBO 리그의 1200만 관중 달성이 더 놀라운 이유는 '최고 인기 스타'의 공백 속에 이뤄진 사건이기 때문이다. 2024년 김도영은 우리 생애 한 번도 본 적이 없는 유형의 압도적인 활약으로 리그와 팬의 마음을 장악했다. 모두가 그의 전성기가 이제 막 시작됐다고 기대했다. 그래서 2025년 세 차례 햄스트링 부상은 모두의 마음을 아프게 했다.

잠깐씩 그라운드에 나섰을 때 여전히 기가 막히게 야구를 잘 했기에 공백은 더욱 뼈아프게 느껴졌다. 제 컨디션이었던 적 거의 없이 출장한 30경기에서 OPS 0.943, wRC+ 152.4를 찍었다. 최근 두 시즌 연속으로 100타석 이상, wRC+ 150 이상을 기록한 선수는 리그에서 오직 김도영 뿐이다. 122타석에서 WAR 1.3승. 2024년처럼 625타석에 들어섰다면 6.8승을 넘겼을 것이다. 팀내 1위에 해당하는 수치다.

2025년 KIA wRC+ 순위

최형우	157.6
김도영	152.4
나성범	136.6
김선빈	136.6
위즈덤	131.4

자료=스탯티즈

햄스트링 부상은 야구 선수, 특히 야수의 직업병이다. 야수는 공격과 수비에서 오랫동안 가만히 있다가 갑자기 폭발적인 움직임을 반복적으로 수행해야 한다. 웜업 때 풀렸던 근육은 휴지기 동안 식었다가 갑자기 주인의 '전력질주' 명령을 수행하다 손상된다. 젊은 선수의 경우, 허벅지 앞쪽 근육(대퇴 사두근)이 뒤쪽의 햄스트링에 비해 훨씬 발달한 경우가 많다. 상대적으로 약한 햄스트링이 스트레스에 노출돼 있는 것이다.

미국 스포츠의학계의 연구에서 반복적으로 확인되는 결론은 '햄스트링 부상은 재발률이 꽤 높다'는 것이다. 최근 발표된 논문들을 살펴보면, 메이저리그에서 햄스트링 부상 경력자의 재발률은 25-33% 정도다. 재발이 가장 자주 일어나는 결정적인 시기는 실전 복귀 뒤 2주다. 근육의 손상 부위가 아물면서 흉터 조직이 생긴다. 이 조직은 다른 조직에 비해 약하지만, 선수 자신은 재활이 막바지에 이르면 별다른 이상 증세를 느끼지 못한다. 그리고 실전에 복귀해 본능과 승부욕이 시키는대로 폭발적인 움직임을 근육에 요구한다. 아직 약한 부위가 힘을 견디지 못하고 다시 손상되는 악순환에 빠진다. 그래서 2025년 8월 7일 당한 두 번째 왼쪽 햄스트링 부상이 더욱 안타깝다. 당시 김도영은 2군 연습 경기를 딱 한 번만 치르고 1군에 콜업됐고, 8월 5일부터 사직구장에서 3경기 연속 선발로 나섰다.

스포츠의학자들은 햄스트링 부상 재발을 막는 유일한 길은 '지겨울 정도로 느리고 꼼꼼한 재활'이라고 결론내린다. 실전 투입 때까지 선수 자신, 혹은 구단의 과욕을 최대한 자제하면서 돌다리도 두들겨가며 건너야 한다.

김도영이 시즌아웃된 8월 7일부터 월드베이스볼클래식(WBC) 국가대표팀 연습경기가 시작될 2월 중순까지 6개월은 '충분한 시간'일까?

햄스트링 부상은 복귀까지 통상 35일 정도가 걸린다. 일단은 충분하다. 하지만 지난해 김도영은 5월 27일 오른쪽 햄스트링 부상 뒤 66일 만에 돌아왔다 왼쪽 햄스트링을 다친 적도 있다. 한국 야구를 사랑하는 이들의 새해 소망에는 '김도영의 햄스트링이 이번에는 튼튼하게 아물기를'이 포함돼 있을 것이다.

2025년 5월 24일 김도영의 솔로홈런
ⓒKIA 타이거즈

2025년

KIA 마운드의 절반

제임스 네일을 숫자적으로 표현하자면, '2025년 KIA 투수 전력의 절반'이다. 네일의 WAR 6.6승은 폰세와 후라도에만 뒤진 리그 전체 3위다. 그런데 KIA 투수진 전체가 창출한 WAR이 13.2승이었다. 네일 혼자서 팀 투수진 전체 활약의 딱 절반을 짊어진 것이다.

이 주먹구구식에서 탈피하면서 점점 사라졌다. 2019년 양현종의 52.7%가 가장 최근 사례였다. 그런데 6년 만에 네일이 '독박 피칭 계보'의 뒤를 이은 것이다. 네일이 얼마나 잘 던졌는지, 그리고 KIA 투수진이 얼마나 약해졌는지가 드러나는 대목이다.

'청년 가장' 네일			
투수	WAR	팀 투수 WAR	팀내비중(%)
네일	6.6	13.2	50.1
잭로그	5.3	15.3	34.9
폰세	8.4	31.3	26.8
앤더슨	6.5	29.9	21.9
치리노스	5.2	25.5	20.4

자료=스탯티즈

*키움은 투수진 전체 WAR이 음수여서 계산 불가

역대 팀 투수 WAR			
연도	투수	WAR	팀 WAR	지분율(%)
2010	류현진	9.3	11.7	79.8
1983	장명부	11.0	15.4	71.4
1986	선동열	12.3	18.8	65.4
1984	최동원	7.7	13.1	58.9
1982	노상수	5.6	9.7	58.2
1989	김성길	7.5	13.2	57.3
2008	봉중근	5.3	9.3	56.9
2012	류현진	5.6	10.1	55.1
1982	박철순	9.4	17.3	54.3
2019	양현종	6.8	12.8	52.7
1991	조규제	6.9	13.4	51.2
2018	윌슨	6.3	12.5	50.4
2025	네일	6.6	13.2	50.1

자료=스탯티즈

투수 한 명이 홀로 이렇게 많은 부담을 짊어지는 건 드물지만, 아예 없는 일은 아니다. 2010년 한화의 '소년 가장' 류현진은 혼자 WAR 9.3승을 창출했다. 그해 한화 투수진 전체 WAR은 11.7승. 혼자서 팀 마운드 전력의 78.8%를 책임진 것이다. 역대 '투수 단독 부담률' 1위다. 이 부문 2위가 427⅓이닝을 던진 1983년 삼미의 '30승 투수' 장명부(71.4%)다. 팀 투수 WAR이 음수인 1982년과 1985년의 삼미, 2025년의 키움은 계산 불가다. '지분율 50% 투수'는 투수진 운영

네일의 피칭 스타일은 2024년과 크게 달라진 게 없었다. 구종별로 속도도 비슷했고, 구사율도 별 차이가 없었다. 릴리스포인트가 약간 내려와 투구가 옆으로 움직이는 폭이 조금 커진 것 외에는 2024년과 대동소이한 공을 던졌다. 하지만 타자들은 여전히 대처할 방법을 찾

지 못했다. 반대 방향으로 낮은 쪽을 파고드는 싱커와 커터는 레벨스윙이 많은 한국 타자들의 방망이 아래쪽을 맞고 땅볼이 되기 일쑤였다. 그래서 네일의 땅볼유도율은 59.0%로 치리노스(62.2%)에만 뒤진 리그 2위다.

2025년 땅볼유도율 Top 5	
투수	GB%
치리노스	62.2
네일	59.0
손주영	56.4
소형준	55.6
잭로그	55.1

리그를 대표하는 '땅볼 머신' 네일은 2026년에 고비를 맞을지도 모른다. 자신이 제조하는 땅볼을 잘 처리해주던 박찬호가 떠났다. 아시아쿼터 데일이 새 유격수로 출발하고, 시즌 후반기

에 김도영이 본격적으로 유격수를 맡을 가능성이 있다. 하지만 누구도 박찬호의 수비력을 넘어서기는 쉽지 않다. 2루수 김선빈의 수비 범위는 갈수록 줄어들고 있고, 떠나간 최형우 대신 지명타자로 기용되는 경기가 늘어날 것이다. 최악의 경우 1루수 오선우를 제외하고는 시즌 내내 내야 세 포지션이 혼돈 상황일 수도 있다. 강한 내야 수비가 호투의 필수 조건인 네일 같은 땅볼 투수에게는 큰 불확실성이 생긴 것이다. 2025년 KIA 불펜의 샛별 성영탁과 토미존 수술에서 돌아올 곽도규도 내야 수비가 약해진다면 손해를 볼 땅볼 투수다.

역대 KIA에서 3년 연속 재계약에 성공한 외국인 투수는 3명뿐이었다. 4년 연속 재계약을 했다 두산으로 트레이드됐던 리오스(2002-2005), 헥터(엑토르 노에시·2016-2018), 그리고 네일이다. 4시즌을 꽉 채운 외국인 선수가 한 명도 없는 팀은 KIA가 유일하다. 네일은 2026년의 고비를 넘어 '장수 외국인' 대열에 합류할 수 있을까.

제임스 네일 ⓒKIA 타이거즈

KIA의
행복했던 6월

2025년 KIA에서 야구가 제일 잘됐던 시기는 6월이다. 월간 승률 0.682로 10개 팀 중 1위였다. 수비도 6월에 제일 좋았다. 월간 DER이 0.685로 역시 1위였다.

KIA 2025년 월별 승률과 DER

시기	승률	DER
4월까지	0.467	0.657
5월	0.500	0.679
6월	0.682	0.685
7월	0.333	0.669
8월	0.417	0.679
9월 이후	0.364	0.662

역설적으로 6월 KIA의 전력은 '궤멸 수준'이었다. 김도영과 나성범, 김선빈이 부상 때문에 6월 내내 결장했다. 이우성은 2군으로 내려갔고 최원준은 극심한 슬럼프에 빠졌다. 그래서 할수 없이 '잇몸 야구'를 했는데, 수비가 살아나고 승률이 올라간 것이다. '잇몸'의 핵심이 김호령이었다.

김호령이 수비를 잘한다는 사실은 모두가 알고 있다. 타격이 아쉽다는 것도 모두 안다. 김호령이 그동안 출장 기회를 제대로 받지 못한 이유다. 타격에서 약점이 수비의 장점보다 더 클 것 같다는 인식이 있었다. 이 인식이 객관적인지 여부를 따지기는 쉽지 않다. 한국에는 메이저리

그처럼 수비력을 정밀하게 측정하는 시스템이 없기 때문이다.

어렴풋이 추정하는 데는 도움이 되는 데이터가 스탯티즈에 있다. 김호령은 2015년에 데뷔한 뒤 중견수로 통산 4291이닝에 출전했다. 그동안 수비 플레이로 31.55점이라는 '평균대비수비 득점기여(FRAA)'를 했다. 100이닝당 0.735점을 수비로 창출한 셈. 국가대표 중견수 박해민의 100이닝당 0.728점에 약간 앞서 1000이닝 이상 기준으로 2015년 이후 중견수 1위다.

중견수 1000이닝당 통산 FRAA(2015년 이후)

중견수	이닝	수비 득점기여	100이닝당
김호령	4291	31.55	0.735
박해민	12251 2/3	89.19	0.728
이원석	1098 1/3	6.74	0.614
이주형	1518	7.87	0.518
정수빈	9119	39.59	0.434
김강민	5385 1/3	22.69	0.421
이종욱	2008	5.82	0.290
최지훈	4589 1/3	8.37	0.182
이정후	3890	6.22	0.160

자료=스탯티즈

그러니까 어떤 기준으로는 김호령의 수비는 '잘하는 수준'을 넘어 리그 최고 레벨이다. 6월 이전까지 주로 중견수를 맡았던 최원준은 해마다 수비력이 리그 평균 이하로 측정됐다. 외야

수비에서 핵심 포지션인 중견수에 평균 이하의 선수 대신 최고 수준의 선수가 투입됐으니 KIA의 수비가 강해지는 건 당연했다. 여기에 김호령 외에도 새로 선발로 나선 백업들이 대부분 부상당한 주전보다 수비를 잘 했다. 주전급이 돌아오기 시작한 7월 이후 KIA의 DER은 다시 하락했다.

안정적인 출장 기회를 받자 김호령은 방망이까지 깨어났다. 김호령이 붙박이로 선발 라인업에 고정된 건 5월 27일 키움전부터다. 이날부터 시즌 끝날 때까지 김호령은 타율 0.292에 OPS 0.820로 불방망이를 휘둘렀다. 이 기간 동안 리그 전체에서 김호령보다 잘 친 중견수는 리베라토 단 한 명뿐이다. 그러니까 김호령은 난데없이 리그 최고 수준의 '공격형 중견수'로도 활약한 것이다.

5월 27일 이후 중견수 OPS			
선수명	타율	장타율	출루율	ops
리베라토	0.314	0.533	0.366	0.899
김호령	0.292	0.449	0.371	0.820
박해민	0.300	0.378	0.398	0.776
스티븐슨	0.262	0.403	0.341	0.744
이주형	0.253	0.377	0.337	0.714

자료=스탯티즈

김호령의 2025년 타격 성적에는 행운의 흔적이 꽤 보인다. BABIP이 0.378로 지나치게 높았다. 하지만 김호령이 주전 중견수 자격을 가졌다는 건 충분히 입증된 걸로 보인다. 30대 중반에야 실력을 '발견당한' 중견수의 미래는 어떻게 펼쳐질까.

김호령 ⓒKIA 타이거즈

두산 베어스
DOOSAN BEARS

종합

경기당 득점	경기당 실점	경기당 실책	수비효율
4.49 4위)8위	4.76 3위)6위	0.83 2위)9위	0.686 2위)3위
85(-25) 4.73(리그)	99(-18) 4.73(리그)	70(-69) 0.74(리그)	129(-9) 0.676(리그)

경기당 도루시도	도루성공률	경기당 희생번트	경기당 투수교체
1.3 2위)2위	77.0 4위)3위	0.37 3위)7위	4.01 10위)7위
117(-14) 1.0(리그)	114(-6) 74.9(리그)	85(-39) 0.41(리그)	85(+36) 3.87(리그)

타격

타율	출루율	장타율	OPS
0.262 5위)5위	0.331 6위)8위	0.383 5위)6위	0.715 6위)7위
102(+5) 0.262(리그)	84(-9) 0.338(리그)	92(-14) 0.389(리그)	88(-14) 0.727(리그)

삼진 회피	순출루	순장타	타석당 투구수
0.79 5위)7위	0.069 6위)8위	0.121 4위)6위	3.81 4위)9위
77(-22) 0.80(리그)	65(-28) 0.077(리그)	88(-23) 0.127(리그)	56(-43) 3.89(리그)

선발

ERA(선발)	경기당이닝(선발)	선발-피타율	선발-피순장타
4.28 8위)7위	5.21 9위)5위	0.251 1위)3위	0.125 5위)7위
97(+20) 4.21(리그)	110(+45) 5.12(리그)	120(-34) 0.260(리그)	99(-1) 0.125(리그)

SO9(선발)	Walk9(선발)	HR9(선발)	선발xRA9
7.05 8위)8위	4.10 9위)8위	0.76 4위)5위	4.47 3위)7위
76(-7) 7.84(리그)	73(+10) 3.66(리그)	111(+3) 0.82(리그)	102(-23) 4.53(리그)

구원

ERA(구원)	경기당이닝(구원)	구원-피타율	구원-피순장타
4.34 1위)4위	3.67 1위)7위	0.256 3위)3위	0.120 2위)3위
106(-43) 4.47(리그)	89(-50) 3.77(리그)	114(-2) 0.263(리그)	122(-3) 0.131(리그)

SO9(구원)	Walk9(구원)	HR9(구원)	구원xRA9
7.93 4위)5위	5.09 9위)7위	0.78 4위)3위	5.00 8위)5위
113(-3) 7.67(리그)	90(+15) 4.89(리그)	120(-4) 0.87(리그)	107(+21) 5.18(리그)

승률 - 기대승률 변화

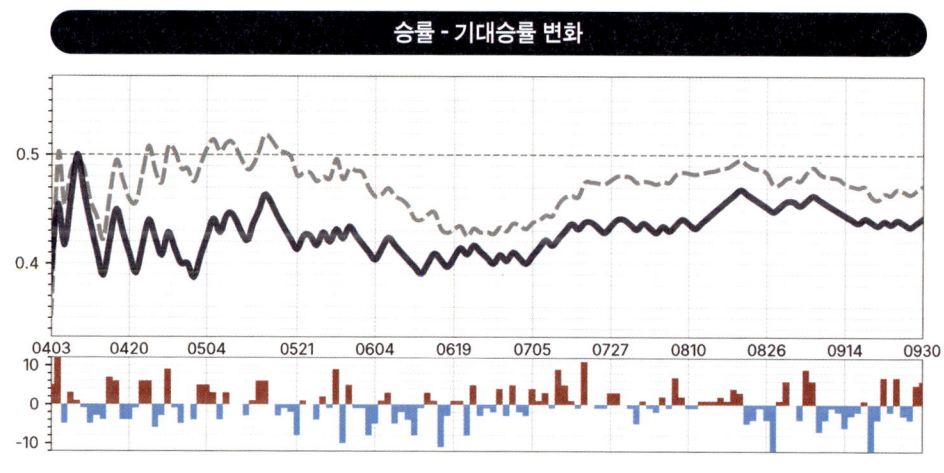

연승과 연패

05월15일-05월21일 5연패 경기당 3.4득점 5.0실점 (한화,KIA,SSG 상대)

06월06일-06월12일 5연패 경기당 2.7득점 5.5실점 (롯데,한화 상대)

08월12일-08월21일 7연승 경기당 5.9득점 4.4실점 (NC,KIA,한화 상대)

08월21일-08월27일 5연패 경기당 3.5득점 7.5실점 (한화,KT,삼성 상대)

09월05일-09월17일 7연패 경기당 3.1득점 5.5실점 (NC,KT,LG,KIA,키움 상대)

초반 - 중반 - 종반 승부

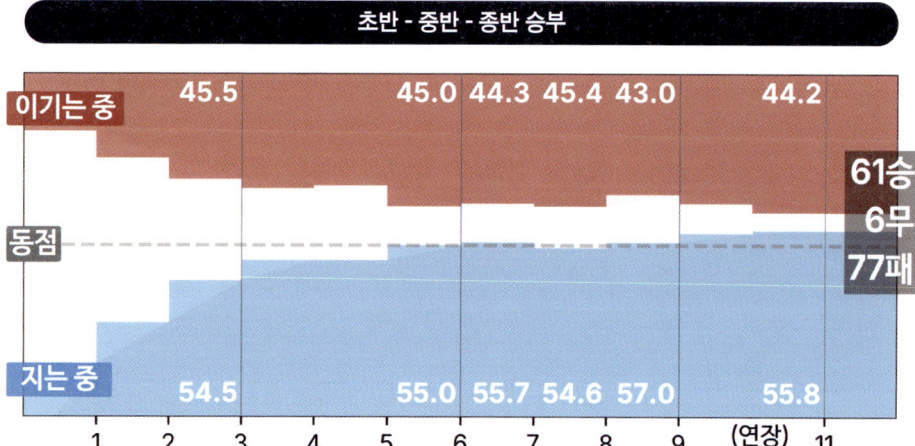

포지션 DepthChart

CF 623PA RC 75.5 (+0.4)
정수빈 128G 3E RAA +3.6

LF 589PA RC 46.5 (-23.4)
김민석 36G 2E RAA -12.3
김재환 35G 0E RAA +3.0
김인태 34G 1E RAA -1.9

RF 638PA RC 94.2 (+10.1)
케이브 131G 2E RAA +13.5

SS 580PA RC 60.4 (-7.8)
이유찬 60G 8E RAA -5.7
박준영 34G 8E RAA -3.0
안재석 18G 1E RAA +5.4

2B 574PA RC 48.4 (-14.0)
오명진 55G 7E RAA +1.3
강승호 29G 1E RAA -4.5
박계범 22G 2E RAA +0.3

3B 583PA RC 59.9 (-14.8)
박준수 50G 19E RAA -2.8
강승호 29G 5E RAA -8.5
임종성 26G 2E RAA -2.8

1B 587PA RC 71.2 (-7.5)
양석환 68G 4E RAA -6.9
강승호 33G 3E RAA -0.2
김민석 24G 4E RAA -0.6

DH 609PA RC 75.5 (-7.2)
김재환 62G 0E RAA +2.1
양지 34G 0E RAA -1.4
김동준 14G 0E RAA -3.8

C 605PA RC 93.9 (+31.4)
양의지 92G 5E RAA +42.8
김기연 48G 4E RAA -5.9

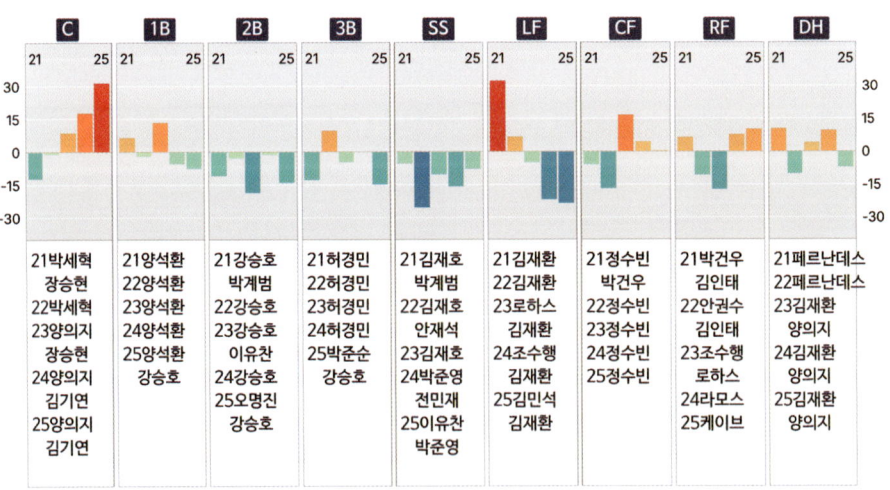

5시즌 포지션별 공격력 추이(리그평균대비+)

| C | 1B | 2B | 3B | SS | LF | CF | RF | DH |

21박세혁
장승현
22박세혁
23양지
장승현
24양지
김기연
25양의지
김기연

21양석환
22양석환
23양석환
24양석환
25양석환
강승호

21강승호
박계범
22박계범
23강승호
이유찬
24강승호
25오명진
강승호

21허경민
22허경민
23허경민
24허경민
25박준순
강승호

21김재호
박계범
22김재호
안재석
23김재호
24박준영
전민재
25이유찬
박준영

21김재환
22김재환
23로하스
김재환
24조수행
김재환
25김재환
김재환

21정수빈
박건우
22정수빈
23정수빈
24정수빈
25정수빈

21박건우
김인태
22안권수
김인태
23조수행
로하스
24라모스
25케이브

21페르난데스
22페르난데스
23김재환
양의지
24김재환
양의지
25김재환
양의지

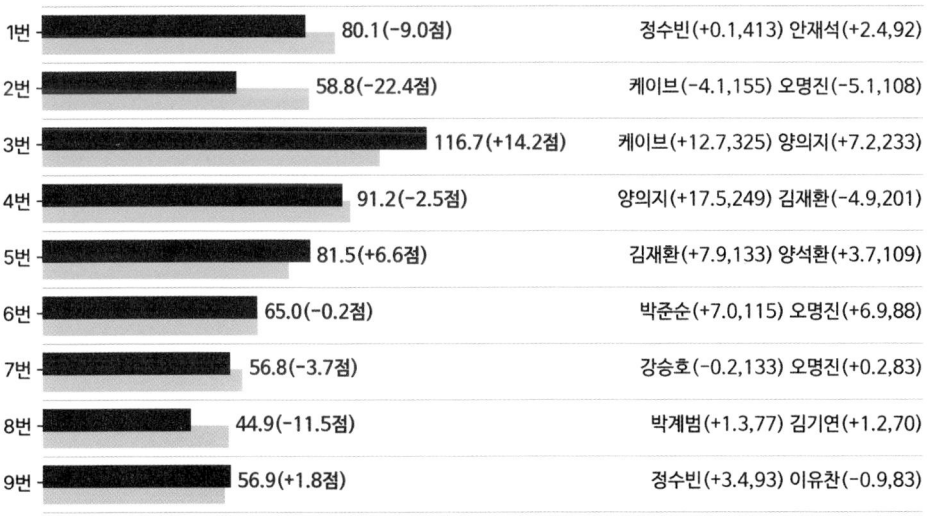

타순별 공격력(wRC)과 리그평균 비교

타순	wRC	선수
1번	80.1(-9.0점)	정수빈(+0.1,413) 안재석(+2.4,92)
2번	58.8(-22.4점)	케이브(-4.1,155) 오명진(-5.1,108)
3번	116.7(+14.2점)	케이브(+12.7,325) 양의지(+7.2,233)
4번	91.2(-2.5점)	양의지(+17.5,249) 김재환(-4.9,201)
5번	81.5(+6.6점)	김재환(+7.9,133) 양석환(+3.7,109)
6번	65.0(-0.2점)	박준순(+7.0,115) 오명진(+6.9,88)
7번	56.8(-3.7점)	강승호(-0.2,133) 오명진(+0.2,83)
8번	44.9(-11.5점)	박계범(+1.3,77) 김기연(+1.2,70)
9번	56.9(+1.8점)	정수빈(+3.4,93) 이유찬(-0.9,83)

두산의 '새 정체성'이 독이 되지 않으려면

_이성훈

세계적으로 드넓은 잠실구장은 타자에게 불리하다. 삼진을 감수하고 공을 띄워 홈런을 노리는 타자에게는 무덤이나 다름없다.

라인업의 변화는 ─── 두산 팀 컬러를 어떻게 바꿀까

LG 팬들은 과거 '탈G 효과'라는 단어로 괴로워했다. 이 효과의 일부는 잠실구장을 탈출한 뜬공 타자의 부활이었다. 김상현과 박병호, 정의윤이 대표적이다. 그래서 LG와 두산에서 '레전드'로 꼽히는 타자는 대부분 좋은 콘택트 능력을 가진 라인드라이브형이다. 두산 프랜차이즈 통산 WAR 1위 김동주는 통산 삼진률이 12%밖에 안 되는 뛰어난 콘택트 히터기도 했다. 그래서 두산과 LG가 오랫동안 성적이 좋은 시기에는 항상 삼진/타석 비율이 낮았다. 잠실에서도 성적이 떨어지지 않는 콘택트 히터가 많이 모여 있었기 때문이다. 1990년, 1994년 정상을 차지한 LG가 그랬고, 2015년에 개창한 '두산 왕조'가 그랬다. 최근 3년간 두 번 우승한 LG도 마찬가지다.

그래서 김재환은 정말 독특한 존재였다. 삼진을 감수하고 호쾌한 스윙으로 리그에서 가장 빠른 타구를 만들어 잠실구장을 정복했다. 매 시즌 리그 평균보다 훨씬 높은 삼진 비율을 기록했지만 빼어난 장타력으로 만회해 경쟁력을 유지했다. LG와 두산의 통산 WAR 상위 10명 가운데 이런 유형은 오직 김재환뿐이다. 2024년에도 김재환은 커리어 최고이자 리그에서 두 번째로 높은 30.4% 삼진률을 기록했지만 2019년 이후 가장 많은 홈런 28개를 치며 부활했다.

이승엽 감독이 2025년 개막전에 써낸 선발 라인업에는 '김재환 스타일'의 베테랑 두 명이 더 있었다. 양석환과 강승호였다. 모두 2024년 성적이 좋았기에 괜찮은 선택으로 보였다. 이 세 명이 심각한 동반 부진을 겪었다. 이승엽 감독이 6월 2일 조기 경질되는 결정적 이유 중 하나였다.

뭐가 문제였을까?
먼저 생각해 볼 수 있는 건 나이다. 김재환은 37세, 양석환은 34세 시즌이었다. 최형우 같은 예외가 있지만, 30대 중반은 야구 선수 기량이 하락하는 나이다. 타구단에서는 해마다 시속 140km를 넘나들던 김재환의 평균 타구속도가 2025년 시속 137km대로 떨어졌다고 분석했다. 힘이 떨어졌다는 가장 선명한 증거다.

리그 환경도 이들에게 불리해졌을 수 있다.
이 세 명은 리그를 대표하는 뜬공 타자다. 2024년 뜬공 비율 상위 10명(규정타석 기준) 리스트에 세 명 이름이 모두 포함돼 있다.

2024년 KBO리그 뜬공비율 Top 10	
타자	뜬공 비율
양석환	66.5%
김휘집	64.3%
데이비슨	64.2%
최정	64.0%
김재환	63.2%
장성우	60.8%
이재현	60.5%
오스틴	60.3%
강승호	59.3%
로하스	59.2%

자료=스탯티즈

이들은 KBO 리그에서 가장 타구 발사각이 높은 타자기도 했다. 바꿔 말하면 어퍼 스윙을 한다.

메이저리그에서 어퍼 스윙 유행이 시작된 건 2010년대 초반이다. 싱커와 커터 등 변형패스트볼을 낮은 곳에 던져 땅볼을 유도하는 투수 전략에 타자 쪽이 찾은 대응책이다. 투수들은 다시 반격했다. 어퍼스윙을 무력화할 수 있는 구질과 코스 조합을 찾았다. 그렇게 하이패스트볼의 시대가 열렸다. 어퍼스윙으로 홈런을 노리는 타자들에게 높은 강속구는 헛스윙을 끌어내는 가장 좋은 무기라는 게 증명됐다. 초고속 카메라 등 새로운 장비를 이용해 투구 회전수와 회전각을 실측하고 효율을 높일 수 있게 되면서 하이패스트볼 위력도 점점 커졌다.

KBO 리그에도 하이패스트볼이 유리한 환경이 조성됐다. 그런데 이유는 메이저리그와는 달랐다. 자동판정시스템(ABS) 도입 이후 사람 심판이 볼로 선언해왔던 높은 코스 공이 스트라이크로 판정됐다. 그러자 제구력에 문제가 있었지만 ABS 존 상단에 패스트볼이 걸릴 가능성이 높은 강속구 투수들이 날개를 펴기 시작했다. 마이너리그에서 강력한 구위를 보였지만 제구 문제로 메이저 문턱을 넘지 못하던 외국인 투수도 한국에서 ABS의 수혜를 받고 대활약했다. 이른바 '구위형 투수'들이 강력한 포심으로 높은 코스를 집중공략하기 시작한 것이다. 즉 KBO 리그에서 하이패스트볼 증가는 어퍼스윙이 아닌 ABS에 대한 대응이었다. 이유야 어떻든 어퍼 스윙 타자에게 하이패스트볼이 천적이라는 점은 변함 없다. 그래서 몇 안 되는 KBO 리그 어퍼스윙 타자가 유탄을 맞아버렸다. 그 중에서도 나이가 많아져 배트스피드가 느려지고, 잠실구장의 방해까지 받는 두산의 뜬공타자들은 더 힘든 처지가 됐다.

이승엽 감독 경질 직후 김재환 양석환 강승호 세 명은 모두 1군에서 사라졌다. 베테랑 뜬공 타자들이 비운 자리에서, 젊은 타자들이 싹을 틔우기 시작했다. 안재석과 오명진, 이유찬, 신인 박준순, 임종성 등이 의미 있는 활약을 펼쳤다. 두산 팬들은 '화수분 야구'라는 팀을 상징하는 단어를 다시 떠올릴 수 있었다. 이들에게 공통점이 있다. 발사각이 뜬공 타자 선배 세 명보다 훨씬 낮아 보인다.

2025시즌 두산 젊은 타자 뜬공 비율		
	뜬공%	땅볼%
안재석	45.9	39.4%
김동준	37.5	49.4%
박준순	35.1	51.5%
이유찬	33.3	54.3%
오명진	23.1	56.3%

자료=스탯티즈

뜬공 비율 60%를 넘나들던 선배들과 비교하면 후배들은 훨씬 낮다. 박준순 이유찬 오명진 같은 타자는 오히려 땅볼이 너무 많아 걱정해야 할 정도다. 2025년 규정타석을 채운 타자 43명 중에 땅볼 비율 50%를 넘긴 타자는 8명뿐이다. 당연한 일이다. 땅볼은 장타가 되기 어렵고, 장타가 적은 타자는 1군에서 생존할 확률이 낮다. 땅볼 타자라도 신민재 김지찬 정수빈처럼 발빠른 좌타자는 그나마 경쟁력을 가질 수 있다. 하지만 두산의 젊은 타자 가운데 이런 유형은 없다. 이들은 선배들과는 정반대인 숙제를 풀어야 한다.

2026년 두산 라인업에는 큰 변화가 있다. 김재환과 케이브가 떠났고, 박찬호와 카메론이 영입됐다. 특히 박찬호는 공수에서 팀 컬러를 바꿀 선수로 기대된다. 리그 최고의 콘택트 히터 중 한 명이자 땅볼을 많이 치는 빠른 우타자다. SSG로 떠난 김재환과는 정반대 유형이다. 2025년 팀 역사상 최고치를 기록한 삼진률(20.9%)을 꽤 낮추며 더 많은 출루를 할 것이다. 정수빈과 박찬호로 이어질 테이블세터진의 출루 능력은 2026년 두산의 강점으로 꼽힌다. 관건은 이들을 홈으로 불러들일 장타력이다. 새 외국인 타자 카메론에게는 케이브보다 아주 나은 퍼포먼스를 기대하긴 어렵다. 미국 시절 타구 속도와 헛스윙 비율에선 케이브와 비슷했다. 발사각은 다소 높았다. 엄청나게 빠르지 않은 타구 속도로는 잠실구장을 극복하기 쉽지 않다. 그렇다면 2025년에 부진했던 양석환과 강승호의 부활이 필요해진다. 안재석은 지난해 후반기에 보여준 엄청난 타격을 이어가야 한다.

박찬호는 수비에서도 중요한 역할을 해줘야 한다. 과거 '왕조 시절' 두산 투수진은 리그 최고수준의 탈삼진 능력을 뽐냈다. 하지만 지금은 색깔이 달라졌다. 2025년 두산 투수진의 탈삼진률은 18.8%에 그쳤다. 마운드가 엉망이었던 키움에만 앞선 리그 9위. 이런 투수진이라면 인플레이 타구를 아웃으로 변환시킬 수비력이 더 중요해진다.

두산 마운드의 낮은 삼진률 성향은 2026년 더 강화될 가능성이 높다. 6년 만에 한국으로 돌아오는 크리스 플렉센은 6년 전에 비해 덜 압도적이다. 2020년 플렉센의 포심 평균 구속은 시속 149.1km로 KBO 리그에서 네 번째(100+이닝 기준)로 빨랐다. 이듬해 복귀한 메이저리그에선 시속 149.3km였다. 메이저리그에서 선발투수로 마지막 시즌이 된 2024년엔 시속 146.9km로 내려왔다. 지난해 KBO 리그 외국인 투수 28명 가운데 18명이 플렉센보다 빠른 공을 던졌다. 그리고 이해 플렉센의 탈삼진 능력은 메이저리그 하위

10%로 평가됐다. 플렉센이 예전처럼 무더기 삼진을 잡아내지 못한다면? 두산 투수진의 수비 의존도는 더 높아질 것이다. 박찬호의 중요성이 더욱 높아지는 이유다.

박찬호
ⓒ두산 베어스

몸도, 마음도, 스윙도

달라졌다

2025년 여름 화천에서 현역병으로 군복무를 마치고 돌아온 안재석을 본 사람들은 깜짝 놀랐다. 몸이 완전히 달라져 있었기 때문이다. 철저한 식단조절과 웨이트트레이닝으로 무려 15kg이나 '벌크업'을 했다. 입대 이전에 '멸치'라는 별명으로 불렸던 깡마른 몸이 사라졌다. 마음도 달라져 있었다. 입대 전 안재석은 좌절에 빠진 젊은이였다. 2021년 1차 지명 신인으로 부푼 기대를 받고 두산에 입단했지만 프로의 벽이 너무 높았다. 구단 사람들은 어깨가 늘 처져 있는 안재석을 걱정했다.

"야구 때문에 스트레스가 너무 심했어요. 잠시나마 야구와 떨어져 있는 시간이 필요했던 것 같아요. 다시 그때로 돌아가도 현역으로 입대할 겁니다. 군대에서 다시 야구를 사랑하게 됐습니다."

(SBS 유튜브 '야구에산다'와 인터뷰에서)

다시 야구를 사랑하게 된 안재석은 돌아오자마자 불방망이를 휘둘렀다. 8월 첫 선발 출장한 8월 15일 잠실 KIA전. 안재석은 연장 11회말 데뷔 첫 끝내기 홈런으로 화려한 전역 신고를 했다. 그날 이후 시즌 종료 때까지 안재석은 리그 최고 타자 중 한 명이었다.

8월 15일 이후 안재석 성적		
항목	기록	리그 순위
타율	0.321	8위
안타	43개	8위
2루타	16개	1위
장타율	0.545	10위

자료=스탯티즈

안재석은 달라진 몸에 달라진 스윙을 선보였다. 입대 전에는 큰 레그킥에 확연한 어퍼스윙을 했다. 가냘픈 몸에는 힘이 없었고, 평범한 뜬공 아웃을 양산했다. 제대 후에는 레그킥이 없어졌고, 스윙이 훨씬 간결해졌다. 스윙 대비 콘택트 비율이 82.4%로 입대 전 마지막 1군 풀시즌인 2022년보다 10% 가까이 늘었다. 그럼에도 근육 덩어리 몸으로 훨씬 빠른 스윙 스피드를 만들었다. 예전에 외야수들이 제자리에서 잡던 타구가 이제 번개 같은 속도로 담장 부근으로 날아갔다. 안재석의 순장타율(장타율-타율)은 0.222. 100타석 이상 들어선 23세 이하 타자들 중에 안재석보다 순장타율이 높았던 타자는 김도영(0.273)과 안현민(0.236) 뿐이다. 안재석의 홈구장이 잠실이라는 걸 감안하면 더욱 인상적인 수치다.

몸이 커졌지만 유격수 수비는 더 좋아졌다. 더 강한 송구를 하면서 조금 더 깊은 곳에 자리를 잡고 더 많은 타구를 처리했다. 그러면서도 156이닝 동안 실책이 단 1개였다. 수비율 98.6%.

2022년 실책 13개를 저질러 수비율 94.9%로 50경기 이상 출전한 유격수들 중 꼴찌를 기록했던 '돌글러브'의 눈부신 변신이었다.

그래서 오프시즌에 두산이 박찬호를 영입한 건 다소 의외로 느껴졌다.

안재석은 3루수로 옮길 가능성이 높다. 박준순 오명진 임종성 강승호 이유찬 등 숱한 잠재적 경쟁자들이 있지만 김원형 신임 감독은 안재석의 방망이를 어떻게든 상위 타순에 포함시킬 방법을 찾아낼 것이다.

안재석 ©두산 베어스

양의지 ━━━━━━━━

━━━━━━━━ = GOAT?

양의지의 2025년은 경이로웠다. 38세 포수가 0.337이라는 놀라운 타율로 역대 최고령 타격왕을 차지했다. 38세 이상 나이에 이보다 높은 타율을 기록한 선수는 백인천과 이병규, 박용택과 양준혁 뿐이다. 4명은 모두 해당 시즌에 지명타자였다. 지난해 양의지의 WAR은 6.8승. 양의지보다 더 많은 나이에 더 높은 WAR을 기록해 본 선수는 2007년의 양준혁뿐이다.

역대 KBO리그 38세 이상 타자 최고 시즌

연도	선수	나이	WAR
2007	양준혁	38세	6.9
2025	양의지	38세	6.8
2009	페타지니	38세	6.0
1982	백인천	39세	5.8
2006	호세	39세	5.3

자료=스탯티즈

현역 최고 수준의 콘택트 능력과 장타력을 겸비한 출중한 타격 실력이 여전하다. 양의지의 스윙 대비 콘택트율은 86.5%. 박민우, 권희동 등 리그 대표 콘택트히터를 앞질러 규정타석을 채운 타자 중 9위였다. 장타율은 0.533으로 리 5위였다. 포수 수비 실력도 녹슬지 않았다. 도루 저지율 25.8%로 리그 평균보다 높았다. 상대 주자들은 도루가 가능한 상황에서 6.2% 시도율을 기록했을 뿐이다. 역시 리그 평균보다 낮았다. 양의지의 어깨는 여전히 주자에게 부담스러웠다.

30대 중반 이후로도 젊었을 때와 다를 바 없는 눈부신 활약을 펼친 양의지는 한국 야구 역사상 가장 위대한 포수로 입지를 굳혔다. 통산 WAR 77.5승으로 선배 강민호를 10승 가까이 따돌린 압도적인 1위다. 후배 중에 가장 높은 박동원과는 45승 차이다. 적어도 향후 10년 안애 양의지의 '포수 GOAT' 입지가 위협받을 일은 없다.

양의지는 포지션을 불문한 '역사상 가장 위대한 선수'에도 접근해가고 있다.

통산 WAR Top5

통산 WAR Top5	
양준혁	91.1
최정	88.7
선동열	78.8
최형우	77.8
양의지	77.5
이승엽	71.1

자료=스탯티즈

양의지는 4살 연상인 최형우의 통산 WAR을 거의 따라잡았다. 포수는 힘들지만 장수하는 포지션이다. 통산 WAR에서도 최형우와 거의 비슷한 3위 선동열까지 제칠 가능성이 매우 높다. 동갑내기 최정이 11승 가까이 앞선 2위인데, 2025년 부상에 시달리며 생애 최악의 시즌을 보냈다. 반면 양의지는 6년 만에 최고의 시즌을 보냈다. 지금 추세라면 양의지는 6년 계약이 끝나는 2028년 시즌 뒤에 최정을 따라잡을 가능성이 있다. 그러면 코앞에 통산 1위 양준혁이 있다. 만약 양의지가 2028년 뒤에도 현역 생활을 이어가며 지금의 최형우처럼 지명타자를 맡아 맹타를 휘두른다면? 양준혁의 아성까지 위협할 가능성이 있다. 김재환이 떠나며 두산은 지명타자 자리를 좀 더 유연하게 사용할 수 있게됐다. 양의지가 가장 큰 수혜자가 될 가능성이 높다.

양의지의 롱런을 기대하는 사소한 이유 하나. 양의지가 가장 고전했던 투수의 이름은 예상과는 매우 다르다. 사이드암 한현희. 통산 33타석에서 안타를 딱 하나만 내줬다. 양의지 상대 통산 30타석 이상 상대한 투수 가운데 피안타율이 가장 낮다. 지금 추세면 양의지가 한현희보다 야구를 더 오래 할 가능성이 높다. 한현희 말고도 양의지에게 '천적'으로 군림했던 투수 중 네 명(최금강 브리검 심창민 차우찬)은 이미 유니폼을 벗었다. 천적이 사라져 가는 생태계에서 곰은 더 오래 안타 사냥에 나설 것 같다.

2025년 8월 28일 오승환 은퇴투어 행사에서 오승환과 양의지
©두산 베어스

곽빈은 에이스에 ——— ——— 훨씬 더 가까워졌다

곽빈은 2024년 생애 최다인 167⅔이닝에 15승을 올리며 원태인과 다승 공동 1위에 올랐다. WAR 4.4승으로 국내 투수 중 2위였다. 〈넘버스북 2025〉에서 2024년 5위 두산의 국내 선수 WAR은 38.6승으로 챔피언 LG와 큰 차이가 없었다고 소개했다. 2025년 반등을 기대할 수 있는 기반이었다. 곽빈은 주춧돌 격인 선수였다. 그래서 개막 직전 곽빈의 내복사근 부상은 두산에게 재앙이나 다름없었다. 재활이 예상보다 더디게 이뤄지며 곽빈은 6월 3일에야 시즌 첫 등판에 나섰다. 이승엽 감독이 경질되고 하루 뒤였다.

그 뒤로 곽빈의 2025년에 대한 해석은 관점에 따라 다르다. 〈문동주의 2025년을 해석하는 두 가지 관점〉에서 논쟁을 벌였던 전통주의자 T씨와 '숫자쟁이' S씨의 생각을 다시 들어보자.

T씨="곽빈은 정체돼 있다. 리그 환경이 투고타저로 돌아섰지만 평균자책점이 2024년과 별 차이가 없이 4점대였다. 곽빈이 등판한 날 두산의 승률은 37%에 그쳤다. 폰세(78%), 원태인(65%)만큼은 아니더라도 등판한 날 팀이 절반은 이겨야 에이스 아닌가. 19경기에서 5승뿐이라면, 또 8이닝을 던진 적이 한 번도 없고 평균 6이닝을 못 버틴다면 에이스라는 호칭은 가당치 않다."

S씨=50페이지를 다시 보라. 평균자책점이 xFIP보다 지나치게 높은 투수들이 소개돼 있다.

2025년에 운이 너무 안 좋은 투수는 2026년에 반등이 유력하다. 이 표에 곽빈의 이름은 없지만 불운하긴 매한가지였다. xFIP 2.83으로 후라도와 치리노스보다 약간 낮았다. 지난해 곽빈의 평균자책점은 4.20으로 한참 높았다. 곽빈의 xFIP가 낮은 이유는 삼진을 많이 잡고, 볼넷을 덜 주며, 홈런을 많이 맞지 않기 때문이다. 2025년 곽빈의 삼진 비율은 23%로 생애 최고치이자 100이닝 이상 국내 투수 중 문동주에 이어 2위였다. 볼넷 비율은 8.8%로 개인 최저치를 찍었다. 타구 경향은 흥미롭게 변했다. 원래 곽빈은 한국을 대표하는 뜬공 투수였다. 2024년에도 뜬공 아웃이 190개로 땅볼 아웃(140개보다 훨씬 많았다. 그런데 2025년에는 땅볼 아웃 109개, 뜬공 아웃 108개로 역전됐다. 이제는 뜬공 투수라고 부르기 어렵게 된 것이다. 이러면 피홈런 확률도 줄어드는 게 자연스럽다. 그런데 곽빈의 9이닝당 홈런은 0.59개에서 0.74개로 더 늘었다. 여기에 리그 전체적으로 홈런이 감소했다. 즉, 불운일 가능성이 높다.

2025년 국내 선발투수 포심 평균 구속	
문동주	152.3
곽빈	151.4
최원태	147.0
박세웅	147.0
손주영	146.6

단위 km/h. 자료=스탯티즈

곽빈에게는 풀어야 할 숙제가 있다. 특히 좌타자 상대 약점이 계속 노출되고 있는 게 뼈아프다. 하지만 꾸준하게 성장하고 있다는 것도 분명하다. 점점 빨라지는 구속이 명확한 증거다. 곽빈의 2025년 포심 평균 구속은 시속 151.4km였다. 문동주에 이어 국내 선발투수 2위. 같은 시스템으로 측정했을 때 2024년 대비 모든 구종이 시속 1km 이상 빨라졌다는 게 다른 팀들의 분석이다.

강력해진 구위를 앞세워 곽빈은 2025년에 스트라이크 비율 66.9%, CSW율(전체 투구 대비 콜드스트라이크+헛스윙 비율) 29.4%로 생애 최고치를 경신했다. 둘 다 리그 평균보다 한참 높은 상위권이다. 곽빈은 이제 더 이상 '볼질'로 위기를 자초하는 투수가 아니다. 사람들의 생각보다는 '에이스'에 매우 가까워졌다. 프로 초창기에 줄부상을 이겨낸 것처럼, 곽빈이 2025년의 불운도 떨친다면 두산은 올해 반등에 성공할 것이다.

곽빈 ⓒ두산 베어스

키움 히어로즈
SSG LANDERS

종합

경기당 득점	**경기당 실점**	**경기당 실책**	**수비효율**
4.04 10위)10위	5.97 7위)10위	0.83 4위)8위	0.662 3위)9위
57(+24) 4.73(리그)	45(-41) 4.73(리그)	73(-35) 0.74(리그)	63(-61) 0.676(리그)
경기당 도루시도	**도루성공률**	**경기당 희생번트**	**경기당 투수교체**
0.7 10위)9위	84.7 1위)1위	0.26 9위)10위	3.70 1위)2위
81(+9) 1.0(리그)	162(+15) 74.9(리그)	50(-10) 0.41(리그)	120(-31) 3.87(리그)

타격

타율	**출루율**	**장타율**	**OPS**
0.244 10위)10위	0.312 10위)10위	0.359 10위)10위	0.670 10위)10위
44(-18) 0.262(리그)	41(-14) 0.338(리그)	57(+14) 0.389(리그)	47(+5) 0.727(리그)
삼진 회피	**순출루**	**순장타**	**타석당 투구수**
0.78 8위)10위	0.068 7위)10위	0.115 10위)9위	3.90 9위)5위
55(-21) 0.80(리그)	58(-29) 0.077(리그)	76(+32) 0.127(리그)	104(+31) 3.89(리그)

선발

ERA(선발)	**경기당이닝(선발)**	**선발-피타율**	**선발-피순장타**
5.13 4위)10위	4.97 2위)8위	0.281 7위)10위	0.144 7위)9위
55(-55) 4.21(리그)	83(-51) 5.12(리그)	54(-39) 0.260(리그)	61(-34) 0.125(리그)
SO9(선발)	**Walk9(선발)**	**HR9(선발)**	**선발xRA9**
6.83 10위)10위	3.91 3위)6위	0.99 6위)9위	5.72 6위)10위
70(+19) 7.84(리그)	85(-28) 3.66(리그)	69(-36) 0.82(리그)	53(-46) 4.53(리그)

구원

ERA(구원)	**경기당이닝(구원)**	**구원-피타율**	**구원-피순장타**
5.79 10위)10위	3.84 10위)3위	0.294 9위)10위	0.157 10위)10위
43(+10) 4.47(리그)	109(+51) 3.77(리그)	42(-20) 0.263(리그)	47(+8) 0.131(리그)
SO9(구원)	**Walk9(구원)**	**HR9(구원)**	**구원xRA9**
6.41 10위)10위	5.38 5위)9위	1.09 9위)10위	6.81 10위)10위
38(+4) 7.67(리그)	75(-22) 4.89(리그)	47(-16) 0.87(리그)	38(-14) 5.18(리그)

승률 - 기대승률 변화

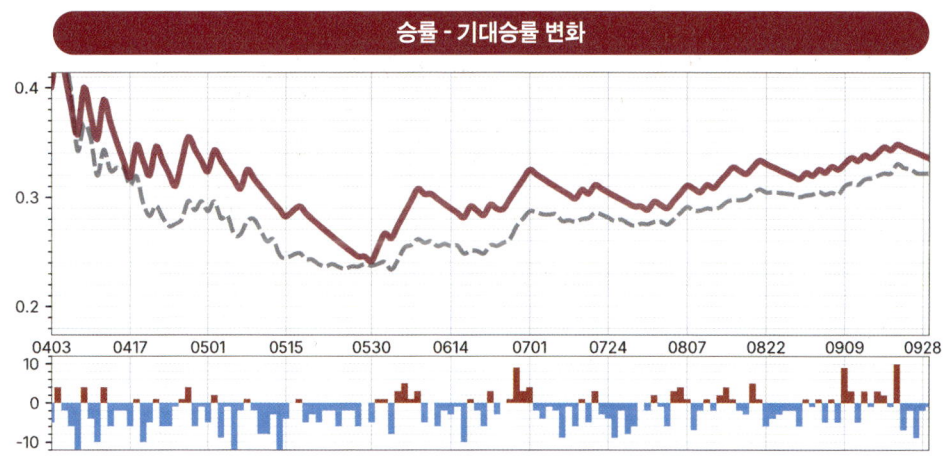

연승과 연패

05월18일-05월30일 10연패 경기당 2.9득점 6.4실점 (NC,삼성,KT,KIA,두산 상대)

06월08일-06월17일 6연패 경기당 2.1득점 6.0실점 (LG,NC,두산,SSG 상대)

07월01일-07월09일 7연패 경기당 3.2득점 5.9실점 (KT,한화,LG 상대)

07월23일-07월31일 7연패 경기당 3.5득점 7.8실점 (롯데,NC,SSG 상대)

08월21일-08월28일 6연패 경기당 4.3득점 7.4실점 (KIA,삼성,한화 상대)

초반 - 중반 - 종반 승부

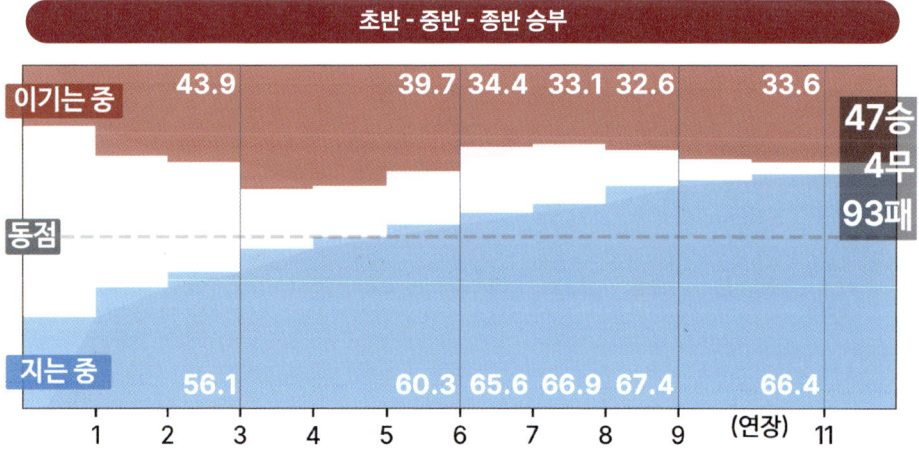

포지션 DepthChart

CF 618PA RC 55.7 (-18.8)
이주형 110G 1E RAA -2.7

LF 619PA RC 47.2 (-26.3)
임지열 49G 2E RAA -3.9
푸이그 28G 2E RAA -6.0
박주홍 25G 0E RAA -3.9

RF 591PA RC 78.6 (+0.7)
카디네스 40G 2E RAA +6.0
주성원 32G 1E RAA -5.6
박주홍 29G 2E RAA +5.7

SS 529PA RC 40.9 (-21.3)
어준서 95G 26E RAA -11.3
김태진 23G 6E RAA -5.9
오선진 20G 3E RAA -4.8

2B 552PA RC 44.6 (-15.5)
김태진 48G 3E RAA -2.8
송지후 25G 2E RAA -8.4
전태현 24G 3E RAA -3.8

3B 634PA RC 110.4 (+29.1)
송성문 108G 13E RAA +37.6

1B 628PA RC 76.4 (-7.9)
최주환 95G 6E RAA +1.2
임지열 32G 2E RAA -3.8

DH 600PA RC 48.1 (-33.4)
카디네스 36G 0E RAA -10.9
최주환 21G 0E RAA -4.9
푸이그 12G 0E RAA +0.2

C 538PA RC 31.1 (-24.4)
김건희 85G 5E RAA -14.1
김재현 41G 4E RAA -9.6
김동헌 18G 1E RAA -0.8

5시즌 포지션별 공격력 추이(리그평균대비+)

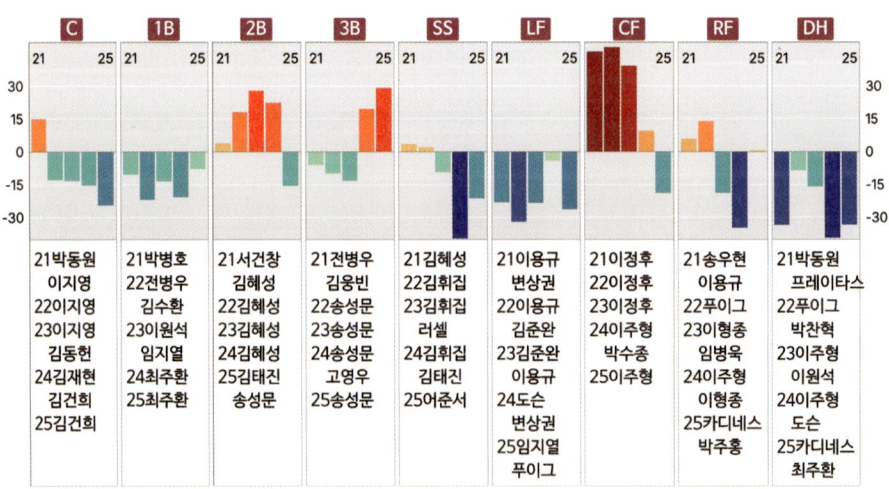

C	1B	2B	3B	SS	LF	CF	RF	DH
21박동원	21박병호	21서건창	21전병우	21김혜성	21이용규	21이정후	21송우현	21박동원
이지영	22전병우	김혜성	김웅빈	22김휘집	변상권	22이정후	이용규	프레이타스
22이지영	김수환	22김혜성	22송성문	23김휘집	22이용규	23이정후	22푸이그	22푸이그
23이지영	23이원석	23김혜성	23송성문	러셀	김준완	24이주형	23이형종	박찬혁
김동헌	임지열	24김혜성	24송성문	24김휘집	23김준완	박수종	임병욱	23이주형
24김재현	24최주환	25김태진	고영우	김태진	이용규	25이주형	24이주형	이원석
25김건희	25최주환	송성문	25송성문	25어준서	24도슨		이형종	24이주형
					변상권		25카디네스	도슨
					25임지열		박주홍	25카디네스
					푸이그			최주환

타순별 공격력(wRC)과 리그평균 비교

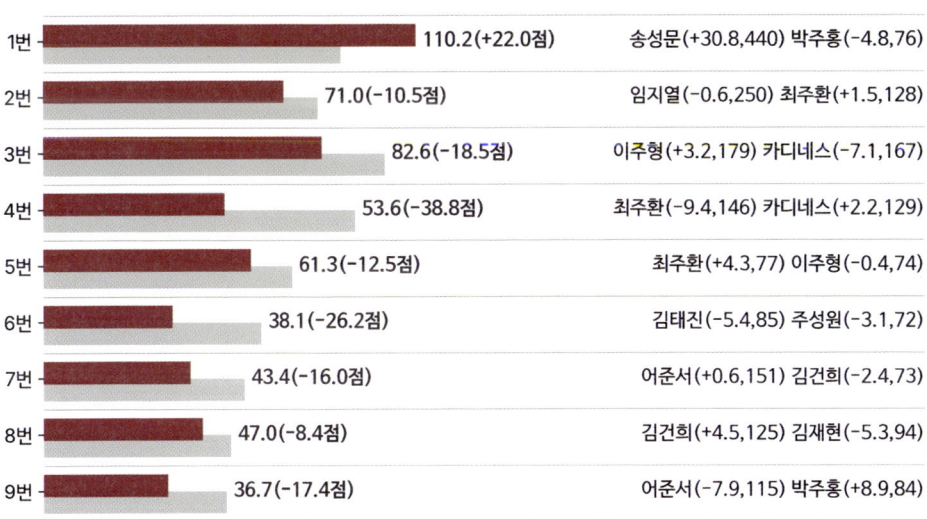

타순	wRC	선수
1번	110.2(+22.0점)	송성문(+30.8,440) 박주홍(-4.8,76)
2번	71.0(-10.5점)	임지열(-0.6,250) 최주환(+1.5,128)
3번	82.6(-18.5점)	이주형(+3.2,179) 카디네스(-7.1,167)
4번	53.6(-38.8점)	최주환(-9.4,146) 카디네스(+2.2,129)
5번	61.3(-12.5점)	최주환(+4.3,77) 이주형(-0.4,74)
6번	38.1(-26.2점)	김태진(-5.4,85) 주성원(-3.1,72)
7번	43.4(-16.0점)	어준서(+0.6,151) 김건희(-2.4,73)
8번	47.0(-8.4점)	김건희(+4.5,125) 김재현(-5.3,94)
9번	36.7(-17.4점)	어준서(-7.9,115) 박주홍(+8.9,84)

히어로즈는
달린다

_신원철

키움은 뛰는 야구와 거리를 둔 팀이었다.

2022년 이후 팀 도루 순위는 4년 연속 8위 아래였다. 2022년 시즌 개막 부터 지난해 전반기까지 523경기서 도루 시도는 279회다. 10개 구단 가 운데 가장 적다. 도루 실패(49번), 주루사(133번)도 모두 최소. 도루를 포 함한 주루에서 모험을 걸지 않는 타입이라는 게 보인다.

이 기간 도루 시도를 경기당으로 계산하면 0.53회로 리그 평균(0.99회) 의 절반 수준이었다. 그런데 홍원기 감독이 경질된 뒤인 지난해 후반기 에는 0.96회로 확 늘어났다.

히어로즈가
안 하던 것을 하기 시작했다

'대행' 꼬리를 떼고 정식 사령탑이 된 설종진 감독은 후반기 출발을 앞두고 '작전 야구'와 '뛰는 야구'를 강조했다. 그는 전반기 최하위에 대해 "출루율이 리그에서 가장 낮은데 득점권 타율도 최하위다. 살아 나가지 못하고 살아 나가도 점수를 내지도 못했다"며 "해보지 않았던 것을 해보겠다. 경기 초반부터 번트 사인이 나가거나 런 앤드 히트 등 작전 사인이 나갈 수 있다"고 밝혔다. '스몰볼 선언'이었다.

키움은 전통적으로 '스몰볼'과 거리가 먼 팀이다. 설 감독의 말은 '뛰는 야구 예찬'이라기보다는 궁여지책으로 들렸다. 2020년 이후 간판 선수를 4명이나 포스팅으로 메이저리그에 보낸 팀이다. 정상 전력이 유지될 리 없다. 여기에 KBO 리그는 메이저리그를 따라 베이스가 커졌다. 피치클락은 투수에게 주자 견제에 제약을 줄 수 있다. 과감한 주루플레이의 가치가 더 높아지는 조건이다. 향후 견제 제한까지 도입되면 더욱 그럴 것이다.

결과는 일단 좋았다. 도루의 가장 큰 문제는 도루 실패가 늘 발생한다는 점이다. 하지만 성공률이 높으면 문제가 아니다. 키움은 도루 시도를 늘린 후반기에 80.4%라는 높은 성공률을 기록했다.

'스몰볼 선언' 이후 키움은 점수를 더 많이 냈다. 경기당 득점은 전반기 3.67점에서 후반기 4.66점으로 무려 1점 가까이 올랐다. 전반기 대비 후반기 평균 득점이 가장 많이 늘어난 팀이 바로 키움이었다.

하지만 이 1점 차이를 '뛰는 야구'와 '스몰볼'의 성공으로 보기는 어려울 것 같다. 도루 성공률 80.4%는 매우 높지만 전반기 89.4%보다는 떨어진 수치다. 실제로 도루가 얼마나 득점으로 이어졌는지 보자. 전반기에 키움이 도루를 시도한 이닝은 43이닝이었다. 이 가운데 12이닝에서 득점에 성공(무득점 26이닝, 실패 5이닝)했다. 후반기에는 46이닝 중 19이닝(무득점 20이닝, 실패 7이닝)에서 점수가 나왔다. 전반기에 도루 이후 득점이 늘어나기는 했어도 평균 득점을 1점 끌어올릴 수준은 아니었다.

타격의 힘이 더 컸다. 키움의 팀 OPS는 전반기 0.650에서 올스타전 이후 0.707로 크게 올랐다. 설 감독이 약점으로 꼽았던 득점권 타율도

	평균득점	도루시도/G	도루성공률	도루 시도 후 득점 이닝	팀 OPS	득점권 OPS
				뛰는 야구의 성공?		
전반기	3.67점	0.52회	89.40%	12/43	0.650	0.676
후반기	4.66점	0.96회	80.40%	19/46	0.707	0.793

0.240에서 0.281로 향상됐다. 그런데 득점권 타율은 실력보다는 운에 가깝다. 그래서 처음부터 '약점'이 아니었을 가능성이 더 크다.

어쨌든 일단 뛰는 야구를 밀고 나가기로 했다면, 뛸 수 있는 선수를 찾아야 한다. 문제가 있다. 뛸 선수가 없다. 2022-2025년 기간에 키움의 도루 시도 330번 가운데 김혜성(105시도, 89성공)과 송성문(50시도, 47성공) 두 명이 차지하는 비중이 47.0%에 달했다. 이 둘을 포함해 도루 시도 톱10 리스트 중 5명이 2026년도 선수단에 없는 이름이다. 32회 시도로 이 기간 네 번째로 많이 뛰었던 이용규는 2025년부터 플레잉 코치로 위치를 옮겼다. 2025년만 보면 팀 도루 시도 98번 가운데 송성문의 몫이 27번으로 가장 많았다. 두 자릿수 시도는 임지열(19번), 이주형(16번), 박주홍(1번)까지 4명뿐이다.

뛸 선수가 없으면 발굴해야 한다. 키움은 이미 도루와 거리가 멀었던 선수를 '신기록 보유자'로 만든 경험이 있다. 송성문은 2023년 8월 13일 잠실 LG전부터 2025년 6월 29일 삼성전까지 34회 연속으로 도루에 성공했다. 그런데 2023년 도루 시도는 기록 행진을 시작한 LG전이 유일했다. 이전까지는 통산 11번 시도에서 4번만 성공했다. 그랬던 선수가 지난 두 시즌엔 도루 46개를, 그것도 95.8%라는 엄청난 성공률로 해냈다.

도루에서 김혜성과 송성문을 대신할 가능성이 높아 보이는 선수는 이주형과 박주홍이다. 이주형은 2024년까지 통산 도루 시도가 13회에 불과했다. 하지만 지난해 16번 시도에서 15번이나 세이프 판정을 받았다. 박주홍 또한 2024년까지 5시즌에서 6회 시도 4회 성공이 전부였지만, 2025년에는 도루 시도가 12번으로 늘고 성

공률이 91.7%에 달했다.

누가 할까, 뛰는 야구				
선수명	도루	실패	도루시도	도루성공률
키움(22-25)	271	59	330	0.821
김혜성	89	16	105	0.848
송성문	47	3	50	0.940
이주형	24	2	26	0.923
이용규	17	5	22	0.773
임지열	15	6	21	0.714
도슨	11	4	15	0.733
박주홍	14	1	15	0.933
이정후	11	3	14	0.786
푸이그	6	3	9	0.667
임병욱	6	0	6	1.000

이주형 : "송성문과 다른 넥스트 송성문"

송성문이 생각하는 '넥스트 송성문' 가운데 한 명. 드래프트 지명 순서만 보면 이미 송성문과 함께 키움 타선을 이끌어야 할 선수였다. LG에서 키움으로 트레이드된 뒤 역성장한 것처럼 보인다. 2023년 트레이드 후 키움에서 뛴 51경기에서 wRC+ 160.1로 대단했다. 하지만 2024년 103.6, 2025년 103.8으로 리그 평균 수준 타격에 머물렀다. 2024년 부상으로 115경기만 출전하면서 성장이 정체된 면이 있었다. 그래도 같은 24세 야수 중에는 2025년 WAR 1위(2.93승)였다. 이주형 외에는 2승을 넘긴 선수도 없었다.

2025년 24세 야수 WAR	
키움 이주형	2.93
두산 오명진	1.80
삼성 김지찬	0.94
NC 김한별	0.50
키움 박주홍	0.19

송성문은 타구 속도를 근거로 이주형이 자신보다 '더 크게 터질 선수라'고 봤다. 전력분석팀에서는 "송성문과 반대 유형"이라고 설명했다. 송성문은 이미 높았던 콘택트율을 바탕으로 강한 타구를 만드는 요령을 깨우친 뒤 타격에 눈을 뜬 선수다. 이주형은 강한 타구를 만들 수 있지만 정교함은 떨어졌다. 2025년 콘택트율은 이주형이 75.0%, 송성문이 82.2%였다.
이주형은 2025년 KBO 역사를 새로 쓸 뻔했다. 127경기에서 투구 28개를 몸에 맞았다. 단일 시즌 역대 2위 기록이다. 1위는 1999년 현대 박종호의 119경기 31개. 이주형은 종전 2위 기록이던 2010년 SK 박경완, 2012년 삼성 박석민을 3위로 밀어냈다. 여기에 2025년 김휘집까지 3명이 27개로 공동 3위다. 이주형은 '역대급' 몸에 맞는 공 덕분에 순수 출루율이 0.097에 달했다. 볼넷 비율은 7.2%로 규정타석을 채운 타자 43명 가운데 36위에 그쳤음에도 '몸으로' 출루율을 높였다.

115경기에 출전했던 2024년에는 몸에 맞는 공이 14개로 2025년의 절반이었다. 타석 수는 2024년이 536회, 2025년이 514회였다. 그렇다면 2025년 출루율 0.337도 '소음'이 낀 결과라고 해야 할까. 그렇지는 않을 것 같다. 이주형의 출루율은 몸에 맞는 공이 지난해의 절반인 2024년에도 0.352였다. 통산 순수출루율은 0.086이다.

역대 단일 시즌 HBP 순위			
1999년	현대 박종호	31개	473타석
2025년	키움 이주형	28개	514타석
2012년	삼성 박석민		549타석
2010년	SK 박경완	27개	472타석
2025년	NC 김휘집		500타석

가나쿠보 유토 :
― "선발 혹은 불펜 그 어디라도"

아시아쿼터로 인센티브 포함 총액 13만 달러에 키움과 계약했다. 2025년 야쿠르트 스왈로즈에서 받은 추정 연봉 900만 엔보다 두 배 가까이 큰 돈이다. 히어로즈 역사상 최초의 일본인 선수인 다카쓰 신고와 인연이 있다. 다카쓰는 2020년부터 2025년까지 야쿠르트에서 감독을 지냈다.

가나쿠보는 2017년 드래프트 5라운드 지명을 받고 야쿠르트에 입단했다. 프로 첫 시즌인 2018년 토미존 수술을 받아 1군 데뷔는 3년차인 2020년에 했다. 1군 통산 성적은 6시즌 34경기 5승 4패 평균자책점 4.31이었다. 2021년 10경기 4승 1패 평균자책점 2.74가 커리어 하이 기록. 이때는 선발로도 8경기에 등판했다.

선발과 불펜 양쪽에 뜻밖의 큰 전력 손실이 생긴 키움이다. 가나쿠보가 선발과 불펜 중 어디에서 던지더라도 큰 힘이 된다. 지난해 김윤하와 정현우가 각각 18경기에 선발 등판했다. 평균자책점은 김윤하가 6.14, 정현우가 5.86으로 좋지 않았다. 키움이 아니었다면 이만큼 많은 경기에 선발 등판하기 어려웠을 것이다. 에이스 안우진은 '황당 부상'으로 2026년 시즌도 상당 기간 이탈이 불가피하다. 불펜에서는 마무리 주승우가 지난해 팔꿈치 수술을 받아 전력에서 빠졌다.

2025년 키움의 투수 WAR의 합은 −3.5승. 10개 구단에서 유일하게 마이너스였다. '대체선수'로 구성된 투수진보다 더 퍼포먼스가 떨어졌다. 투수 WAR 9위인 NC조차 11.6승으로 키움과 15승 이상 차이가 벌어졌다. 키움은 외국인 투수의 도움을 받을 수 있는 선발투수 WAR마저 4.2승으로 최하위에 그쳤다. 불펜은 −7.7승으로 상황이 심각했다. 아시아쿼터의 도움이 가장 크게 느껴질 수 있는 팀이다. 가나쿠보의 연봉은 인센티브 포함 13만 달러로 우리 돈 2억 원이 안 된 2차 드래프트에서 건진 키움 불펜의 희망. LG 소속이던 2023년 시즌이 끝난 뒤 2차 드래프트

NPB 출신 아시아쿼터 투수				
		1군 통산	2025년 1군	2025년 2군
키움 가나쿠보 유토	야쿠르트	34경기 87⅔이닝 ERA 4.31	12경기 140이닝 ERA 7.71	27경기 31⅔이닝 ERA 3.13
두산 타무라 이치로	세이부	150경기 182⅔이닝 ERA 3.40	20경기 27⅔이닝 ERA 3.58	16경기 17이닝 ERA 0.00
NC 토다 나츠키	요미우리	19경기 27⅔이닝 ERA 5.53	2경기 2⅔이닝 3.38	35경기 81⅔이닝 ERA 2.42
SSG 타케다 쇼타	소프트뱅크	217경기 1060이닝 ERA 3.34	없음	6경기 20⅓이닝 4.43
롯데 쿄야마 마사야	DeNA	84경기 277⅔이닝 ERA 4.69	없음	25경기 23⅔이닝 6.46
한화 왕옌청	라쿠텐	없음	없음	22경기 1160이닝 3.26
삼성 미야지 유라	쿠후 하야테	없음	없음	24경기 250이닝 2.88

된다. 연봉 지출이 가장 적은 키움에 큰 부담이 될 만한 금액도 아니다.

또 하나의 관건은 가나쿠보와 키움의 궁합이다. 가나쿠보는 포심패스트볼이 자연스러운 싱커성 움직임을 보이는 투수. 그렇다면 내야 수비력이 성적에 영향을 끼칠 여지가 크다는 얘기다. 그런데 키움의 내야 수비는 지난해 10개 구단 최약체였다. 확실한 주전을 찾지 못한 채 보낸 시간이 너무 길었다.

유격수로 1경기라도 출전한 선수는 모두 10명이다. 200이닝 이상 출전한 선수는 김태진(217이닝) 오선진(228이닝) 어준서(763이닝) 세 명. 2루수 역시 10명이 나왔다. 송지후(212⅓이닝) 전태현(213이닝) 김태진(430⅔이닝)이 200이닝 이상 뛰었다. 키움은 2026년 신인 드래프트에서 트레이드로 얻은 1라운드 10순위 지명권을 활용해 청소년 국가대표 내야수 박한결을 뽑았다. 후보는 많은데 주전은 모르는 상황이 계속될 수도 있다.

오석주 :
2차 드래프트 신화를 향해

2라운드에서 키움에 지명됐다. 고형욱 당시 단장은 "오석주는 제구력과 경기 운영 능력, 탈삼진 능력이 좋은 선수"라고 평했다. 선수층이 두꺼운 LG와 달리 키움에서는 출전 기회를 늘리면서 1군에서 활약할 수 있을 것으로 내다봤다.

퓨처스리그에서는 2021년부터 3년 연속 20경기 이상 등판하면서 성과를 낸 선수라 기대가 있었다. 이적 첫 해 1군에서는 17경기에서 평균자책점 11.12로 매우 부진했다. 2025년에도 6월까지는 평균자책점이 6.09였다. 하지만 7월부터 달라졌다. 7월 3일부터 9월 24일까지 19경기 연속 무실점 행진을 펼쳤다.

7월 이후 20이닝+ 투수 평균자책점 순위		
키움 오석주	0.37	24⅓이닝 1실점
한화 정우주	1.23	29⅓이닝 4실점
SSG 김민	1.48	30⅓이닝 5실점
KIA 제임스 네일	1.61	67이닝 15실점 12자책점
한화 코디 폰세	1.75	72이닝 14실점

정규시즌 마지막 13경기에서는 새로운 구종으로 고비를 넘겼다. 그동안 거의 던지지 않던 포크볼을 8월 24일 삼성전부터 활용하기 시작했다. 포크볼 피안타율은 0.182에 그쳤다. 포크볼을 본격적으로 던지기 시작한 뒤 평균자책점은 0.59로 대단하다. 그런데 연속 경기 무실점 기록을 끝낸 공 또한 포크볼이었다. 9월 28일 삼성전에서 이재현에게 던진 포크볼이 홈런으로 이어졌다.

오석주의 7월 이후 성적은 리그 전체에서 최고 수준이었다. 이 기간 20이닝 이상 던진 투수 가운데 불펜과 선발을 통틀어 유일한 0점대 평균자책점 투수다. 2025년 WAR은 0.9승으로 키움 불펜 투수 중에서는 주승우(1.4승)에 이어 두 번째로 높았다.

주승우와 오석주를 제외하면 키움 불펜에서 '대체 선수' 수준을 상회하는 결과를 낸 선수가 없었다. 51경기에 나온 조영건이 WAR 0.1승으로 두 선수의 뒤를 이었다. 키움 불펜은 김재웅이 병역 의무를 마치고 복귀하지만 주승우가 빠졌다. 올해 전망도 밝다고 할 수 없다. 그래도 희망을 품을 수 있는 몇 안 되는 이유 가운데 하나가 오석주다.

포크볼 장착 전과 후		
~8.23, 40경기	시기	8.24~, 13경기
0.290	피안타율	0.106
0.787	피OPS	0.388
4.81	평균자책점	0.59

오석주 ©키움 히어로즈

2026년
주목해야 할
고교야구
유망주

2026 KBO 드래프트 1R의 주인공들 윗줄 왼쪽부터
박준현(키움), 신재인(NC), 오재원(한화), 신동건(롯데), 김민준(SSG).
아랫줄 왼쪽부터 박지훈(kt), 김주오(두산), 양우진(LG), 이호범(삼성), 박한결(키움)

미래의 KBO 리그

주역의 얼굴

2026년 고교야구는 3월 7일 주말리그 개막을 시작으로 대한야구소프트볼협회(KBSA)가 주관하는 공식경기에 돌입한다. 3월 25일에는 신세계이마트배 전국고교야구대회가 첫 전국대회 스타트를 끊는다. KBO 리그 개막(3월 28일)보다 사흘 먼저 야구의 계절이 왔음을 알린다.

KBO 리그가 2년 연속 1,000만 관중을 돌파하면서 이제는 그야말로 '내셔널 패스타임(National Pastime·국민적 여가선용)'으로 자리를 잡는 모양새다. KBO 리그 흥행은 아마추어 야구에 대한 관심도 높이고 있다. 프로야구 각 구단 팬들은 신인드래프트에 나올 고교야구 유망주들에게 관심을 쏟고 있다.

아직 고교야구가 개막하지 않은 시점에서 최고 유망주를 논하는 것은 성급할 수 있다. 하지만 기량이 출중한 선수는 눈에 띄기 마련이다. 올해는 투타 전반에 걸쳐 지난해보다 인재풀이 풍부하다는 평가다.

1-2학년 때까지 활약과 평가를 토대로 2026년 야구팬이 주목해야 할 유망주 9명을 추려봤다. 랭킹으로 따지면 대부분 투수 쪽으로 편중될 수밖에 없기에 여기서는 포지션별로, 테마별로 골고루 유망주들을 소개하고자 한다. 아울러 지난해 〈넘버스북〉에서 소개한 2025년 유망주 10명은 현 시점에서 어떻게 됐는지 돌아본다.

'이도류' 빅3

올해는 유난히 투타 겸업 유망주가 많다. 지난해에는 광주일고 김성준이 독보적인 '이도류' 선수였지만 올해는 빅3 구도다. 부산고 하현승, 덕수고 엄준상, 서울고 김지우가 주인공이다.

투구 능력만으로도 이미 1라운드 상위 지명을 받을 수준인데 타자로서 기량과 잠재력 또한 출중하다. 이들 중에 누군가는 메이저리그 팀과 계약할 수도 있겠지만, 모두 KBO 리그에 도전한다면 현재로선 랭킹 1-3위를 차지할 가능성이 크다는 게 스카우트들의 중론이다.

●하현승(부산고 투타 겸업)

2008년생 / 좌투좌타 / 194cm·88kg
수영초-센텀중SBC-부산고

지난해 2학년 중에 유일하게 제3회 한화이글스배 고교 vs 대학 올스타전에 참가한 선수다. 그리고 9월에 열린 U-18 야구월드컵에 덕수고 엄준상과 함께 유이하게 대표팀에 발탁됐다.

194cm 장신에 왼손잡이다. 아버지(188cm)는 높이뛰기, 어머니(176cm)는 멀리뛰기 선수 출신이다. 유전자를 물려받아 하현승도 키가 크다. 부모처럼 초등학교 때부터 육상선수(달리기)로 먼저 활약했을 정도로 운동신경이 탁월하다. 아직은 다소 말라 보이는 체형이지만 체중이 붙는다면 장래성 면에서 가장 큰 기대를 할 수 있다. 센텀중 시절부터 메이저리그 스카우트들이 하나둘씩 주목하더니 부산고 1학년 때부터 집중 관찰 대상으로 떠올랐다.

투수로서 성장 잠재력이 무궁무진하다는 평가다. 지난해 시즌 초반에 최고 시속 148km를 찍었는데, 중반에는 투타를 겸업한 탓인지 체력과 구속이 떨어졌다. 하지만 쉬면서 체력을 회복해 마지막 전국체전 때는 시속 150km를 여러 차례 터치했다. 2025년 투수로서 성적은 17경기에 등판해 6승 무패, 평균자책점 1.84(49⅓이닝). 볼넷 14개(BB/9 2.55)을 내준 반면 삼진은 64개(K/9 11.68)를 잡아냈다. 빠른공과 제구력을 겸비했고, 마운드에서 즐기고 싸울 줄 아는 여유도 있다. 부드러운 투구폼도 강점이다.

타자로도 매력 포인트가 많다. 지난해 타율 0.323(99타수 32안타)에 홈런 5방을 때렸다. 타격 센스가 좋아 어떤 공이든 장타를 칠 수 있는 능력이 있다. 도루는 4개로 적었지만 체력을 아끼기 위해 자제했을 뿐이다. 빠른 발을 바탕으로 한 폭넓은 수비, 투수를 겸하는 강한 어깨를 가진 5툴 유형의 선수로 성장할 가능성이 크다. 지난해 주말리그(부산권) 전반기에는 타

격상과 홈런상을 수상했고, 후반기에는 우수투수상을 받았다. 올 시즌 투수로 더 중용될 가능성이 있어 겨울 동안 체력 보완에 중점을 뒀다.

●엄준상(덕수고 투타 겸업)
2008년생 / 우투우타 / 184cm·85kg
동대문구리틀-자양중-덕수고

투구와 타격 뿐 아니라 수비도 뛰어나다. 하현승과 함께 2학년 선수로 참가한 U-18 야구월드컵에서 주전 유격수로 중용됐다. 유격수는 수비의 핵심 포지션이다. 어릴 때부터 천재 선수였다. 동대문구리틀 시절 리틀야구 올스타전에 출전해 홈런 포함 4타수 4안타를 친 영상은 유튜브에 돌아다닐 정도다.

고교야구에서 뎁스가 가장 두꺼운 덕수고에서 1학년 때부터 주전 1루수로 뛰면서 타율 0.352(105타수 37안타)에 2홈런을 기록하는 놀라운 퍼포먼스를 펼쳤다. 본격적으로 천재성이 드러난 무대는 지난해 청룡기 대회. 고교 진학 뒤 투수 수업조차 제대로 받지 않다가 대회를 앞두고 몇 차례 투구 연습을 했다. 그럼에도 4

승 무패에 0점대 평균자책점(0.95)을 기록하며 우승을 이끌었다. 우수투수상도 받았다. 이 대회 최고 구속은 시속 153㎞까지 나왔다.

지난해 11경기에 등판 성적은 40⅔이닝 4승 2패, 평균자책점 0.66. 20이닝 이상 던진 투수 중 평균자책점 1위였다. 볼넷은 5개(BB/9 1.11)에 불과했고, 삼진은 무려 57개(K/9 12.6)였다. WHIP은 0.68을 찍었다. 유격수로 선발출장했다가 팀이 승기를 잡으면 마무리로 등판하는 패턴은 청소년대표팀에서도 마찬가지였다. 하지만 아직은 야수가 던지는 투구폼. 거꾸로 보면 제대로 투수 수업을 받을 경우 잠재력이 폭발할 수도 있다.

지난해 타자로서는 타율 0.344(96타수 33안타)에 2홈런, 22타점을 올렸다. 배트 스피드와 타구 스피드가 발군이다. 지난해 주말리그(서울권B) 후반기 타점상(6경기 11타점)을 수상했다. 전형적인 유격수의 날렵한 몸매는 아니지만, 감각이 좋고 부드러운 핸들링에 강한 어깨, 정확한 송구력을 자랑한다. 유격수이기 때문에 엄준상의 가치는 더욱 올라가고 있다.

지난해 이미 스카우트들 사이에서는 "당장 신인드래프트에 참가해도 3학년들을 제치고 1라운드에 뽑힐 재능"이라는 말이 돌았다. 엄준상 스스로는 "투수 연습도 열심히 하겠지만 개인적으로는 매일 경기에 나가는 유격수와 타자가 좋다"고 말하고 있다.

●김지우(서울고 투타 겸업)

2008년생 / 우투우타 / 183cm·87kg
이수초–강남중–서울고

김지우를 본 야구인들은 "야구를 잘 하는 얼굴이 있는데 김지우 얼굴이 딱 그렇다"는 이야기를 많이 한다. 마운드에 서면 강한 구위로 타자를 압도하는 싸움닭 기질, 타석에 등장하면 강한 파워로 홈런을 때리는 해결사 본능을 발휘한다. 그야말로 게임체인저가 된다.

지난해 첫 전국대회인 신세계이마트배에서 타자와 투수로 맹활약하며 서울고를 우승으로 이끌면서 두각을 나타냈다. 주포지션인 3루수로 7경기에 선발 출장해 타율 0.348(23타수 8안타)에 10타점을 올렸다. 첫 경기인 한광BC전에서 만루홈런을 치며 고교 무대 데뷔 첫 홈런을 신고하기도 했다. 팀이 승기를 잡으면 경기 후반 투수로 등판해 5경기 2승 무패에 11이닝 무실점을 기록했다. 이마트배 타점상과 수훈상을 받으면서 스타덤에 올랐다.

투수로서는 최고 시속 153㎞를 찍는 폭발적인 구위가 돋보인다. 덕수고의 엄준상과 마찬가지로 고교 진학 후 특별히 투수 수업을 받지 않았지만, 타고난 천재성을 발휘했다. 무엇보다 2025년 내내 투수로서는 7경기 13⅓이닝 동안 단 1실점도 하지 않은 '미스터 제로'라는 점이 눈에 띈다. 볼넷은 5개였고, 탈삼진 19개에 WHIP는 0.69였다.

지난해 타격에서 기복을 보인 게 단점이라면 단점이다. 지나치게 공격적이고 한번 슬럼프에 빠졌을 때 회복까지 기간이 길었다. 1학년 때는 타율 0.583(12타수 7안타) 1홈런을 뽑아내고, 2학년 때인 지난해 첫 대회 이마트배 등 전반기까지 좋은 컨디션을 유지했다. 하지만 주말리그 후반기에서 타율 0.167(24타수 4안타)로 부진해 시즌 기록도 0.259(106타수 22안타)에 그쳤다.

하지만 스타성을 지니고 있다. 지난해 11월에 열린 왕중왕전 성격의 이마트노브랜드배 챔피언십에서 또 한번 서울고를 우승으로 이끌었다. 이번에는 MVP까지 수상했다. 지난해 홈런 5방을 때려냈다. 부산고 하현승과 2학년 공동 최다홈런. 타자로 보면 최정(SSG)처럼 대형 3루수로 성장할 가능성이 있다는 평가다.

빅3 위협하는 투수 다크호스

●정일(대구고 투수)
2008년생 / 우투우타 / 188cm·83kg
칠성초-협성경복중-대구고

대구고는 최근 2년 연속 KBO 신인드래프트 1라운드 지명 투수를 배출했다. 좌완 배찬승(삼

성)에 이어 우완 김민준(SSG)이 주인공이었다. 올해는 우완 정일이 3년 연속 계보를 이어갈 후보로 꼽힌다.

정일은 지난해 첫 대회인 신세계이마트배에서 최고 시속 149.6㎞를 찍어 스카우트들의 눈길을 사로잡았다. 홈플레이트에서 힘 있게 치고 들어오는 포심패스트볼이 매력적이다. 커터 형태의 빠른 슬라이더와 서클체인지업이 주무기. 타자와 싸울 줄 안다. 2025년 12경기에 등판해 3승 3패, 평균자책점 1.54(40⅔이닝)를 기록했다. 볼넷 14개(BB/9 3.10)에 탈삼진 49개(K/9 10.84), WHIP는 0.880이었다.

욕심이 많다. 구위와 스태미너를 보강하기 위해 겨울 동안 체중과 근력 불리기에 나서 몸무게를 88㎏ 정도로 끌어올렸다. 대구고 투수 정원(2학년 등록기준 187cm·83kg)과 쌍둥이 형제로 1분 간격으로 태어났다. 이란성 쌍둥이지만 키와 몸매, 얼굴, 걸음걸이 등이 거의 똑같아 손경호 대구고 감독은 "등번호를 보지 않으면 아

직도 분간이 잘 안 된다"고 말할 정도다. 손 감독은 "정원은 지난해 몸 상태가 좋지 않아 거의 던지지 않았지만 올해 기대가 되는 다크호스"라며 "정일과 정원이 한 경기에서 나란히 이어 등판하는 장면을 자주 볼 수도 있다"며 웃었다.

●이승원(유신고 투수)

2008년생 / 좌투좌타 / 190cm·90kg
파주시리틀–율곡중–유신고

유신고 좌완 이승원은 지난해 6월 토미존(팔꿈치인대재건) 수술을 받았다. 이르면 5월 황금사자기, 늦으면 6월 청룡기 대회쯤 실전 마운드에서 설 것으로 보인다.

스카우트들은 그의 복귀를 벌써부터 기다리고 있다. 1–2학년 때 투구만으로 이미 최고 좌완 유망주 리스트에 올라 있기 때문이다. 고교 1학년 때 7경기에 등판해 평균자책점 1.35(19.2이

닝 3자책점)을 기록하면서 가능성을 보여줬다. 메이저리그 스카우트들도 관심을 나타내기 시작했다.

지난해 체중이 82kg으로 늘어나면서 최고 시속 146km를 찍었다. 첫 대회인 신세계이마트배 16강 휘문고전의 투구는 압권이었다. 탈삼진 9개를 곁들여 6이닝 퍼펙트 행진. 무리를 피하기 위해 강판했지만 모두를 깜짝 놀라게 한 퍼포먼스였다. 날카로운 포심과 낙차 큰 커브에서 과거 안산공고 2학년 에이스 김광현(SSG)을 떠올리는 스카우트가 많았다.

하지만 황금사자기에서 팔꿈치가 아프기 시작해 결국 수술을 선택했다. 살이 잘 안 찌는 체질이었지만 잘 먹고 근력량을 늘렸다. 현재 키는 190cm, 체중은 90kg으로 늘어났다. 수술 후유증으로 완벽한 재기를 바라기는 어렵다. 하지만 2년 전 서울고 김영우(LG) 케이스가 있기에 스카우트라면 이승원에 대한 관심을 거두지 못한다. 당시 드래프트에서 토미존 수술 후유증을 걱정해 다른 구단들은 다 김영우를 패스했다. 1라운드 마지막인 10번째 순번에서 그를 지명한 LG 트윈스는 2025년 '대박'을 쳤다.

※올해는 지난해 북일고 박준현(키움 전체 1순위 지명)처럼 시속 150km대 후반 구속을 찍는 S급 투수는 드물다. 하지만 시속 150km를 넘길 후보는 더 많다는 평가다. 덕수고 김대승·박현민 듀오, 광주일고 우완 박찬민 등은 2학년 때부터 190cm가 넘는 장신 투수로 주목받았다. 마산고의 이윤성·김경록 좌우 원투펀치는 아직 경험이 부족하지만 역시 시속 150km대 빠른 공을 던질 수 있는 원석으로 꼽힌다.

포수 최대어

지난해는 포수 빈곤의 시즌였다. 이희성(원주고)이 기량이 급격하게 향상되면서 NC 다이노스에 2라운드 지명을 받긴 했지만 전체적으로는 포수 인재가 드물었다. 하지만 올해는 좋은 포수 자원이 풍부하다는 평가다. 그중 광주일고 김선빈과 덕수고 설재민이 투톱으로 앞서나가고 있고, 휘문고의 유제민 등 다크호스도 눈길을 모으고 있다.

●김선빈(광주일고 포수)

2007년생 / 우투우타 / 181cm·90kg
수창초-충장BC-광주일고 ▬▬▬▬

광주에서 나고 자란 김선빈은 10살 때인 2017년 KIA 타이거즈가 우승할 때 야구에 빠졌다. 그리고 자신과 이름이 똑같은 내야수 김선빈에게 매료됐다. 그리고 6학년 때 야구부에 입부했다. 야구를 뒤늦게 시작해 기초를 다지기 위해 1년 유급을 했다. 김선빈과 이름뿐만 아니라 생일(12월 18일)도 같다는 점이 흥미롭다. 심지어 혈액형(O형)도 같다.

하지만 그 외에는 다르다. 광주일고 김선빈은 좋은 체격과 힘을 갖춘 포수다. 공수를 모두 갖춘 특급 유망주로 평가받는다. 팝타임(포수에서 2루까지 송구가 도달하는 시간) 최고 기록은 1.89초, 실전에서 1.95-2.00초를 찍을 정도로 어깨가 좋다. 캐칭과 블로킹도 수준급이다. 방망이도 빼놓을 수 없다. 타격 리듬이 좋고 배트 헤드를 이용하는 부드러운 타격이 장점이다. 1학년 때인 2024년 27경기에 출장해 타율 0.376(85타수 32안타)에 홈런을 무려 4방이나 때렸다. 타점도 24개. 2학년 때인 2025년에는 26경기에서 타율 0.398(83타수 33안타)에 2홈런 25타점을 올렸다. 1학년과 2학년 주말리그 (광주전남권) 전반기 타격상을 휩쓸었다.

차분한 성격과 평점심을 잘 유지하는 것도 장점이다. 헬멧에 '만(卍)'자를 새겼다. 타석에 들어설 때도 방망이로 '만(卍)'을 그리면서 마음을 달래는 루틴을 갖고 있다.

●설재민(덕수고 포수)

2008년생 / 우투우타 / 183cm·88kg
동대문리틀-덕수중-덕수고 ▬▬▬▬

설재민도 공수를 두루 갖춘 특급 포수로 꼽힌다. 지난해 2학년 때 청룡기 우승을 이끌면서 타격상(0.600, 20타수 12안타)과 최다타점상(13개), MVP를 차지하며 3관왕에 올라 스포트라이트를 받았다.

매사 긍정적이며 좀처럼 화를 내는 법이 없다. 밝은 성격과 투수를 아우르는 포용력은 포수로서 매우 큰 장점이다.

야수 유망주

KBO 드래프트를 보면 대부분 투수가 1라운드를 비롯해 상위권을 차지한다. 하지만 최근 트렌드가 조금씩 바뀌고 있다. 2024년 전면드래프트 시행 이후 매년 1라운드에 야수가 뽑히고 있다. 2024년에는 세광고 유격수 박지환(SSG)이 1라운드 지명을 받았고, 2025년에는 덕수고 2루수 박준순(두산)과 강릉고 포수 이율예(SSG)가 1라운드에서 호명됐다.

발이 빨라 축구선수로 시작했다. 초등학교 4학년 때 동대문구리틀야구팀에서 야구에 입문했다. 당시 엄준상과 주전 유격수를 번갈아 볼 정도로 야수 재능이 있었다. 포수로 전향한 것은 덕수중 2학년 시절. 처음에는 힘든 포수 자리에 흥미를 느끼지 못했다. 터닝포인트는 덕수고 진학 후 포수 출신인 최용제 코치(전 두산)를 만난 것이었다. 헌신적인 지도 속에 기량이 일취월장했다.

설재민은 포수지만 덕수고에서 단거리 달리기를 하면 가장 빠른 발을 자랑한다. 그래서 순발력이 좋고 풋워크와 블로킹이 민첩하다. 강한 어깨뿐만 아니라 공을 빼서 던지는 동작도 매우 빠르다. 방망이에도 매력이 있다. 지난해 주전 마스크를 쓰고 28경기를 뛰면서 타율 0.317(82타수 26안타)에 홈런 1개도 때려냈다. 가장 주목할 부분은 타점생산 능력이다. 무려 22타점을 몰아쳤다.

올 시즌 야수 중에서는 경남고 외야수 박보승과 내야수 이호민이 일단 앞서 있다는 평가다. 광주일고 외야수 배종윤도 공수주에서 주목할 선수로 꼽힌다. 여기서는 지난해 대통령배와 봉황대기 2관왕을 이끈 경남고 듀오를 소개하고자 한다.

●박보승(경남고 외야수)

2008년생 / 좌투좌타 / 182cm·80kg
대연초-개성중SBC-경남고

박보승은 공수주를 두루 갖춘 좌투좌타 특급 외야수다. 콘택트 능력이 최대 강점이다. 지난해 공식경기에서만 51안타를 기록했다. 1년 전인 2024년 덕수고 박준순이 KBSA 전산화 이후 최초로 50안타 고지를 밟았다. 2학년 선수가 이를 넘어 최다안타 신기록을 경신했다. 빠른 배트스피드와 몸통 회전으로 자유자재로 잡아당기고 밀어친다. 감각과 기술이 있어 높은

를 14개나 기록할 정도로 빠른 발을 갖췄고, 넓은 수비범위와 강한 어깨를 자랑해 중견수로서 매력이 있다.

●이호민(경남고 내야수)
2008년생 / 우투우타 / 184cm·94kg
수영초-개성중SBC-경남고

존과 낮은 존도 가리지 않는다.

중학교 3학년 시절이던 2023년 대통령기 전국중학야구대회 최우수선수상을 비롯해 각종 상을 휩쓸 정도로 어릴 때부터 투타에서 재능을 보였다. 경남고 1학년 때 제한된 기회에서도 3할대 타율(0.308, 13타수 4안타)에 5타점을 올리더니, 지난해에는 매 대회 특별한 슬럼프도 없이 폭발적인 타격감을 자랑했다. 시즌 31경기에 출전해 타율 0.425를 기록했다. 홈런은 1개였지만 2루타 13개, 3루타 6개로 장타가 20개나 됐다. OPS 1.165(장타율 0.658+출루율 0.507)를 기록했다.

지난해 슬라이딩을 하다 오른쪽 검지를 다쳐 투수로는 제대로 활약하지 못했지만, 올해는 '투타 이도류'로 활약할 전망이다. 패스트볼 최고 시속 140㎞ 중반인 좌완으로 다양한 변화구와 감각적인 제구력을 자랑한다. 프로에서는 타자로 대성할 재목이라는 평가가 우세하다. 도루

경남고, 등번호 10번, 거포. 단번에 '조선의 4번타자' 이대호가 떠오른다. 지금 경남고에 10번을 단 '제2의 이대호'라 불리는 선수가 있다. 이름도 비슷한 이호민이다. 우선 한눈에 이대호 못지않은 체격이 눈에 들어온다. 키 184cm에 몸무게 94kg인 우타거포다.

지난해 박보승이 고교 최다안타 신기록을 세웠다면, 이호민은 고교 최다타점 주인공이 됐다. 31경기에 출장해 무려 45타점을 생산했다. 마지막 대회인 봉황대기 결승전 연장 10회말 우

승을 결정짓는 2타점짜리 끝내기 안타는 백미였다. 시즌 타율 0.409(115타수 47안타)로 정교함을 자랑했고, 홈런 4방과 2루타 9개, 3루타 4개로 OPS 1.116(출루율 0.455+장타율 0.661)을 찍었다. 팀이 우승한 대통령배에서는 수훈상, 봉황대기에서는 타점상과 수훈상을 받았다.

이호민은 일란성 쌍둥이로 태어나 어릴 때 매우 작았다. 아버지가 일부러 많이 먹이면서 체격이 커지기 시작했고, 초등학교 때부터 한끼에 밥 4공기를 먹으면서 몸집이 우람해졌다. 발이 느렸던 이대호와 달리 이호민은 큰 체격에 비해 나름대로 빠른 발을 보유하고 있다. 2학년 때는 1루수로서 수비 능력도 보여줬다. 3학년에 올라와 3루수로 뛸 예정이다. 타격 재능은 모두가 인정한다. 하지만 1루수와 3루수는 가치가 다르다. 3루수로서 수비가 되는지 여부에 따라 지명 순번이 정해질 전망이다.

2025년 유망주 톱10 지금은

지난해 소개했던 유망주 10명은 어떻게 됐을까. 대부분 높은 기대에 걸맞는 평가 속에 진로를 결정했다.

'투수 빅3'로 꼽힌 문서준(장충고 우완), 박준현(북일고 우완), 김성준(광주일고 우완)은 프로 입단 자체가 화제가 됐다. '투타 이도류'의 재능을 갖춘 김성준은 가장 먼저 텍사스 레인저스와 120만 달러(약 17억 원)에 계약하며 미디어를 달궜다. 이어 문서준이 토론토 블루제이스와 150만 달러(약 21억 원)에 사인하면서 바다를 건넜다. 박준현은 복수의 메이저리그 구단에서 이들보다 더 높은 금액을 제시했지만 KBO 리그행을 선언해 1라운드 전체 1번으로 키움 히어로즈에 입단했다. 계약금 7억 원은 2021년 장재영(9억 원)에 이어 구단 역사상 두 번째 큰 금액이었다.

다크호스 투수 후보로 꼽았던 양우진(경기항공고 우완), 박지훈(전주고 우완), 김민준(대구고 우완) 역시 1라운드에 호명돼 KBO 리그에 화려하게 입성했다. 김민준은 5번(SSG), 박지훈은 6번(KT)에 불렸다. 1-2 순위를 다툴 후보로 급부상했던 양우진은 오른팔 피로골절이라는 복병을 만나면서 8번째 순번의 LG에 지명됐다.

야수 유망주로 소개한 오재원(유신고 외야수)과 박한결(전주고 내야수)도 나란히 1라운드에 지명돼 화제의 중심에 섰다. 특히 오재원은 투수 유망주들을 줄줄이 제치고 3순위로 한화 이글스의 선택을 받아 드래프트 장내를 환호와 탄성으로 술렁이게 만들었다. 박한결은 키움에 입단하게 됐다.

다만 최재영(휘문고 내야수)과 오시후(덕수고 외야수)는 변수가 많은 고교생의 미래를 예측하는 것이 간단치 않다는 것을 보여준 사례다. 둘은 지난해 '고3병(고교 3학년 때 극심한 슬럼프를 겪는 현상)'에 걸리면서 기대보다 낮은 순번에서 지명됐다. 5툴 유형의 대형 유격수 감으로 지목됐던 최재영은 4라운드에서 키움, 타격 하나만으로 1라운드에 갈 수 있다는 평가를 듣던 오시후는 7라운드에서 SSG 랜더스 유니폼을 입게 됐다.

_이재국 스포팅제국 대표, SPOTV 고교야구 해설위원

사진

LG 트윈스 한화 이글스 SSG 랜더스 삼성 라이온즈 NC 다이노스
KT 위즈 롯데 자이언츠 KIA 타이거즈 두산 베어스 키움 히어로즈
n2shot Gettyimages.com 헬로아카이브

프로야구 넘버스 북 2026

2026년 2월 13일 1판 1쇄 인쇄
2026년 3월 4일 1판 1쇄 발행

신동윤 신원철 이성훈 최민규 황규인 **지음**

발행인 황민호
본부장 박정훈
편집기획 신주식 김선림 최경민 윤혜림
마케팅 이승아
제작 최택순 성시원 진용범

발행처 대원씨아이(주)
주소 서울특별시 용산구 한강로 3가 40-456
전화 (02)2071-2018
팩스 (02)749-2105
등록 제3-563호
등록일자 1992년 5월 11일

www.dwci.co.kr

ISBN 979-11-423-4352-0 13690